노르마 노르마타

- 16, 17세기 개혁신학과 신앙

Norma Normata

Edited by Prof., Byung Hoon Kim, M.A., Ph.D.

Copyright © Hapdong Theological Seminary Press
Kwangkyojoongang-ro 50, Yeongtong-gu, Suwon, Korea

노르마 노르마타 - 16, 17세기 개혁신학과 신앙

초판 1쇄 발행 | 2015년 9월 24일
엮은이 | 김병훈
발행인 | 조병수
펴낸곳 | 합신대학원출판부
주　소 | 16517 경기도 수원시 영통구 광교중앙로 50 (원천동)
전　화 | (031) 217-0629
팩　스 | (031) 212-6204
홈페이지 | www.hapdong.ac.kr
출판등록번호 | 제22-1-1호
인쇄처 | 예원프린팅 (031) 957-6551
총　판 | (주)기독교출판유통(031) 906-9191
값 21,000원

　　　개혁 교회[改革敎會]
　　　개혁 신학[改革神學]

　　　238.4-KDC6
　　　280.4-DDC23

ISBN　978-89-97244-27-0 93230 : ₩21000
*잘못된 책은 교환해드립니다

「이 도서의 국립중앙도서관 출판시도서목록(CIP)은
e-CIP홈페이지(http://www.seoji.nl.go.kr/ecip)와 국가자료공동목록시스템(http://www.nl.go.kr/kolisnet)에서 이용
하실 수 있습니다. (CIP 제어번호: 2015025688)

노르마 노르마타

- 16, 17세기 개혁신학과 신앙

김병훈 편

합신대학원출판부

▦ 차례

예수 그리스도께서는 교회를 세우시며 우리에게 성경을 주셨습니다. 그 성경은, 바로 우리에게 모세의 율법과 시편과 선지서 그리고 사도들의 교훈을 담은 전통을 따라, 구원의 복된 방편과 그로 인한 생명의 복 누림을 알아가는 행복을 누릴 수 있도록 진리의 내용을 전해줍니다. 그리고 무엇보다도 하나님을 아는 지식을 전하여 줍니다. 그 지식은 우리에게 구원의 진리를 열어줍니다. 구원에 필요한 모든 진리의 내용들은 사도적 신앙의 계승을 통해서 우리에게 전달이 되어 왔습니다. 그리고 사도적 신앙은 오직 성경 안에 담겨 있으며, 성경해석의 근본 원리인 '성경 유비'와 '신앙 유비'를 따라 해석되고 또한 전달이 됩니다. 성경을 해석하고 그 내용을 규정하는 권위는 오직 성경 스스로에게 있을 뿐이기 때문입니다.

개혁교회는 성경에서 교훈하는 복된 계시의 내용들, 곧 세상의 창조, 인간의 타락, 그리스도의 속죄의 사역, 성령 하나님의 구원의 적용, 교회의 권세와 표지, 그리고 마지막에 이루어질 일들을 비롯한 모든 복음의 사실들을 하나님의 주권적 작정과 그것의 섭리적 실행의 관점에서 우리에게 열어줍니다. 개혁교회는 초대교회의 공의회들이 결정한 신앙의 내용들을 그대로 이어받으면서, 종교개혁의 신학의 기조 위에서 루터파 교회와 구별을 갖고 성경에 입각한 신앙전통을 세웠으며, 이것들을 신앙의 표준 문서들의 형태로 담아 오늘 우리의 손에 이르기까지 전해주었습니다.

우리에게 전하여진 신학과 신앙은 16세기의 종교개혁과 이어서 17세기의 정통주의 신학의 시대에까지 이르는 과정을 통해서 형성이 되었습니다. 그것은 오래 전의 일이지만 지금도 생생하게 살아있는 현재의 신학입니다. 그 까닭은 그것이 종교개혁자들이 외쳤던 '오직 성경으로만'의 신학 원리를 충실하게 받아 오직 성경에 근거하여 이루어졌기 때문입니다. 성경이 '전에도 계셨고 이제도 계시며 또한 장차 오실' 그리스도를 말하며 또한 '스스로 계시는'

하나님의 말씀이므로, 성경에 근거하여 세워진 개혁신학은 옛 신학만이 아니라 지금도 살아있는 현재의 신학입니다.

여기서 유의할 점이 있습니다. 개혁신학은 하나의 신학 방법론만을 가리키는 것이 아니라는 사실입니다. 개혁신학은 오직 성경에 의지하는 방법론에 따라서 신학을 세우는 신학이면서, 또한 성경의 계시 내용에 의하여 철저히 규정을 받는 신학입니다. 성경만을 신학의 최종적인 권위로 인정을 하는 방법론은 필연적으로 성경의 가르침에 의하여 신학의 내용을 구성하고 교정을 받을 것을 요구합니다. 따라서 개혁신학은 성경의 권위와 그 가르침이 개혁신학의 최종적인 규정임을 고백합니다. 그리고 최종적인 권위인 성경에 의하여 규정이 된 신학의 결정체를 개혁교회는 신앙의 표준문서로 받으며 개혁교회의 신앙을 결정하는 표준으로 삼습니다.

이러한 사실과 관련하여 교회는 성경과 신앙문서를 구별하여 성경은 '노르마 노르망스'(*Norma normans*), 신앙문서는 '노르마 노르마타'(*Norma normata*)라고 일컬었습니다. 라틴어로 된 이 표현들에서 '노르마'는 '규범' 또는 '표준'을 뜻하며, '노르망스'는 '규정하는' 또는 '규범이나 표준을 세우는' 것을 의미합니다. 성경을 '노르마 노르망스'로 표현하는 것은 성경이 바로 규범 또는 표준을 세우는 '규범' 또는 '표준'임을 고백하는 선언을 담습니다. 이와 달리 '노르마 노르마타'에서 '노르마타'는 '규범으로 정하여진' 또는 '표준으로 세워진'의 의미를 갖습니다. 이런 뜻에서, '노르마 노르마타'라는 말은 신앙문서가 그것에게 인정이 되는 규범과 표준을 스스로 세울 권위를 가지고 있지 못함을 뜻합니다.

개혁교회는 이로써 성경과 신앙문서가 각각 공히 '노르마', 곧 표준으로서의 규범의 지위를 갖고 있음을 고백하면서도, **성경은 표준을 세우는 규범**이며, 반면에 **신앙문서는 성경에 의하여 표준으로 세워진 규범**인 것으로 구별을 합니다. 성경은 교회의 신앙과 행위의 일차적이며 최종적인 규범이며, 신앙문서는 성경에 의하여 부여된 이차적이며 부수적인 신앙과 행위의 규범입니다. 기독교의 다른 교파들도 성경을 신앙과 행위의 최고 권위로 인정한다는 점에서 성경을 '노르마 노르망스' 인정을 할 것입니다. 그러면서 또한 그들 나름의 '노르마 노르마타'가 있을 것입니다. 이러한 가운데 개혁교회는 개혁교회만의 '노르마 노르마타'로서의 신앙문서를 제시하고, 그것으로 개혁교회의 정체성을 드러냅니다. 그리하여 역으로 이렇게 세워진 '노르마 노르마타'에 의하여 개혁교회는 개혁교회로서의 진정한 정체성을 인정받습니다.

이 책은 바로 개혁교회 신앙의 표준인 신앙문서들에 대한 연구논문들을 담고 있습니다. 이 책에서 다루고 있는 주제들은 제네파 교회, 취리히 교회, 팔츠(하이델베르크) 교회에서 각각 행한 신앙교육에 대한 소개와 아울러, 팔츠의 하이델베르크 요리문답, 네덜란드 교회의 도르트 신경, 그리고 잉글랜드와 스코틀랜드 교회의 웨스트민스터 신앙고백서와 스코틀랜드 신앙고백서에 대한 소개와 올바른 이해들과 관련한 것입니다. 그리고 구원론 관점에서 개혁교회와 천주교회의 신앙문서들의 신학적 차이점들을 분별하는 논문들을 담고 있으며, 또한 개혁교회의 교회정치와 예배론에 대한 논문들을 포함하고 있습니다.

이 책에 수록된 논문들은 모두 현재 합동신학대학원 대학교에서 가르치고 계신 교수님들이 그동안 여러 책들과 신학 저널에 발표한 것들입니다. 기고하신 분들은 조병수(신약학), 이승구, 김병훈, 이남규(이상 조직신학), 안상혁, 박상봉(이상 교회사) 교수이며, 논문의 총수는 19편입니다. 기꺼이 논문을 기고해주신 교수님들께 편집자로서 깊은 감사를 드립니다.

오늘날 한국교회는 신앙과 목회에 있어서 무엇을 하여야 하며, 어떻게 하여야 할 것이며, 또한 왜 그렇게 하여야 하는가에 관한 근본적인 질문에 대한 답을 절실히 필요로 하고 있다고 판단합니다. 이에 '원천으로 돌아가는'(ad fontes) 길 만이 한국교회가 앞으로 나아갈 유일한 선택이며, 질문에 대한 답이라고 생각합니다. 개혁교회에게 있어서 '원천으로 돌아가는' 길은 곧 '신앙문서들에게로 돌아가는'(ad normas normatas) 길입니다. 이 책이 그 길에 길잡이로서의 작은 역할을 감당할 수 있기를 절실히 바라며 또한 기대합니다.

Numquid reppulit Deus populum suum? absit.
(하나님이 자기 백성을 버리셨느냐? 그럴 수 없느니라, 롬 11:1a)

Ipsi gloria in saecula amen.
(그에게 영광이 세세에 있을지어다 아멘, 롬 11:36b)

2015년 9월
편집인 김병훈

제1장
제네바 교회의 개혁신학과 신앙

1.
『기독교 강요』에서 칼빈의 성경 사용[1]
- 1599년 최종판 1권 1장의 사례

조병수   신약신학 · 총장

칼빈의 성경관

결론부터 말하자면 칼빈은 성경의 사람이다.[2] 아무도 성경 없는 칼빈을 상상하기조차 불가능하다. 그는 전적으로 성경을 힘입어 살며 기동하며 존재했기 때문이다. 성경에 대한 칼빈의 집착력은 성경 주석의 분량만보다도 어렵지 않게 발견할 수 있다. 칼빈은 전 생애를 드려서 성경을 주석했다.[3]

---

[1] 이 글은 2009년 '칼빈 탄생 500주년 기념사업회'가 주관한 신학 심포지엄에서 발표한 것으로, 「신학정론」 27/1 (2009.5): 15-36에 실렸던 것이다.

[2] J. H. Leith는 제네바에서 칼빈이 받은 첫째 명칭은 "성경 낭독자"(Reader in Holy Scripture)였고(CR 5, 233), 자신을 가리켜 "제네바 교회의 하나님 말씀 목회자"(Minister of the Word of God in the Church of Geneva)라고 불렀다(CR 20, 299)는 사실에 근거해서 칼빈을 "성경의 신학자"(Theologian of the Bible)라고 규정했다.("John Calvin - Theologian of the Bible," *Interpretation* 25 (1971), 329-44, esp. 329f.)

[3] 칼빈의 주석출판 연표는 T. H. L. Parker, "Calvin the Biblical Expositor," *Churchman* 78 (1964), 23-31 (= ACC 6, 65-73), esp. 30f.에 첨부한 부록(Appendix I)에 잘 정리되어 있다. 그의 연표를 다음과 같이 간단히 정리해보았다(L = 라틴어, F = 불어번역).

> 1540 로마서 L(1550 F)
> 1542 유다서 F
> 1545 베드로전후서와 유다서 F
> 1546 고린도전서 L(1547 F)
> 1547 고린도후서 F(1548 L)

그래서 그의 생애는 성경을 주석하기 위한 것이었다고 표현해도 과언이 아니다. 칼빈이 이처럼 성경 주석에 온 힘을 기울인 것은 성경만이 하나님과 인간을 정확하게 알려주는 유일한 원천(fons)이며 교사(dux)라고 믿었기 때문이다.

칼빈의 이런 성경관은 『기독교 강요』에서 분명하게 나타난다. 칼빈은 『기독교 강요』 최종판(1559년)의 세 부분에서 성경에 관한 견해를 피력한다. 첫째로 1권 6~9장에서는 성경과 하나님 지식을 연관시켜 다루며, 둘째로 3권 2장에서는 성령의 구원 사역과 성경을 관련시켜 다루고, 셋째로 4권 8장에서는 성경의 영감과 권위 문제를 다룬다.[4] 칼빈의 성경관을 종합하면 성경은 원천이며 교사라는 것이다.

칼빈은 『기독교 강요』의 초판(1536년)부터 기독교의 교리는 하나님과 인간에 대한 지식이라는 두 부분으로 구성된다고 정리했고 이 생각을 최종판 (1559년)까지 변함없이 유지했다.[5] 이렇게 볼 때 칼빈의 신학은 하나님에 대한 지식과 인간에 대한 지식이라는 두 가지 요소로 집약할 수 있다.[6] 그런데 칼빈에

1548 갈/엡/빌/골 L(1548 F), 디모데전후서 L(1548 F)
1549 디도서 F(1550 L), 히브리서 L(1549 F)
1550 데살로니가전후서 L
1551 이사야서(1판) L(1552 F), 공동서신 L(1556 F), 요한일서 F, 야고보서 F, 유다서 F
1552 사도행전a L(1552 F)
1553 요한복음 L(1553 F), 공관복음 Harmony
1554 창세기 L(1554 F), 사도행전b L(1554 F)
1557 시편 L(1558 F), 호세아 L(1557 F)
1559 이사야(2판) L(1572 F), 소선지서
1561 다니엘 L(1562 F)
1563 예레미야서와 애가 L(1565 F), 모세오경 L(1564 F)
1564 여호수아 F(1564 L)
1565 에스겔 1-20 L(1565 F)[1552-54에 설교됨, 1563-64에 강의됨]
칼빈이 학교와 교회에서 성경을 강의한 목록은 Parker의 Appendix II를 참조하라.
   4 신복윤, 『칼빈의 하나님 중심의 신학』 (수원: 합동신학대학원출판부, 2005), p. 79. Cf. 도날드 매킴, "칼빈의 성경관," in 도널드 매킴 편저, 『칼빈 신학의 이해. 15명의 세계 석학들의 논문을 통해 본 칼빈 신학 연구서』, 이종태 옮김 (서울: 생명의말씀사, 1991), pp. 52-86, esp. 61: "1559년 판 『기독교 강요』에 보면 칼빈은 세 곳에서 성경에 대해서 정식으로 거론하고 있다. …이 세 부분은 성경과 하나님을 아는 지식(1,6-9), 구원을 위한 성령의 역사라는 맥락 안에서의 성경(3,2), 및 성경의 영감과 권위(4,8)이다."
   5 Summa fere sacrae doctrinae duabus his partibus constat: Cognitione Dei ac nostri.
   6 R. C. Gamble, "Calvin as Theologian and Exegete: Is There Anything New?", *Calvin Theological Journal* 23 (1988): 178-194 (= ACC 7, 44-60), esp. 180: "하나님과 인간에 대한 이중적 지식은 칼빈 신학의 지배적인 구조이다(the controlling structure of Calvin's theology)."

의하면 이와 같은 이중적인 지식을 알 수 있는 길은 성경밖에 없다.[7] 이중적인 지식을 가장 명확하게 보여주는 것은 성경이다.[8] 성경은 특히 하나님을 아는 일에 있어서 가장 중요한 역할을 한다. 하나님을 찾는 최선의 방법은 그분의 말씀에서 시작한다.[9] 이 때문에 칼빈은 1권 6장의 제목을 "누군가가 창조주 하나님께 도달하기 위해서는 교사와 지도자인 성경이 필요하다"(Ut ad Deum creatorem quis perveniat, opus esse scriptura duce et magistra)는 제목을 달았다.[10] 칼빈에게 있어서 성경은 교사(dux)이며 지도자(magistra)이다. 칼빈이 성경을 논하는 일은 가장 먼저 하나님을 아는 지식에 대한 그의 견해와 밀접하게 관련되어 있었다. 칼빈에 의하면 하나님의 말씀과 뜻을 밝히 드러내어 하나님의 계시나 그분 자신의 의사 소통을 구체화하기 위해서는 반드시 성경이 필요하다는 것이다.[11]

사실 『기독교 강요』 자체가 성경 이해를 위한 책이었다. 『기독교 강요』는 성경을 이해시키기 위한 노력 외에 다른 것이 아니었다. 이것은 칼빈을 연구하는 학자들이 대부분 언급하는 사실이다. 칼빈은 성경 이해를 열어주기 위해서 『기독교 강요』를 썼다.[12] 칼빈은 『기독교 강요』 초판(1539년)에서 이것을 밝히고 있으며 최종판(1559년)의 독자에게 주는 서문에서는 더욱 분명하게 이것을 제시한다.

이와 동일한 견해를 가진 학자들을 보려면 Gamble의 각주를 참조하라.

[7] W. Niesel, *Die Theologie Calvins*, zweite, überarbeitete Auflage, Einführung in die evangelische Theologie VI, München: Kaiser, 1938, 1957, 24: "Wollen wir etwas Zutreffendes über Gott und damit auch über sein Verhältnis zum Menschen sagen, dann müssen wir von Gott selbst darüber belehrt werden. Das geschieht in der Heiligen Schrift. Sie allein gibt uns Aufschluß über Gott und uns selbst."

[8] 이런 점에서 칼빈은 자연의 빛에 가치를 주지 않는다.

[9] 칼빈, 창세기 48:15 주석을 참조하라: "우리가 말씀으로부터 시작할 때, 이것이 하나님을 찾는 최선의 방법이다"(Haec optima est ratio quaereni Dei, ubi a verbo incipimus)(CR 51, 584).

[10] Cf. Gamble, "Calvin as Theologian and Exegete," p. 181.

[11] 도날드 매킴, "칼빈의 성경관," p. 61.

[12] Parker, "Calvin the Biblical Expositor," p. 27. P. T. Fuhrmann, "Calvin, The Expositor of Scripture," *Interpretation* 6 (1952): 188-209 (= ACC 6, 104-125), esp. 205는 W. Walker (*Jean Calvin*, transl. by E. and N. Weiss, Geneva, 1909, 138 and note)의 말을 인용해서, 『기독교 강요』의 초판의 본질적인 목적은 성경의 가르침을 열어주는 것이었다(Its essential aim was to unfold the teaching of Scripture)고 말한다. Cf. J. L. M. Haire, "John Calvin as an Expositor as an Expositor," *Irish Biblical Studies* 4 (1982): 2-16 (= ACC 6, 74-88), 8: "He certainly wrote his Institutes - Institutio, as in the great Roman lawyers, meant simply 'a summary' in Latin - to be a summary of the teaching of scripture and so a guide to the many who, in the Reformation age were, for the first time, seeking to read and understand the Scriptures for themselves."

더 나아가서 이 작업으로 내가 의도하는 것은 거룩한 신학의 후보생들을 하나님의 말씀을 읽는 일에 준비시키고 가르침으로써 한편으로는 하나님의 말씀에 쉽게 다가설 수 있게 하고 다른 한편으로는 방해받지 않고 하나님의 말씀 안에서 점점 전진할 수 있게 하는 것이다.[13]

칼빈은 누구든지 『기독교 강요』를 올바로 파악하기만 하면 성경에서 주로 무엇을 연구해야 하는지(quid potissimum quaerere in scriptura) 알 수 있고, 성경에서 어떤 목적으로(quem in scopum referre) 돌아가야 하는지 어렵지 않게 알 수 있을 것이라고 생각했다. "이러한 근본적인 진술을 볼 때 『기독교 강요』에서 칼빈이 관심을 기울인 것으로 보이는 것은 성경 내용의 총합을 얻어 서술하는 것이었다."[14] 한마디로 말해서 칼빈의 『기독교 강요』는 그가 하나님의 말씀을 섬기는 종으로 활동한 일면을 보여주고 있다.[15] 칼빈은 『기독교 강요』가 그의 성경 주석을 위한 입문서로 봉사하기를 원했다.[16] 이런 점에서 칼빈에게는 『기독교 강요』와 성경 주석이 시간의 흐름에 따라서 서로 간에 영향을 주면서 심화되고 강화되었던 것을 볼 수 있다.[17]

칼빈의 성경 사용 방식

그러면 성경 주석을 위한 입문서와도 같은 『기독교 강요』에서 칼빈이 실제로 성경을 어떻게 사용하고 있는지 살펴볼 필요가 있다.

1) 범위

---

[13] *CR XXX*, 1-2 (Johannes Calvinus Lectori): Porro hoc mihi in isto labore propositum fuit, sacrae theologiae candidatos ad divini verbi lectionem ita praeparare et instruere, ut et facilem ad eam aditum habere, et inoffenso in ea gradu pergere queant. Cf. Fuhrmann, "Calvin, The Expositor of Scripture," 206.

[14] Niesel, *Theologie Calvins*, p. 24: "Nach diesen grundsätzlichen Ausführungen scheint es Calvin in der Institutio darum zu gehen, eine Summe des Schriftinhaltes zu gewinnen und darzustellen."

[15] Fuhrmann, "Calvin, The Expositor of Scripture," p. 207: "Calvin's Institutio was simply an aspect his activity as a servant of the Word of God."

[16] Gamble, "Calvin as Theologian and Exegete," p. 188.

[17] Cf. Parker, "Calvin the Biblical Expositor," p. 27. Leith, "Theologian of the Bible," p. 332: "It is significant that development of the Institutes parallels the writing of the commentaries."

칼빈은『기독교 강요』에서 성경을 사용할 때 습관적으로 성경 구절을 책 이름과 장절로 언급한다. Battles는 Westminster 출판사를 통해서『기독교 강요』를 영역하면서 성구 색인을 달았는데[18] 그 초두에 "『기독교 강요』에서 칼빈의 성경 사용에 대한 가장 포괄적이며 정확한 색인을 얻으려는 노력을 기울였다"(An effort has been made to achieve the most comprehensive and accurate index of Calvin's use of Scripture in the Institutes)[19]는 야심찬 표현을 사용했다. 이 색인은 성경의 직접 인용뿐 아니라 암시 구절까지 포함한다. 실제로 이 성구 색인은 칼빈이『기독교 강요』에서 성경을 얼마나 자주 풍부하게 사용했는지 여실히 관찰할 수 있게 하는 자료로 훌륭한 유익을 준다. 후에 Battles는 『기독교 강요』의 성경 사용에 관한 이 복잡한 자료를 도표화하는 수고를 했다 (Tabulation of Biblical Citations in the Institutes).[20] 우리는 Battles의 도표를 바탕으로 다음과 같이 더욱 간단하게 만들어 볼 수 있는데 이 도표를 보면 칼빈이『기독교 강요』에서 각 성경 책을 몇 번씩 사용했는지 한눈에 파악할 수 있다(다음 페이지에 있는 도표를 보라).

우리는 칼빈이『기독교 강요』에서 성경을 사용한 몇 가지 특징을 발견하게 된다. 첫째로 우리는 칼빈이『기독교 강요』에서 구약성경의 에스더와 나훔서, 신약성경의 요한이서와 요한삼서를 제외하고는 모든 성경책을 사용했다는 것을 알 수 있다(6747번). 둘째로 칼빈은『기독교 강요』에서 구약성경을 대략 전체에서 3분의 1정도 사용했고, 신약성경을 대략 3분의 2정도 사용했다. 이것은 구약성경 사용과 신약성경 사용을 비교해 볼 때 구약성경보다 신약성경이 두 배 정도 많이 사용되었다는 것을 의미한다. 셋째로 눈에 두드러지는 것은 『기독교 강요』에서 로마서가 가장 많이 사용되었다는 사실이다(598번). 이것은 칼빈이 본래『기독교 강요』를 쓰면서 로마서 주석과 연결시키려고 했던 의지와 절대로 무관하지 않다.[21] 그 다음에『기독교 강요』에서 시편(580번)[22]

---

[18] Calvin, *Institutes on the Christian Religion*, 2 vols. translated and indexed by Ford Lewis Battles (LCC XX) (Philadelphia: The Westminster Press), vol. 2, 1553-1592.

[19] Calvin, *Institutes on the Christian Religion*(Battles), vol. 2, 1553.

[20] F. L. Battles, *Interpreting John Calvin* (Grand Rapids: Baker 1996), pp. 359f. Cf. F. L. Battles, *New Light on Calvin's Institutes. A Supplement to the McNeill-Battles Translation* (Hartford: Hartford Seminary Press, 1966).

[21] Cf. Parker, "Calvin the Biblical Expositor," p. 27: "Here he not only says that he writes so as to open up the understanding of Scripture, but expressly connects the Institutio with his commentaries and in particular with that on Romans."

과 마태복음(542번)이 압도적으로 많이 사용되었다. 시편이 많이 사용된 이유는 칼빈이 보기에 시편은 메시아에 대한 예언을 많이 담고 있다고 생각했기 때문일 것으로 추정된다.[23] 그 다음으로 구약성경에서는 이사야서(324번), 신약성경에서는 요한복음(466번), 고린도전서(428번)가 많이 사용되었다. 분량에 비해서 에베소서(282번)가 많이 사용된 것을 간과해서는 안 될 일이다. 그러나 이에 비하여 역사서(통틀어 238번)와 요한계시록(28번)이 거의 사용되지 않은 것은 주목할 만하다.

성경	장르	책 이름과 사용 횟수
구약 2,424	모세오경661	창254 출164 레65 민23 신155
	역사서238	수10 삿30 룻1 삼상52 삼하34 왕상51 왕하42 대상3 대하7 스1 느6 에1[24]
	시가서754	욥68 시580 잠82 전21 아3
	대선지서625	사324 렘162 애가3 겔98 단38
	소선지서146	호32 욜21 암11 옵1 욘8 미7 나0 합14 습4 학2 슥19 말27
신약 4,330 [4,323]	복음서1303	마542 막60 눅235 요466
		행276
	바울서신2187	롬598 고전428 고후205 갈183 엡282 빌84 골132 살전33 살후36 딤전105 딤후50 딛49 몬2
		히244
	공동서신 292[285][25]	약57 벧전116 벧후24 요일88 요이0 요삼0
		계28

칼빈은 『기독교 강요』에서 여러 차례 외경을 사용했다. 때로는 명시적으로

---

22 『기독교 강요』에서 사용되지 않은 시편들은 다음과 같다: 13, 35, 54, 58, 66, 67, 70, 76, 81, 83, 85, 109, 114, 120, 123, 124, 125, 126, 128, 129, 134, 137, 139, 146, 148, 149, 150.

23 시편에 대한 칼빈의 메시아적 해석을 보려면, Russell, S. H., "Calvin and the Messianic Interpretation of the Psalms," *Scottish Journal of Theology* 21 (1968): 37-47 (= ACC 6, 261-271)를 참조하라.

24 Battles는 『기독교 강요』에 에스더서가 한 번 사용되었다고 말하는데 그 위치가 어디인지 확인되지 않는다.

25 이 도표에서 Battles는 두 가지 실수를 범하고 있다. 첫째로는 계산에 실수를 보이고 있다. 공동서신은 292번이 아니라 285번이다. 따라서 신약은 4,330번이 아니라 4,323번 사용되었다. 둘째로 그는 유다서를 빼놓는 실수를 범하고 있는데, 실제로 유다서는 『기독교 강요』에서 여섯 번 사용되었다(6절 = 1,14,16; 1.14.19; 3.25.6; 4.11.1; 9절 = 1.14.8; 1.14.19).

책 이름과 구절을 언급한다: 토빗(Tobit) 12:15(1.14.8), 솔로몬의 지혜(Wisdom of Solomon) 14:15~16(1.11.8), 시락의 집회서(Ecclesiasticus) 15:14~17/ 14~18(2.5.18), 16:14 /15(3.15.4), 16:14(3.15.4), 바룩(Baruch) 2:18~19 Vg(3.20.8), 3:2 (3.20.8), 마카비상(I Maccabees) 1:56~57 (1.8.10)[26], 마카비하(II Maccabees) 12:43(3.5.8), 12:43 (3.5.8), 15:39 (3.5.8). 또한 칼빈은 책 이름과 구절에 대한 언급 없이 외경을 진술하기도 한다: 집회서(Ecclesiasticus) 6:31(3.9.6), 18:11/18:9(1.5.6), 24:9/24:14 (1.13.7), 24:9/24:14(1.13.7), 24:9/24:14 (2.14.8). 칼빈은『기독교 강요』에서 외경을 사용하면서 때로는 아주 부정적인 견해를 보이기도 하고(마카비하 12:43[3.5.8], 12:43[3.5.8], 15:39[3.5.8])[27], 중립 적으로 사용하기도 하며(토빗 12:15[1.14.8]: 천사 라파엘 언급; 솔로몬의 지혜 14:15-16[1.11.8]: 우상숭배의 기원), 긍정적인 입장을 취하기도 한다(바룩 2:18~19 Vg [3.20.8], 3:2[3.20.8][28]).

2) 출처

『기독교 강요』에서 칼빈은 성경을 사용하면서 자신의 성경주석에서 가져오기 도 하고, Vulgate와 칠십인 역(Septuagint, LXX)이나 히브리어 성경을 사용하기 도 하며, 에라스무스(Erasmus)를 참조하는 경우도 있고, 제네바 성경(Geneva Bible)을 보기도 했다.[29] 칼빈이 히브리어 성경을 사용한 경우들 가운데 대표적 인 예는 형상(צלם)과 모양(דמות)을 언급하는 1권 15장 3절이다.[30] 칠십인 역을 사용한 대표적인 예는 시편 94:12~13(93:12~13)이다(3.4.34).[31] 칼빈은 4.3.15에

---

[26] 이것은 책이름과 구절을 언급하지 않은 채 사용되었지만 안티오커스(Antiochus)가 거명 되었기 때문에 책 이름이 언급된 것이나 다를 바가 없다.

[27] 칼빈은 마카비하를 정경에 포함시키지 않는다고 분명하게 말한다(ne opus illud videar in sacrorum librorum catalogum referre)(3.5.8).

[28] 바룩의 내용은 인간의 죄인 됨과 하나님께만 자비를 구해야 함을 말하고 있는데, 칼빈은 이 구절을 가리켜 "가장 참되며 거룩한 글"(verissime enim ac sanctissimo scriptum est)이라고 극찬했다.

[29] Battles가 Westminster 출판사의『기독교 강요』번역자 노트(Translator's Note)에서 말한 것을 보라(Calvin, *Institutes on the Christian Religion*, vol. 1. xxiv).

[30] 칼빈의 히브리어 능력에 관해서는 D. L. Puckett, *John Calvin's Exegesis of the Old Testament*, Columbia Series in Reformed Theology (Louisville: Westminster John Knox Press, 1995), pp. 58f.를 보라.

[31] 아래에서『기독교 강요』, Vulgata, Septuaginta의 밑줄 친 부분들을 주의해서 비교해 보라.

서 χειποτοιήσανες의 뜻을 정확하게 설명함으로써 헬라어 성경을 사용한 예를 분명하게 보여준다.[32]

칼빈은『기독교 강요』에서 구약성경과 신약성경을 아무런 거리낌 없이 나란히 사용하는 경우가 많이 있다. 칼빈에게 구약성경과 신약성경은 수평적 관계에 있는 것으로 이해되었다. 이것은 칼빈이 구약성경과 신약성경의 연결성을 확신했다는 사실을 강하게 증거한다. 칼빈에게 있어서 구약성경과 신약성경은 동일한 말씀을 증거한다. 그래서 "율법과 복음은 말씀들일 뿐 아니라 그것들은 하나님의 한 말씀을 선포한다."[33]

3) 방식

『기독교 강요』에서 칼빈이 성경을 사용한 방식은 간단해 보이지 않지만 대체로 다음과 같이 세 가지로 정리를 해 볼 수 있다: 녹아진 암시, 단순한 참조, 해석적 인용. 이 글에서는 논의를 좁히기 위해서『기독교 강요』가운데 하나님에 대한 지식을 말하는 부분(1권 1장)을 중심으로 이런 성경 사용 방식을 살펴보는 것으로 제한한다.

(1) 녹아진 암시

칼빈은『기독교 강요』에서 비록 성경을 직접적으로 참조하지 않더라도 언어와 내용에서 성경을 전제하는 경우가 많이 있다. 이것은 칼빈이 성경의 언어와 내용에 매우 익숙해 있었기 때문에 논지를 전개할 때 자연스럽게 활용되었던

『기독교 강요』: beatus homo quem tu corripueris, Domine, et in lege tua erudieris, ut praestes illi quietem a diebus malis, dum foditur peccatori fovea

Vulgata: beatus vir quem erudieris Domine et de lege tua docueris eum ut quiescat a diebus adflictionis donec fodiatur impio interitus

Septuaginta: μακάριος ἄνθρωπος ὃν ἂν σὺ παιδεύσῃς κύριε καὶ ἐκ τοῦ νόμου σου διδάξῃς αὐτὸν τοῦ πραῦναι αὐτῷ ἀφ᾽ ἡμερῶν πονηρῶν ἕως οὗ ὀρυγῇ τῷ ἁμαρτωλῷ βόθρος.

Battles의 색인에는 칼빈이 시 143:2/142:2Vg/Lxx(3.12.2; 3.20.8), 시 78:67-68/77:67-68Vg/Lxx(3.21.6), 시 147:20(3.21.6)도 칠십인 역을 사용했을 것이라고 추정하지만 면밀히 살펴보면 그렇지 않다는 것을 알 수 있다.

[32] 유사한 내용을 진술하는 칼빈의 사도행전 주석을 참조하라.

[33] Niesel, *Theologie Calvins*, 28: "Gesetz und Evangelium sind nicht nur Worte, sondern sie verkündigen das eine Wort Gottes." Niesel은 칼빈이 견지하는 구약성경의 의미에 관해서 잘 설명해준다(103-107). 그러나 Niesel은 K. Barth의 신학을 따라 성경의 목적을 주로 기독론적으로 이해하는 편향성을 가진다.

것으로 이해할 수 있다. 예를 들어, 칼빈은 우리의 은사 가운데 모든 것이 하나님에게서 나왔고 우리의 존재 자체도 하나님 안에서 성립된다는 것을 말하면서 하늘에서 이슬처럼 내리는 축복에 관해서 설명하는데(1.1.1), 이것은 시편 133:3을 암시하고 있다("헐몬의 이슬이 시온의 산들에 내림 같도다"). 이에 바로 이어지는 내용은 최초 인간의 범죄로 말미암은 비참한 파멸에 관한 것인데(1.1.1), 이것은 두말할 나위 없이 창세기 3장의 아담의 타락을 가리키는 것이다.

칼빈이 인간의 파멸적인 상황을 설명하면서 인간은 모두 위선으로 기울어져 있다고 말하는 것이나, 인간은 지혜가 있다고 생각하지만 사실은 매우 어리석은 존재라고 지적하는 것(1.1.2)은 로마서 3:12("다 치우쳐 함께 무익하게 되고")과 1:22("스스로 지혜 있다 하나 어리석게 되어")[34]를 풀어 쓰고 있는 것이다.

칼빈에 의하면 인간은 의라는 가면을 쓰고 즐거워하다가 하나님의 의와 지혜와 권능 앞에 서게 될 때 최대의 불의로 간주된다(1.1.2). 이것은 영락없이 욥기 40:3을 연상시킨다. 칼빈은 성도들도 하나님의 임재를 의식할 때 충격을 받고 압도를 당한다고 말하는데(1.1.3.), 이것은 분명히 이사야의 체험을 지시한다(사 6:1ff.). 여기에서 칼빈은 하나님의 영광 앞에서 인간은 단지 부패하고 (putredo) 벌레(vermis)에 지나지 않는다고 말한다. 이것은 욥기 13:28(cf. 7:5)의 용어와 시편 22:6(21:7 VL)을 빌려온 것이다. 또한 칼빈은 사람들이 하나님께서 영광을 나타내 보이시면 죽음의 공포로 쓰러지는 것 같은 반응을 나타낸다고 말한다(1.1.3). 이것은 칼빈이 다니엘(단 8:17,18; 10:9~10,15), 바울(행 9:4; 22:7; 26:14), 요한(계 1:17)의 경험을 염두에 두고 하는 말이다. 이것을 의심할 필요가 없는 까닭은 칼빈이 실제로 이 단락(1.1.3)에서 욥과 이사야를 언급하고 있기 때문이다.

더 나아가서 칼빈은 그리스도께서 하나님과 우리를 화목하게 하셨다는 내용을 여러 차례 진술한다(1.2.1). 이것은 사도 바울의 기독론을 참조한 것이다(롬 5:1,10; 고후 5:18; 엡 2:14,16; 골 1:20,22). 여기에서 하나님이 특히 "그리스도의 얼굴 안에서 구속자로 나타나셨다"(deinde in Christi facie redemptor apparet)는 표현은 분명히 고린도후서 4:6에 기초한 것이다. 이 단락에서 칼빈은

---

[34] 이 구절은 1.4.1에서 인용된다.

하나님이 모든 선의 근원이시기 때문에 그 분 밖에서 어느 것도 찾아서는
안 된다는 것을 확신해야 한다고 말한다(1.2.1). 이것은 마가복음 10:18과 시편
16:2를 암시한다. 비슷한 내용으로 칼빈은 지혜, 빛, 의 등 어느 하나도 하나님께
로부터 흘러나오지 않은 것이 없으며 하나님을 원인으로 삼지 않는 것이 없다
고 말한다(1.2.1). 이것은 고린도전서 1:30이나 야고보서 1:17을 가리킨다. 칼빈
은 이 사실에 근거해서 우리는 모든 것을 그에게서 기대하며 그에게서 찾아야
한다고 권면한다(1.2.1). 이것은 시편 123:2를 암시한다.

칼빈은 로마의 황제 가이우스 칼리굴라(Gaius Caligula)를 예로 들어
(1.3.2) 가장 방자하게 하나님을 멸시하는 자들이 실제로는 가장 비참하게
하나님을 두려워했다는 사실을 밝히면서 그것은 마치 나뭇잎들(folii)이 바람
에 떨어지는 소리에도 놀라는 것과 같다고 비유했다. 이것은 레위기 26:36을
암시적으로 따온 것이다.

이렇게 몇 가지 예들만 살펴보아도 칼빈이 『기독교 강요』에서 쓰고 있는
용어와 내용은 성경에서 출원한 것임을 알 수 있다. 이런 예들은 비록 칼빈이
성경을 직접적으로 참조하거나 인용하지는 않지만 성경이 그의 글 가운데
녹아져 있다는 사실을 보여준다. 다시 말해서 이런 예들은 칼빈이 성경을
마치 자기의 말처럼 자연스럽게 풀어서 사용하고 있는 경우들이다.

(2) 단순한 참조

『기독교 강요』에서 칼빈의 성경 사용과 관련해서 말할 때 여기에 "단순한
참조"라는 표현은 칼빈이 성경을 직접적으로 인용하지 않고 단지 성경책 이름
과 장, 절만 제시하는 경우를 가리킨다. 칼빈은 어떤 경우에 한 구절을 인용하고
거기에 참고 구절들을 열거한다. 예를 들면 칼빈은 하나님의 영광 앞에 선
사람들이 두려워하는 모습을 설명하기 위하여 삼손의 아버지 마노아가 그
부인에게 "주님이 우리에게 나타났으니 우리가 죽으리라"(moriemur quia
Dominus apparuit nobis)는 사사기 13:22을 인용한 후에(1.1.3), 거기에 사실은
이와 똑같은 태도를 보여주지 않는 이사야 6:5, 에스겔 1:28; 3:14을 증거 구절로
덧붙인다. 이보다는 조금 적극적이지만 어느 때는 칼빈이 하나의 신학적인
사실을 증명하기 위하여 성경의 내용을 풀어서 참조하는 경우가 있다. 예를
들어 칼빈은 이 세계가 하나님을 보여주는 거울(speculum)이라는 사실을 증명
하기 위해서(1.5.1) 히브리서 11:3과 시편 19:1을 참조 구절로 제시한다(그

후에 로마서 1:19를 직접 인용으로 첨가한다).[35]

(3) 직접 인용

칼빈이 『기독교 강요』에서 성경을 사용하는 방식과 관련하여 가장 관심을 끄는 것은 직접 인용이다. Battles는 칼빈이 『기독교 강요』에서 성경을 사용할 때 문자적으로보다는 의미적으로 인용하며 심지어 직접 인용하는 경우에도 잘 알려진 성경 구절을 자구적으로 인용하지 않는다고 주장했다.[36] 이 주장은 상당히 설득력이 있는 것처럼 들린다. 우리는 『기독교 강요』에서 하나님 지식을 다루는 단락들을 중심으로 이 현상을 자세히 살펴보고자 한다.

생략

칼빈이 『기독교 강요』에서 가장 먼저 사용한 첫 구절은 사도행전 17:28이다 (1.1.1). 칼빈은 Vulgata에서 이 구절을 참조한 흔적이 분명하다. 이 구절은 Vulgata와 『기독교 강요』에서 다음과 같다.

> **Vulgata**:　in ipso enim vivimus et movemur et sumus
> 　　　　　　우리가 그를 힘입어 살며 기동하며 존재하느니라
>
> **기독교 강요**: in quo vivit et movetur

Vulgata와 『기독교 강요』를 비교하면 몇 가지 차이점이 발견된다. 첫째로 칼빈은 이 구절을 부분적으로 인용했다. 칼빈은 단지 "살다"(vivere)와 "움직이다"(moveri)만을 인용하고 "존재하다"(esse)는 인용하지 않았다. 게다가 칼빈은 이 구절을 『기독교 강요』의 문맥에 맞추어 일인칭 복수로 되어있는 것을 삼인칭 단수로 바꾸었다. 칼빈은 『기독교 강요』에서 사도행전 17:28을 모두 5번 사용했는데(1.1.1; 1.5.3; 1.15.5; 1.16.1; 1.16.4), 그 중에 바로 이 내용을 담고 있는 사도행전 17:28 상반절을 두 번 다시 사용했고(1.16.1; 1.16.4), 이

---

[35] 칼빈은 이 단락(1.5.1)에서 성경 기자에게 명칭을 부여하는데 몇 가지 특별한 사항들이 나타난다. 칼빈은 히브리서 저자(autor epistolae ad Hebraeos)를 사도 바울과 구별되는 것처럼 언급하며, 시편 기자를 선지자(propheta)라고 부름으로써 시편의 장르에 색감을 달리하며, 사도 바울에게는 사도(apostolus)라는 명칭을 주어 독특성을 부각시킨다.

[36] Calvin, *Institutes on the Christian Religion*(Battles), vol. 1. xxiv: Translator's Note: "At the outset, it became obvious that Calvin more often quotes Scripture ad sensum than ad litteram and even when he is quoting directly very often no known Scriptural version is followed verbatim."

두 번의 경우에는 "살다"(vivere), "움직이다"(moveri), "존재하다"(esse) 세 내용이 모두 들어있다. 그런데 특이하게도 칼빈은『기독교 강요』1.16.1에서는 이 세 가지 내용을 사도행전 17:28과는 완전히 거꾸로 된 순서로 배열했고(esse et moveri et vivere), 1.16.4에서는 완전히 일치하는 순서로 배열했다(vivere, moveri, et esse). 따라서 칼빈이『기독교 강요』1.1.1에서 비록 두 내용(vivere와 moveri)만을 인용했다 하더라도 세 번째 내용을 몰랐기 때문이라고 말할 수는 없다. 실제로 칼빈은 이 구절을 인용하고 나서 바로 다음에 하나님과의 관계에서 우리의 존재에 관해서 논의한다("진실로 우리가 존재하는 것 그 자체는 한 하나님 안에서 존재하는 것 외에 다른 아무 것도 아니다"[37]). 칼빈에게는 이 구절을 인용하고 이어서 이 구절을 해석하려는 의지가 분명하게 엿보인다. 따라서 언뜻 보면 인용에 약간의 실수가 생긴 듯이 보이지만 결국은 해석으로 만회하고 있다는 것을 알 수 있다.

문법 변형

칼빈이 성경 구절을 자구대로 인용하지 않는다는 사실은 계속되는 인용에서 어렵지 않게 발견된다. 칼빈은 하나님의 임재를 경험한 사람들이 내놓는 고백을 설명하는 중에 사사기 13:22에서 대표적으로 삼손의 아버지 마노아가 그 부인에게 했던 죽음의 공포에 관한 말을 인용한다(1.1.3).

> **Vulgata**:　　moriemur quia vidimus Deum
> 　　　　　　우리가 하나님을 보았으니 죽으리라
>
> **기독교강요**: moriemur quia Dominus apparuit nobis

칼빈은 Vulgata에 "우리가 주님을 보았기 때문이다"라고 능동태 문장으로 되어 있는 것을 "주님이 우리에게 나타나셨기 때문이다"는 수동태 문장으로 고쳐서 인용했다. 히브리어 성경(כִּי אֱלֹהִים רָאִינוּ)이나 칠십인 역(ὅτι θεὸν εἴδομεν ἑωράκαμεν)이 모두 능동태 문장으로 되어 있다는 점을 고려할 때 순전히 칼빈이 임의로 변경시킨 것임을 확인할 수 있다.

순서 변경

---

[37] imo ne id quidem ipsum quod <u>sumus</u>, aliud <u>esse</u>, quam in uno Deo <u>subsistentiam</u>.

같은 맥락에서 칼빈은 창세기 18:27에 묘사된 대로 하나님의 영광 앞에 선 아브라함이 자신을 가리켜 아무런 가치도 없는 존재라고 고백했던 것을 제시한다(1.1.3). 이때 칼빈은 Vulgata의 "먼지와 재"(pulvis et cinis)라는 표현 대신에 "흙과 먼지"(terram et pulverem)라는 표현을 사용했는데 이것은 두 단어의 순서를 엇바꾸어 사용한 것이다. 여기에서 한 가지 더 눈에 띄는 것은 칼빈이 "재"(cinis) 대신에 "흙"(terra)을 사용한 것이다. 이것은 추정하건대 칠십인 역(γῆ καὶ σποδός)의 영향일 가능성이 높다. 이것은 칼빈이 성경 인용에서 자유를 행사한 것을 보여준다. 단어 변경에 관해서는 아래에서 조금 더 자세히 살펴볼 것이다.

칼빈이 단어의 순서를 교차적으로 바꾸어 사용한 경우는 위와 같은 주제와 이사야 24:23을 인용한 곳에서도 명백하게 드러난다(1.1.3).

> **Vulgata**: erubescet luna et confundetur sol
> cum regnaverit Dominus exercituum
> 달이 수치를 당하고 해가 부끄러워하리니
> 이는 주께서 다스릴 것임이라
>
> **기독교강요**: erubescet sol et confundetur luna
> quum Dominus exercituum regnaverit

칼빈은 이 구절의 전반부에서 두 개의 동사(erubescet, confundetur)는 그대로 둔 채 Vulgata의 "달"과 "해"의 순서를 "해"와 "달"의 순서로 교차시켰고, 후반부에서는 Vulgata에서 맨 앞에 위치한 "다스렸다"(regnaverit)를 맨 위로 이동시켰다.

단어 변경

칼빈은 『기독교 강요』에서 자주 비슷한 의미를 지닌 단어로 대치하는 경향을 보여준다. 이에 대한 가장 간단한 예는 단어를 조금 변형시키는 것이다. 칼빈은 사도행전 17:28("우리가 그의 소생이라")를 인용하면서(1.5.3) Vulgata의 genus를 progenies로 약간 바꾸어 표현했다.

또한 칼빈은 하나님께서 사람에게 종교의 씨(religionis semen)를 심어주셨는데 사람은 이 씨를 제대로 키우기는커녕 도리어 미신을 만들어내는 데 사용하는 오류를 저지른다고 말하면서(1.4.1) 사람들에게 지혜로움이 어리석음이라는 모순적인 현상이 발생한다는 사실을 지적하기 위하여 로마서 1:22를 인용한다. 이때 칼빈은 Vulgata에 사용된 "어리석다"(stultus)라는 단어 대신에 infatuatus라는 단어를 사용한다.

이와 비슷한 경우로 칼빈은 시편 14:1 / 53:1(Ps 13:1 VL / 52:1 VL)을 인용하면서(1.4.2) "어리석은 자"(insipiens)라는 한 단어를 "불경한 자들과 미친 자"(impius et vesanus)라는 두 단어로 확장시켜 변경하였다. 또한 시편 36:1(35:2 VL: "악인의 죄가 그의 마음속으로 이르기를 그의 눈에는 하나님을 두려워하는 빛이 없다 하니")을 인용하면서 Vulgata의 "눈에는"(ante oculos)를 "눈에는"(prae oculis)로 바꾸었다(1.4.2). 단어와 순서가 한꺼번에 변경된 경우는 갈라디아서 4:8 인용에서 나타난다(1.4.3).

> **Vulgata:** tunc quidem ignorantes Deum
> his qui natura non sunt dii serviebatis
> 너희가 그 때에는 하나님을 알지 못하여
> 본질상 하나님이 아닌 자들에게 종노릇하였다
>
> **기독교강요:** Quum Deum nesciretis,
> serviebatis iis qui natura dii non erant
> 너는 하나님을 알지 못할 때
> 본질상 하나님이 아닌 자들에게 종노릇하였다

Vulgata의 ignorantes는 『기독교 강요』에서 nesciretis로 변경되었고, 둘째 줄에서 Vulgata에서는 맨 뒤에 자리 잡은 serviebatis가 『기독교 강요』에서는 맨 앞으로 이동하였다.

문장 변화

칼빈이 『기독교 강요』에서 성경을 인용하면서 상당히 큰 자유를 행사했다는 사실은 다음의 몇 경우들과 같이 문장을 통째로 바꾸는 일에서 확실하게 알 수 있다.

1.4.2에서(시 10:11; 9:32 VL)

> **Vulgata:** dixit enim in corde suo
> oblitus est Deus
> avertit faciem suam ne videat in finem

그가 그의 마음에 이르기를
하나님이 잊으셨고
그의 얼굴을 가리셨으니
영원히 보지 아니하시리라 하나이다

기독교강요: item sibi in maleficiis superbe plaudere,
quia Deum non aspicere, sibi persuadeant.
그들이 악행 중에 교만하게 자신을 자랑하는 것은
하나님이 보지 않는다고 자신을 설득하기 때문이다

1.4.2에서(딤후 2:13)

Vulgata: ille fidelis manet
negare se ipsum non potest
주는 항상 미쁘시니
자기를 부인하실 수 없으시리라

기독교강요: Deus se ipsum abnegare,
quia sui perpetuo similis manet
주는 자기를 부인하지 못한다
영원토록 자신과 동일하시기 때문이다

칼빈이 『기독교 강요』에서 성경을 직접적으로 인용하는 목적은 성경만이
하나님과 사람을 정확하게 알려주는 유일한 원천이며 교사라는 사실을 보여
주기 위함이었다는 사실은 앞에서 이미 말하였다. 이 때문에 칼빈은 성경을
직접적으로 인용함으로써 자신의 입장과 주장을 뒷받침하는 증거 구절
(prooftext)로 역할하게 한다. 이와 같은 논리 전개에 관한 대표적인 예를
교회론에서 발견할 수 있다(4.1.6). 칼빈은 한편으로는 일방적으로 성직의
권위를 너무 과장하는 견해와 다른 한편으로는 일방적으로 성령의 일을
사람에게 부여하면 안 된다며 성직의 권위를 너무 폄훼하는 견해를 격파하
기 위해서 두 견해의 조화를 제시한다. 이때 칼빈은 자신의 주장을 확증하기
위하여 두 가지 측면에서 성경 구절들을 사용한다. 첫째로, 하나님께서는
사역자들을 통하여 복음을 전파하신다는 것을 보여주는 구절들이다(말 4:6;
요 15:16; 벧전 1:23; 고전 4:15; 고후 3:6). 둘째로, 복음의 배후에는 하나님이

계시기 때문에 누구도 자기의 공로를 자랑할 수 없다는 구절들이다(골 1:29; 갈 2:8; 고전 3:7; 고전 15:10). 이와 같이 칼빈은 자신의 견해를 증명하는 논리를 전개하면서 성경을 증거 구절(prooftext)로 제시한다.

그런데 이에 더하여 칼빈은 성경을 직접 인용할 때 성경으로 성경을 해석한다는 목적도 가지고 있었다. 이것이 바로 칼빈이 "다윗은 자기 말의 해석자임을 우리는 본다"(David alibi optimus suae sententiae est interpres)고 말했던 이유이다(1.4.2). 때때로 칼빈은 성경 구절을 인용하고 그에 대한 해석을 내린다. 이때 다시 성경을 직접적으로 인용한다.

위에서 언급한 바와 같이 칼빈의 신학은 하나님과 인간에 대한 지식으로 요약된다. 칼빈은 신자들이 이와 같은 이중적인 지식을 확립하여 하나님의 은혜에 전적으로 의존하고 인간의 욕망에 종속되지 않도록 신학을 전개했다. 아마도 칼빈은 『기독교 강요』에서 성경을 직접적으로 인용하는 첫 구절과 마지막 구절로 이런 사상을 표명하려고 했던 것처럼 보인다. 한편으로 칼빈은 『기독교 강요』에서 첫 구절(1.1.1)로 사도행전 17:28을 인용하여 우리가 하나님의 은혜에 의존해야 할 것을 밀한다("우리가 그 안에서 살며 기동한다," in quo vivit et movetur). 칼빈이 『기독교 강요』에서 이 구절을 가장 먼저 인용한 까닭은 이 구절만큼 하나님에 대한 인간의 관계를 선명하게 서술하는 것이 없기 때문이다. 이 구절은 칼빈주의자의 구절이다. 다시 말하자면 칼빈은 신지식과 인간 지식을 논하면서 이 둘의 우선성을 알아내는 것은 쉬운 일이 아니지만(non facile est discernere), 이 구절로부터 하나님을 응시하지 않고는 아무도 자신을 살펴볼 수 없다는 사실을 결정하게 만든다고 생각한다(1.1.1). 다른 한편으로 칼빈은 『기독교 강요』를 마치면서 마지막 구절(4.20.32)로 고린도전서 7:23을 인용하여 인간의 욕망에 종속되지 말도록 이야기한다("우리는 사람들의 왜곡된 욕망에 우리를 복종시키지 말고 불경한 자들의 욕망에 중독되지 말아야 한다," ne pravis hominum cupiditatibus nos mancipemus in obsequium; multo vero minus impietati simus addicti). 칼빈은 『기독교 강요』의 맨 앞과 맨 뒤에 이 두 구절을 인용하여 배치함으로써 『기독교 강요』 전체를 특이한 인클루시오(inclusio) 형태 안에 넣었다. 칼빈이 직접적으로 인용한 이 두 구절은 『기독교 강요』의 도입(opening)과 종결(closing)을 형성하면서 칼빈 신학의 전체 사상을 요약하는 기능을 한다.

결 론

다시 결론을 말하자면 칼빈은 성경의 사람이었다. 그는 성경의 사람이었기 때문에 그가 교회와 학교와 저술이라는 영역들에서 보여준 역할에 따라서 성경의 목회자, 성경의 교사, 성경의 신학자라고 부를 수 있다. 성경은 칼빈이 어떤 영역에서 어떤 역할을 담당하든지 항상 원천(fons)과 교사(dux)였다. 그러므로 칼빈의 교리와 신학은 전적으로 성경에서 나온다. 다시 말해서 칼빈의 사상은 성경의 논리적 재조합이다. 이런 현상은 특히『기독교 강요』(institutio)의 최종판(1559)에서 두드러지게 나타난다. 거기에서 칼빈의 성경 사용 방식은 녹아진 암시, 참고적 사용, 직접 인용이라는 모습을 띄고 있다. 이 중에서 칼빈에 의한 성경의 직접 인용은 자구적이라기보다는 자유로운 방식으로 이루어진다. 직접 인용에서 칼빈의 자유로운 행사는 성경을 경시한 것을 의미하지 않고 오히려 성경을 편안한 자세로 대하면서 그 자신이 성경에 합일된 것 같은 인상을 준다.

칼빈의 신학은 성경 해석이다. 이 말은 새로운 차원에서 이해해야 할 필요가 있다. 엄격한 의미에서 칼빈이 성경을 해석한 것이 아니라 성경이 칼빈을 해석한 것이기 때문이다. 그러므로 칼빈이 자신의 신학을 가지고 성경을 해석했다기보다는 성경이 칼빈을 해석함으로써 신학을 마련해준 것이라고 말하는 것이 옳다. (*)

【참고자료: 『기독교 강요』】

1) 라틴어

Ioannis Calvini Institutio Christianae Religionis in libros quatuor nunc primum digesta certisque distincta capitibus ad aptissimam methodum: aucta etiam tam magna accessione ut propemodum opus novum haberi possit, 1559, Ioannis Calvini Opera Quae Supersunt Omnia, vol. II, Corpus Reformatorum, vol. XXX, Guililelmus Baum, Eduardus Cunitz, Eduardus Reuss, eds., Brunsvigae: C. A. Schwetschke et Filium, 1864.

2) 영어

John Calvin, Institutes on the Christian Religion, 2 vols. translated and indexed by Ford Lewis Battles (LCC XX), Philadelphia: Westminster Press, 1960.

3) 독일어

Johannes Calvin, Unterricht in der christlichen Religion. Institutio Christianae Religionis. Nach der letzten Ausgabe übersetzt und bearbeitet von Otto Weber, Neukirchen-Vluyn: Neukirchener, 1955, 1988.

【약어】

ACC 6 = R. C. Gamble, ed., Articles on Calvin and Calvinism: A Fourteen-volume Anthology of Scholarly Articles, vol. 6: Calvin and Hermeneutics, New York / London: Garland Publishing, 1992.

ACC 7 = R. C. Gamble, ed., Articles on Calvin and Calvinism: A Fourteen-volume Anthology of Scholarly Articles, vol. 7: The Organizational Structure of Calvin's Theology, New York / London: Garland Publishing, 1992.

CR = Corpus Reformatorum

제네바 교회와 신앙교육
- 칼뱅의 제1차, 제2차 《신앙교육서》를 중심으로[1]

안상혁 █ 역사신학 · 조교수

I. 서론

칼뱅은 《제네바 신앙교육서 (교리문답서) *Catechismus Ecclesiae Genevensis*》를 그의 제네바 종교개혁에 있어 중심적인 위치에 자리매김 하였다. 신앙교육서에 대한 칼뱅의 강조는 "하나님의 교회는 신앙교육서 없이는 결코 보존되지 못할 것이다"라고 말한 이그의 진술 속에서 쉽게 확인할 수 있다.[2] 1541년, 칼뱅이

---

[1] 이 글은 제26회 정암신학강좌(2014.10)에서 발표되었고「신학정론」32/2 (2014.11): 9-65에 실렸던 것임을 밝혀둔다.

[2] J. Calvin, "Calvin A Lord Somerset: Adresse exhortatoire sur la réformation de l'Eglise," 71-72, in *Joannis Calvini opera quae supersunt omnia* [이하 CO], vol. 13 (Brunsvigae: Schwetschke, 1863) 본고는 영어로 Catechism에 해당하는 단어를 "신앙교육서"로 표기하기로 한다. 1542/45년에 출판된 칼뱅의 제2차 《제네바 신앙교육서 *Le Catéchisme de l'Eglise de Geneve, c'est à dire le Formulaire d'instruire les enfans en la Chrestienté*》는 전통적인 문답의 형태로 작성되어 "교리문답서"라고 번역하는 것이 보다 정확하지만, 1537/38년에 출판된 제1차 《제네바 신앙교육서 *Instruction et confession de foy dont on use en l'Eglise de Genève*》는 문답의 형식 대신에 "(신앙)교육과 신앙고백"의 형태를 취했기 때문이다. 본고는 두 권의 저작 모두를 포괄적으로

제네바로 돌아와 줄 것을 간청하는 시의회는 앞으로 신앙교육과 권징을 성실하게 실천할 것을 약속한 후에야 비로소 칼뱅의 허락을 얻어 낼 수 있었다.[3] "과연 어떤 역사적 배경에서 칼뱅은 《신앙교육서》의 중요성을 강조했고 그 목적은 무엇인가?", "제네바의 교회개혁을 위해 칼뱅이 사용한 《신앙교육서》의 방법론과 내용, 그리고 특징은 무엇인가?", "과연 칼뱅의 《신앙교육서》를 오늘날 한국교회로 적용하는 것이 가능한가? 가능하다면 어떻게 적용할 수 있을까?" 필자는 본고를 통해 상기한 세 가지 질문에 대한 해답을 구하고자 한다.

오늘날 칼뱅의 《제네바 신앙교육서》를 주된 탐구의 대상으로 삼은 박사 논문 혹은 단행본 수준의 연구서들은 다른 분야에 비해 의외로 적은 편이다. 1905년에 발표된 마크 뵈그네 (Marc Boegner)의 "칼뱅의 신앙교육서들 연구" (*Les Catéchismes de Calvin*) 이래, 주목할 만한 저작들로는 제2차 《제네바 신앙교육서》(1542/45)에 대한 칼 바르트(Karl Barth)의 주해서(1967)와 1998년에 출판된 존 헤셀링크 (I. John Hesselink)의 제1차 《제네바 신앙교육서》(1537/38)에 대한 주해서를 언급할 수 있다. 바르트는 제2차 《제네바 신앙교육서》가운데 사도신경에 대한 칼뱅의 교리문답 부분만을 따로 구분하여 대중이 이해하기 쉬운 언어로 주해하였다. 헤셀링크의 주해서는 일찍이 포드 L. 베틀즈 (Ford Lewis Battles)가 라틴어 판본 (1538년 칼뱅에 의해 출판됨)을 영어로 옮긴 본문에 헤셀링크가 자신의 주해 강의를 덧붙여서 출판한 것이다. 특히 칼뱅의 《기독교 강요》를 통해 《제네바 신앙교육서》의 각 항목을 요약적으로 조명한 특징을 가지고 있다. 소논문 수준의 연구물을 출판한 대표적인 학자들로는 피터 드 종 (Peter Y. De Jong), 조셉 홀 (Joseph Hall), 로돌프 피터 (Rodolphe Peter), 아드리안 퐁트 (Adriaan D. Pont), 마크 악터마이어 (Mark Achtermeier), 올리비에 밀레 (Olivier Millet), 에릭 카야얀 (Eric Kayayan), 제임

지칭하려는 의도에서 후자를 "제1차 신앙교육서"로, 전자를 "제2차 신앙교육서"라고 지칭할 것이다.

3 1564년 4월 28일, 칼뱅이 제네바의 목회자들에게 남긴 유언적 진술 속에 이 내용이 언급되어 있다. 칼뱅의 고별사는 한글로 번역되었다. 다음을 참고하라. 박건택 편역, 《칼뱅작품선집 VII》(서울: 총신대출판부, 2010), 688-694.

스 맥골드릭 (James E. Goldrick), 로버트 킹던 (Robert M. Kingdon) 등이 있다.[4] 한편 칼뱅은 교회교육과 더불어 일반 공교육의 발전에도 크게 기여하였다. 또한 둘 사이의 긴밀한 공조를 강조한 것으로 잘 알려져 있다. 이것은 1559년에 설립된 제네바 아카데미를 통해서도 구체적으로 예시되었다. 이 분야를 연구한 현대의 대표적인 학자들로는 스탠포드 리드 (Stanford, W. Reid), 리처드 스타우퍼(Richard Stauffer), 캐린 마그 (Karin Maag) 등을 언급할 수 있다.[5]

칼뱅이 작성한 두 편의 《신앙교육서》를 한글로 번역하여 국내에 소개한 학자들은 다음과 같다. 최도형, 한인수, 이형기, 박경수, 조용석 등이다.[6]

---

[4] Marc Boegner, *Les Catéchismes de Calvin* (Pamiers: L. Labrunie, 1905); Karl Barth, *Das Glaubensbekenntnis der Kirche: Erklärung des Symbolum Apostolicum nach dem Katechismus Calvins* (Zürich: EVZ-Verlag, 1967). 비교적 최근에 출판된 영문본은 다음과 같다. *The Faith of the Church: A Commentary on the Apostles' Creed According to Calvin's Catechism* (Eugene: Wipf and Stock, 2006); I. John Hesselink, *Calvin's First Catechism: A Commentary* (Louisville: Westminster John Knox Press, 1998); Peter Y. De Jong, "Calvin's Contributions to Christian Education," *Calvin Theological Journal* 2(1967): 162-201; Joseph H. Hall, "Catechisms of the Reformed Reformation," *Presbyterion: Covenant Seminary Review* 5:2(1979): 87-98; Rodolphe Peter, "The Geneva Primer, Or Calvin's Elementary Catechism," *Calvin Studies* 5 (1990): 135-161. 로돌프 피터는 칼뱅의 《신앙교육서》와 더불어 제네바에서 널리 사용된 "유아용 (신앙) 교육서" (primer)를 주로 연구하였다; Adriaan D. Pont, "Kategese, kategismusse en die belydenis van geloof in Geneve in die dae van Calvyn," *HTS Theological Studies* 47.2(1991): 431-441; Mark Achtermeier, "Reflections on Calvin's Catechetics," *Calvin Studies* 6 (1992): 59-76; Olivier Millet, "Le premier 'Catéchisme' de Genève (1537-1538) et sa place dans l'oeuvre de Calvin," 209-229 in *Catéchismes et Confessions de foi*, edited by Jean Boisset (Montpellier: Université Paul Valery. 1995); idem, "Rendre raison de la foi: le Catéchisme de Calvin (1542)," 188-207 in *Aux origines du catéchisme en France* (Paris: Desclée, 1988); Eric Kayayan, "Calvin between *facilis brevitas*, *confessio*, and *institutio*: Instruction of Faith in Geneva," *Koers* 74:4(2009): 619-642; James E. McGoldrick, "John Calvin: Erudite Educator," *Mid-America Journal of Theology* 21(2010): 121-132; Robert M. Kingdon, "Catechesis in Calvin's Geneva," 294 313 in John Van Engen ed., *Educating People of Faith: Exploring the History of Jewish and Christian Communities* (Grand Rapids: Eedermans, 2004).

[5] W. Stanford Reid, "Calvin and the Founding of the Academy of Geneva," *Westminster Theological Journal* 18:1 (1955): 1-33; Richard Stauffer, "Calvinism and the Universities," 76-98 in Leif Grane ed., *University and Reformation: Lectures from the University of Copenhagen Symposium* (Leiden: Brill, 1981); Karin Maag, "Education and Training for the Calvinist Ministry: the Academy of Geneva, 1559-1620," 133-152, in Andrew Pettegree ed., *The Reformation of the Parishes* (Manchester & New York: Manchester University Press, 1993); idem, *Seminary or University?-The Genevan Academy and Reformed Higher Education, 1560-1620* (Aldershot: Scholar Press, 1995); idem, "Academic Education for the Real World of the Sixteenth-Century Reformation," *Fides et Histoire* 30:2(1998): 64-79;

[6] 칼뱅의 1537년(제1차)과 1542년(제2차)에 출판된 《제네바 신앙교육서》는 다음과 같이 다양한 서명으로 번역되었다. 최도형 역, 《신앙입문》 (서울: 대한기독교서회, 1994); 한인수 역, 《칼뱅의 요리문답》 (서울: 도서출판 경건, 1995). 제1차 《신앙교육서》와 제2차 《신앙교육

제1차 《신앙교육서》(1537/38)는 최도형, 한인수, 이형기, 박경수에 의해, 제2차 《신앙교육서》는 한인수와 조용석에 의해 각각 불어(1542)와 라틴어 (1545) 원전으로부터 번역되었다. 특히 한인수는 두 종류의 《신앙교육서》를 모두 한글로 번역하여 단권으로 출판하였다. 칼뱅의 《신앙교육서》를 중점 적으로 연구한 국내의 선행 연구들 가운데 주목할 만한 저작들은 다음과 같다. 정일웅의 "칼빈의 교리교육과 제네바 신앙교육서 연구"(1988), 정준모의 《칼 빈의 교리교육론》(2004), 그리고 문병호의 "교리와 교육: 칼빈의 제1차 신앙 교육서"(2009) 등이다. 이 가운데 정준모의 《칼빈의 교리교육론》은 칼뱅의 《신앙교육서》에 대한 단행본 수준의 국내 연구서들 가운데 가장 포괄적이 라고 말할 수 있다. 이 외에도 칼뱅의 교회교육을 루터의 그것과 흥미롭게 비교한 양금희의 연구를 언급할 필요가 있다.7

상기한 2차 문헌들을 통해 부각된 몇 가지 흥미로운 주제 혹은 쟁점들을 간략히 소개하면 다음과 같다. 우선 칼뱅의 제1차 《제네바 신앙교육서》와 제2차 《제네바 신앙교육서》 사이의 연속성과 비연속성에 관한 논의이다. 칼 뱅은 신앙고백서의 형식을 취한 제1차 《제네바 신앙교육서》와 달리 제2차 《제네바 신앙교육서》의 경우는 "문답" 형태로 기록하였다. 또한 내용에 있어서도 몇 가지 변화가 있었다. 특히 "예정론"의 경우 제1차 《제네바 신앙 교육서》는 그 교리를 명시적으로 다룬 반면에 제2차 《제네바 신앙교육서》 는 예정론을 직접적으로 다루지 않았다. 과연 이러한 변화를 어떻게 이해해야 할까? 또 다른 쟁점으로 칼뱅의 《제네바 신앙교육서》와 루터의 《대/소요리 문답서》 사이의 관련성에 관한 논의가 있다. 주지하다시피 칼뱅의 제1차 《제

서》에 대한 한인수의 번역본은 2009년 총신대출판부에서 발간한 《칼뱅작품선집》제2권과 제3권에 각각 《제네바 교회가 사용하는 신앙교육서 1537》와 《제네바 교리문답서 1542》이라 는 서명으로 다시 출판되었다. 《칼뱅작품선집》 II (서울: 총신대출판부, 2009): 337-390, 《칼뱅작 품선집》 III, 153-257. 한편 두 번역본을 다소 수정한 것이 이듬해 (2010) 출판된 《깔뱅의 요리문 답》 (재판)에 모두 실려 있다; 이형기 역, 《신앙교육서》(서울: 대한기독교서회, 1994).; 박위근/ 조용석 편역, 《요하네스 칼빈의 제네바 교회의 교리문답》 (서울: 한들출판사, 2010).

7 정일웅, "칼빈의 교리교육과 제네바 신앙교육서 연구," 신학지남〉 55:4(1988): 143-160; 양금희, "루터와 칼빈의 '교회교육' 개념 및 구조비교," 성경과신학〉 24(1998): 361-430; 정준모, 《칼빈의 교리교육론》 (서울: 한들출판사, 2004); 문병호, "교리와 교육: 칼빈의 제1차 신앙교육 서,"〈개혁논총〉 11(2009): 313-344.

네바 신앙교육서》는 그 형식과 주제에 있어 루터의《대/소요리 문답서》에 의해 영향을 받은 것으로 알려져 있다. 동시에 주요한 차이점도 눈에 띈다. 예를 들어, 제2차 《제네바 신앙교육서》는 기존의 "십계명-사도신경"의 순서를 바꾸어 "사도신경-십계명"의 순서로 내용을 구성하였다. 특히 루터파의 교회교육과 비교해 볼 때 과연 칼뱅의《제네바 신앙교육서》를 통해 드러난 개혁파적인 특징은 무엇일까? 이 외에도 《제네바 신앙교육서》와 《기독교 강요》 사이의 관계, 또한 제2차《제네바 신앙교육서》와 스트라스부르크의 부처(Bucer)가 작성한 《신앙교육서》와의 관련성, 그리고 칼뱅의《제네바 신앙교육서》에 대한 평가 등과 관련한 주제들이 꾸준히 논의되어 왔다.

필자는 본고를 통해 상기한 모든 쟁점들을 다루지는 않을 것이다. 독자들에게 제네바 교회의 신앙교육과 칼뱅의《제네바 신앙교육서》를 개론적으로 설명하는 것을 본고의 주된 목표로 삼고 있기 때문이다. 그러나 독자들이 보다 균형 잡힌 시각에서 상기한 쟁점들을 이해하도록 돕기 위해 본고의 논의가 상기한 주제들과 연관성을 맺는 경우에는 필요에 따라 주요 쟁점에 대한 간략한 논평을 시도할 것이다.

II. 역사적 배경

1. 종교개혁과 교육개혁: 성직자 교육

종교개혁은 교육개혁을 낳았다고 해도 과언이 아니다. 무엇보다 성직자의 주된 역할이 바뀌었기 때문이다. 중세의 사제가 미사와 성례를 집례 했다면 개혁된 교회의 성직자들은 주로 말씀을 설교하고 가르쳤다. 설교자로 훈련받기 위해 예비 성직자들은 성경 원어를 학습해야했다. 또한 복음을 설득력 있게 변증하기 위해 그들은 인문학적인 소양과 수사학적인 훈련도 받았다. 종교개혁 초기부터 비텐베르크 대학은 루터와 멜랑히톤의 지도아래 성경과목과 성경원어를 중심으로 하는 새로운 교과과정 개편을 신속하게 진행하였다. 이것은 성경말씀과 관련하여 보다 실력을 갖춘 성직자를 배출하기 위한 개혁이었다. 뷔르템베르크의 공작 울리히는 루터파의 신앙을 받아들인 후 튀빙겐 대학의 교과과정을 개혁했다 (1536년 11월). 1558년 12월, 팔츠의 선제후 오토 하인리히는 비텐베르크 대학의 모델을 참고하여 하이델베르크 대학의 교과과정을 개편하였다. 종교개혁의 원리에 따라 학제를 개편한 대학에 입학하는 학생 수는 해마다 증가했고, 이에 따라 고등교육을 받은 성직자의 수 역시 급속하게 증가했다. 마틴 브렉트의 연구에 따르면 16세기 말까지 뷔르템베르크의 루터파 성직자들 가운데 약 75%가 튀빙겐 대학을 졸업하였다. 비슷한 시기에 팔츠의 루터파 성직자들 가운데 약 86%가 대학교육을 받았고, 제임스 키텔슨에 따르면, 스트라스부르크 성직자의 73.5%는 학사 이외에 석사학위까지 소지한 것으로 알려졌다. 이것은 중세 말 독일의 사제들 가운데 대학교육을 받은 비율이 40% 이하였던 것과 비교하면 매우 주목할 만한 변화였다. 이러한 변화를 설명하면서 종교개혁 이후 루터파의 성직자들이 "지적 엘리트 계급"으로 격상했다고 말한 박준철의 평가는 결코 과장이 아니다.[8]

　　물론 대학 졸업자의 비율로 개신교 성직자의 교육 수준을 정확히 가늠하는 것은 불가능하다. 왜냐하면 캐린 마그가 옳게 지적한 대로 모든 개신교 신학 교육기관들이 학위를 수여한 것은 아니기 때문이다. 적어도 1560년경에 이르면 로마 가톨릭교회의 신앙을 고수한 기존의 대학들에서 개신교인들은 사라지게 된다. 로마 가톨릭의 편에 선 대학들이 개신교인들의 입학을 거부한 이유도 있었고, 개신교인들 스스로 로마 가톨릭 신앙을 가르치는 학교를 회피한 이유도 컸다. 한편 개신교 성직자를 배출하기 위해 새롭게 대학을 건립하는 것은 그리

---

　　8 강치원, "종교개혁과 신학교육의 개혁: 1520년까지의 루터와 비텐베르크 대학을 중심으로" 〈성경과 신학〉 40(2006): 100-129; Martin Brecht, "Herkunft und Bausbildung der protestantischen Geistlichen des Herzogtums Württemberg im 16. Jahrhundert," in *Zeitschrift für Kirchengeschichte* 80 (1969): 163-175, 인용은 170쪽; Bernard Vogler, *Le clergé protestant rhénan au siècle de la Réforme 1555-1619* (Paris: Ophrys, 1976), 46-78, 인용은 76쪽; James Kittelson, "Luther the Educational Reformer," *Luther and Learning,* ed. by Marilyn J. Harran (Selingsgrove: Susquehanna University Press, 1985): 95-114, 인용은 105쪽; 박준철, "종교개혁기 루터파의 성직자 교육" 〈한성사학〉 10(1998):75-90. 인용은 88쪽.

단순한 문제가 아니었다. 왜냐하면 대학을 세우고 학위를 수여하기 위해서는 신성로마제국의 황제나 교황으로부터 특허장을 얻어야 했기 때문이다. 다행히 개신교 신앙을 수용한 지역 안에 있는 대학들의 경우는 기존의 학위들을 과거와 같이 지속적으로 수여할 수 있었다. 물론 앞서 언급한 대로 종교개혁의 원리에 따라 커리큘럼을 개편한 후 개혁된 신앙으로 무장된 졸업생을 배출하였다. 이와 대조적으로 취리히, 스트라스부르크, 제네바 등과 같은 도시에 새롭게 건립된 개신교 학교들은 학생들에게 학위수여를 할 수 없었다. 그 대신 "추천장"을 통해 졸업생들이 사역지를 구할 때 도움을 제공하였다.[9] 칼뱅이 건립한 것으로 알려진 제네바 아카데미도 이 경우에 해당했다. 그러나 학위수여가 없었음에도 유럽 전역으로부터 많은 학생들이 제네바 아카데미의 명성을 듣고 찾아와 신학수업을 받았다. 이것은 제네바 아카데미에서 이루어진 성경연구와 신학 수업 그리고 학문적 훈련이 당시 다른 대학들에 비해 결코 뒤떨어지지 않았음을 시사해준다.[10]

2. 종교개혁과 제네바 교회

1530년경에 이르면 종교개혁이 초래한 변화들이 제네바 안에서도 쉽게 감지되었다. 제네바의 종교개혁이 시작될 무렵 제네바 시와 인근 농촌지역의 인구는 약 일만 이천 명을 상회하는 규모였다. 제네바는 종교개혁 이전까지는 로마 가톨릭 신앙을 표방하는 도시로서 최소한 32명의 성당 수사신부와 여섯 개의 수녀원, 그리고 다섯 개의 수도원이 있었다. 정치적인 측면에서 보자면, 사보이 왕가와 도시민 사이의 뚜렷한 갈등 구조가 존재했다. 특히 15세기 중엽부터는 사보이 가문이 종교와 정치 모든 분야에서 영향력을 증대시키면서 도시민의 반발을 불러일으키고 있었다. 사보이 가문은 칼뱅 사후에도 1602년까지 제네바 도시의 자치권은 물론 개혁교회와 제네바 아카데미까지

---

9 Maag, "Academic Education for the Real World," 67-68.

10 제네바 아카데미에 관한 상세한 연구로는 앞서 소개한 캐런 마그의 다음 저서를 참고하라. Maag, *Seminary or University?-The Genevan Academy and Reformed Higher Education, 1560-1620* (1995).

억압하며 개신교를 무력화시키고 도시 전체를 정치적, 군사적으로 장악하고자 시도했다. 종교개혁의 바람이 불기시작하자 제네바 시민은 개신교 신앙을 수용한 후에 사보이 가문과 동맹관계에 있는 주교와 투쟁하였다. 그들은 개신교 신앙을 받아들인 베른 도시의 지지와 개혁자 기욤 화렐 (Guillaume Farel)의 지도하에 종교개혁을 단행하였다. 1532년 말 공개토론회가 개최되었고, 1533년 초부터는 개혁신앙에 따른 예배와 성례가 시행되었다. 1534년에는 도시 전 지역에서 우상파괴운동이 일어났고, 감독 제도가 폐지되었으며 주요 수도원들에 대한 공격이 있었다. 그 결과 1535년 10월에는 로마 가톨릭의 미사가 공식적으로 폐지되었고 연말까지는 도미니크와 프란시스 수도회를 포함한 주요 수도원들이 문을 닫았다. 요컨대 1535년 말까지 제네바는 (공식적으로) 중세 로마 가톨릭교회의 도시에서 종교개혁 도시로 변화되었다고 말할 수 있다.[11]

문제는 도시 전체의 종교개혁을 각 교구 단위로 적용하는 과정에서 발생하였다. 중세의 교구조직은 그대로 보존된 상황이었다. 그런데 각 교구에서 개혁된 신앙을 교구민들에게 설교하고 가르칠 수 있는 충분한 수의 성직자를 공급하기에는 아직 역부족이었다. 그 결과 1544년까지도 적지 않은 수의 교구들은 옛 사제들의 도움에 의존해야만 했다.[12] 더구나 일련의 정치적인 혼란으로 화렐과 칼뱅이 추방되었던 1538년에서 1541년 사이의 기간은 교구단위의 교회개혁을 지연시키는 주요한 장애요인이 되었다. 이러한 역사적 정황을 고려할 때, 1546년에 이르러서야 각 교구를 포함하는 제네바 도시 전체의 종교개혁이 비로소 안정화되었다고 진단한 윌리엄 내피(William Naphy)의 주장은 설득력이 있다. 1546년은 칼뱅에 의해 "제네바 목사회" (The Company of Pastors)가 조직화된 해이다. 1546년 이후로는 각 교구를 담당하는 성직자들의 교육수준이 그 이전보다 눈에 띄게 높아졌으며 이와 더불어 성직자들의 사회적이며 경제적 수준 또한 상향되었다.[13]

---

[11] William G. Naphy, "The Renovation of the Ministry in Calvin's Geneva," 113-132, in Andrew Pettegree ed., *The Reformation of the Parishes* (Manchester & New York: Manchester University Press, 1993).

[12] E. William Monter, *Calvin's Geneva* (London: John Wiley & Sons Inc, 1967), 18, 78.

3. 교회개혁과 신앙교육: 《신앙교육서》의 저술 목적

1536년 제네바에 도착한 칼뱅은 화렐의 설득을 받아 제네바 종교개혁에 가담한다. 앞서 소개한 제네바의 정치적이며 종교적 정황을 숙지하게 된 칼뱅은 도시 안에서 진정한 교회개혁을 이루어 내기 위해서는 몇 가지 선결조건이 필요하다고 결론을 내린다. 개혁신앙에 의한 체계적인 고등교육을 받은 성직자들이 아직 충분히 확보되지 않은 상황에서 칼뱅은 교구민과 그들의 자녀들을 바른 교리로 교육시키는 것이 급선무라는 생각을 했다. 특히 자녀들을 가르치는 데 사용할 신앙교육서의 필요성을 절감했다. 칼뱅의 이러한 생각은 1537년 1월 16일 시의회에 제출된 (칼뱅과 화렐에 의해 작성된) 《제네바 교회의 조직에 관한 시안》에 다음과 같이 명문화 되었다.

> 세 번째 조항은 자녀들에 대한 (신앙) 교육에 관한 것입니다. 자녀들의 신앙고백은 의심의 여지없이 교회에 달려 있습니다. 이 때문에 초대교회는 각 개인을 기독교의 기초 (교리)로 교육시키기 위한 일종의 교리 문답을 가지고 있었습니다 ... 우리는 다음과 같이 권고합니다. 우선 모든 어린자녀들을 교육시키기에 적합한 간단하고 쉬운 기독교 신앙의 요강(要綱)을 마련합니다. 자녀들은 일 년 중 특정한 계절에 목회자들 앞에 나와서 문답시험을 치르고 각자의 능력과 필요에 따라 추가적인 교육을 받되 교육이 충분하게 이루어졌다고 인정될 때까지 그렇게 해야 합니다. 그리고 여러분들은 부모들로 하여금 그들의 자녀들이 상기한 요강을 열심히 배우도록 신경을 쓰고 또한 공지된 날에 목회자들 앞에 그들의 자녀들을 데리고 오는 일을 성실함으로 감당할 것을 명령해야 합니다.[14]

이와 같은 생각을 실천에 옮기기 위해 칼뱅은 같은 해에 제1차 《신앙교육서》를 불어로 집필하였다. 모두 33개 항목으로 기독교의 주요한 교리들을 비교적 간략하게 해설하였다. 이듬해 겨울, 칼뱅은 동일한 내용을 라틴어로 번역해서 출판함을 통해 보다 많은 교회들에서 《신앙교육서》를 사용할 수 있도록 배려하

---

13 Naphy, "The Renovation of the Ministry in Calvin's Geneva," 116-124.

14 Calvin, "Articles concernant l'organisation de l'eglise de Geneve (1537)," 5-14 in *CO* 10:5-14. 인용은 12-13쪽.

였다. 그러나 아쉽게도 제1차《신앙교육서》는 칼뱅의 기대만큼 활용되지 못하였다. 왜냐하면 얼마 지나지 않아 칼뱅은 화렐과 더불어 제네바로부터 추방당했기 때문이었다. (1538년 4월)

3년 후 칼뱅은 제네바 시의회의 초청을 받아 다시 제네바로 돌아오게 된다. 본격적인 교회개혁을 착수하기에 앞서 칼뱅은 《교회법규안 *Projet D'ordonnances ecclésiastiques*》을 작성하여 시의회에 제출하고(1541년 9월) 시의회는 그것을 같은 해 11월에《교회법규》로서 공표한다. 《교회법규》에서 칼뱅은 신앙교육을 담당할 교회의 두 직분을 지적했다. 첫째, 목사의 직분이다. 목사들은 설교 이외에도 매 주일 어린이들을 위한 신앙교육을 시킬 의무가 있다. 《교회법규》의 규정에 따라 제네바에 있는 세 교회들 (생 피에르, 마들렌, 생 제르배) 에서는 매 주일 정오에 교리 교육이 이루어졌다. 이것은 성찬예식과도 직접 연결되어 있었기 때문에 지교회의 목사들은 이 사역을 성실함과 신중함으로 감당해야만 했다. 둘째, 하나님께서 교회에 주신 "교사들" (*docteurs*)이다. 칼뱅에 따르면 교사들의 사명은 "신자에게 건전한 교리를 가르쳐서 복음의 순수성이 무지나 잘못된 견해로 인해 부패되는 것을 막고," 또한 "하나님의 교리를 보존하며, 목사들과 사역자들의 부족으로 인해 교회가 황폐케 되지 않도록 도움과 가르침을 제공하는" 것이다. 칼뱅에 따르면 정상적인 신학교육이 이루어지기 위해서는 기초적인 언어학습과 인문학 수업이 선행되어야 했다. 따라서 교사들은 상기한 예비과정은 물론 도시민의 자녀들이 제대로 교육을 받을 수 있도록 노력해야 했다. 한편 칼뱅은 "**모든** 시민들과 주민들"의 의무에 관해 언급한다. 그들은 자녀들을 주일 정오에 교회로 데려와 신앙교육을 성실하게 받도록 해야 했다. 유아세례를 받은 자녀들은 만 10세가 되면 교리문답의 내용을 잘 학습하여 3개월마다 주기적으로 개최되는 문답시험에 통과해야 했고, 교회 앞에서 "신앙교육서에서 제시된 바에 따라 (*quil sera exposé au catéchisme*) 신앙을 고백한 후에야 비로소" 성찬에 참여할 수 있었다.[15]

---

15 Calvin, "*Projet D'ordonnances ecclésiastiques*, (1541)," 15-30 in *CO* 10:15-30. 인용은 21, 25, 28쪽; idem, *Instituitio Christianae Religionis* (1559), 4.9.13 in *CO* vol.2 [이하 *Inst.*]; 정일웅, "칼빈의 교리교육과 제네바 신앙 교육서 연구," 145.

《교회법규》가 공표된 지 얼마 후 칼뱅은 불어로 작성된 제2차《신앙교육서Le Catéchisme de l'Eglise de Geneve》(1542)를 출판하였고 3년 후 동일한 내용을 라틴어로 번역하여 출판하였다.[16] 라틴어 서문에서 칼뱅은 신앙교육의 필요성을 또다시 강조한다. 즉 교리문답 교육을 통해 교회를 갱신하고 순수한 교리를 보존하며 그것을 후손들에게 신앙의 유산으로 물려주는 것이 중요한 목표임을 밝힌다. 칼뱅에 따르면 중세의 로마 가톨릭교회는 교리문답 교육을 폐지시키고 그 자리에 온갖 외면적인 장식품들로 가득 치장한 소위 "견진성사"를 위치시켰다. 그 결과 중세 교회는 미신적인 신앙과 비성경적인 교황주의를 강화시키며 타락의 길을 걷게 되었다. 이런 맥락에서 볼 때, 올바른 교리문답 교육은 하나님의 교회를 바른 진리 위에 설립하고 다음 세대의 교회가 또다시 진리로부터 일탈하는 것을 예방하기 위한 실천적인 목표를 가지고 있다.[17] 아울러 칼뱅은 제2차《신앙교육서》(1545)의 서문에서 또 다른 중요한 목표를 제시한다. 그것은 "**교리의 일치(doctrinae concordiam)**"에 기초한 교회의 연합을 이루는 것이다. "저는 현재 몰락한 기독교를 위하여 본 교리문답이 유용하다고 생각합니다. 다양한 지역에 분산되어 있는 교회들은 이와 같은 공식적인 증언을 통하여 그리스도와 관련된 일치된 교리를 간직하고 서로를 인정할 수 있기 때문입니다."[18]

이처럼 칼뱅의《신앙교육서》는 신앙교육 이상의 중요한 목적, 곧 참교회 안에서 이루어지는 "교리의 일치"를 지향한다. 이런 측면에서 볼 때, 문병호가 칼뱅의 제1차《신앙교육서》를 가리켜 "이 작품이 교육(docere)을 위한 책일 뿐만 아니라 교리(doctrina)의 책"이라고 말하며 "신학 작품"으로서의 성격을 부각시킨 것은 나름대로 의미가 있는 시도이다.[19] 요컨대, 칼뱅의

---

[16] *Catechismus ecclesiae Genevensis* (1545). 칼뱅 전집 제6권에는 1542년 불어본과 1545년 라틴어본을 서로 대조하며 읽을 수 있도록 하였다. *CO* 6:1-160을 보라.

[17] 칼빈,《요하네스 칼빈의 제네바 교회의 교리문답》, 39.

[18] "이것이야말로 제가 교리문답을 출판하고자 (*edendi*) 하는 이유(*catechismi ratio*)입니다." 칼빈,《요하네스 칼빈의 제네바 교회의 교리문답》, op.cit. 35-37. 사실 신앙교육이 목표하는 "연합"의 중요성에 대해서는, 문병호가 옳게 지적했듯이, 1538년 제1차《신앙교육서》서문에서도 암시되어 있다. 문병호, "교리와 교육: 칼뱅의 제1차 신앙교육서를 중심으로," 318-319.

[19] 문병호, "교리와 교육," 316, 338. 또한 상기한 진술은 칼뱅의 제2차《신앙교육서》에도 적용될 수 있다고 생각한다.

《신앙교육서》는--적어도 그의 저술 목적에 비추어 보았을 때--작게는 지교회의 신앙교육과 성례를 집행하는 데 사용되고, 크게는 복음의 순수성과 개혁된 교회의 유지 및 전수에 필요하며, 가장 넓게는 공교회의 교리적 일치와 연합에 봉사하는 목표를 가진다고 말할 수 있다.

III. 《신앙교육서》의 방법론과 신학적 주제

주지하다시피 칼뱅의 제1차 《신앙교육서》 (1537/38)와 제2차 《신앙교육서》 (1542/45) 사이에는 그 분량과 형식에 있어서 적지 않은 차이점이 있다. 전자에 비해 후자의 분량이 상대적으로 늘어났고 (약 15,700 단어에서 약 17,600 단어로), 글의 형식에 있어서도 제2차 《신앙교육서》는 목사가 묻고 어린이가 대답하는 373개의 "문답"의 형식을 취하였다. 대다수의 연구자들은 신학적인 내용에 있어 양자 사이에 본질적인 차이가 없다는 데 동의한다. 다만 "가르치는 순서" (*ordo docendi*) 에 있어서--특히 믿음(사도신경) 이후에 율법(십계명)을 배치시킨 변화와 관련하여--칼뱅의 제2차 《신앙교육서》가 루터파의 신앙교육서들과 차별화된 모습을 보여준다는 의견이 꾸준히 제기되어 왔다.[20] 이러한 내용을 염두에 두면서 제1차 《신앙교육서》와 제2차 《신앙교육서》의 구조와 내용에서 드러나는 방법론적이며 신학적인 특징을 각각 살펴보기로 한다.

1. 제1차 《신앙교육서》 (1537) 의 구조와 특징

제1차 《신앙교육서》의 주요한 특징 가운데 하나는 그것이 일 년 전 (1536년)에 출판된 《기독교 강요》의 요약문으로 평가받는다는 사실이다. 두 저작 사이의 유사성은 각 저서의 목차만 서로 비교해보아도 쉽게 드러난다.

---

20 정일웅, "칼빈의 교리교육과 제네바 신앙교육서 연구," 148-150.

《기독교 강요》 초판 (1536)[21]	제1차 《신앙교육서》 (1537)[22]

제1장 율법: 십계명 해석 포함
1. 하나님을 아는 지식
2. 우리 자신을 아는 지식
3. 율법: 하나님의 어떠하심과 뜻의 계시
4. 그리스도: 하나님께서 사랑으로 율법의
   의를 이루시는 유일한 길
5. 십계명 해석
6. 하나님 사랑과 이웃사랑: 전체 율법의 완성
7. 칭의: 오직 그리스도를 믿음으로써 그분의
   의를 전가 받음
8. 율법의 삼중적 용법
9. 그리스도의 대리적 무름: 칭의와 성화의 의의 값
 	
제2장 믿음: 사도신경 해석
1. 하나님의 말씀을 믿음
2. 한 분 하나님이 세 위격으로 계심을 믿음
3. 사도신경해석: 성부 하나님
4. 사도신경해석: 성자 하나님
5. 사도신경해석: 성령 하나님
6. 사도신경해석: 교회, 성도의 교제, 죄사함,
   몸의 부활, 영생 [*Cf.* 선택과 예정]
7. 믿음, 소망, 사랑
 	
제3장 기도: 주기도문 해설
1. 기도의 법
2. 주기도문 해설
3. 말씀대로 기도를 드림
 	
제4장 성례들
1. 성례의 본질과 의의
2. 세례에 관하여
3. 주님의 성찬에 관하여
4. 가증함의 극, 가톨릭 미사
5. 오직 두 가지 성례
6. 성례의 거행
 	
제5장 가톨릭 거짓 성례들
1. 성례의 제정권
2. 견진례에 관하여
3. 고해에 관하여 [Cf. 회개와 죄사함]
4. 세칭 종부성사에 관하여
5. 신품성사에 관하여
6. 혼인성사에 관하여
 	
**제6장 그리스도인의 자유, 교회의 권세, 정치적
   통치**
1. 그리스도인의 자유
2. 교회의 권세   3. 시민 정부
	1. **모든 인간은 하나님을 알기 위하여
	   태어난다**
	2. 참 종교와 거짓 종교 사이의 차이는
	   무엇인가?
	3. 하나님에 대하여 우리가 마땅히 알아야 할
	   것은 무엇인가? [성경]
	4. 인간에 대해서
	5. 자유 선택에 대해서
	6. 죄와 죽음에 대해서 [원죄]
	7. 우리는 어떻게 구원과 생명으로
	   회복되는가?
	
	8. **주님의 율법에 대해서**
	9. 율법의 요약
	10. 오직 율법으로부터 우리에게 오는 것은
	    무엇인가?
	11. 율법은 그리스도에게로 다가가도록 한다.
	12. 우리는 믿음을 통해서 그리스도를
	    이해한다
	13. 선택과 예정에 대해서
	14. 참 믿음은 무엇인가?
	15. 믿음은 하나님의 선물이다
	16. 우리는 믿음을 통하여 그리스도 안에서
	    의롭다 함을 받는다.
	17. 우리는 믿음을 통하여 성화되어 율법에
	    순종 한다.
	18. 회개와 중생에 대해서
	19. 선행을 통한 의와 믿음을 통한 의는 서로
	    어떻게 조화될 수 있을까?
	
	20. **사도신경**
	21. 소망이란 무엇인가?
	22. 기도에 대하여
	23. 기도할 때 고려헤야할 시창은 무엇인가?
	
	24. **주기도문 해설**
	25. 기도에 있어 끝까지 인내함에 대하여
	
	26. **성례에 대하여**
	27. 성례전이란 무엇인가?
	28. 세례에 대하여
	29. 주님의 만찬에 대하여
	
	30. **교회의 목사들과 그들의 권세에 대하여**
	31. 인간의 전통에 대해서
	32. 출교에 대해서
	33. 관료에 대해서

이처럼 두 저작의 목차를 비교할 때, 우리는 공통적으로 부각된 신학적 주제와 그 주제들을 배열하는 대략적인 "가르침의 순서(ordo docendi)"를 다음과 같이 확인할 수 있다.

일치: 공통된 가르침의 순서	불일치: 순서상 일치하지 않거나 각 저서에서만 독립된 항목으로 다루어진 주요 신학적 주제들[23]
하나님 지식과 인간에 관한 지식: 창조, 타락, 죄 십계명: 율법과 복음(그리스도) 믿음과 칭의 사도신경: 신론(삼위일체), 기독론, 구원론, 성령론, 교회론, 종말론 주기도문 성례: 세례와 성찬 교회의 권세와 치리 정부	《기독교 강요》(1536) 율법의 삼중적 용법(I.8), 그리스도의 대리적 무릎(I.9), 가톨릭 미사(IV.4), 가톨릭의 거짓 성례들 (V.1-6), 그리스도인의 자유(VI.1) 제1차 《신앙교육서》(1537) 자유선택 (5), 선택과 예정(13), 회개와 중생 (18), 인간의 전통 (31)

21 목차는 다음을 참고하였다. 존 칼빈,《라틴어직역 기독교강요 (1536년 초판)》문병호 역 (서울: 생명의 밀씀사, 2009) 필자가 추가한 항목은 꺾쇠로 표시하였다.

22 Calvin, *Instruction et confession de foy* (1537), *CO* 22:35-74. 불어본(1537) 목차를 기본으로 따르면서 라틴어본의 목차를 참조하였다. idem, *Catechismus sive Christianae Religionis Institutio* (1538), *CO* 5:313-362. 꺾쇠 안의 항목은 필자가 추가한 것이다.

23 칼뱅이《신앙교육서》(1537)에서 독립된 항목으로 다룬 "자유선택," "회개," "예정" 등은 모두 1539년판《기독교강요》의 목차에서 그대로 반영되었다. 이것은 1537년의 제1차 《신앙교육서》가《기독교 강요》초판(1536)과 1539년판 사이의 가교 역할을 담당했음을 암시해 준다. 1539 년판 《기독교 강요》의 목차는 다음과 같다. [강조표시는 필자의 것이다]
   1. *De cognitio Dei* (하나님 인식에 관하여)
   2. *De cognitio hominibus & **Libero arbitrio*** (인간의 인식과 자유선택)
   3. *De lege: Explicatio Decalogi* (율법에 관하여: 십계명 주해)
   4. *De fide: Expositio symbolic Apostolici* (믿음에 관하여: 사도신경 강해)
   5. ***De poenitentia*** (회개에 관하여)
   6. *De iustificatione fidei & meritis operum* (믿음의 칭의와 행위의 공로적 칭의에 관해)
   7. *De similitudine ac differentia veteris ac novi testamenti* (옛언약과 새언약의 유사점과 차이점에 관해)
   8. ***De praedestinatione*** *& providentia Dei* (하나님의 예정과 섭리에 관해)
   9. *De oratione* (기도에 관하여: [주기도문 강해])
   10. *De sacramentia* (성례에 관하여)
   11. *De baptismo* (세례에 관하여)
   12. *De coena Domini* (주의 만찬에 관하여)
   13. *De liberate Christiana* (크리스천의 자유에 관해)
   14. *De potestate Ecclesiastica* (교회의 권세에 관해)
   15. *De quinque falso nominatis sacramentis* (다섯 개의 거짓된 성례에 관하여)
   16. *De vita hominis Christiani* (크리스천의 생활에 관해)
Calvin, Institutio christianae religionis nunc vere demum suo titulo respondens (Strasbourg: Wendelin

먼저 칼뱅의 제1차 《신앙교육서》 (1537)가 가르침의 항목과 순서 그리고 내용에 있어 그의 《기독교 강요》 (1536)와 상당부분 일치한다는 사실이 무엇을 의미하는가에 관해 논의해 보자.

필자가 보기에 적어도 두 가지 차원을 고려해야 한다. 첫째, 《신앙교육서》와 《기독교 강요》가 다루는 신학적 주제의 범위가 일치한다는 사실은 **"과연 무엇을 교육할 것인가?"**의 질문에 대한 의미 있는 답변을 제시한다고 생각한다. 주지하다시피 칼뱅의 《기독교 강요》는 **성경 전체**로부터 이끌어 낸 포괄적인 교리적 주제들을 통해 독자로 하여금 성경 전체가 가르치는 핵심 진리의 **총합**을 잘 이해할 수 있도록 돕는 것을 주요한 목표로 삼고 있다. 《기독교 강요》 초판의 서문에서 칼뱅은 "따라서 우리가 이러한 믿음의 규율 (*fidei regulam*) 대로 성경을 해석한다면 승리는 우리의 손에 있습니다."라고 말했다. 1539년에 출판된 《기독교 강요》의 서문에서 칼뱅은 그의 저작이 "기독교 신앙의 *모든 부분들*을 요약하여 소화한 후 그것을 순서에 따라" 배열함을 통해 독자로 하여금 성경의 주된 가르침을 알기 쉽게 이해하도록 돕는다고 설명했다: "이 작품에서의 나의 목적은 신학생들로 하여금 *성경을 연구하는 것*을 준비시키고 훈련시키는 것입니다." 같은 맥락에서 칼뱅은 1545년의 서문을 통해 《기독교 강요》가 성경에 철저히 종속되어 있음을 다음과 같이 명시하였다.[24]

> 성경은 완벽한 교리를 담고 있어서 더 이상 다른 아무 것도 첨가될 필요가 없습니다. 과연 우리의 주님은 성경 안에서 당신의 무한하신 지혜의 보고를 드러내시는 것을 기뻐하셨습니다. 그럼에도 성경의 내용에 익숙하지 않은 사람들은 여전히 일종의 안내자와 방향을 제시해 주는 지를 필요로 합니다. 이는 그들로 하여금 성경 안에서 그들이 구하는 것을 찾다가 길을 잃고 방황하지 않도록 하고, 대신 분명한 길을 찾아 성령께서 그들을 이끌어 가시는 목표에 그들이 확실히 도달하도록 돕기 위함입니다.

Rihel, 1539).

   [24] 칼빈,《라틴어직역 기독교강요 (1536년 초판)》9; "The Epistle to the Reader: Prefixed to the second edition, 1539," "Subject of the Present Work: Prefixed to the French Edition, 1545," "Epistle to the Reader: Prefixed to the last Edition, revised by the Author, 1559," in John Calvin, Institutes of the Christian Religion, trans. by Henry Beveridge (Edinburgh: The Calvin Translation Society, 1845). 강조 표시는 필자의 것이다.

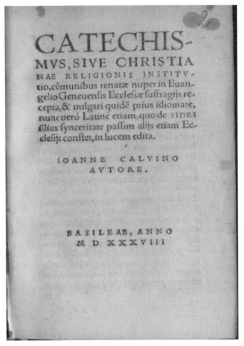

상기한 내용은 《기독교 강요》의 최종판 (1559) 에서 칼뱅이 명시한 기독교 신앙 교육의 목표와 잘 부합한다. 칼뱅에 따르면, 교리교육의 기원은 초대교회 때로 거슬러 올라간다. 초대교회 때부터 성실하게 실행되어 왔던 교리교육은 중세의 미신적인 성사들에 의해 단절되었다. 특히 견진성사가 교리교육을 대체한 것에 대해 칼뱅은 안타까움을 표시한다. 이제 개혁된 교회 안에서 모든 어린이들은 교리교육을 통해 "우리 종교가 가지고 있는 *거의 모든 주제*들에 대한 핵심"을 학습해야 한다고 칼뱅은 강조한다.[25] 요컨대 칼뱅에게 있어 교리 교육의 출발과 목적은 모두 성경에

[그림설명: 1538년 바젤에서 출판된 칼뱅의 《신앙교육서》이다. 흥미롭게도 서명은 Catechismus sive Christianae Religionis Institutio (신앙교육서 혹은 기독교 신앙 강요)로 표기되어 있다. 이는 (적어도 칼뱅의 초기 저작들 안에서 발견되는) 신앙교육서와 기독교강요의 개념적인 연속성을 잘 예시해 준다]

있고 특별히 성경 전체의 포괄적인 진리의 체계를 요약적으로 학습시키는 데 있다.

둘째, 칼뱅의 제1차《신앙교육서》는--그의《기독교 강요》초판과 더불어--루터의《대·소요리 문답 Großer Katechismus & Der kleine katechismus》(1529) 의 형식과 내용에 의해 적지 않은 영향을 받은 것으로 판단된다.[26] 루터의 《소요리 문답》은 다음과 같이 구성되어 있다.

---

25 Calvin, *Inst.*4.19.13

26 혹자는 루터의《대/소요리 문답》과 더불어 츠빙글리의 *Eine christliche Anleitung an die Seelsorger* (목회자 가이드북, 1523)의 간접적인 영향력을 지적한다. Kayayan, "Calvin between *facilis brevitas, confessio*, and *institutio*: Instruction of Faith in Geneva," 633. 각주 35번을 보라.

제1장

십계명
사도신경
주기도문
세례
천국 열쇠의 직무와 죄의 고백
성만찬

제2장

가장이 그의 가족들에게 가르쳐야 할 아침과 저녁 기도
가장이 그의 가족들에게 가르쳐야 할 식사기도와 식후 감사기도

제3장: 의무표

감독, 목사, 전도사의 의무
목사에 대한 신자의 의무
위정자의 의무
백성의 의무
남편의 의무
아내의 의무
부모의 의무
자녀의 의무
종들과 노동자의 의무
주인의 의무
청년들의 의무
과부들의 의무
일반신자의 의무

상기한 목차에서 제1장이 주된 내용에 해당하고 제2장과 제3장은 일종의 부록과 같은 형태로 본문에 첨부된 것이라고 말할 수 있다. 주지하다시피 제1장의 구조가 "십계명-사도신경-주기도문-성례"의 순서로 배열되어 있는 것은 칼뱅의 제1차 《신앙교육서》 및 《기독교강요》(1536)의 구조와 동일하다. 또한 루터가 《소요리 문답》의 제2-3장에서 가장, 성직자, 신자, 위정자, 백성, 남편, 아내, 부모, 자녀, 노동자, 주인, 청년 과부 등의 의무에 대해 논한 것 역시 칼뱅이 《신앙교육서》와 《기독교강요》의 마지막 장에서 각각 "그리스도인의 자유, 교회의 권세, 정치적 통치"와 "교회의 목사들과 그들의 권세에

대하여" 논의한 것과 일종의 유비 관계를 이룬다.[27] 물론 가장 주목할 만한 유사성은 "십계명(율법)-사도신경(믿음)"의 배열이다. 이것은 루터와 칼뱅 모두 율법과 복음을 구분하고, 루터 이래 종교개혁자들이 공통적으로 강조한 **칭의의 복음**을 신앙교육의 핵심적인 위치에 자리매김 했음을 잘 보여준다. 실제로 칼뱅은 그의 《신앙교육서》에서 십계명 주해를 마친 후, 율법의 정죄 및 복음적 기능 (그리스도에게로 인도)을 순서에 따라 논의한다. 연이어 이신칭의의 복음을 명시적으로 다룬 후에 사도신경 주해로 옮겨간다.

> 우리는 믿음을 통하여 그리스도 안에서 의롭게 된다.
>
> ......
>
> 왜냐하면 우리는 우리 자신 안에 어떤 의를 소유했기 때문이 아니라 그리스도의 의가 마치 우리의 것처럼 우리에게 주어졌고 또한 우리의 죄악이 우리에게 전가되지 않았기 때문에 우리는 믿음을 통해 그리스도 안에서 의롭게 되었다고 말하는 것이다. 우리는 한 마디로 이 의를 가리켜 죄에 대한 사면이라고 부를 수 있다. [바울] 사도는 종종 행위의 의 (*la iustice des oeuvres*)와 믿음의 의 (*la jutice de la foy*)를 서로 비교할 때, 또한 전자가 후자에 의해 파기되었다고 가르칠 때 (롬10장, 빌3장) 이 점에 대해 분명하게 선언한다. 이제 우리는 <u>그리스도께서 어떤 방식으로 이 의를 획득하여 우리에게 가져다 주셨으며 이 의가 무엇들로 서로 연결되어 있는지 사도신경 해설에서 살펴보게 될 것이다.</u> 사도신경에서 우리는 우리의 믿음을 위한 기초를 제공하고 지지해주는 모든 신조들을 순서에 따라 살펴볼 것이다.[28]

이처럼 칼뱅은 칭의의 교리를 십계명과 사도신경을 잇는 핵심적인 연결고리로 삼는다. 그러나 율법의 정죄 및 복음적 기능과 더불어 칼뱅은 소위 "율법의 제3용법"에 해당하는 내용 역시 강조했음을 간과해서는 안 된다. 칭의론을 논의 후, 칼뱅은 율법이 신자의 삶에서 긍정적으로 역할을 하는 부분을 다음과 같이 진술한다.

> 우리가 믿음을 통해 성화되는 것은 율법에 복종하기 위함이다.
>
> ......

---

27 Richard A. Muller, *The Unaccommodated Calvin* (Oxford: Oxford University Press, 2000), 120.

28 Calvin, *Instruction et confession de foy*, CO 22:35-74. 인용은 49쪽. 번역상 의미가 명확하게 드러나지 않을 경우 1538년 라틴어 본을 참조하여 몇몇 단어와 어순을 수정하였다. Idem, *Catechismus, CO* 5:335. 강조 (밑줄)는 필자의 것이다.

따라서 율법을 지키는 것은 우리 힘의 역사가 아니라 영적인 능력(*vertu*)의 역사이다.
이로 인해 우리의 마음은 부패로부터 깨끗이 씻음을 입고 또한 의에 대한 순종을
이룰 수 있도록 부드러워진다. 이제부터 그리스도인에게 있어 율법의 사용은 매우
달라졌다. 즉 믿음 없이는 이뤄질 수가 없게 된 것이다. 왜냐하면 주님께서 우리의
속마음에 그의 의에 대한 사랑을 깊이 새겨놓았기 때문에, 외래적인 율법 교리는
(비록 이전에는 오로지 우리의 연약함과 범죄를 고발하는 기능만을 했으나) 이제부터는
우리가 바른 길에서 벗어나 방황하지 않도록 우리의 발걸음을 인도하는 등불이며,
우리가 모든 온전함으로 세워지도록 격려하는 우리의 지혜이고, 또한 우리가 방탕함에
빠져서 고통당하는 것을 허락하지 않는 우리의 규율이다. [시119:105; 신4:6]29

상기한 인용문은 칼뱅의 제1차《신앙교육서》에 미친 루터의 영향력을 보다
균형 잡힌 시각에서 평가할 수 있도록 독자들을 돕는다. 즉 (루터의 영향을
많이 받았다고 주장되는) 칼뱅의 초기 저작들에서도 율법에 관한 개혁파의
특징적인 활용 (율법의 제3용법)이 눈에 띈다. 물론 루터가 소위 "율법의 제3용
법"을 전혀 무시한 것으로 생각하는 것 역시 잘못이다. 비록 루터파 안에서
"율법의 제3용법"을 명시적으로 사용한 초기의 대표적인 인물은 멜랑히톤임
에 틀림없지만, 폴 알트하우스(Paul Althaus)가 옳게 지적했듯이, 루터 역시
이에 기본적으로 동의했음에 틀림없다. 요컨대, 이 주제와 관련하여 칼뱅과
루터 사이의 차별성을 지나치게 과장하면 안 될 것이다.30 아울러 "율법-믿음"
의 순서에 대해서는 루터와 칼뱅 모두 로마서의 배열 순서를 공통적으로 참고
한 것이라는 사실을 기억할 필요가 있다.

이제 제1차《신앙교육서》와 《기독교 강요》초판 (1536) 사이에서 발
견되는 주요한 차이점에 대해 논의해 보자. 이것을 살펴보는 것은 칼뱅이

---

29 *CO* 22:49-50; 라틴어본에는 시편119편 105절과 신명기 4장 6절이 표기되어 있다. *CO*
5:335 강조 표시는 필자의 것이다.

30 "루터는 '율법의 제3용법(*tertius usus legis*)' 이라는 표현을 사용하지 않는다. 멜랑히톤은
이 표현을 분명히 사용하였다. 그리고 이 표현은 일치 신조에서, 루터교 정통주의에서, 그리고
19세기 신학에서 채택되었다. 하지만 본질적으로 이것은 루터에게서도 또한 나타난다. … 그는[루
터] 인간이 죄로 인해 타락하기 전에 있었던 하나님의 율법(a law of God)에 대해서 알고 있었는데,
왜 그가 그리스도인의 삶에 있어서의 율법 또한 인정하지 않겠는가ー즉 율법의 신학적 기능에
있어서 뿐만 아니라, 다시 말하자면, 낡은 사람(the old man)으로 하여금 자신의 죄를 깨닫고
그것을 씻어 깨끗이 하도록 이끌게 의도되었을 뿐만 아니라, 또한 선행에 있어서 그리스도인들을
훈련하는 기능에 있어서도 말이다." Paul Althaus, *Die Theologie Martin Luthers*, 4th ed. (Gütersloh:
G. John, 1975), 238; [영문본] *The Theology of Martin Luther*, trans. Robert C. Schultz (Philadelphia:
Fortress Press, 1966), 273.

이해한 《신앙교육서》의 본질적인 성격을 파악하는 데 도움이 된다. 멀러가 옳게 지적한 바대로 칼뱅은 기독교 강요를 수차례에 걸쳐 개정하면서 "이것이 무엇이 되지 말아야만 하는지, 다시 말해, *요리문답이 되지 말아야 한다는 것*"을 분명히 인식하고 있었다.[31] 이것의 의미는 무엇일까? 무엇보다 《신앙교육서》는 논쟁적이 아니라 긍정적이고 보다 고백적인 성격을 가진다는 사실과 무관하지 않을 것이다. 주지하다시피 칼뱅은 《기독교 강요》(1536)의 여섯 개의 장들 가운데 한 장(제5장)을 따로 할애하여 "가톨릭의 거짓 성례들"을 집중적으로 논박하였다. 이에 앞서 칼뱅은 제4장에서 세례와 성만찬 그리고 "가증함의 극, 가톨릭 미사"에 관한 로마 가톨릭교회의 잘못된 가르침을 논박하였다. 칼뱅은 로마 가톨릭의 7성사제도가 얼마나 성경의 진리로부터 일탈해 있는지를 드러내면서 그것들을 신랄하게 비판한다. 특히 로마 가톨릭교회의 성만찬과 미사를 가리켜 칼뱅은 "사탄의 한 징표," "전염병," "그리스도에 대한 참을 수 없는 모독과 모욕," "그 분의 십자가를 매장하고 짓누름" 등과 같은 표현들을 서슴지 않고 사용한다.[32] 이에 비해 《신앙교육서》에는 이러한 공격적 언어가 대부분 생략되어 있다. 그 대신 칼뱅은 "그것이 무엇 때문에 제정되었으며, 무엇을 지향하고 있는지에 대해" 설명하는 데 집중한다.

주님의 성찬에 관해
성찬의 신비에 부가된 그 약속은 성찬이 제정된 목적과 그것이 무엇을 가리키고 있는지를 분명하게 말해준다. 곧 주님의 몸은 우리를 위해 단번에 주어졌으며 따라서 그것은 이제와 또한 앞으로 영원토록 우리의 소유라는 사실을 우리는 확인한다. 또한 우리를 위해 단번에 쏟으신 주님의 피 역시 이와 같은 방식으로 언제나 우리의 소유가 될 것이라는 사실을 확증해 준다.[33]

"성찬" 항목의 서두는 이처럼 신앙고백적이며 신자에게 위로를 주는 선언으로 시작된다. 곧이어 로마 가톨릭의 화체설--또한 루터파의 공재설 역시 해당됨--을 염두에 둔 진술 속에서조차도 《신앙교육서》는 공격적이거나 논쟁적인 표현을 삼간다.

---

31 Muller, *The Unaccommodated Calvin*, 123. 강조표시는 필자의 것이다.
32 Calvin, *Inst.* (1536). 4.4.42-43.
33 *CO* 22:69; *CO* 5:350 강조는 필자의 것이다.

가시적인 기표들 (*les signes*)은 빵과 포도주이다. 주님은 이것들 안에서 (아래서) 자신의 참된 몸과 피를 제시하시고 우리와 교통하신다. 그러나 이 교제는 영적인 것으로서 그의 성령에 의한 연합이다. 따라서 빵 안에 (아래) 육적인 몸이나 혹은 포도주 안에 육적인 피의 현존을 필요로 하지 않는다. 왜냐하면 비록 그리스도께서는 하늘로 승천하사 우리가 여전히 순례자로서 거하고 있는 이 땅을 떠나셨으나, 이러한 장소적 거리는 주님께서 당신의 백성을 친히 양육하시는 그의 권능을 결코 파괴시킬 수 없기 때문이다.[34]

흥미롭게도 칼뱅은 "로마 가톨릭" 교회라는 단어를 아예 언급하지 않는다. 이것은 《신앙교육서》의 성격을 잘 드러내 준다. 즉 칼뱅의 《신앙교육서》는--일찍이 폴 펄만(Paul T. Fuhrmann)이 옳게 지적했듯이--로마 가톨릭교회의 잘못된 교리를 직접적으로 논박하고 그들과 논쟁을 하기보다는 공교회의 바른 교리를 긍정적으로 제시하고 바른 신앙교육을 하는 것을 주된 특징으로 삼는다.[35]

2. 제2차 《신앙교육서》(1542) 의 구조와 특징

칼뱅은 스트라스부르크에서 제네바로 귀환한 후에 곧바로 제2차 《신앙교육서》(1542)를 출판하였다. 이미 앞서 언급한 대로 기존의 내용을 "문답식" (373개의 질문과 대답; 55주 분량으로 구분)으로 바꾸고 "사도신경-십계명-주기도문"의 순서로 배열한 것이 가장 눈에 띄는 변화였다. 이 변화와 관련하여 학자들은 부써 (Bucer)의 영향력을 지적해 왔다. 특히 쟈크 쿠바지에 (Jacques Courvoisier)는 부처의 *Kurze schriftliche Erklärung für die Kinder* (어린이를 위한 소교육서, 1534)가 칼뱅의 제2차 《제네바 교리문답서》에 크게 영향을 미쳤다고 주장했다. 부써 이외에도 스트라스부르크의 교육자 슈투룸 (Jean Sturm)과 종교개혁자 볼프강 카피토 (Wolfgan Capito)의 영향력을 생각해 볼 수 있다.[36] 물론 칼뱅이 "문답식"의 형식을 취한 것은 전혀 새로운 시도가

---

34 *CO* 22:69; *CO* 5:350.

35 폴 펄만은 칼뱅의 제1차《제네바 교리문답서》(1537/38)을 영어로 번역하였다. 그의 역자 서문을 참고하라. Paul T. Fuhrmann, *Instruction in Faith 1537* (Philadelphia: Westminster Press, 1949).

36 Jacques Courvoisier, "Le catéchismes de Genève et Strasbourg, étude sur le développement de la pensée de Calvin." *BSHPF* 84 (1935): 105‒21; Millet, "Rendre raison de la foi: le Catéchisme

아니었다. 왜냐하면 루터의 《대/소요리 문답서》는 물론 개혁파 안에서도 이미 문답 형태로 기록된 교리 교육서들이 널리 사용되고 있었기 때문이다. 카피토의 《어린이 신앙교육서》(1524)와 레오 유드 (Leo Jude)의 《신앙교육서》(1534) 모두 문답 형태의 대표적인 《신앙교육서》들이었다.37

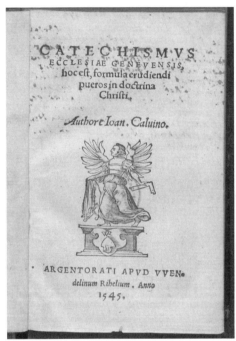

[그림설명: 1545년 스트라스부르크 (Straßburg : Wendelin d.Ä. Rihel)에서 출판된 칼뱅의 제2차 《신앙교육서》라틴어 판본의 표지이다.]

게다가 제네바로 돌아오기 이전에 칼뱅은 이미 자기가 직접 작성한 문답형식의 짧은 《교리문답서》를 사용했다는 사실도 잊으면 안 된다. 여기서 칼뱅은 흥미롭게도 "사도신경-주기도문-십계명"의 순서를 따랐다.38 이것은 칼뱅이 1542년 새로운《신앙교육서》을 마련하기 전에 여러 차례의 실험 과정을 거쳤다는 사실을 암시한다. 그렇다면 이전의《신앙교육서》에 비해 새로운 문답식의《신앙교육서》(1542)가 갖는 **장점**은 무엇일까? 크게 보아 세 가지 측면을 고려할 수 있겠다.

첫째, 어린이를 위한 학습 효과가 효율성의 측면에서

de Calvin (1542)," 188-207; Kayayan, "Calvin between *facilis brevitas, confessio,* and *institutio*: Instruction of Faith in Geneva," 633; Scott M. Manetsch, *Calvin's Company of Pastors: Pastoral Care and the Emerging Reformed Church,* 1536-1609 (Oxford: Oxford University Press, 2013), 386. 각주 64번을 참고하라.

37 원제목은 다음과 같다. Wolfgang Capito, *Kinder bericht und fragstuck von gemeynen puncten Christlichs glaubens* [기독교 신앙의 공통 핵심에 대한 어린이용 응답 교육서] (Basel, 1527); Leo Jud, *Catechismus* (Zurich, 1534).

38 1538년과 41년 사이에 만들어진 칼뱅의 교리문답서의 제목은 다음과 같다. *Institution puerile de la doctrine chrestienne faicte par maniere de dialogue* (대화 형식으로 이루어진 어린이용 기독교 강요).

좀 더 증대되었다고 볼 수 있다. 교육을 받는 어린이의 입장에서 볼 때, 동일한 분량의 내용을 암기할 경우 서술형보다는 문답형이 좀 더 이해하기 쉽고 그만큼 기억하기 쉽다. 예를 들어 보자. 다음은 제1차 《신앙교육서》과 제2차 《신앙교육서》의 첫 부분을 비교한 도표이다. 주지하다시피 두 《신앙교육서》 모두 "인생의 제일 된 목적이 하나님을 아는 것" 있음을 밝히는 매우 핵심적인 내용으로 시작한다.

제1차 《신앙교육서》 (1537)	제2차 《신앙교육서》 (1542/45)[39]
모든 인간은 하나님을 알기 위해 태어났다	하나님에 대한 참된 인식
제아무리 미개하고 또 야만적인 사람이라 하더라도 종교에 대한 어떤 생각을 가지고 있지 않는 사람을 우리가 발견할 수 없기 때문에 우리 인간은 창조주의 위엄(la maiestes)을 인식하기 위해 지음을 받았다는 사실이 명백해진다. 즉 그분을 앎을 통해 우리가 그분을 그 무엇보다도 존경하며 모든 두려움과 사랑 그리고 경외심을 가지고 그분을 영화롭게 하기 위함인 것이다.	[1] 목사: 인생의 제일 되는 목적이 무엇입니까? 어린이: 하나님을 아는 것입니다 [라틴어: 사람을 창조하신 하나님을 아는 것입니다]
	[2] 목사: 그렇게 말하는 이유는 무엇입니까? 어린이: 왜냐하면 하나님께서 우리를 창조하사 세상에 태어나게 하신 것은 우리 안에서 영광을 받으시기 위함이기 때문입니다. 그분이 우리의 근원(시작)이시기 때문에 우리가 우리의 삶으로 그분께 영광을 돌리는 것은 당연한 것입니다.
그러나 자기 마음속에 심겨진 하나님께 대한 생각을 자신들의 기억으로부터 지워 없애버리려고만 애쓰는 불신자들을 제쳐놓고, 신앙을 고백하는 우리들은 이 덧없고 짧은 인생이 영원불멸에 대한 명상(meditation) 이외의 다른 것이 되어서는 안 된다는 사실을 유념해야 한다.	[3] 목사: 사람의 최고선(summum bonum)은 무엇입니까? 어린이: 앞서 말한 바와 같습니다.
	[4] 목사: 왜 그것을 가리켜 최고선이라고 부릅니까? 어린이: 그것 없이는 우리의 삶의 상태가 짐승들의 그것보다 더욱 불행할 것이기 때문에 그렇습니다.
	[5] 목사: 그렇다면 이로부터 우리는 사람에게 있어 하나님의 [뜻]에 따라 살지 않는 것보다 더욱 불행한 일은 없다는 사실을 알 수 있겠네요. 어린이: 과연 그렇습니다.
그런데 우리는 오직 하나님 안에서만 영원불멸의 생명을 발견할 수 있다. 그러므로 우리 인생의 주된 걱정과 염려는 하나님을 찾고 마음으로부터 우러나는 모든 애정으로 그분을 열망하며, 단지 그 분 안에서만 안식을 누리는 일에 두어야 한다.	[6] 목사: 그런데 하나님에 대한 참되고 올바른 인식이란 무엇입니까? 어린이: 우리가 그 분께 영광을 드릴 때 그렇습니다. [그것이 바로 참되고 올바른 하나님 인식입니다]
	[7] 목사: 하나님께 영광을 돌리는 방법은 무엇입니까? 어린이: 우리가 그 분을 전적으로 신뢰하는 것입니다. 또한 그 분의 뜻에 순종함을 통해 그 분을 섬기는 것입니다. 그리고 우리의 모든 곤경 가운데 그 분의 도우심을 구하며 그 분 안에서 구원하심을 구하며 모든 선한 것들을 구하는 것입니다. 또한 오직 하나님으로부터만 모든 선한 것이 나온다고 우리의 마음과 입으로 인정하는 것입니다.
[본문 157단어 (1537년 불어본 기준)]	[어린이 대답: 120 단어 (1542/45년 불어본 기준)]

《신앙교육서》의 첫 번째 장을 비교해 볼 때, 언뜻 보면 새로운 《신앙교육서》의 분량이 눈에 띄게 늘어난 것으로 보인다. 그러나 (학습자의 입장에서 보았을 때) 어린이의 대답 부분만을 따로 떼어 계산하면 그 분량이 오히려 줄어들었다는 사실--불어본을 기준하여 157단어에서 120단어로 감소--을 확인할 수 있다. 게다가 질문자(목사)가 일곱 개의 질문을 순서에 따라 먼저 제시하며 문답을 주도하기 때문에 응답자는 이미 암기한 내용을 질문의 흐름에 따라 좀 더 용이하게 기억해 낼 수 있었을 것이다.

둘째, 학습효과의 효율성과는 별도로 내용에서의 변화를 언급할 필요가 있다. 이것은 "율법(십계명)-믿음(사도신경)"의 순서가 "믿음(사도신경)-율법(십계명)"의 순서로 재배열된 것과 밀접한 관련이 있다. 새로운 《신앙교육서》의 가장 큰 장점들 가운데 하나는 "예수 그리스도"가 기존의 《신앙교육서》에서 보다 일찍 등장한다는 것이다. 제1장의 마지막 문답에서 목사는 "하나님께 영광을 돌리는 방법"에 대해 질문하고 어린이는 다음의 세 가지로 대답한다. "하나님을 전적으로 신뢰함 [믿음]," "하나님의 뜻에 순종함 [율법]," 그리고 "하나님의 도우심을 구함 [기도]" 등이다. 이를 통해 칼뱅은 "사도신경-십계명-주기도문"의 순서를 암시적으로 밝혔다. 이제 두 번째 장에서 목사는 이 순서를 어린이에게 주지시킴으로 문답을 시작한다.[40]

[8] **목사**: 진실로 그러합니다. 자, 이제 그것들을 순서[믿음─율법─기도]에 따라 배열하고 좀 더 자세하게 설명할 것입니다. 첫 번째 부분의 요점은 무엇입니까?
어린이: 하나님을 전적으로 신뢰하는 것입니다.

[9] **목사**: 어떻게 그것이 가능합니까?
어린이: 먼저 하나님을 전능하시고 완전히 선하신 분으로 아는 것입니다.

[10] **목사**: 그것으로 충분할까요?
어린이: 아닙니다.

[11] **목사**: 그 이유는 무엇입니까?
어린이: 왜냐하면 하나님께서 우리를 돕기 위해 능력을 나타내시고 그의 선하심을

---

39 칼뱅의 라틴어 전집에서 1542/45년 불어본과 1545년 라틴어본을 상호 대조한 것을 참조하였다. 불어본에서 의미가 분명하게 전달되지 않을 경우, 라틴어본의 도움을 얻어 의역하였다. Calvin, *CO* 6:1-160. 인용은 11-12쪽.

40 Calvin, *CO* 6:11-14. 강조 표시는 필자의 것이다.

우리에게 보여주시기엔 우리가 너무나 무가치한 존재이기 때문입니다.

[12] **목사**: 그렇다면 무엇이 더 필요합니까?
　　어린이: 하나님께서 우리를 사랑하신다는 사실을 확신해야 합니다. 또한 그 분께서 우리의 아버지와 구세주가 되길 원하신다는 사실을 확신해야합니다.

[13] **목사**: 그것을 우리가 어떻게 알 수 있습니까?
　　어린이: 그분의 말씀을 통해서입니다. 말씀 안에서 하나님은 예수 그리스도 안에서 우리에 대한 긍휼을 선포하시고 우리를 향한 사랑을 확증하십니다.

[14] **목사**: 따라서 하나님에 대한 참된 신뢰를 갖는 것의 근거는 그리스도 안에서 하나님을 아는 것(요17:3) 에 있다는 말이군요.
　　어린이: 그렇습니다.

[15] **목사**: 이러한 인식의 핵심을 요약한 것이 무엇입니까?
　　어린이: 그것은 모든 기독교인들이 고백하는 신앙고백, 곧 일반적으로 사도신경이라고 부르는 것 안에 포함되어 있습니다. 이것은 기독교회 안에서 우리가 언제나 소유해온 참 신앙의 요약입니다. 또한 사도들의 순수한 가르침으로부터 유래한 것입니다.

[16] **목사**: 그것을 암송해 보십시오.
　　어린이: [사도신경 암송]

칼뱅은 2장의 주제인 "하나님을 전적으로 신뢰하는 것"의 근거가 오로지 **"그리스도 안에서 하나님을 아는 것"**에 있음을 밝힌다. 이것은 인생의 제일 되는 목적과 최고선(영생)이 "유일하신 참 하나님과 그가 보내신 자 예수 그리스도를 아는 것"(요17:3)에 있음을 명시적으로 고백하는 것으로서 《신앙교육서》 진체의 핵심 주제이기도 하다. 곧이어 칼뱅은 이것을 연결고리로 삼아 사도신경에 대한 문답을 시작한다. 이것은 칼뱅이 사도신경의 전체 내용을 "예수 그리스도 안에서 하나님을 인식하는 것"의 구체적인 요약으로 이해하고 있음을 보여준다. 이처럼 새로운 《신앙교육서》는 요리문답의 중심 주제가 예수 그리스도임을 처음부터 명시적으로 드러낸다.

　　이에 비해 제1차 《신앙교육서》의 경우는 조금 다르다. 인생의 제일 되는 목적이 하나님을 아는 것임을 선언 한 후, 제1차 《신앙교육서》는 그리스도로 곧바로 나아가지 않는다. 그 대신 우리는 하나님에 대한 참 지식을 얻기 위해 반드시 우리의 "무가치함"을 먼저 깨달아야 한다. 이 때문에 하나님은 우리에게 **율법**을 *먼저* 선물해 주셨다고 칼뱅은 말한다. 곧이어 십계명을 각 항목에 따라 설명한 후 칼뱅은 십계명 해설의 마지막 부분에서 "율법은 그리스도께로 나아가는 단계"임을 밝힌다.[41]

> 주님께서는 율법을 통해 우리의 무능함과 부정함을 일깨워 주신 후에야 우리로 하여금 그리스도 안에서 그분의 덕과 긍휼에 대한 확신을 가질 수 있도록 우리를 위로하신다. 그의 아들 안에서 하나님은 우리를 향한 당신의 선하심과 호의를 확증해 보이셨다.[42]

이처럼 먼저 율법의 길을 통과한 후에 그리스도에 이르는 길을 제시한다는 측면에 있어 제1차 《신앙교육서》는 새로운 《신앙교육서》와 다르다고 말할 수 있다. 물론 양자 사이의 차이점을 지나치게 부각시키는 것 또한 정당하지 못하다. 왜냐하면 제1차 《신앙교육서》 역시 율법을 통해 결국 **"그리스도"**에게로 나아가는 동일한 목표를 제시하기 때문이다. 그리고 이것을 교리문답의 핵심으로 자리매김한다. 이 점에 있어서는 제2차 《신앙교육서》와 전혀 다르지 않다. 따라서 "율법 안에 계시된 것으로 우리에게 무엇을 요구하시는 하나님이 아니라 오히려 신조(Creed)와 더불어 시작한 장본인이 바로 칼뱅이다" (바르트) 라고 외치며 필요이상으로 가르침의 "순서"에 의미를 부여할 필요는 없는 것으로 보인다.[43] 필자가 보기엔 두 《신앙교육서》의 차이점을 가리켜 "동일한 목적지를 향한 두 개의 다른 길"이라고 규정한 카야얀의 설명이 보다 정당한 평가라고 생각한다.[44]

셋째, 새로운 《신앙교육서》는 어린이로 하여금 특히 까다로운 신학적 주제들을 좀 더 쉽게 이해하고 용이하게 대답할 수 있도록 배려하였다. 먼저 사도신경 첫 부분에서 삼위일체의 교리를 어떤 방식으로 학습시키는

---

[41] "Que la Loy est un degre pour venir a Christ," Calvin, *Instruction et confession de foy* (1537) 38, 45. in *CO* 22:38, 45. 소제목 인용은 45쪽.

[42] *Ibid.*, 45. 또한 라틴어본을 참조하라. Calvin, *Catechismus* (1538) *CO* .5:332.

[43] 예를 들어 칼 바르트는 다음과 같이 외친다: "율법 안에 계시된 것으로 우리에게 무엇을 요구하시는 하나님이 아니라 오히려 신조와 더불어 시작한 장본인이 바로 칼뱅이다. 칼뱅은 우리에게 이렇게 말하는 것으로 시작하지 않는다. 너는 바로 이와 같은 존재가 되어야 한다! 대신 그는 이렇게 말한다. 바로 예수 그리스도를 통하여 우리는 우리의 모든 삶을 하나님의 손에 의탁할 수 있게 되었다. 또한 이 생명도 동일한 예수 그리스도로 말미암아 거기에 마련된 것이다. 우리는 이러한 '신뢰'하는 것이다." Barth, *The Faith of the Church*, 38-39.

[44] Kayayan, "Calvin between *facilis brevitas*, *confessio*, and *institutio*," 632-39.

지 살펴보자.[45]

[19] 목사: 하나님은 오직 한 분이신데 어떻게 당신은 아버지, 아들, 그리고 성령 세 분에 대해 암송합니까?

어린이: 왜냐하면 우리는 세 분을 하나의 신적인 본질 안에서 다음과 같이 생각하기 때문입니다. 먼저 아버지는 만물의 시작과 만사의 제 일 원인이십니다. 그리고 아들은 그의 영원한 지혜입니다. 마지막으로 성령은 모든 만물 위에 능력으로 함께 하시지만 동시에 그분 자신 안에 거하시는 하나님의 힘과 능력이십니다.

[20] 목사: 당신 말은 곧 동일하신 하나님을 이와 같은 세 위격으로 이해하는 것이 전혀 불합리하지 않으며 (*nihil esse absurdi*) 그럼에도 하나님은 서로 분리되실 수 없다는 의미이네요.

어린이: 예 그렇습니다.

첫 번째 질문에 대한 응답으로 학습자는 삼위 하나님의 존재와 삼위가 동일 본질이심을 대답한다. 곧이어 *질문자(목사)*는 학습자의 대답으로부터 삼위 하나님이 "세 위격"으로 계시며 또한 결코 서로 분리되지 않는다는 사실을 결론으로 도출한 후 이에 대한 학습자의 동의를 이끌어 낸다. 학습자는 이를 간단하게 긍정함을 통해 삼위일체 교리의 핵심을 학습한다. 칼뱅은 이와 유사한 방식으로 "독생자"의 의미를 다음과 같이 교육한다.[46]

[19] 목사: 왜 당신은 그[그리스도]를 가리켜 하나님의 독생자라고 부릅니까? 하나님은 우리 모두를 또한 당신의 자녀라고 부르지 않습니까?

어린이: 왜냐하면 우리가 하나님의 자녀가 된 것은 본성을 따라 된 것이 아니라 오로지 **양자**됨과 은혜를 따라 이루어진 일이기 때문에 그렇습니다. 하나님은 우리를 그렇게 자녀삼아 주시길 원하셨습니다. 우리와 달리 아버지 의 본체로부터 나신 주 예수님은 하나님과 **동일한 본질**을 가지고 계시기 때문에 하나님의 독생자라고 불리는 것이 합당합니다. (엡1:5; 요1:14; 히1:2) 오직 그 분만이 본성적으로 아들이시기 때문입니다.

---

[45] Calvin, *CO* 6:13-14. 불어본과 라틴어본을 함께 참조하였다. 강조표시는 필자의 것이다.

[46] Calvin, *CO* 6:23-24. 불어본과 라틴어본을 함께 참조하였고 강조표시는 필자의 것이다.

[20] **목사**: 당신 말은 이러한 영예가 오로지 그 [그리스도]분께만 속한 것이고 또한 그분에게만 **본성적으로** 속한 것인 반면에 우리의 경우는 우리가 **그분 [그리스도]의 지체가 되는 한** 오직 값없이 베푸시는 은혜로 말미암아 이 영예에 **참여**하게 되었다는 의미이군요.

　　어린이: 예 그렇습니다. 이러한 **참여**와 관련하여 [성경의] 다른 곳에서 그분은 [그리스도] 많은 형제들 가운데 처음 나신 자라고 불리는 것입니다 (롬8:29; 골1:15)

여기서도 질문자(목사)의 역할은 핵심적이다. 우선 목사는 하나님이 그리스도의 아버지임과 동시에 우리의 아버지도 되신다는 사실로부터 양자 사이에 어떤 질적인 차이가 있는 것인가에 관한 질문을 먼저 제시한다. 이는 그리스도가 하나님과 동일본질이라는 사실을 학습자로 하여금 보다 쉽게 이해하도록 돕는 매우 흥미로운 질문이다. 목사가 제기한 문제점에 대해 학습자는 "본성을 따른 것"과 "양자됨"의 차이를 구분하여 대답해야 한다. 어린이의 대답으로부터 목사는 다시 한 번 "본성을 따른 것"과 "양자로 입양됨"의 차이를 강조하면서 오직 그리스도만이 본성을 따라 하나님의 아들이심을 분명하게 설명한다. 아울러 우리가 하나님의 자녀로 불리게 된 것이 오직 값없이 베푸시는 은혜로 말미암아 그리스도의 지체가 됨을 통해서만 가능하게 되었음을 학습자에게 주지시킨다.

　　새로운《신앙교육서》의 특징과 관련하여 마지막으로 살펴볼 것은 "예정론"에 관한 논의이다. 앞서 언급한 대로 칼뱅은 1542년《신앙교육서》에서 기존의 《신앙교육서》(1537)에서는 별도의 항목으로 다루었던 "예정론"을 삭제했다. 이는 《신앙교육서》에서 다루는 신학적 주제들을 되도록 간소화하는 과정에서 결정되었을 것이다. 또한 헤셀링크가 지적했듯이 아마도 어린이가 이해하기 힘든 까다로운 신학적 주제라고 칼뱅이 생각했기 때문인 듯하다.[47] 그러나 필자가 보기에 이것을 근거로 칼뱅이 예정론에 관한 교육을 아예 포기한 것이라고 성급히 결론을 내릴 필요는 없을 것 같다. 주지하다시피 칼뱅은 그의 저서 *De aeterna Dei praedestinatione* (하나님의 영원한 예정에 관하여, 1552)의 서문에서 이 책의 주제가 믿음의 기원, 곧 "과연 믿음이 어디로

---

[47] Hesselink, *Calvin's First Catechism*, 54. 혹은 어린이들을 쓸데없이 두렵게 만들지 않기 위해 생략되었을 가능성도 지적되었다. Monter, *Calvin's Geneva*, 104.

부터 생겨나는지 (*unde oriatur fides*)"을 설명하는데 있음을 밝혔다.[48] 그것은 자연인으로부터 기원하지 않는다. 오로지 하나님의 은혜로운 선택에 기원하는 것이다. 요컨대 믿음은 하나님께서 택자들에게 거저 베푸시는 선물인 것이다. 만일 (칼뱅의 생각대로) 이것이 예정론 교리의 핵심임을 인정한다면 새로운 《신앙교육서》역시 예정론의 본질적인 요소를 누락시키지 않았다고 말할 수 있다. 참 믿음과 칭의의 교리를 가르치는 부분에서 칼뱅은 믿음의 기원에 관해 다음과 같이 가르친다.[49]

> [112] 목사: 그것 [참 믿음 la vraye Foy]을 우리 스스로 소유할 수 있을까요, 아니면 그것은 하나님으로부터 오는 것일까요?
> 어린이: 성경은 오로지 그것이[참 믿음]이 오로지 성령님의 선물이라고 가르칩니다. 또한 우리의 경험이 그것을 증거합니다.

칼뱅은 곧이어 참 믿음을 통한 칭의의 은혜를 설명한다. 그리고 칭의의 수단인 믿음 역시 하나님으로부터 기원한 것임을 학습자에게 다시 한 번 주지시킨다.[50]

> [120] 목사: 그렇다면 당신은 이렇게 말하길 원하는군요. 즉 하나님께서 [칭의의] 의를 우리에게 주시는 것처럼 그것 [의]을 받는 수단인 믿음 역시 하나님께서 우리에게 주시는 것입니다.
> 어린이: 예 그렇습니다.

한편 칼뱅은 이미 사도신경의 교회론 부분에서 이러한 믿음을 선물로 받은 신자들의 모임인 교회가 하나님의 영원한 작정과 선택에 의해 존재함을 명시적으로 교육하였다 (문93).[51] 결론적으로, 교리문답의 전반적인 내용을 평가해 볼 때, 비록 새로운 《신앙교육서》가 독립된 항목으로서 예정론을 포함시키

---

48 Calvin, *CO* 8:253-254.
49 Calvin, *CO* 6:45. 강조표시는 필자의 것이다.
50 Calvin, *CO* 6:47.
51 Calvin, *CO* 6:48.
  [93] 목사: 보편적 교회란 무엇입니까?
   어린이: 그것은 하나님께서 영원한 생명으로 작정하시고 선택하신 신자들의 모임입니다.

지는 않은 것은 분명한 사실이지만, 그렇다고 해서 그것이 예정론을 구성하는 두 가지 핵심 요소, 곧 "선택"과 "믿음의 기원"에 관한 교육을 누락시킨 것은 결코 아니었다고 말할 수 있다.

IV. 칼뱅의 《신앙교육서》의 목회적 유용성: 한국교회로의 적용

칼뱅이 16세기 제네바 교회를 위해 작성한 《신앙교육서》를 오늘날 한국교회로 적용하는 것이 가능할까? 또한 이러한 시도를 할 때 과연 우리가 중요하게 염두에 두어야할 사항은 무엇일까? 우선 첫 번째 질문에 대한 필자의 대답은 긍정적이다. 왜냐하면 칼뱅은 애초부터 그의 《신앙교육서》가 공교회의 보편적인 교리적 합의를 지향한다고 명시했기 때문이다. 이는 그의 《신앙교육서》가 그 내용과 목표에 있어 "16세기 제네바 교회"라는 특정한 역사적 시공간에 제한 받지 않는다는 사실을 의미한다. 무엇보다 그의 또 다른 저서 《기독교강요》와 더불어 칼뱅의 《신앙교육서》는 성경 전체를 통해 계시된 주요한 교리들의 총합을 초심자들도 쉽게 이해할 수 있는 언어로 다시 한 번 요약한 것이라는 사실을 기억할 필요가 있다. 이런 측면에서 볼 때, 만일 오늘날 한국교회가 칼뱅의 《기독교강요》를--칼뱅의 주장대로 성경을 바르게 연구하기 위한 교재로서--의미 있게 읽고 있다면, 그의 《신앙교육서》 역시 적극 활용할 수 있다고 생각한다.

두 번째 질문과 관련하여 필자는 다음의 세 가지 사항을 충분히 고려할 필요가 있다고 생각한다. **첫째, 일부가 아닌 전체를 가르칠 필요성이 있다는** 것이다. 주지하다시피 《신앙교육서》는 그 분량에 있어《기독교강요》보다 매우 짧다. 그럼에도 다루는 주제들에 있어서는 후자만큼이나 포괄적이다. 이것은 신앙교육의 내용이 성경 전체를 통해 계시된 다양한 교리적 주제들을 매우 폭넓게 포함해야 함을 시사해준다.

다음은 1542/45년 《신앙교육서》의 전체 내용을－애초에 칼뱅이 의도한 바대로－55주로 나누어 정리한 것이다.

주	문항	범 주	주 요 내 용	관련된 신학주제
1	1-7		인생의 제일되는 목적	하나님 인식 (신학서론, 계시론)
2	8-15		그리스도 안에서 하나님을 인식함	학서론, 계시론)
3	16-24		사도신경의 구조와 삼위 하나님	신론: 삼위일체
4	25-29		창조주 하나님	신론: 창조, 섭리
5	30-39		예수 그리스도: 그리스도의 삼중직	기독론: 그리스도의 이름, 본질 신분, 직무
6	40-45			이름, 본질 신분, 직무
7	46-54		예수 그리스도: 독생자 & 성육신	
8	55-59	믿음에 관해 (1-21주) 문항52 (#1~ #131)	예수 그리스도: 그리스도의 수난과 십자가	인죄론 기독론: 그리스도의 속죄사역
9	60-64			기독론: 그리스도의 속죄사역
10	65-70		예수 그리스도: 그리스도의 죽음	의 속죄사역
11	71-74		예수 그리스도: 그리스도의 부활	
12	75-82		예수 그리스도: 그리스도의 승천	종말론: 재림
13	83-87		예수 그리스도: 그리스도의 재림과 심판	성령론
14	88-91		성령 하나님	교회론: 속성과 표지
15	92-98		교회: 교회의 정의, 거룩성, 보편성, 성도의 교제, 죄의 용서	교회론: 속성과 표지
16	99-105			표지
17	106-110		성도의 부활과 영원한 생명	종말론:부활과영생
18	111-115		참 믿음	구원론: 믿음
19	116-120		칭의	구원론: 칭의
20	121-127		그리스도인의 선행	구원론: 성화
21	128-135		참회와 예배 & 율법 서론(132-135)	
22	136-142		첫 번째 계명: 하나님께 영광	
23	143-149		두 번째 계명: 예배, 하나님의 질투, 죄의 전가, 축복과 저주	
24	150-158			
25	159-165	율법에 관해 (22주-33주) 문항 (#132~#232)	세 번째 계명: 서약	계시론 예배 인죄론 구원론: 성화 (율법의 제3용법)
26	166-176		네 번째 계명: 안식일, 안식의 의미와 준수	예배
27	177-184			인죄론
28	185-195		다섯 번째 계명: 부모 공경, 권위	구원론: 성화
29	196-203		여섯 번째 & 일곱 번째 계명: 살인과 간음	(율법의 제3용법)
30	204-215		여덟 번째 & 아홉 번째 계명: 도적질과 위증	
31	216-219		열 번째 계명: 탐심 - 십계명의 요약	
32	220-226			

52 21주차에는 믿음의 마지막 부분(#128-#131)과 아울러 율법의 첫 부분(#132-#135)을 학습한다. 제131문항에서 질문자는 "우리 자신을 다스리기 위해서 하나님께서 우리에게 주신

주	문항	범주	주 요 내 용	관련된 신학주제
33	227-232	율법에 관해	율법의 용법	율법의 제3용법
34	233-239		기도의 의미, 대상, 규정	
35	240-247		기도의 방법	
36	248-252	기도에 관해 (34주-44주53 문항 (#233~#295)	믿음의 기도, 중보자 예수 그리스도	기도론 (중보자 그리스도)
37	253-259		기도의 내용: 주기도의 내용과 구분	
38	260-265		첫 번째 간구: 우리의 아버지 하나님	
39	266-270		두 번째 간구: 하나님의 영광과 하나님 나라	
40	271-274		세 번째 간구: 하나님의 뜻 실현	
41	275-279		네 번째 간구: 일용할 양식	주기도문
42	258-286		다섯 번째 간구: 사죄	
43	287-294		여섯 번째 간구&마지막 간구: 유혹&찬양	
44	295-299		기도의 모범: 네 번째 부분의 서론	
45	300-308		성경, 교회에서의 성경연구, 목사의 말씀사역	
46	309-314		성례와 성령의 사역	계시론: 성경
47	315-320		성례의 목적, 효과, 하나님의 약속과 믿음	
48	321-324	성례에 관해54 (44주-45주) 문항 (#296~#373)	성례의 수효: 성찬과 세례, 의미	교회론:은혜의 방편 말씀과성례 (권징)
49	325-332		세례: 물세례, 중생, 하나님의 약속, 믿음	
50	333-339		유아세례: 할례(구약)와의 연속성	
51	340-344		성찬: 빵과 포도주의 의미, 그리스도와의 영적인 교제	성령론: 성령의 사역
52	345-350			
53	351-356			
54	357-365		성례의 올바른 시행	기독론: 그리스도의 몸
55	366-373		성찬 참여자의 자격	

55주간의 신앙교육을 통해 학습자는 성경에 계시된 다양한 교리적 주제들을 학습한다. 주목할 만한 것은 칼뱅 당시의 신학적이며 실천적으로 쟁점이 된 다소 예민한 항목들도 포함되어 있다는 사실이다. 일례로 53주차 교육의 제 355 문항은 성찬과 관련하여 그리스도의 육체적 현존의 문제를 다음과

규칙은 무엇입니까?"라고 묻는다. 응답자는 "율법입니다"라고 대답한다. 이 대답부터 전체 순서상 두 번째 범주, 곧 "율법에 관하여"가 시작된다.

53 44주차에는 주기도문의 마지막 문항(#295)과 성례전(하나님 말씀) 문항(#296-#299)을 학습한다.

54 베자는 네 번째 부분의 소제목에 "하나님의 말씀에 대하여"를 추가했다. Calvin, *CO* 6:108. 각주 2번을 참조하라.

같이 다룬다.55

[355] 목사: 당신은 그리스도의 몸이 빵 속에 갇혀있다거나 그리스도의 피가 잔속에
갇혀있다고 말하는 것은 아니겠지요?

어린이: 아닙니다. 오히려 반대입니다. 성찬의 진리를 바로 알기 위해서 우리는
반드시 **우리의 마음을 높여 하늘을 향하게 해야 합니다.** 그곳에는 예수 그리스도께
서 그의 아버지의 영광 가운데 거하십니다. 우리는 그곳으로부터 우리의 구원
[심판주요 구원자 되시는 그리스도]을 기다리고 있습니다. 우리는 이와 같이 **썩어질
물질적 요소 안에서 [그리스도를] 찾아서는 안 됩니다.**

주지하다시피 로마 가톨릭의 화체설은 그리스도의 살과 피가 떡과 포도주로
변화된다고 가르쳤다. 루터파의 공재설 역시 그리스도의 몸이 성찬 가운데
실재적으로 임재--이 때문에 (비유컨대) 수찬자의 마음의 방향이 하늘에서
땅을 향한다고 말할 수 있다–한다고 주장했다. 비록 칼뱅은 여기서 '화체설'과
'공재설'을 구체적으로 명시하지는 않았으나 각각의 오류를 핵심적으로 논박
한다.

또한 칼뱅은 당시 제네바 교회에서 민감한 사안으로 취급되었던 성찬
참여자들의 자격에 관한 문제 역시 《신앙교육서》의 마지막 부분에 포함시
킨다. 우선 질문자(목사)는 성찬을 받기에 부적당한 사람을 배제해야한다는
원칙을 밝힌 후 (368문항), 보다 까다로운 문제, 곧 겉으로 드러나지 않은
위선자의 문제를 다룬다.56

[370] 목사: 그러나 우리의 주님께서는 가롯 유다가 아무리 사악하다 할지라도 [성찬에]
받아주시지 않았나요?

어린이: 그의 죄악은 아직 감춰져 있었습니다. 비록 우리의 주님은 알고 계셨지만
그것이 모든 이에게 알려져 있지는 않았습니다.

[371] 목사: 그래서 위선자들은 어떻게 해야 합니까?

어린이: 목사는 그들을 무가치한 자들로 간주하여 성찬으로부터 제외시킬 수
없습니다. 주님께서 그들의 사악함을 드러내 주시기를 기다려야만 합니다.

---

55 Calvin, *CO* vol.6, 129-130. 강조표시는 필자의 것이다.
56 Calvin, *CO* vol.6, 133-134.

[372] **목사**: 만일 목사 자신이 부적격자를 알고 있거나 [그에 대해] 경고를 [누군가로부터] 받았을 경우는 어떻습니까?

어린이: 그것으로 충분하지 않습니다. 교회의 충분한 동의와 판단이 없는 한 그들을 [성찬으로부터] 배제시킬 수 없습니다.

[373] **목사**: 그래서 반드시 이에 대한 어떤 규칙과 정책이 필요하겠군요.

어린이: 교회의 치리가 제대로 이루어지기 위해서는 정말 그렇습니다. 교회는 예상되는 추문의 문제를 다루기 위해 [공적으로 권위를 위임받은] 감독자들을 선출해야 합니다. 그들은 하나님을 모욕하고 성도를 추문에 빠지게 하는 부적격자들을 교회의 권위로써 수찬정지를 시켜야 합니다.

여기서 칼뱅은 성찬에 대한 현실적이며 균형 있는 접근을 시도한다. 무엇보다 이 거룩한 예식을 잘못 시행함으로 하나님의 영광이 훼손되거나 교회가 추문에 휩싸이면 안 된다. 이를 위해 교회는 반드시 부적격자들을 배제시켜야할 것이다. 그러나 동시에 칼뱅은 위선자의 문제를 매우 신중하게 취급한다. 가견 교회는 오로지 하나님께서 들추신 죄들에 대해서만 치리와 권징을 행할 수 있을 뿐이다. 가룟 유다의 죄마저도 그것이 아직 드러나기 전에는—비록 주님께는 이미 드러난 죄이겠지만—그의 수찬참여를 방해하지 않았다. 한편 칼뱅이 수찬 참여의 문제를 《신앙교육서》의 끝에서 상세하게 다룬 것은 교리문답의 실천적인 목적과 밀접하게 연결되어있다. 주지하다시피 제네바 교회는 어린이들을 성찬에 참여시키기 전에 교리교육을 시켰다. 이 과정에서도 칼뱅은 현실적인 문제에 다소 유연성 있게 대체하였다.

이것은 칼뱅의 《신앙교육서》를 우리의 목회 현장으로 접목시킬 때 두 번째로 고려해 볼 사항에 해당한다. 곧 교회는 그것을 현실의 필요에 따라 **유연성 있게 적용하라**는 것이다. 앞서 도표가 말해주는 대로 칼뱅은 일 년에 걸친 교리문답 교육을 계획하고 또한 실천하였다. 매 주 주일 오후에 이루어지는 교리문답 교육에 참여하는 학습자들은 매 주일 한 두 개의 주제만을 공부했다. 이것은 목사와 피학습자 모두에게 그리 큰 부담을 주지는 않았다. 그러나 일 년 전체의 누적된 학습량은 결코 적지 않았다. 특히 성찬을 앞두고 시험을 치러야 하는 어린이들에게는 이것이 큰 부담으로 다가왔을 것이다. 이러한 상황을 고려해서 칼뱅은 보다 짧고 간단한 유아용 신앙교육서-- "우리 주 예수 그리스도의 성만찬을 받기 원하는 어린이들을 위한 문답서"--의 활용을 허락하였다. 로돌프의 연구에 따르면, 칼뱅이 《신앙교육서》를 집필하기 이전부터 다양한 형태의 짧은 문답용 교재들이 교회 안에서 사용되고 있었다. 칼뱅의 종교개혁이 시작된 이후에는 그의 감수를 받은 문답서가 어린이 신앙 교육에 지속적으로 활용되었다.[57] 로돌프가 소개하는 대표적인 문답서의 내용은 다음과 같다.[58]

[1] **목사**: 당신은 누구를 믿습니까?
어린이: 성부 하나님과 그의 아들 예수 그리스도 그리고 성령님을 믿습니다.

[2] **목사**: 성부, 성자, 성령 하나님은 한 분 이상으로 존재하는 여러 명의 신들입니까?
어린이: 아닙니다.

[3] **목사**: 우리는 하나님을 섬길 때 그의 계명들을 따라야 합니까 아니면 사람의 전통을 따라야합니까?
어린이: 우리는 하나님의 계명들을 따라 그 분을 섬기고 사람의 계명들을 따르면 안됩니다.

[4] **목사**: 하나님의 계명들을 당신은 자신의 힘으로 지킬 수 있습니까?
어린이: 아닙니다

[5] **목사**: 그렇다면 당신 안에서 그것을 이루는 분은 누구입니까?
어린이: 성령님입니다.

[6] **목사**: 그렇다면 하나님께서 그의 성령님을 주실 때에는 계명들을 온전하게 지키는 것이 가능할까요?
어린이: 그렇지 않습니다.

---

57 불어제목은 다음과 같다. "La maniere d'interroguer les enfans." 불어 전문은 로돌프 피터에 의해 영어로 번역되어 다음 논문의 부록 편에 실려있다. Rodolphe Peter. "The Geneva Primer, Or Calvin's Elementary Catechism." *Calvin Studies* 5 (1990): 140-155. *L'ABC françois* (Geneva: Jean Crespin, 1551)의 후반부를 보라.

58 이것은 1553년에 출간된 칼뱅의《신앙교육서》*Catechisme*, R. Estienne (Geneva, 1553)에 첨부되어 있다. 이 문서에 대한 빌헬름 니젤의 다음 연구를 참조하라. Wilhelm Niesel, "Die Konfirmation nach einen reformatorischen Formular," *Evangelische Theologie* 1(1934/35): 296-307. 여기서 필자가 한글로 소개한 것은 로돌프의 논문 부록편에 실린 것을 번역한 것이다. Peter. "The Geneva Primer, Or Calvin's Elementary Catechism," 152-154.

[7] **목사**: 그러나 하나님은 그의 계명들을 온전하게 지키지 않는 모든 자들을 정죄하고 거절하시지 않나요?
어린이: 그것은 사실입니다.

[8] **목사**: [그렇다면] 당신이 하나님의 정죄로부터 벗어나 구원함을 입었다는 의미는 무엇일까요?
어린이: 그것이 우리 주 예수 그리스도의 수난과 죽으심으로 말미암아 되었다는 뜻입니다.

[9] **목사**: 어떻게 이것이 가능하게 되었지요?
어린이: 그의 죽으심으로 말미암아 그는 우리에게 생명을 주시고 그의 아버지 하나님과 우리를 화해시켰기 때문입니다.

[10] **목사**: 당신은 누구에게 기도하십니까?
어린이: 하나님입니다.

[11] **목사**: 누구의 이름으로 기도합니까?
어린이: 우리 주 예수 그리스도의 이름입니다. 그는 우리의 변호자이며 중보자이십니다.

[12] **목사**: 교회에는 몇 개의 성례가 있습니까?
어린이: 두 개입니다.

[13] **목사**: 그것이 무엇이지요?
어린이: 세례와 성찬입니다.

[14] **목사**: 세례가 의미하는 것은 무엇입니까?
어린이: 두 가지입니다. 우리 주님은 그 안에서 우리의 죄를 사면하신 것과 우리의 영적인 중생 혹은 새로워짐을 [가시적으로] 보여주십니다.

[15] **목사**: 성찬이 우리에게 의미하는 것은 무엇입니까?
어린이: 그것은 우리 주 예수 그리스도의 몸과 피를 우리에게 전달하심으로 우리의 영혼은 영생의 소망 가운데 자양분을 공급받는다는 사실을 상징합니다.

[16] **목사**: 성찬에서 우리에게 주어지는 빵과 포도주는 무엇을 보여줍니까?
어린이: 그것은 마치 빵과 포도주가 우리의 몸에 영향을 미치는 것처럼 그리스도의 몸과 피가 우리의 영혼에 동일한 효과를 가져온다는 사실을 보여줍니다.

[17] **목사**: 그렇다면 당신은 예수 그리스도의 몸이 빵 안에 그의 피가 포도주 안에 담겨 있다는 사실을 의미합니까?
어린이: 아닙니다.

[18] **목사**: 그렇다면 그리스도의 충만함을 우리 안에 소유하기 위해 우리는 어디서 그분을 찾아야 할까요?
어린이: 그의 아버지 하나님의 영광 가운데 계신 하늘입니다.

[19] **목사**: 어떤 수단을 통해 우리는 예수 그리스도께서 계신 천국으로 들어갈 수 있습니까?
어린이: 믿음입니다.

[20] **목사**: 그렇다면 우리는 이 거룩한 성례를 올바르게 사용하기 위해 반드시 참된 믿음을 소유해야하겠지요?
어린이: 그렇습니다.

[21] **목사**: 그렇다면 어떻게 이런 [참] 믿음을 소유할 수 있을까요?
어린이: 성령님을 통해서 소유할 수 있습니다. 성령님은 우리의 마음 가운데 거하시며 복음 안에서 우리에게 주신 하나님의 약속을 확실하게 해 주십니다.

흥미로운 것은 상기한 21개의 문항이 지금까지 논의한 《신앙교육서》373개 문항을 또다시 축약한 것이라는 사실이다. 《신앙교육서》의 일부가 아닌 전체 내용을 (비록 매우 짧은 문답이지만) 고르게 요약한 것이 인상적이다. 즉 교리문답을 구성하는 네 가지 요소들--믿음 (#1-#2), 율법 (#3-#9), 기도 (#10-#11), 그리고 성례 (#12-#21)--이 모두 포함되어 있다. 또한 어린이들이 대답하는 부분을 최대한 간략하게 한 것도 학습자의 수준을 세심하게 배려한 것으로 판단된다. 요컨대 칼뱅의 신앙교육은 피교육자의 수준에 따른 **눈높이 교육**이었음을 잊으면 안 될 것이다.

　　마지막으로 고려할 사항은 칼뱅의 신앙교육을 그의 가르침의 사역 전반을 통해 조명해보고 그 위치를 자리매김하는 것이다. 무엇보다 매 주일의 요리문답 교육이 역시 매 주마다 이루어진 그의 **강해설교**와 병행되었다는 사실에 주목해야 한다. 칼뱅은 성경을 한 구절 한 구절 강해함을 통해 성경 말씀을 매우 깊이 있게 가르친 교사로 잘 알려져 있다. 일례로 1555년 3월

20일에 시작된 신명기 강해는 이듬해 7월 15일까지 지속되었으며 총 200여 편의 주해 설교를 통해 칼뱅은 신명기 전체를 교인들에게 가르쳤다.[59] 또한 1559년 9월 4일부터 이듬해 1월 23까지 칼뱅은 창세기를 49편의 설교를 통해 순차적으로 강해했는데 마지막 설교의 본문이 창세기 11장 4절이었다.[60] 이것은 성경 말씀 한 구절 한 구절을 칼뱅이 얼마나 성실하게 가르쳤는지를 잘 예시해 준다. 이런 식으로 철저하게 진행되는 강해설교는 주어진 본문의 의미를 매우 자세하고 깊이 있게 드러내준다는 장점을 가진다. 그러나 동시에 성도로 하여금 성경 전체의 큰 그림을 보여주기까지는 지나치게 많은 시간을 소요해야한다는 결정적인 약점을 가진다. 이러한 약점을 잘 보완해 줄 수 있는 것이 바로 교리문답 교육이었다. 주지하다시피 일 년에 걸쳐 이루어지는 신앙교육을 통해 교인들은 성경 전체를 통해 계시된 주요한 신학적 주제들을 폭넓게 공부할 수 있었다. 요컨대 칼뱅의 신앙교육과 강해설교는 교인들로 하여금 하나님 말씀 전체를 그 폭과 깊이에 있어 균형 있게 소화하는 것을 지향한 공동의 프로그램이라고 말할 수 있다.[61] 한 걸음 더 나아가 칼뱅은 그의 《신앙교육서》를 공교육의 현장으로까지 연결 지으려 시도했다. 세네바 아카데미에 입학하려는 학생들은 제네바 교회가 사용하는 신앙고백과 《신앙교육서》에 포함된 모든 교리들을 신종한 것을 서약한 이후에야 학교

---

59 생 피에르 교회에서 1555년 3월 20일에서 1556년 7월 15일까지 이루어진 설교 총 200편 가운데 15편이 제임스 조던에 의해 번역되어 출판되었다. John Calvin, *The Covenant Enfored: Sermons on Deuteronomy 27 and 28*, edited by James B. Jordan (Tyler: ICE, 1990). 1541년 시의회와 맺은 협약에 따라 칼뱅은 주일 설교 2회 주중 3회 설교했다. 1549년부터 주중 3회가 매일 설교로 전환되었고, 칼뱅은 격주로 매일 설교를 담당했다. 여름엔 오전 6시 겨울엔 7시에 설교했으며, 원고 없이 설교를 했기 때문에 그의 설교는 속기사--제네바로 망명했던 드니 레그니에 (Denis Raguenier)-에 의해 필사된 사본으로 전수되었다. 속기사는 1560년에 사망했고 그에 의해 훈련된 또 다른 속기사에 의해 이 작업은 계속 이루어졌다.

60 비교적 최근에 상기한 49편의 설교는 랍 맥그레거에 의해 모두 영어로 번역되어 출판되었다. John Calvin, *Sermons on Genesis: Chapters 1:1-11:4*, translated by Rob Roy McGregor (Edinburgh: Banner of Truth Trust, 2000).

61 이것은 일찍이 스타인메츠가 말한 "이중의 모델" (bipolar model)을 연상케 한다. 스타인메츠에 따르면 칼뱅의《기독교강요와》그의 주석 작업은 서로 유기적으로 연결되어 있으며 성경 전체의 진리를 가르친다는 공동의 목표를 가지고 있다. 스타인메츠는 이러한 칼뱅의 프로젝트가 그 기원에 있어 중세의 스콜라 신학교육-표준주석(성경해석) *glossa ordinaria* 과 조직신학 교육의 병행--까지 연결되어 있음을 지적하였다. David C. Steinmetz, "The Scholastic Calvin," 16-30 in Carl R. Trueman and R. Scott Clark eds., *Protestant Scholasticism: Essays in Reassessment* (Carlisle: Paternoster, 1999). 또한 그의 저서 *Calvin in Context*, 2nd edition (Oxford & New York: Oxford University Press, 2010), 제18장을 참조하라.

에 입학할 수 있었다.[62] 물론 이것을 오늘날 한국의 공교육 현장에 도입하는 것은 불가능할 것이다. 그러나 학교교육과 교회교육의 유기적인 관계를 시도하는 기독교 사립학교의 경우는 제네바의 역사적 선례를 참고하는 것도 유익할 것이다.

V. 결론

필자는 서두에서 칼뱅의 제네바 교회에서 사용한 제1차 《신앙교육서》 (1537/38)와 제2차 《신앙교육서》 (1542/45)의 역사적 배경, 방법론과 내용상의 특징들, 그리고 그것의 목회적 유용성을 살펴보는 것을 본 논문의 목표로 제시했다. 이 순서에 따라 서론에서 제시한 질문들에 대한 답을 구하는 과정에서 우리는 다음의 사실을 확인하였다. 즉 칼뱅은 성경 전체의 진리 말씀을 요약한 《신앙교육서》를 가지고 교구민들과 그들의 자녀들을 (효율적으로) 교육하는 것을 그의 제네바 종교개혁의 핵심 과제로 간주했다는 것이다. 또한 마지막 질문과 관련하여 우리는 "칼뱅의 《신앙교육서》를 오늘날 한국교회의 목회 현장에 적용할 때 고려해야할 사항은 무엇인가?"의 문제에 대해서도 논의하였다.

　　이 시점에서 필자는 교회의 신앙교육에 대해 정암 박윤선 목사는 과연 어떤 태도를 취했을까 궁금해졌다. 신앙교육의 주제를 언급한 정암의 설교와 성경주석을 검토하던 중 다음의 자료를 발견하고 흥미롭게 읽었다. 1983년 5월 1일 정암 박윤선 목사는 누가복음 18장 15 17절을 주해하면서 어린이를 위한 신앙교육에 대해 다음과 같이 설교하였다.

> 또 혹 잘못 생각하기를 아이들은 연구심이 없으니 그 아이들 상대로 무엇을 가르치겠는가 아이들 상대로 무슨 진리를 말해보겠는가? 아이들이 복음이 무엇인지 아는가? 내세와 하나님의 영광이란 무엇인지 아느냐? 깨닫지 못하고 연구도 못하는 그 단순한 아이들인데 그들을 뭐 그렇게 심각하게 생각해 가지고서 진리 운동에 참가시키고 하나님 말씀 가르치는데 그렇게 전념할 필요가 무엇이 있겠는가? 하는 듯이 소홀히 여기는 일이

---

[62] Gillian Lewis, "The Geneva Academy," in Andrew Pettegree, Alastair Duke and Gillian Lewis eds., *Calvinism in Europe 1540-1620* (Cambridge: Cambridge University Press, 1996), 48.

많아요. 그러나 하나님의 역사는 우리가 깨닫는 데만 관계되는 것 아닙니다. 우리가 연구해야만 하나님의 역사가 임하는 것이 아닙니다. 우리 모르는 가운데 역사가 많습니다. 우리가 거듭났다는 것은 사실 우리가 모르게 된 겁니다. 중생이라는 것은 우리가 모르게 되는 겁니다. 이 거듭난다는 것은 우리의 잠재의식 가운데 이 심령 깊이에서 되는 일입니다. 성령이 그렇게 역사를 하십니다. 그러기 때문에 말도 할 줄 모르고 생각도 할 줄 모르고 젖이나 빠는 그러한 아기들이라도 우리가 소홀히 여기면 안 됩니다. … 그러므로 우리는 이 어린아이들이 잘 깨닫고 못 깨닫고 하는 이런 문제를 가지고 아이들을 소홀히 해서는 안 되는 것입니다. **성경은 아이들을 부지런히 가르치라고 많이 말씀했습니다.** 신 6:7에 그 말씀이 있고 다른 데도 많이 있는 말씀이죠.[63]

이처럼 정암은 교회의 신앙교육에 있어 어린이가 결코 예외가 될 수 없고 오히려 성경은 이들을 부지런히 가르칠 것을 명령하셨다는 사실을 강조했다. 또한 잠언 22장 6절 주석에서 정암은 신앙교육의 목표를 다음과 같이 정의한다.[64]

"가르치라" 란 말 [חָנַךְ]은 하나님께 "바침"(dedication)을 의미한다. 신자들이 그 자녀를 가르치는 목적은, 실상 그늘로 하여금 하나님의 사람이 되도록 하기 위함인 것이다 (Rolland W. Schloerb).

정암에 따르면 신앙교육은 자녀들을 **"하나님의 사람"**으로 만들어 하나님께 드리는 영적인 목표를 가지고 있다. 필자가 보기에 신앙교육에 대한 이러한 정암의 정의와 적극적인 태도는 칼뱅의 입장과 크게 다르지 않다. 정암이 신앙교육을 통해 "하나님의 사람"을 키워내는 것을 목표했다면 칼뱅은 동일한 신앙교육을 통해 제네바 교회의 교구민과 그들의 자녀들을 **성경의 사람들**로 성장시키는 것을 초기부터 일관성 있게 강조했다. 또한 두 사람 모두 교회의 신앙교육을 통해 하나님의 진리말씀과 순수한 복음을 다음 세대에게 전수하는 것의 중요성을 분명하게 인식하고 있었다.

물론 칼뱅과 정암은 일차적으로는 그들 시대의 필요에 대한 반응으로서 신앙교육에 관한 설교와 강해 그리고 저술활동을 수행하였다. 그러나 교회의 신앙교육은 어느 한 특정 시대에 좀 더 필요하고 어느 시대에는 덜 요구되는

---

63 박윤선 목사의 설교: 본문 눅18:15-17; 설교제목: "예수님과 어린이" 일시: 1983년 5월 1일 (장안교회). 녹취된 설교전문은 박성은 집사가 제공함. 강조 표시는 필자의 것이다.

64 박윤선, 《성경주석: 잠언 하: 17-31장》 (수원: 도서출판 영음사, 1991), 413.

성질의 것이 아님을 그들은 잘 인식하고 있었다. 이 때문에 칼뱅은 그의 《신앙교육서》가 공교회의 교리적 일치와 연합에 봉사하는 목표를 가진다고 진술했던 것이다. 요컨대 그의 신앙교육이 목표하는 대상은-그의 논리를 포괄적으로 적용할 때-애초부터 지금의 한국 교회와 우리의 자녀들까지 이미 포함한 것이었다. (*)

【참고 문헌】

◆ 1차 자료

Buceri, Martini. *Kurtze schrifftliche erklärung (1534).* MBDS.* Bd. 6.3. 51-173

_____. *Der Kürtzer Catechismus of 1537, 1543.* MBDS. Bd. 6.3. 175-223; 225-265

Calvini, Iohannis. *Articles concernant l'organisation de l'eglise de Geneve* (1537). *CO*.* 10:5-14.

_____. *Calvin A Lord Somerset: Adresse exhortatoire sur la réformation de l'Eglise.* 71-72. *CO* 13:71-72

_____. *Catechismus sive Christianae Religionis Institutio* (1538). *CO* 5:313-362.

_____. *Instituitio Christianae Religionis* (1559) *CO* 2.

_____. *Institutes of the Christian Religion.* Translated by Henry Beveridge. Edinburgh: The Calvin Translation Society, 1845.

_____. *Instruction et confession de foy dont on use en l'Eglise de Genève. CO* 22:5-74.

_____. *Institutio christianae religionis nunc vere demum suo titulo respondens.* Strasbourg: Wendelin Rihel, 1539.

_____. *Le Catéchisme de l'Eglise de Geneve, c'est à dire le Formulaire d'instruire les enfans en la Chrestienté. CO* 6:1-160.

_____. *Projet D'ordonnances ecclésiastiques* (1541). *CO* vol.10: 15-30.

_____. *Sermons on Genesis: Chapters 1:1-11:4.* Translated by Rob Roy McGregor. Edinburgh: Banner of Truth Trust, 2000.

_____. *The Covenant Enfored: Sermons on Deuteronomy 27 and 28.* Edited by James B. Jordan. Tyler: ICE, 1990.

Capito, Wolfgang. *Kinder bericht und fragstuck von gemeynen puncten Christlichs glaubens.* Basel, 1527.

Jud, Leo. *Catechismus.* Zurich, 1534.

칼뱅, 장 (존 칼빈). 《깔뱅의 요리문답》. 한인수 역. 서울: 도서출판 경건, 2010.

_____. 《라틴어 직역 기독교강요 (1536년 초판)》.문병호 역. 서울: 생명의 말씀사, 2009.

_____. 《신앙교육서》. 이형기 역. 서울: 대한기독교서회, 1994.

_____. 《신앙입문》. 최도형 역. 서울: 대한기독교서회, 1994.

_____. 《요하네스 칼빈의 제네바 교회의 교리문답》. 박위근/조용석 편역. 서울: 한들출판사, 2010.

_____. 《제네바 교리문답서 1542》. 한인수 역. 《칼뱅작품선집 III》 153-257. 서울: 총신대출판부, 2009.

_____. 《제네바 교회가 사용하는 신앙교육서 1537》. 한인수 역. 《칼뱅작품선집 II》 337-390. 서울: 총신대출판부, 2009.

CO = Joannis Calvini opera quae supersunt omnia. Brunsvigae: Schwetschke, 1863.

MBDS = Martin Bucers Deutsche Schriften. Martini Buceri Opera Omnia. Ed. Robert Stupperich. Bd. 1-17. Gütersloh : Gütersloher Verlagshaus G. Mohn, 1960-c2003.

◆ **2차 자료**

Achtermeier, Mark. "Reflections on Calvin's Catechetics." *Calvin Studies* 6 (1992): 59-76.

Althaus, Paul. *The Theology of Martin Luther.* Translated by Robert C. Schultz. Philadelphia: Fortress Press, 1966.

Barth, Karl. *The Faith of the Church: A Commentary on the Apostles' Creed According to Calvin's Catechism.* Eugene: Wipf and Stock, 2006.

Boegner, Marc. *Les Catéchismes de Calvin.* Pamiers: L. Labrunie, 1905.

Brecht, Martin. "Herkunft und Bausbildung der protestantischen Geistlichen des Herzogtums Württemberg im 16. Jahrhundert." In *Zeitschrift für Kirchengeschichte* 80 (1969): 163-175.

Courvoisier, Jacques. "Le catéchismes de Genève et Strasbourg, étude sur le développement de la pensée de Calvin." *BSHPF* 84 (1935): 105-21.

De Jong, Peter Y. "Calvin's Contributions to Christian Education." *Calvin Theological Journal* 2(1967): 162-201.

Fuhrmann, Paul T. *Instruction in Faith 1537* (Philadelphia: Westminster Press, 1949).

Hall, Joseph H. "Catechisms of the Reformed Reformation." *Presbyterion: Covenant Seminary Review* 5:2(1979): 87-98.

Hesselink, I. John. *Calvin's First Catechism: A Commentary.* Louisville: Westminster John Knox Press, 1998.

Kayayan, Eric. "Calvin between *facilis brevitas*, *confessio*, and *institutio*: Instruction of Faith in Geneva." *Koers* 74:4(2009): 619-642.

Kingdon, Robert M. "Catechesis in Calvin's Geneva." 294-313. In John Van Engen. Ed. *Educating People of Faith: Exploring the History of Jewish and Christian Communities.* Grand Rapids: Eedermans, 2004.

Kittelson, James. "Luther the Educational Reformer." *Luther and Learning.* Edited. by Marilyn J. Harran. Selingsgrove: Susquehanna University Press, 1985.

Lewis, Gillian. "The Geneva Academy." In Andrew Pettegree, Alastair Duke and Gillian Lewis. Eds. *Calvinism in Europe 1540-1620.* Cambridge: Cambridge University Press, 1996.

Maag, Karin. "Academic Education for the Real World of the Sixteenth-Century Reformation." *Fides et Histoire* 30:2(1998): 64-79.

_____. "Education and Training for the Calvinist Ministry: the Academy of Geneva, 1559-1620." 133-152. In Andrew Pettegree. Ed. *The Reformation of the Parishes.* Manchester & New York: Manchester University Press, 1993.

_____. *Seminary or University?-The Genevan Academy and Reformed Higher Education, 1560-1620.* Aldershot: Scholar Press, 1995.

Manetsch, Scott M. *Calvin's Company of Pastors: Pastoral Care and the Emerging Reformed Church, 1536-1609.* Oxford: Oxford University Press, 2013.

McGoldrick, James E. "John Calvin: Erudite Educator." *Mid-America Journal of Theology* 21(2010): 121-132.

Millet, Olivier. "Le premier 'Catéchisme' de Genève (1537-1538) et sa place dans l'oeuvre de Calvin." 209-229. In *Catéchismes et Confessions de foi.* Edited by Jean Boisset. Montpellier: Université Paul Valery. 1995

_____. "Rendre raison de la foi: le Catéchisme de Calvin (1542)." 188-207. In *Aux origines du catéchisme en France.* Paris: Desclée, 1988.

Monter, E. William. *Calvin's Geneva.* London: John Wiley & Sons Inc, 1967.

Muller, Richard A. *The Unaccommodated Calvin.* Oxford: Oxford University Press, 2000.

Naphy, William G. "The Renovation of the Ministry in Calvin's Geneva." 113-132. In Andrew Pettegree. Ed. *The Reformation of the Parishes.* Manchester & New York: Manchester University Press, 1993.

Niesel, Wilhelm. "Die Konfirmation nach einen reformatorischen Formular." *Evangelische Theologie* 1(1934/35): 296-307.

Peter, Rodolphe. "The Geneva Primer, Or Calvin's Elementary Catechism." *Calvin Studies* 5 (1990): 135-161.

Pont, Adriaan D. "Kategese, kategismusse en die belydenis van geloof in Geneve in die dae van Calvyn." *HTS Theological Studies* 47.2(1991): 431-441.

Reid, W. Stanford. "Calvin and the Founding of the Academy of Geneva." *Westminster Theological Journal* 18:1 (1955): 1-33.

Stauffer, Richard. "Calvinism and the Universities." 76-98. In Leif Grane. Ed. *University and Reformation: Lectures from the University of Copenhagen Symposium.* Leiden: Brill, 1981.

Steinmetz, David C. "The Scholastic Calvin." 16-30. In Carl R. Trueman and R. Scott Clark Ed. *Protestant Scholasticism: Essays in Reassessment.* Carlisle: Paternoster, 1999.

_____. *Calvin in Context.* 2nd edition. Oxford & New York: Oxford University Press, 2010.

Vogler, Bernard. *Le clergé protestant rhénan au siècle de la Réforme 1555-1619.* Paris: Ophrys, 1976.

강치원. "종교개혁과 신학교육의 개혁: 1520년까지의 루터와 비텐베르크 대학을 중심으로." 〈성경과 신학〉 40(2006): 100-129.

문병호. "교리와 교육: 칼빈의 제1차신앙교육서." 〈개혁논총〉 11(2009):313-344.

박윤선. "주일설교문: 예수님과 어린이." 1983년 5월 1일 (장안교회).

_____. 《성경주석: 잠언 하: 17-31장》. 수원: 도서출판 영음사, 1991.

박준철. "종교개혁기 루터파의 성직자 교육." 〈한성사학〉 10(1998):75-90.

양금희. "루터와 칼빈의 '교회교육' 개념 및 구조비교." 〈성경과 신학〉 24(1998):361-430.

정일웅. "칼빈의 교리교육과 제네바 신앙교육서 연구." 〈신학지남〉 55:4(1988):143-160.

정준모. 《칼빈의 교리교육론》. 서울: 한들출판사, 2004.

제2장
취리히 교회의 개혁신학과 신앙

요한 칼빈과 하인리히 불링거의
'성만찬 일치'(*Consensus Tigurinus*)[1]

박상봉 ▮ 역사신학 · 조교수

들어가며

종교개혁은 처음 로마 가톨릭 교회로부터 독립적인 신앙체계를 가진 개신교를 출현시켰다. 곧바로 종교개혁자들로부터 급진적인 재세례파들이 다시 분리되었다. 이 구교와 급진주의자들과 힘든 싸움을 전개하면서도, 또한 당시의 대내외적인 정치적 불안에도 불구하고 개신교 내에서 루터와 쯔빙글리 사이의 신학적 불화로 또다시 교회분열이 현실화되었다. 그리고 이후 시간 속에서 다른 도시들보다 제네바가 훨씬 뒤늦게 종교개혁을 결의했음에도 불구하고 칼빈의 깊이 있는 신학적인 감화는 일반적으로 처음 독일남부와 스위스에서 쯔빙글리의 주도 아래서 이루어진 종교개혁의 특징과 관련하여 개념 지어진 개혁주의 교회 안에서 소위 '쯔빙글리주의(*Zwinglianismus*)'와 구별되는 신학적인 사상과 삶을 제시한 '칼빈주의(*Calvinismus*)'를 발생시켰다.[2] 이러한

---

[1] 이 글은 「한국 교회사 학회지」(2010.11)에 게재되었던 것임을 밝힌다.

교회분열들 속에서 16세기 중반의 유럽 대륙은 신학적으로, 교회적으로 그리고 정치적으로 종교개혁이 시작된 첫 시대보다 훨씬 혼란스러워졌다. 무엇보다도, 이러한 개신교 내 분열의 중심에 성만찬 신학이 놓여 있었다.

1545년 트리엔트 공의회(Trienter Konzil)로부터 출발된 반종교개혁의 진전과 스위스 종교개혁자들을 향한 루터주의 진영의 지속적인 비판은 다른 정치적인 급박한 상황들과 함께 성만찬일치를 위한, 쯔빙글리주의와 칼빈주의로 분리되어 있었던, 개혁주의 내부의 논의를 강하게 자극하였다. 당시 성만찬 이해는 종교개혁 이후 개신교 내의 신학적인 중심에 서 있었을 뿐만 아니라, 또한 종교행위에 대한 실천적인 대상으로써 현실 신앙생활에 직접적인 영향을 미쳤다. 실례로, 칼빈이 1548년 6월 26일에 불링거에게 보낸 편지에는 다음과 같은 내용이 기록되어 있다: 취리히 교회는 스트라스부르그(Strassburg)에 머물며 공부하는 자기 지역의 출신 학생들에게 그들이 출석하는 그곳 교회에서 시행되는 성만찬에는 참여하지 못하게 하였다는 것이다.[3] 왜냐하면 다른 신앙고백을 강요하지 않았음에도 불구하고, 그 교회가 마틴 부쳐(Martin Bucer)의 성만찬 신학을 추구하는 것과 관련하여 루터의 영향 아래 머물러 있다고 간주했기 때문이다. 분명히 성만찬과 관련하여 이러한 비슷한 일들은 종교개혁 당시 개신교 내 곳곳에서 실제적으로 벌어지고 있는 일상적인 신앙문제였음을 가늠케 한다.

1529년 말부르그 종교회의(Malburger Religionspraech)에서 합의되지 않는 루터와 쯔빙글리 사이에 성만찬론에 대한 갈등은 결과적으로 1555년 9월 29일에 체결된 로마 가톨릭 교회와 함께 루터주의 교회는 합법적인 지위를 인정받았지만, 그러나 개혁주의 교회, 재세례파(와 개신교 이단들) 그리고 유대교는 거부된 아우구스부르그 종교평화협정(Augusburger Religionsfriede)[4]을

---

2 Otto E. Strasser, *Der Consensus Tigurinus*,「Zwingliana」IX (1949), 2‑3.

3 W. Baum, E. Cunitz und E. Reuss, ed. *Ioannis Calvini opera quae supersunt omnia*, Bd. XIX, Braunschweig 1863-1900 (이하 *CO.*), 729: "Nam aliquando conquestus est vos adulescentibus Tigurinis, qui Argentinae agebant, usum sacrae coenae in ea ecclesia interdixisse, quum tamen non alia ab ipsis confession quam vestra exigeretur."

4 Augusburger Religionsfriede, Lexikon der Reformation, hg. Klaus Ganer & Bruno Steiner, 3. Aufl., Freiburg·Basel·Wien: Herder, 2002, 45‑48.

발생시켰을 뿐만 아니라, 또한 루터주의와 개혁주의 사이의 승귀하신 그리스도의 임재방식과 관련한 기독론 논쟁의 전제가 되었던 1551년부터 1562년까지 지속된 처음 칼빈과 요하힘 베스트팔(Johachim Westphal) 사이에, 이후에는 그들의 지지자들 사이에 행해진 소위 '두 번째 성만찬논쟁'을 예견하였다. 이러한 개신교 내의 분열로부터 먼저 개혁주의와 루터주의 사이의 고정된 신학적이고, 교회 정치적인 긴장관계가 발전되었으며, 동시에 이는 결과적으로 신학적인 입장에 근거하여 점진적으로 규정된 교회정체성이 다양한 신앙고백서들을 통하여 교리적, 교회 규범적 그리고 전통적으로 고착화된, 또한 종교적인 생활방식, 인간성(윤리성) 그리고 문화적 특징을 형성한 개혁주의, 루터주의 그리고 로마 가톨릭 교회들의 숙명적인 신앙고백화(die Konfessionalisierung)를 촉진시켰다.[5] 의심의 여지없이 1549년 칼빈과 불링거(취리히 목회자회) 사이의 성만찬 신학 합의를 통해서 정리된 《Consensus Tigurinus》[6] 역시 이러한 신앙고백화의 가속화에 기여한 한

---

[5] Heinrich R. Schmidt, *Konfessionalisierung im 16. Jahrhundert*, in: *Enzykl. Deutscher Geschichte*, Bd. 12, München: Oldenbourg Wissenschaftsverlag, 1992 & Ernst W. Zeeden, *"Grundlagen und Wege der Konfessionsbildung im Zeitalter der Glaubenskämpfe"*, in: *Historische Zeitschrift 185* (1958), 249‑299.

[6] 원본: CONSEN / SIO MVTVA IN RE / SACRAMENTARIA MINI⁻ / strorum Tigurinae ecclesiae, & D. Io⁻ / annis Caluinis ministri Geneven⁻ / sis ecclesiae, … … TIGVRI EX OFFICINA / Rodolphi Vuissenbachij. / M.D.L.I.. (Heinrich Bullinger Werke, 1. Abt.: Bibliographie, Beschreibendes Verzeichnis der gedruckten Werke von Heinrich Bullinger, bearb. Joachim Staedtke, Bd. 1‑3, Zuerich: TVZ, 1972 (이하 *HBBibl I*), 624‑650; 취리히 중앙 도서관: Sign. D 263 / III N 157 / Ms. S 71.); Jean Crespin에 의해 인쇄된 제네바 문서 (제네바 중앙 도서관: Sign. Bc 888); 칼빈의 비서인 Charles de Joinvillier에 의해 필사된 문서 (제네바 중앙 도서관: Sign. Ms. Fr. 145, S. 87r‑94r); 편집된 문서들: CO. VII, 733‑748; Joannis Calvini opera selecta, hg. Peter Barth, Wilhelm Niesel und Dora Scheuner, Muenschen: Chr. Kaiser, 1926‑1959, 2, 246‑258; Régistre de la Compagnie des pasteurs de Genève au temps de Calvin 1546‑1533, Bd. 1, hg. von Jean‑François Bergier, Genève: Droz, 1962, 64‑72; Calvin‑Studiengabe, hg. Eberhard Busch u.a., Bd. 4, Neukirchen‑Vluyn: Neukirchener, 2002 (이하 CStA.), 12‑16; Reformierte Bekenntnisschriften, hg. im Auftrag der Evangelischen Kirche in Deutschland von Heinrich Faulenbach und Eberhard Busch, Bd. 1/2 (1535‑1549), Neukirchen‑Vluyn: Neukirchener, 2006 (이하 Bekenntnisschriften 1/2), 481‑490; Mueller E. F. Karl, Die Bekenntnischriften der reformierten Kirche, Leipzig: Deichert, 1903, 159‑163, Consensus Tigurinus, hg, Emidio Campi & Ruedi Reich, Zuerich: TVZ, 2009, 75‑170 (라틴어, 독일어, 프랑스어 원본) / 184‑268 (독일어, 프랑스어, 이탈리아어, 영어 현대어 번역본). 이 일치서가 《Consensus Tigurinus》라는 명칭을 갖게 된 것은 19세기 때이고, 16세기 당시에는 일반적으로 라틴어로는 《Consensio mutual in re sacramentaria》로, 독일어로는 《Einhelligkeit》로 그리고 프랑스어로는 《Accord》로 불리어졌다. Georg Benedict

신앙고백서로 간주된다. 하지만 동시에 잊지 않아야 할 것은 이 문서가 비록 개신교 내에서 루터주의 교회와 완전히 단절하는 한 원인을 제공한 것처럼 인식된다고 해도 – 실상 이렇게 보기에는 많은 무리가 있지만 – 오히려 지역적이고 신학적인 면에서는 쯔빙글리주의와 칼빈주의로 분리되어 있던 스위스 내의 개혁주의 교회의 일치를 가져왔을 뿐만 아니라, 또한 급박한 정치현실을 극복하고자 하는 면에서 칼빈이든, 불링거든 당시 분열된 교회를 일치시키고자 하는 교회연합적인 노력 아래서 산출되었다는 점이다. 이 때문에 종교개혁 시대의 다양한 신앙고백적인 교회들 사이에서 특징 지워진 연합적인 노력들과 관련하여 표명되지 않으면 《Consensus Tigurinus》의 가치는 정확히 이해될 수 없다. 칼빈과 불링거 사이의 상호적 교회연합의 열망 속에서 교회 외교적 평화문서로써 이 신앙고백서가 도출될 수 있었음이 기억되어야 한다.

여기에서 관심은 《Consensus Tigurinus》의 구체적인 신학사상 보다는, 물론 성만찬 이론에 대한 기본적인 내용에 대해 살피기는 하겠지만, 오히려 이 문서의 발생 전후로 확인된 신학적이고 교회 정치적 이해관계들과 그의 가치적인 면에 더 많은 초점이 맞추어져 있다. 사실 이의 신학적 내용을 구체적으로 살피기 위해서는 이 일치서와 함께, 이를 도출시키는 과정 속에서 칼빈과 불링거에게서 작성된, 다음의 문서들 역시 비교-확인되어야 한다: 칼빈이 1548년 6월 26일에 불링거에게 보낸 서신,[7] 답변서로써 불링거가 1548년 11월에 칼빈에게 보낸 24조항문,[8] 칼빈이 1549년 1월 21일에 취리히로 서신과 함께 첨부한 20조항문,[9] 불링거가 1549년 3월 15일에 작성한 20조항문[10] 그리고 1549년 3월 12일에 베른 총회(Berner Synode)에 제출한 제네바 신앙고백서.[11] 차후로 이 문서들의 비교와 평가 속에서 《Consensus Tigurinus》

Winer, Comparative Darstellung des Lehrbegriffs der verschiedenen christlichen Kirchenpartheien: nebst vollständigen Belegen aus den symbolischen Schriften derselben in der Ursprache, Leipzig: Reclam, 1824, 18.

7 원본: 취리히 문서보관소, Sig. E II 386, 6⁻8v; *CO*. XII, 726⁻731.

8 원본: 취리히 문서보관소, Sig. Ms. F 80, 242r⁻249r; *CO*. VII, 693⁻700.

9 원본: 취리히 문서보관소, Sig. E II 348, 458r⁻460v; *CO*. XIII, 164⁻166.

10 원본: 취리히 문서보관소, Sig. E II 347, 318⁻324v; *CO*. VII, 709⁻716.

의 더 깊은 신학적인 내용을 살필 수 있는 기회가 있을 것이다. 이 글의 일차적인 목적은 아직 한국교회에게는 생소한 종교개혁 당시 교회외교의 역사 속에서 이루어진 교회연합에 대한 중대한 사건이었던 칼빈과 불링거(취리히 목회자회) 사이의 성만찬 합의를 소개하는데 있다.

1. 성만찬 합의 이전까지의 칼빈과 불링거의 관계

16세기 초까지 프랑스어권 스위스 서부지역은 독일어권 중동부지역과 신학적이고 정치적으로 별다른 연계가 없었다. 스트라스부르그에서 부처와 짧은 만남을 가진 이후에 1535년 1월에 도착한 바젤에서 칼빈은 처음으로 독일어권 종교개혁자들인 오스발트 미코니우스(Oswald Myconius)와 시몬 그레니우스(Symon Grynaeus)을 대면하였다. 1536년 초에 칼빈과 불링거 사이의 첫 대면 역시 이 도시에서 이루어진 것으로 알려져 있다.[12] 이 시기는 칼빈이 도망자의 신분으로 이곳 바젤에 머물며 개혁주의 교회의 고전이 된 《기독교 강요: Institutio christianae religionis》 초판을 저술한 때를 같이 한다. 칼빈은 1536년 1월 31일부터 2월 4일까지 열린 첫 번째 스위스 개혁주의 신앙고백인 《스위스 제1신조: Confessio Helvetica Prior》 의 작성을 위해 스위스 모든 개혁도시들에서 바젤로 온 종교개혁자들과 대면하는 기회를 가진 것으로 알려져 있다: 취리히의 불링거와 레오 유트(Leo Jud), 베른의 카스퍼 메간더(Kasper Megander) 외에, 샹 갈렌(St. Gallen), 샤프하우젠(Schaffhausen), 비엘(Biel), 뮬하우젠(Muehlhausen) 그리고 콘스탄츠(Konstanz)에서 각 지역들을 대표하는 종교개혁자들이 왔다.[13] 칼빈이 기욤 파렐(Guillaume Farel)의 영혼을 뒤흔든 권유 속에서 제네바에 머물게 된 이후로, 1537년 9월 3일에 처음 삼위일체에 대한 신앙고백과 관련하여 칼빈의 주도 아래서 제네바 목회자회와 취리히 목회자회 사이에 서신교환이 이루어졌다.[14] 이에 대한 답변서

---

[11] 원본: 취리히 문서보관소, Sig. E II 337a, 390r⁻395v; *CO.* XIII, 216⁻218.

[12] 필립 샤프 / 박경수 역, 『스위스 종교개혁』, 서울: 크리스챤다이제스트 2004, 282.

[13] Ernst Saxon (ed), C*onfessio Helvetica Prior von 1536*, in: *Reformierte Bekenntnisschriften* (1/2), 33⁻68.

가 1537년 11월 1일에 취리히 목회자회의 이름이 아닌 불링거 개인의 이름으로 칼빈과 파렐 앞으로 전달되었다.[15] 이후로 칼빈과 불링거 사이에 문서적 의견교환은 칼빈이 죽은 해인 1564년까지 지속되었다. 1564년 4월 6일 날짜가 적힌 칼빈의 마지막 편지가 불링거에게 전달되었다. 제네바 벗은 글의 서문에서 취리히에 있는 오랜 벗에게 오래 동안 침묵한 것에 대해 사과하면서 그 이유가 자신의 병듦과 관련된 것임을 밝혔다. 통증 때문에 숨 쉬는 것도 힘들뿐만 아니라, 또한 호흡 역시 매우 짧아졌음을 밝히면서 아픈 것이 자신을 게으르게 만들고 있음을 담담하게 서술하였다.[16] 칼빈과 불링거 사이에 오간 서신들은 총 285통이나 된다. 첫 만남과 서신교환 이래로 시시때때 신학적이고 정치적인 긴장이 존재했음에도 불구하고 1549년 5월 성만찬 합의가 이루어진 순간까지 둘 사이에 10여 년이 훨씬 넘는 시간 속에서 축적된 다양한 교류들이 있어왔다는 것을 기억할 필요가 있다. 지속적인 서신교환 옆에서 칼빈이 1547년 2월 방문 전에 이미 1538년에 제네바에서 추방되었을 때 취리히에 모습을 드러낸 것이나, 또한 1545년에 왈도파(Waldenser)의 박해에 대해 논의하기 위해 불링거를 방문한 것은[17] 취리히 일치서를 위한 걸음 이전에도, 설령 모든 의견들이 일치하지 않았다고 해도, 둘 사이의 관계가 결코 가볍지 않았음을 단적으로 보여준다. 칼빈이 추방된 이후에 제네바 시위원회가 1541년 9월 13일에 다시 그 종교 개혁자를 돌아오게 하기 위해 다른

---

14 제네바 목회자회가 취리히 목회자에게 보낸 서신 (CO. X, 119-123).

15 CO. X, 127-128.

16 칼빈이 불링거에게 (CO. XIX, 282 ff.): "S. Diuturni silentii veniam non peto, observando frater, quia per alios tibi innotuit quam iusta foerit cessandi excusatio, quae hodie quoque magna ex parte durat. Quanquam enim sedatus est lateris dolor, sic tamen fi egmatibus obruti sunt pulmones ut difficilis et concisa sit respiratio. Calculus iam duodecim dies vesicam occupat, estque valde infestus. Accedit anxia dubitatio, quia nullis medicamentis hactenus abigi potuit. Optimum compendium esset equitatio: sed ulcus in venis hemorrhoicis sedentem quoque et in lecto iacentem acerbe cruciat, tantum abest ut equi agitatio mihi sit tolerabilis. Podagra quoque hoc triduo molesta mihi fuit. Non miraberis itaque si tot dolores me ignavum reddant. Ad cibum sumendum aegre compellor. Yini sapor amarus. Sed dum volo officio perfungi nihil aliud quam taedii materiam tibi adfero." (박상봉, "종교개혁 시대 서신교환을 통해서 본 Heinrich Bullinger의 초상", 「교회와 문화」 25(2010년 여름호), 100-101.

17 Fritz Buesser, Heinrich Bullinger (1504-1575), Leben, Werk und Wirkung, Bd. II, Zürich: TVZ, 2005, 118-119.

지역들의 교회들과 함께 취리히 교회에게도 지원을 요청했을 때, 이 교회가 그의 귀환을 위해 합당한 역할을 감당한 것 역시도 이를 뒷받침하고 있다: 취리히 교회는 1541년 4월 5일에 귀환을 청하는 서신을 스트라스부르그의 목회자회[18]와 칼빈[19]에게 동시적으로 보냈다. 또한, 취리히 시위원회 역시 오순절 기념주일이 지난 첫 화요일에 칼빈의 귀환을 요청하는 외교적인 서신을 스트라스부르그 시위원회 앞으로 우송하였다.[20] 물론 《Consensus Tigurinus》가 도출되기까지 칼빈이 성만찬 이해와 관련하여 루터주의적 성향을 가진 부쳐의 영향을 받고 있다는 신학적인 신뢰에 대한 좁혀지지 않는 심리적 거부감이 불링거에게 늘 있어왔다는 것은 부인할 수 없다.[21] 그럼에도 불구하고, 특별히 길과 교통수단이 발달되지 않는 시대에 1549년 5월 말 성만찬 합의를 위한 마지막 방문 때까지 칼빈이 제네바로부터 거의 300km 정도 떨어져 있는 취리히를 다섯 번이나 방문했다는 것은, 한편으로 그가 당면한 시대적 문제들에 대해 얼마나 적극적으로 대응했는가를 가르쳐주고 있지만, 이와 동시에 그와 불링거는 서로를 당시 여러 긴급한 교회적 사안들과 관련하여 긴밀한 대화를 나눌 수 있는 동역자로 간주하고 있었다는 사실 역시 증명한다.

2. 칼빈과 불링거 사이의 성만찬 합의 과정들

칼빈은 1541년에 쓴 《성만찬에 관한 소론: Kleiner Abendmahlstraktat》에서 지금끼지의 성민찬 논쟁과 관련하여 루터와 쯔빙글리의 양진엉들에 대한 공통석인 오류를 지적하였는데, 무엇보다도 이들은 진리를 이해하기 위해 각 자의 입장을 진지하게 경청하는 인내가 서로에게 부족했음을 밝혔다.[22] 이후로 1544

---

[18] *CO*. XI, 183⁻185.
[19] *CO*. XI, 185⁻188.
[20] *CO*. XI, 233⁻234.
[21] Frans Pieter van Stam, Das Verhaehltnis zwischen Bullinger und Calvin waehrend Calvins erstem Aufenthalt in Genf, in: Calvin im Kontext der Schweizer Reformation, Historische und theologische Beitraege zur Calvinforschung, hg. Peter Opitz, Zuerich: TVZ, 2003, 39.
[22] *Kleiner Abendmahlstraktat (1541)*, in: *CStA*. 1.2, 491.

년 8월에 루터가 《성만찬에 대한 짧은 신앙고백: Kurzes Bekenntnis vom Abendmahl》[23]을 통하여 쯔빙글리, 외콜람파디 그리고 그들의 동역자들에 대한 새로운 비방과 함께 논쟁을 재개했을 때, 칼빈은 양진영의 화해를 위해 더욱 실천적인 노력이 필요하다는 것을 절감하였다. 그는 1544년 11월 25일 불링거에게 보낸 서신에서 루터를 향한 분노를 자재해 줄 것을 권면하면서 특별히 종교개혁과 관련하여 루터의 중대한 역할과 의미에 대해서 역설하였다.[24] 하지만 이에 대한 성과는 전혀 아무런 기대에 미치지 못했다. 취리히 교회의 요청에 따라 불링거는 1545년에 루터에 반대하여 《취리히 교회의 신앙고백: Wahrhafte Bekenntnis der Diener der Kirchen zu Zuerich》[25]를 출판하였다: 물론 이 취리히 신앙고백서가 루터와의 관계를 더 멀어지게 한 것은 사실이지만, 그럼에도 불구하고 이것은 불과 4년 후에 완성될 《Consensus Tigurinus》의 실현과정을 위한 한 중요한 문서로써 역할을 하였다.[26] 불링거는 루터가 죽은 이후 곧바로 멜랑흐톤에게 진심어린 애도의 서신을 쓸 정도로 귀감이 되는 종교개혁자로서 그에 대해 존숭하는 마음을 가지고 있었다. 하지만 그는 여기에서 한 인간으로서 루터에 대한 부정적인 시각 역시 감추지 않았다.[27] 비텐베르크와 취리히 사이의 신학적이고 감정적인 해묵은 간격은 어느 한 쪽이 자신의 성만찬 입장을 포기하지 않는 한 더 이상 좁혀질 수 있는 어떤 여지도 남아있지 않았다. 이러한 현실 속에서 칼빈은 비텐베르크와 성만찬에 대한 합의를 이루는 소원을 완전히 저버리지는 않은 채 자신의 시선을 취리히로 돌려야 했다. 이때 그는 신학적인 현안 옆에서 눈앞에 놓인 교회 정치적이고, 지역적인 문제들 역시 매우 세심하게

---

23 D. Martin Luthers Werke. Kritische Gesamtausgabe, Bd. 54, Weimar: Verlag Hermann Böhlaus Nochfolger, 1906‑61, 141‑167.

24 *CO.* XII, 772‑775.

25 원제목: 《*Warhaffte Bekanntmuß der dieneren der kilchen zu Zuerych / was sy vß Gottes wort / mit der heyligen allgemeinen Christenlichen Kilchen gloubind vnd leerind / in sonderheit aber von dem Nachtmal vnsers herren Jesu Christi: mit gebeurlicher Antwort vff das vnbegruendt ergerlich schaechen / verdammen vnd schelten D. Martin Luthers / besonders in sindem letsten buechlin / Kurtze bekenntniß von dem heiligen Sacrament / ganannt / vßgangen.* … …》 (*HBBibl I*, 161‑163); Andreas Muehling, *Zuercher Bekenntnis*, in: *Reformierte Bekenntnisschriften* (1/2), 449‑465.

26 Strasser, *Der Consensus Tigurinus*, 6.

27 Fritz Buesser, *Heinrich Bullinger (1504‑1575)*, 152‑153..

고려하였다. 직접적으로는 당시 개신교 지역들의 위협적인 정치 상황들에 대한 논의 때문이었지만, 그러나 성만찬에 대한 관심사 역시 논하기 위해 제네바 종교개혁자는 1547년 2월에 추운 날씨를 이겨내고 취리히를 직접 방문하였다.[28] 서로가 대면한 자리에서 불링거는 칼빈에게 모든 신학적이고 교회 정치적인 사안들과 관련하여 지속적이고 긴밀한 서신왕래를 제안했을 뿐만 아니라, 또한 1545년 말에 작성되어 아직 인쇄되지 않는 자신의 성만찬에 관한 새로운 저술인 《주 그리스도와 보편 교회의 성례에 관하여: De sacramentis Christi Domini et ecclesiae catholicae》을 제공하였다[29]: 이 문서는 성도들의 성만찬에 대한 바른 이해를 돕기 위해 기술된 것으로 루터에 대한 논박이 직접적으로 드러나 있지는 않았지만, 그럼에도 여기에서 불링거의 성만찬에 대한 이해가 앞서의 취리히 신앙고백에서 보다 좀 더 온화하고 발전적으로 드러나 있음이 확인되고 있다. 하지만 칼빈에게 충분히 동의되는 문서는 아니었다. 제네바로 돌아간 이후 곧바로 칼빈은 1547년 2월 25일에 불링거에게 이 문서에 대한 비평적 서신을 보냈다.[30] 그 이후 8월 13일에 제네바로부터 다른 서신[31] 역시 보내졌지만 취리히에서는 이때 역시도 아무런 반응을 보이지 않았다. 서로의 입장차이로 인하여 한 동안 대화가 단절된 것이다. 제네바와 취리히 사이의 새로운 서신교환 은 1548년에 3월 초에 칼빈이 서신을 보낸 것과 함께 재개되었다.[32] 오랜 동안 침묵을 지킨 불링거가 5월 25일에 답신[33]을 한 이래로, 같은 해에 두 도시 사이에 여섯 번의 서신들이 더 교류되었다. 더욱이, 칼빈은 파렐과 함께 같은 해 오순절

---

[28] Frintz Blanke & Immanuel Leuschner, *Heinrich Bullinger: Vater der reformierten Kirche*, Zuerich: TVZ, 1990, 217-218.

[29] *HBBibl* I, 183. 이 저술은 1551년 영국에서 요한 라스코(Johannes a Lasko)에 의해 출판되었다. (Heinrich Bullingers Diarium (Annales vitae) der Jahre 1504-1574. Zum 400. Geburtstag Bullingers am 18. Juli 1904, Quellen zur Schweizerischen Reformationsgeschichte, hg. Emil Egli, Bd. II, Basel 1904, 26-30.)

[30] *CO*. XII, 480-492. 일반적으로 이 저술은 1547년 2월 초 칼빈의 방문 때 불링거에 의해 제공된 것으로 알려져 있다. 하지만 칼빈이 제네바로 귀한 이후 이 서술을 읽고 그에 대한 비평적 서신을 기록한 때가 1547년2월 25일이기 때문에, 그가 이미 취리히 방문 전에 우편을 통해서 이 저술을 받았을 가능성 역시도 열려있다(Strasser, Der *Consensus Tigurinus*, 7).

[31] 1547년 8월 13일 칼빈이 불링거에게 보낸 서신 (*CO.*, XII, 590-591.).

[32] *CO*. XII, 665-667.

[33] *CO*. XII, 705-707.

날에 다시 취리히에 모습을 드러냈다. 물론 이 만남은 성만찬 논의 보다는, 오히려 베른을 통해서 로잔(Lausanne)에서 위협받고 있는 비레(Viret)의 사역에 대한 염려 때문이었다. 먼 곳에서 온 두 종교개혁자는 취리히 의장에게 성나있는 베른 시위원회에 앞에서 비레에 대해 중재해 줄 것을 요청하였다.[34] 1548년에 교류된 서신들 중에서 가장 중요한 것은, 앞서 이미 언급된, 칼빈이 자신의 구체적인 성만찬 입장을 표명한 6월 26일에 불링거에게 보낸 서신이다. 이것은 성만찬에 대한 이해에 있어서 칼빈과 불링거를 신학적으로 매우 가깝게 만들었을 뿐만 아니라, 또한 결과적으로 서로에게 1549년에 《Consensus Tigurinus》을 산출시킬 수 있는 사고의 유연성을 제공하였다. 분명히 성만찬 합의를 위해서 불링거 보다는 칼빈이 더 적극적으로 움직였다는 것을 부인할 수 없다. 칼빈의 적극성은 불링거와 성만찬에 관한 지속적인 대화를 잇기 위한 것이었다.[35] 이러한 과정들을 통해 두 종교개혁자들 사이에 성만찬 신학에 대한 이견을 좁힐 수 있는 신뢰관계가 형성될 수 있었다. 하지만 성만찬 신학에 관하여 지속적인 논의를 가능하게 한 칼빈에 대한 불링서의 신뢰는 결코 일방적인 것이 아니었다. 오랫동안 취리히 교회를 반대한 비텐베르크 교회의 논박과 스위스 종교개혁 도시들을 《비텐베르크 협약: Wittenberger Konkordie》에 가입시키고자 앞서 합의된 공동체적 사안을 무효화시킨 부쳐를 통해 가졌던 당혹감과 관련하여, 먼저 불링거(와 취리히 목회자회)는 루터의 성만찬 이해에 대한 분명한 판단과 스트라스부르그에 대한 독립성이 칼빈에게서 확신되어야 했다.[36] 루터주의와 연합에 대한 노력 속에서 1536년 3월에 첫 번째 스위스 개혁주의 신앙고백서인 《스위스 제1신조》가 – 바젤에서는 《제2바젤 신앙고백: Confessio Basileensis posterior》로 명칭된 – 작성되었을 때 큰 영향력을 행사하였던 부쳐가 같은 해 5월에 쯔빙글리를 따르는 스위스 도시들을 자신의 주도적인 역할에 의해 작성된 《비텐베르크 협약》에 가입시키려는 시도를 하였다.[37] 하지만 쯔빙글

34 Strasser, *Der Consensus Tigurinus*, 7.

35 Peter Opitz, *Leben und Werk Johannes Calvins*, Goettingen: Vandenhoeck & Ruprecht, 2009, 122.

36 같은 책.

37 Ernst Saxon, *Bullinger, Calvin und der 《Consensus Tigurinus》*, in: *Der Nachfolger*.

리 영향 아래 있는 이 도시들과 비텐베르크 사이에 충분한 신학적인 논의가 이루어지 않는 상태에서 일방적인 부쳐의 노력은 허사로 돌아갔다. 스위스 교회들은 이 문서가 표면적으로 루터와 쯔빙글리의 성만찬 신학의 조화 속에서 작성되었다고 해도, 하지만 내용적으로, 특히 신앙이 없는 사람도 성만찬에 참여할 수 있다는 조항과 관련하여, 지나치게 루터 쪽으로 기울어진 것으로 간주하였다.[38] 당연히 부쳐는 루터주의자로 의심받았으며, 그의 성만찬 이해 역시 루터의 영향 아래 있는 것으로 인식되었다.[39] 결과적으로 항상 중용의 길을 걸었던 스트라스부르그 종교개혁자는 스위스 교회들로부터 신뢰를 잃었다. 이러한 배경을 기억하면서 1548년 6월 26일에 칼빈이 불링거에게 보낸 서신을 다시 상기할 필요가 있다. 여기에서 칼빈은 먼저 자신의 성만찬 이해가 부쳐의 영향 아래 머물러 있다는 의혹에 대해 직접적으로 해명하였다: 칼빈은 부쳐의 불명료함에 대해서 인정하면서도, 동시에 부쳐가 교회의 일치를 위해 이제까지 수고한 노력에 대해서 인정해 줄 것을 호소하였다. 칼빈은 부쳐가 (이 서신에서 칼빈이 성만찬 입장에 대해 언급한) 신앙고백에 대해서 서명을 한다면, 어떤 근거로 부쳐와 거리를 두어야 하는가라고 반문하면서 그를 향한 애정을 내비쳤다. 그는 자신이 부쳐를 미워하거나, 혹은 개인적으로 자신에게 베푼 그의 공로에 대해 침묵한다면, 하나님의 교회에 크나큰 잘못을 행하는 것임을 밝혔다. 칼빈은 부쳐가 성만찬 일치를 위한 노력을 결코 반대하지 않을 것이라는 신뢰 속에서 모두가 함께 교회에 유익된 길을 걷기를 기대하였다.[40]

Heinrich Bullinger (1504 – 1575). Katalog zur Ausstellung im Grossmünster Zürich 2004, hg. Emidio Campi u.a., Zürich: TVZ, 2004, 91. 《Wittenberger Konkordie》에는 다음의 네 독일남부 종교개혁 도시들이 가입을 하였다: 스트라스부르그, 콘스탄츠, 린다우(Lindau) 그리고 멤밍언 (Memmingen).

[38] *Wittenberger Konkordie*, in: *Lexikon der Reformation*, 823–825.

[39] 빌헬름 노이져 / 김성봉 역, 『칼뱅』, 서울: 나누며 섬기는 교회 2000, 161. 부쳐는 관대함과 포용력을 지닌 종교개혁자였다. 한때 취리히 신학자들이 그의 헌신과 관련하여 스트라스부르그를 '종교개혁의 안식처'로 불렀다는 것을 기억할 필요가 있다(샤프, 스위스 종교개혁, 307).

[40] *CO.* XII, 729: "Quin etiam animadverti pridem gravari nos ea communicatione quae nobis cum *Bucero* intercedit. Sed obsecro te, mi *Bullingere,* quo iure nos a *Bucero* alienaremus, quum huic nostrae confessioni quam posui subscribat? Ego virtutes et raras et permultas, quibus vir ille excellit, in praesentia non praedicabo. Tantum dicam me ecclesiae Dei gravem iniuriam facturum, si hunc vel oderim vel contemnam. Taceo ut de me privatim sit meritus. Et tamen

또한, 이 서신에서 칼빈은 로마 가톨릭 교회의 화체설(Transsubstantiation)과 루터주의의 공재설(Konsubstantiation)을 반대한다는 것 역시도 표명하였다. 이 설득력 있는 호소를 통해서 칼빈의 부처를 향한 진심이 불링거에게 존중되었을 뿐만 아니라, 또한 칼빈이 성만찬에 대한 루터주의적인 경향성을 가졌다는 혐의도[41] 거의 풀렸다. 불링거는 이 서신에 언급된 칼빈의 성만찬 입장을 24조항으로 요약해서, 이를 베른에 있는 요한 할러(Johannes Haller)에게 보냈다.[42] 기대했던 결과는 뒤따르지 않았지만, 두 종교개혁자들은 주변의 동역자들을 설득하면서 성만찬에 대한 서로의 관심사를 위해 더 가까이 다가서게 되었다. 노이져 교수가 자신이 쓴 『칼뱅』에서 성만찬 합의와 관련하여 **"불링거가 계속하여 결정을 연기하는 일로 반응하였다"**는 평가는,[43] 이제까지 살핀 대로 칼빈에 대한 불링거의 긴 신뢰관계의 형성과도 깊은 연관이 있음을 기억할 필요가 있다.

물론 당시 교회 정치적인 상황들 역시도 칼빈으로 하여금 불링거와 깊은 대화를 하도록 이끌었다는 것을 알아야 한다. 제네바 교회와 베른 교회 사이의 긴장관계는 칼빈이 당시의 교회 징치직인 영향력과 관련하여 취리히 교회 의장의 지원을 희망하도록 몰아갔다[44]: 칼빈의 제네바 귀한 이후 성만찬에 대한 신학논쟁은 베른과 그의 영향력 아래 있는 주변지역들 내에서 교회 정치적인 갈등의 한 중요한 부분을 차지하고 있었다. 1546년에 베른에서 사망한 에라스무스 리터(Erasmus Ritter)의 자리에 요도쿠스 키르마이어(Jodocus Kirchmeier)가 선출된 것과 함께 교회 정치적인 큰 변화가 발생되었다.[45] 지난 10여 년 동안 성만찬의 이해에 있어서 루터적이며, 더 가깝게는 부처적인 입장에 서 있었던 베른 교회의 분위기가 쯔빙글리적인

---

sic eum amo et colo, ut libere quoties visum est moneam. Quanto ipsius de vobis querimonia iustior censebitur?"

[41] Saxon, *Bullinger, Calvin und der 《Consensus Tigurinus》*, 90‒91.

[42] Strasser, *Der Consensus Tigurinus*, 7.

[43] 노이져, 칼뱅, 162.

[44] Saxon, *Bullinger, Calvin und der 《Consensus Tigurinus》*, 90.

[45] Carl‒Bernhard Hundeshagen, *Die Conflikte des Zwingianismus, Lutherthums und Calvinismus in der Bernischen Landeskirche von 1532‒1558*, Bern: Verlag von E. A. Jenni, Gohn, 1842, 197‒199.

입장에 가까운 분위기로 바뀌게 된 것이다. 청년기에 스트라스부르그에서 부쳐와 볼프강 카피토(Wolfgang Capito)에게 영향을 받았고, 또 1536년 비텐베르크를 방문한 이래로 스위스에서 《비텐베르크 협약》 의 대리자로 간주되던 베른의 신학자 시몬 슐쳐(Simon Sulzer)가 1548년에 베른에서 바젤로 떠나야만 했다. 새로운 베른의 신학적 방향은 제네바의 이웃에 위치한 바트(Waadt) 지역에서 칼빈과 그에게 영향을 받은 목회자들에게 교회전통들과 출교에 관한 이전의 분쟁들 옆에서 새롭게 성만찬 이해에 대한 긴장감을 발생시켰다. 로잔 상급학교(Kolloquium)의 학장으로 봉직하고 있었던 쩨베데(Zébédée)가 1548년에 자신의 동료인 비레를 그의 비(非)쯔빙글리적인 성만찬에 대한 표명 때문에 베른 시위원회에 고소하였다. 이 사건은 베른 시위원회와 칼빈의 관계를 새로운 갈등으로 치닫게 하였다.[46] 베른 지배 아래 있는 바트 지역의 비레와 다른 프랑스 목회자들에게 공공연한 영향을 주고 있었던 제네바 종교개혁자는 베른의 시각 속에서 성만찬 신학과 관련하여 루터주의나 부쳐주의로 기울려 있다는 의심을 받게 된 것이다. 과거의 국면처럼 이 상황 역시 신학과 직접적으로 관련이 있었다기 보다는, 오히려 칼빈과 베른 정부 사이의 관계개선이나 신뢰문제와 관련이 있었다. 베른 시의회는 칼빈과 직접적으로 대화하는 어떤 기회도 허용하지 않았다. 실례로, 칼빈이 불링거로부터 서면적 동의를 받은 20조항으로 정리된 성만찬에 대한 《제네바 신앙고백서》 를 1549년 3월 12일에 베른 시위회에 제출했을 때에도,[47] 이미 그 위원회가 당면한 교회문제들의 논의를 위해 같은 달에 개체될 총회 (die Synode)에 칼빈의 참여를 허락하지 않겠다는 내부적 결정이 도출되어 있는 상태였다.[48] 이렇게 베른과 첨예한 갈등 옆에서 제네바에 머물고 있는 칼빈의 위치는 한시도 평안할 수 없었다.[49] 이러한 현실을 극복하고자 칼빈은

---

[46] 1548년 1월 비레에게 보낸 칼빈의 편지 (CO. XII, 661‐662). 같은 시기에 이에 관한 사건을 언급한 다른 인물의 편지도 확인된다: 취리히 교회에 보낸 베아투스 코메스(Beatus Comes)의 편지 (CO. XII, 214).

[47] Strasser, Der Consensus Tigurinus, 8. (각주 10.)

[48] 1549년 3월 7일에 할러가 불링거에게 보낸 편지 (CO. XIII, 214).

[49] Hundeshagen, Die Conflikte des Zwingianismus, Lutherthums und Calvinismus in der Bernischen Landeskirche von 1532‐1558, 233‐238.

우선적으로 베른과 우호적 관계를 맺고 있을 뿐만 아니라, 또한 그곳에 직간접적인 영향을 주고 있는 취리히 교회의 원조를 시도해야만 하였다. 베른과 취리히와의 협력적 관계는 칼빈에게 있어서 제네바와 바트 지역의 정치적인 안정을 보장해주는 필요적 선택이었을 뿐만 아니라, 또한 프랑스에서 핍박받고 있는 개신교도들(Hugenotten)의 원조를 지지받을 수 있는 기회이기도 하였다.[50] 실제로, 제네바와 성만찬에 대한 신학적 일치 이후로 불링거는 항상 베른 목회자회를 향하여 그때마다의 사안에 대해 칼빈의 입장에 근거하여 적극적인 변호를 하였다.[51] 물론 불링거의 입장에서도 베른과 제네바 사이의 정치적 안정은 1545년에 로마 가톨릭 교회가 트리엔트 공의회 소집을 통해서 다시금 세력을 규합하고, 독일에서 1547년에 시작된 슈말칼트 전쟁에서 개신교도들의 참패와 1548년 5월 15일에 오직 한시적으로 사제들의 결혼과 평신도들의 성만찬 분병이 허락된 과도법령의 공포(Erlass der Interim) 같은 일련의 급변적인 사건들과 관련하여 스위스 교회들의 연합을 위해서 산파될 수 없는 사안이었다.[52] 더욱이, 칼5세(Karl V) 군사들의 스트라스부르그에 대한 위협 옆에서 1548년 10월에 스위스 경계에 위치한 콘스탄츠를 점령했을 때, 불링거는 이러한 절박한 상황에 대처할 수 있는 스위스 전(全)개신교의 연합에 대해서 더욱 실제적인 방안을 간구해야만 하였다: 성만찬에 대한 이해 때문에 분열되어 있는 스위스 개신교 내의 프랑스어권과 독일어권 교회들의 일치를 현실화시키는 것이 우선되어야 했다.

위에서 언급된 모든 배경들 속에서 제네바와 취리히는 서로를 향하여 신학적이고 교회 정치적으로 연속된 문제들을 발생시키고 있는 성만찬에 대해 진지한 접근을 시도하였다. 이미 칼빈과 불링거 뿐만 아니라, 또한 그들의 동료들 사이에서도 지속적인 교류가 있어왔기 때문에 성만찬 합의를 능동적으로 실행에 옮길 수 있었다. 하지만 서로의 합의를 눈앞에 둔 시점에서 불링거는

---

50 Strasser, *Der Consensus Tigurinus*, 8; Saxon, *Bullinger, Calvin und der 《Consensus Tigurinus》*, 91.

51 *CO.* XV, 256.

52 Saxon, *Bullinger, Calvin und der 《Consensus Tigurinus》*, 91.

베른 교회의 설득과 관련된 교회 정치적인 이유로 칼빈과 성만찬 합의를 좀 더 연장하기를 희망했던 것도 사실이다: 칼빈이 1549년 5월 7일에 최종합의를 위해서 취리히를 다시 방문하겠다는 것을 알린 서신[53]에 대해 불링거는 1549년 5월 21일에 보낸 답변서[54]에서 베른과의 관계 때문에 방문을 수용할 수 없다는 것을 조심스럽게 드러낸 것이다. 하지만 이미 칼빈은 파렐과 함께 이 서신을 받기 이전에 취리히를 향해 길을 떠났기 때문에 불링거의 표명은 아무런 소용이 없었다. 칼빈의 환영되지 않았던 방문을 통하여 1549년 5월 말에 제네바와 취리히 사이의 마지막 성만찬 신학에 대한 차이점이 합의되었다. 대화를 시작하고 서명하기까지 시간은 불과 두 시간 밖에 되지 않았다고 한다.[55]

3. 《*Consensus Tigurinus*》의 신학

1546년 이래로 시작된 논쟁의 긴장 속에서도 칼빈의 시각은 결코 제네바에만 머물지 있지 않았다. 그는 자신의 도시 밖에서 첨예하게 벌어지고 있는 종교적인 일들에도 관심을 가졌다. 칼빈은 독일과 스위스 개신교를 긴 시간동안 갈등상황으로 치닫게 한 신학적이고 교회 정치적인 이해관계가 깊이 얽혀있는 성만찬 논쟁에 대해서 모범적인 역할을 감당하길 원했다. 바젤에 정착하기 이전에 칼빈은 이미 프랑스의 개혁적인 성향을 가지고 있었던 성경인문주의의 영역(der Kreis des Bibelhumanismus) 안에서 루터와 쯔빙글리의 성만찬 논쟁에 대한 핵심을 인식할 수 있었다. 칼빈은 1528년 이래로 파버 스타폴렌시스(Faber Stapulensis)의 신학사상에 근거한 프랑스 성경인문주의의 영향을 직간접적으로 받았다.[56] 칼빈이 시편 주석 서문에서 언급한 자신의 "갑작스러

53 *CO.* XIII, 266‒269.

54 *CO.* XIII, 279.

55 1549년 6월 12일에 칼빈이 미코니우스에게 보낸 편지 (*CO.* XIII, 456‒457).

56 Emil Doumergue, *Jean Calvin. Les hommes et les chose de son temps*, vols. 1. (Reimpression des editions Lausanne et Paris 1899‒1927), Geneve: Slatkine Reprints 1969, 93‒94. 종교개혁적인 사상은 1520년 초 이래로 프랑스에도 널리 알려졌다. 그리고 루터의 라틴어 저술들과 신학적인 소논문들은 1525년 중반부터 프랑스어로 번역되었다. 이때에 프랑스 안에 있는 많은 성경인문주의의 소(小)모임들은 이미 다양한 복음적 저술들을 소장하고 있을 뿐만 아니라, 또한 독일과 스위스 안에서 발생한 일들에 대한 많은 정보들을 얻고 있었다. Opitz, *Leben und*

운 회심(subita conversion)"에 대한 분명한 근거를 밝힐 수는 없다고 해도, 이 복음주의적 영향이 그의 회심에 대한 역사적 단초를 제공하였다는 것에는 아무런 의심의 여지가 없다.[57] 특별히 오랜 동료인 니콜라우스 콥(Nicolaus Cop) 이외에 칼빈은 부유한 상인이자, 1535년 1월 복음 때문에 산채로 화형을 당하였던 에디엔 드 라 포르주(Estienne de la Forge) 와 깊은 교류를 나누었는데, 그가 죽기 전까지 그의 집은 적극적인 에라스무스-파버적 성경인문주의의 중심지였다.[58] 이곳에서 비텐베르크와 취리히 지역으로부터 온 신학저술들이 깊이 있게 논의되었다고 한다. 베자는 칼빈과 포르즈의 만남에 대해 특별한 의미를 부여한바 있다.[59] 그리고 칼빈은, 1534년 10월 17-18일에 발생한 프래카드 사건(L'affair des placards)으로 인한 박해로 프랑스를 떠나 종교개혁적인 망명자의 신분으로 스트라스부르그를 거쳐 1535년 1월에 바젤에 정착한 이래로, 루터와 쯔빙글리 사이의 성만찬 논쟁에 대한 자신의 생각을 감추지 않았다: 칼빈이 바젤에 체류한지 한 해가 조금 지난 때인 1536년 3월에 그

Werk Johannes Calvins, 24-26: 참고로, 이 당시 프랑스에서 성경인문주의적 개혁가톨릭주의(der bibelhumannistische Reformkatholizismus)의 정신적 지주는 성경본문에 대한 철학-해석적 (philosophisch-exegetisch) 작업을 통하여 유명해진 파버 스타풀렌시스였다. 그는 이미 1512년 로마서 주석에서 성경의 권위와 구원에 대해 공적주의를 반대하여 선한 행위 대신에 오직 은혜를 강조하였다. 파버가 소르본 대학교 신학부의 비방 때문에 파리를 떠나야 했을 때, 그는 1521년에 당시 주교(Bischo)였던 자신의 제자 기욤 브리쏘네(Gillaume Briconnet)에 의해 모(Meaux) 지방으로 초청되었다. 그곳으로부터, 특별히 쯔빙글리-남부 독일적 종교개혁과 깊은 교류를 하였던, 프랑스 성경인문주의자들의 모임이 발전되었다: 이 모임 안에 파렐, 게라드 러셀(Gerard Roussel), 프랑스와 바따블(Francois Vatabel), 당시 프랑스 왕의 누이였던 마가레트 폰 나바라(Margarete von Navarra) 등이 참여하였다. 파머는 모 지방에서 신념을 같이 한 이 동지들과 함께 1525년 10월부터 1526년 4월까지 머물기도 하였는데, 이때 그들은 카피토에 의해 숙식을 제공받았으며, 또 그곳의 개혁적 관심들에 대해 깊은 의견을 나누는 기회를 가졌다. 또한 파머는 바젤에 있는 외콜람파디와 취리히 종교개혁자들과도 깊은 교류를 하였다. 파버는 이미 1519에 처음 쯔빙글리와 안면을 가졌다고 알려져 있다. 1534년에 칼빈 역시도 앙굴렘(Angouleme)에 살았던 - 1535년 1월에 자신과 함께 바젤로 망명을 했지만, 이후에 다시 로마 가톨릭 교회로 돌아간 - 루이 드 틸레(Louis du Tillet)의 집에 체류하는 동안 느락(Nerac)에 머물고 있는 파버를 방문하였다. 파버는 젊은 칼빈과 이야기 나누는 시간을 매우 기뻐하였다고 전해지고 있다. 이때의 대화를 통해 칼빈은 파버에게 적지않은 영향을 받았을 것으로 예상된다(노이겨, 『칼뱅』, 38-39, 45). 에라스무스와 파버는 1536년 같은 해에 역사의 뒤안길로 사라졌다.

   57 노이겨, 『칼뱅』, 38.
   58 Opitz, *Leben und Werk Johannes Calvins*, 23.
   59 데오도르 베자 / 김동현 역, 『존 칼빈의 생애와 신앙』, 서울: 목회자료사 1999, 31. 칼빈은 이 성경인문주의 상인을 첫 번째 신교적 순교자들의 한 사람으로 칭송하였다. (*CO.* VII, 160, 185.)

도시의 인쇄업자인 토마스 플라터(Tomas Platter)와 발타사르 라시우스 (Balthasar Lasius)에 의해 출판된 《기독교 강요》 안에서 다른 신학적인 주제 들과 함께 자신의 성만찬 이해를 심도있게 표명한 것은, 분명히 그가 신학적인 다양한 주제들 뿐만 아니라, 또한 성만찬에 대해서도 오랫동안 관심을 가져왔 다는 것을 말해 주고 있다.[60] 칼빈이 이 저술에서 최근까지도 교회를 괴롭혀 왔던 주장들로, 비록 주장한 이들의 이름들을 밝히지는 않았을지라도, 성만찬 에 대한 루터의 공재설, 로마 가톨릭 교회의 화채설 그리고 쯔빙글리의 기념설 을 비판하였다.[61] 그럼에도 여기에서 간과될 수 없는 것은 칼빈은 쯔빙글리의 후기 성만찬 이해 속에서 발견된 그리스도의 영적인 임재(eine geistliche Gegenwart Christi)에 대한 개념 위에서 자신의 고유한 성만찬 이해를 도달시 켰다는 점이다.[62] 칼빈이 처음 루터와 쯔빙글리로부터 시작된 성만찬 논쟁을 해결하기 위해 본격적인 관심을 가진 것은 1541년에 《주의 만찬에 관한 소 론》을 썼을 때부터이다.[63] 여기에서 칼빈은 루터와 쯔빙글리로부터 독립된 입장에서 비판적인 논조를 펼쳤다. 독특한 점은 그리스도를 위한 명칭으로써 새로운 개념인 '실체(Substanz)'이라는 단어가 사용되었다는 것이다. 성만찬 시행은 그리스도의 현존 안에서 그리고 그의 몸과 피에 참여 안에서 이루어지 는데, 즉 이때 성도는 성령의 능력을 통하여 살과 피의 '실체'에 – 그리스도 자신에게 - 참여한다는 것이다.[64] 분명히 이 개념은 쯔빙글리와 구별된 것이며,

---

60 칼빈의 《기독교 강요》 는 박해받고 있는 프랑스의 개신교를 변호하고, 그 신앙을 옹호하기 위해 쓰인 것이다. 물론, 이것은 일반 대중들을 위해 쓰어진 것이 아니었기 때문에 당시 큰 영향력은 미치지 못했지만, 그럼에도 칼빈을 바젤을 넘어 유럽 전역에서 주목받는 인물로 만든 것이 사실이다.

61 CO. I, Institutio 1536, 120f.: "Alii, quo se argutos probarent, addiderunt ad scripturae simplicitatem, adesse realiter ac substantialiter; alii ultra etiam progressi sunt: iisdem esse dimensionibus, quibus in cruce pendebat; alii prodigiosam transsubstantiationem excogitarunt; alii panem, ipsum esse corpus; alii, sub pane esse; alii, signum tantum et figuram corporis proponi."

62 Emidio Campi, Heinrich Bullinger und seine Zeit, 「Zwingliana」 XXXI (2004), 29; Wim Janse, Sakramente, in: Calvin Handbuch, hg. Herman J. Selderhuis, Tuebingen: Mort Siebeck 2008, 338‾349. (Campi, Consensus Tigurinus: Werden, Wertung und Wirkung, 14 f.: Campi 교수는 1536‾1537년은 쯔빙글리에 가깝고, 1537‾1548년은 루터에 가까우며, 취리히 성만찬 합의가 이루어진 이후의 시간들이 1549‾1560년은 성령의 사역과 관련하여 영적인 특징이 극대화되었고, 그리고 다시 1561‾1562년에는 다시 루터에 가깝게 발전되었다고 언급하고 있다.)

63 Campi, Consensus Tigurinus: Werden, Wertung und Wirkung, 16.

64 Kleiner Abendmahlstraktat, in: CAtA. 1.2, 492. 이는 1543년 판 《기독교 강요》와 《고린도

하지만 이와 반대로, 물론 성만찬 빵 안에 그리스도가 현존하는 것과는 분명하게 구별된 것임에도, 루터에게 가까이 다가선 것이다.[65] 그러나 전체적으로 칼빈이 성만찬 질문과 관련하여 중도적인 위치를 늘 고수했다는 것은 부인될 수 없는 사실이다. 그는 자신의 고유성 옆에서 한편으로는 후기 쯔빙글리처럼 그리스도와 함께 하는 영적인 교제를 주장하면서도, 다른 한편으로는 루터의 입장에 가까운 그리스도의 살과 피에 대한 실제적 몸이 주어지는 성만찬의 기능에 대해서도 관심을 가졌다.[66] 이러한 칼빈의 성만찬에 대한 입장은 1549년 불링거와 합의가 이루어지기 전까지 거의 변함 없이 유지되었다.

불링거 역시 성만찬에 대한 첫 관심은 1524년 카펠(Kappel) 수도원의 교사로서 쯔빙글리를 처음 만났을 당시부터 시작되었다.[67] 그의 성만찬에 대한 이해는 처음부터 쯔빙글리의 그늘 아래서만 머물러 있지 않았다.[68] 불링거는 기념과 성도의 교제가 함께 한 성만찬의 상징적 이해가 중심에 있을 뿐만 아니라, 또한 1529년 이래로 표명된 성만찬의 은혜적 특징과 그리스도의 현존이 강조된 쯔빙글리의 입장을 존중하면서도, 동시에 자신의 언약신학의 기초 위에서 표지(*Signum*)와 사건(*res*)을 강하게 연결시킨 성만찬 이해를 자신만의 고유성으로 유지해 왔다는 것 역시도 기억되어야 한다[69]: 할례와 세례 그리고 유월절식사(Passahmahl)와 성찬식을 구약과 신약의 통일성에 근거하여 하나님이 인간과 맺은 은혜언약으로 시선을 이끌고, 또한 구원의

전서 주석》에서도 확인되는 내용이다.

[65] Campi, *Consensus Tigurinus: Werden, Wertung und Wirkung*, 16.

[66] Saxer, *Bullinger, Calvin und der 《Consensus Tigurinus》*, 90.

[67] Patrik Mueller, *Heinrich Bullinger: Reformator, Kirchenpolitiker, Historiker*, Zuerich: TVZ, 2004, 24.

[68] Peter Stephans, *The Sacraments in the Confessions of 1536, 1549, and 1566 ‐ Bullinger's Understanding in the Light of Zwingli's*, 「Zwingliana」 XXXIII (2006), 73‐76. Peter Stephans은 이 글에서 성만찬 이해에 대한 쯔빙글리와 불링거의 차이를 다음과 같이 서술하였다: „a) One of the clearest differences in sacramental theology between Zwingli and Bullinger is that in Bullinger it is God who is the subject of the sacraments. b) There are other differences, most notably the role of election and that of the Holy Spirit. c) One of the more surprising differences between Bullinger and Zwingli is in the use of the word instrument (*instrumentum*). d) The similarities as well as the differences between Zwingli and Bullinger can be seen in their use inward and outward and comparable terms."

[69] Emidio Campi, *Consensus Tigurinus: Werden, Wertung und Wirkung*, 12.

의미가 수반되어 있는 표지적 사건(*res significata*)들로 간주하였다.[70] 이 하나 님 말씀의 표지로써 성만찬 이해와 함께, 불링거는 이 성만찬을 그리스도의 구속사역에 근거되어 있는 전(全)구원이 믿음을 통하여 수여되는 하나님의 은혜언약에 대한 약속의 인(Siegel)으로도 인식하였다. 이러한 모든 입장은 1536년에 작성된 《스위스 제1신조》에서도 여전히 유지되었지만, 그러나 여기에서 영적이고 살아있는 양식으로써 그리스도의 몸을 먹음라는 개념인 '신비적 먹음(*Coena mystica*)'에 대한 이해 역시도 새롭게 드러나기 시작했 다.[71] 이 때문에 성례가 거룩하고 영적인 행사로서 이해되는 것은 당연했다. 물론 루터가 주장한 그리스도의 육체적 임재나 로마 가톨릭의 구원의 선물로 서 성례의 실제성은 거부되었다. 이 신비적 먹음의 개념은 이후 다양한 서신들 과 함께 불링거의 성만찬에 관한 글들[72]에서 발견되고 있을 뿐만 아니라, 또한 취리히 일치서가 나오기 전인, 이미 언급된 것처럼, 1545년에 루터의 새로운 비방에 대한 논증으로써 정리된 《취리히 교회의 신앙고백》안에서도 확인된다. 이 문서에서는 그리스도의 임재에 대한 이해도 과거 보다 더욱 선명하게 제시되었는데, 즉 그리스도의 임재가 영적으로(geistlich) 더욱 구체 적인 이해 속에서 서술되었다는 것에 주목할 필요가 있다.[73] 그리고 1545년

---

[70] 불링거의 성만찬에 대한 초기 글들: 《De sacrifitio missae 1524》 (*Heinrich Bullinger, Theologische Schriften*, Bd. 2, bearb. Endre Zsindley, Hans-Georg vom Berg & Bernhard Schneider, Zuerich: TVZ, 1991 (이하 *HBTS 2*), 39-40 과《De institutione eucharistiae 1525》 (*HBTS 2*, 89-100). Joseph C. McLelland, *Die Sakramentenlehre der Confessio Helvetica Posterior*, in: *Glauben und Bekennen*, Beiträge zu ihrer Geschichte und Theologie, hg. Joachim Staedtke, Zuerich: TVZ, 1966, 371.

[71] *23. Eucharistia, Confessio Helvetica Prior von 1536*, in: *Reformierte Bekenntnisschriften* (1/2), 65-66.

[72] 《De scriturae sanctae authoritate 1538》 (*HBBibl I*, 111-112; *Heinrich Bullinger Schriften*, Bd. 2, hg. Emidio Campi, Zuerich: TVZ, 2006, 205-214), 《De origine erroris in negocio eucharistiae ac misae 1539》 (*HBBibl I*, 10-26; *Heinrich Bullinger Schriften*, Bd. 1, hg. Emidio Campi, Zuerich: TVZ 2006, 269-415) 그리고 《Kommentar zum Matthaeusevangelium 1542》 (*HBBibl I*, 114-152).

[73] *Zuercher Bekenntnis*, in: *Reformierte Bekenntnisschriften* (1/2), 460: „Christum und besitzen im gloeubigen und hertzen, ist eigentlich und heyter zereden anders nüt dann teilhafft syn des geists der gnaden und gaaben ouch der erloesung Christi, und alles durch den glouben besitzen und haben. Dann ye der herr Christus der da oben im himmelen ist, wirt nit lyblich hienieden in hertzen von uns herumb getragen. ⋯ Welcher sine gebot haltet, in dem blybt er, und er in im: unnd darby wüssend wir dass er by uns blybt und wonet, by dem geist den er uns geben hat." (Campi, *Consensus Tigurinus: Werden, Wertung und Wirkung*, 14.)

말에 불링거는 평신도들의 성례에 대한 바른 이해를 위해 《주 그리스도와 보편 교회의 성례에 관하여》를 서술하였다. 이 문서가 앞서의 취리히 신앙고백서 보다 강조하고 있는 점은 성령을 통한 성례의 효과와 관련하여 은혜의 수여를 더욱 분명하게 말했다는데 있다. 물론 이는 성례의 외적인 실행이 성령의 효과를 불러일으킬 수 있다는 것을 의미하지 않는다.[74] 여기에서도 불링거는 칼빈과 거의 흡사하게 이미 외콜람파디와 후기 쯔빙글리에게서도 기초되었던 성령에 대해 강조한 성만찬 교훈을 지지하였다. 또한, 이 새로운 문서에서 불링거는 표지와 사건을 연결시킨 초기입장을 수정하였는데, 즉 표지(*Signum*), 사건(*res*) 그리고 표지적 사건(*res significata*)를 분명하게 구별하여 이해하였다.[75] 이 개념은 이후 《*Consensus Tigurinus*》에서도 잘 반영되었다. 베른의 쯔빙글리주의자들과 구별되게 취리히 의장은 쯔빙글리의 성만찬 이해에 대한 칼빈의 비판적 시각에도 불구하고 칼빈을 더 깊이 이해하기 위한 노력을 지속적으로 견지하였음을 알 수 있다. 칼빈이 기독교 강요 초판에 서처럼 믿음을 깅하게 붙들어 주는 성례의 은혜직인 특징을 분명하게 규정하길 원하는 동안에, 불링거는 성령의 사역에 근거한 믿음과 연결된 성만찬의 효력에 대한 잘못된 이해를 교정하는 것에 집중하길 원했다는 것을 말할 수 있겠다. 1547년 2월에 칼빈이 취리히를 방문했을 때 제시된 이 문서는 그와 불링거 사이의 성만찬 합의를 구체화할 수 있는 한 실마리를 제공하였다. 물론 이 문서에 대한 칼빈의 비판적인 답변 때문에 한 동안 두 사람 사이에 침묵이 있었던 것은 사실이지만, 그러나 이후에 이 문서는 칼빈이 성만찬 이해에 있어서 불링거에게 더 가까이 다가설 수 있도록 한 계기를 만들었다는 것을 잊어서는 안 된다: 1548년 3월과 5월에 칼빈과 불링거 사이에 서신들이 다시 교환된 이후에, 직접적으로 취리히 합의에 도달될 수 있도록 사고의 유연성을 제공한 1548년 6월 26일에 쓰인 칼빈 서신의 성만찬 입장이 1547년 2월에 제공된 불링거의 이 문서로부터 자극되었다고 볼 수 있기 때문이다. 뿐만 아니라, 칼 5세의 위협에 의한 정치적 상황 역시 칼빈과 불링거를 이전

---

[74] Campi, *Consensus Tigurinus: Werden, Wertung und Wirkung*, 16⁻17.
[75] 같은 책, 14.

보다 더 깊이 서로에 대해 이해할 수 있는 대화의 장으로 이끌었다.

위의 사상적인 역사배경 속에서 특별히 1548년 6월 이래로 1549년 5월 《Consensus Tigurinus》가 도출되기 전까지 급진적으로 칼빈과 불링거 사이에 성만찬 합의에 이르기 위한 의미 있는 신학적 대화들이 서신의 형태로 진행되었다: 1548년 6월 26일에 칼빈이 보낸 성만찬 해설이 담긴 긴 서신에 대한 답변서로써, 불링거는 1548년 11월에 24조항으로 정리된 성만찬 이해를 제네바로 보냈다. 이에 대한 반응으로 칼빈은 1549년 1월 21일에 20조항으로 구성된 성만찬 이해를 취리히로 다시 동봉한다. 이것은 1549년 3월 12일에 베른 총회에 제출된 공적인 《제네바 신앙고백서》로 재(再)정리되었다. 이 문서에 대해 불링거는 매우 만족해했다고 전해지고 있다.[76] 그 이후로 두 달 정도가 흐른 1549년 3월 15일에 불링거는 마지막 반응으로 20조항으로 정리된 성만찬 입장을 칼빈에게 보낸다. 이러한 지속적인 대화 속에서 칼빈은 하나님의 은혜의 '도구(instrumenta)'으로써 성례의 명칭에 대해 양보했으며, 그 대신에 불링거는 매우 느슨한 형식의 원인관계를 지시하는 단어인 '수단(organum)'을 받아들였다.[77] 이미 앞서 언급된 그리스도 몸의 '실체(Substanz)'라는 표현은 분명하게 삭제되었다. 칼빈 사후에도 그리스도 몸의 실체에 참여한다는 이 개념은 베자에게서도 거부되었다고 알려져 있다.[78] 이와 반대로, 양자에게 사용된 '인'의 개념은 수용되었지만, 그러나 성례의 효력과 관련하여 오직 비유적인 의미 안에서만 이해되었다: 참된 '인'는 성령 자체이기 때문이다. 이것과 연결지어 칼빈은 인간의 성례시행과 성령을 통한 성례의 효과를 동시적 시간의미로 연결시킨 것도 양보하였다. 이는 논리적 과정으로 수용된 것인데, 즉 하나님의 진실성 위에 근거하고 있는 성례의 효과는 오직 성령을 통한 믿음의 확증과 함께 이해됨을 명확히 한 것이다:

> 우리에게 주님으로부터 주어진 그의 은혜의 증명과 인이 참되기 때문에, 그분은 우리에

---

[76] 같은 책, 24.

[77] Opitz, *Leben und Werk Johannes Calvins*, 124.

[78] Diarmaid MacCulloch, *Die Reformation 1490-1700*, Uebers. H. Voss-Becher u.a., Muenschen: DVA , 2008, 340.

게 실제로 의심의 여지없이 내적으로 그의 성령을 통하여 눈과 그 밖의 감각들로 확인되는 성례를 수여하셨다.[79]

최종적으로 1549년 5월 말에 26조항으로 구성된 《Consensus Tigurinus》가 산출될 수 있었다. 칼빈과 불링거에게 성만찬 합의를 위한 중도의 길(Via media)은 두 논쟁적 위치에 대한 화해의 시도와 다름없었다. 당연히 이 신앙고백서에는 거부할 수 없는 신학적이고 교회 정치적인 긴장이 내포되어 있을 뿐만 아니라, 또한 칼빈과 불링거의 연합적 의지와 공동체적인 목적 역시 입증되어 있다.[80] 하지만 이는 결코 인간의 사고에 근거한 것이 아니다. 처음부터 끝까지, 비록 성경 해석에 있어서 시각 차이는 있었음에도 불구하고, 성경에 대한 바른 이해의 추구 속에서 사도적 전통에 근거하여 확신된 입장이다. 다르게 정리하면, 취리히 합의의 신학적 내용은 핵심적으로 쯔빙글리의 유산이 불링거의 언약신학적 해설 안에서 칼빈의 성령론적 이해와 함께 조화를 이룬 것이다.[81]

위에서 확인된 시간의 흐름 속에서 신학적인 절충과 합의의 과정을 통해 정리된 《Consensus Tigurinus》의 내용은 주제적인 면에서 크게 세 가지로 정리될 수 있다.

I-V 조항들: 그리스도와 성례

서론적 이해로서 첫 다섯 조항들은 기독론적 이해 속에서 설명되었다. 그리스도의 존재와 사역이 핵심적으로 언급되어 있다: 먼저 교회의 모든 영적인 수행이 우리를 율법의 마침이 되신 그리스에게로 인도하는데, 그분 없이 우리가 하나님께 갈 수 없다는 것이다(I조항).[82] 그리스도의 존재, 오신 목적과 구속사역을 통해서 이루신 은택들에 대한 그분의 지식이 없이는 성례에 대해서

---

[79] Cons. Art. 8: "Cum autem vera sint, quae nobis dominus dedit gratiae suae testamonia et sigilla, vere proculdubio praestat ipse intus suo spiritu, quod oculis et aliis sensibus figurant sacramenta, hoc est."

[80] Opitz, Leben und Werk Johannes Calvins, 125.

[81] Campi, Consensus Tigurinus: Werden, Wertung und Wirkung, 30.

[82] Cons. Art. I: "⋯ quin huc spectet totum spirituale ecclesiae regimen, ut ad Christum nos ducat: sicuti per eum solum ad Deum pervenitur ⋯"

바르게 이해할 수 없다는 것도 밝혀져 있다(II조항). 이러한 전제 속에서 하나님의 아들이자, 하나님과 동등하신 그리스도가 우리에게 양자의 지위를 허락하시기 위해 육신을 취하시고 이 땅에 오셨음을 언급하면서, 오직 성령의 역사를 통한 그분에 대한 믿음으로만 우리가 의롭게 되고 새로운 생명으로 거듭남을 고백하고 있다(III조항).[83] 한 가지 주목해야 할 것은 여기에서 "거듭남"은 중생과 성화를 포함하는 개념으로 이해되고 있다는 사실이다. 제IV조항에서는 우리를 대신하여 의에 대한 하나님의 만족을 이루기 위해 행하신 그리스도의 구속사역과 그분의 직분들이 소개되었다. 그리스도는 우리를 중보하시는 제사장이며, 우리를 다스리는 왕이시라는 것이다. 우리는 그리스도와 연합을 통해서 그분 자신과 이 모든 구원의 은택들을 수여받는다(V조항). 서론에서 그리스도의 인격과 사역에 대해 밝힌 것은, 성례가 그리스도와 그분이 이루신 모든 구속은혜에 대한 확증으로 주어져 있다는 것을 분명히 하기 위함이다. 칼빈과 불링거는 성례 자체를 구원에 대한 효력으로 인식하지 않은 것이다.

VI-XX 조항들: 성례에 대한 해설

취리히 일치서의 중심 본문에서는 성례 전반에 대한 이해가 설명되었다. 성례의 의미, 목적, 수행방식, 효력 등이 자세하게 드러나 있다. 여기에서 가장 먼저 그리스도가 성령을 통하여 우리 안에 거할 때, 그분은 우리에게 자신 안에 있는 모든 은택들을 허락하시는데, 이를 증명하시기 위해서 말씀과 성례(세례와 성만찬)가 우리에게 위탁되었음이 밝혀졌다(VI조항). 이와 관련하여 성례는 은혜에 대한 증거와 인으로써 그리스도를 고백하고 연합하고 있다는 표시이자, 감사와 경건적 삶을 위한 자극이며, 동시에 하나님이 베푸신 은혜에 대한 확신과 신뢰를 나타낸다(VII-VIII조항들). 주님은 우리에게 성령을 통하여 성례가 표명하는 모든 은택들인, 하나님과 화해, 거룩한 생명, 의로움과 구원을 보증하신다(VIII조항).[84] 이러한 모든 은택들의 보증으로써 성례에

---

[83] *Cons.* Art. III: Quod fit, dum fide inserti in corpus Christi, idque spiritus sancti virtute, primum iusti censemur gratuita iustitiae imputatione, deinde regeneramur in novam vitam.

대한 개념 옆에서 제IX조항에서는 특별히, 칼빈과 불링거의 관심 속에서 표명되었던[85] 성례가 약속된 은혜의 표지라고 할 때, 그 표징과 그것을 통하여 묘사된 사건들(먹고 마심)은 분리되지는 않지만, 그러나 분명하게 구별된다는 것이 기술되었다. 이는 성례 때 빵과 포도주를 먹고 마심으로 그리스도(와 약속된 은혜)가 동시적으로 주어진다는 의미 보다는, 오히려 그 먹고 마심이 우리로 하여금 하나님의 약속들을 주목하게 한다는 의미를 갖는다(X조항).[86] 이 때문에 취리히 일치서는 성례의 요소들(빵과 포도주) 자체에 구원의 신뢰를 두는 오류를 반박하고 있다: 즉 로마 가톨릭 교회의 성례가 직접적으로 거부된 것이다(XI조항). 성례는 그 자체로 아무런 효과를 드러내지 못한다. 성례를 통하여 우리에게 은택들이 수여된다고 해도, 이는 성례 자로부터 나오는 것이 아닌데, 왜냐하면 하나님은 성례 자체에 자신의 능력이나 성령의 효과를 부여하지 않았기 때문이다(XII조항). 우리의 인식의 한계 때문에, 하나님은 자신의 약속에 대한 사실성을 확신시키기 위해서 성례를 도구로 사용하지만, 그러나 이때 우리가 그리스도와 연합 없이 이 성례에 참여하는 것은 아무런 의미가 없다. 성례가 하나님의 은혜의 수단(Organa)으로만 이해될 수밖에 없는 이유를 밝히고 있는 것이다(XIII).[87] 그럼으로 우리에게 내적으로 세례를 주시는 분은 그리스도시며, 다만 그분이 성례를 성령의 능력 안에서 모든 효력이 발생하는 도구로써(anminiculis) 사용하시는 것이다(XIV조항). 그리고 성례가, 우리의 믿음을 보증하는, 인으로 표현될 때에도 역시 성령의 역사와 분리되어서 이해될 수 없음을 밝혔다. 성례 앞서, 믿음의 시작이요 완성자이신, 성령이 우리의 참된 인이 되시기 때문이다(XV조항).[88] 의심 없이

---

84 *Cons.* Art. XIII: " ··· vere procul dubio praestat ipse intus suo spiritu, quod oculis et aliis sensibus figurant sacramenta: hoc est, ut potiamur Christo, tanquam bonorum omnium fonte, tum ut beneficio mortis eius reconciliemur Deo, spiritu" renovemur in vitae sanctitatem, iustitiam denique ac salute consequamur ···"

85 Strasser, *Der Consensus Tigurinus*, 10⁻11; Campi, *Consensus Tigurinus: Werden, Wertung und Wirkung*, 12, 14.

86 *Cons.* Art. X: "Ita materia aquae, panis aut vini, Christum nequaquam nobis offert, nec spiritualium eius donorum compotes nos facit: sed promissio magis spectanda est."

87 *Cons.* Art. XIII: "Organa quidem sunt, quibus efficaciter, ubi visum est, agit Deus: sed ita, ut totum salutis nostrae opus, ipsi uni acceptum ferri debeat."

이러한 이해는 하나님의 영원한 예정에 기초되어 있는 은혜언약과 관련하여 정의된 것이다(XVI조항).[89] 이 때문에 모든 사람이 성례에 참여할 수는 있어도, 성례의 참된 효력은 성령을 통하여 오직 하나님의 택자들에게만 주어진다는 것이 표명되었을 뿐만 아니라(XVII-XVIII조항들),[90] 또한 성례의 사용과 상관없이도 택자들은 그리스도와 교통하고, 그분의 은택들에 참여할 수 있다는 것 역시 선명하게 기술되었다(XIX-XX조항).

XXI-XXVI 조항들: 성례 이해의 오류들

성례 전반에 대한 해설 이후에 취리히 일치서는 성례를 잘못 이해한 오류들을 지적하고 있다. 이와 관련하여 처음으로 지적된 것은 그리스도 인성의 편재에 대한 비판이다(XXI). 루터를 정면으로 반박한 것이다. 또한, "이것이 나의 몸이며, 이것이 나의 피다"에 대한 해석에 있어서 엄밀한 문자적 해석 자체를 거부하고, 상징적으로 해석되어야 한다는 것도 표명되었다(XXII조항). 지나치게 문자적으로 해석하여 빵과 포도주를 그리스도의 실제적인 살과 피로 인식한 로마 가톨릭 교회의 오류를 비판한 것이다(XXIII-XXIV조항들). 이와 함께 루터의 공재설 역시 비판되었다: 그리스도의 몸은 공간적으로 하늘에 있음을 분명히 하면서, 성만찬시에 우리에게 그리스도의 몸이 빵과 결합하여 제공되지 않음을 밝혔다(XXV조항). 빵이 그리스도와 함께 하는 연합의 상징과 보증으로 제시된다고 해도, 이 빵은 상징적으로 주어진 것이지, 그리스도의 몸에 대한 실체로서 주어진 것은 아니라는 것이다(XXVI조항).[91]

---

88 *Cons.* Art. XV: "··· et tamen solus spiritus proprie est sigillum, et idem iidei inchoator est et perfector."

89 *Cons.* Art. XVI: "sed tantum in electis. Nam quemadmodum non alios in fidem illuminat, quam quos praeordinavit ad vitam, ita areana spiritus sui virtute efficit, ut percipiant electi quod offerunt sacramenta."

90 *Cons.* Art. XVII: "Nam reprobis peraeque ut electis signa administrantur, veritas autem signorum ad hos solos pervenit."

91 *Cons.* Art. XXVI: "Quanquam enim panis in symbolum et pignus, eius quam habemus cum Christo communionis, nobis porrigitur: quia tamen signum est, non res ipsa, ···"

4. 《*Consensus Tigurinus*》의 출판

칼빈과 불링거 사이의 평화열매인 《*Consensus Tigurinus*》은 곧바로 출판되지 못했고, 오히려 스위스 교회들의 허락을 얻기 위해 먼저는 필사본으로 보급되어야 했다. 샹 갈렌, 샤프하우젠, 그라우뷘덴(Graubuenden) 그리고 노이언부르그(Neuenburg)은 이 일치서에 동의하였다. 하지만 베른이나 바젤은 이와 반대로 그들이 참여하지 않았다는 이유로 이 문서에 대해서 비준하는 것을 거부하였다. 이는 신학적인 내용 보다는 교회 정치적인 이유가 더 컸다. 베른의 목사 할러와 볼프강 무스쿨루스(Wolfgang Musculus)은 취리히 일치서의 내용에 대해 비난하지는 않았다. 하지만 할러는 1549년 6월 27일에 불링거에게 보낸 서신에서 자신이 이 합의 문서를 서명을 받기 위해 베른 시위원회에 제출할 수는 없다는 것을 밝혔다.[92] 칼빈과 파렐이 베른 시위원들에게 너무 부정적으로 알려져 있어 이 문서에 대해 의심을 받을 수 있을 뿐만 아니라, 또한 이 용무가 추가적인 논쟁과 그릇된 추측을 불러일으킬 수 있다는 염려 때문이었다.[93] 실제로 베른 시위원회는 6월 2일에 이미 성만찬 입장과 관련하여 1548년 베른 논쟁(Berner Disputation) 때 결정과 1545년에 작성된 루터주의에 반대한 취리히 신앙고백서의 해설만으로도 충분하다는 것을 표명하였다.[94] 미코니우스가 의장으로 있던 바젤 교회의 반응 역시 베른과 다르지 않았다. 독일과 경계에 위치한 바젤은 슈말칼트 전쟁 이후로 긴장감이 고조되었던 당시의 정치상황과 관련하여 칼빈과 불링거 사이의 성만찬 합의에 대해서 신중한 반응을 보일 수밖에 없었다.[95] 물론 베른과 바젤이 《*Consensus Tigurinus*》의 출판을 늦추게 한 것은 사실이었지만, 그러나 이를 완전히 막지는 못했다. 이 일치서는 칼빈의 강요[96] 속에서 서문은 그가 1549년 1월 21일에 보낸 서신으로, 종결문은 1549년 8월 30일에 취리히

---

[92] *CO*, XII, 315 f..

[93] Opitz, *Leben und Werk Johannes Calvins*, 126.

[94] Strasser, *Der Consensus Tigurinus*, 15.

[95] Campi, *Consensus Tigurinus: Werden, Wertung und Wirkung*, 35.

[96] 1551년 2월 17일에 칼빈이 불링거에게 보낸 서신 (*CO*. XIV, 51⁻52).

교회의 목회자회로부터 작성된 글로 구성되어 취리히에서 1551년 3월에, 제네바에서 4월에 라틴어로 인쇄되었다. 같은 해에 이 합의문은 취리히에서는 독일어로, 제네바에서는 프랑스어로 출간되기도 하였다. 과도법령(Interim) 공포 이후로 영국에 머물고 있었던 부쳐, 페터 마티어 베어미글리(Peter Martyr Vermigli) 그리고 요한 라스키(Johannes Laski)가 이 문서에 서명을 하였을 뿐만 아니라, 또한 불링거를 신뢰하고 있었던 영국의 신학자들 (Bartholomew Traheron, John ab Ulmis, John Hooper) 역시 동의하였다.[97] 이미 잘 알려진 대로 루터의 공재설에 동의하지 않았던 멜랑흐톤 역시 칼빈과 불링거 사이의 성만찬 합의를 거부감 없이 수용하였다.[98] 《Consensus Tigurinus》의 출판으로 제네바와 취리히의 관계는 더욱 긴밀해졌다. 칼빈과 불링거 사이의 일치를 위한 대화는 오래 동안 유지된 상호적 존중의 관계로부터 예정론, 교회 정치적 입장에 근거한 치리와 프랑스 개신교도들의 지원을 위한 프랑스와 동맹의 필요성에 대한 생각의 차이에도 불구하고 둘 사이의 진심어린 우정을 유지하는데 기여하였다. 하지만 이와 반대로, 이 취리히 일치서의 부정적 효과는 취리히와 제네바를 비텐베르크와 더욱 멀어지게 하였다. 그 도시들 사이에 성만찬의 합의에 대해 논의할 수 있는 여지는 남기지 않았고, 오히려 새로운 성만찬 논쟁을 불러일으키는 계기를 만들었다.

5. 《*Consensus Tigurinus*》의 신학-교회정치사적 결과

칼빈은 《*Consensus Tigurinus*》가 개신교의 일치에 영향을 미칠 수 있기를 희망했다. 하지만 이 성만찬 신앙고백서에 대한 루터주의 교회의 평가는 가혹했다. 함부르크(Hamburg) 목사인 베스트팔은 취리히 성만찬 합의를 통해서 루터주의의 고립을 직시하였다. 루터의 편재론(die Ubiquitaetlehre)을 루터주의적

---

[97] Campi, *Consensus Tigurinus: Werden, Wertung und Wirkung*, 37 (각주 114).

[98] Ludwig Lavater, *Hostoria de Origine et Progreussu Controversiae Sacramentariae de Coena Domini, ab anno nativitatis Christi M.D.XXIII. usque ad annum M.D.LXIII. deducata*, Tigurinus: Christopher Froschauer, 1563, 47r: "Multis Theologia studiosis author fuerat [sc. Melanchthon], ut Tigurinum et Genevam se conferrent, quo sententiam doctorum de sacramentis liquid cognoscerent."

정통주의의 기준으로 인식하고 있는 베스트팔의 시각 속에서 칼빈은 결과적으로 쯔빙글리주의자(Zwinglianer)로 간주되었다. 이전의 루터에게 근접해 있는 칼빈의 성만찬 이해가 전혀 의도하지 않은 방향으로 발전한 것이었다. 이와 관련하여 베스트팔은 의도적으로 《Consensus Tigurinus》를 모욕적인 말들과 함께 논박하였고, 결국 이는 소위 '두 번째 성만찬 논쟁'을 현실화시켰다. 이 논쟁은 긴 시간 동안 문서들을 통해 진행되었다: 베스트팔은 1552년에 《사료: Farrago》, 1553년에 《정당한 믿음: Recta fides》그리고 1555년에 《Collectanea: 모음집들》을 출판하였다. 그는 이 글들에서 칼빈을 송아지(Kalb)로, 불링거를 황소(Bulle)로 명칭하면서 성만찬에 대한 취리히 합의를 공격하였다. 처음 칼빈은 이에 대해 아무런 반응도 하길 원치 않았다. 불링거와 다르게 칼빈은 루터주의자들로부터 좀 더 관대한 반응을 여전히 기대하고 있었기 때문이다. 칼빈은 비텐베르크 신학자들의 비판에도 불구하고 작센의 선제후에게 자신의 창세기 주석의 헌사를 통하여 화해에 대한 기대를 놓지 않았다.[99]

하지만 루터주의 진영과 화해하는 것에 대해 아무런 기대를 가질 수 없었을 때, 칼빈은 베스트팔의 논박에 대해 반응하는 것을 불링거에게 문의를 했다.[100] 취리히 의장은 제네바 신학자를 격려했고, 이를 기점으로 칼빈은 1555년에 《Defenisio: 변호》, 1556년에 《Secunda Defensio: 두 번째 변호》 그리고 1557년에 《Ultima Admonitio: 최후의 경고》을 통하여 베스트팔의 논박에 대해 합법적인 방어를 실행하였다. 칼빈은 1555년에 작성된 《변호》가 출판된 이후 곧바로 불링거에게 보내 의견을 물었다. 불링거는 전체적 내용에 대해 만족을 표시하면서도 비판이 매우 날까롭고, '황소'나 '들짐승'으로 베스트팔을 비방한 것에 대해서는 조심스러운 입장을 표명하였다. 하지만 칼빈은 자신의 고유한 논증방식을 포기하지는 않았다. 베스트팔에 대한 적극적인 논증을 통하여 칼빈은 쯔빙글리-남부독일 종교개혁(die zwinglisch-oberdeutsche Reformation)의 개혁자들을 분명하게 지지하였는데, 즉 그는

---

[99] CO. XV, 196-201:《CALVINUS PRINCIPIBUS SAXONICIS: Dedicatio Commentarii in Genesin》.

[100] CO. XV, 207 f..

지금까지 경건하고 탁월한 그리스도의 종들인 쯔빙글리와 외콜람파디가 살아 있다면 자신의 입장의 단어 하나도 변화시키지 않았을 것이라고 표명했다.[101] 이와 관련하여 1563년에 루터주의로 기울어진 바젤의 교회의장인 시몬 슐처가 신학적인 스위스 연합도시들로부터 이탈하고, 스트라스부르그에서 《아우구 스부르그 신앙고백서》에 서명을 했을 때, 이를 격렬하게 항변하며 모든 스위 스 도시들의 총회를 요청한 사람 역시 칼빈이었다.[102] 하지만 칼빈은 멜랑흐톤 에 대해서는 늘 관대하였다. 이미 《Consensus Tigurinus》에 지지를 표명한 독일의 선생님(Praeceptor Germaniae)이 1558년에 보름스(Worms)에서 다른 루터주의자들과 함께 쯔빙글리가 이단으로 지칭된 성명서에 서명했을 때, 칼빈은 이에 대해서 아무런 반응도 보이지 않았다. 칼빈이 몇 번이나 베스트팔 과의 성만찬 논쟁에 대한 생각을 요청하고, 또한 베자가 1557년과 1559년 사이에 비텐베르크와 화평을 위한 다양한 시도들을 수행했을 때도 멜랑흐톤은 늘 침묵으로 일관하였지만, 그럼에도 칼빈은 그에 대한 신뢰를 거두지 않았다. 칼빈이 성만찬 논쟁 안에서 '루터의 원숭이(Affen Luthers)'[103]을 반대하여 드러낸 불쾌감은 처음 비텐베르크 영역에서 취리히 일치서의 노골적인 거부감 에 관한 실망 뿐만은 아니었다. 오히려 다른 면에서 칼빈이 베스트팔을 교회 내부에 있는 사악한 적으로 인식하였기 때문이다. 그렇다고 해도 칼빈은 루터 주의와 타협의 여지를 남겨두지 않는 식의 일방적인 논박을 추구하지는 않았 다. 베스트팔과 계속된 논쟁 안에서 칼빈은 《Consensus Tigurinus》안에서 논의되지 않은 것을 표명하거나, 때로 루터의 관심사가 수용된 내용으로 서로 의 갈등을 봉인하고자 하는 여운을 남겨 놓았기 때문이다.[104] 그러나 이 논쟁을 계기로 더욱 가속화된 신앙고백화는 독일의 종교개혁과 스위스의 종교개혁 사이에 더 이상 매울 수 없는 깊은 골만을 만들어 냈다.

루터주의자들의 비판에 맞선 칼빈의 《Consensus Tigurinus》를 위한

---

101 Saxon, *Bullinger, Calvin und der* 《*Consensus Tigurinus*》, 91

102 Uwe Plath, *Calvin und Basel in den Jahren 1552 ‑1556*, Zuerich: TVZ, 1975, 173‑192.

103 *CO*. XVIII, 84.

104 1554년 8월에 칼빈이 말박(Marbach)에게 쓴 편지 (*CO*. XV, 121 f.); *CO*. XV. 272‑287: 《De defensionis libello D. Ioannis Calvini et Tigurinae Ecclesiae iudicia》 (1554. 10. 24).

장기적인 노력은 신앙고백적인 논쟁 안에서, 부정적 의미 아래 놓여있었던, '칼빈주의' 혹은 '쯔빙글리주의'라는 꼬리표를 잠정적으로 떼어낸 결과 역시도 가져왔다.[105] 칼빈은 취리히와 성만찬 합의를 통해서 신학적으로 '개혁주의(das Reformiertentum)'라는 이름 아래서 쯔빙글리-남부독일 종교개혁에 편입되었으며, 이와 동시에 그 성만찬 입장에 대한 대변자가 되었다. 물론 칼빈은 자신의 방식으로 종교개혁을 특징지으며, 그 종교개혁의 지속성과 발전에 기여했을 뿐만 아니라, 또한 다른 여러 지역들에 '칼빈주의'라는 이름 아래서 지대한 영향을 미친 것 역시도 사실이다. 불링거는 칼빈의 사후에도 베자와 지속적인 교류를 수행하였다. 불링거는 칼빈 뿐만 아니라, 또한 그의 죽음 후에는 베자와 함께 공동적으로 유럽 전역의 개혁주의 교회의 확산과 안정을 위해 자신들의 모든 힘을 쏟았다.[106] 스위스, 프랑스, 독일, 영국, 화란, 이탈리아, 헝가리 그리고 폴란드에 있는 개혁주의 교회들은 항상 제네바와 취리히에 의해서 인도되었다.[107] 학문과 학생들의 교류들이 취리히와 제네바 사이에 지속적으로 이루어졌으며, 이를 통해서 두 종교개혁도시의 관계는 풍성한 열매들을 맺었다. 불링거의 《기독교 신앙요해: Summa Christlicher Religion》 가 제네바에서 여러번 출판되었다. 불링거의 《스위스 제2신조》 역시 베자와 니콜라스 콜라동(Ncolas Colladon)에 의해 제네바 목회자회의 이름으로 서명되고, 또한 전자에 의해 프랑스어로 번역되어 그 언어권에 속해 있는 개혁주의 교회들로 전파되었다. 비록 불링거 사후 그 영향력을 상실했음에도 불구하고, 그가 생존한 시대에 취리히는 제네바와 함께 개혁주의 교회를 위한 신학적이고 교회 정치적인 구심점이었다.

나오며

칼빈에게 있어서 성만찬 합의에 대한 관심은 앞선 종교개혁자들의 영역 안에

---

105 Opitz, *Leben und Werk Johannes Calvins* , 128.

106 박상봉, "종교개혁 당시 서신교환를 통해서 본 Heinrich Bullinger", 99˜102.

107 Emidio Campi, *Beza und Bullinger im Lichte ihrer Korrespondenz*, in: *Théodore De Bèze (1519˜1605)*, hg. Irena Bachus, Genève: LIBRAIRIE DROZ S. A., 2007, 143.

서 그의 분명한 위치를 찾게 하는데 기여했을 뿐만 아니라, 또한 결과적으로 쯔빙글리 - 독일 남부적 종교개혁으로부터 소위 - 취리히와 함께 제네바 역시도 종교개혁의 한 중심적 도시로 자리매김 되는 - '개혁주의적 종교개혁(die reformierte Reformation)'으로 전환되는데 한 주도적인 역할을 예지한 것이었다.[108] 당연히 불링거 역시 칼빈과 대화를 시작했을 때부터 쯔빙글리적이거나 혹은 칼빈적인 성만찬 이해를 기대한 것은 아니다. 그는 성만찬에 관한 전(全) 스위스적인 신앙고백서를 작성하길 원했으며, 더욱이 모든 종교개혁 도시들로부터 인정받는 보편적인 성만찬 신학을 정리할 수 있기를 계획했다. 물론 성만찬 이해는 개혁주의 개신교의 시작과 관련하여 쯔빙글리가 주도성을 가지고 있었음에도 불구하고 당시 여러 종교개혁자들 사이에 미묘한 차이들이 있었다는 것을 인정해야 한다. 《Consensus Tigurinus》 의 도출은 단순히 칼빈과 불링거의 성만찬 사고의 일치만을 의미하지 않고, 오히려 이 두 인물과 함께 쯔빙글리, 외콜람파디, 부처, 무스쿨루스 그리고 파렐의 성만찬 입장들의 집약, 절충과 합의임을 잊지 않아야 한다.[109] 1549년에 비로소 신학적이고 정치적인 배경 속에서 개혁주의 내에 있는 성만찬에 대한 사고들이 이 취리히 일치서를 통해서 새롭게 정리된 것이다. 이를 통해서 '개혁주의'라는 한 교회를 이룰 수 있었다. 그리고 이후로 그 개혁주의 교회라는 이름 아래서 이 문서의 영향은 가깝게는 1559년과 1563년 사이에 프랑스, 스위스, 독일 그리고 영국에서 중요한 개혁주의 신앙고백서들을 형성하는데 기여했을 뿐만 아니라,[110] 또한 멀게는 동유럽의 다양한 개혁주의 신앙고백서들과 1648년 영국에서 발생한 웨스트민스터 신앙고백에까지 뻗어 있다.

칼빈과 불링거의 긴 신학적 대화를 통해서 도출된 《Consensus Tigurinus》 에 다양한 지역들의 교회들과 신학자들이 서명을 한 것은 그 표명된 내용이 모두 자기의 생각과 일치하였기 때문은 아니다. 한 신앙공동체를 이루는데 있어서 포기되어서는 안 될 적정선에 근거하여 동의한 것이다. 이와 관련하여

---

[108] Peter Opitz, *Leben und Werk Johannes Calvins*, 114.
[109] Campi, *Consensus Tigurinus: Werden, Wertung und Wirkung*, 9.
[110] MacCulloch, *Die Reformation 1490-1700*, 340.

이 성만찬 합의 문서는 16세기 중반 당시 다양한 개혁주의 흐름들을 한 방향으로 이끈 매우 가치 있는 신앙고백서로 간주된다. 그리고 이 성만찬에 대한 일치된 내용을 이루기 위해 칼빈과 불링거 사이의 신학적 절충과 합의의 역사적 과정이 있었다는 것을 잊어서는 안 된다. 사실 이는 모든 개혁주의 신앙고백들의 특징이기도 하다: 1580년 6월 25일에 출판된 루터주의 교회 신앙고백들의 모음집인 《일치서: Konkordienbuch》가 루터 사상의 핵심을 포함하고 있다면, 반대로 개혁주의 교회의 다양한 신앙고백서들 안에서는 칼빈이라는 한 신학자에게만 특별한 권위가 부여되지는 않았다. 개혁교회의 신앙고백들은 그 기원에서부터 교회의 정통적인 신학적 입장을 존중하면서 개혁주의 신학자들 상호간의 교류 속에서 협의되고 절충되어 몇몇 인물들이나 공적인 회집을 통해서 정리된 것이다. 특별히 이의 입장은 개혁주의 신앙내용이 종교개혁 당시에 다양한 인물들에 의해서 표명되고, 그들 상호적인 신학적 교류들과 영향들 속에서 뿌리잡고 발전되었다는 것을 분명히 한다.[111] 이 때문에 《Consensus Tigurinus》안에서 칼빈의 성만찬에 대한 근원적인 입장이 포기되지는 않았고, 오히려 불링거는 성례시에 성령의 내적이고 보이지 않는 능력의 외적인 확신의 작용을 인정함으로써 쯔빙글리의 핵심적인 입장을 상실했다는 게블러의 평가나,[112] 혹은 바르트처럼 이 문서의 가치에 대해서 부정적으로 평가한 것[113]은 공동의 관심사를 무시한채 지나치게 종교 개혁자들의 주관성에만 초점을 맞춘 것이다.

《Consensus Tigurinus》안에 성만찬에 대한 칼빈의 사상과 불링거의 사상을 서로가 만족할 만큼 다 표명되어 있어야 한다고 생각하는 것 자체가 오해이다. 이후의 시간 속에서 칼빈이 이 성만찬 합의를 존중하면서도 자신의 고유한 입장을 견지해 나갔듯이, 불링거 역시도 이 합의 내용을 존중하면서도

---

111 C. R. Treuman, *Calvin und die reformierte Othodoxie*, in: *Calvin Handbuch*, 470⁻471.

112 Ulrich Gäbler, *Heinrich Bullinger*, in: *Gestalten der Kirchengeschichte*, hg. Martin Greschat, Bd 6: *Die Reformationszeit II*, Stuttgart, Berlin, Köln, Mainz & Kohlhammer: Verlag W. Kohlhammer 1981, 206.

113 Karl Barth, *Die Theologie der reformierten Bekenntnisschriften*, Zuerich: TVZ, 1998, 277.

자신의 고유한 입장을 견고히 지켜나갔다는 것을 잊지 않아야 한다. 이는 개혁주의라는 공통분모 속에서 칼빈과 불링거라는 고유성이 세부적으로 표명된 것이다. 더욱이, 칼빈과 불링거 사이에 몇몇 신학적 차이가 있다고 해도, 이것은 그들의 신학적인 본질(die theologische Substanz) 안에 놓여있지 않고, 오히려 그들의 신학적이고 교리사적인 의도(die thelogische und dogmengeschichtliche Intention) 안에 놓여 있다[114]: 두 종교개혁자들 사이에서 이미 각자가 강조하고 있는 신학적인 내용들이 선명하게 확인됨에도 불구하고, 특징적으로 불링거가 구속사와 언약신학에 주된 관심을 보였다면, 칼빈은 신학의 논리성과 하나님의 주권에 더 큰 관심을 가졌다고 할 수 있다. 개혁주의 안에는 이처럼 종교개혁자들(과 신학자들) 사이에 신학적인 일치성과 다양성이 동시적으로 존재한다. 분명한 것은 《Consensus Tigurinus》 는 하나님의 말씀으로써 성경에 대한 바른 이해의 추구 속에서, 비록 교회의 일치를 스위스 밖으로 확대시키지는 못했을지라도, 그리스도의 몸인 교회의 유익을 위해 평생을 헌신했던 두 종교개혁자들의 진실한 신앙고백의 산물이라는 사실이다. 성만찬에 대한 이해에 있어서 각자의 신학적인 의도를 최대한 존중하면서 유일한 중보자이신 그리스도 위에 결코 흔들리지 않는 견고한 집을 지은 것이다. 이는 그리스도에 대한 한 믿음에 근거한 신학사상의 조화와 한 교회를 추구한 서로에 대한 깊은 신뢰로부터 연유된 것이다. (*)

【참고 문헌】

CONSEN / SIO MVTVA IN RE / SACRAMENTARIA MINI⁻ / strorum Tigurinae ecclesiae, & D. Io⁻ / annis Caluinis ministri Geneven⁻ / sis ecclesiae, ... TIGVRI EX OFFICINA / Rodolphi Vuissenbachij. / M.D.L.I.

D. Martin Luthers Werke. Kritische Gesamtausgabe, Bd. 54, Weimar: Verlag Hermann Böhlaus Nochfolger, 1906-61.

---

[114] C. Strohm, *Bullingers Dekaden und Calvins Institutio: Gemeinsamkeiten und Eigenarten*, in: *Calvin im Kontext der Schweizer Reformation*, 213⁻248.

Ioannis Calvini opera quae supersunt omnia, ed. W. Baum, E. Cunitz und E. Reuss, Bd. XIX, Braunschweig 1863-1900.

Calvin-Studiengabe, hg. Eberhard Busch u.a., Bd. 4, Neukirchen-Vluyn: Neukirchener, 2002.

Joannis Calvini opera selecta, hg. Peter Barth, Wilhelm Niesel und Dora Scheuner, Muenschen: Chr. Kaiser, 1926-1959.

Heinrich Bullingers Diarium (Annales vitae) der Jahre 1504-1574. Zum 400. Geburtstag Bullingers am 18. Juli 1904, Quellen zur Schweizerischen Reformationsgeschichte, hg. Emil Egli, Bd. II, Basel 1904.

Heinrich Bullinger Werke, 1. Abt.: Bibliographie, Beschreibendes Verzeichnis der gedruckten Werke von Heinrich Bullinger, bearb. Joachim Staedtke, Bd. 1-3, Zuerich: TVZ, 1972.

Heinrich Bullinger, Theologische Schriften, Bd. 2, bearb. Endre Zsindley, Hans-Georg vom Berg & Bernhard Schneider, Zuerich: TVZ, 1991.

Heinrich Bullinger Schriften, Bd. 1, hg. Emidio Campi, Zuerich: TVZ 2006

Heinrich Bullinger Schriften, Bd. 2, hg. Emidio Campi, Zuerich: TVZ, 2006.

Reformierte Bekenntnisschriften, hg. im Auftrag der Evangelischen Kirche in Deutschland von Heinrich Faulenbach und Eberhard Busch, Bd. 1/2 (1535-1549), Neukirchen-Vluyn: Neukirchener, 2006.

_____ *Confessio Helvetica Prior von 1536.*

_____ *Zuercher Bekenntnis von 1545.*

Carl-Bernhard Hundeshagen, *Die Conflikte des Zwingianismus, Lutherthums und Calvinismus in der Bernischen Landeskirche von 1532-1558*, Bern: Verlag von E. A. Jenni, Gohn, 1842.

Diarmaid MacCulloch, *Die Reformation 1490-1700*, Uebers. H. Voss-Becher u.a., Muenschen: DVA , 2008, 340.

Emidio Campi, *Beza und Bullinger im Lichte ihrer Korrespondenz*, in: *Théodore De Bèze (1519-1605)*, hg. Irena Bachus, Genève: LIBRAIRIE DROZ S. A., 2007.

Emidio Campi, *Heinrich Bullinger und seine Zeit*, 「Zwingliana」 XXXI (2004).

Emidio Campi & Ruedi Reich (hg.), *Consensus Tigurinus*, Zuerich: TVZ, 2009.

Emil Doumergue, *Jean Calvin. Les hommes et les chose de son temps*, vols. 1. (Reimpression des editions Lausanne et Paris 1899-1927), Geneve: Slatkine Reprints 1969.

Ernst Saxon, *Bullinger, Calvin und der 《Consensus Tigurinus》* , in: *Der Nachfolger. Heinrich Bullinger (1504-1575).* Katalog zur Ausstellung im Grossmünster Zürich 2004, hg. Emidio Campi u.a., Zürich: TVZ, 2004.

Ernst W. Zeeden, *"Grundlagen und Wege der Konfessionsbildung im Zeitalter der Glaubenskämpfe"*, in: *Historische Zeitschrift 185* (1958).

Frans Pieter van Stam, *Das Verhaehltnis zwischen Bullinger und Calvin waehrend Calvins erstem Aufenthalt in Genf*, in: *Calvin im Kontext der Schweizer Reformation, Historische und theologische Beitraege zur Calvinforschung*, hg. Peter Opitz, Zuerich: TVZ, 2003.

C. Strohm, *Bullingers Dekaden und Calvins Institutio: Gemeinsamkeiten und Eigenarten*, 213-248.

Frintz Blanke & Immanuel Leuschner, *Heinrich Bullinger: Vater der reformierten Kirche*, Zuerich: TVZ, 1990.

Fritz Buesser, *Heinrich Bullinger (1504-1575)*, Leben, Werk und Wirkung, Bd. II, Zürich: TVZ, 2005.

Georg Benedict Winer, *Comparative Darstellung des Lehrbegriffs der verschiedenen christlichen Kirchenpartheien: nebst vollständigen Belegen aus den symbolischen Schriften derselben in der Ursprache*, Leipzig: Reclam, 1824.

Joseph C. McLelland, *Die Sakramentenlehre der Confessio Helvetica Posterior*, in: *Glauben und Bekennen*, Beiträge zu ihrer Geschichte und Theologie, hg. Joachim Staedtke, Zuerich: TVZ, 1966.

Karl Barth, *Die Theologie der reformierten Bekenntnisschriften*, Zuerich: TVZ, 1998.

Ludwig Lavater, *Hostoria de Origine et Progreussu Controversiae Sacramentariae de Coena Domini, ab anno nativitatis Christi M.D.XXIII. usque ad annum M.D.LXIII. deducata*, Tigurinus: Christopher Froschauer, 1563.

Mueller E. F. Karl, *Die Bekenntnischriften der reformierten Kirche*, Leipzig: Deichert, 1903

Otto E. Strasser, *Der Consensus Tigurinus*, 「Zwingliana」 IX (1949).

Patrik Mueller, *Heinrich Bullinger: Reformator, Kirchenpolitiker, Historiker*, Zuerich: TVZ, 2004.

Peter Opitz, *Leben und Werk Johannes Calvins*, Goettingen: Vandenhoeck & Ruprecht, 2009.

Peter Stephans, *The Sacraments in the Confessions of 1536, 1549, and 1566 – Bullinger's Understanding in the Light of Zwingli's*, 「Zwingliana」 XXXIII (2006).

Régistre de la Compagnie des pasteurs de Genève au temps de Calvin 1546-1533, Bd. 1, hg. von Jean-François Bergier, Genève: Droz, 1962.

Ulrich Gäbler, *Heinrich Bullinger*, in: *Gestalten der Kirchengeschichte*, hg. Martin Greschat, Bd 6: *Die Reformationszeit II*, Stuttgart, Berlin, Köln, Mainz & Kohlhammer: Verlag W. Kohlhammer 1981.

Uwe Plath, *Calvin und Basel in den Jahren 1552-1556*, Zuerich: TVZ, 1975.

Wim Janse, *Sakramente*, in: *Calvin Handbuch*, hg. Herman J. Selderhuis, Tuebingen: Mort Siebeck 2008.

C. R. Treuman, *Calvin und die reformierte Othodoxie*, 470-471.

Heinrich R. Schmidt, *Konfessionalisierung im 16. Jahrhundert*, in: *Enzykl. Deutscher Geschichte*, Bd. 12, München: Oldenbourg Wissenschaftsverlag, 1992.

Lexikon der Reformation, hg. Klaus Ganer & Bruno Steiner, 3. Aufl., Freiburg·Basel·Wien: Herder, 2002.

데오도르 베자, 김동현 역, 『존 칼빈의 생애와 사상』, 서울: 목회자료사 1999.

박상봉, "종교개혁 시대 서신교환을 통해서 본 Heinrich Bullinger의 초상", 「교회와 문화」 25(2010년 여름호).

빌헬름 노이져, 김성봉 역, 『칼뱅』, 서울: 나누며 섬기는 교회 2000.

필립 샤프, 박경수 역, 『스위스 종교개혁』, 서울: 크리스챤다이제스트 2004.

4.
취리히 교회와 신앙교육[1]

박상봉 ▓ 역사신학 · 조교수

들어가는 말

16세기 종교개혁 당시와 오늘날 우리의 시대는 신앙생활의 풍경, 삶의 양태, 사회적 구조 등에 있어서 전혀 다른 세계이다. 그럼에도 그 시대나 우리의 시대나 타락한 인간의 본질에 변함이 없다는 사실 속에서 여전히 하나님 앞에서 구원받아야 할 인생들이 있고, 동시에 그 구원받은 신자들이 깊고 성숙한 믿음생활을 위해 바른 신앙지식을 가져야 한다는 것에서 동질성은 여전히 확인된다. 이미 교회의 오랜 전통 속에서 지속되어 온 신앙교육서(Katechismus)에 근거한 교리교육(Katechese)은 특별히 종교개혁 당시 교회 안에서 신앙지식의 전달과 관련하여 가장 유용하게 활용된 신앙교육의 방식이었다. 이 신앙교육은 로마 가톨릭 교회에 대하여 신앙적인 경계와 차이점을

---

1 이 글은 제26회 정암신학강좌(2014.10)에서 발표되고, 「신학정론」 32/2(2014.11): 67-125에 실렸던 논문임을 밝혀둔다.

밝혀주는 신앙고백(Kofession), 신학교, 총회(교회)규범(Kirchenordung), 목회자 부양 등과 함께 종교개혁을 통해서 세워진 개혁된(reformierte) 교회를 유지·보존시키는 매우 중요한 요소였다. 바른 교회는 바른 신학만으로 세대와 세대를 넘어서 지속될 수는 없다. 바른 신학에 근거하여 바르게 세워진 교회가 지속되기 위해서는 그 상태를 유지·보존해 갈 수 있는 장치(수단)들을 필요로 한다. 즉, 바른 교회는 바른 신학에 대한 신앙의 정체성을 확인시켜주는 신앙고백, 바른 목회자를 양성하는 신학교, 교회와 목회자를 관리 감독할 수 있는 총회규범, 모든 신자들을 깨우고 일치시킬 수 있는 신앙교육, 근심 없이 목회에 전념할 수 있는 목회자의 기본 생활의 안정 등이 유기적으로 작동하여서 세대와 세대를 넘어서 지속될 수 있는 것이다. 종교개혁 초기에서부터 신앙고백, 목회자 신학교육, 총회규범, 평신도 신앙교육, 목회자 부양 등에 대한 관심이 이루어진 것은 당시 종교개혁자들은 단순히 로마 가톨릭 교회로부터 분리되어 새롭게 세워진 개혁된 교회만 생각한 것이 아니라, 더 근본적으로는 그 개혁된 교회가 어떻게 다시 타락하지 않고 장구한 역사 속에서 존속할 수 있을 것인가를 깊이 숙고했다는 사실이다. 종교개혁 이후에 500년 동안 개혁된 교회가 유지되어 온 것은 단순한 우연이 결코 아님을 알아야 한다. 이렇게 볼 때, 성경이 표명하는 믿음과 행위에 관한 신앙교육(교리교육)은 단지 지나간 과거의 산물이 아니라, 오늘날 우리의 교회를 위해서도 매우 중요한 신앙문제임을 인식해야 해야 한다.[2]

본 논고는 종교개혁 당시 취리히 교회의 신앙교육에 관심이 모아져 있다. 앞서 종교개혁으로부터 새롭게 공론화된 교리교육의 의미와 신앙교육서의 역할에 대한 이해를 핵심적으로 살피면서, 특별히 이 시대에 개혁주의 (Reformiertentum)를 확산시키기 위해서 제네바 교회의 장 칼뱅(Jean Calvin)과 협력하며 전(全)유럽에 영향력을 행사했던 하인리히 불링거(Heinrich Bullinger)의 목회사역 동안에 이루어진 취리히 교회의 신앙교육을 조명하고자 한다. 물론, 취리히 종교개혁의 선구자였던 울리히 쯔빙글리(Ulrich Zwingli)와 그의 동역자 레오 유트(Leo Jud)의 신앙교육에 대한 관심을 선행적으로 살피는 것은 당연하다. 취리히 교회의 신앙교육은 쯔빙글리 이래로 연속성을 가지고

---

2 도너드 반 다이켄, 『잃어버린 기독교의 보물 교리문답 교육』, 김희정 역 (서울: 부흥과 개혁사, 2102), 55.

전개되었기 때문이다. 취리히 종교개혁자들이 바른 신학 위에서 바른 교회를 세우고, 그 교회를 세대와 세대를 넘어서 유지 보존하기 위해서 신앙교육에 깊은 관심을 두었다는 것을 인식시키면서 우리 시대에도 동일한 숙고와 수고가 필요하다는 것을 보여주기 위함이다. 그리고 이러한 이해 속에서 우리가 주목하고자 하는 것은, 당시 취리히 종교개혁자들도 신앙교육과 관련하여 내용적으로 '무엇이(was)' 방법적으로 '어떻게(wie)' 전달되어야 하는가에 관심을 가졌다는 점이다. 성령의 사역 옆에서 기독교 교리가 가장 효과적인 교육방식에 따라서 가르쳐지기를 원했던 것이다. 즉, 신앙교육을 교리적인 내용뿐만 아니라, 동시에 오늘날의 개념이라고 할 수 있는 교육학적인 고려 속에서 주목한 것이다. 오늘날 우리가 깊은 관심을 가져야 할 사안이기도 한데, 취리히 교회의 신앙교육을 통해서 확인하고자 하는 내용이다.

I. 종교개혁 시대의 한 문학적인 장르(Genre)로서 '신앙교육서'

1. 교회분열 속에서 신앙교육의 중요성

로마 가톨릭 교회가 교권의 남용 속에서 확립한 비(非)성경적고 미신적인 구원과 교회의 계급화 된 체계[3]는 루터, 쯔빙글리, 칼뱅 등을 통하여 실제적인 교회개혁운동을 불러일으켰다. 이 종교개혁은 복음적으로 개혁된 교회와 신학의 실현으로써 교회 안에서 행해지는 예전과 직제의 변화만 가져온 것이 아니라, 동시에 거짓된 신앙내용을 극복하기 위한 사도적이고 교부적인 가르침에 근거한 신앙고백의 변화도 가져왔다. 개혁의 선구자들은 종교적인 면에서뿐만 아니라 정치적인 면으로도 매우 어려운 상황 속에서 성경이 옳다고 여기는 것에 대해 뜻을 굽히지 않고 교회-교리사적인 맥락 아래서 검증된 바른 신학에 근거한 신앙고백의 확증을 위해서 심혈을 기울인 것이다. 이러한 신앙적인 투쟁은 각 사람의 경건을 변화시키고 새로운 심성(Mentalitaet)을 창조했는데, 이로부터 개인의 의식과 윤리, 교회의 신앙생활 그리고 사회 전반의

---

3 Wolf-Dieter Hauschild, *Reformation und Neuzeit: Lehrbuch der Kirchen- und Dogmengeschchte*, Bd. 2, Guetersloh 2005, 7.

외적인 구조변혁을 불러일으켰다: 신학과 교회에 대한 새로운 규정과 함께 신앙을 가진 시민들이 한 공동체로 살아가고 있는 사회와 국가에 대한 이상적인 모범이 숙고되기 시작한 것이다.

무엇보다도, 이러한 관심은 종교개혁 이래로 개혁된 교회와 로마 가톨릭 교회 사이의 신학적인 차이점을 선명히 드러내야만 하는 현실적인 필요와 맞물려 있었다.[4] 종교개혁의 사상이 로마 가톨릭 교회의 전통과 어떻게 다른가에 대한 질문에 설득력 있는 답변을 해야만 했기 때문이다. 물론, 로마 가톨릭 교회에 불만을 가진 지식인층의 지지 뿐만 아니라, 종교개혁이 시작된 시점부터 작동되고 있었던 'cuius regio, eius religio'의 원칙[5] 아래서 각 개인의 종교적인 자유와 상관없이 정치적인 결정에 따라서 새로운 신앙을 갖게 된 평범한 사람들의 합리적인 설득을 위해서도 요청되는 과제였다. 많은 사람들이 글을 읽거나 쓸 줄 몰랐지만 종교개혁의 신학적인 정당성과 신앙적인 유익에 대한 설명을 통해서 동요와 불안이 없는 개혁된 신앙고백의 수용과 신앙적인 충성도가 요구되었기 때문이다. 이와 관련하여 종교개혁자들은 로마 가톨릭 교회와 관련된 논쟁적인 주제의 토론, 성경 주석, 종교개혁 신학사상의 기본적인 설명, 교회 연합과 일치를 위한 공적인 신앙고백, 성인들과 어린이(청소년)들의 신앙지식의 습득을 위한 신앙교육 등과 관련된 저술들을 기술하는데 많은 관심을 집중했다.

특별히, 이러한 저술들의 강력한 확산은 종교개혁의 주요한 진술에 근거한 신학적인 동질성과 일치를 폭넓게 확대시키는데 크게 기여하였다.[6] 이 현상은 종교개혁 도시들 안에서 새로운 변화의 공론화에 대한 중요한 장을 마련해 주었다. 개신교와 교황주의 교회 사이의 신학적인 경계선이 어떻게 그어져 있는가에 대한 이론적인 보편자각을 사람들로 하여금 선명히 갖도록 한 것이다.[7] 하지만 이때 동시적으로 기억되어야 할 것은, 종교개혁 사상을 담고 있는 저술들은 당시의 현실과 관련하여 교회를 이루고 있는 다수의 배움

---

4 Sang-Bong Park, *Heinrich Bullingers katechetische Werke*, Zuerich 2009, 13.

5 이 'cuius regio, eius religio'는 "어떤 지역에 거주하는 시민은 그 지역의 영주의 종교를 따른다"는 원칙이다. 이 원칙은 아우구스부르그 종교평화협정(Augusburger Religionsfrieden)에서 공식화되었다고 말할 수 있지만, 그러나 이미 그 적용은 종교개혁이 시작된 시점부터 이루어진 것으로 보는 것이 옳을 것이다. (Theologische Realenzyklopaedie, hg. Von Gerhard Mueller u.a., Bd. II, Berlin New York 1976-2004, 644.)

6 Bern Moeller, *Flugschriften der Reformationszeit*, TRE, Bd. 11. 240 f.

7 Park, *Heinrich Bullingers katechetische Werke*, 14.

이 없는 신자들에게는 직접적인 도움이 될 수는 없었다는 사실이다. 만약, 그들에게 신앙의 교파적인 정체성을 갖도록 해주는 교리가 설교로 선포되지 않았거나 신앙교육을 통해서 설명되지 않았다면 종교개혁에 대한 보편적인 인식이 유럽 전역에서 확보되는데 큰 어려움이 있었을 것이다. 그 뿐만 아니라, 새롭게 개혁된 교회가 동일한 신앙정신을 가지고 유지되거나 보존되는 것에도 분명히 한계가 있었을 것이다. 그리고 종교개혁 이래로 개신교가 설교에만 관심을 쏟고, 만약 신앙교육에는 무관심했다면 어떻게 되었을까? 신앙교육이 없었거나 불규칙적이며 목적이 분명치 않고 체계 없는 신앙교육이 이루어졌다면, 종교적인 개종이나 신앙의 확신을 위한 길 위에 서 있는 사람들에게 끼친 신앙적인 영향력은 매우 미미했을 것이다.[8] 오늘의 교회 현상이 보여주고 있는 것처럼, 개신교 자체를 새롭게 개혁한 길로부터 다시 과거의 종교적인 오류로 회귀하게 하는 위험으로 급속히 몰아갔을 것이다.

이러한 이해 속에서 교회분열과 함께 새롭게 개종된 신자들에게 형성되어야 할 신앙고백의 전환을 위한 효과적인 수단으로써 중요한 역할을 감당한 신앙교육은 종교개혁 시대의 매우 주목되어야 할 특징이었다. 신앙교육의 교리적인 내용은 교회 안에서 예배 때 낭독되었으며, 각 주제들은 작은 부분으로 나뉘어져 규칙적이며 개별적으로 설교되거나 해설되기도 했다.[9] 이 뿐만 아니라, 거의 대부분의 종교개혁 도시들에서 중세말의 유산이라고 할 수 있는 가장에게 부과된 의무로써의 가정 신앙교육과[10] 또한 학교 안에서의 신앙교육에 있어서도 신앙교육서가 직접적인 수업자료로 활용되었다.[11] 이 신앙교육은 '참된 교리'(vera doctrina)를 왜곡, 위조 그리고 남용으로부터 지키고 보호하는 역할을 감당했으며, 하나님의 진리를 동시대의 사람들과 다음 세대에게 전파하는데도 큰 기여를 했다.[12] 결과적으로, 종교개혁의 유산은 한편으로 신학적

---

[8] Park, *Heinrich Bullingers katechetische Werke*, 14.

[9] Werner Jetter, *Katechismuspredigt*, TRE, Bd. 17, 114.

[10] 가장이나 부모의 권위에 의한 신앙지식의 습득은 신앙교육의 중요한 부분이었다. 만약 가장(부모)이 글을 읽지 못하는 경우에, 많은 종교개혁 도시들에서는 그 가장은, 설령 자녀가 학교를 다니지 않을지라도, 오직 신앙교육을 받도록 하기 위해서 자녀를 학교에 보내야 했다. (Sebastian Kreiker, Armut, Schule, Obrikeit: *Armenversorgung und Schulwesen in den evangelischen Kirchenordnungen des 16. Jahrhunderts, Religion in der Geschichte*, Bd. 5, Bielefeld 1997. 151.)

[11] Christoph Weismann, *Die Katechismen des Johannes Brenz* (1), Spaetmittelalter und Reformation, Texte und Untersuchungen, hg. Von Heiko A. Oberman, Bd. 21, Berlin New York 1990, 15.

[12] Reinhold Hedtke, *Erziehung durch die Kirche bei Calivn: Der Unterweisungs- und*

인 자료들을 통해서 계승되었지만, 다른 한편으로는 설교와 함께 더 효과적으로는 신앙교육을 통해서 계승되었다는 것도 잊지 않아야 한다. 이 때문에 존 머레이가 이렇게 언급한바 있다:

교리문답의 교육체계가 유지된 곳에서 종교개혁의 최적의 열매들이 보존되고 전수되었다.[13]

2. 교리와 경건에 관한 가르침의 도구로서 신앙교육서(*Katechismus*)

종교개혁 시대의 신앙교육을 살피면서, 우리의 생각이 단순히 그 시대의 역사적인 사건만을 살피는데 머물러서는 안 될 것이다. 그 시대가 어떠했는가를 보면서, 무엇보다도 그 시대를 살았던 종교개혁자들이 자신들 앞에 놓인 신앙의 문제들을 해결하기 위해서 어떤 노력을 했으며, 또한 어떤 대안(산출물)을 제시했는가를 볼 수 있어야 한다. 특별히, 종교개혁자들은 로마 가톨릭 교회로부터 개신교로의 분리적인 전환 속에서 새롭게 표명된 신앙내용을 어떻게 전달해야 하는가에 대한 진지한 의문을 제기하였다. 그들은 당시 사람들의 의식 속에 깊게 뿌리를 내리고 있는 로마 가톨릭 교회의 부패된 신앙지식을 어떻게 완전히 새롭게 극복시킬 수 있을 것인가, 이미 개혁된 신앙의 내용을 어떻게 전달할 것인가, 또한 이 신앙정신 위에서 새롭게 세워진 개혁된 교회를 어떻게 유지 발전시켜 나가야 하는가에 대한 시대적인 물음들 앞에서 한 대안으로써 신앙교육에 지대한 관심을 가졌던 것이다.[14] 그리고 이에 대한 가시적인 실효성을 끌어내기 위해 종교개혁자들은 실천적으로 신앙교육서를 작성하는데도 큰 열심을 기울였다. 즉, '**표준을 세우는 규범**(*norma normans*)'으로서 절대적 권위를 가지고 있는 성경에 반해, 신앙고백(교리)은 성경 곧 '노르마 노르망스'에 의하여 신앙과 행위의 '**표준으로 세워진 규범**(*norma normata*)'으로서 파생적 권위를 가지고 있다.

Erziehungsauftrag der Kirche und seine anthropogischen und theologischen Grundlagen, paedagogische Forschungen, hg. vom Comenius-Institut (Nr. 39), Heidelberg 1996, 92.

[13] John Murray, "Catechizing-A forgotten Practice," Banner of Truth 27 (October 1962), 26: "it was where the catechetical system of instruction as adhered to that the best fruits of the Reformation were preserved and transmitted."

[14] Walter Gut, "Zwingli als Erzieher," in: Zwingliana VI, Zuerich 1936, 289.

이러한 신앙고백과 교리에 대한 효과적인 교육을 위해서 다양한 형식을 가진 신앙교육서가 출판된 것이다.

그리고 신앙교육서는 종교개혁을 통해서 발생한 개혁된 신앙원리를 담아내는 중요한 문학적인 장르(Genre)로 발전되었다. 이 결과는 신자들 – 종교적인 지식이 없는 신자들의 가르침을 위한 소위 '신앙교육서-문예부흥' (Katechismus-Renaissance)을 발생시켰는데, 기독교 신앙교육과 신앙교육서에 관한 역사 중에서 최고점에 이르는 시대에 도달하도록 하였다.[15] 신앙교육을 위한 중요한 교육 자료였던 신앙교육서는 바른 신앙지식을 간결한 서술을 통하여 신자들의 의식 안에 깊이 고정시키는 역할을 감당한 것이다. 그것은 유럽 전역에서 오직 학문적인 배움이 있는 사람들을 위한 라틴어 옆에서 국민(자국)언어를 교회의 영역 안에서 역동성 있게 사용하도록 만들었다. 신앙교육서는 각 나라에서 많은 종교개혁의 저술들이 라틴어에서 자국어로 쓰이도록 전환되게 하는데 크게 기여를 했다고 할 수 있다.[16] 이 뿐만 아니라, 신앙교육서는 매우 광범위 하게 보급된 종교적인 출판물로써 공적이거나 사적인 영역 안에서 누구나 쉽게 접할 수 있는 신앙매체였다. 한 실례로, 불링거가 1540년에 출판한 《기독교 가정》에서 밝힌 내용을 상기할 필요가 있을 것이다:

> 확실히 도처에 있는 사람들이 신앙교육서들, 즉 독일어로 출판된 믿음 안에 있는 어린이들의 교리 교육서들을 가지고 있는데, 어느 누구도 무지에 대해서 한탄하지 못할 정도로 신적인 일들의 인식을 위해 단지 조금만 애쓰면 되었다.[17]

특별히, 종교개혁자들이 다양한 신앙교육서들을 쓴 이래로 '신앙교육서 (Katechismus)'는 종교개혁 시대에 종교적인 영역 안에서 매우 익숙한 일상용어가 되었다. 이미 16세기 중반에 개신교 영역에서 뿐만 아니라, 또한 로마

---

[15] Hubert Filser, Die literarische Gattung 'Katechismus' vor Petrus Canisius, in: Der Grosse Katechismus, ins Deutsche Uebersetzt und kommentiert von Hurbert Filser und Setphan Leingruber (Jusuitica Bd. 6), Regensburg 2003, 26.

[16] Moeller, *Flugschriften der Reformationszeit*, 24.

[17] *Der christliche Ehestand, in: Heinrich Bullinger Schriften*, hg. von Emidio Campi, Detlef Roth & Peter Stotz, Bd. I, Zürich 2004, 550: "Man hat ja überall die Katechismen, d. h. die Unterweisungen der Kinder im Glauben, in deutscher Sprache gedruckt, so dass sich niemand über Unwissenheit beklagen kann – nur sollte man sich eben ein wenig um die Kenntnis göttlicher Dinge bemühen."

가톨릭 교회 안에서 그 숫자를 모두 헤아리기 힘들 정도로 많이 출판되었다.[18] 어린이, 청소년, 초신자 성인의 신앙교육을 위해서 이해하기 쉬운 언어와 내용으로 작성되어 유럽의 모든 교회 안에서 활용된 기독교 신앙문서였다. 이러한 이해 속에서 종교개혁 시대에 신앙고백(서)과 분리될 수 없는 신앙교육서들은 다양한 제목들을 가지고 있었다: 독일어로는 Katechismus(신앙교육서), Enchiridion(교본), Lehrtafel(교육목록), Bricht(보고), Summa(요해), Fragstueck (질문), Unterweisung(가르침), Erklaerung(해설) 등으로, 그리고 라틴어로는 Catechesis(교리해설), Catechismus(신앙교육서), Compendium(요해), Doctrina (규범), Examen(시험), Elementa(기초), Explanatio(해설), Institutio(가르침) 등으로 불리어졌다.[19]

종교개혁 시대의 신앙교육서는 의뢰자 혹은 저자의 의도에 따라서 저마다의 고유한 신학적인 특징을 가지고 있다. 물론, 그 범위에 있어서 한정적이긴 했지만, 내용적인 구성에 있어서도 '사도신조, 십계명, 주기도문 그리고 성례'의 해설로 작성된 전통적인 면을 고수하는 경우도 있었고, 사도신경의 순서에 근거한 구속사적인 체계를 따르는 형식을 취하는 면도 있었으며 혹은 저자의 고유한 입장을 따르는 면도 있었는데, 하지만 어떤 형식을 추구하든 신앙교육서는 신학적이고 교육적인 관심사로써 성경 진리의 효과적인 전달을 목적으로 하였다. 즉, 저자의 의도 속에서 신앙교육에 가장 적합한 내용과 형식이 취해졌다고 볼 수 있다. 이 때문에 신앙교육서들에는 합의된 순서에 따라서 신학적인 주제들이 동일하게 기술되지 않았고, 오히려 매우 다양한 형식으로 신학적인 주제들이 구성되었다. 여러 저자들에 의해서 쓰인 신앙교육서들이 서로 영향을 주고 받았을지라도, 그 내용과 형식에 있어서 완전히 동일한 것은 발견되지 않는다. 그러나 대체적으로 신앙교육서들은 교리를 주제별로 설명하거나, 혹은 문답식으로 가르치는 형식을 띠고 있다. 신앙교육대상의 연령이나 신앙교육목적과 관련하여 고려된 면이 있었다는 것을 확인하게 된다. 이 사실은 종교개혁자들이 신앙교육서를 작성할 때 교육 대상자의 연령과 지적인 수용능력에 따른 교육효과를 기대했다는 것을 말해준다.

이러한 이해 속에서 유럽의 종교개혁 지역들 안에서 개신교 교리가 신자

---

18 Kreiker, Armut, Schule, Obrigkeit, 149.

19 Matthias Buschkül (Hg.), Katechismus der Welt ― Weltkatechismus, 500 Jahre Geschichte des Katechismus. Ausstellungskatalog, Eichstätt 1993, 41f.

들에게 보편적으로 인식될 수 있었던 것은 교리교육의 학습교재로서 신앙교육서들의 보급과도 큰 연관성이 있었음을 알아야 한다. 그것들이 교회 안에서 설교되고, 학교에서 가르쳐지며 그리고 가정에서 읽혀진 것이 신자들에게 성경적인 신앙지식을 갖도록 하는데 매우 중요한 역할을 한 것이다. 종교개혁을 추구한 각 지역들 안에서 로마 가톨릭 교회의 신앙적인 색채를 완전히 벗은 개혁된 교회가 안정적으로 정착하는데 도움이 되었다. 이 때문에 종교개혁 시대에 신앙교육서는 단순히 신앙지식의 전달 이상의 의미를 가지고 있었다. 개혁된 교회와 신앙정신을 유지·보존하는데 있어서 결코 없어서는 안 될 중요한 기독교 신앙유산이었던 것이다.

3. 종교개혁 시대의 신앙교육 방식

종교개혁자들은 신앙교육과 관련하여 교육을 받는 신자들이 이해하기 쉽도록 내용이 전달되어야 한다는 것에 관심을 두었다. 즉, 청중들의 수용능력(Fassungsvermoegen)에 맞게 내용이 가르쳐져야 함을 강조한 것이다.[20] 하지만 어떤 의미에서 종교개혁 시대는 방법론적으로 우리 시대보다 시대적인 현실이나 학문적인 상황과 관련하여 신앙교육적인 면에서 고려할 수 있는 것이 매우 제한적이었다. 즉, 종교개혁 당시는 오늘날과 비교할 때 교육환경에 있어서 많은 열악함을 안고 있었다는 것이다. 한 실례로, 성경이 사제들의 전유물이 아닌 모든 신자를 위한 것이라는 신앙의식의 성장과 그의 실천으로써 성경이 모국어로 번역된 점들과 관련하여 평신도들 역시도 자유롭게 성경을 소유하고 읽을 수 있는 분위기가 만들어졌다. 하지만 모든 가정이 성경을 소유하는 것은, 이전의 중세에 비하여 15세기 요한 구텐베르그(Johann Gutenberg)에 의해서 혁명적인 인쇄기술이 발전하였음에도 불구하고, 오랜 동안 높은 가격 때문에 현실적으로 거의 불가능하였다.[21] 이 뿐만 아니라, 전체 인구의 절반이 훨씬 넘는 사람들이 글을 읽거나 쓰지 못한 것과 관련하여서도 성경이 보급되

---

[20] R. Hedtke, *Erziehung durch die Kirche bei Calvin*, Darmstadt 1969, 93.

[21] 구텐베르그가 획기적으로 인쇄술을 발전시켰음에도 불구하고, 당시 시대적인 관심은 싼 가격에 성경을 보급하는데 있지 않고, 오히려 좀 더 빠른 시간에 필사한 것보다 더 아름답게 성경을 꾸며서 파는데 있었다. 16 세기에 2 억 권 정도의 출판물들이 쏟아졌음에도 불구하고, 그것들은 소유하거나 실용적으로 사용할 수 있는 사람들의 수는 여전히 제안적이었다는 사실을 기억해야 한다.

는 것에는 한계가 있었다. 성경이 사제들의 전유물이 아닌, 모두가 읽을 수 있는 시대가 되었음에도 불구하고 성경 본문을 직접 찾고 확인하는 기회가 모든 사람에게 주어지지는 않은 것이다.

이렇게 볼 때, 종교개혁 당시에 신앙교육을 받은 모든 신자들이 인쇄된 신앙교육서를 가지지 못했다는 것은 당연하다.[22] 가난하거나 글을 읽지 못하는 신자들에게는 신앙교육서 자체가 사치스러운 물품이나 불필요한 것이었다. 이 때문에 당시 교회 안에서 신앙교육은, 부유하고 글을 아는 일부의 신자들이 성경과 신앙교육서를 가지고 있었다고 해도, 교리 설교나 해설 이외에 다른 방식으로 이루어지기에는 많은 제약들이 있었다는 것을 생각할 수 있다. 그리고 신앙교육을 받는 신자들 중에서 몇 명 정도가 설교나 해설을 메모할 수 있는 종이를 매시간 가질 수 있었겠는가? 가르치는 자의 설명을 듣고, 동시에 질문에 대한 배우는 자의 답변을 확인 것 이외에, 오늘날처럼 답변자가 성경을 소유하고 읽는 자로서 본문을 확인하며 신앙교육서의 (문답)내용을 직접 확인하는 식의 능동적인 참여는 단순하지 않은 문제였다. 이러한 성경과 신앙교육서를 지참하고 이루어진 신앙교육은 당시에 부유한 가정이나 학교 안에서만 제한적으로 이루어질 수 있는 것이었다. 이러한 이유로 종교개혁자들은 신앙교육의 극대화된 효과를 위해서 각 교회의 실정에 맞는 신앙교육서의 작성과 신앙교육의 방식을 숙고할 수밖에 없었다. 결론적으로, 16세기 종교개혁 당시 최상의 신앙교육은 규칙적인 시간 속에서 각 연령대의 구성원들에게 신앙교육서가 해설되거나 그 내용이 문답적인 방식으로 확인되는 것과 관련이 깊었다.

II. 취리히 교회와 신앙교육

1. 울리히 쯔빙글리

쯔빙글리는 루터가 1529년에 저술한 《대·소요리문답》 같은 신앙교육서를 남기지는 못했다. 물론, 이 사실은 쯔빙글리가 어린 세대의 신앙교육과 그것의 실천에 관심이 없었다는 것을 결코 의미하지는 않는다. 그는 루터보다 훨씬

---

22 Hedtke, *Erziehung durch die Kirche bei Calvin*, 91.

앞서 청소년들의 신앙적인 양육에 관심을 가진 것으로 간주되며, 그 목적을 이루기 위해서 저술을 집필하고자 하는 계획도 오래전부터 품고 있었다는 것이 확인되기 때문이다. 쯔빙글리가 1523년 8월 1일에 라틴어로 저술한《존귀한 청소년들을 어떻게 교육시켜야 하는가에 관한 울리히 쯔빙글리의 권면》23이 선명하게 증언해 주고 있다.24 이 청소년 신앙교육서가 쯔빙글리의 신앙교육에 대한 이해를 대변해 주는 유일한 저술이라고 할 수 있을 것이다. 그의 교육사상은 몇몇 저술들

HVLRICVS ZVINGLIVS.
Dicitur Hulricus se deuouisse duobus.
Nempe Deo in primis, deinde etiam patriæ.
Quam bene persoluit simul istis vota duobus.
Pro patria examinis, pro pietate cinis!
Cum priuil.

쯔빙글리의 초상화

에서 매우 짧게 언급한 것들 이외에 오직 여기에서만 전체적으로 인식될 수 있기 때문이다. 종교개혁 사상에 근거한 쯔빙글리의 신앙교육에 관한 철학과 목적을 섬세하게 그려내는 것이 어렵지 않다. 쯔빙글리는 당시 로마 가톨릭 교회에 반대하여 개혁된 교회가 지향하는 성경적 복음과 그 복음에 근거한 신앙을 가진 청소년들이 자기 자신과 이웃에 대해 어떠한 삶의 태도를 가지고 살아야 하는가를 이해시켜주고 있다.

쯔빙글리의 청소년 신앙교육서는 1523년 1월 29일 첫 번째 취리히 논쟁 (Erste Zuercher Disputation) 이후로 본격화된 취리히 종교개혁의 과정25 속에서

---

23 원제목: Qvo pacto ingenvi adolescents formandi sint, Praeceptiones pauculae, Huldricho Zuinglio autore ⋯ Basel, Johann Bebel, 1523. (Huldrych Zwingli Schriften I, h.g. von Thomas Brunnschweiler u.a., TVZ 1995, 215-241 (이하 Zwinglis Erziehungsbuch).

24 Zwinglis Erziehungsbuch, 222.

25 쯔빙글리의《존귀한 청소년들을 어떻게 교육시켜야 하는가에 관한 울리히 쯔빙글리의 권면》이 출판된 전후의 시기는 취리히 종교개혁과 관련하여 반드시 기억되어야 할 매우 중대한 논쟁들이 있었다: 1523년 1월 29일에 개혁주의 교회 설립을 위한 첫 역사적 회합으로 간주될 수 있는 첫 번째 취리히 논쟁(Erste Zuercher Disputation)이 개최되었다. 여기에서 쯔빙글리는 이전까지 선포했던 복음적 설교의 내용을 핵심적으로 정리하여 체계화시킨 67개 신학적

그로스뮌스터 교회 부속학교(Schule am Grossmuensterstift)의 개혁의 일환과 연계되어 출판된 것이다.[26] 이 학교 개혁과 관련하여 이론적으로 영향을 준 것으로 알려져 있다. 취리히 의회는 이 신앙교육서가 출판되고 두 달이 채되지 않는 1523년 9월 29일에 학교 개혁을 단행하였다.[27] 많은 학생들이 목회자로 길러지는 것과 관련하여 종교개혁 사상에 근거한 교육을 질적으로 향상시키는 것과 기독교 시민으로서 깊은 신앙지식과 윤리적 소양을 갖도록 하는데 목적을 둔 것이다.[28] 무엇보다도, 이러한 교육적인 관심 속에서 1525년 6월 19일에는 취리히 부속학교의 상급과정으로써 개혁주의 교회의 목회자를 위한 최초의 교육기관이라고 할 수 있는 '예언회(Prophezei)'가 설립되기도 하였다: 고전 14:26-29에 대한 이해 속에서 실재화된 예언회는 취리히 종교개혁의 과정 속에서 쯔빙글리가 종교개혁을 받아들이지 않는 로마 가톨릭 교회의 사제들이

논제들을 제시하면서 종교개혁이 어떤 방향으로 가야하는가를 분명히 했다. 7 월에는 이 67 개 신학적 논제들을 해설한 저술이 출판되었다(원제목: Vßlegung vnd gruend der schlußreden oder Artickel durch Huldrychen Zuingli Zuerich vff den xix. … tag Jenners jm M.D.xxiij. jar Vßgangen … Zuerich, Christoph Froschauer, 1523). 쯔빙글리는 첫 번째 취리히 논쟁이 끝나고 20 일 정도가 지난 2 월 19 일에 쭉(Zug)에 있는 자신의 친구인 베르너 스티인너(Werner Steiner)에게 보낸 서신에서 이 해설을 위해서 밤낮을 가리지 않고 시간을 보내고 있다고 밝혔다(Zwingli, Auslegung und Begruendung der Thesen oder Artikel, 6). 1523 년 10 월 26 일에는 성상과 미사 문제를 다룬 두 번째 취리히 논쟁이 열렸다. 긴 논쟁에도 불구하고 취리히 의회는 로마 가톨릭 교회와 신자들을 의식하여 성상과 미사를 즉각 폐기하라는 결정을 내릴 수 없었기 때문에 취리히 종교개혁자로 하여금 먼저 설교와 글을 통해서 시민들을 계몽하도록 하였다. 이러한 결정이 내려지고 20 일 정도의 시간이 흘렀을 때 츠빙글리는 설교와 함께 1523 년 11 월 17 일에《짧은 기독교 입문서》를 출판하여 시민들을 설득시켰다(원제목: Ein kurtze und christenliche inleitung, die ein ersamer rat der statt Zürich den seelsorgern und predicanten in iren stetten, landen und gebieten wonhafft zuogesant haben, … Ußgangen uff den 17. tag novembris 1523). 1524 년 1 월 20 일에 마지막 취리히 논쟁이 이루어졌다. 츠빙글리는 교황주의자들의 우상숭배를 비판하면서, 이 우상숭배가 교회와 사제들의 오류와 부패의 뿌리임을 지적했다. 이와 관련하여 쯔빙글리는 이 논쟁 동안에 행한 성직자들의 부패상을 설교한 내용을 정리하여 1524 년 3 월에 《목자》라는 저술을 출판했다(원제목: Wie man die waren christlichen hirten und widrumb die valschen erkennen, ouch wie man sich mit inen halten sölle, durch Huldrychen Zuingli beschriben im 1524. Jar). 이러한 과정을 통해서 쯔빙글리는 로마 가톨릭 교회의 강한 반대에도 불구하고 종교개혁을 위한 걸음을 결코 멈추지 않았다.

[26] Gut, Zwingli als Erzieher, 304. 쯔빙글리는 1523 년 6 월에 그로스뮌스터 교회 부속학교의 개혁과 관련하여 자신의 입장을 개진하였는데, 그것은 3 개월 후(1523 년 9 월 29 일)에 의회를 통해서 수용되었다:《Vortrag zur Reformation des Stifts, 1523》과《Gutachten zur Reformation des Stifts, 1523》(Huldreich Zwinglis sämtliche Werke, vol. 2 (Leipzig: Heinsius, 1908) (Corpus Reformatorum 89)).

[27] Schola Tigurina, h.g. von Hans Baechtold u.a. (Zuerich und Freiburg: Pano Verlag, 1999), 18.

[28] Gut, Zwingli als Erzieher, 304.

나 재세례파로 명칭되는 급진주의자들보다도 주님의 교회와 취리히 시민들을 위해서 개혁된 목사와 설교자가 더 중요하다는 것을 상징적으로 표명한 목회자 교육기관의 의미를 담고 있다. 여기에서는 히브리어, 헬라어 그리고 라틴어로 성경을 연구하는 것과 성경의 바른 해석에 정통한 설교자들을 길러내는 것이 의도되었다.[29] 그리고 1532년에 고등교육기관(Hohe Schule)으로써 모든 과정이 통합되어 체계적으로 구성되고 ‑ 1833년에 설립된 취리히 대학교(Zuerich Universitaet)의 모태가 된 ‑《Schola Tigurina》로 재편된 그로스뮌스터 교회 부속학교는 취

쯔빙글리의 신앙교육서(1523)

리히 종교개혁을 지속시키고, 그 종교개혁의 사상을 보급시키는 가장 중요한 수단으로써 개혁된 교회를 섬겨야 할 장래의 목사들을 훈련할 장소로 간주되었기 때문이다.

이렇게 볼 때, 비록《존귀한 청소년들을 어떻게 교육시켜야 하는가에 관한 울리히 쯔빙글리의 권면》이 쯔빙글리의 의붓아들인 게롤트 마이어 폰 크노나우(Gerold Meyer von Knonau)[30]에게 헌정된 것이지만, 오직 한 사람만을 위해서 쓰이지 않았다는 것에는 의심이 없다. 쯔빙글리는 자신의 의붓아들을 포함하여 당시 모든 청소년들로 하여금 하나님을 경외하고 다른 사람들에게 살아있는 모범이 되는 삶을 살도록 하기 위하여 이 신앙교육서를 출판하였다는 것을 확인시켜주고 있기 때문이다.[31] 물론, 이 저술은 실용서로 폭넓게

---

29 *Zwinglis Erziehungsbuch*, 223 f.

30 1509 년 한스 마이어 폰 크로나우(Hans Mayer von Knonau)와 안나 라인하르트(Anna Reinhard) 사이에서 태어난 게놀트는 쯔빙글리가 이 글을 헌정할 당시 14 살이었다. 그는 불행하게도 카펠(Kappel) 전쟁에서 쯔빙글리와 함께 죽었다.

31 *Zwinglis Erziehungsbuch*, 222 f.

활용되지 못했다는 아쉬움이 있다.

《존귀한 청소년들을 어떻게 교육시켜야 하는가에 관한 울리히 쯔빙글리의 권면》은 서문을 제외하고 세 부분으로 구성되어 있다: 하나님을 아는 것에 관하여, 자기 자신을 훈련하는 것에 관하여 그리고 삶의 책임에 관하여. 이 신앙교육서에는 종교와 교육에 대한 강조를 넘어서 종교개혁 사상에 토대를 둔 기독교적인 삶 전체에 대한 진술이 담겨져 있다. 인문주의 색채를 지니고 있으면서도, 그 중심에 깊은 성경적인 가치가 녹아있는 토대 위에서 종교개혁의 신앙과 경건을 확인시켜 주고 있다.

먼저, '하나님을 아는 것에 관하여'에서 쯔빙글리는 우리 안에서 신앙을 불러일으키는 것은 인간의 능력이 아니라, 하나님이심을 밝힌다. 신앙은 외적인 말씀 자체에 의해서 발생되는 것이 아니라, 성령의 내적인 역사를 통해서 발생됨을 분명히 한 것이다: 성령은 복음을 통해서 그리스도의 의를 우리에게 제공하시며, 우리는 이 그리스도의 의를 통해서 하나님께 나갈 수 있다. 그리스도의 의는 우리를 죄, 죄책감, 죄의 고통으로부터 구원해 주며 하나님 앞에서 우리를 값진 존재로 만들어 준다.[32] 쯔빙글리는 성령, 복음 그리고 믿음에 대한 인식 속에서 우리가 어떻게 그리스도의 의가 우리에게 어떻게 전가되는가, 우리가 그리스도의 의를 통해서 어떻게 의롭게 되는가 그리고 그리스도의 의가 우리를 어떠한 삶으로(생의 태도로) 이끄는가에 대해서 자세히 설명한 것이다. 이러한 이해 속에서 쯔빙글리는 청소년들로 하여금 하나님의 형상을 닮기 위해 복음을 아주 정확하고 성실하게 배워야 한다는 것을 강조하였다:

> 젊은이들은 올바르게 배워서, 가능한 한 온전하고 또 가능한 한 하나님을 닮는 삶을 사는 선한 사람이 되기 위해 최선을 다해야 한다.[33]

다음으로, '자기 자신을 훈련하는 것에 관하여'에서 쯔빙글리는 바른 삶을 위해서 바른 가르침이 필요함을 강조한다. 특별히, 하나님의 말씀을 바르게 이해하기 위해서 언어적인 준비가 필요함을 역설하였다: 히브리어, 헬라어

---

[32] *Zwinglis Erziehungsbuch*, 227.

[33] *Zwinglis Erziehungsbuch*, 228 f: "Daher soll der Jugendliche sein Bestreben darauf ausrichten, rechtzeitig zu lernen, ein gutter Mensch zu warden, der so unbescholten wie moeglich und Gott so aehnlich wie moeglich lebt."

그리고 라틴어. 하지만 쯔빙글리는 헬라어와 라틴어를 익힘에 있어서 주의를 환기시키고 있는데, 영혼과 경건을 해칠 수 있는 많은 글들이 있기 때문이다. 이러한 이해 속에서 쯔빙글리는 언어 능력의 중요성을 이렇게 언급하고 있다:

> 이러한 무기와 함께 우리는 겸손함과 지식에 대한 희구 속에서, 인간의 지혜와 비교할 수 없고, 게다가 그 인간의 지혜로 정당하게 평가될 수도 없는, 천상의 지혜에 이를 수 있을 것이다.[34]

그리고 쯔빙글리는 언어 사용에 있어서도 신중할 것을 조언한다. 언어의 내용뿐만 아니라, 언어의 습관에 대해서 주의를 시킨 것이다. 또한, 쯔빙글리는 절제에 대해서도 당부한다. 술, 음식, 의복 등에 있어서 그리스도인답게 행동하기를 요구하고 있다. 한 가지 흥미로운 점은 연애에 대해서도 언급했다는 사실이다: 젊은 때 사랑에 빠지는 것을 당연하게 인정하면서도, 그러나 여성에 대해 순결함을 잃지 않도록 당부하고 있다. 그 밖에 쯔빙글리는 이교도 작가들의 글들, 음악과 수학, 전투훈련 등과 관련하여서도 어떻게 감당하는 것이 좋은가도 권면한다. 이러한 이해 속에서 쯔빙글리는 결론적으로 하나님의 말씀을 믿는 신자들은 무역을 주도하고 스스로 자급자족했던 고대 도시 마실리아(Massilia)에서 살았던 사람들처럼 성실해야 한다는 것도 피력하였다.[35]

끝으로, '삶의 책임에 관하여'에서 쯔빙글리는 기독교적인 삶에 대해서 강조한다. 기독교인은 자기 자신을 위해서 태어나지 않았고, 오히려 모든 사람들을 위한 존재가 되기 위해서 태어났다는 것이다.[36] 이러한 삶을 위해서 청소년은 어린 시절부터 스스로 의, 성실, 정절을 훈련해야 한다고 말하고 있다. 왜냐하면 이 덕성들을 지녔을 때 그리스도의 공동체, 즉 국가와 시민을 바르게 섬길 수 있기 때문이다.[37] 그렇다고 해도 쯔빙글리는 젊은 때의 즐거움을 빼앗지는 않는다. 적당한 오락과 다른 사람들과의 건전하고 절제 있는 교제를 권장하고 있다. 그리고 쯔빙글리는 고통 받는 사람들에 대한 관심, 부모존경,

---

[34] *Zwinglis Erziehungsbuch*, 230: "Mit dieser Ausruestung kann jeder mit einer demuetigen und wissensdurstigen Gesinnung zur himmlischen Weisheit vordringen, mit der keine menschliche verglichen, geschweige den zu Recht gleichgeschaetzt warden darf."

[35] 프랑스 남쪽 지중해 연안에 위치한 마실리아(Massilia)는 매우 오랜 역사를 가진 고대 도시로 문화, 상업과 수공업, 건전한 도덕성으로 매우 유명한 곳이었다.

[36] *Zwinglis Erziehungsbuch*, 236.

[37] *Zwinglis Erziehungsbuch*, 236.

분노를 조절할 수 있는 능력 등을 개발해야 한다는 것도 조언하고 있다. 이 뿐만 아니라, 쯔빙글리는 젊은 날에 관심 가져야 할 용무들로 신체를 단련하는 것, 친절함, 말과 행동의 진실함 등에 대해서도 충고하기를 잊지 않는다. 이러한 쯔빙글리의 권면은 단순히 건전한 삶을 표명한 것이 아니라, 오히려 예수 그리스도를 규범으로 받는 삶을 표명한 것이라고 할 수 있다. 이 때문에 쯔빙글리가 그리스도인을 다음과 같이 정의한 사실은 매우 의미심장하다:

> 그리스도인은 단순히 믿음에 대해서만 거창하게 말하는 자들이 아니라, 오히려 하나님과 함께 항상 어려움을 극복하고 그리고 위대한 일을 행하는 자들이다.[38]

쯔빙글리의 신앙교육서는 종교개혁 이래로 개혁된 교회에 맞게 사람을 양육하여 새로운 신앙과 진리 지식에 따라서 살도록 하는데 한 지침을 주는 기독교 저술이다. 교리적인 지침을 가르치는 것 보다는, 오히려 (목회자가 되기 위해서 준비하는) 성장기의 청소년들이 어떻게 하나님을 알아야 하고, 어떻게 미래를 준비해야 하며 그리고 참된 경건의 삶을 위해서 마음과 신체적으로 어떻게 준비되어야 하는가에 대해서 알려주고 있다. 쯔빙글리는 청소년 시기에 하나님을 바르게 아는 것이 무엇보다도 중요하다는 것을 강조한다. 하지만 이 지식은 그냥 쉽게 얻어지는 것이 아니기 때문에 하나님의 말씀인 성경을 바르게 이해할 수 있는 학문적인 준비가 필요하다는 것도 환기시킨다. 이러한 준비가 필요한 것은 결과적으로 하나님에 대한 바른 지식 속에서 이웃과 시대를 섬기기 위함이다. 이렇게 볼 때, 쯔빙글리의《존귀한 청소년들을 어떻게 교육시켜야 하는가에 관한 울리히 쯔빙글리의 권면》은 체계적인 교리지식을 주고 있지는 않지만, 청소년들이 어떤 신앙정신과 경건으로 무장되어야 하는가에 대한 선명한 지침을 주는 안내서와 같다고 하겠다.

2. 레오 유트

쯔빙글리의 사망 이후 취리히에서는 공적으로 어린 세대의 신앙교육을 위한 새로

---

[38] *Zwinglis Erziehungsbuch*, 214: "Es ist nicht die Art eines christlichen Menschen, grossartig ueber den christlichen Glauben bloss zu reden, sondern zusammen mit Gott immer Schwieriges zu meinstern und Grosses zu tun."

운 길이 열렸다. 1532년 10월 6일에
공포된 설교자와 총회에 관한 규정
(Praedikanten- und Synodalordnung)
에서 취리히 의회는 어린 세대를
위한 신앙교육에 관한 입장을 표명
했다.[39] 특별히, 신앙교육서에 관한
수업(Katechismusunterricht)의 틀
안에서 어린이를 위한 설교가 행해
져야 한다는 것이 강조되었다: 사
도신경, 기도, 십계명 그리고 성만
찬에 대한 이해가 담긴 신앙교육서
를 규칙적으로 설명하는 것이다.
그럼에도 불구하고 당시 취리히에
서 사용할 수 있는 적합한 신앙교육
서가 존재하지 않았다. 1525년에
레오 유트에 의해서 '벽보신앙교육

유트의 초상화

서(Wandkatechismus)'가 작성되기는 했지만, 이것은 교리적인 설명이 없는
십계명, 사도신경, 주기도문 그리고 마리아 찬가를 하나의 큰 종이 위에 인쇄
해 놓은 것으로 신앙교육적인 면에서 거의 실용성이 없었다.[40] 이와 관련하여,
1533년 취리히 총회는 다음 해 모임 때까지 신앙교육서를 집필할 것을 유트에
게 위임하였다. 이러한 배경 속에서 유트는 1534년과 1539년 사이에 교회,
학교 그리고 가정에서 사용된 세 권의 공적인 신앙교육서들을 작성하였다.[41]
그리고 유트에 의해서 오늘날 유치원생이나 초등학교 저학년을 위한 신앙교
육서 역시도 작성되었는데, 아마도 종교개혁 당시 개혁주의 교회에서 거의
유일한 것으로 여겨진다. 여기에서 유트가 저술한 신앙교육서들의 특징을

---

[39] 취리히 문서 보관서, E II 372. 2v. (H. U. Baechtold, Heinrich Bullinger vor dem Rat,
Bern und Frankfurt am Main 1982, 63.)

[40] Emil Egli, Zum Wandkatechismus von 1525, in: Zwingliana I (1899), 123 f. 취리히
교회는 1525 년에 '벽도 신앙교육서'를 작성하여 각 가정에 보급하여 벽에 걸어 두도록 한 것
같다.

[41] Oskar Farner, *Katechismen von Leo Jud*, hg. von Robert Ritter-Zweifel, Zuerich
1955, 17.

핵심적으로 살펴보는 것은 의미가 있을 것이다:

a. 《대요리문답》[42]

유트는 전통적인 방식에 따라서 《대요리문답》을 작성했는데, 다음과 같은 네 가지 신학적인 주제들을 다루고 있다: 하나님의 뜻에 관하여: 십계명 해설(20문답) - 하나님의 은혜에 관하여: 사도신경 해설(66문답) - 성도들의 기도에 관하여: 주기도문 해설(5문답) - 성만찬에 관하여(9문답). 100문답으로 구성된 유트의 《대요리문답》은 취리히 교회의 신앙교육을

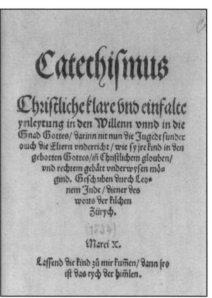
유트의 대요리문답(1534)

위해 출판된 최초의 공적인 문서자료이다. 1533년 취리히 총회에서 유트에게 위임된 임무로, 그는 1534년에 이 신앙교육서를 작성하였다. 서문를 쓴 불링거는 이 신앙교육서가 단순히 (오늘날 12세 이상의 나이인) 청소년들(Jugend)을 위해서만 쓰인 것이 아니라, 동시에 부모를 위해서도 쓰인 것이라고 밝히고 있다.[43] 각 가정에서 부모들은 이 신앙교육서를 가지고 자신의 자녀들에게 신앙교육을 해야 했다. 하지만 유트의 《대요리문답》은 더 어린 아이들을 위해서는 적합하지 않았던 것 같다. 그 때문에 유트는 다음 해에 《대요리문답》보다 내용은 축약되고, 그 대신에 문답은 더 세분화된 형식의 《소요리문답》을 1535년에 작성하였다.

b. 《소요리문답》[44]

---

42 독일어 원본제목: Catechismus. Christliche, klare vnd einfalte ynleitung in den Willen vnnd in die Gnade Gottes, darinn nit nur die Jugendt sunder ouch die Eltern vnderricht, wie sy jre kind in den gebotten Gottes, inn Christlichen glouben, vnd rechtem gebätt vnderwysen mögind. Geschriben durch Leonem Jude, diener des worts der kilchen Zürych, 1534.

43 Leo Jud , *Katechismen*, hg. von R. Ritter-Zweiffel, Zuerich 1955, 25 f.

44 독일어 원본제목: Ein kurtze Christenliche vnderwysung der jugend in erkanntnusz vnd

유트의《소요리문답》는《대요
리문답》과 동일한 구조 속에서
제목을 달리하여 다음과 같은 신
학적인 주제들로 작성되었다:
하나님과 우리와 맺은 하나님의
언약에 관하여(65문답) - 믿음
에 관하여(96문답) - 하나님의
어린이들의 기도에 관하여(35문
답) - 거룩한 성례에 관하여(16
문답). 이《소요리문답》서문에
서 유트는 이전의《대요리문답》
을 통한 신앙교육의 수업이 (오
늘날의 유초등부 정도되는) 어
린이들(Junge Kinder)에게는 어
려웠다고 밝히고 있다. 이 때문
에《소요리문답》을 새롭게 작성

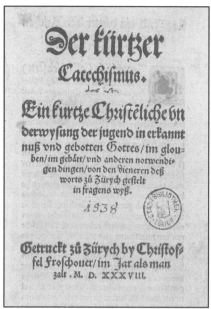

유트의 소요리문답(1538)

했다고 기술하고 있다.[45] 이 신앙교육서는 총 212문답으로 구성되었는데
《대요리문답》보다는 간결하고 핵심적으로 내용이 정리되었다. 이러한
조처는 당시 교회교육의 현실 속에서 나타난 문제점에 대해 인지하고,
그에 따른 즉각적인 반응으로 발생된 것이다. 이《소요리문답》은 개혁주의
교회 안에서 다른 여러 신학자들에 의해 쓰어진 신앙교육서들과 함께 '하이
델베르크 요리문답(Heindelberger Katechismus)'에 영향을 준 것으로 알려
져 있다.[46]

c.《짧은 신앙 문답집》[47]

gebotten Gottes, im glouben, im gebaett, vnd anderen notwendigen dingen, von den dieneren des
worts zu Zürych gestelt in fragens wysz, 1535.

[45] *Jud, Katechismen*, 245.

[46] August Lang, *Der Heidelberger Katechismus und vier verwandte Katechimen*, Darmstadt
1967, 33 f.

[47] 라틴어 원본제목: Catechismus. Brevissima christianae religionis formula, instituendae
juventuti Tigurinae cate-chizandisque rudibus aptata, adeoque in communem omnium piorum
utilitatem excusa a Leo Jud ad Lectorem, M.D.XXXIX.

유트는 자신이 앞서 작성했던 신앙교육서와 다른 구조 속에서 《짧은 신앙 문답집》을 저술하였다. 이 신앙교육서는 10가지 신학적인 주제로 구성되어 있다: 참된 종교에 관하여 - 인간의 인식과 죽음에 관하여 - 죄에 관하여 - 그리스도와 믿음에 관하여 - 회개와 거듭남에 관하여 - 사도신조에 관하여 - 기도에 관하여 - 성례에 관하여 - 교회의 사역자들에 관하여 - 관원들에 관하여. 《짧은 신앙 문답집》은 앞서 소개된 유트의 독일어로 쓰어진 다른 신앙교육서들과 달리 라틴어로 쓰어진 것이다. 이 신앙교육서는

유트의 짧은 신앙 문답집

1539년에 출판되어 라틴어 학교 학생들을 위해 쓰여졌는데, 실제로 학교 밖에서는 거의 사용되지 않았다. 이 신앙교육서의 많은 부분이 칼뱅이 1537년에 출판한 제네바 신앙교육서의 내용을 그대로 인용하고 있는 것으로 알려져 있다. 하지만 흥미로운 점은, 유트가 칼뱅의 신앙교육서의 내용을 가져올 때 예정론이나 권징 같은 주제를 의도적으로 삽입하지 않다는 것이다. 왜냐하면 이 주제들은 논쟁을 불러일으킬 수 있는 내용이기 때문에 아직 학생들이 배우기에는 적합하지 않다고 생각한 것이다. 그리고 유트는 성만찬 역시도 취리히에서 칼뱅의 입장이 가르쳐지면 혼란이 발생할 수 있기 때문에 이미 가르쳐지고 있었던 자신의 소요리문답에 있는 쯔빙글리의 입장에 근거한 내용을 기술한 것으로 알려져 있다.[48]

d. 《아주 작은 어린이들을 위한 문답들》[49]

---

[48] J. M. Reu, *Quellen zur Geschichte des kirchlichen Unterrichts in der evangelischen Kirche Deutschlands zwischen* 1530 *und* 1600, Bd. I/3,1b, Hildesheim·New York 1976, 704.

[49] 독일어 제목: *Dies sind Fragen fuer die ganz kleinen Kinder.* (Hg. von Robert Ritter-Zweifel,

매우 단편적으로 작성된 《아주 작은 어린들을 위한 문답들》은 다음과 같은 주제들로 구성되어 있다: 하나님에 대하여(1 문답) - 우리와 맺은 하나님의 언약에 대하여(5문답) - 십계명에 대하여(15문답) - 믿음에 대하여(14문답) - 기도에 대하여(3문답) - 주기도문을 위한 질문들(14문답) - 세례에 대하여(2문답) - 주님의 성만찬에 대하여(2문답). 이 신앙교육서의 정확한 기록년대는 확인되지 않지만, 예상되기는 아마도 1535년 《소요리문답》과 함께 출판되었거나 혹은 그 직후로 얼마 되지 않아서 작성된 것으로 여겨진다.[50] 이 소요리문답은 《대

1538년에 인쇄된 『소요리문답』 안에 첨부되어 있는 유트의 '아주 작은 어린이들을 위한 문답들'

요리문답》의 내용을 이해하기 어려워하는 오늘날 유초등부 아이들을 위해서 다시 저술된 것인데, 즉 유트는 이러한 현실적 이해 속에서 유초등부보다도 더 어린 유치부 아이들을 위해서 《아주 작은 어린들을 위한 문답들》을 저술한 것이다. 의심할 여지가 없이, 이 신앙교육서는 교회 현실 속에서 드러난 어린 아이들의 지식습득 능력과 관련하여 발생된 문제에 대해서 직시하고 반응한 결과임을 알 수 있다.

종합적으로, 레오 유트는 개혁주의 영역 안에서 신앙교육서를 가장 먼저 집필한 인물에 속한다. 그의 신앙교육서들은 종교개혁 당시 취리히 교회의 신앙교육이 얼마나 체계적으로 이루어졌는가를 말해주고 있다. 각

Katechismen von Leo Jud, 355-369.) 필자는 이 신앙교육서의 1535 년 초판을 아직까지 직접적으로 확인하지는 못했다.

50 《아주 작은 어린이들을 위한 문답들》은 독립적으로 출판되지는 않은 것 같다. 이 신앙교육서는 1538 년에 출판된 《소요리문답》의 맨 뒤에 부록으로 함께 수록되어 있는 것을 확인할 수 있기 때문이다. (Der kuertzer Catechismus. … … Getrucht zu Zuerych by Christoffel froschouer / im Jar … M.D.XXXVIII.)

연령대를 고려하여 신앙교육서를 작성하게 한 것은 취리히 교회가 가장 효과적인 신앙교육 방식을 숙고했다는 사실을 증명한다. 이렇게 연령대를 고려한 집필방식은 유트의 교육철학이 반영된 결과임을 부인하기 어렵다. 단순히 성경 진리를 말해주는 것이 아니라, 그 진리가 누군가에게 쉽게 이해될 수 있도록 시도된 것이다.[51] 신앙교육의 효율성을 위해서 취리히 교회가 얼마나 많은 노력을 했는가를 알게 해 준다. 이러한 면에서 그 이후로 쓰인 모든 개혁주의 신앙교육서들은 유트에게 선한 빚을 지고 있는 것이나 다름이 없다고 하겠다.

3. 하인리히 불링거

하인리히 불링거는 종교적인 혼란이 가장 극심했던 1550년대에 취리히에서 신앙교재로 활용된 두 권의 신앙교육서를 집필하였다[52]:

- 기독교 신앙의 요해(1556)[53]
- 성인들을 위한 신앙교육서(1559)[54]

---

51 반 다이켄, 『잃어버린 기독교의 보물 교리문답 교육』, 64p.

52 이 두 권의 신앙교육서 외에 불링거는 다른 두 권의 신앙교육서를 더 집필하였다.《헝가리 교회들과 목사들에게 쓴 서신》과《박해받는 사람들을 위한 보고서》. 이것들은 취리히에서 사용된 것은 아니고 헝가리와 독일 바이어른 지역에서 고난받고 있는 절박한 개신교도들의 신앙고백적인 교육을 위해 쓰인 것들이다. 이 저술들 안에는 로마 가톨릭 교회를 반대하는 비판적이고 논쟁적인 특징들이 매우 강하게 표명되어 있을 뿐만 아니라, 또한 기독교의 핵심 교리가 짧고 분명하게 설명되어 있다. 두 신앙교육서의 원본제목은 다음과 같다:

헝가리 교회들과 목사들에게 쓴 서신(1551)의 라틴어 원본제목: Brevis ac pia institutio Christianae religionis ad dispersos in Hungaria Ecclesiarum Christi Ministros … Ovarini M.D.LIX.

박해받는 사람들의 답변을 위한 보고서(1559)의 독일어 원본제목: Bericht, Wie die / ſo von waegen vnser Herren Jeſu Chriſti vn ſines heiligen Euangeliums / ires glaubens erſůcht / vnnd mit allerley fragen verſůcht werdend / antworten vnd ſich halten moegind: beſchribē durch Heinrychē Bullingern. 1559.

53 독일어 원본제목: *Summa Christenlicher Religion. Darin vß dem wort Gottes / one alles zancken vnd schaelten / richtig vnd Kurtz / anzeigt wirt / was einem yetlichen Christen notwendig sye zů wüssen / zů glouben / zů thůn / vnd zů lassen / ouch zů lyden / vnd saeligklich abzůsterben: in x. Artickel gestelt / durch Heinrychen Bullingern. 1556.

54 라틴어 원본제목: CATECHESIS PRO ADVLTIORIBUS SCRIPTA, DE his potissimum capitibus. De Principijs religionis Christianę, scriptura sancta. De Deo uero, unio et ęterno. De Foedere dei & uero dei cultu. De Lege dei & Decalogo mandatorum domini. De Fide Christiana, & Symbolo apostolico. De Inuocatione dei & Oratione dominica, & De Sacramentis ecclesię Christi,

불링거의 신앙교육서들은 내용적인 면에서 우리의 시각을 특별히 그의 신학적인 발전과 관련하여 1550년대 후기 신학의 이해로 이끈다. 이 두 저술은 불링거의 신학적 체계를 잘 설명해 주고 있는 다른 대표적인 글들인《신학 주제에 관한 50편 설교》[55]와《스위스 제2 신조》사이에 놓인 신학적 입장을 매우 잘 드러내 주고 있다. 불링거의 후기 신학적인 발전을 이해할 때, 우리는 1549-51년에 쓰인《신학 주제에 관한 50편 설교》를 곧바로 1566년에 출판된 《스위스 제2 신조》와 연결해서 살

불링거의 초상화

필 수 없고, 반드시 1550년대에 쓰인 이 신앙교육서들을 통해서 첫 번째 저술의 신학적인 입장이 어떻게 나중 저술의 신학적인 이해로 발전되었는가를 살펴야 한다. 이와 관련하여 불링거의 신앙교육서들 안에서 확인할 수 있는 신학적인 내용은 교리사적으로《스위스 제2 신조》와 직접적으로 관련된 개혁주의 교회의 초기 정통주의 신학사상의 길을 예비하는 한 완성된 전체신학 (Gesamttheologie)으로 이해될 수 있다.

1) 두 권의 신앙교육서

이 신앙교육서들을 집필하면서 불링거의 절대적인 관심은, 당시 종교개혁 이후의 세대(Volksschichte nach der Reformation)를 위한 신앙교육은 믿음과 삶(Glaube und Leben)이 신앙지식과 경건(Glaubenwissen und Froemmigkeit)으로부터 결코 분리되지 않아야 한다는 것이었다.[56] 어떻게 하면 어린 세대의

---

authore Heinrycho Bullinero. 1559.

[55] Sermonvm Decades quinque, de potissimi Christianae religionis capitibus, in tres tomos digestae, authore Heinrycho Bullingero, ecclesiae ministro, Zuerich: Christoph Froschauer 1552.

정신과 마음속에 종교개혁의 사상을 견고하게 잡리잡게 하여 개혁된 교회가 지속적으로 유지될 수 있도록 할 수 있을까를 염두한 시도라고 볼 수 있다. 특별히, 불링거의 신앙교육서들은 선명한 기독교 진리의 인식을 위해 취리히 학교(Schola Tigurina)에서 수업교재로도 활용된 것들이다. 여기에는 어린이들, 학생들 그리고 평신도들이 교회에서, 학교에서 그리고 가정에서 반드시 학습해야 하는 성경적인 교리가 체계적이며 요약적으로 담겨져 있다.

a. 기독교 신앙의 요해(1556)

1550년대 중반은 신학적, 교회적 그리고 정치적인 갈등들이 심화되는 시기였다. 독일에서 로마 가톨릭 교회와 루터주의 교회만 종교의 자유가 인정되고 개혁주의 교회와 다른 종파들은 허락되지 않은 1555년 9월 29일에 체결된 아우구스부르그 종교평화협정(A u g u s b u r g e r Religionsfrieden) 이후에, 특별히 개혁주의 교회와 루터주의 교회 사이의 긴장감은 더욱 높아졌다: 대표적으로 칼뱅과 요아힘 베스트팔(Joachim Westphal) 사이에 벌어진 제2차 성만찬 논쟁과 불링거와 요한

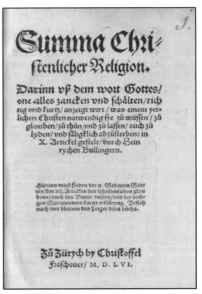

불링거의 기독교 신앙요해(1556)

브렌츠(Johannes Brenz) 사이에 벌어진 기독론 논쟁으로 드러났다.[57] 이러한 배경 속에서 로마 가톨릭 교회와 함께 개신교 두 영역인 개혁주의 교회와 루터주의 교회의 신앙고백화과정(Kenfessionalisierung)도 더욱 심화되었는데, 결국 각자의 고유하고 독자적인 신앙정신, 삶의 형식, 인격적 특성, 문화적 이해 등을 지니고 서로가 연합될 수 있는 길은 모두 차단되었다. 그리고 이

---

56 Park, *Heinrich Bullingers katechetische Werke*, 3.

57 Wilhelm A. Schulze, *Bullingers Stellung zum Luthertum*, in: Heinrich Bullinger 1504-1557, Gesammelte Aufsaetze zum 400. Todestag, Bd. II: Beziehungen und Wirkungen, hg. von Ulrich Gaebler und Erland Herkenrath, Zuerich 19975, 287-314.

시기는 영국과 이탈리아 북부로부터 온 종교난민들로 취리히 시가 북적거렸을 뿐만 아니라, 또한 유럽 곳곳에서 로마 가톨릭 교회의 박해로 인하여 많은 사람들이 고통을 받고 있었다. 이러한 시대적 상황 속에서 1556년에 불링거는 두 권의 저술을 출판하였다: 한 권은 독일, 영국, 프랑스, 이탈리아 그리고 다른 여러 나라들 가운데서 고통 받고 있는 신자들을 위로하기 위해서 불링거가 1554년부터 1556년까지 매주 화요일에 행했던 100편의 요한 계시록 강해설교들을 모아서 출판한 것이다:《100편의 요한 계시록 설교》.[58] 이 설교집은 핍박 아래 있는 신자들을 종말론적인 위로와 굳건한 믿음과 함께 천상의 소망을 가지고 인내하도록 하기 위한 불링거의 염원이 담긴 것이다. 그리고 다른 한 권은, 지금 우리가 다루고 있는, 당시 신학적인 논쟁들로 힘들어 하는 신자들을 위해서 목회적인 의무감을 가지고 출판한《기독교 신앙의 요해》이다. 신자들은 종교개혁 이후에 계속되는 신학적인 논쟁들로 인하여 많은 갈등과 혼란을 가지고 있었다. 이 때문에 종교개혁 사상에 근거하여 단순하지는 않지만, 그러나 쉽고 선명한 교리를 체계적으로 담고 있는 신앙교육서가 요청되었다. 이러한 배경 속에서 불링거는 여러 사람들의 권유로《기독교 신앙의 요해》를 저술한 것이다.

이《기독교 신앙의 요해》는 1556년 2월에 독일어로 쓰인 초판이 나온 이래로 1608년까지 총 31판이 인쇄되었다. 라틴어, 프랑스어, 화란어 그리고 영어로 번역되어 유럽 전역에서 읽혀졌다. 흥미로운 점은 1556년과 1565년 사이에 제네바에서 13판이나 인쇄되었다는 것이다. 이 사실은 칼뱅 사후에서 취리히와 제네바 사이에 깊은 신앙적인 교류가 있었다는 것을 말해 주고 있다. 이 신앙교육서는 중요한 '신앙교육자료'였을 뿐만 아니라, 또한 대중적인 '신앙서적'이었다. 지식적이거나 사변적이지 않고 모두가 쉽게 읽을 수 있는 형식으로 쓰인 불링거의 대표적인 저술들 중에 하나라고 할 수 있다.[59]

불링거의《기독교 신앙의 요해》는 크게 네 부분으로 구성되어 있다: 헤센

---

58 라틴어 원본제목: IN APOCALYPSIM Iesu Christi, reuelatam quiddem per angelum Domini, uisam uero uel EXCEPTAM ATQVE CONSCRIPTAM A IOANNE apostolo & euangelista, Conciones centum: authore HEINRYCHO BVLLINGERO ⋯ BASILEAE, PER IOANNEM Oporinum 1557.

59 Edward Dowey, Heinrich Bullinger as Theologian: Thematic, Comprehensive, and Schematic, in: Architect of Reformation, hg. von Bruce Gordon and Emidio Campi, Grand Rapids 2004, 53.

(Hessen)의 선제후 빌헬름 6세(Wilhelm VI.)에게 바치는 헌사, 당시 여러 시사적인 문제들을 담고 있는 서론, 10가지 신학적 주제를 다루고 있는 본론, 요한계시록 14:6-7로 끝맺고 있는 결론. 특별히, 서론에서 불링거는 매우 빈번했던 신학적인 논쟁들과 관련해서 당시 신자들의 불평에 대해 언급하고 있다. 그 신학적인 논쟁들로 신앙의 혼란이 가중되고 있다는 것을 주목하면서 《기독교 신앙의 요해》를 저술한 이유를 밝히고 있다. 불링거는 개신교 신자들의 신앙일치, 성경의 바른 가르침, 로마 가톨릭 교회의 거짓 가르침에 대한 경계 등을 목적으로 이 신앙교육서를 집필했음을 확인시켜 준다.[60] 그리고 이 저술의 본문과 관련하여 주목할 점은 성경에 근거를 둔 개혁주의 신학을 선명히 이해할 수 있도록 매우 체계적으로 정리되었을 뿐만 아니라, 불링거 신학의 한 특징인 '언약론'이 두드러지게 표명되었다는 것이다. 《기독교 신앙의 요해》의 본문은 총 10가지 신학적인 대주제 아래 101가지 소주제로 구성되어 있는데, 각 내용들은 수많은 성경의 증거구절들로 채워져 있다:

> i. 성경, ii. 하나님과 그분의 주권적 사역, iii. 죄와 그 죄에 대한 조치, iv. 하나님의 율법, v. 하나님의 은혜와 그리스도를 통한 칭의, vi. 믿음, vii. 기도, viii. 성례, ix. 신자의 선행, x. 종말.

불링거는 취리히 교회를 섬기면서 취리히와 스위스뿐만 아니라 유럽 전역에서 벌어지고 있는 교회의 사건들에 대해서 주목했다. 무엇보다도, 목회자로서 하나님의 뜻에 따라서 자신의 임무를 충실히 감당했던 불링거는 당시 신자들의 신앙적인 갈등과 혼란에 예민하게 반응하였다. 이러한 실천적인 반응으로 불링거는 신자들에게 종교개혁으로부터 표명된 신앙지식을 쉽고도 선명하게 전달하기 위한 목적으로 《기독교 신앙의 요해》를 저술한 것이다. 학문적인 성격보다는 신자들을 바른 진리로 섬기기 위한 목회적인 관심 속에서 저술했는데, 특별히 배움이 있는 사람과 배움이 없는 사람 사이에 어떤 심리적인 장벽도 없이 모두가 성경적인 교훈에 이르도록 하기 위한 의도 속에서 시도된 것이다. 청소년들, 청년들 그리고 배움이 없는 성인들이 큰 어려움 없이 기독

---

[60] Bullinger, *Summa Christenlicher Religion*, Vorrede. a. ii: Da so begaertind sie vil mee ein einfalte erklaerung vnd innhalt oder kurtze (so vil möglich) summ der gantzen religion / das ist der förnaemen vnd notwendigen articklen / vß dem wort Gottes gezogen / vnd mit dem selben beuestnet vnd erlöteret / one zanck vnd schaelte der personen.

교 신앙지식에 도달할 수 있기를 원했다. 이 성경 진리를 통해서 불링거는 모두가 신앙과 삶의 일치를 이룰 수 있기를 기대했다.[61] 이러한 의미에서 《기독교 신앙의 요해》는 모든 신자들이 일상의 언어로 쉽게 읽을 수 있는 기독교 대중서적이었으며, 동시에 성경적인 믿음과 그 성경에 근거한 삶을 자세하면서도 친절하게 설명하고 있는 신앙교육서였다. 불링거는 지식-사변적인(intellektualistisch-spekulativ) 서술이 아니라 성경해설적인 서술로 각 교리적인 내용들을 성경의 본문과 잘 조화시켜서 모든 독자들이 동감할 수 있도록 한 것이다.[62] 이 때문에《기독교 신앙의 요해》는 많은 사람들에게 사랑받는 신앙서적으로 교회와 가정에서 읽혀졌을 뿐만 아니라,[63] 취리히 학교에서는 청소년 신앙교육을 위한 교재로 사용되기도 하였다: 구원의 지식과 함께 개혁주의적인 공동체의 윤리와 양심을 교육하는 역할을 감당했으며, 무엇보다도 그 사회의 인권적이고, 공적인 유익을 위한 발전에 기여할 수 있는 인격적인 성장을 가져오는 신앙자료로 활용되었다.[64] 불링거는《기독교 신앙의 요해》를 통해서 성경 진리와 삶이 분리되지 않는 인간의 성숙을 전 삶의 영역 속에서 이룰 수 있기를 기대했다고 볼 수 있다.

b. 성인들을 위한 신앙교육서(1559)

불링거는 교회의 신앙교육뿐만 아니라 학교교육에도 관심을 가졌다. 취리히 학교를 위해서 많은 지원과 노력을 아끼지 않은 것이다. 학교규범, 학교시설, 장학제도 등을 개선하고 학생들이 좋은 조건 가운데서 공부를 할 수 있도록 하였다. 불링거의 학교에 대한 관심은 단순히 이러한 외적인 것들에만 국한되지 않는다. 학생들이 배우는 교과서에도 관심을 가졌는데, 특별히 그들의 신앙교육을 위한 교재에 깊은 애정을 쏟았다. 이와 관련하여, 불링거는 취리히 총회의 요구 속에서 1559년에 취리히 학교에서 청소년들의 신앙교육을 위해 사용될 라틴어 신앙교육서인《성인들을 위한 신앙교육서》를 저술하였다.[65] 복음적인 진리의 근거와 확신을 주기 위해서 취리히 학교의 신앙교육

---

[61] Bruce Gordon, Heinrich Bullinger and the Spirituality of the Last Judgement, in: *Zwingliana XXIX* (2002), 36.

[62] Lang, *Der Heidelberger Katechismus und vier verwandte Katechismen*, 63.

[63] Bullinger, Summa Christenlicher Religion, Vorrede. a. iii.

[64] Emidio Campi, Bullingers Rechts- und Staatsdenken, in: *Evangelische Theologie*, 64. Jahrgang, Guetersloh 2004, 123.

교재로 활용된 것이다. 불링거
의 신앙교육서는 그 당시까지
취리히 학교에서 사용되고 있
었던, 앞서 소개된, 유트가 저술
한 신앙교육서들을 대체하기
위한 목적도 지닌다.

불링거의《성인들을 위한
신앙교육서》는 학생들에게 매
우 유용하고 핵심적으로 교리적
인 내용을 제공했는데, 목회자
가 되기 위해 취리히 학교의 상
급과정(Lektorium)에 입학할 때
많은 도움이 된 것으로 알려져
있다. 그리고 이 신앙교육서는
곧바로 독일어로 번역되어서 가
정과 각 개인의 신앙영역 속에
서 기독교 교리의 이해를 위한

불링거의 성인들을 위한 신앙교육서(1559)

소책자로 읽혀지기도 하였다. 불링거의 신앙교육서는 1559년 처음 라틴어로
출판된 이후로 1599년까지 라틴어와 독일어로 다섯 번 더 출판되었다. 여러
학자들의 연구에 의하면, 이《성인들을 위한 신앙교육서》역시 다른 신앙교육
서들과 함께 하이델베르크 요리문답의 작성 때 중요한 영향을 준 것으로
알려져 있다.[66]

불링거의《성인들을 위한 신앙교육서》는 크게 두 부분으로 구성되어
있다: 헌사가 담긴 서문과 7개의 큰 신학적인 주제들 안에서 294개의 질문과
답변으로 이루어진 본문. 이 신앙교육서는 전통적인 신앙교육서의 구조를

---

[65] Bullinger, Catechesis, Vorrede: "Catechesim, quam hisce diebus (sic mihi mandantibus
ministris ecclesiae Tigurinae, dominis fratribus & symmytis meis colendissimis & dilectissimis)
conscripsi, ad utilitatem iuuētutis uel scholae Tigurinae, … ." (Kurt Jakob Rüetschi, Bullinger
and the Schools, in: Architect of Reformation, hg. von Bruce Gordon and Emidio Campi, Grand
Rapids 2004, 227.)

[66] Joachim Staedtke, Entstehung und Bedeutung des Heidelberger Katechismus, in:
Reformation und Zeugnis der Kirche, Zürcher Beiträge zur Reformationsgeschichte, Bd. 9, hg.
von Dietrich Blaufuß, Zürich 1978, 218.

가지고 있으면서도, 동시에 불링거의 개인적 의도에 따라서 정리되었다는 것도 확인할 수 있다. 종교개혁 사상에 근거한 기독교 진리를 설명하면서도 언약론 같은 특정한 주제를 매우 강조하고 있기 때문이다. 그리고 불링거는 각 질문들에 대해서 답변할 때 성경해설적인 방식으로 누구나 쉽게 이해할 수 있도록 서술하였다. 일곱 가지 신학적인 주제들은 다음과 같다: i. 거룩한 성경, ii. 살아계시고 영원하신 하나님, iii. 하나님의 언약, iv. 율법과 십계명, v. 믿음과 사도신경, vi. 기도와 주기도문, vii. 성례.

불링거는 종교개혁의 지속성과 관련하여 청소년들과 일반 신자들의 신앙 성장을 위한 신앙교육의 중요성을 늘 강조하였다. 이러한 목적을 이루기 위해서 기독교 진리를 쉽게 이해하는데 실제적인 도움을 줄뿐만 아니라, 그 진리를 체계적으로 이해하는데도 큰 기여를 하는 신앙교육서에도 많은 관심을 쏟았다. 칼뱅의 "신자들에게 지식 없이는 믿음도 없다"[67]는 이해를 전적으로 동의했던 불링거는 믿음을 위한 지식인 '무엇(was)'을 '어떻게(wie)'가 고려된 신앙교육서를 통해서 바르게 전달할 수 있다고 믿었다. 각 주제들을 배열하고, 그 교리적인 내용을 쉽게 이해시키기 위해서 제목과 설명 혹은 질문과 답변으로 구성된 형식은 신앙지식에 대한 인간의 효과적인 인식과 관련하여 종교개혁 시대의 깊은 숙고가 내재되어 있는 교육방식의 한 산물이라고 할 수 있다. 이러한 면에서 신앙교육의 기초자료로써 신앙교육서는 교회와 학교 안에서 신앙교육을 위한 필수 교재일 뿐만 아니라, 또한 가정에서 자녀의 신앙교육을 위해 없어서는 안 될 신앙서적이기도 했다. 불링거에게서 신앙교육서는 교회, 학교 그리고 가정 안에서 이루어지는 신앙교육의 연계를 가능하게 하는 구심점으로 이해되었다.[68] 이러한 분명한 지침에 근거하여 어디에서나 동일한 신앙 정신이 가르쳐지도록 한 것이다. 이 때문에 불링거는 신앙교육서의 중요성을 늘 강조할 수밖에 없었고, 더욱이 직접적으로 《성인을 위한 신앙교육서》를 쓰기도 한 것이다.

특별히, 종교개혁 당시에 신앙교육은 기독교 국가(Respublica Christiana)에서 성숙한 신자를 길러내는 것과 의식 있는 시민을 길러내는데도 큰 역할을 감당했다. 설교를 바르게 이해하고, 성경을 자의적으로 읽지 않도록 하며 그리

---

[67] Ioannis Calvini opera quae supersunt Omnia, ed. Von W. Baum, E. Cunitz und E. Reuss, vol. L., Braunschweig 1893, 173: "sed aqud Christianos nulla est fides, ubi nulla est cognito."

[68] Park, *Heinrich Bullingers katechetische Werke*, 115.

고 체계화된 신앙지식을 갖게 하여서 사고, 경건(윤리) 그리고 시민적인 삶을 위한 선명한 지표를 제공했다. 한 국가를 이루고 있는 시민들이 서로 다른 신앙고백을 추구함으로 발생할 수 있는 갈등과 분열을 신앙교육을 통해서 미연에 방지하는 것이다.[69] 전쟁을 발생시킬 정도로 심각했던 종교개혁 당시 교회의 분열과 교파적인 갈등은 그 시대를 살았던 종교개혁자들에게 짐지워진 큰 과제였는데, 이 때문에 그들은 자신들이 사역하는 지역 내에서는 가능하면 신앙적인 분열과 갈등이 일어나지 않도록 심혈을 기울였다. 이러한 시민적인 화합과 성숙을 위해서도 신앙교육의 자료인 신앙교육서는 당연히 그 사회의 필수적인 도구였다. 이러한 의미에서 불링거의《성인들을 위한 신앙교육서》는 취리히 교회가 지향한 신앙교육의 목적들 중에 하나인 기독교 국가의 이상을 이루기 위해서 활용된 신앙교재로도 이해될 수 있는 것이다.

2) 신앙교육의 목적과 방식

불링거가 교회, 학교 그리고 가정의 신앙교육을 통해서 의도한 것은 믿음과 삶이 분리되지 않아야 할 뿐만 아니라, 더욱이 그 믿음과 삶은 깊이 있는 신앙지식(신학)과 경건과도 결코 분리되지 않아야 한다는 점이었다.[70] 불링거에게 신앙교육은 모든 세대와 관련이 있었다. 먼저 어린이들(과 청소년들)은 교회, 학교 그리고 가정의 신앙교육을 통해서 경건한 삶의 변화를 이룰 수 있기를 기대했고, 다음으로 성인들은 교회의 분열 이래로 새로운 믿음의 질문들에 대해서 바른 성경적인 인식을 가질 수 있기를 기대했다. 이와 관련하여 불링거의 강조점은 기독교 교리에 대한 바른 이해를 돕고, 경건의 삶을 강화시키고 그리고 신앙공동체적인 삶에 관심을 갖게 하는 것에 있었다. 모든 연령층을 위한 신앙교육은 종교적이고 사회적인 책임을 위해서 반드시 필요한 교회 프로그램으로 간주된 것이다. 불링거의 신앙교육 내용은 모든 시대에 요청되는 신앙지식과 삶의 성숙을 이끄는 하나님의 말씀에 근거한 구속사적인 교리와 신앙적인 윤리들을 포함하고 있다. 하지만 불링거는 신앙지식의 내용에 있어서 어른과 청소년들에 대한 관심과 문제들을 세분화하여 전달하기를 원했

---

[69] Emidio Campi, Bullingers Rechts- und Staatsdenken, in: *Evangelische Theologie*, 64. Jahrgang, Gütersloh 2004, 123.

[70] Park, *Heinrich Bullingers Katechetische Werke*, 1.

다. 실례로, 십계명을 가르칠 때 성인들의 관심과 청소년들의 관심 사이를 구분하였다: 제5계명의 부모공경은 성인들과 관련하여 국가에 대한 이해에 더 많은 관심을 두었다면, 청소년들과 관련하여서는 부모 자체에 대한 이해에 더 많은 설명을 첨가하였다.[71] 그리고 제7계명의 간음금지는 성인들과 관련하여 부부관계에 관심을 두었다면, 청소년들과 관련하여서는 그 나이 때에 있을 수 있는 성적인 방종에 시각을 돌렸다.[72] 즉, 불링거에 의하면 목회적인 사역에 속하는 신앙교육은 성숙한 신앙생활과 일상의 건전한 삶을 위한 신앙지식의 효과적인 전달이 전제된 전략적인 계획임을 나타낸다. 이 때문에 신앙지식의 전달은 다양한 현실 안에 있는 여러 연령대에 맞게 내용적이고 방법적으로 고려되었을 뿐만 아니라, 동시에 신앙지식의 수준에 따른 고려도 간과되지 않았음을 알 수 있다.

a. 연령에 따른 고려

우리는 불링거의 《기독교 가정》 안에서 어린 아이들의 연령에 따라서 어떻게 신앙교육이 이루어지길 원했는가를 구체적으로 확인할 수 있다:

> 어린이가 진지하게 교육받을 수 있는 시작 나이에 대해 일부사람들은 5살로 규정하였고, 다른 일부사람들은 반대로 7살로 규정하였다. 그럼에도 아이들은 모두가 동일한 이해능력을 가지고 있지 않기 때문에, 그에 따라서 일부에게는 집중적으로 가르쳐져야 하며, 다른 일부에게는 어려운 것 없이 천천히 가르쳐져야 한다. 이와 관련하여 부모가 신앙교육을 규정된 나이에 근거하여 시도하기 보다는, 오히려 잘 살펴서 확인된 이해의 상태에 따라서 시도하는 것이 더 바람직하다. 부모들이 떠맡아야 할 신앙교육은 한 유일한 목적에 도달해야 하는데, 즉 아이들은 정당하고, 신앙적이고, 경건하고 그리고 성실한 하나님의 종들과 정직한 사람들로 길어져야 한다. 그 때문에 어린이들은 하나님께 경건한 자들의 공동체적인 기도와 함께 무엇을 간구해야 하는가를 배워야 한다. 그들에게 하나님의 계명에 대한 명확한 이해와 지금까지는 언어로만 고백하고 또 실수없이 낭독하는 것에 대해서만 배웠던 믿음의 조항들(사도신경)이 가르쳐져야 한다. 왜 그들이 (유아) 세례를 받았으며, 세례가 무엇인지 그리고 주님의 만찬 안에서(과 함께) 무엇이 가르쳐지고 강조되어야 하는가를 알도록 해야 한다. 이러한 신앙교육과 함께 어린이들에게 이 주제들의 내용들이 분명하게 각인되도록, 그들이 12세 나이가 될 때까지 혹은 그 이상까지 가르쳐야 한다. 까다롭고 특별한 질문들이나 이해하기

---

[71] Park, *Heinrich Bullingers Katechetische Werke*, 177.

[72] Park, *Heinrich Bullingers Katechetische Werke*, 178.

힘든 주제들이 아이들에게 가르쳐지는 것은 좋지 않고, 오히려 명료하고 단순한 진리와 그들이 반드시 알아야 할 신앙지식이 가르쳐지는 것이 좋다. 하지만 가르치는 자는 어린이들에게 많은 것을 요구할 수 없고, 지나친 부담감을 주어서도 안되며, 또한 가르친 내용들이 헛되지 않도록 해야 한다. …… 어린 아이들이 학습의 엄격함과 불만족을 통하여 질리지 않도록 해야 한다.[73]

b. 신앙지식의 수준에 따른 고려

불링거는 《신학 주제에 대한 50편 설교》에서 신앙지식의 상태에 따라서 신자들의 신앙교육이 어떻게 이루어져야 하는가도 실제적으로 제시하였다:

교사는 초신자들에게 참된 믿음의 주제들을 가르친다. 그 수업은 첫 믿음의 주제들을 포함하고 있다: 언약의 내용들, 십계명, 사도신경, 주기도문과 성례. …… 그럼으로 앞선 성도들을 위한 신앙교육수업은 성경의 해석뿐만 아니라, 또한 모든 기독교 주제들의 선명하고 가능한대로 풍성한 해설로 이루어진다: 무엇보다도 그리스도 안에서 죄용서와 회개 그리고, 이어서 적절하게, 위법한 자의 엄한 질책이나 혹은 진지하고 현명한 책망이 가르쳐질 것이다. … 여기에는 기독교 오류들에 대한 반박, 이단들에 대한 지식 그리고 바른 신앙지식의 보존 역시 포함되어 있다.[74]

---

[73] Bullinger, Ehestand, 549 f: "Was das Alter betrifft, in dem man anfangen soll, die Kinder ernsthaft zu unterweisen, meinen einige, das fuenfte, andere hingegen, das siebte Altersjahr sei dafuer geeignet. Da die Kinder jedoch nicht alle die gleiche Verstandeskraft haben, einige scharfsinnig sind, andere aber eine schwerfaellige, langsame Auffassungsgabe haben, ist es am besten, wenn sich die Eltern nicht nach dem vorgeschriebenen Alter richten, sondern nach der Beschaffenheit des Verstandes, den sie bei ihren Kindern vorfinden. Die Unterweisung nun, der sie unterzogen warden, soll einzig und allein zum Ziel haben, gerechte, glaeubige, gottesfuerchtige und aufrichtige Diener Gottes und rechtschaffene Leute aus ihnen zu machen. Deshalb soll man sie lehren zu erkennen, was sie von Gott mit dem allen gemeinsamen Gebet des Vaterunser bitten. Man soll ihnen ein angemessenes Verstaendnis der Gebote Gottes und vorab der Artikel des christlichen Glaubens beibringen, den sie bisher nur mit Worten bekannt und fehlerfrei auszusprechen gelernt haben. Man soll sie auch lehren, warum sie getauft worden sind und was die Taufe ist und was man im und mit dem Abendmahl des Herrn ausdrueckt und vollzieht. Mit diesen Unterweisungen soll man fortfahren, bis sie zwoelf Jahre alt sind und auch noch laenger, damit ihnen diese Punkte gut und nachdruecklich eingepraegt werden. Anspruchsvolle und spitzfindige Fragen und Lufthaschereien soll man ihnen nicht nahe bringen, sondern nur die reine, einfache Wahrheit und das, was ihnen zu wissen und zu glauben notwendig und nuetzlich ist. Man soll sich zudem davor hueten, zu viel von ihnen zu verlangen, sie zu ueberfordern und mit Lehren zu ueberschuetten. …… Mach sie nicht durch Strenge und eigene Unzufriedenheit des Lernens ueberdruessig."

[74] Heinrich Bullinger, Predigt 4: "Die Berufung zum Dienst am Wort Gottes, in: Dekaden IV, Zuerich 1551, 187 f: Den Anfaengern gibt er [der Lehrer] die Elemente des wahren Glaubens weiter. Der Unterricht umfasst die erste Unterweisung im Glauben und der christlichen Lehre, also die Hauptstuecke des Bundes, die Zehn Gebote, das Apostolische Glaubensbekenntnis, das

이러한 신앙교육의 내용적이고 방법적인 고려를 통하여, 불링거는 종교개혁의 원리에 따른 신앙공동체 안에서 세대와 세대 사이의 신앙의 연속성에 대해서 생각했을 뿐만 아니라, 또한 학식이 있는 자와 없는 자 사이의 차별을 예방하길 원했다. 그리고 신앙교육을 통해서 주님의 몸된 교회의 공교회적인 특징에 근거한 교회와 교회 그리고 신자와 신자 사이의 신앙적인 일체성도 확보하길 원했다. 특별히, 새롭게 개종한 신자들이나 초신자들이 있을 경우에 신앙교육은 빠른 시간 내에 기존 신자들과 신앙일치를 갖도록 하는데 도움을 주었다. 한 교회의 신자들이 무엇을 배워야 하는가를 확정시켜주고, 동시에 다양한 생각을 가진 신자들을 한 신앙정신으로 묶는 역할도 한 것이다.[75]

c. 신앙교육에 대한 취리히 교회의 풍경

취리히에서는 전통적으로 시의회가 인정한 신앙교육서가 1년 혹은 2-3년의 주기로 매주일 교회에서 해설되고 가정에서도 사용되었다: 당시 부모들은 자신의 자녀들을 매 주일 예배에 보내야 했다. 예배에 참석한 아이들은 교회의 교사로부터 믿음의 내용(신앙교육서 해설)을 배웠다. 주일 저녁에 부모들은 자녀들에게 교회에서 무엇을 배웠는가를 질문했다. 이 뿐만 아니라, 부모들은 주중에도 자녀들에게 신앙교육서의 내용들을 교육시켜야 했다.[76] 하지만 매일 신앙교육이 가정에서 이루지지는 않은 것 같다. 불링거는 부모가 매일 신앙교육을 해야한다는 것보다는, 오히려 종종 하는 것이 좋다는 표현을 하고 있기 때문이다. 아마도, 각 가정에서는 부모가 많은 것을 설명하기 보다는 예배 내용에 대해 질문하고, 신앙교육서의 내용을 조금씩 암기하는 식으로 교육이 이루어졌을 것이다. 그리고 라틴어 학교와 독일어 학교에서 학생들은 매주 토요일과 주일 오후 3시에 신앙교육서 해설을 청강했으며, 또한 상급학교에 진학하는 학생들은 매주 목요일 오후 수업시간에 신앙교육서를 공부했다.

Vaterunser und eine kurze Erklaerung der Sakramente. ⋯ ⋯ Deshalb gehoert zur Unterweisung der Fortgeschrittenen nicht nur die Auslegung der Heiligen Schrift, sondern auch eine klare und möglichst einleuchtende Darlegung der christlichen Glaubenssaetze, vor allem aber eine verstaendliche Unterweisung ueber die Busse und Vergebung der Suenden im Namen Christi und, soweit angebracht, ein strenger Tadel oder ein ernsthaftes und kluges Anprangern der Vergehen. ⋯ Hierher gehoert auch die Widerlegung der Irrtuemer, die Unterdrueckung der Ketzereien und die Bewahrung der rechtglaeubigen Lehre."

[75] Park, *Heinrich Bullingers katechetische Werke*, 16 f.

[76] Bullinger, *Ehestand*, 313.

종교개혁 당시 취리히에서 신앙교육이 아무런 계획이나 고려 없이 이루어지지 않았다는 사실이다. 결국, 어린이와 청소년(초신자)은 자신의 연령대와 신앙지식의 정도에 따라서 교회, 가정 그리고 학교에서 전략적이고 체계적인 신앙교육을 받았음을 알게 된다.

III. 취리히 교회의 신앙교육이 말하는 실천적 의미

오늘날 우리가 감당해야 할 신앙교육과 관련하여, 취리히 신앙교육서들은 기독교 교리가 신앙학습자들을 위해서 내용적이고 방법적으로 어떻게 설명(서술)되어야 하는가를 가르쳐주는 한 좋은 모범을 제시해 준다: 특별히, 우리가 불링거의 신앙교육서들을 읽는다고 할 때, 그것들은 집중적으로 오늘을 살아가고 있는 목회자들을 향해서 한 교회가 세대와 세대를 넘어 전수되어야 할 신앙교육을 위해 어떤 수고를 감당해야 하는가에 대한 숙고를 하게 한다. 우리에게 개혁주의 교회가 이 땅 위에서 바르게 세워지고 지속되기 위해서 각 연령층의 신자들에게 무엇이 가르쳐지고, 어떻게 가르쳐야 하는가에 대한 물음의 오늘 시대적인 답변을 요구하고 있는 것이다.

이러한 이해 속에서, 의심할 여지가 없이, 신앙교육의 목적은 기독교 신앙의 인식과 교리적인 무지에 대한 극복에 있다. 종교개혁의 산물이 아니라, 오히려 오랜 기독교 전통 안에 있는 것으로, 이 용무는 과거나 현재나 교회가 이 땅 위에 항상 존재하고 바르게 보존되기 위해서 무엇을 해야하는가에 대한 길을 제시해 주고 있는 것이다. 신앙의 본질은 불변하지만, 그럼에도 변화되는 시대적인 사조나 흐름과 관련하여서 성경 진리가 필요한 대상들에게 어떻게 효과적으로 전달되어야 하는가에 대한 질문을 하게 한다. 종교개혁 시대에는 신앙교육서를 가르치는 목사(교사)가 한 신앙교육서를 가지고 각 연령대에 맞게 설명하는 방식이든, 혹은 각 연령대에 맞은 신앙교육서를 작성하여 신앙교육을 수행하는 방식이든 가장 중요한 것은 바른 신앙지식을 효과적으로 가르치는데 있었다는 사실이다.

사실, 종교개혁 시대나 우리 시대나 신앙정신의 동일성에 대한 논쟁의 여지는 없지만, 그럼에도 시대정신과 관련하여 우리에게 신앙지식을 교회학교 학생들에게 효과적으로 전달하기 위해서는 종교개혁 당시 보다는 훨씬 더 체계적이고 전략적인 접근의 필요와 실천이 요구된다: 절대가치가 인정된 종교개혁 시대에서 성경 진리는 다른 부가적인 설명이 없이도 아이들에게 상대적인 가치로 전달되지 않았다. 하지만 오늘날 이성주의에 근거한 지식발전과 사회 전반의 다양성의 문제는 자칫 교회학교 학생들에게 성경 진리 역시도 다양한 것들 중에 하나로 전달될 수 있는 위험성을 내포하고 있다. 그들에게 신앙지식을 바르게 가르치면서도, 동시에 그 내용이 그들의 전 삶과 가치를 아우를 수 있어야 될 뿐만 아니라, 또한 그 내용에 따라서 삶의 원리와 체계로까지 규정될 수 있도록 하는 접근이 필요하다.

종교개혁과 정통주의 시대 이후 계몽주의로부터 시작된 유럽 교회에 안에서 신앙교육이 실패하고 있는 절대적인 한 원인은 성경 진리가 상대적인 가치로 성도들에게 전달되고 있다는 것과 결코 무관하지 않다. 기독교 국가로서 교회, 가정 그리고 학교에서 어떤 식으로든 신앙교육이 이루어지는 것에 별다른 제약이나 심리적인 거부감은 없지만, 그러나 이성우위와 다원화된 사회 속에서 성경 진리 역시도 여러 지식들의 한 내용으로만 가르쳐지고 있다는 사실에서 서구 교회의 (숫자적인) 몰락은 이미 예견되어 왔던 것이다. 물론, 한국의 현실도 결코 다르지 않다. 이미 한국도 다원화된 사회로 급속하게 변모해 가고 있다. 모든 것이 상대화되고, 현대의 학교교육을 받은 학생들은 그 전제 아래서 모든 것을 학습하고 있다. 더욱이, 한국 사회의 황금만능주의는 인간의 가치와 존재성을 논하기 앞서 인간의 기능적인 능력만을 우선시하고 있다. 현재 아이들은 기계적으로 자신의 능력을 개발하고 확대시키기 위해 모든 시간을 쏟고 있는 중이다. 이러한 현실 속에서 기독교의 진리를 하나님을 경외하게 하는 신앙의 원리와 삶의 절대가치로 전달하는 것은 쉬운 문제가 아닌 것이다.

이렇게 볼 때, 한국 교회는 오늘날의 시대정신을 극복할 수 있는 대안 속에서 신앙교육을 시행해야 한다. 종교개혁자들이 눈앞에 펼쳐져 있는 로마 가톨릭 교회의 타락과 여러 신앙적인 도전들에 대한 시대적인 파고를 넘기 위해서 성경적인 가르침을 위한 신앙교육서 집필과 신앙교육에 지대한 관심을 가졌다는 사실을 주목할 필요가 있다. 이와 관련하여, 개혁주의 신앙정신을 표방하는 교회에서 20년 동안 교리문답을 가르친 한 목사의 외침이 인상 깊다:

> 종교개혁을 통해 우리가 하나님으로부터 믿음으로 받은 가장 위대한 유산이 성경의
> 진리임을 안다면, 우리는 교사로서 그리고 목사로서 우리 아이들을 교리문답으로
> 교육하는 일에 마땅히 헌신해야만 한다. 이렇게 하지 않는 것은 우리의 선조들이
> 남긴 소중한 믿음의 가치를 부정하는 것이다.[77]

우리는 자칫 모든 것을 성령께만 의존하고 오직 시대탓만 하면서 우리 스스로
감당해야 할 수고와 책임을 소홀히 할 수 있다. 우리가 가르쳐야 할 개혁주의
신앙내용인 '무엇(was)'에 대한 질문은 '어떻게(wie)' 가르칠 것인가에 대한
우리의 수고와 연결되어 있음을 알아야 한다. 우리의 교육적인 수고에 대한
열매는 절대적으로 하나님의 은혜와 거룩한 성령의 조명에 종속되어 있지만,
그럼에도 그 열매는 우리의 바른 교수법, 열정적 헌신 그리고 바른 교육을
위한 숙고와도 분리되어 있지 않고, 오히려 이것들에 의무지어 있다는 사실
역시도 인정해야 함이 옳을 것이다. 성경 진리를 가르치는 사역자가 중생과
믿음의 성장을 위한 성령의 역사를 설교나 신앙교육을 통해서 인위적으로
창출해 낼 수 없기에 오직 하나님의 도구로서 자신의 직무를 충성스럽게 수행
하는 것만이 유일한 책임이기 때문이다.

　　그리고 이와 함께 잊지 않아야 할 것이 있다. 어린 신자들의 신앙성숙을
위해서 교회를 통한 신앙교육은 매우 중요하지만, 그러나 교회를 통한 신앙교
육은 전(全)신앙교육의 한 부분일 뿐이지 중심적이거나 절대적인 것이 아니라
는 자각이다: 다음 세대를 위한 신앙교육은 교회 안에서만 이루어져서는 안된
다. 당연히, 교회와 가정의 조화와 협력 속에서 이루어져야 한다. 종교개혁
시대처럼 교회, 가정 그리고 학교가 조화를 이룰 수 없는 현실과 다원화되고
경쟁적인 사회 속에서 인생의 최고 가치가 하나님께만 있음을 설득력 있게
가르치기 위해서 우리는 과거 시대보다는 훨씬 더 깊이 있게 교회와 가정의
연계를 강화시켜야 한다. 이 뿐만 아니라, 신앙교육에 대한 더 체계적이고
전략적인 대안을 가져야 한다. 물론, 이러한 과제와 함께 믿는 자들의 수가
많아질 수 있도록 하는 선교적 책임 역시도 감당할 수 있도록 해야 한다.
즉, 급조되지 않고 잘 준비된 예배, 설교, 찬양, 기도 등과 함께 신앙교육을
위한 교재개발(신앙교육서)과 전달방식 연구, 교육대상에 대한 더 깊은 관심,

---

77 반 다이켄, 『잃어버린 기독교의 보물 교리문답 교육』, 55.

전도에 대한 당위성, 신앙적인 안목으로 시대를 볼 수 있는 세계관 등은 우리에 짐지워진 몫임을 잊지 않아야 한다. 실천적으로, 전통적인 설교식 해설이나 문답적인 교육방식 옆에서 성경과 신앙교육서를 읽고 확인케 하는 능동적인 참여의 확대뿐만 아니라, 동시에 특별히 – 아이들이 매일 수학, 영어 등을 체계적으로 공부하듯이 – 성경 진리를 제시하는 신앙교육서 역시 스스로 학습될 수 있도록 하는 동기, 선명한 내용, 참여의 즐거움, 영적이고 현실적인 유익 등의 섬세한 고려를 통하여 자발적인 수행까지 이끌어낼 수 있어야 한다. 이러한 신앙교육의 극대화를 위해서 우리가 표명하는 신앙정신에 근거한 지속적인 연구와 물질적인 투자가 절대적으로 필요하다.

　　모두가 인식하고 있는 것처럼, 신앙교육의 문제는 개교회만의 고민이 아니라 전체 교회에 속한 과제임을 잊지 않아야 한다. 신앙교육과 관련하여 오늘날 한국 교회가 내세울게 무엇이 있는가를 진지하게 고민할 때이다. 예배 형식, 설교내용, 신앙교육서 등과 같은 신앙교육의 체계를 이루는 기초적인 요소들 때문에 고민해야 하는 우리의 현실을 직시해야 한다.

나오는 말

종교개혁 당시 취리히 교회는 체계적인 신앙교육을 통해서 모든 종교적인 혼란을 극복하고 바른 교회의 지속적인 유지를 위해서 자신의 시대를 책임있게 감당하였다. 오늘날에 이르러 자유주의 신학의 여파에 따른 현실적인 위기가 늘 상존하고 있지만, 어찌되었든 취리히 교회는 종교개혁 이래로 지금까지 500년의 역사를 지속시켜 왔다는 사실이 상기되어야 한다. 하지만 이러한 역사는 그냥 허락되는 것일까?

　　한국 교회는 지금 시대적인 변화에 준비를 해야 할 시기이다. 먼저, 한국 사회는 전통사회에서 전통, 근대 그리고 탈현대가 공존하는 다변화된 사회로 급속히 전환되고 있다. 이러한 시대적인 조류는 종교다원주의와 New Age 종교의 영향 속에서 전통 종교(기독교)의 붕괴를 가속화시키며 사람들을 종교성은 있으나 신앙의 정체성이나 소속이 없는 현실로 이끌어 가고 있다. 이제

사람들은 기독교, 명상적 동양종교 그리고 샤머니즘을 혼합시키며 자신 스스로의 신앙을 구축하며 살아갈 수 있는 방법을 터득하고 있으며, 새로운 종교들에 대한 수용과 생활화를 자연스럽게 받아들이고 있기 때문이다. 그리고 한국교회는 사회적으로 많은 지탄의 대상이 되고 있는 것도 사실이다. 바른 신학적인 이해가 전혀 없는 부흥일변도 행태, 인생의 참된 의미와 깊이를 알려주지 못하는 기복신앙, 신앙정신에 근거한 의식적인 삶을 전혀 기대할 수 없는 신비주의, 보편상식에도 미치지 못하는 윤리적 문제, 신앙의 객관성 상실 속에서 드러나고 있는 이단시비와 이단들의 발흥 등으로 몸살을 앓고 있기 때문이다. 이 뿐만 아니라, 교회의 깊이 없는 신앙지식의 가르침과 관련하여 신자들은 현실 속에서 느끼는 실존적인 갈등을 개인화거나 내면화시켜서 스스로 비관하다가 교회를 오해하고 믿음까지 저버리는 경우도 허다하다. 삶의 의미 있는 답변을 줄 수 있을 것이라고 믿었던 교회에 대한 기대를 완전히 접은 것이다. 한국 교회가 진정한 구원의 가치와 인생의 목적이 무엇인가를 밝혀주지 못하고 성장 성공위주의 '성공신학'이나 끊임없는 행사를 통해 신자들의 감성과 열심을 자극하는 '활력목회'에 휩싸여서 진리보나는 기법을, 깊이 있는 복음의 해석 보다는 방법론을, 질보다는 양을 추구하며 사람들의 기호에 따라서 눈과 귀를 즐겁게 해주는 세속화된 종교의 옹호자로 그 길을 선택하고 있기 때문이다. 교회를 찾는 젊은 세대들의 숫자가 점점 줄어들고 있거나 급속한 저출산 문제까지 맞물려 있다는 것은 차치하고서라도, 이러한 부정적인 현상이 더욱 가시화된다면 한국 교회의 앞날은 어떻게 될까?

특별히, 이러한 시대적인 책임을 감당하기 위해서 우리는 무엇보다도 우선적으로 잃어버린 신앙교육을 가정과 교회 안에서 회복시켜야 한다. 복음의 간결성은 매우 소중하다. 하지만 그 간결성이 복음의 심오함을 결코 대체하지 못한다는 사실도 기억해야 한다.[78] 깊이 있는 신앙교육을 통해서 모든 세대에게 설교가 감당하지 못하는 복음의 심오함을 알도록 해 주어야 한다. 하나님이 타락한 인생들에게 예수 그리스도 안에서 주시는 구속은혜의 깊이와 넓이를 확인시켜 줄 필요가 있다. 그리고 신앙교육을 통해서 한국 교회 안에 만연되어 있는 무질서한 가정, 세속적인 삶, 불경건한 쾌락의 추구 등이 사라지도록

---

78 반 다이켄, 『잃어버린 기독교의 보물 교리문답 교육』, 47.

해야 한다. 성경 진리에 대한 무지와 오류를 기초로 세워지는 사단의 왕국이 더 이상 가정과 교회 안에 침범할 수 없도록 해야 하는 것이다.[79] 하나님의 나라가 신앙과 삶의 모든 영역 안에 굳건히 세워지도록 해야 한다. 하나님의 능력과 역사는 옳지 않고 거짓된 것에 침묵하도록 하는 것이 아니라, 오히려 바르지 않는 것들을 향해 진실을 말하게 하고 마음을 동(動)하여 저항하게 한다. 오늘 시대가 잘못되어 가고 있다는 것을 모두가 인식하고 있다면, 우리는 이 시대를 향해 저항하며 바르고 깊이 있는 신앙적인 가르침을 통해서 오직 예수 그리스도 안에 참된 길이 있음을 선언할 수 있어야 한다. 이 소명을 위해서 우리는 종교개혁자들이 당시의 교회를 위해 헌신했던 것처럼, 오늘 시대의 교회를 위해 헌신해야 할 것이다. 호세아 선지자의 "내 백성이 지식이 없음으로 망하는도다"(호 4:6)라는 외침을 잊지 않아야 한다. 한국 교회의 500년 역사를 계승할 수 있는 하나님의 은혜를 기대하면서 … (*)

【참고도서】

◆ 1차 자료

Heinrich Bullinger, Der christliche Ehestand, in: Heinrich Bullinger Schriften, hg. von Emidio Campi, Detlef Roth & Peter Stotz, Bd. I, Zürich 2004

_____ Brevis ac pia institutio Christianae religionis ad dispersos in Hungaria Ecclesiarum Christi Ministros ... Ovarini M.D.LIX.

_____ Bericht, Wie die / ſo von waegen vnser Herren Jeſu Chriſti vn ſines heiligen Euangeliums / ires glaubens erſůcht / vnnd mit allerley fragen verſůcht werdend / antworten vnd ſich halten moegind: beſchribē durch Heinrychē Bullingern. 1559.

_____ CATECHESIS PRO ADVLTIORIBUS SCRIPTA, DE his potissimum capitibus. De Principijs religionis Christianę, scriptura sancta. De Deo uero, unio et ęterno. De Foedere dei & uero dei cultu. De Lege dei & Decalogo mandatorum domini. De Fide Christiana, & Symbolo apostolico. De Inuocatione dei & Oratione dominica, & De Sacramentis ecclesię Christi, authore Heinrycho Bullinero. 1559.

_____ IN APOCALYPSIM Iesu Christi, reuelatam quiddem per angelum Domini, uisam uero uel EXCEPTAM ATQVE CONSCRIPTAM A IOANNE apostolo & euangelista, Conciones centum: authore HEINRYCHO BVLLINGERO ... BASILEAE, PER

---

[79] Murray, *Catechizing-A forgotten Practice*, 18.

IOANNEM Oporinum 1557.

_____ Sermonvm Decades quinque, de potissimi Christianae religionis capitibus, in tres tomos digestae, authore Heinrycho Bullingero, ecclesiae ministro, Zuerich: Christoph Froschauer 1552.

_____ Summa Christenlicher Religion. Darin vß dem wort Gottes / one alles zancken vnd schaelten / richtig vnd Kurtz / anzeigt wirt / was einem yetlichen Christen notwendig sye zů wüssen / zů glouben / zů thůn / vnd zů lassen / ouch zů lyden / vnd saeligklich abzůsterben: in x. Artickel gestelt / durch Heinrychen Bullingern. 1556.

Ioannis Calvini opera quae supersunt Omnia, ed. Von W. Baum, E. Cunitz und E. Reuss, vol. L., Braunschweig 1893

Leo Jud, Catechismus. Christliche, klare vnd einfalte ynleitung in den Willen vnnd in die Gnade Gottes, darinn nit nur die Jugendt sunder ouch die Eltern vnderricht, wie sy jre kind in den gebotten Gottes, inn Christlichen glouben, vnd rechtem gebätt vnderwysen mögind. Geschriben durch Leonem Jude, diener des worts der kilchen Zürych, 1534.

_____ Ein kurtzeChristenlichevnderwysungderjugendinerkanntnuszvndgebottenGottes,imglou ben,im gebaett,vndanderennotwendigendingen,vondendienerendeswortszuZürychgestelt infragenswysz,1535.

_____ Der kuertzer Catechismus. ... ... Getrucht zu Zuerych by Christoffel froschouer / im Jar ... M.D.XXXVIII.

_____ Catechismus. Brevissima christianae religionis formula, instituendae juventuti Tigurinae cate-chizandisque rudibus aptata, adeoque in communem omnium piorum utilitatem excusa a Leo Jud ad Lectorem, M.D.XXXIX.

_____ Dies sind Fragen fuer die ganz kleinen Kinder., hg. von Robert Ritter-Zweifel, Katechismen von Leo Jud, 355-369

Oskar Farner, Katechismen von Leo Jud, hg. von Robert Ritter-Zweifel, Zuerich 1955

Huldrych Zwinglis, Qvo pacto ingenvi adolescents formandi sint, Praeceptiones pauculae, Huldricho Zuinglio autore ... Basel, Johann Bebel, 1523.

_____ Vßlegung vnd gruend der schlußreden oder Artickel durch Huldrychen Zuingli Zuerich vff den xix. ... tag Jenners jm M.D.xxiij. jar Vßgangen ... Zuerich, Christoph Froschauer, 1523.

_____ Ein kurtze und christenliche inleitung, die ein ersamer rat der statt Zürich den seelsorgern und predicanten in iren stetten, landen und gebieten wonhafft zuogesant haben, ... Ußgangen uff den 17. tag novembris 1523.

_____ Wie man die waren christlichen hirten und widrumb die valschen erkennen, ouch wie man sich mit inen halten sölle, durch Huldrychen Zuingli beschriben im 1524. Jar

Huldrych Zwingli Schriften I, h.g. von Thomas Brunnschweiler u.a., TVZ 1995.

취리히 문서 보관서, E II 372. 2v.

◆ 2차 자료

August Lang, Der Heidelberger Katechismus und vier verwandte Katechimen, Darmstadt 1967.

Emidio Campi, Bullingers Rechts- und Staatsdenken, in: Evangelische Theologie, 64. Jahrgang, Guetersloh 2004.

Emil Egli, Zum Wandkatechismus von 1525, in: Zwingliana I (1899).

Christoph Weismann, Die Katechismen des Johannes Brenz (1), Spaetmittelalter und Reformation, Texte und Untersuchungen, hg. Von Heiko A. Oberman, Bd. 21, Berlin New York 1990.

H. U. Baechtold, Heinrich Bullinger vor dem Rat, Bern und Frankfurt am Main 1982.

Hubert Filser, Die literarische Gattung 'Katechismus' vor Petrus Canisius, in: Der Grosse Katechismus, ins Deutsche Uebersetzt und kommentiert von Hurbert Filser und Setphan Leingruber (Jusuitica Bd. 6), Regensburg 2003.

Matthias Buschkül (Hg.), Katechismus der Welt — Weltkatechismus, 500 Jahre Geschichte des Katechismus. Ausstellungskatalog, Eichstätt 1993.

Joachim Staedtke, Entstehung und Bedeutung des Heidelberger Katechismus, in: Reformation und Zeugnis der Kirche, Zürcher Beiträge zur Reformationsgeschichte, Bd. 9, hg. von Dietrich Blaufuß, Zürich 1978.

J. M. Reu, Quellen zur Geschichte des kirchlichen Unterrichts in der evangelischen Kirche Deutschlands zwischen 1530 und 1600, Bd. I/3,1b, Hildesheim•New York 1976.

Kurt Jakob Rüetschi, Bullinger and the Schools, in: Architect of Reformation, hg. von Bruce Gordon and Emidio Campi, Grand Rapids 2004.

Reinhold Hedtke, Erziehung durch die Kirche bei Calivn: Der Unterweisungs- und Erziehungsauftrag der Kirche und seine anthropogischen und theologischen Grundlagen, paedagogische Forschungen, hg. vom Comenius-Institut (Nr. 39), Heidelberg 1996.

Walter Gut, Zwingli als Erzieher, in: Zwingliana VI, Zuerich 1936.

R. Hedtke, Erziehung durch die Kirche bei Calvin, Darmstadt 1969.

Sang-Bong Park, Heinrich Bullingers katechetische Werke, Zuerich 2009.

Schola Tigurina, h.g. von Hans Baechtold u.a. (Zuerich und Freiburg: Pano Verlag, 1999.

Theologische Realenzyklopaedie, hg. Von Gerhard Mueller u.a., Bd. II, Berlin New York 1976-2004.

Sebastian Kreiker, Armut, Schule, Obrikeit: Armenversorgung und Schulwesen in den evangelischen Kirchenordnungen des 16. Jahrhunderts, Religion in der Geschichte, Bd. 5, Bielefeld 1997.

Wilhelm A. Schulze, Bullingers Stellung zum Luthertum, in: Heinrich Bullinger 1504-1557, Gesammelte Aufsaetze zum 400. Todestag, Bd. II: Beziehungen und Wirkungen, hg. von Ulrich Gaebler und Erland Herkenrath, Zuerich 1997.

Wolf-Dieter Hauschild, Reformation und Neuzeit: Lehrbuch der Kirchen- und Dogmengeschchte, Bd. 2, Guetersloh 2005.

Bruce Gordon, Heinrich Bullinger and the Spirituality of the Last Judgement, in: Zwingliana XXIX (2002).

Edward Dowey, Heinrich Bullinger as Theologian: Thematic, Comprehensive, and Schematic, in: Architect of Reformation, hg. von Bruce Gordon and Emidio Campi, Grand Rapids 2004.

John Murray, Catechizing-A forgotten Practice, Banner of Truth 27 (October 1962).

도너드 반 다이켄, 『잃어버린 기독교의 보물 교리문답 교육』, 김희정 역, 부흥과 개혁사 2012.

제3장
팔츠(하이델베르크) 교회의 개혁신학과 신앙

5.
하이델베르크 신앙문답서 작성의 시대와 내용[1]

조병수   신약신학 · 총장

세계적으로 개혁파 교회들은 하이델베르크 신앙문답서(Heidelberger Katechismus)[2]
를 표준문서로 사용한다.[3] 따라서 이것이 어떤 시대적인 분위기에서 작성되었

---

[1] 이 글은 2012년 10월 26일(금)에 신반포중앙교회에서 열린 종교개혁 495주년 기념강좌에서 발표한 것을 조금 수정하여 學兄인 천우 권호덕 박사님의 은퇴논총(2012년)에 실었던 것이다. 나는 권 박사님을 1975년 총신대에서 처음 만난 후 지금까지 여러 면에서 존경하며 흠모한다. 내가 하이델베르크 신앙문답서에 깊은 관심을 가지게 된 것은 독일 유학 시에 그분의 문답서 강해에 참석한 덕분이다. 권 박사님은 1985년 6월 16일부터 1988년 4월 초까지 거의 3년에 걸쳐 문답서의 모든 항목을 해설했다. 그는 다음과 같은 내용으로 문답서 1번 해설을 시작했다. "1. 위로의 의미. 이 위로는 잠정적인 위안과 다르다. 유일하고 절대적이기 때문에 누구에게도 적용되는 보편적인 위로이며 동시에 이것은 나의 것이 되어야 하며 생사간에 즉 시간을 초월한 위로이다. 그리고 이 위로는 내적인 명상에 근거하지 않고 객관적으로 이루어놓으신 하나님의 구원사역에 근거한다. 2. 위로의 내용. 우리의 유일한 위로는 삼위일체 하나님께 있다. -성자 하나님: 그는 역사적 시공간 속에서 죄인을 위한 구원사역을 이루어놓으셨다. 도움이 없는 가련한 인간에게 큰 위로이다. -성부 하나님: 그분의 뜻이 아니면 자기 자녀들의 머리털 하나도 떨어지지 않는다(눈동자 같이 보호하시는 하나님). -성령 하나님: 우리는 죄로 부패했기 때문에 늘 넘어진다. 성령님은 늘 새로운 힘을 주시어 감화 감동케 하시며 우리로 하여금 그리스도의 사람으로 변케 하시어 궁극적으로 구원을 얻게 하신다. 3. 제1문은 3 테에마로 연결된다: 타락한 죄인, 구원, 영생. 강조되어야 할 내용은 죄인의 가련한 처지인데(눅 15장) 죄와 인간의 비참함은 항상 연결된다. 이에 대하여 하나님께 도움을 청하려면 죄로 타락함에 대한 인식이 필요하다. 칼빈의 기독교강요 첫 부분에 보면 자기에 대한 인식과 하나님 인식은 동시에 이루어진다. 결국 자기의 죄 인식은 하나님의 은혜로 말미암는다." 이것은 간단하지만 얼마나 명료한 해석인가!

[2] 아래에 인용된 우리말 하이델베르크 신앙문답서는 필자의 번역이다.

[3] 예를 들어 헝가리 개혁교회는 사도신경, 하이델베르크 신앙문답서, 도르레히트 신조. 제2 스위스 신앙고백서(Confessio Helvetica Posterior)를 표준문서로 받는다.

는지 살펴보고, 어떤 내용과 신학을 담고 있는지 고찰하는 것은 개혁파 신자들에게 매우 중요한 일이다.

1. 하이델베르크의 역사

1) 종교개혁 이전

하이델베르크는 선제후(Kurfürst)가 통치하는 팔츠(Pfalz, Palatina) 영방의 수도이다. 여기에는 기원전부터 켈트 족이 이주해서 살았는데, 주후 100년 경 로마 제국의 지배 아래 들어갔다. 하이델베르크에는 일찍부터 기독교가 유입되었다. 중세 기독교 유적지로는 주후 890년대에 하일리겐베르크에 자리 잡은 미카엘 교회(Michael Basilika), 1090년대에 설립된 스테판 수도원(Stefan Kloster)이 있다. 14세기에 이르러 루프레히트(Ruprecht) 1세는 하이델베르크에 독일 최초의 대학을 설립했다(1386년 10월 18일). 이와 더불어 성령교회가 시작되었다.

2) 종교개혁 이후

1517년 10월 31일 마르틴 루터(Martin Luther, 1483-1546)가 비텐베르크(Wittenberg)의 성(城)교회(Schlosskirche)의 정문에 95개 조항을 게시하면서 종교개혁이 본격화되었다. 루터는 1518년 4월 26일 하이델베르크의 어거스틴 수도원 종단회의에서 천주교의 신학을 문제시 삼으면서 새로운 신학의 요점을 소개했다(하이델베르크 논쟁Heidelberger Disputatio). 그의 논점은 인간의 행위는 전적으로 무효하며 전적으로 하나님께 의존해야 한다는 것이었는데 결국은 루터 이단(Lutheriana haeresis)으로 낙인찍히는 결과를 낳았다(1523년). 루터의 영원한 동지였던 필립 멜란히톤(Philipp Melanchton, 1497-1560)은 팔츠의 브레텐(Bretten) 출신으로 1509년 10월 14일에 하이델베르크 대학에 입학하여 1511년 6월 11일에 학사(B.A.) 학위를 받았고 석사(M.A.) 학위 공부를 희망했으나 젊다는 이유로 거절되었다. 1526년 종교개혁 사상을 가진 보름스(Worms)의 하인리히 슈톨(Heinrich Stoll)이 성령교회에 부임하였다.

(1) 프리드리히(Friedrich) 2세(1544-1556)

1544년 프리드리히 2세가 팔츠의 선제후로 책봉되면서 신교의 인물들인 하르트만(Hartmann)과 하인리히 슈톨을 자문으로 세웠다. 1545년 부활절에는 신교 방식으로 성찬예식을 거행함으로써 종교개혁의 신앙고백을 받아들였다. 1546년 초엽에는 천주교의 미사를 금지하고 자신의 영토의 교회에 개신교 목사들을 채워 넣었다.[4] 하지만 그는 종교개혁을 받아들였음에도 불구하고 1555년 아우크스부르크 평화협정이 체결될 때까지 미온적인 태도를 취했다. 그는 하이델베르크 성에 "거울의 전당"(Gläserner Saalbau)을 가진 건물을 세웠다 (1549년).

(2) 오트하인리히(Ottheinrich, 1502-1559, 통치 1556-1559)

오트하인리히는 선임자였던 그의 삼촌 프리드리히 2세의 노선을 따라 교회와 대학을 루터의 사상으로 확립하는 데 힘썼다. 그는 성년이 되던 1521년 예루살렘의 성묘 순례를 감행한 후에는 사냥, 시합, 향락에 빠졌는데,[5] 이탈리아 친구들을 만나면서 미술에 깊은 관심을 가지게 되었다. 그는 Ferrara의 공작인 Ercole II d'Este과 교분을 나누면서 개신교와 접촉했다.[6] 1542년 오트하인리히는 개신교로 회심해서 새로운 삶을 시작했다. 이것은 정치적으로 모든 것을 상실하는 것이었다. 황제로부터 불신을 얻을 뿐 아니라 재정 후원을 받던 사촌들과 적이 되는 것이기 때문이다. 그러나 그의 경건과 강한 자신감이 이 모든 난경을 이기도록 도움을 주었다. 하지만 그는 개신교와 인문주의를 조화시키려고 노력했다.[7] 이런 의미에서 오토하인리히는 그리스 신화 인물과 성경 인물의 석상을 혼합적으로 배열한 르네상스 양식의 건물(오토하인리히 관 Ottheinlichsbau)을 건축했다(높이 3층, 길이 60미터). 오트하인리히는 회심후 엄격한 루터파(Gnesiolutheraner), 멜란히톤파 (Philippisten), 츠빙글리파(Zwinglianer), 칼빈파(Calvinisten) 등 다양한 노선

---

[4] Wolgast, *Universität Heidelberg*, 28.

[5] Rossmann, *Ottheinlichsbau*, 7-16.

[6] 당시 Ferrara는 개신교의 피난처로 1536년에 칼빈이 체류하면서 공작비 Renée de France를 통해 프랑스 왕에게 위그노에게 호의를 베풀어달라고 탄원했던 곳이기도 하다.

[7] Rossmann, *Ottheinlichsbau*, 12: "Aber er ist kein fanatischer Protestant gewesen. Es lag ihm daran, einen Ausgleich zwischen den religösen Gegensätzen herbeizuführen. Dabei gingen für ihn Protestantismus und Humanismus zusammen."

의 개신교 학자들을 하이델베르크로 데려왔다. 이 때문에 신학논쟁은 피치 못할 것이 되고 말았다.[8]

(3) 프리드리히(Friedrich) 3세(1515-1576, 통치 1559-1576)

하이델베르크가 개혁파 신학을 수용한 것은 프리드리히 3세의 공헌이었다. 짐머른(Simmern)의 프리드리히 3세는 44세의 나이로 1559년 2월 사촌인 오트하인리히를 계승하여 팔츠Pfalz의 선제후Kurfürst가 되었다. 이미 오트하인리히는 루터의 사상을 따라 자신의 영지를 개신교의 신앙으로 통치하고 있었다. 프리드리히 3세도 결혼하면서 부인 마리아의 권유를 따라 루터의 사상을 받아들였다(후기 멜란히톤의 온건한 중재신학Vermittlungstheologie에 가까움). 그는 결혼 후 트리어(Trier, Treves)의 비르켄펠트(Birkenfeld)에서 종교와 경제에서 어려운 생활을 하다가 1557년 중엽 부친 요한 2세의 사후 짐머른으로 귀환했고, 다시 2년 후에 오토하인리히를 계승하는 팔츠의 선제후가 되어 하이델베르크로 왔다. 프리드리히 3세가 하이델베르크에서 풀어야 할 첫 과제는 성찬논쟁이었다. 성령교회의 설교자였던 루터파 헤스후스(Tilemann Hesshus), 츠빙글리파 클레비츠(Klebitz)와 의학교수 토마스 에라투스(Thomas Erastus, +1583), 칼빈 파인 페트루스 보퀴나스(Boquinas, Pierre Boquin, 1518-1582) 사이에 성찬 문제로 대격돌이 발생했다.[9]

프리드리히 3세는 이 문제를 해결하기 위해서 스스로 성경과 신학 연구에 몰두하면서 결국 멜란히톤에게 조언을 구했다. 멜란히톤은 루터파 이론에 제한을 두고 개혁파 이론에 손을 들어주었고,[10] 문제해결을 위해서 학자들을 모집하라는 견해를 제시했다. 그 결과 프리드리히 3세는 보헤미아 출신 벤체슬라우스 출레거(Wenceslaus Zuleger, 29세), 이탈리아 유대인 엠마누엘 트레멜리우스(Emanuel Tremelius, 49세, 1510-1580), 트리어 출신 카스파르 올레비아누스(24세, 1560년 1월), 그리고 마지막으로 취리히의 피터 마터 베르미글리(Peter Martyr Vermigli)로부터 추천받은 자카리아스 우르시누스(27세, 1561년)

---

8 Wolgast, *Universität Heidelberg*, 37.

9 Wolgast, *Universität Heidelberg*, 41: "Tiefen Eindruck machte auf den Kurfürsten 1560 offensichtlich die Heidelberger Disputation über das Abendmahl zwischen den gnesiolutherischen Theologen von Sachsen-Weimar und den Heidelberger Theologen."

10 Lee, *Die Prädestinationslehre der Heidelberger Theologen 1583-1622*, 32: "Mit der Autorität Melanchtons führte der Kurfürst die reformierte Abendmahlslehre in seinem Land ein."

가 합류했다.[11] 1562년 프리드리히 3세는 이 두 사람에게 백성들의 신앙을 확립시킬 신앙문답서를 작성할 것을 요청했다. 이것이 바로 1563년에 완성된 하이델베르크 신앙문답서이다.

하이델베르크는 프리드리히 3세의 치하에서 "독일의 제네바"(das deutsche Genf)라는 명성을 얻었다(또는 네델란드의 Leiden에 이어 제3의 제네바 das dritte Genf). 하이델베르크는 여러 나라에서 개혁파(특히 칼빈파) 학자들과 학생들이 몰려들어 신학의 국제도시가 되었다. 프리드리히 3세는 개혁파 신앙을 고수하기 위하여 외교정책을 펴기도 했다. 아들 요한 카시미르(Johann Casimir)를 프랑스에 보내 위그노를 돕게 하고, 크리스토프(Christoph)를 네델란드에 보냈다(1574년 전사함).[12]

그러나 개혁파 안에 교회치리와 관련한 논쟁이 야기되었다.[13] 우르시누스와 올레비안누스는 제네바의 모범을 따라 교회의 자율을 강조하는 신륜 치리(ius divinum)를 주장했는데, 크리스토프 에헴(Christoph Ehem), 네델란드 피난 신학자들의 지지를 받았고, 치리자들(Disziplinisten)이라는 별명을 얻었다. 이에 반하여 토마스 에라스투스는 교회치리가 국가에 의존해야 한다고 주장하였다. 대학의 다수가 그를 추종하였다. 에라스투스는 의과대학교수이면서 츠빙글리의 영향을 받은 신학자였다. 그는 국가의 주권을 강하게 주장하면서 교회도 국가에 복종해야 한다고 주장했기 때문에 교회치리와 관련해서 엄격한 칼빈주의에 반대했다.

프리드리히 3세는 사망시 후계자에게 팔츠의 신앙고백을 그대로 유지하는 것을 책임질 것을 유언으로 남겼다.

(4) 루드비히(Ludwig) 6세(1576-1583)

프리드리히 3세의 아들인 루드비히 6세가 팔츠 영방을 이어받았다. 그는 루터파였기 때문에 선제후의 자리에 오르자 아버지의 유언과 달리 개혁파를 몰아내었다(大追放). 1577년 여름 그는 치리서를 공포하고, 이에 서명하지 않은 개혁파 목사 600명을 추방하였다. 1577년 말에는 보퀴누스, 트레멜이우스, 짱키우스(Hieronymus Zanchius, 1516-1590)도 해직되었고, 하이델베르크 대학

---

[11] Cf. Wolgast, *Die Universität Heidelberg 1386-1986*, 42.
[12] Wolgast, *Universität Heidelberg*, 40.
[13] Wolgast, *Universität Heidelberg*, 43.

은 루터파 신학교수들로 충원되었다.

이때 그의 동생 요한 카시미르(Johann Casimir)가 자신의 영지인 노이슈타트(Neustadt auf der Weinstrasse)[14]에 대안신학교(Ersatzhochschule)를 세우고 추방된 개혁파 신학자들을 영입하였다. 이 학교는 카시미리아눔(Casimirianum)이라고 불렸다. 여기에 우르시누스와 장키우스가 합류하였다. 그러나 올레비안은 헤르보른(Herborn)으로, 트레멜리우스는 메츠(Metz)로, 보퀴누스는 로잔(Lausanne)으로, 에라스투스는 바젤(Basel)로 이동했다.

1583년 루드비히 6세는 7년 통치 끝에 갑자기 사망하였다.

(5) 프리드리히 4세(1583-1610)

루드비히의 6세의 아들인 프리드리히 4세가 어린 나이에 선제후로 책봉되었다. 이 때문에 프리드리히 3세의 아들이자 프리드리히 4세의 삼촌인 개혁파의 카시미르가 10년 동안 섭정하였다(1583-1592). 1584년 노이슈타트의 신학자들이 하이델베르크로 귀환하였다. 카시미르는 우선 루터파와 개혁파 사이에 생존방식(modus vivendi)을 추구하면서 신학논쟁을 금지하였다. 그러나 루터파는 정부의 시책에 부응하지 못함으로써 무대에서 사라졌다. 이 시기에 하이델베르크에는 개혁파 신학이 전무후무하게 찬란한 꽃을 피웠다.

(6) 프리드리히 5세(1610-1632)

프리드리히 3세 이후 하이델베르크의 신앙은 루터파, 개혁파, 천주교, 개혁파로 전전하였다. 프리드리히 5세(1610-1632) 치하에서 30년 전쟁(1618-1648)이 발발하였다. 1622년 하이델베르크는 틸리(Tilly)가 이끄는 바이에른 군대(bayerische Truppen)에 함락되면서 다시 천주교에 장악되었다. 하이델베르크는 1632년 스웨덴의 루터파 왕 구스타브 아돌프(Gustav Adolf)가 잠시 회복하였지만 1634년 스웨덴의 패전과 함께 신성로마제국 황제군(kaiserliche Truppen)이 진입하여 다시 천주교로 넘어가고 말았다. 마침내 30년 전쟁(1618-1648)이 종료되면서(1648년 뮌스터의 베스트팔리아 평화협정 Westfälischer Friede) 하이델베르크는 개혁파로 정착되었다.

(다음의 연표를 참조하라.)

---

[14] 노이슈타트는 하이델베르크에서 직선거리로 40km 정도 떨어져 있다.

선제후	천주교	루터파	개혁파
루드비히5세 Ludwig V. 1508-1544	1507-1529 Schreibenhart		
	1508-1526 Markus		
	1512-1556 Schwarz	1526-1544(성령교회) Heinrich Stoll	
	1529-1538 Haas	1528-1531 Frecht	
	1539-1557 Keuler		
프리드리히2세 Friedrich II. 1544-1556		1544- Hartmann	
		1544-1557 Heinrich Stoll	
오트하인리히 Ottheinrich 1556-1559		1558-1559 Tilemann Hesshus	1557-1577 Pierre Boquin
프리드리히3세 Friedrich III. 1559-1576		1559-1560 Einhorn	1561-1562 Olevian
			1561-1577 Tremellius
			1562-1567 Ursinus
			1567/8-77 Zanchius
루드비히6세 Ludwig VI. 1576-1583		1578-1580 Hilderich	
		1579-1584 Marbach	
		1580-1584 Kirchner	
		1581-1584 Schopper	
프리드리히4세 Friedrich IV. 1583-1610 요한 카시미르 Johann Casimir 섭정 1583-1592			1584-1586 Grynaeus
			1584-1589 Sohn
			1584-1592 Junius
			1586-1601 Tossanus
			1589-96 Kimedoncius
			1592-1598 Calaminus
			1594-Rennecherus
			1598-1622 Pareus
			1600-1617 Coppen
			1602-1613 Reuter
프리드리히5세 Friedrich V. 1610-1632			1613-1622 Alting
			1618-1619 Scultetus
	1629-1631 Bauman		
	1629-1631 Haan		
30년 전쟁	?-1640 Goeltgens		
	1644-1645 Johannes		
	1646-1647 Lochum		
	1647-1649 Cremer		

<16세기 하이델베르크 선제후와 신학교수 연표>[15]

[15] 16세기 선제후 연표는 Wolgast, *Universität Heidelberg*, 24; 신학교수 연표는 Drüll, *Heidelberger Gelehrtenlexikon*을 참조하라.

2. 하이델베르크 개혁파 신학자들

이제 하이델베르크에서 이와 같은 신앙의 격동기에 하이델베르크 신앙문답서 작성을 주도한 개혁파 신학자들과 그 신학을 계승한 개혁파 신학자들을 살펴보자.

1) 하이델베르크 신앙문답서 작성자

하이델베르크 신앙문답서 작성에 결정적인 역할을 한 사람들은 카스파르 올레비아누스(Kaspar Olevianus)와 자카리아스 우르시누스(Zacharias Ursinus)였다.[16]

(1) 카스파르 올레비아누스(1536.8.10. - 1587.3.15.)

올레비아누스는 트리어 출신으로 1549년 법학을 공부하러 파리, 부르주, 오를레앙으로 갔다. 그는 프랑스에 머무는 동안 신교도들을 만나면서 종교개혁을 받아들였다. 이때 그는 부르즈 강에서 프리드리히 3세의 아들이 익사하는 것을 구출하려다가 실패했다. 올레비아누스는 박사학위를 받은 후에 제네바와 취리히를 방문하여 칼빈의 가르침을 받고 테오도르 베자(Theodore Beza)와 친구가 되었다. 그는 다시 취리히에 가서 베르미글리에게 배웠다. 올레비아누스는 파렐(Farel)의 지시대로 1559년 6월 그의 고향인 트리어로 돌아와서 교사와 설교자로 활동했는데(St. Jakob-Hospitals), 천주교에 반대하는 설교를 감행하다 1559년 10월 체포되었다. 1560년 프리드리히 3세가 거금의 몸값(3천 플로린)을 지불하고 올레비아누스를 하이델베르크로 데려왔다. 올레비아누스는 1560년부터 하이델베르크의 지혜대학(Sapienzkolleg)의 교수로 일했고, 1562-1563년에는 페터스교회(St. Peterskirche)의 목사로, 1562년 말부터는 성령교회(Heiliggeistkirche)의 목사로 섬겼다. 그는 1562년 프리드리히 3세로부

---

16 올레비아누스와 우르시누스에 대한 간단한 설명은 할세마, 「하이델베르크에 온 세 사람」, 21-38을 보라.

터 신앙문답서 작성을 의뢰받았다. 그는 1563년 11월 치리서(Kirchenordnung)의 개요를 작성했다. 그는 1576년 루드비히 6세에 의해 해직되었다.

(2) 자카리아스 우르시누스(1534.7.18. - 1583.3.6.)

우르시누스는 브레스랄우(Breslau) 출신으로 1550년 루터의 도시 비텐베르크 대학에 입학해서 멜란히톤(53세)에게서 7년 동안 배웠다. 우르시누스는 1557년 10월 멜란히톤과 함께 하이델베르크를 10일 동안 방문했다. 이후 그는 스트라스부르그, 바젤, 제네바, 파리, 취리히를 학습하기 위해 여행을 했다. 우르시누스는 1558-1560년에 고향 브레슬라우에서 교사로 활동하다가 멜란히톤의 사망 소식과 함께 다시 츠빙글리의 도시인 취리히로 가서 베르미글리와 함께 연구를 했다(1560-61년). 그는 1561년 베르미글리의 추천으로 하이델베르크의 지혜대학에서 교수하기 시작했다. 본래 프리드리히 3세가 베르미글리를 하이델베르크로 초빙하려고 했으나 그는 나이를 핑계로 자기 대신 27세의 우르시누스를 추천한 것이었다. 우르시누스는 1562년 프리드리히 3세로부터 신앙문답서 작성 요청을 받았다. 그는 1577년 루드비히 6세에 의해 해임되어 1578년 노이슈타트에 가서 교수로 봉직했다.[17]

2) 하이델베르크 신앙문답서 작성 이후의 개혁파 신학자들[18]

히에로니무스 짱키우스는 이탈리아인으로 우르시누스를 이어 하이델베르크에서 1568년 교수가 되었다. 그는 1577년까지 교의학을 가르치다가 노이슈타트로 이동했다. 짱키우스는 절대예정론(konsequenter Vertreter der Prädestinationslehre)을 주장하여[19] 학자로서 큰 영향 끼쳤다.

루드비히 6세가 사망하고 그의 어린 아들 프리드리히 4세가 팔츠의 선제후가 된 후 카시미르가 섭정하자 1584년 이후 개혁파 신학자들이 대거 등용되

---

[17] Cf. Drüll, *Heidelberger Gelehrtenlexikon*.

[18] Lee, *Die Prädestinationslehre der Heidelberger Theologen 1583-1622*는 Georg Sohn(1551-1589), Hermann Rennecherus(1550-?), Jacob Kimedoncius(1554-1596), Daniel Tossanus(1541-1602)를 연구했다.

[19] 제롬 짱키우스, 「절대 예정론」, 김성봉 역, 성남: 나눔과 섬김, 2001.

었다. 그들은 1584년 야콥 그리내우스(Jakob Grynaeus, +1617), 게오르크 존(Georg Sohn, 1551-1589), 트레멜리우스(Tremellius)와 함께 라틴어 구약성경(초판 전5권(1575-1579)을 번역한 프란츠 유니우스(Franz Junius[de Jon, 1545-1602),[20] 1586년 프리드리히 3세의 궁정설교자였던 다니엘 토싸누스(Daniel Tossanus[Toussain], 1541-1602), 1589년 우르시누스의 제자이며 존의 후임인 키메돈치우스(Kimmedoncius, +1596)이었다. 1598년부터 1622년까지 하이델베르크의 교수로 일한 다비드 파래우스(David Pareus, 1548-1622)는 구약과 신약을 가르쳤다. 그는 학문적 공헌으로 동서 유럽으로부터 수많은 학생들을 하이델베르크로 이끌었다. 파래우스는 화해적 입장(Irenicum sive de unione et synodo Evangelicorum consiliando liber votivus)을 취하면서 루터파에게 개혁파와 함께 중대한 교리들에 합의할 것을 요구하였다. 1613년부터 1622년까지 하인리히 알팅(Heinrich Alting, 1583-1644)이 하이델베르크의 교수로 일했다. 그는 1614년 수산나 벨리에(Susanna Bélier, +1643)와 결혼했는데, 그녀는 포목상(Tuchhändler)으로 후에 하이델베르크 시장으로 활동한 위그노 샤를 벨리에(Charles Bélier, 1555-1618)의 딸이었다.[21] 알팅은 스쿨테투스(Scultetus, +1624)와 바울 토싸누스(Paul Tossanus, +1634, 다니엘 토싸누스의 아들)과 함께 1618년 도르트레히트 회의(Dortrecht Synode)에서 팔츠 교회를 대표하는 역할을 맡았다. 그는 교회사와 교리사에서 명성을 얻었는데 1627년부터 1644년까지 흐로닝엔(Groningen) 교수로 일했다.

3. 하이델베르크 신앙문답서

1563년 1월 프리드리히 3세는 팔츠의 의회원, 신학교수, 감독(Superintendenten)과 교사들을 소집해서 올레비아누스와 우르시누스에 의해 작성된 하이델베르크 신앙문답서를 검토하게 한 후 1월 19일에 서문을 써서 인쇄소에 넘겼다.

---

[20] 그는 1584년에서 1592년까지 하이델베르크 교수로 봉직했고, 1592-1602년에는 라이덴(Leiden)에서 교수로 일했다.

[21] Drüll, *Heidelberger Gelehrtenlexikon*, 11. 샤를 벨리에는 1592년에 현재 하이델베르크 시대의 "춤 리터 게오르크"(Zum Ritter St. Georg) 호텔(Hauptstr. 178)을 건축한 장본인이다.

(하이델베르크 문답서 초판 표지) (하이델베르크 문답서 초판 1문)

초판은 128문답으로 구성되었다. 그러나 초판이 인쇄되자 곧바로 두 번이나 용어 교정, 새 항목 보충(80문답),[22] 확장(36문답)이 시도되었다. 제2판은 129문답을 가지게 되었고, 제3판은 129문답을 52주일로 분할하여 한 해 동안 매주 설교하게 되었다. 따라서 1563년 상반기에 독일어 신앙문답서는 세 개가 되었고, 1563년 최종적으로 라틴어 결정판이 나왔다.[23]

1) 하이델베르크 신앙문답서의 형식

(1) 전통적 문답 형식

하이델베르크 신앙문답서는 전통적인 신앙문답서 형식을 따라 질문과 대답으로 이어지는 모두 129문답을 가지고 있다. 이것은 루터의 신앙문답서,

---

[22] 신교 성찬과 천주교 미사의 차이점을 말하는 문항.

[23] Henss, *Heidelberger Katechismus*, 23-24. 1563년 제2판의 80문답은 Henss, *Heidelberger Katechismus*, 21을 보라.

칼빈의 제네바 신앙문답서, 그리고 이후에 등장하는 여러 신앙문답서들과 비슷한 길을 간다.

(2) 하이델베르크 신앙문답서 초판의 페이지 구성

하이델베르크 신앙문답서 초판은 1쪽에 표지, 2쪽에 내지를 가지고 있다. 이어서 3-11쪽에는 프리드리히 3세의 서문(Vorrede)이 나온다(빈 내지 12쪽). 문답 본문은 13-85쪽 중간까지이다. 이어서 85중간-96쪽까지 부록으로 신앙문답서에 사용한 본문들의 목록[24]이 나온다. 여기에는 85쪽 중간에 1) 율법의 요약(마 22장; 신 27장)[25]과 함께 2) 86쪽 아래에 사도신경(Die Artickel unsers Christlichen glaubens), 88쪽 중간에 성례 제정(Einsatzung der heiligen Sacrament), 88쪽 중간에 세례 제정(Einsatzung des heiligen Tauffs), 89쪽에 성찬 제정(Einsatzung des heiligen Abenmals Christi)의 말, 3) 90쪽 아래에 십계 명(Das Gesetz oder die zehen Gebot Gottes)이 들어있고, 마지막으로 주기도문 (Das Christliche Gebet)이 95-96쪽에 들어있다.

(3) 성경인용 방식

프리드리히 3세는 올레비아누스와 우르시누스에게 아무도 하이델베르크 신앙 문답서를 반박하지 못하도록 성경을 인증하도록 요구했다. 따라서 하이델베르크 신앙문답서에는 성경인증이 필요한 항목에는 끝에 알파벳의 소문자를 달고 그 곁의 난외에 관련된 성경구절을 충실하게 제시했다. 이때 하이델베르크 신앙문답서 초판은 단지 성경 각 책의 이름과 장(章)을 적었다. 아직 절(節) 구분이 보편화되지 않았기 때문이다.[26]

2) 하이델베르크 신앙문답서의 구조

---

[24] Verzeichnis der fürnemsten Text, wie die ordentlich im vorgehenden Catechismo erklert sein.

[25] Summa des Göttlichen Gesetzes.

[26] 성경의 절(節)은 1551년 파리의 인쇄출판인으로 개혁파 신앙을 가진 스테파누스 (Stephanus, Robert Estienne)에 의해 구분되었다. Cf. 조병수, 「신약성경총론」, 18.

하이델베르크 신앙문답서는 이중구조를 가지고 있다.

(1) 주제별 구조

하이델베르크 신앙문답서의 주제별 구조는 제2문답에 분명하게 제시된다.

> 문: 당신이 이런 위로 속에서 복되게 살고 죽기 위하여 몇 가지 사실을 알아야 합니까?
> 답: 세 가지 사실입니다. 첫째로 나의 <u>죄와 비참함</u>이 얼마나 심각하며, 둘째로 내가
> 나의 모든 죄와 비참함에서 어떻게 <u>구원</u>받으며, 셋째로 이런 구원에 대하여 하나님께
> 어떻게 감사드릴까 하는 것입니다.

하이델베르크 신앙문답서는 죄/비참, 구원, 그리고 감사라는 세 대목으로 구성
된다. 이런 구조는 루터의 소요리문답서와 형식이 비슷하고, 1558년에 나온
익명의 루터교 요리문답과 구조가 비슷하다(인간의 비참함, 인간의 구원, 감사
함).[27] 이 때문에 하이델베르크에서 루터파는 새 문답서를 채택할 때 그 내용이
개혁파 신학임에도 불구하고 전체적인 골격이 다분히 루터교적이기 때문에
불만을 달래며 채택했다.[28] 그러나 사실 당시의 교리서와 문답서를 살펴보면
대부분 하이델베르크 신앙문답서와 비슷한 형식을 가지고 있는 것을 발견하게
된다.[29] 게다가 하이델베르크 신앙문답서의 주제별 구조는 사도 바울의 로마서
순서와 상당히 유사한 성격을 가지고 있다. 하나님의 영광에 관한 문답으로
시작하는 웨스트민스터 신앙문답서에 비해 하이델베르크 신앙문답서는 인간
의 죄/비참으로 시작하기 때문에 인본주의 또는 인간중심의 사고에서 출발한
것이 아니냐는 의심이 있지만 그 의심은 하이델베르크 신앙문답시가 로마서의
순서를 따르고 있다는 점에서 일격에 거절된다.[30]

　　1부("1부"라는 표현 언급없음!)는 13쪽에서 시작해서 18쪽 아래까지 이르
는데 인간의 비참을 다룬다. 2부(Der <u>ander Theil</u>)은 인간의 구원에 관한(Von
des Menschen Erlösung) 내용을 담고 있는데 18쪽 맨 아래에서 시작한다. 이것

---

27 김영재, 「기독교신앙고백」, 161.

28 김영재, 「기독교신앙고백」, 160.

29 멜란히톤의 신학강요(Loci communes 초판, 1521)도 인간의 능력과 자유의지 다음에
죄와 율법에 대한 논의로 시작한다.

30 김영재, 「기독교신앙고백」, 163.

은 사도신경 해설로 성부(25쪽부터), 성자(27쪽부터), 성령과 교회와 부활/영생
(39쪽부터)을 해설하며, 칭의와 성례(세례 46쪽부터, 성찬 50쪽부터)와 권징(44
쪽부터)을 논한다. 3부(Der dritte Teil)는 59쪽 중간부터 감사를 다룬다(Von
der danckbarkeit). 여기에는 십계명 해설(59중간부터)과 주기도문 해설(77중
간)을 가지고 있다.

(2) 본문별 구조

하이델베르크 신앙문답서는 죄/비참, 구원, 감사라는 주제별 구조에 사도신경
해설(7-31주일: 20-85), 십계명 해설(32-44주일: 86-115), 주기도문 해설(45-52
주일: 116-129)을 뼈대로 세워놓았다. 이것은 중세 이후 교의를 설명할 때
자주 등장하는 방식이다.[31] 본문별 구조에서 각 본문은 항상 서론을 달고 있다.
사실 제1부 죄/비참의 단락(1-6주일: 1-19)은 나머지 전체의 서론 역할을 한다.

사도신경은 서론(7주일: 20-22문답)으로 참 믿음이 무엇인지 묻는다.

> 제 20문: 모든 사람들이 아담을 통하여 상실된 것처럼, 모든 사람들이 그리스도를
> 통하여 다시 복을 받습니까?
> 답: 아닙니다. 참된 믿음으로 그리스도에게 접붙여지고 그의 모든 선행을 받아들이는
> 사람들 만입니다.
>
> 제 21문: 참 믿음이란 무엇입니까?
> 답: 참 믿음이란 하나님께서 말씀 가운데 우리에게 계시하시는 모든 것을 참이라고
> 여기게 하는 어떤 지식일 뿐 아니라, 또한 성령께서 복음을 통하여 내 안에 일으키시는
> 진실한 신뢰인데 그리하여 다른 사람 뿐 아니라 나에게도 순전히 은혜로 오직 그리스도의
> 공로 때문에 하나님이 죄의 용서와 영원한 의와 축복을 선물로 주십니다.
>
> 제 22문: 그러면 그리스도인은 무엇을 믿어야 합니까?
> 답: 복음 가운데 우리에게 약속하신 모든 것인데 우리의 보편적이며 의심할 것 없는
> 기독교 신앙의 (사도)신경이 그것을 요약으로 우리에게 가르쳐줍니다.

십계명은 서론(32주일: 86-87문답; 33주일: 88-91문답)으로 구원 이후 선행의

---

[31] 칼빈도 기독교강요 초판(1536년)에서 십계명, 사도신경, 주기도문을 해설하는 것을 중추
로 삼았다.

필요를 제시한다.

제 86문: 우리는 우리의 어떤 공로도 없이 그리스도를 통하여 은혜로 우리의 비참함에서 구원을 받았는데, 왜 선한 일을 행해야 하는 것입니까?

답: 그리스도께서 자신의 피로 우리를 대속하신 후에 그의 성령으로 우리를 새롭게 만들어 그의 형상이 되게 하셨기 때문이며, 우리는 모든 삶으로 하나님께 그 은총에 감사를 표현하고 하나님이 우리를 통해 찬송을 받도록 하기 위함입니다. 더 나아가서 우리 자신이 (구원의) 열매로부터 우리의 믿음을 확신하며 우리의 경건한 삶으로 이웃들을 그리스도께 인도하기 위함입니다.

제 87문: 하나님께 감사하지도 않고 회개하지도 않는 삶을 떠나 하나님께로 돌아오지 않는 사람도 복 받을 수 있습니까?

답: 없습니다. 성경이 말하는 것처럼, 음행하는 자, 우상숭배자, 간음하는 자, 도적질하는 자, 탐욕하는 자, 술 취하는 자, 모욕하는 자, 강도질하는 자 등등은 하나님의 나라를 기업으로 받지 못합니다.

(제 33주일)

제 88문: 사람의 참 회개 또는 회심에는 몇 가지 요소가 있습니까?

답: 두 가지 요소입니다. 옛사람이 죽는 것과 새사람이 사는 것입니다.

제 89문: 옛 사람이 죽는 것은 무엇입니까?

답: 진심으로 죄를 애통해하고 더욱 오래 더욱 많이 미워하고 피하는 것입니다.

제 90문: 새사람이 사는 것은 무엇입니까?

답: 그리스도를 통하여 하나님을 진심으로 기뻐하고 하나님의 뜻을 따라 모든 선행 가운데 사는 것을 즐거워하고 사랑하는 것입니다.

제 91문: 선행은 무엇입니까?

답: 단지 하나님이 율법을 따라 참된 믿음으로 하나님께 영광을 돌리는 것입니다. 그것은 우리의 좋은 생각이나 사람의 법도에 기초하는 것이 아닙니다.

주기도문은 서론(제 45주일. 116-118문)에서 기도의 이유, 자세, 내용에 관해서 말한다.

제 116문: 왜 그리스도인들에게 기도가 필요합니까?

답: 왜냐하면 기도는 하나님이 우리에게 요구하시는 감사의 가장 큰 부분이기 때문이며, 하나님은 은혜와 성령을 진심어린 탄식으로 끊임없이 구하며 감사하는 사람들에게만 주시길 원하시기 때문입니다.

제 117문: 어떤 기도가 하나님을 기쁘게 하며 응답을 받는 기도입니까?

답: 첫째로, 간구하라고 명령하신 모든 것을 우리에게 말씀으로 자신을 계시하신 유일하신 참 하나님께만 진심으로 구하는 것입니다. 둘째로, 우리의 곤경과 비참을 제대로 철저히 인식하고 존엄하신 하나님 앞에서 우리를 겸손하게 만드는 것입니다. 셋째로, 비록 우리는 무가치하지만 주 그리스도 때문에 하나님이 말씀에 약속하신 대로 우리의 기도를 무시하지 않고 확실하게 들어주신다는 확고한 이유를 가지는 것입니다.

제 118문: 하나님께서는 무엇을 기도하라고 명령하셨습니까?

답: 주 그리스도께서 친히 우리에게 가르쳐주신 기도에서 보여주신 것처럼 영혼과 육체에 필요한 모든 것입니다.

하이델베르크 신앙문답서는 서론에 이어서 사도신경(7주일, 23문), 십계명(34주일, 92문), 주기도문(45주일, 119문)의 전문을 소개하며, 구조를 말해주고 나서, 각 본문을 한 항목씩 해설한다(아래의 도표를 참조하라).

하이델베르크 문답서 구조
(2012. 10. 11. 조병수)

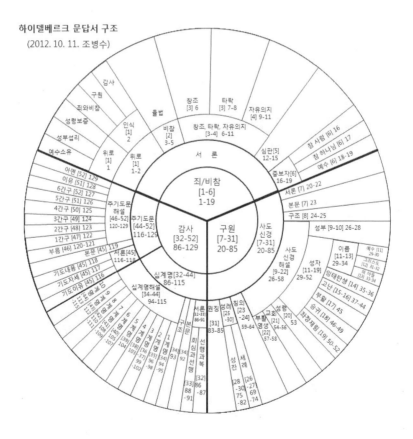

3) 하이델베르크 신앙문답서의 요점

하이델베르크 신앙문답서는 초두에 삶에서든지 죽음에서든지 "유일한 위로"(einiger Trost)가 무엇인지 묻고, 유일한 위로는 기독론에 근거한 삼위일체론이라고 대답한다(1). 그런데 이 위로는 인간의 비참(3), 예수 그리스도를 믿음에 의한 구원(20), 그리고 하나님의 은총에 대한 감사(86)를 아는 것으로 실현된다. 하이델베르크 신앙문답서는 기독교 진리를 이론으로 제시하는 것에 멈추지 않고 실천으로 옮기도록 촉구한다. 그래서 하이델베르크 신앙문답서에서 이론은 실천으로 표현되는 이론이며, 실천은 이론에 바탕을 둔 실천이다. 한 마디로 말하면, 하이델베르크 신앙문답서에서 진정한 위로는 앎이자 삶이다.

　(아래의 도표를 참고하라)

주일	문답	구분	내용			
1	1-2	제1부: 죄와 비참	신앙의 위로			
2	3-5		인간의 비참			
3, 4	6-8, 9-11		인간의 창조, 타락, 자유의지			
5	12-15		인간의 구원			
6	16-19		중보자			
7	20-23	제2부: 구원	사도신경	서론	믿음	
8	24-25				사도신경 구조	
9, 10	26, 27-28			성부		
11,12,13	29-30, 31-32, 33-34			성자	이름	
14	35-36				잉태와 탄생	
15, 16	37-39, 40-44				고난	
17	45				부활	
18	46-49				승귀	
19	50-52				좌정 재림	
20	53			성령		
21	54-56			교회		
22	57-58			육체부활과 영생		
23, 24	59-61, 62-64		칭의			
25	65-68		성례	서론		
26, 27	69-71, 72-74			세례		
28, 29, 30	75-77, 78-79, 80-82			성찬		
31	83-85		권징			

<하이델베르크 신앙문답서 분석표 (1)>

주일	문답	구분	내용		
32	86-87			서론	선행과 복
33	88-91				회심과 선행
34	92-95			1계명	
35	96-98			2계명	
36, 37	99-100, 101-102			3계명	
38	103			4계명	
39	104		십계명	5계명	
40	105-107			6계명	
41	108-109	제3부:		7계명	
42	110-111	감사		8계명	
43	112			9계명	
44	113-115			10계명	
45	116-119			서론	
46	120-121			부름	
47	122			첫째 간구	
48	123		주기도문	둘째 간구	
49	124			셋째 간구	
50	125			넷째 간구	
51	126			다섯째 간구	
52	127-129			여섯째 간구, 이유, 아멘	

<하이델베르크 신앙문답서 분석표 (Ⅱ)>

4) 하이델베르크 신앙문답서의 신학

하이델베르크 신앙문답서는 삶과 죽음에서(im Leben und im Sterben) 신자에게 **복된**(seliglich) 것이 무엇인지를 알려주는 것을 대명제로 삼는다(1-2). 신자에게 생사의 복은 예수 그리스도와의 관계에서만 설명된다(그분의 소유이다). 자신의 보혈로 구원을 성취하고, 성부의 섭리를 보존하시며, 성령으로 영생을 보증하시는 예수 그리스도의 소유라는 사실에 있다(1).

예수 그리스도를 알려주는 것은 거룩한 **복음** 외에 없다(19). 하이델베르크 신앙문답서에 의하면 복음은 하나님이 낙원에서 계시하셨고(offenbaren), 족장들과 선지자들을 통해 선포하셨고(verkündigen), 율법의 제사와 예식을 통해 예증하셨고(vorbilden), 아들을 통해 성취하셨다(erfüllen).

하이델베르크 신앙문답서에서 **삼위일체론**은 사도신경해설의 첫 단락에 명제적으로 언급된다(24). 삼위일체론은 계시라는 사실을 못 박으면서 한 신적 존재에 구분된 삼위가 있다는 것을 밝힌다.

하나님께는 공의와 긍휼이라는 두 속성이 있는데(11) 공의는 심판을 이루며(10), 긍휼은 창조(26)와 섭리(27)를 이룬다. 섭리는 만물에 대한 하나님의 전능하고 현재적 능력으로 붙드심과 다스림을 의미한다. 따라서 만사는 우연히 발생하는 것이 아니라 아버지 같은 손길로부터 오는 것이다. 섭리를 이해할 때 역경에서 인내하며, 행복을 감사하며, 끊을 수 없는 하나님 사랑과 그의 뜻에 의한 미래를 확신하는 유익을 얻는다(28).

하이델베르크 신앙문답서는 중보자이며 구원자이신 **예수 그리스도**(15)의 양성론을 분명하게 고백한다. 그가 참 사람이어야 하는 것은 인간적인 본성이 죄 값을 치러야 하기 때문이며(16), 참 하나님이어야 하는 것은 그의 인성에 하나님의 진노를 감당해야 하기 때문이다(17). 또한 사도신경을 강해하면서 예수 그리스도의 삼중직을 설명하고(31) 그분만이 "하나님의 영원하신 진정한 아들"이시기 때문에 외아들이라고 불린다고 말한다(33). 하이델베르크 신앙문답서는 양성론과 관련하여 승천을 해석하면서(47) 참 사람이며 참 하나님이신 예수 그리스도는 인간적인 본성으로는 땅위에 있지 않으나 신성과 위엄과 은혜와 영으로는 절대로 우리에게서 떠나지 않는다고 고백한다. 그런데 이 고백은 곧바로 하나의 의문을 남긴다. 신성이 있는 모든 곳에 인성이 함께 있지 않다면, 그리스도 안에 있는 두 본성은 이와 같은 방식으로 서로 분리되어 있는 것이 아니냐는 것이다(48). 이에 대하여 하이델베르크 신앙문답서는 "신성은 불가해하고 어디에나 현존하기 때문에, 그 취한 인성 외부에 있을지라도 그 안에 계시며 인격적으로 인성과 결합되어 있다"고 답변한다.[32] 그리스도의 승천은 우리에게 세 가지 측면에서 유익하다(49).[33] 그분이 성부 앞에서 우리의 중보자가 되시고, 우리는 우리의 육체(Fleisch)를 하늘에서 확실한 담보(Pfand)로 내놓고,[34] 그는 자신의 성령(Geist)을 우리에게 보증

---

[32] 김병훈은 부활 그리스도께서 참 사람(인성)으로는 공간에 매이지만(한계) 참 하나님(신성)으로는 성부 하나님처럼 공간에 매이지 않는다고(편재) 설명하면서 "신성은 인성을 초월하면서도, 예수님의 인성이 있는 곳에는 항상 함께 계시기 때문에, 인성과 신성이 분리되는 경우는 없습니다"(「하이델베르크 요리문답 I」, 253)고 해설한다.

[33] Erstlich, daß er im Himmel vor dem Angesicht seines Vaters unser Fürsprecher ist. Zum andern, daß wir unser Fleisch im Himmel zu einem sichern Pfand haben, daß er als das Haupt uns, seine Glieder, auch zu sich werde hinaufnehmen. Zum dritten, daß er uns seinen Geist zum Gegenpfand herabsendet, durch welches Kraft wir suchen, was droben ist, da Christus ist, sitzend zu der Rechten Gottes, und nicht, das auf Erden ist.

(Gegenpfand)으로 내려보내신다. 그리스도의 승천으로 말미암아 놀라운 교환이 일어난다. 우리의 육체와 그리스도의 성령이 서로 담보와 보증으로 교환되는 것이다. 머리이신 그리스도는 자신의 지체인 우리의 육체를 담보하며(엡 2:6; 골 3:3), 지체인 우리는 머리이신 그리스도의 성령을 담보한다(고후 1:22; 5:5). 가장 값없고 비참한 것이 그리스도께 담보가 되며, 가장 존귀하고 영광스런 분이 우리에게 담보가 된다. 우리에게 보증으로 오신 성령은 하나님으로서 참 믿음을 통하여 우리를 그리스도와 그의 모든 축복에 동참하게 만드시며 우리를 위로하시고 영원히 우리와 함께 계신다(53).

인간은 본래 비참한 존재였다(2). 그는 원죄와 자범죄로 말미암아 부패한 본성을 가지고 있으며(7,10), 본성적으로 하나님과 이웃을 미워하는 경향을 가지고 있다(5). 인간은 스스로도 다른 피조물에 의해서도 자신의 죄 값을 지불하는 것이 불가능한 존재이다(13).

인간의 **구원**은 누구에게나 주어지는 것이 아니라 참된 믿음으로 그리스도께 접붙여지고 그리스도의 선행을 받아들일 때만 가능하다(20). 참 믿음은 하나님의 계시에 대한 인식이며, 성령께서 일으키시는 진실한 신뢰이며, 그리스도의 공로 때문에 오는 사죄와 의와 축복을 받는 것이다(21). 이렇게 삼위일체 성격을 지닌 참 믿음으로만 칭의를 얻는다(60-61).

거룩하고 보편적인 기독교의 **교회**는 태초부터 종말까지 전 인류 가운데서의 선택, 성령과 말씀을 통한 참 믿음의 일치, 성자에 의하여 보존되는 모임, 신자의 지체됨을 요소로 삼는다(54). 신자의 지체됨은 우선 머리이신 그리스도와의 교통으로(그의 모든 보화들과 은사들에 참여), 또한 다른 지체들과의 교통으로(유익과 구원을 위한 책임) 표현된다(55).

지상의 교회는 복음을 위한 표시(Wahrzeichen)이며 인장(Siegel)인 **성례**를 행함으로써 복음의 약속을 더 잘 이해하며 보증 받는다(66). 성례는 오직 세례와 성찬 두 가지밖에 없다. **세례**는 물이 그리스도의 피가 되거나 죄 씻음 자체가 아니라, 죄 씻음의 신적인 표지와 확신이다(allein ein göttliches Wahrzeichen und Versicherung)(78). **유아세례**를 베풀어야 하는 까닭(74)은 구

---

34 우르시누스도 자신의 해설집에서 이 내용을 다루지 않는다. 이에 간단한 해설은 Weber, Heidelberger Katechismus, 76을 참조하라: "Christus hat unser 'Fleisch' angenommen, d. h. unsere verfallene Existenz. In der Himmelfahrt erblickt der Kat. keine Vergeisterung Jesu Christi, sondern die Aufbewahrung unseres 'Fleisches' als Unterpfand künftiger 'fleischlicher' Auferstehung."

약의 할례와 동일한 이유 때문인데, 어른들처럼 하나님의 언약과 교회에 속하며 그리스도의 피로 죄의 용서와 믿음을 일으키시는 성령을 약속받기 때문이다. 어린아이들도 세례로 말미암아 교회와 한 몸을 이루며 불신자의 자녀들과 구별된다.

하이델베르크 신앙문답서는 당시의 시대상을 반영하듯이 **성찬**에 강조점을 둔다. 성찬의 기능(75)은 눈으로 목도하게 하는 것으로서(so gewiß ich mit augen sehe) 그리스도의 몸과 피의 확실한 표지(gewisse warzeichen)이다. 성찬의 의미(76)는 그리스도의 고난과 죽음을 받아들이고(annehmen), 믿음으로 사죄와 영생을 얻으며(bekommen), 그리스도와 우리 안에 동시에 거주하시는 성령을 통하여 그리스도의 몸과 점점 더 연합하는(vereinigen) 것이다. 비록 그리스도는 하늘에 계시고 우리는 땅에 있지만, 우리는 그의 살 중의 살이며, 그의 뼈 중의 뼈이다(Fleisch von seinem Fleisch und Bein von seinen Beinen). 이것은 아담의 노래(창 2:23)를 연상시키면서 영적 혼인으로서의 성찬을 암시한다. 마치 우리 몸의 지체들이 한 영혼에 의해서 통치받듯이, 우리는 한 영에 의하여 영원히 살고 통치 받는다. 이런 이유 때문에 하이델베르크 신앙문답서는 천주교의 화체설을 강력하게 거절한다(78). 떡은 성격과 용례에 따라(nach Art und Brauch der Sakramente) 그리스도의 몸이라고 불릴지라도 그리스도 자신의 몸으로 되지는(werden) 않는다. 또한 하이델베르크 신앙문답서는 신교의 성찬과 천주교의 미사가 얼마나 큰 차이를 가지고 있는지 분명하게 밝힌다(80). 미사는 그리스도의 단번 희생을 매번 희생으로 바꾸고, 죄의 완전용서를 반복용서로 바꾸며, 그리스도께서 성령으로 말미암아 임하시는 것을 물체(떡과 포도주)로 임하시는 것을 바꾸었다. 그러므로 천주교의 미사는 저주받을 미신이다.

하이델베르크 신앙문답서에 의하면 칭의가 선행에 의한 것이 아니라 믿음에 의한 것이라는 주장은 선행에 무관심하게 만들고, 악한 사람들을 만들어내는 것이 아니라 도리어 감사의 **삶**을 이루게 한다고 알려준다(64). 새사람은 그리스도를 통하여 하나님을 진심으로 기뻐하고(Freude) 하나님의 뜻을 따라 모든 선행 가운데 사는 것을 즐거워하고(Lust) 사랑한다(Liebe)(90). 이에 대한 가장 중요한 표현은 예배일을 지키는 것이다. 하이델베르크 신앙문답서는 십계명에서 안식일(4계명)을 해석하면서(103) 설교직분과 (성경)학교가 보존되어야 할 동기를 찾고, 주일(Feiertag)에 하나님의 교회에 부지런히 와서 하나님의 말씀을 배우며 성례에 참여하고 공적으로 주님께 기도하며 구제를 베풀 동기를 찾는다. 놀랍게도 하이델베르크 신앙문답서는 안식일 계명에서 매일의 의미를 발견하며(내가 악한 행실에서 떠나 내 인생의 모든 날을 즐기고 alle Tage meines Lebens von meinen bösen Werken feiere), 현생에서 영원한 안식을 시작한다(also den ewigen Sabbat in diesem Leben anfange)는 현생의 의미를 발견하게 한다.

이상에서 살펴본 바와 같이 하이델베르크 신앙문답서에는 놀라운 신학이 들어있다. 하지만 약점이 전혀 없는 것은 아니다. 무엇보다도 하이델베르크 신앙문답서는 잘 조직된 성경/정경관을 보여주지 않으며, 예정과 선택 교리도 그다지 강하게 나타나지 않는다.[35] 종말론의 경우도 "끝날"(47)이나 "종말"(54) 같은 표현이 언급되고, 심판에 관한 진술들(38,46,52,56,62,84)이 나오기는 하지만 체계 있게 설명되지는 않는다.

4. 결론

하이델베르크 신앙문답서는 매우 뛰어난 개혁교회의 고백서이다. 지금도 세계의 모든 개혁교회는 하이델베르크 신앙문답서를 설교와 교육을 위한 표준교본으로 삼고 있다. 우리가 진정으로 개혁교회를 지향한다면 하이델베르크 신앙문답서를 배우는 것을 회복해야 한다. 하이델베르크 신앙문답서를 체계 있게 교육하기 위해서 우리 시대에 알맞고 연령에 적합한 교재를 개발해야 한다(주일학교용, 장년교육용). 하이델베르크 신앙문답서를 암송하기 위해서 여러 방법도 짜내야 한다. 예를 들면, 신앙문답서노래를 만드는 것이다. 사실 이런 시도는 하이델베르크 신앙문답서가 작성되던 시대에 이미 있었다.[36] 뒤늦은 감이 없지는 않지만, 그럼에도 더 늦기 전에 우리는 오늘날의 찬란한 문화의

---

35 보통 하이델베르크 신앙문답서에 멜란히톤의 영향이 보인다고 말한다(cf. Henss, *Heidelberger Katechismus*, 26: "Dabei ist, obwohl die reformierte Lehre die Leitlinie abgibt, doch das Denken der Schweizer Reformatoren vom Geist der lutherischen Reformation durchdrungen"). 예를 들면, 멜란히톤의 영향은 위로를 중심 주제로 삼는 것, 믿음에 대한 정의, 그리스도와 그의 은혜를 아는 것, 성찬에서 그리스도의 임재 교리, 회심 개념, 5계명 해석, 114문답의 말투, 예정 교리에 대한 빈약함 등등이다(cf. Lee, *Die Prädestinationslehre der Heidelberger Theologen 1583-1622*, 33, n. 10. Lee는 Bierma를 참조한다).

36 Henss, *Heidelberger Katechismus*, 36ff.

이기를 사용하여 하이델베르크 신앙문답서를 알차게 가르쳐야 한다.

하이델베르크 신앙문답서는 매우 뛰어난 개혁교회의 고백서이다. 하지만 이것은 젊은 올레비아누스(26세)와 우르시누스(28세)가 작성한 것인 만큼 솔직히 말해서 아직 성숙하지 못한 점도 적지 않다. 멜란히톤은 24세에 신학강요 (Loci communes, 1521)를 출판한 후에, 칼빈은 27세에 기독교강요(Institutio, 1536)를 출판한 후에, 여러 판을 거듭하여 교정 확대하였다는 사실을 감안할 때, 하이델베르크 신앙문답서는 제자리걸음한 듯한 인상을 지울 수 없다. 이런 인상 때문에 하이델베르크 신앙문답서만을 배워서는 안 되고 반드시 제네바 신앙문답서, 스위스 신앙고백서(Confessio Helvetica Posterior), 도르트레히트 신경, 웨스트민스터 문서 등을 반드시 병행해야 할 필요가 있다. 이때 하이델베르크 신앙문답서의 약점을 충분히 보완하는 효과를 얻을 수 있을 것이다.

더 나아가서 하이델베르크 신앙문답서에 근본을 건드리고 많은 사안을 포괄하며 미래를 예견하는 내용이 들어있는 것은 사실이지만 어차피 우리로부터 450년이나 떨어진 시대에 작성된 것이므로 현대문화의 모든 것을 담아내지는 못한다. 분명히 하이델베르크 신앙문답서에는 현대문화에 적응성과 관련해서 볼 때 미흡한 점이 있다. 그렇다면 우리 시대의 질문에 답할 수 있는 보충 신앙고백서(supplement confession)를 작성하는 것은 우리의 사명이다. (*)

【참고문헌】

Bierma, L. et al., *An Introduction to the Heidelberg Catechism: Sources, History, and Theology*, Grand Rapids: Baker, 2005.

Drüll, D., *Heidelberger Gelehrtenlexikon 1386-1651*, Berlin, Heidelberg et al.: Springer-Verlag, 2002.

Van Halsema, Thea B., *Three Men Came to Heidelberg and Glorious Heretic : The Story of Guido de Bres*, Baker Book House, 1982(= 테아 반 할세마, 「하이델베르크에 온 세 사람과 귀도 드 브레」, 서울: 성약, 2006, 2007).

Henss, W., *Der Heidelberger Katechismus im konfessionspolitischen Kräftespiel seiner Frühzeit. Historisch-bibiliographische Einführung der ersten vollständigen deutschen Fassung der sogenannten 3. Auflage von 1563 und der dazugehörigen lateinischen Fassung*, Zürich: Theologischer Verlag 1983.

Hollweg, W., *Neue Untersuchungen zur Geschichte und Lehre des Heidelberger Katechismus. I.* Beiträge zur Geschichte und Lehre der Reformierten Kirche. 13. Neukirchen: Neukirchener Verlag, 1961. (208 p.).

Hollweg, W., *Neue Untersuchungen zur Geschichte und Lehre des Heidelberger Katechismus. II.* Beiträge zur Geschichte und Lehre der Reformierten Kirche. 13. Neukirchen: Neukirchener Verlag, 1968.

Klooster, F. H., *A Mighty Comfort: The Christian Faith Accoriding to the Heidelberg Catechism*, Grand Rapids: CRC Publication, 1990 (= 클루스터, 「하이델베르크 요리문답. 하이델베르크 요리문답에 나타난 기독교신앙」, 이승구 역, 서울: 여수룬 1992).

Lee, N. K., *Die Prädestinationslehre der Heidelberger Theologen 1583-1622*, RHT 10, Göttingen: Vandenhoeck Ruprecht, 2009.

Rossmann, K., *Der Ottheinlichsbau des Heidelberger Schlosses und sein Bauherr. Mit 35 Ganzseitigen Abbildungen*, Heidelberg: Gral-Verlag, 1945.

Weber, O. (Hg.), *Der Heidelberger Katechismus*, Furche-Bücherei Band 218, Hamburg: Furche, 1963.

Wolgast, E., *Die Universität Heidelberg 1386-1986*, Berlin, Heidelberg et al.: Springer-Verlag, 1986.

김병훈, 「소그룹 양육을 위한 하이델베르크 요리문답 I」, 수원: 합신대학원출판부, 2008.

김병훈, 「소그룹 양육을 위한 하이델베르크 요리문답 II」, 수원: 합신대학원출판부, 2012.

김영재, 「기독교 신앙고백: 사도신경에서 로잔협약까지」, 수원: 영음사 2011.

유해무/김헌수, 「하이델베르크 요리문답의 역사와 신학」, 서울: 성약, 2006, 2008.

자카리아스 우르시누스, 「하이델베르크 요리문답 해설」, 원광연 역, 서울: 크리스챤다 이제스트, 2006, 2009.

조병수, 「신약성경총론」, 수원: 합동신학대학원출판부, 2006, 2007.

6.
팔츠(하이델베르크) 교회와 신앙교육[1]

이남규   조직신학 · 조교수

1. 들어가며

> "나" 자신을 바로 취급할 것. 즉, 나는 주님의 소유물이라는 것을 확실히 알아야
> 된다. 하이델베르크 신앙고백서의 문답에, "삶과 죽음에 있어서 당신의 유일한 위로는
> 무엇입니까?" "나는 영육의 생사에 있어서 진실하신 구주 예수 그리스도에게 속하였다
> 는 사실입니다(고전 6:19-20)"라고 하였다.[2]

이 말은 1988년 2월 정암 박윤선이 자기 생애 마지막 졸업식에서 "하나님을
사랑합시다"란 훈사에서 한 말이다. 유명한 하이델베르크 요리문답서 1문답
이 마음에 담겨 있었던 이 훈사는 그의 마지막 훈사가 되었다.

대략 400년 전에, 이제 4살인 어린 소녀, 우트레히트(Utrecht) 대학을 다닌
첫 번째 여성이 될 안나 마리아 판 슈르만(Anna Maria van Schurman,
1607-1687)이 들판에서 꽃을 꺾고 있었다. 그 때 그 집의 가정부가 그녀에게
하이델베르크 요리문답서 1문답을 암송하도록 했다. "나는 나의 것이 아니며
나의 구주 예수 그리스도에게 속했습니다"라고 암송했을 때, 그녀에게는 큰

---

1 본고는 제26회 정암신학강좌에서 발표되었고, 「신학정론」 32/2(2014.11):127-181에 실렸다.
2 박윤선, 『성경과 나의 생애』 (서울: 영음사, 1992), 183.

기쁨과 예수 그리스도에 대한 사랑으로 가득 찼다. 그녀는 후에 이 경험과 감정이 평생 자신에게 머물렀다고 고백했다.[3]

1563년 하이델베르크 요리문답서가 세상에 나온 후 450년 넘게 지나는 동안, 처음 의도했던 팔츠(Pfalz)라는 지역에 머물지 않고 여러 지역으로 세력을 확장했다. 많은 이들이 하이델베르크 요리문답서의 고백 안에서 같은 감정과 경험을 갖게 되었다. 여러 시대 다양한 지역의 다양한 사람들의 고백과 증거들은 하이델베르크 요리문답서의 큰 영향력을 부인하지 못하게 한다. 이미 16세기 후반부터 출판된 이 요리문답서에 대한 여러 해설서와 설교집이 그 영향력의 증거다.

해설서와 설교집이 이 요리문답서가 갖는 내용에 대한 것이라면, 이 요리문답서가 가졌던 목적이나 교육방식으로 우리의 시선을 돌린다면 어떨까? 즉, 이 큰 영향력을 갖게 될 요리문답서를 팔츠교회는 처음 무슨 목적으로 만들었을까? 수백년전의 그 목적을 현재 우리가 공유할 수 있는 것일까? 팔츠교회는 처음에 어떤 방식으로 이 요리문답서를 교육하려고 했을까? 요리문답서가 그들의 교회생활에 어떻게 받아들여졌을까? 수백년이 흐른 지금 우리는 거기서부터 무슨 배울 점이 있을까? 요리문답서의 내용만이 아니라 그 방식도 영향을 끼치고 있는가? 이런 질문들에 본 논문은 팔츠교회가 요리문답서를 만든 필요성과 목적, 그들이 처음에 의도했던 교육방식을 고찰하고, 이 요리문답서가 확산되어 현재의 모습이 어떤지 간략하게 살펴보고, 우리가 배울 점을 제언하는 것을 목적으로 삼는다.[4]

우리는 먼저 하이델베르크 요리문답서가 세상에 나오게 된 역사적 배경과 작성과정을 간략하게 살펴본다. 그 다음 하이델베르크 요리문답서의 필요성과 목적을 당시 팔츠의 경건한 통치자였던 선제후 프리드리히 3세의 목소리를

---

[3] Herman Selderhuis, "The Heidelberg Catechism and the unity of the reformed churches," in *Revival and Unity of Reformed Churches*, [세계개혁교회대회 자료집] (2013), 36.

[4] 따라서 본 논문은 하이델베르크 요리문답서의 내용 자체로 들어가지 않는다. 내용에 대해서는 다음을 참고하라. Zacharias Ursinus, *Commentary on the Heidelberg Catechism*, 원광연 역, 『하이델베르크 요리문답 해설』(고양: 크리스챤 다이제스트, 2006); 김영재, 『교회와 신앙고백』(수원: 합동신학대학원출판부, 2002), 138-152; 김병훈, 『소그룹 양육을 위한 하이델베르크 요리문답 I』(합동신학대학원출판부, 2008); 김병훈, 『소그룹 양육을 위한 하이델베르크 요리문답 II』(수원: 합동신학대학원출판부, 2012); 이승구, 『하이델베르크 요리문답강해 1-진정한 기독교적 위로』(서울: 나눔과 섬김, 2011); 이승구, 『하이델베르크 요리문답강해 2-성령의 위로와 교회』(서울: 이레서원, 2005); 이성호, 『특강 하이델베르크 요리문답』(상)(하), (안산: 흑곰북스, 2013). 그 외에 많은 해설서와 설교집이 있으나 여기서는 생략한다.

통해서 살펴본다. 계속해서 팔츠 교회법이 하이델베르크 요리문답서를 당시에 어떻게 가르쳐지도록 규정했는지, 팔츠교회법의 다양한 예식서에서 하이델베르크 요리문답서의 내용이 어떻게 활용되었는지 고찰한다. 그 다음 하이델베르크 요리문답서가 어떻게 확산되어 현재에 이르게 되었는지 간략하게 살펴보고 마지막으로 한국교회를 위한 제언을 하며 마친다.

2. 역사적 배경[5]

가. 오트하인리히(Ottheinrich)의 종교개혁

루터의 종교개혁은 독일 전역에 퍼져갔고 선제후령 팔츠도 예외는 아니었다. 1517년의 팔츠의 선제후(選帝侯, Kurfürst)는 루드비히 5세였는데, 형식적으로는 1544년 그가 죽을 때까지 동생 프리드리히 2세와 함께 통치했다. 루드비히 5세가 죽자 1544년부터는 프리드리히2세가 선제후였다. 이 두 선제후는 종교개혁 정신이 팔츠에 퍼져나가는 것을 암묵적으로 허용하고 지원했다. 예를 들어 보름스에서 종교개혁에 대한 설교를 하다가 쫓겨난 하인리히 슈톨 (Heinrich Stoll)을 받아들여 하이델베르크의 성령교회와 궁중 설교자로 세웠을 뿐 아니라 신학부에서 교수로 가르치도록 했다.[6] 그러나 정치 외교적으로 곤란한 상황에 빠지지 않기 위해서 겉으로는 로마 가톨릭적 입장을 고수했고

---

5 참고: Charles D. Gunnoe Jr., "The Reformation of the Palatinate and the Origins of the Heidelberg Catechism 1500-1562," in An Introduction to the Heidelberg Catechism, ed., Lyle D. Bierma (Grand Rapids: Baker Academic, 2005), 신지철 역, "팔츠 선제후 령의 종교개혁과 하이델베르크 요리문답의 기원 1500-1562," 『하이델베르크 교리문답 입문』 (서울: 부흥과 개혁사, 2012), 19-89; Christoph Strohm, "Politik, Kirche und Universität zur Zeit des Heidelberger Katechismus," in Handbuch Heidelberger Katechismus, eds., Arnold Huijgen & John V. Fesko & Aledida Siller, (Gütersloh: Gütersloher Verlag, 2014), 44-53; Charles D. Gunnoe Jr., "Die Geschichte des Heidelberger Katechismus im Umfeld der Pfalz," in 위의 책, 54-64; J. F. Gerhard Goeters, "Entstehung und Frühgeschichte des Katechismus," in Handbuch zum Heidelberger Katechismus, ed., Lothar Coenen (Neukirchen-Vluyn: Neukirchener Verlag, 1963), 3-23; 유해무 & 김헌수, 『하이델베르크 요리문답의 역사와 신학』 (서울: 성약, 2006), 59-108; 조병수, "하이델베르크 신앙문답서 작성의 시대와 내용", 『하나님의 형상과 세상의 형상』 권호덕박사정년기념퇴임기념논문집 간행위원회 편 (서울: 하늘양식, 2013), 771-795; Nam Kyu Lee, Die Prädestinationslehre der Heidelberger Theologen 1583-1622, (Göttingen: Vandenhoeck & Ruprecht, 2009), 17-31.

6 Dagmar Drüll, Heidelberger Gelehrtenlexikon 1386-1651, (Berlin/Heidelberg/New York: Springer-Verlag, 2002), 520.

카를 5세 황제 아래 있는 것처럼 보였다. 프리드리히 2세는 황제 카를 5세의 가문인 합스부르크 왕가와 돈독한 관계였다. 그러나 1545년 성찬식에서 선제후와 고관들이 떡과 포도주를 모두 받는 일이 있었다. 이것은 적어도 선제후가 개신교에 동의했다는 것과 나아가 팔츠 귀족과 고관들이 종교개혁에 대해 적극적으로 찬성한다는 것을 의미했다. 개신교지역 연합인 슈말칼덴 연맹과 카를5세가 전쟁할 때 선제후는 작은 군대를 보내 슈말칼덴 연맹을 도왔다. 그런데 이 전쟁이 카를 5세의 승리로 끝나자 선제후 령 팔츠는 곤란한 지경에 이르렀다. 카를 5세는 자기를 배신한 프리드리히 2세를 엄중히 꾸짖고 황제선거에 참여하는 권한 곧 선제후 호칭을 빼앗으려고 했다. 프리드리히 2세는 황제 앞에서 세 번 무릎을 꿇으며 용서를 구했고, 황제의 종교정책을 받아들이고 지원하겠다는 것을 약속하고 '선제후'의 직위를 지켰다. 프리드리히 2세가 늦게 시도한 종교개혁의 작은 노력은 그렇게 힘을 잃었다. 그래서 팔츠는 겉으로는 계속 로마 가톨릭을 유지했다.

1556년 프리드리히 2세가 자녀없이 죽자 조카 오트하인리히가 새로운 선제후가 되었다. 오트하인리히는 다방면에서 지식과 안목을 가진 사람이었다. 그는 팔츠-노이부르크(Pfalz-Neuburg)라는 작은 공국을 다스리고 있었는데, 1540년 즈음에 종교개혁신앙을 개인의 신앙으로 받아들이고 1542년 자기 공국에 공식적으로 개신교가 들어오도록 했다. 슈말칼덴 전쟁에도 적극적으로 참여해서 개신교를 위해 싸웠다. 분노한 카를 5세의 군대가 그의 공국을 침략해서 점령했다. 그때도 오트하인리히는 자신의 신념을 고집하고 황제에게 어떤 용서도 빌지 않고 화해를 거절한 인물이었다.

오트하인리히가 팔츠를 물려받기 바로 전해인 1555년 9월에 아우크스부르크 평화협정이 체결되었다. 따라서 1556년에는 종교개혁에 따른 정치적 위험성은 거의 없었다. 이 평화협정의 핵심적인 내용은 라틴어로 'Cuius regio, eius religio' 번역하면 '그의 지역에는

[오트하인리히(Ottheinrich)]

그의 종교'다. 개신교와 계속해서 크고 작은 전쟁을 치루면서 힘을 잃고 구석에 몰린 황제가 받아들일 수밖에 없었던 협정이었다. 이 협정에 따라 한 지역이 로마가톨릭이나 개신교로 결정되는 것이 그 지역의 통치자의 권한에 맡겨져야 했다. 그리고 여기서 개신교란 아우크스부르크 신앙고백서를 받는 종교를 의미했다.

오트하인리히가 선제후령 팔츠의 선제후가 되자 적극적으로 종교개혁을 실시한 것은 당연한 일이었다. 1556년 4월 16일 오트하인리히는 미사를 금지하는 임시명령을 내렸다.[7] 그리고 얼마 후 새로운 교회법을 반포한다. 이 교회법은 1553년의 뷔르템베르크(Württemberg)의 교회법을 따라 작성된 것이었다.[8] 이 법은 신앙고백서로 아우크스부르크 신앙고백서(Confessio Augustana)를, 요리문답서로는 루터주의자 요하네스 브렌츠(Johannes Brenz)의 것을 받았다.

그 외에도 오트하인리히는 개혁을 위해 몇 가지 중요한 일을 계속 진행했다. 먼저 시찰단을 보내 자기 지역 교회를 시찰하게 한 것이다. 시찰단의 보고서에 따르면 팔츠지역은 아직까지 로마교회의 예식과 그림과 제단 등이 사용되고 있었다. 선제후는 그림들과 제단들을 교회에서 치울 것을 명령했다.[9] 문서적인 개혁의 허용이나 조치에만 만족한 것이 아니라 실질적인 개혁을 실행했으며, 개혁이 자신의 확고한 의지인 것을 드러낸 것이다. 따라서 행정적인 면에서나 실제적인 면에서 팔츠의 종교개혁의 공은 오트하인리히에게로 돌아간다.

이 시기 종교개혁 진영은 성만찬에서 일치를 이루지 못하고 성만찬의 떡에 예수 그리스도의 인성이 함께 한다는 루터주의자들과 여기에 반대하는 스위스 진영이 점차로 갈라지고 있었다. 1549년 칼빈과 불링거가 취리히협의서(*Consensus Tigurinus*)라 불리는 성만찬에 관해 일치에 이르자 루터주의자들은 취리히만이 아니라 제네바에 대해서도 극렬히 반대하기 시작했다. 그들의 반대자를 칭하는 용어 츠빙글리주의자(Zwinglian)에는 칼빈주의자(Calvinian)

---

[7] "[Reformationsmandat an die Amtleute, betreffend die Abschaffung des katholischen Gottesdiensts und vorläufige Ordnung des Gottesdiensts im evangelischen Sinne, vom 16. April 1556]" in *Die evangelischen Kirchenordnungen des XVI. Jahrhunderts 14*, ed., Emil Sehling (Tübingen: Mohr, 1969) [이하 *KO 14*], 111-113.

[8] "Kirchenordnung, wie es mit der christlichen leere, heiligen sacramenten und ceremonien in des durchleuchtigsten, hochgebornen fürsten und herren, herrn Ottheinrichs, pfaltzgraven bey Rhein ... gehalten wirdt [von 1556]" *KO 14*, 113.

[9] Eike Wolgast, *Reformierte Konfession und Politik im 16. Jahrhundert* (Heidelberg: Universitätsverlag C. Winter Heidelberg GmbH, 1998), 26.

가 덧붙여졌다. 오트하인리히가 팔츠를 통치하는 기간 이 긴장은 유럽전체에 커져가고 있었다.

그러나 오트하인리히는 이 문제를 중요하게 생각하지 않았다. 그가 몇 명의 명성있는 학자들을 모았을 때 강한 루터주의자인 틸레만 헤스후스(Tilemann Heshus)만이 아니라 츠빙글리주의자 토마스 에라스투스(Thomas Erastus)와 칼빈주의자 피에르 보퀴누스(Pierre Boquinus)도 있었다. 에라스투스는 의학부교수였으나 신학적 식견이 뛰어났고, 팔츠교회의 일을 결정하는 교회회의(Kirchenrat)의 회원이었다. 보퀴누스는 신학부교수로서 교의학을 가르쳤다. 개혁파인 이들의 반대편에 있는 헤스후스는 제일교수로서 신약을 가르쳤을 뿐 아니라 선제후령 팔츠의 총감독(Generalsuperintendent)이었다. 각기 중요한 역할을 담당하는 이들에게 있었던 결정적인 신학적 견해의 차이는 결국 갈등의 씨앗이 되었다.

나. 프리드리히 3세의 개혁주의 노선

루터파와 개혁파의 갈등은 숨겨질 수 없었고 오트하인리히 생전에 이미 한 번 터져나왔다. 독일 서북부 프리스란트(Friesland)는 개혁파의 영향이 강했던 지역인데, 이 지역에서 온 스테판 실비우스(Stephan Silvius)라는 학생이 박사학위취득을 위한 방어식을 가지려고 했을 때였다. 당시 신학부 학장이던 헤스후스는 이 학생에게 "주의 만찬에서 단순한 표를 받아들이는 츠빙글리주의자들의 오류"란 주제를 줬다. 츠빙글리 편에 있던 실비우스는 이 주제를 받아들일 수 없었다. 이것이 문제가 되자 당시 하이델베르크 대학의 총장이던 에라스투스는 이 문제를 대학평의회로 가져갔다. 이 회의에서 신학부 부학장이던 보퀴누스에게 실비우스의 방어식을 맡기기로 했으나 헤스후스는 거절했다. 이

[프리드리히 3세(Friedrich III)]

문제는 선제후자문회의에 올라갔고 거기서 대학평의회의 결정대로 하도록 했으나 헤스후스가 결정을 따르지 않자 헤스후스가 대학평의회에 참석할 수 없도록 했다. 이렇게 루터파와 개혁파 사이에 갈등이 증폭되던 때 1559년 2월 12일 오트하인리히는 죽었고 갈등의 해결은 새로운 선제후 프리드리히 3세에게 맡겨졌다.

결국 실비우스는 개혁파의 성만찬론을 옹호하는 주제로 박사학위를 수여받았으나 성만찬의 갈등은 헤스후스와 빌헬름 클레비츠(Wilhelm Klebitz) 사이에 계속되었다. 클레비츠는 학생이자 성령교회의 부교역자였는데 헤스후스가 하이델베르크를 잠시 떠나 있는 동안 클레비츠가 개혁파 성만찬론을 주제로 삼아서 학사학위를 받자 갈등이 폭발했다. 헤스후스는 강단에서 클레비츠를 비난했고 클레비츠도 헤스후스를 비난했다. 프리드리히3세는 둘을 중재하려고 했으나 격한 성품을 가진 이들을 말릴 수 없었다. 프리드리히 3세는 성만찬에서 그리스도의 임재에 관한 표현인 "떡 안에"나 "떡 아래" 등의 표현을 금지시켰다. 그러자 헤스후스는 프리드리히 3세의 이 조치를 비판했다. 프리드리히 3세의 인내는 한계에 달했고, 1559년 9월 결국 헤스후스와 클레비츠를 해임시키고 문제 해결을 위해서 멜란히톤에게 특사를 보냈다.

멜란히톤의 답장은 11월에 도착했다. 멜란히톤은 프리드리히에게 보내는 개인적인 편지와 성만찬논쟁에 대한 공적 평가서 두 가지 답장을 보냈다. 개인적인 편지에서 두 사람을 해임시킨 프리드리히3세의 행위가 정당하다고 옹호했다. 평가서에서 멜란히톤은 당시 논쟁이 되는 성만찬에 대한 의견을 제시했다. 성만찬의 유익이 고전 10:16의 말씀을 따라 그리스도의 몸과 연합하는 것에 있는데, 특히 이 교통(κοινωνία)과 연합(consociatio)이 성례를 실행할 때 생긴다고 했다.

> [사도바울은] 교황파처럼 떡의 본성이 변한다고 말하지 않는다. 브레멘 파처럼 떡이 그리스도의 본성적 몸이라고 말하지 않는다. 헤스후스처럼 떡이 그리스도의 참된 몸이라고 하지 않는다. 그러나 교통이다. 즉, 그리스도의 몸과 연합하는 것이다. 이 연합은 [성만찬예식] 실행에서 생기는데, 마치 쥐들이 떡을 씹어 먹는 것처럼 지각없는 것이 아니다. … 거기서 확실히 믿는 자들에게 효과가 있다. 그리고 떡 때문이 아니라 사람 때문에 함께 하신다. … 그러나 이 유익에 대한 참되고 단순한 교리를 어떤 이들은 변장한 것이라고 하면서, 마치 떡 때문에 이 성례가 세워지고 교황의 예배가 세워지는 것처럼 몸이 떡 안에 있는지 또는 떡의 나타남에 있는지 말해지기를 요구한다.

나중에 그들은 몸이 어떻게 떡에 포함되었는지를 생각해냈는데, 어떤 이들은 변화를, 어떤 이들은 본질변화를, 어떤 이들은 [몸의] 편재를 생각해냈다.[10]

멜란히톤이 '강한 루터파'(Gnesio Lutheran)의 입장을 거절하고 칼빈의 입장에 가까이 간 것이 확인되자 개혁파는 만족했고 헤스후스는 자기 스승 멜란히톤에 대해 반대하는 책을 저술했다. 다음해 4월 멜란히톤은 세상을 떠났다. 죽기 전에 보낸 성만찬에 대한 이 평가서 때문에 멜란히톤은 강한 루터파의 비판의 대상이 되었으나 하이델베르크의 개혁주의자들에겐 큰 힘이 되었다. 멜란히톤은 당시 독일 개신교에서 큰 권위를 갖고 있었기 때문에 하이델베르크 개혁파는 멜란히톤의 권위에 기대어서 자신들의 성만찬론의 정당성을 주장할 수 있었다. 프리드리히3세도 자신이 헤스후스를 해임시킨 명분이 확보되었으며, 나중에 멜란히톤의 의견에 동의하지 않는 자들은 떠나라고 할 수 있었다. 멜란히톤의 평가서는 1560년에서 1561년 사이 열 번이나 넘게 인쇄되었다.

프리드리히 3세가 개혁파 성만찬론에 더 큰 확신을 갖게 하는 계기가 있었다. 1560년 6월 프리드리히 3세의 딸의 결혼식에 맞춰 사위인 작센-고타(Sachsen-Gotha)의 통치자 요한 프리드리히(Johann Friedrich)가 왔다. 요한 프리드리히는 강한 루터주의자의 편에선 자로 장인의 노선을 우려하면서 장인을 설득하기 위해서 신학자 두 사람 요한 슈토셀(Johann Stössel)과 막시밀리안 뫼를린(Maximilian Mörlin)을 데리고 하이델베르크로 왔다. 그리고 루터파 신학자 슈토셀과 하이델베르크의 개혁파 신학자 보키누스 사이에 공식적인 논쟁이 있었다. 논쟁이 시작되자 개혁주의자 보키누스는 프랑스출신으로 독일어에 능숙하지 못했고 말하는 방식도 큰 소리로 말하는 방식이 아니었기 때문에 개혁파의 생각이 분명하게 전달되지 못한다는 것이 드러났다. 프리드리히 3세는 에라스투스에게 보키누스를 돕도록 지시했다. 에라스투스가 보키누스 옆에서 개혁파의 입장을 분명히 제시했다. 그리스도의 참된 몸에 참여하는 것은 영을 위한 양식이지 몸을 위한 양식이 아니라는 것이 설득력있게 설명되었다. 이 논쟁 후에 프리드리히 3세 선제후는 성만찬 논쟁의 핵심이 무엇인지 더 잘 이해하게 되었고 순수한 교리를 지키고 보호하기로 더 강한 결심을 하게 되었다.[11]

---

10 이남규, "하이델베르크의 성만찬론: 팔츠의 종교개혁(1556)부터 하이델베르크 요리문답(1536)까지", 「성경신학저널」 4권 (2012): 102-103.

그런데 팔츠에 개혁주의에 견고히 서기 위해서는 중요한 정치외교적인 문제가 하나 남아 있었다. 그것은 아우크스부르크 신앙고백서에 관련한 문제였다. 아우크스부르크 종교평화협정에 의해서 신성로마제국은 개신교와 로마가톨릭 둘 다 허용되었는데, 개신교의 경우 아우크스부르크 신앙고백서를 받는 것이 조건이었다. 아우크스부르크 신앙고백서는 두 가지 종류 즉 1530년에 나온 것과 후에 성만찬에 대해 작은 수정을 한 1540년 판이 있었다. 앞에 것은 '아우크스부르크 신앙고백서 비변경판'(Confessio Augustana invariata, CA)으로, 뒤에 것은 '아우크스부르크 신앙고백서 변경판'(Confessio Augustana variata, CAV)으로 불린다. 둘 다 멜란히톤이 작성한 것이다. 이 두 판의 가장 큰 차이는 성만찬론에 있었다. 1530년 판(CA)은 "그리스도의 참된 몸과 피가 실제로 성만찬의 빵과 포도주의 형체 아래 현존한다(... unter der Gestalt des Brotes und Weines im Abendmahl gegenwärtig ...)"라고 해서 강한 루터파의 주장에 가까이 있다. 반면 1540년 판(CAV)은 "빵과 잔과 함께 그리스도의 몸과 피가 제시된다(... cum pane et vino exhibeantur ...)"라고 해서 개혁파도 받아들일 수 있었다. 개혁주의 노선으로 마음을 정한 팔츠의 선제후 프리드리히 3세는 당연히 변경판을 마음에 들어 했다. 1561년 1월 나움부르크(Naumburg)에서 개신교 통치자들이 모여서 아우크스부르크 신앙고백서를 중심으로 개신교신앙을 다시 확인하려고 했을 때, 두 가지 중 어떤 것을 받아들일 것인가로 토론이 벌어졌다. 사실 1555년 아우크스부르크 종교평화협정 때 사용된 신앙고백서는 1540년 판이었으나 강한 루터파 지역의 통치자들은 1530년 판만을 받아들이려고 했다. 프리드리히 3세는 감동적인 연설로 1540년 판도 함께 인정받도록 했다. 개혁주의 노선으로 가야할 팔츠의 미래를 위해서 이것은 중요한 결정이었다. 왜냐하면 팔츠가 정치 외교적으로 아우크스부르크 종교평화안에 머물러야 했기 때문이다. 팔츠가 개혁주의를 드러내는 하이델베르크 요리문답서를 만들었을 때, 그럼에도 불구하고 정치 외교적으로 보호받을 수 있었던 것은 프리드리히 3세가 아우크스부르크 신앙고백서 변경판도 인정받도록 했던 노력이 있었기 때문이다.

---

11 Erdmann K. Sturm, *Der junge Zacharias Ursin* (Neukirchen: Neukirchener Verlag, 1972), 229.

외교적인 면에서 하이델베르크에 개혁주의를 들여올 명분을 확보한 프리드리히 3세에게 남아 있는 과제는 팔츠교회의 개혁의 확립이었다. 비록 개혁주의로 노선을 정했으나 교회에는 여러 가지 개혁의 문제가 있었다. 아직 로마가톨릭의 잔재가 여러 곳에 남아 있었다. 오트하인리히는 그림과 건축물과 여러 장식품들과 여러 제단들을 없앴으나 제단 하나를 남겨두는 것은 허락했었다. 프리드리히 3세는 그것을 위험한 것으로 생각해서 없애버리고 성만찬상으로 대체했다. 십자가에 못박힌 그리스도상, 촛대, 그림도 다 치우도록 명령했다.[12] 예배에 있어서도 라틴어가 아닌 독일어를 사용하도록 해야 했으며 성만찬에서도 빵과 잔 둘 다 받는 것뿐만 아니라 그 의미가 잘 전해져야 할 필요가 있었다. 올레비아누스는 한 교인이 동전모양의 성찬용 제병을 받아들고 떨며 높이 올려 경배하는 것을 목격했다.[13] 팔츠교회는 떼어진 빵을 사용하는 방식으로 성만찬 예식을 시작했다.[14] 이렇게 팔츠교회에는 예배당 및 예배 모습 속에서 여러 교정되어야 할 부분이 많았다. 팔츠는 로마가톨릭에서 종교 개혁을 한지 5년이 되기 전에 성만찬 논쟁으로 신학적 혼란을 겪은 처지였으므로, 정리해서 바른 내용을 가르쳐야 할 필요가 대두되었다. 팔츠교회에는 로마가톨릭의 잔재를 없앤 예배모범이 포함된 교회법과 바른 내용을 가르칠 교안인 요리문답서가 필요했다. 마침 두 사람 우르시누스와 올레비아누스가 하이델베르크에 왔고, 프리드리히 3세는 이들을 독려해서 요리문답서와 교회법이 나오도록 했다.

---

[12] Karl Müller, "Caspar Olevian – Reformator aus Leidenschaft," *Monatshefte für Evangelische Kirchengeschichte des Rheinlandes* 37/38 (1988/1989): 39.

[13] Karl Müller, 40.

[14] 동전모양의 제병이 아닌 떼어진 빵을 사용한 것은 팔츠가 개혁주의로 노선을 정한 대표적 특징으로 말해지곤 한다. 하이델베르크 요리문답서에는 분명하게 떼어진 빵을 사용한다고 진술된다(75문). 이 성만찬개혁, 즉 동전모양의 제병에서 떼어진 빵을 사용하는 것을 변론되었어야만 했다. 그래서 이 시기 성만찬에서 떼어진 빵을 사용하는 것을 옹호하는 책이 출판된다. Thomas Erastus, *Gründtlicher Bericht, wie die Wort Christi, Das ist mein Leib etc. zu verstehen seien, auß den Worten der Einsetzung und der Erclärung Christi selbst genommen* (Heidelberg, 1562). Thomas Erastus, *Erzelung Etlicher ursachen, warumb das hochwirdig Sacrament des Nachtmals unsers Herrn und Heylandts Jhesu Christi, nicht solle ohne das brodbrechen gehalten werden*(Johann Mayer, 1563) 여기에 대한 자세한 논의 참고: 이남규, "하이델베르크의 성만찬론: 팔츠의 종교개혁(1556)부터 하이델베르크 요리문답(1536)까지", 109-112.

3. 작성 과정

하이델베르크 요리문답서의 구체적인 작성과정을 알 수 있는 중요한 자료
등은 모두 소실되었다. 이런 이유
로 그 작성에 대한 잘못된 견해들
이 무려 20세기 초까지 정설로 받
아들여졌다. 그 중 대표적인 것이
우르시누스와 올레비아누스가
이 요리문답서의 공동저자라는
주장이다. 이 주장은 17세기 초
하이델베르크의 교수였던 하인
리히 알팅의 주장에 따른 것으로
19세기에 처음 비판받게 되고,
400 주년을 지나면서 많은 토론
이 있었다. 결국 현재는 올레비아
누스가 비록 작성위원회의 한사
람이었지만 우르시누스와 같은
수준의 작성자는 아니었다고 학
자들은 결론 내렸다.[15] 그러면 하

[자카리아스 우르시누스(Zacharias Ursinus)]

이델베르크 요리문답서는 누가 작성했을까? 현재 학자들은 하이델베르크 요
리문답서를 작성위원회의 공동 저작물로 칭하는 것이 옳다고 하면서, 동시에
작성에 핵심적인 역할을 한 사람은 우르시누스라는 것에 동의한다.

우리는 먼저 우르시누스의 역할에 주목해 볼 수 있다. 1562년, 즉 하이델베
르크 요리문답서를 앞두고 우르시누스는 두 가지 중요한 요리문답서를 작성했
다. 하나는 일반대중과 어린이를 위한 것으로 소요리문답서(Catechesis minor)
라 불리며, 다른 하나는 신학입문자들을 위한 것으로 신학요목문답(Catechesis,
Summa Theologiae) 또는 대요리문답서(Catechesis maior)라 불린다. 소요리문
답서는 그 전체 구성과 문답 내용의 유사성 때문에 하이델베르크 요리문답서
의 초안이라는 것을 부정할 수 없을 것 같다. 그렇다고 대요리문답서와 하이델

---

15 Bierma, 『하이델베르크 교리문답 입문』, 109-139.

베르크 요리문답서와의 관련성을 무시할 수 없다. 교회권징 등의 부분은 소요리문답서보다는 대요리문답서와 더 비슷하기 때문이다.

구체적 자료가 상실되었기 때문에, 작성과정에 대해 우리가 추정할 수 있는 자료들은 그 당시 사람들이 남긴 편지들과 여기에 대해 언급한 강의안들이다. 1562년 3월 우르시누스는 편지에서 이렇게 쓰고 있다. "우리는 이미 백성들과 우리 청소년들을 교육하기 위해 적당한 요리문답 양식을 작성하고 있고 교회사역과 교회권징의 방법을 구성하고 있습니다."[16] 1562년 3월에 요리문답서가 작성 중에 있었고, 교회법 작성에 착수되었다는 것을 보여주는 진술이다. 또 1562년 9월 1일 우르시누스가 교의학교수 취임강연 중에 청소년을 위한 요리문답서를 조금 후에 갖게 될 것을 기대한다고 말하면서,[17] 자신의 강의에는 더 자세한 요리문답서가 사용될 것을 말한다. 하이델베르크 요리문답서는 1562년 3월 준비 중이었고, 9월 완성을 앞두고 있었다는 것을 보여준다. 정리하면 우르시누스의 소요리문답서가 하이델베르크 요리문답서의 초안으로 활용되어서 1562년 내내 수정 보완되는 동안 대요리문답서가 작성되어서 참고자료로 사용되었다고 추측할 수 있다. 두 요리문답서의 정확한 작성시기 등 진행상황은 알 수 없다.[18]

우르시누스의 제자 로이터에 따르면 두 요리문답서가 작성위원회에 제출되어 받아들여져 소요리문답서의 많은 내용이 반영되었다고 한다. 여기서 우리는 요리문답서 작성위원회가 있었다는 것을 알 수 있다. 하이델베르크 요리문답서는 우르시누스나 몇몇 특정인들의 저작으로 돌릴 수 없고 바로 이 위원회로 돌려야 한다. 그런데 이 위원회에 어떤 인물들이 포함되어 있는지 구체적인 정보는 알려져 있지 않다. 프리드리히 3세가 하이델베르크 요리문답서 초판에서 신학부 교수들 전체, 모든 감독들, 훌륭한 목회자들이 함께 협력했

---

[16] "In eo iam sumus, ut forma catechismi populo et iuventuti nostrae instituendae idonea conscribatur, ministerii et disciplinae ratio constituatur." Gustav Adolf Benrath, "Briefe des Heidelberger Theologen Zacharias Ursinus," *Heidelberger Jahrbücher* 8 (1964): 100.

[17] "... formulam Catechismi puerilis nos habituros brevi speramus ..." Zacharias Ursinus, "D. Zachariae Ursini ... Oratio habita in academia Heidelbergensis ...," in *D. Zachariae Ursini ... Opera Theologica ... [I]*, ed. Quirinus Reuter (Heidelberg, 1612), 417.

[18] Bierma는 소요리문답서의 작성시기를 1561년 후반이나 1562년 전반기로, 대요리문답서를 1562년 후반기로 추정한다(Bierma, 『하이델베르크 교리문답 입문』, 290). 대요리문답서를 그렇게 추정하는 이유는 1562년 9월부터 우르시누스의 교의학강의가 시작되었고 교재로 사용되었기 때문이다. 그러나 강의안이 이미 그 전에 작성되었다면 (대요리문답서의 구조적 탄탄함이 그 증거다) 같은 해 여름 또는 그 전일 가능성도 부정할 수 없다.

다는 것을 언급하는 데서, 어느 정도 추측할 뿐이다. 그 외에 토마스 에라스투스도 참여했다는 것을 볼 때에 신학자나 목회자는 아니나 역량있는 팔츠의 지도자들, 교회위원회의 위원들이 소속되었을 것이라고 추측할 뿐이다.[19] 우르시누스가 작성한 초안이 교회의 지도자들로 구성된 위원회에서 다루어지면서 하이델베르크 요리문답서가 만들어진 것이라고 할 수 있다.

요리문답서 완성본이 1563년 1월 13일 승인을 받기 위해서 교회 회의에 올려졌다. 루터주의 편에 서 있던 두 명을 제외하고 모두 다 찬성했다. 찬성한 이들이 18일 새로운 요리문답서에 서명하면서 요리문답서가 공식적으로 교회 회의를 통과했다. 그리고 다음날인 1월 19일 프리드리히 3세가 요리문답서의 필요성과 목적에 대한 서문에 서명하면서 인쇄소로 넘겨졌다. 2월과 3월 인쇄를 거친 요리문답서는 팔츠에 전파되면서 바른 교리를 위한 신앙교육이 전파되었다.

새로운 교회법은 올레비아누스가 주도했다. 올레비아누스가 교회법의 주저자이거나 최소한 핵심적인 부분의 대부분을 작성했을 것이라 평가된다.[20] 그 증거는 교회법에 대해 논의하는 올레비아누스와 칼빈 사이의 서신들이다. 1560년에서 1563년 집중해서 교회법에 대해 논의했는데, 주로 올레비아누스가 묻고 칼빈이 대답하는 방식이었다. 1560년 4월과 9월 올레비아누스는 칼빈에게 제네바의 교회법에 대해 물었다. 교회권징과, 예식들, 심방, 환자방문 등에 대해서 물었다. 1560년 11월 칼빈은 제네바에서 어떻게

[카스파르 올레비아누스(Caspar Olevianus)]

---

[19] 여기에 대한 토론은 다음을 참고하라: Bierma, 『하이델베르크 교리문답 입문』, 100-109; Bierma, "Die Verfasser des Heidelberger Katechismus," in *Handbuch Heidelberger Katechismus*, 65-67; J. F. Gerhard Goeters, "Entstehung und Frühgeschichte des Katechismus," 15.

[20] Karl Müller, "Caspar Olevian ‐ Reformator aus Leidenschaft," 37.

목사가 세워지는지, 세례예식을 어떻게 거행하는지, 성만찬을 위한 심사를 어떻게 하는지 등 교회생활에 대한 다양한 내용을 알려주었다. 1562년 교회권 징에 대한 중요한 논의가 편지를 통해서 한 번 더 있게 된다. 1563년 4월 올레비아누스가 보낸 편지에서 제네바 교회법이 독일어로 번역된다는 사실을 알렸다. 제네바 교회법은 "프랑스개신교회법"이란 제목으로 출판되었다. 이렇게 해서 제네바 교회의 많은 영향을 받은 팔츠의 교회법이 1563년 11월 세상에 나왔다. 이 교회법의 심장에는 하이델베르크 요리문답이 놓여있고 교회법 전체에 요리문답서의 내용이 흐르고 있다.

4. 필요성과 목적

팔츠교회에서 요리문답서와 교회법을 분리해서 생각할 수 없다. 요리문답서가 그 내용이라면 그 실천의 방법을 규정한 교회법은 내용을 담는 그릇과도 같다. 선제후는 교리에서만이 아니라 외적 예식에서도 하나님의 말씀과 뜻의 바른 지식으로 인도되기를 원한다.[21] 즉 프리드리히 3세에게는 교리교육만이 아니라 예식과 실천 전체가 하나님을 아는 지식을 위한 신앙교육의 장이다. 따라서 요리문답서와 교회법은 같은 필요성과 목적을 갖는다. 실제로 교회법의 서문은 하이델베르크 요리문답서 초판 서문에서 말했던 필요성과 목적을 요약한 후 교회법에도 똑같은 필요성과 목적이 있다고 말한다. 교회법에서 반복하여 말하는 요리문답서가 필요한 이유는 '오류'(unrichtigkeyt)와 '불일치'(ungleichheyt) 다. 그래서 확실한 요리문답서를 만들어 내었던 것이다. 그런데 예식과, 성례의 집례와 다른 실천들에서 똑같이 '바름'(richtigkeyt)과 '같음'(gleichförmigkeyt) 이 요구된다. 교회법의 서문은 상대적으로 짧을 뿐 아니라, 그 필요성과 목적을 하이델베르크 요리문답서의 서문에 연결시키고 있기 때문에, 선제후가 요리문답서 초판에서 밝히는 내용을 고찰하는 것이 의미있을 것이다.

가. 소명의식

---

[21] "... also unsere liebe underthonen zugleich in der lehr und auch in den eusserlichen ceremoniis zu rechter erkandnuß göttliches worts und willens durch einen einträchtigen und in der heiligen schrift gegründten weg gebracht und geführt möchten werden, ..." *KO 14*, 335.

초판 서문은 팔츠의 선제후 프리드리히 3세가 교회와 학교의 사역자들에게 하이델베르크 요리문답서의 필요성과 목적을 밝히는 방식으로 되어 있다. 우리는 하이델베르크 요리문답서를 공포하는 선제후의 자기 소명의식을 가장 먼저 만난다. 그는 하나님의 말씀을 근거하여 하나님께서 자신에게 주신 의무가 단순히 백성들의 삶을 평화롭고 평안하게 하는 것만이 아니라고 말한다. 그가 인식하는 중요한 소명은 "무엇보다도 전능하신 이와 그의 구원하는 말씀에 대한 바른 지식과 경외를 가르치고 거기로 인도하는 것"이다.[22] 그래서 "하나님과 그의 말씀에 대한 바른 지식과 경외"라는 선제후의 소명의식이 하이델베르크 요리문답서의 출발점이라고 할 수 있다.[23] 선제후는 하나님과 그의 말씀에 대한 바른 지식이 후대에 전달되어야 하며, 후대가 하나님과 그의 말씀에 권위를 두고 경외하기를 원했으며, 자신이 그 일을 위해 하나님의 부름을 받았다고 믿었다. 그는 그 일을 위해 온갖 수고를 다했으며 예상되는 희생을 치를 각오를 했던 것이다. 팔츠의 신앙교육의 출발점은 이런 소명의식 곧 하나님과 그의 말씀에 대한 바른 지식과 경외였다. 하나님과 그의 말씀을 위한 소명의식은 종종 간과되어지나 이것 없이는 하이델베르크 요리문답서는 세상에 나올 수 없었다.

[하이델베르크 요리문답서 초판]

나. 팔츠의 상황

이런 소명의식 아래서 선제후는 두 가지 상황을 언급한다. 첫째, 더 나은 개혁을 위한 열망이다. 프리드리히 3세 이전 선제후들도 개혁을 시도했었고 오트하인

---

22 "... Sonder auch und fürnemlich dieselbige zu rechtschaffener erkanntnuß und forcht des Allmechtigen / und seines seligmachenden Worts / als dem einigen fundament aller Tugenten und gehorsams / je lenger je mehr anzuweisen und zu bringen." *Catechismus Oder Christlicher Underricht wie der in Kirchen und Schulen der Churfürstlichen Pfalz getrieben wirdt*, (Heidelberg, 1563), 4.

23 *KO 14*, 342.

리히의 경우 실질적인 팔츠의 종교개혁을 이뤄냈다고 평가할 수 있다. 프리드리히 3세는 그 사실을 알고 있으며 선임자들이 만들어 놓은 규례와 조치들을 유익한 것이라고 인정한다. 그러나 바라던 열매들을 맺지 못했다고 평가한다. 이런 상황은 프리드리히 3세가 선임자들의 규례와 조치들을 다시 되풀이하는 데서 그치지 않고, 개혁하고 선명하게 해서 계속 실행하게 했다고 진술한다.[24]

프리드리히 3세가 언급하는 첫 번째 상황은 팔츠가 처한 형편을 보여준다. 프리드리히 2세가 몇 가지 조치들을 취했고 오트하인리히가 교회법을 개혁했지만 아직 팔츠의 형편은 개혁이 필요하다는 것을 밝히는 것이다. 선임자의 규칙과 조치들을 단순히 되풀이하는 것이 아니라 개혁하겠다고 밝히는 것은 루터주의와 개혁주의 사이의 갈림길에서 멈출 수 없는 상황을 암시한다. 이제 팔츠는 개혁을 향하기 위해서 (in Verbesserung zu richten) 새로운 요리문답서가 필요했던 것이다.

두 번째 젊은이들이 처한 형편을 언급한다. 프리드리히 3세가 발견한 팔츠교회의 현실은 "피어나는 청춘들이 학교와 교회에서 기독교 교리를 아주 경솔하게 또는 한편 전혀 가르침을 받지 않거나, 한편 다르게 또는 지속적이고 확실하고 통일적인 요리문답서가 아니라 각자의 마음과 판단에 따라 가르침을 받고 교육받는다"는 것이었다.[25] 이런 신앙교육의 부재 또는 제멋대로의 신앙교육으로 여러 잘못된 결과들이 나오게 되는데, 특히 "그들이 종종 하나님에 대한 경외와 말씀지식 없이 자라난다는 것이다, 일치하는 교육을 받지 못하고 또는 그렇지 않으면 계속되는 쓸모없는 질문들로 또 이따금 이질적인 교리로 시달린다"는 점을 지적한다.[26]

자라나는 청소년들에 대한 염려가 프리드리히 3세의 염려의 가장 중요한

---

[24] "Welches uns denn verursacht / nicht allein dieselbige widerum zu ernewern: sonder auch / da es die nothwendigkeit erfordert / in verbesserung zu richten / zu erleutern / und weitere Fürsehung zu tun." *Catechismus Oder Christlicher Underricht*, 6.

[25] "... daß die blüende jugend allenthalben/ beides in Schulen und Kirchen Unsers Churfürstenthums in Christlicher Lehre sehr farlessig / und zum theil gar nit / zum theil aber ungleich / und zu keinem bestendigen / gewissen und einhelligen Catechismo / sonder nach eines jeden fürnemen und gutdüncken angehalten und underwiesen worden." *Catechismus Oder Christlicher Underricht*, 6-7.

[26] "... daß sie oftmalen ohne Gottes furcht und Erkanntnuß seines Worts auffgewachsen / keine eintrechtige Underweisung gehabt / oder sonst mit weitleufftigen unnotdürfftigen fragen / auch bisweilen mit widerwertiger lehre beschweret worden ist." *Catechismus Oder Christlicher Underricht*, 7.

부분이고, 이 염려의 핵심에는 다른 어떤 것이 아니라 그가 서문에서 자주 말하는 하나님을 경외함과 그의 말씀에 대한 지식이다. 우리가 위에서 본 것처럼 하나님을 경외함과 그의 말씀에 대한 지식은 그가 팔츠의 통치자로서 갖는 소명의식의 핵심이었다. 팔츠의 통치자로서 그의 소명의식은 "하나님과 그의 말씀에 대한 바른 지식과 경외"로 자기의 공민들을 인도하는 것이었는데, 이제 청소년들이 하나님을 경외하지 않고 그의 말씀에 대한 지식 없이 자라나는 것이 이 소명의식을 크게 자극했다는 것은 분명하다. 하이델베르크가 나오게 된 배경 또는 이 요리문답서의 바탕에는 하나님을 경외함과 그의 말씀에 대한 지식이 깔려있는 것이다.

다. 지향점

프리드리히 3세의 소명의식과 더 나은 개혁을 위한 열망과 자라나는 청소년들의 교육부재라는 상황은 팔츠를 위한 요리문답서를 만들게 한 충분한 동기가 되었다. 이러한 동기로 선제후가 요리문답서를 만들 때 두 가지 기본방향을 세웠다. 요리문답서가 지향하게 될 두 방향은 '바름'(Richtigkeit)과 '같음'(Gleichheit)이다. 즉 팔츠는 요리문답서를 통해서 바른 교리만 추구하는 것이 아니라 통일된 교육을 추구하는 것이다. 바름과 같음은 한 묶음으로 서문에 자주 등장한다. 청소년들이 처음부터 "순수하고 같은 형식의 교리로"(zu reiner / auch gleichförmiger lehr) 배워야 한다. 요리문답서를 통해서 "오류와 상이성"(unrichtigkeit und ungleichheit)을 없애야 한다. 가르침을 받는 자들인 청소년들은 "경건한 가르침을 통일되게" 가져야 한다. 가르치는 자들인 설교자와 교사들은 "자신의 생각대로 날마다 다른 것을 문답하면 안되며"(같음을 위하여), "그릇된 교리를 도입하면 안된다"(바름을 위하여).[27] 이처럼 하이델베르크 요리문답서를 반포하며 그의 마음에 그렸던 팔츠 교회의 모습은 바르고 같은 신앙 정신 아래에 있었다.

'바름'과 '같음'을 위하여 팔츠교회가 산출한 것은 '요리문답서'(catechismus)였다. 바름과 같음은 아무 목적 없는 것이 아니라 첫 출발점이

---

[27] "... nicht ires gefallens tegliche enderungen fürnemen / oder widerwertige lehre einfüren." *Catechismus Oder Christlicher Underricht*, 9-10

었던 하나님을 경외함과 그의 말씀에 대한 지식을 목적한 것이다. 하나님을 경외함과 그의 말씀에 대한 지식이 어떻게 요리문답서에 연결되는가? 프리드리히 3세의 서문에서 하나님의 말씀과 교리와 요리문답서에는 어떤 모순이나 갈등은 발견되지 않는다.[28] 하나님을 경외함과 하나님의 말씀을 가르치기 위해 만든 것이 요리문답서이기 때문에, 요리문답서를 가르치는 것은 곧 하나님을 경외함과 하나님의 말씀을 가르치는 것을 의미했다. "우리 기독교의 핵심적인 교육 또는 요리문답서는 하나님의 말씀으로부터" 만든 것이다."[29] 이 요리문답서를 가르치는 것이 곧 기독교교리를 가르치는 것이고, 이 요리문답서의 가르침과 성장하는 것이 바로 하나님의 말씀 안에서 성장하는 것이다.[30] 즉 하나님의 말씀을 가르치는 것은 다른 것이 아니라 요리문답서를 가르치는 것이었다. 요리문답서를 가르치는 것이 하나님을 경외하는 것과 하나님의 말씀을 가르치는 것이었기 때문에, 프리드리히 3세가 진술하는 신앙교육의 목표는 단순한 교리적 지식에 대한 교육이나 교리적 개혁이 아니라 삶 전체의 개혁이었다. 선제후는 하나님의 구원하는 말씀을 "모든 덕과 순종의 유일한 기초로"(als dem einigen fundament aller Tugenten und gehorsams) 규정한다. 따라서 "훈육과 정직과 다른 모든 선한 덕들"은 어려서부터 교리와 복음과 하나님을 아는 지식으로 가르칠 때 가능하다. 서문을 마무리하면서 프리드리히 3세는 가르치는 자들 즉 교회의 목사들과 교사들에게 그들이 요리문답서를 가르치는 것만을 당부하지 않는다. 더 나아가서 '가르치고 행하고 살기'(lehre/ thun und leben)를 권한다. 정리하면 프리드리히 3세에게 신앙교육과 생활교육은 분리되어 있지 않다. 신앙교육이란 성품과 인격과 생활로 나아가서 덕을 갖춘 사람이 되도록 하는 것이다. 그래서 가르치는 자나 배우는 자가 단순한 교리적 정보를 가르치고 배우는 것이 아니라 선한 덕들을 갖추며 삶으로 살아내는 것까지를 의미했던 것이다.

신앙교육의 영향이 생의 모든 부분까지를 포함했을 때, 이런 영향은 피교

---

28 E. d'Assonville, "'And thou shalt teach these words diligently ...': Remarks on the purpose of the Heidelberg Catechism regarding its teaching nature," in *die Skriflig/In Luce Verbi* 47(2), 4.

29 "...einen Summarischen underricht oder Catechismum unserer Christlichen Religion auß dem Wort Gottes ..." *Catechismus Oder Christlicher Underricht*, 9.

30 "... Wenn die iugendt anfangs im wort Gottes also mit ernst underwiesen und aufferzogen: ..." *Catechismus Oder Christlicher Underricht,* 10-11.

육자에게만 해당되지 않고 신앙교육에 참여하는 공동체 전체에게 나타난다. 팔츠의 신앙교육의 직접적인 대상은 자라나는 이들이지만 그 유익을 그들만 갖는 것이 아니다. 서문에 의하면 이 신앙교육을 교회의 사역자들만의 의무로 말하지 않는다. 교회의 직분자들만이 아니라 세상의 직분자들, 정부와 가정을 언급한다.[31] 즉 신앙교육에 참여하는 것은 교회만이 아니라 학교와 부모, 나아가 사회전체가 된다. 선제후는 사회전체가 신앙교육에 참여하므로 모든 덕목들에서 교육대상인 자들만이 아니라 사회전체가 자라난다는 의식을 갖고 있다. 이것은 바꾸어 말하면 자라나는 이들에게 하나님을 경외함과 말씀에 대한 지식에 대한 교육을 소홀이 한다는 것은 직접적인 후대의 세대만이 아니라 가정과 교회와 학교와 사회전체가 소홀한 것이고, 유익들을 잃게 된다는 의미다. 신앙교육에 참여할 때 전 구성원이 자라나지만, 소홀히 할 때는 전 구성원에게 해가 미치는 것이다.

5. 팔츠교회법에 나타난 신앙교육

요리문답서의 내용은 교회실천에 적용되어야 한다. 그렇지 않으면 하나의 문서로만 남을 것이다. 요리문답서는 보물창고에 보관할 문서가 아니라 교회에서 적용되고 활용되어야 했다. 팔츠교회 지도자들은 요리문답서가 적용된 교회법을 만들어 교회실천에서 요리문답서의 내용이 적용되도록 했다. 따라서 하이델베르크 요리문답서는 팔츠교회법의 심장이다. 우리는 이것을 두 가지 면에서, 첫째 교회법에서 지시하는 요리문답서를 교육하는 구

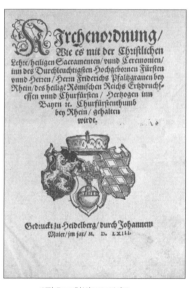

[팔츠교회법(1563년)]

---

[31] "Wenn nun beid Christliche und weltliche ämter / Regiment und haushaltungen / anders niicht bestendiglichen erhalten werden / auch zucht und erbarkeit und alle andere gute tugenten bey den underthanen zunemen und affwachsen mügen." *Catechismus Oder Christlicher Underricht*, 7-8.

체적인 방식을 통해서, 둘째 교회법 전체에서 등장하는 요리문답서의 내용을 통해서 확인할 것이다. 이것들을 다루기 전에 먼저 교회법이 요리문답서를 어떻게 소개하는지 살펴보자.

가. 교회법의 요리문답서 소개

팔츠교회법(1563)은 하이델베르크 요리문답서를 첨부하기 전에 '요리문답서에 대하여'(Vom catechismo)란 제목 아래 요리문답서에 대해 소개한다. 다음과 같은 요리문답서에 대한 정의로 시작한다.

> 우리 기독교에서 요리문답서란 기독교교리의 중요한 부분에 대해 짧고 간결하게 구두로 하는 설명인데, 여기서 어린 자들과 잘 모르는 자들에게 그들이 배운 것이 무엇인지 반복해서 물어보고 들어보는 것이다.[32]

이 짧은 정의 이후에 요리문답서는 자녀에 대한 신앙교육이 초대교회부터 있어왔던 것이라는 것을 지적하며 이미 처음부터 교회의 신앙교육의 현상은 가정과 학교와 교회였다는 것을 지적한다.[33] 이미 하이델베르크 요리문답서 초판에서 교육기관이 교회만이 아니라 가정과 학교에까지 연결했다는 것을 볼 때, 여기서 가정, 학교, 교회 이 세기관이 신앙교육을 담당했다는 것은 당연한 연결이다. 신앙교육기관으로 교회만이 아니라, 가정 그리고 학교까지 포함하여 언급하는 것은 자주 나타난다.

교회법은 계속해서 신앙교육의 이유를 언급함으로써 신앙교육의 당위성을 말한다. 교회법은 세 가지 이유를 지적한다. 첫째, 본성적 악함이 세력을 갖고 있고, 그에 따라서 교회와 정치권력이 부패하는데, 그 때에 유익한 교리로 대항할 수 있기 때문이다.[34] 이 이유는 교회와 정치의 부패의 성향을 전제하고

---

[32] "Catechismus in unser christlichen religion heist ein kurtzer und einfeltiger, mündtlicher bericht von den fürnemsten stücken der chrittlichen lehr, darin von den jungen und einfeltigen widerumb gefordert und gehört wird, was sie gelernt haben." *KO 14*, 341.

[33] "Dann es haben alle gottseligen von anbegin der christlichen kirchen sich befliessen, ihre kinder daheim, in schulen und kirchen in der forcht des herrn zu underweisen ..." *KO 14*, 341.

[34] "Dann erstlich haben sie wol bedacht, daß die angeborne boßheyt uberhand nemen würde und darnach kirchen und politische regiment verderben, wann man ihr nit beyzeiten mit heilsamer lehr begegnet."*KO 14*, 341.

있다. 이런 부패의 성향을 대항하는 것이 유익한 교리이다.

둘째, 주님의 분명한 명령 때문이다. 교회법은 하나님께서 말씀을 자녀들에게 가르칠 것을 명령하는 성경구절들(출 12:26-27; 13:8-9, 14, 신 4:37-40; 6:1-9; 11:18-21)을 나열하고 신 6:6-7을 직접 인용한다. "오늘 내가 네게 명하는 이 말씀을 너는 마음에 새기고 네 자녀에게 부지런히 가르치며 집에 앉았을 때에든지 길을 갈 때에든지 누워 있을 때에든지 일어날 때에든지 이 말씀을 강론할 것이며" 즉 요리문답서 교육은 "네 자녀에게 부지런히 가르치라"는 하나님의 명령에 근거한 것이다.

셋째, "이스라엘 어린이들이 할례이후에 (그 때 그들은 이해력이 없을 때인데) 언약의 표의 비밀과 하나님의 언약에 대해서 교육받은 것처럼, 역시 우리 어린이들도 그들이 세례받은 때부터 기독교신앙과 회개가 가르쳐져야 한다. 그래서 그들이 주님의 만찬식탁에 허락되기 전에, 전체 기독교회 앞에서 그들의 믿음을 고백해야 한다." 여기서 팔츠교회법은 요리문답서 교육에 있어서도 신구약의 통일성을 말하는 것이다. 팔츠교회법은 교회에서 계속 있었던 이 신앙교육이 로마 가톨릭교회의 소위 '견진성사'로 대체되면서 사라졌다고 주장한다. 이제 요리문답서 교육은 '견진성사'에 대한 개혁이 된다.[35]

나. 요리문답서교육

하이델베르크 요리문답서 전체를 첨부하기 전에 '그래서 요리문답이 아래의 방식으로 사용되어야 한다'(Soll derhalben der catechismus auf nachvolgende form gehalten werden)는 제목 아래서 그 주된 활용방식에 대해 설명한다. 또 요리문답서 전체가 첨부된 뒤에 요약을 첨가해서 신앙교육에 활용되도록 했다. 팔츠교회법은 요리문답서를 단순히 첨부하는 것에 그치지 않고 구체적으로 교회에서 어떻게 사용하여 성도들의 신앙을 도울지 알려준 것이다. 교회법이 정한 활용방식은 크게 세 가지 곧 요리문답서 낭독, 요약 낭독, 설교로 구분할 수 있다.

---

[35] "Dieser gebrauch, den catechismum zu treiben, so auß dem bevelch Gottes seinen ursprung hat, ist so lang in der christlichen kirchen gebliben, biß daß der leidige sathan durch den antichrist, den bapst, wie alle andere gute ordnungen, also auch dise zerrissen und anstadt derselben sein schmierwerck und backenstreich und andere greuel hat gesetzt, welche er die firmung nennet." *KO 14*, 341-342.

1) 요리문답서 낭독

먼저 요리문답서 낭독에 대해서 살펴보자. 매 주일과 휴일에 마을과 도시에서 설교하기 전에 목사는 요리문답의 한 부분을 분명히 이해할 수 있도록 회중에게 읽어주어야 했다.[36] 요리문답서의 낭독은 공예배의 중요한 순서를 차지한 것이다. 회중이 '분명히 이해할 수 있도록'이라고 강조한 것에서 우리는 당시 대부분의 성인이 문맹이었다는 것을 기억할 필요가 있다.[37] 문맹이었던 회중들이 어떻게 하면 교회의 공적 신앙고백서 또는 요리문답서를 알게 할 것인지에 대한 고민의 첫 번째 해결은 바로 낭독이었던 것이다. 교회법은 구체적으로 이 낭독의 범위를 정한다. 첫 번째 낭독: 1-11문, 두 번째: 12-28문, 세 번째: 29-45문까지, 네 번째: 46-58문, 다섯 번째, 59-74문, 여섯 번째: 75-85문, 일곱 번째: 86-103문, 여덟 번째: 104-115문, 아홉 번째: 116-129문. 그리고 열 번째에는 회중 각자 자신의 소명을 기억하게 하는 성경본문을 낭독해야 했다.[38] 이것을 정리하면 요리문답서를 아홉 번으로 나누어서 아홉 번의 주일이면 요리문답서 전체를 들을 수 있는 기회를 준 것이다. 열 번째 주에 회중 각자의 소명에 대한 성경구절을 낭독하는 것까지를 포함하여 10주가 걸렸다. 이런 낭독의 방식이 적용될 때 팔츠의 성도들은 일 년이면 하이델베르크 요리문답서를 다섯 번 반복해서 들을 수 있었다. 팔츠의 성도들은 매주 반복되는 요리문답 낭독을 통해서 요리문답서의 내용에 자연스럽게 익숙해 질 수 있었다.

2) 요리문답서 요약 낭독

두 번째, 요리문답서 요약 낭독이 요리문답서의 교육의 중요한 한 방법이었다. 팔츠교회법은 하이델베르크 요리문답서와 함께 바로 뒤에 요리문답서의

---

[36] "... so ist notwendig angesehen, daß an allen Son- und feiertagen in dörfen und flecken, deßgleichen auch in den städten, ehe man anhebt zu predigen, der kirchendiener ein stück auß dem catechismo klar und verstendlich dem volck fürlese ..." *KO 14*, 342.

[37] Victor E. d'Assonville, "... Remarks on the purpose of the Heidelberg Catechism ...," 5.

[38] "Am zehenden Sontag soll der pfarherr für der predig die sprüch, darin ein jeglicher seines berufs erinnert wird, fürlesen ..." *KO 14*, 342. 교회법이 언급하는 소명은 다음과 같다: 공직, 재판장, 통치자와 백성, 남편, 아내, 노인, 자녀, 종, 가장, 청소년, 처녀, 과부, 각 개인(*KO 14*, 375-377).

요약을 첨부했다. 교회법에 의하면 주일에 도시에서는 세 번 (오전에 한번, 정오에 한번, 오후에 한번), 시골에서는 두 번 (오전, 오후) 예배를 드렸다. 도시에서는 요리문답서 요약이 두 번째 예배의 설교 전에 낭독되었고, 시골에서는 오후 예배 순서 중 십계명을 낭독하는 시간에, 십계명 낭독 대신 요리문답서 요약을 낭독하도록 했다(요리문답서 요약에 십계명이 포함되어 있다).

> "그리스도인은 세가지를 알 필요가 있다. 첫째, 우리의 죄와 비참이 얼마나 큰지, 둘째 우리가 거기서 어떻게 구원받는지, 셋째, 우리가 구원받은 후 하나님께서 우리에게 요구하시는 감사는 어떤 것들인지. 1. 우리의 죄와 비참함을 우리는 하나님의 율법에서 아는데, 거기에 하나님과 우리 이웃에 대한 완전한 사랑이 요구되었다. ... 2. 어떻게 모든 우리의 죄 값이 완전히 치러졌고 세상시작부터 택함받은 우리 모두가 우리의 비참함으로부터 구원받았는지 하나님께서 거룩한 복음 안에서 우리에게 가르쳐주셨다. ... 3. 우리가 구원받은 후 하나님께서 우리에게 요구하시는 감사를 우리는 역시 하나님의 율법에서 배운다. ... "[39]

이렇게 해서 하이델베르크 요리문답서에 대한 전체 요약이 매주일 회중에게 읽혀지게 되었다. 따라서 팔츠 교회 성도들은 매주일 전체 요약을 들으면서 그 핵심적인 내용에 익숙해질 수밖에 없었다. 10주에 한 번씩 요리문답서 전체를 듣게 되고, 매주일 요약을 듣게 되는 것이다. 팔츠교회법을 따르면 성도들은 출석하여 예배드리는 것만으로도 하이델베르크 요리문답서에 인이 박이게 되었다고 할 수 있다.

3) 요리문답서 설교

세 번째는 요리문답서를 통한 신앙교육의 가장 중요한 것이라고 할 수 있는 요리문답서 설교다. 팔츠교회법은 매주일 오후마다 각 지역마다 적당한 시간에 요리문답서설교를 하도록 규정했다.[40] 예배순서는 다음과 같다. 시편송(독일어)-주기도문-하나님의 말씀의 바른 이해를 위한 기도-십계명 낭독(오후에

---

[39] *KO 14*, 378-380.

[40] "Ferners soll alle sontagnachmittag zu der stund, die einem jeden ort gelegen ist, catechismuspredigt also gehalten werden." *KO 14*, 342.

한번만 예배드릴 경우에는 요리문답서 요약 낭독)을 한 후 요리문답서 설교를 하게 된다.

교회법은 요리문답서 설교를 하는 방법도 자세하게 정한다. 설교자가 먼저 집중하는 대상은 아직 질문을 배울 수 없는 자들이다. 그들에게 요리문답서의 질문과 내용을 천천히 알려준다. 그 다음은 청소년들을 향한다. 그들에게 배웠던 것과 배울 것을 암송하게 하는데, 온 회중 앞에서 하게 한다. 청소년들은 이 내용을 이미 학교와 가정에서 암기해 와야 한다. 요리문답서가 주일단위로 구분되어 있으므로 청소년들은 해당 부분을 암기해 오면 된다. 목사가 묻고 청소년 들 중 몇이 답하는 순서가 끝나면 목사는 요리문답서의 내용을 해설한다. 교회법은 이 요리문답서 설교가 일 년에 한번은 요리문답서 전체를 다루어야 할 것을 규정한다.[41] 이 해설은 회중전체가 듣게 되므로 성인들도 참여한다. 목사는 처음에는 배울 수 없는 작은 아이들부터 시작해서, 배우고 암송할 수 있는 청소년들을 향하고, 마지막에 그 해설을 통해서 성인을 포함한 회중전체가 참여하는 모양을 갖추게 된다.

요리문답설교에서 묻고 암송하게 하는 것이 아이들을 무섭게 하는 행위가 되지는 않았다는 것이 지적되어야 한다. 이미 오트하인리히 때도 요리문답이 가르쳐지도록 했는데, 아이들이 요리문답서를 무서워하도록 가르치는 것이 아니라, 재미있게 가르치고 친절히 사랑스럽게 대우할 것을 말하기 때문이다.[42]

이 모든 것을 정리하면 팔츠의 신자들은 일 년이면 요리문답서를 다섯 번 통독하게 된다. 52번 요리문답서 요약을 듣는다. 일 년에 한번은 요리문답서 전체의 해설을 듣게 된다. 청소년의 경우 매주일 두 주 분량의 내용을 암기해야 한다. 결론적으로 요리문답서는 이 당시 그들에게 특별해서 낯선 것이 아니라 항상 옆에 있는 익숙한 것이 되어야 했다. 팔츠교회법은 무엇보다 먼저 요리문답서가 그들의 일상이 되게 한 것이다. 그리고 매주 그 해설을 통해 그 의미를 익히게 했다.

---

[41] *KO 14*, 342.

[42] "Und sollen die kirchendiener mit der jugendt so freundtlich und holdselig handeln, das sie nicht von dem catechismo abgeschreckt, sonder darzu lustig werden, wie dann unser herr Christus selbs sich der kinder auf das freuntlichst angenommen hat." *KO 14*, 130.

다. 교회법 전체에서

하이델베르크 요리문답서의 내용은 단순히 특정한 활용방식을 통해서만이 아니라 교회실천 전체를 통해서 전달되어야 했다. 예를 들어, 환자심방에서 목사는 요리문답서 제 1문을 가지고 위로해야 한다.[43] 하이델베르크 요리문답서 전체가 첨부되었고 구체적인 교육 방법에 대한 지시만 있는 것이 아니라, 교회법 곳곳에서 요리문답서의 흔적이 나타난다. 여기서는 중요부분인 설교와 세례와 성만찬예식에서 어떻게 요리문답서가 나타나는지 살펴본다.

1) 요리문답서와 설교

설교는 팔츠교회법에서 가장 먼저 다루는 부분이다. '교리와 설교'(von der lehr und predigt)라는 제목 아래서 설교에 대해서 말한다. "영생은 곧 유일하신 참 하나님과 그가 보내신 자 예수 그리스도를 아는 것이니이다"(요 17:3)는 말씀으로 시작한다. 팔츠교회법은 설교를 이 지식과 영생을 전달하는 수단이라고 규정한다. 택함받은 자들을 이 지식과 영생으로 인도하기 위해서 설교를 정하셨고, 이 땅에서는 설교라는 수단으로 말미암아 하나님을 아는 지식과 영생이 시작한다는 것이다.[44]

하나님은 신구약 성경인 자신의 말씀 안에서 자신을 알 수 있도록 하셨다. 그러면 하나님의 말씀이 우리에게 알려주는 교리는 무엇인가? 팔츠교회법은 하나님의 말씀이 우리에게 들려주는 교리를 하이델베르크 요리문답의 내용으로 보고 있다. 이 교회법에 따르면 하나님의 말씀은 세 가지를 알려주는데, 즉 첫째 인간이 자신들의 죄와 비참함을 향하게 하고, 둘째 어떻게 모든 죄와 비참함에서 구원받을지 가르치며, 셋째 어떻게 그들이 하나님께 이 구원에 대해 감사할지 알려준다. 이것은 하이델베르크 요리문답서의 구성(비참-구원-감사)이다.

---

[43] "Darzu der kirchendiener brauchen mag die erste frag des catechismi und dieselbige dem krancken mit angezogenen sprüchen auß der heiligen schrift wol einbilden, das nemlich der arme, krancke leib, wie er da ligt, sampt der seelen des herrn Christi eigen sey und durch das blut Jesu Christi von allen sünden erlößt und erkauft etc." *KO 14*, 402.

[44] "Zu dieser erkandtnuß und ewigem leben seine außerwehlten zu führen, hat der herr Jesus Christus verordnet die predigt der buß und vergebung der sünden, auf daß die erkandtnuß Gottes und das ewige leben durch solches mittel ... auf dieser erden in unsern hertzen angefangen werde, ..." *KO 14*, 336.

여기서 신구약성경과 설교와 요리문답서는 분리되지 않는다. 영생을 얻고 하나님을 아는 지식을 갖도록 성경을 주셨는데, 이 성경의 내용을 전하는 것이 설교이고, 설교의 내용은 하이델베르크 요리문답서의 내용과 같기 때문이다. 요리문답서는 설교자의 성경해석에도 관련된다. 왜냐하면 교회법은 설교자는 자신의 본문에서 이 세 가지(비참-구원-감사)를 볼 것을 권하기 때문이다. 만일 교회법을 따른 다면 팔츠지역의 교회에서 선포되는 모든 설교에는 '비참과 구원과 감사'가 포함된다고 할 수 있다. 교회법은 계속해서 설교자는 상처에 필요한 약을 옳게 사용할 수 있도록 주의해야 하며, 나아가 요리문답의 항목들이 회중이 잘 이해되도록 회중의 이해력에 맞출 것을 권고한다. 팔츠 교회법이 요리문답서의 내용이 성경이 가르치는 내용이라고 생각하기 때문에 설교를 통해서 이 내용이 가르쳐지기를 권하는 것은 당연한 논리적 귀결이라고 할 수 있다.

지금 이 설교는 교리설교라고 부르는, 즉 (이미 위에서 다룬) 주일 오후에 진행된 요리문답설교를 말하는 것이 아니다. 오후의 요리문답 설교만이 아니라 다른 모든 성경해석과 설교에서 요리문답서의 내용이 나타나야 할 당위성을 팔츠교회가 권하는 것이다. 여기서 하이델베르크 요리문답서가 신구약성경이 말하고자 하는 것과 일치한다는 그들의 확신을 볼 수 있다.

2) 요리문답서와 세례

세례예식에서도 교육에 대한 관심이 발견된다. 교회법은 세례에 대해 말할 때 가장 먼저 유아세례의 정당성에 대해서 말한다. 유아들도 어른들처럼 믿음을 주는 성령을 받고 그리스도의 피로 구원을 얻기 때문에 세례로부터 제외될 수 없다는 것을 지적한다. 마 28:19-20의 세례와 가르치는 것이 함께 있다는 것을 근거해서 설교의 직분을 맡은 자가 세례를 줄 수 있다는 것을 진술하면서 설교와 세례는 한 명령이며 한 직분에 있다는 것을 강조한다. "따라서 이 명령을 분리해서 설교직이 금지된 자에게 세례집례가 허락되는 것은 어떤 피조물에도 합당하지 않다."[45] 즉 설교가 하나님의 말씀을 전달하

---

[45] "Derhalben keiner creatur gebürt, disen bevelch zu trennen und einer person das taufen zuzulassen, der das predigtampt verboten ist." *KO 14*, 337.

는 것으로서 신앙교육이라고 할 때에 세례는 처음부터 신앙교육과 분리될 수 없는 것이었다.

따라서 세례예식서에는 이런 교육에 대한 관심이 나타나는 것은 당연할 것이다. 예식 후 감사기도문에 "아이가 그리스도의 것으로 하나님의 복을 받으며 양육되고 주 예수 그리스도 안에서 성장하고 자라기를"[46] 구한다. 그리고 감사기도 후 권면에서 교육을 특별히 강조한다. "그렇기 때문에 여러분이시여, 친구, 친척, 특히 아버지와 세례입회인 그대들은 이 아이가 하나님이 하늘에서 계시하시고 신구약에 모아주신 기독교신앙의 조항과 교리를 따라 바른 지식을 갖고 하나님을 경외하면서 주 그리스도를 위해 양육되도록 모든 노력을 다하셔야 합니다."[47]

이 문구가 포함된 세례예식서가 마치면 바로 '요리문답서에 대하여'(vom catechismo)가 이어진다. 세례를 다루고 요리문답서를 다루는 연결 방식에서 그 의도가 명시적으로 드러나지 않으나 분명히 세례받은 자녀들의 신앙교육을 생각한 것이다. 세례를 다루고 바로 성만찬을 다루어야 할 것 같지만 성만찬은 가장 많은 분량을 차지하는 요리문답서 뒤에 와서 마치 성례가 분리된 것 같은 인상을 준다. 그러나 오히려 이런 구도(설교-세례-요리문답서-성만찬)는 분명한 의도를 갖고 있다고 생각할 수 있다. 하나님의 백성에게 말씀이 주어지고, 언약의 표인 세례를 받으며, 세례받은 주의 백성은 말씀의 교육을 (요리문답서와 함께) 체계적으로 받으면서 성만찬에 참여하는 것이다.[48] 세례받은 아이가 "하나님이 하늘에서 계시하시고 신구약에 모아주신 기독교신앙의 조항과 교리를 따라 바른 지식을 갖고 하나님을 경외하면서 주 그리스도를 위해 양육"되는 일에 요리문답서가 분명히 필요하고, 그렇게 양육된 자녀는 주의 만찬에 참여한다. 그래서 요리문답서 첨부 후에 생애 처음으로 성만찬에 참여하는 신자의 자녀에 대해 규정하는 것은 교회법의 순서에 맞게 보인다.

---

[46] "Wir bitten dich ... auf daß es christlich und gottselig auferzogen werde und in dem herrn Jesu Christo wachse und zuneme, ..." *KO 14*, 341.

[47] "Und derhalben solt ir, freund und verwandten, insonderheyt aber ihr, vater und gevattern, allen fleiß anwenden, das diß kind in rechter erkandtnuß und forcht Gottes laut der artickel des christlichen glaubens und der lehre, welche von Gott auß dem himel offenbaret und im alten und neuen testament begriffen ist, dem herrn Christo auferzogen werde ..." *KO 14*, 341.

[48] Victor E. d'Assonville, "... Remarks on the purpose of the Heidelberg Catechism ...," 4.

3) 요리문답서와 성만찬

교회법에는 성만찬이 있는 주일 전 토요일에 성만찬 준비 예배를 드리도록 되어 있다. 이 때 요리문답서와 교회법에 있는 성만찬예식을 따라 바른 이해와 사용을 설교한다. 성만찬은 신앙고백과 함께 참여해야 하므로 설교 후에 심사를 했는데, 이 때 사용된 것이 십계명과 주기도문과 요리문답서에 있는 성만찬에 대한 부분을 암송할 수 있는지가 체크되었다. 모든 심사를 마친 후에 청중에게 세 가지 긴 질문을 던져 다시 한 번 신앙을 확인하도록 했는데, 이 세 질문이 하이델베르크 요리문답서 세부분의 요약이다.

> 하나님의 말씀이 다음 세 가지 부분을 우리에게 깨닫게 합니다. 첫째 우리의 죄, 둘째 우리의 구원, 셋째 감사입니다. 우리가 하나님께 대하여 죄책이 있습니다. … 우리가 이것들을 전혀 지키지 못했으며 우리의 죄와 비참이 결국 또 영원한 멸망이 거울처럼 분명히 우리에게 있습니다. 그렇기 때문에 여러분에게 먼저 묻노니, 저와 여러분이 하나님의 면전에서 그것을 고백하고 여러분 스스로 그것을 불쾌해하며 예수 그리스도의 의와 은혜에 목마르십니까?
>
> 대답: 예[49]

두 번째 구원에 대해서 상당히 길게 묻는다. 하나님께서 자비로우실 뿐 아니라 공의로우셔서 죄를 벌하시지 않고 그냥 두시지 않으신다. 어떤 피조물도 우리의 죄를 대신하여 벌 받을 수 없기 때문에 아버지의 자비로우심으로부터 하나님의 아들이 보냄받아 참된 몸과 영혼을 취하셨고 우리의 죄 값을 완전히 치루셨다는 것을 요리문답서를 따라 요약한다. 그리고 성만찬의 의미를 다시 요리문답서에 있는 거의 그대로 요약하며 묻고 청중이 예라고 답한다. 세 번째도 같은 방식으로 주 그리스도에게 평생 감사를 표현하면서 시기와 미움을 거절하면서 모든 죄를 미워하면서 살지 묻고 청중이 예라고 답한다. 이렇게 성만찬 준비 토요일에 요리문답서와 요리문답서 요약으로 백성에게

---

[49] "Die weil uns das wort Gottes dise drey stück fürhelt, erstlich unsere sünden, zum andern unsere erlösung, zum dritten die danckbarkeyt, so wir Gott dargegen schuldig seind … nachdem wir deren stück nie keins gehalten, wirdt uns unsere sünden und elend, endlich auch die ewige verdamnuß als in einem spiegel fürgestellt. Derhalben frag ich euch fürs erst, ob ir mit mir solches für dem angesicht Gottes bekennet und derwegen euch selbst mißfallet und dürstet euch nach der gerechtigkeyt und gnaden Jesu Christi? Antwort. Ja." *KO 14*, 382.

중요한 내용을 가르치는 것이 목사가 교회를 세우기 위해서 해야할 중요한 일이었다.[50]

성만찬 예식에서도 하이델베르크 요리문답은 계속 사용된다. 목사는 성만찬 예식에 참여하는 자는 자신을 살펴야 된다고 권하면서 세 가지를 말해야 하는데, 이 세 가지가 바로 하이델베르크 요리문답서의 세 부분의 요약이다.

우리 자신에 대한 참된 살핌은 세 가지다. 첫째 각자가 스스로 자신의 죄와 망함을 생각해야 한다. 그래서 그것을 스스로 싫어하고, 하나님 앞에서 겸손하게 된다. 왜냐하면 죄를 향한 하나님의 진노는 크신데, 그것들을 벌하시지 않고 지나치신 것이 아니라 자기 사랑하는 아들 예수 그리스도에게 극심한 고난의 십자가의 죽음으로 벌하셨기 때문이다.[51]

둘째, 각자가 자신의 마음을 살피되 그가 또 이 확실한 하나님의 약속을 믿는지 보아야 한다. 곧 오직 예수 그리스도의 고난과 죽음 때문에만 모든 자신의 죄가 용서되어지고, 그리스도의 완전한 의가 마치 자기의 소유처럼 전가되고 주어진다는 것을 믿어야 하는데, 마치 자신이 직접 스스로 직접 모든 자기의 죄 값을 치루셨고 모든 의를 성취한 것과 같다.[52]

셋째, 각자가 자기의 확신을 살필 것은, 앞으로 모든 생애동안 주 하나님께 감사하며 하나님 앞에서 바르게 살 것인지, 또 위선 없이 모든 적의와 질투와 미움을 거절하면서, 이후로는 참된 몸과 연합 안에서 이웃과 함께 살기로 진지한 결심을 갖는지이다.[53]

---

[50] "Es soll auch der kirchendiener, da es die erbauung der kirchen erfordern und die zeit leiden würde, auß dem catechismo oder summa des catechismi das volck in den fürnemsten puncten nach notturft underrichten, ..." *KO 14*, 383.

[51] "Die ware prüfung unser selbs stehet in diesen dreyen stücken, zum ersten bedenck ein jeder bei sich selbst seine sünd und vermaledeyung, auf daß er im selbst mißfalle und sich für Gott demütige, dieweil der zorn Gottes wider die sünd also groß ist, daß er dieselbige, ehe denn er sie ungestraft ließ hingehen, an seinem lieben son Jesu Christo mit dem bittern und schmehlichen tod des creutzes gestraft hat." *KO 14*, 384.

[52] "Zum andern erforsche ein jeder sein hertz, ob er auch diser gewissen verheissung Gottes glaube, daß im alle seine sünd allein umb des leiden und sterben Jesu Christi willen vergeben sind und die vollkommene gerechtigkeyt Christi ime als sein eigen zugerechnet und geschenckt sey, als wann er selbst in eigener person für alle seine sünde bezalet und alle gerechtigkeyt erfüllet hette." *KO 14*, 384.

[53] "Zum dritten erforsche ein jeder sein gewissen, ob er auch gesinnet sey, forthin mit seinem gantzen leben Gott dem herrn, sich danckbar zu erzeigen und für dem angesicht Gottes aufrichtig zu wandeln, ob er auch one alle gleißnerey aller feindschaft, neid und haß von hertzen absage und einem ernstlichen fursatz habe, hernachmals in warer lieb und einigkeyt mit seinem

이것은 하이델베르크 요리문답서의 요약이면서 동시에 하이델베르크 요리문답서 81문에 나온 주의 만찬에 누가 참여할 수 있는지에 대한 답의 확장이다. 81문은 자기 죄를 슬퍼하는 사람, 그리스도의 고난과 죽으심으로 자기 죄가 사해졌음을 믿는 사람, 믿음이 강해져서 더 나은 삶을 살기를 원하는 사람이라고 말한다. 하이델베르크 요리문답서의 요약과 성만찬에 대한 부분이 예식서에 이런 식으로 나타난다. 따라서 팔츠의 신자들은 한 달에 한 번씩 성만찬에 참여할 때마다 하이델베르크 요리문답서에 있는 복음의 요약을 생각하며, 즉 자신의 죄에 대해 슬퍼하며, 자신의 죄를 위해 죽으신 예수 그리스도를 믿음으로 죄가 사해졌음을 믿으며, 또 감사하면서 더 나은 삶을 살기로 다짐하면서 성찬상에 나아갔다.

일 년에 다섯 번 통독하는 요리문답서, 매주일 듣는 요리문답서의 요약, 매주일 듣는 적정분량의 해설만이 아니라, 교회생활 전체에서 즉 설교에 스며들어있는 요리문답서의 내용, 세례와 성만찬 등에서 하이델베르크 요리문답서는 그 실제적인 내용을 드러냈다. 따라서 팔츠에 사는 성도들은 요리문답서와 함께 세례받고 자라나서 교육받고 성만찬에 참여하며, 죽을 때까지 하이델베르크 요리문답서와 매일 함께 하며 삶과 죽음에 있어서 유일한 위로가 무엇인지를 생각해만 했다.

그러나 이런 신앙교육의 방식과 열매가 오래 가지 못했다. 1576년 프리드리히 3세의 죽음과 함께 루터주의가 들어와서 7년 동안 하이델베르크 요리문답서는 금지되었다. 1583년 다시 회복되었으나 1622년 로마가톨릭에 의해 점령당하면서 하이델베르크에서는 오랫동안 요리문답서가 금지되었다. 그러나 하이델베르크 요리문답서 교육은 하이델베르크에서 공부했던 이들에 의해 유럽의 다른 지역들 특히 네덜란드에서 꽃피우게 된다.

6. 확산과 현재

하이델베르크 요리문답서의 초판의 제목은 "선제후 령 팔츠의 교회와 학교에서 실행될 요리문답서 또는 기독교 교육"(Catechismus Oder Christlicher Underricht wie der in Kirchen und Schulen der Churfürstlichen Pfalz getrieben

---

nechsten zu leben." *KO 14*, 384.

wirdt)이다. 그 후에 팔츠의 수도였던 하이델베르크를 따라서 하이델베르크 요리문답서라 이름이 전해졌다. 즉 이 요리문답서는 본래 팔츠지역을 위한 것이었다. 그러나 팔츠지역에만 머물지 않고 그 세력을 확장해갔다.

처음엔 여러 반대들이 있었다. 1563년 이미 신성로마제국의 황제는 아우크스부르크 평화협정을 벗어난 요리문답서라고 경고했다. 루터파 신학자들도 하이델베르크 요리문답서가 아우크스 신앙고백서 밖에 있다고 주장했다. 이런 반대의 절정은 1566년 아우크스부르크에서 열린 제국회의(Reichstag)에서 있었다. 당시 황제였던 막시밀리안 2세는 새로운 교회법을 포기하고 요리문답서를 취소하라고 명령했다. 그렇지 않으면 프리드리히3세와 팔츠는 제국의 평화 밖에 있을 것이었다. 프리드리히 3세에게 변명의 기회가 왔을 때, 자신의 양심이 오직 한 주만을 섬기고 있기 때문에 황제의 명령에 양심이 굴복할 수 없음과 요리문답서가 성경에서 나온 것이기 때문에 포기하지 않을 것임을 분명하게 천명하였다. 이 감동적인 연설로 그의 호는 '경건자'(der Fromme)가 되었고, 개신교 통치자들에 의해 하이델베르크 요리문답서는 아우크스부르크 신앙고백서에서 벗어나지 않았다는 평가를 받았다. 비록 아우크스부르크 평화협정 안에 머무를 수 있었으나 대다수의 루터주의 진영으로부터 고립되어야 했다.

그럼에도 불구하고 하이델베르크 요리문답서는 빠르게 세력을 확장해갔다. 가장 큰 이유는 하이델베르크 요리문답서가 신학적 용어보다 주로 성경에서 나오는 보편적 용어들을 사용했기 때문이다. 그럼에도 불구하고 예정과 언약과 섭리의 신학적 내용들을 포기하지 않고 가르치고 있다.[54] 기독론과 성만찬론에서도 개혁교회에서 가르쳐왔던 내용을 선명하게 드러내되 보편적 용어들을 사용했다. 질문의 방식이 '너'에게 물음으로써 성경의 내용이 즉 교리가 '나'의 문제임을 알게 했다. 신자들이 교회의 고백을 하되 자신의 고백으로 하게 함으로써 하이델베르크 요리문답서는 믿음으로 얻은 복과 영생과 위로가 자신의 것임을 확신케 했다. 마지막으로 전체 내용이 잘 구성되어 논리적으로 연결되면서도 아름다운 운율로 되어 있어서 청소년들이 쉽게 암송할 수 있었다는 점이 있다.[55]

이런 이유들로 하이델베르크 요리문답서가 독일지역의 개혁교회에

---

54 Herman Selderhuis, "The Heidelberg Catechism and the unity of the reformed churches," 43.
55 김영재, 『교회와 신앙고백』, 144.

확산되어 가면서 "하이델베르크 요리문답서는 개혁파의 정체성을 나타내주는 중요한 특징을 지닌 신앙고백서가 되었다."[56] 독일어판 만이 아니라 라틴어 판도 인쇄되어 퍼져갔다. 라틴어판은 특히 신학연구와 더불어서 확대되어 갔다. 1600년 이후에 라틴어와 헬라어가 나란히 편집된 책이 발견된다. 고전어를 익히기 위해 하이델베르크 요리문답서가 사용된 것이다. 하이델베르크 요리문답서는 일반 신자들의 믿음을 견고하기 위해서, 신학자들의 신학해설을 위해서, 학생들의 언어실력을 위해서 사용되며 자기 세력을 계속 확장했다.

가장 큰 영향은 네덜란드에 끼친 영향이다. 1563년 이미 네덜란드어로 번역되어 인쇄되었다. 팔츠지역 프랑켄탈(Frankenthal)이라는 곳에 머물던 네덜란드에서 온 신앙난민들은 자신들의 요리문답서로 받아들였다. 1567년 데벤터(Deventer)의 인쇄소에서 1000권을 안트베르펜(Antwerpen)으로 보냈다.[57] 1568년 베젤(Wesel)에서 네덜란드 신앙난민 지도자들이 모인 회의에서 하이델베르크 요리문답서는 회복될 네덜란드교회를 위해 필요한 요리문답서로 기대되었다. 1571년 엠덴 회의는 이 사실을 다시 확인했다.

1618/19년에 열렸던 도르트(Dordrecht) 총회에서 총대들의 승인을 받은 것은 그 절정이었다. 1619년 5월 1일 오전에 열렸던 147차 모임에서 "이미 전에 네덜란드 교회 안에 받아들여진 팔츠의 요리문답서가 점검되고 검사되어서 각 총대들이 이 요리문답서에 하나님의 말씀과 일치하지 않는 것으로 보이는 것이 전달되었다고 생각되는 것이 있는지"[58] 살피기 위해서 요리문답서 전체가 읽혀졌다. 그리고 같은 날 오후 148자 모임에서 외국의 총대들과 네덜란드의 총대들 모두가 "팔츠의 요리문답서 안에 포함된 교리가 모든 면에서 하나님의 말씀과 일치한다는 것과 거기에 동의가 덜 되어서 바꾸고 교정해야만 할 어떤 것도 포함되지 않았다는 것"을 선언했다.[59] 총대들은 하이델베르크

---

56 Bierma, 『하이델베르크 교리문답 입문』, 223.

57 Frank van der Pol, "Die frühe Verbreitung des Heidelberger Katechismus in den (nördlichen) Niederlanden Handbuch," in *Handbuch Heidelberger Katechismus*, 110.

58 "... ut Catechesis Palatina iam olim ab Ecclesiis Belgicis recepta ... recognosceretur atque exminaretur: utque singuli declararent, num quid in hac Catechesi tradi existimarent, quod verbo Dei non consentire videretur." *Acta Synodi Nationalis ... Dordrechti habitae anno 1618 et 1619* (Dordrecht, 1620), 316-317.

59 "... doctrinam in Catechesi Palatina comprehensam, Verbo Dei in omnibus esse consentientem, neque ea quidquam contineri, quod ut minus eiden consentaneum mutari aut corrigi

요리문답서를 "기독교정통교리의 아주 정확한 개요"(admodum accuratum Orthodoxae doctrinae Christianae compendium)라고 규정했다. 이렇게 해서 팔츠의 요리문답서는 하나님의 말씀과 일치한다는 범유럽개혁교회의 공식적인 인정을 받게 되었다.

다른 나라의 언어로 계속 번역되었다. 프랑스어를 사용하던 네덜란드 사람들, 이들은 왈론파라고 불렸는데 이들을 위해 하이델베르크 요리문답서는 프랑스어로 번역되었다. 이들 중 어떤 이들은 독일지역에서 머물렀는데, 그들을 위한 것이었는지 독일어와 프랑스어 대조본인 하이델베르크 요리문답서가 1607년에 나왔다. 영역본은 1572년 런던에서 나온 이후 계속 많은 숫자가 출판되었다. 1591년에 에든버러에서 나온 하이델베르크 요리문답에는 "스코틀랜드에서 사용하기 위해서 왕의 공인을 받은" 요리문답서라고 되어 있다. 1615년에는 교회용으로 지정된 인쇄본이라고 되어 있다. 즉 스코틀랜드에서 교회의 공식적으로 인정을 받은 것이다. 헝가리에서는 1577년 번역출판되고 이후에도 여러분 나오게 되는데, 1607년에 시편송과 함께 요리문답서가 포함되어 있다. 1619년 다뉴브 상부지역 개혁교회가 하이델베르크 요리문답서를 사용하기로 결정한 이후 계속 확대되어서 1646년 헝가리 개혁교회 총회에서 각 교회가 사용하기로 결정했다. 네덜란드, 독일, 스위스에서 아메리카 대륙으로 건너간 이들에 의해 세워진 교회들에서도 하이델베르크 요리문답서가 사용되었다.

하이델베르크 요리문답서가 항상 빛났던 것은 아니다. 요리문답서는 그것이 오후에 설교되는가 아닌가로 교회에서 요리문답서가 어떤 자리에 있는지 그 성격이 드러났다. 18세기까지 독일 개혁교회는 모든 곳에서 요리문답설교가 있었다. 그러나 이미 18세기 후반부터 계몽주의 영향아래서 하이델베르크 요리문답설교는 점차 자리를 잃어갔다. 그리고 19세기에 들어서서 특히 1817년 루터교회와 개혁교회의 연합이 여러 곳에서 시작되면서 하이델베르크 요리문답설교는 급격히 약화되어 갔다.[60]

네덜란드에서도 비록 항론파가 교리적 이유에서 요리문답설교를 반대했어도 개혁교회에서는 18세기까지 하이델베르크 요리문답설교가 잘 유지되었

---

debere videretur ..." *Acta Synodi Nationalis*, 317.

[60] Willem J. op't Hof, "Die Predigt des Heidelberger Katechismus," in *Handbuch Heidelberger Katechismus*, 86.

다. 그러나 이미 1816년 왕정에 의해 주도되어 시작된 교회 체제(Hervormde Kerk)에서 신앙고백서는 그 권위에 금이 갔었다. 그래도 1831년 순차적인 성경강해가 요리문답서를 대체하기를 제안했을 때 거절당하는 분위기였다. 그러나 요리문답서는 계속 그 권위를 상실하여 1860년 회의에서 요리문답서설교의 의무는 삭제되었다가 교회의 반발로 다음 해 다시 회복되었다가 1863년 요리문답설교는 목사의 판단에 맡기는 방식으로 정리되었다.[61]

이런 흐름에 반대해서 1834년 소위 분리(Afscheidung)에 의해서 시작된 교회들(주요교단은 '기독개혁교회'[Christelijke Gereformeerde Kerk]이다)은 요리문답설교가 계속 유지되었다. 1866년 다시 소위 애통(Doleantie)에 의해 시작된 교회들(Gereformeerde Kerken in Nederland)에서도 요리문답설교가 유지되었으나 소위 1944년 해방파(Vrijgemaakt)의 분리 이후 급속도록 약화되었다.[62] 하이델베르크 요리문답서의 권위가 약화된 두 개의 개혁교회교단과 루터교회가 2004년 네덜란드 개신교회(Protestantse Kerk in Nederland)로 한 교단을 이뤘다.

그러나 하이델베르크 요리문답서의 현재가 완전히 바닥인 것이 아니다. 19세기 말까지 여전히 하이델베르크 요리문답서를 활용하는 방법이 출판되고 있으며 2004년 다시 인쇄되었다.[63] 독일의 경우 2011년 설문조사한 결과 규칙적으로 매주 하이델베르크 요리문답서 설교를 해오고 있는 교회가 약 20교회 정도가 있다.[64] 네덜란드의 경우 매주 45-60분 정도 걸리는 하이델베르크 요리문답서 설교를 듣는 인구가 25만명 정도 된다.[65] 네덜란드개혁교회(해방)(Gereformeerde Kerken in Nederland[vrijgemaakt])와 기독개혁교회(Christelijke Gereformeerde Kerken)의 경우 교단의 학교가 있어 가정에서 만이 아니라 자녀들이 학교에서도 하이델베르크 요리문답서를 배우며, 주중에 목사에 의해서 요리문답서 교육을 받는다. 오후 설교를 하이델베르크 요리문답설교를 한다는 점과 교회만이 아니라 학교와 가정도 이 교육에 참여한다는 점에서 팔츠의 요리문답서는 그 방식에서도 현재

---

61 Willem J. op't Hof, 89.

62 참고 Willem J. op't Hof, 89.

63 Otto Thelemann, *Handreichung zum Heidelberger Katechismus für Prediger, Lehrer und Gemeindeglieder* (Detmold, 1888).

64 Willem J. op't Hof, 94.

65 Willem J. op't Hof, 95.

까지 영향을 끼치고 있다.

7. 나가며: 제언

하이델베르크 요리문답이 나온 이후 450년이 흘렀다. 시간이 흐름이 하나님의 말씀을 위한 교회의 소명을 변하게 하지 못한다. 하나님의 말씀은 교회의 유일한 소명이며 이것이 없다면 교회가 이 세상에 존재할 아무런 이유가 없다. 따라서 팔츠의 선제후 프리드리히 3세가 가졌던 "하나님과 그의 말씀에 대한 바른 지식과 경외"라는 소명의식은 이후에 오는 믿음 안에 있는 자들에게도 계속 지속될 것이다. 하나님과 그의 말씀에 대한 바른 지식을 후대에 전해야 하며, 우리의 자녀들이 하나님과 그의 말씀을 최고의 권위로 받아들이도록 교육해야 하는 소명은 우리에게 지속된다. 하이델베르크 요리문답서의 작성자들이나 우리나 "네 자녀에게 말씀을 부지런히 가르치라"(신 6:6-7)는 똑같은 명령이 주어졌다.

프리드리히 3세가 당시 상황에 대한 묘사, 즉 "피어나는 청춘들이 학교와 교회에서 기독교 교리를 아주 경솔하게 또는 한편 전혀 가르침을 받지 않거나, 한편 다르게 또는 지속적이고 확실하고 통일적인 요리문답서가 아니라 각자의 마음과 판단에 따라 가르침을 받고 교육받는다"는 것은 마치 우리시대를 보는 듯하다. 교리교육의 부재 또는 표준없이 가르치는 교육은 결국 하나님의 말씀에 대한 지식 없는 후대를 양성할 것이고, 필연적으로 하나님과 하나님의 말씀에 대한 경외는 상실될 것이다. 하나님의 말씀이 권위를 상실했을 때 그들의 인도자는 더 이상 하나님의 말씀이 아닐 것이다.

이런 예상되는 비극을 바라보면서 교회교육의 초점을 자녀들에게 맞출 것을 제언한다. 팔츠 교회법에서 하이델베르크 요리문답서의 위치는 우리에게 바로 그 점을 시사한다. 형식적으로는 긴 분량의 요리문답서가 세례와 성만찬을 갈라 어색함을 드러내지만, 세례받은 자녀들에게 바로 하나님의 말씀의 내용을 전달하면서 양육함으로 성만찬에 참여하게 하려는 그들의 의도가 있다. 우리에게 내려오는 유아세례 서약서에 의하면 부모는 자녀를 "교회 기관에 참석하게 하여 주님의 교훈과 양육을 받으면서 자라게 할 것을" 서약해야 한다. 이것은 다시 신자들의 자녀를 주님의 교훈과 양육을 받도록 해야 할 교회의 책임을 상기시킨다.

자녀들에 대한 교육은 자녀들에게만 멈추지 않는다. 하이델베르크 요리문답서 서문과 팔츠의교회법에 의하면 자녀들의 신앙교육에 교회만 참여하지 않는다. 가정과 학교가 함께 참여한다. 프리드리히 3세는 전 기관이 참여하기 때문에, 자녀들에 대한 신앙교육에 팔츠 사회 전체를 변화시키리라고 내다본다. 교회 전체가 참여하여 자녀들의 신앙교육에 초점을 맞출 때 부모들의 신앙을 포함하여 교회 전 세대가 즉 교회전체가 그 유익을 얻게 될 것이다. 다만 네덜란드처럼 교단이 운영하는 학교가 최종적인 해결책이 될 것이지만, 학교에서 신앙교육의 부재는 숙제로 남는다.

팔츠교회에서 시도했던 방법들을 암송, 다양한 방식의 반복, 그리고 요리문답서 설교가 지금도 유효할 수 있다. 요리문답서의 암송과 반복은 성경의 내용을 구체화한 것으로서 자녀들이 성인이 되어가며 암송을 통해 배웠을 때, 커서 그들이 믿는 내용을 구체적으로 표현할 수 있을 것이다. 설교는 요리문답서의 의미를 자세히 풀어 설명하는 것이므로 필수적이다. 나아가 요리문답서 설교는 성경이 말하는 내용의 핵심을 한 개인의 생각을 통해서가 아니라 공교회의 표준문서를 통해 교회전체가 확인하는 것이므로 중요하다. '바름'과 '같음'을 위하여 팔츠교회가 산출한 것이 하이델베르크 요리문답서였듯이, 우리는 교회 신앙고백서를 통해 한 믿음 안에 묶여 있음을 확인할 것이기 때문이다.

마지막으로 이 모든 교육은 정보로서의 교리적 지식의 습득이 아니라 삶이 되어야 한다. 팔츠의 교육이 요리문답서의 암송을 교육의 방법의 하나로 들여왔을지라도 그 목적은 어려서부터 그리스도인의 선한 성품과 생활을 갖춘 사람이 되도록 하는 것이었다. 하나님과 그 말씀에 대한 바른 지식을 갖추고, 하나님을 경외하며 따라서 그의 말씀에 최고의 권위를 두고 삶을 사는 자녀를 키우는 것이다. 물질만능주의와 상대주의가 우리 주위에 이미 가장 큰 세력으로 등장했다. 그리스도인의 자녀들은 앞으로 믿음을 위한 더 힘든 싸움을 하게 될 것이다. 그들에게 하나님의 말씀이 말하는 내용을 기억과 마음에 심어 이 싸움에서 견디며 그들의 정체대로 살도록 하는 것이 교회의 가장 중요한 책임일 것이다.(*)

7.
'믿음으로 의롭게 됨'(*justificari per fidem*)과 관련한 하이델베르크 요리문답과 트렌트 종교회의 교령의 이해의 차이[1]

김병훈　조직신학 · 부교수

개혁파의 표준적인 신앙문서 가운데 하나인 하이델베르크 요리문답은 분명한 신학토론의 상대가 있었다. 하나는 천주교 신학이며, 다른 하나는 루터파 신학이다. 하이델베르크 요리문답이 1563년에 완성이 되어 출간되었다. 그 해에는 또 다른 신앙문서가 발간이 되었다. 그것은 천주교회가 종교개혁신학에 맞서서 자신들의 신학 및 신앙체계를 재확립을 위하여 1545년부터 1563년에 걸쳐서 25차에 걸친 회기를 열었던 결실로 트렌트 종교회의 교령과 법령이 발표되었던 해이기도 하다. 하이델베르크 요리문답은 트렌트 종교회의가 회기를 진행하며 발표를 했던 교령과 법령과 비교하여 개혁파 신학은 무엇인가를 알고자 하는 중요한 고백을 간결하게 제시해 준다. 특별히 의롭게 함과 관련하여 트렌트 종교회의가 교령과 법령을 발표한 것은 1547년 6차 회기이므로, 하이델베르크 요리문답의 구원론적 특징을 살피는 데에 있어 트렌트 종교회의 교령과 법령을 비교하여 검토하는 살피는 것은 유익한 접근이라 하겠다.

---

[1] 본고는 「장로교회와 신학」 11권(2014): 112-133에 실렸던 글임을 밝혀둔다.

또 다른 대화의 상대인 루터파 신학과의 논쟁은 대체로 성찬론과 관련한 것이었다. 하이델베르크 요리문답의 출간이 가능하도록 정치적, 경제적, 신학적 후원을 제공한 선제후 프리드리히 3세(Friedrich III, 1559-76 재위)는, 재위 첫 해에 있었던 성찬에 관한 논쟁이 루터파 사이에 격렬하게 있게 된 이후로, 확고하면서도 분명한 개혁파 견해를 견지하였다. 그 결과로 하이델베르크 요리문답은 그리스도의 인성의 편재설에 기초한 루터파의 성찬설에 대하여 반대하는 개혁파 견해를 정밀하게 고백하고 있다. 이로 인하여 하이델베르크 요리문답은 루터파에게서 분노에 가득찬 격렬한 비판을 받았다.[2]

본 소고는 하이델베르크 요리문답의 구원론의 신학 특징과 관련한 주제를 다루도록 제안을 받았기 때문에, 루터파와의 성찬의 논쟁은 다루지 않고, 천주교 신학과의 비교를 통해 하이델베르크 요리문답이 제시하는 개혁파 구원론을 살피기로 한다. 종교개혁 이후, 개신교 신학과 천주교 신학은 구원론에 있어 크게 논쟁이 되었던 주제들은 인간론, 은혜론, 공로론, 죄론, 자유의지론, 신론, 종말론, 그리고 성례론 등과 복잡하게 연결되어 있는 신학의 전반적인 구조와 맞물려 있다.[3] 이러한 문제들에 대한 개괄적인 이해를 살피는 것만으로도 본고의 범위를 훨씬 넘어선다. 이에, 본고에서는 첫째, 인간의 자유의지와 하나님의 은혜의 상관관계를 어떻게 이해하여야 하나, 둘째, 의롭게 함이란 무엇인가, 셋째, 의롭게 함과 믿음의 관계는 어떠한가, 끝으로 넷째, 의롭게 하는 믿음과 사랑 또는 선행의 관계는 어떠한가에 대해서 트렌트 종교회의 교령과 법령을 비교하며 살피는 것으로 본 글의 목적을 이루고자 한다.

첫째, 자유의지(자유선택, *liberum arbitrium*)와 은혜(*gratia*)에 대하여

개혁파 신학과 천주교 신학이 구원론에 있어서 서로 다른 신학의 결과를 낳게 되는 출발점은 자유의지와 관련한 이해의 차이에 있다. 천주교 신학은 구원의

---

2 관련한 내용을 한국어로 쉽게 소개받을 수 있는 책들로는 존 네빈(John W. Nevin), "소개의 글," in 자카리아스 우르시누스(Zacharias Ursinus), *하이델베르크 요리문답 해설(the Commentary on the Heidelberg Catechism)*, 원광연 역 (고양시: 크리스챤 다이제스트, 2006), 17-36; 유해무·김헌수, *하이델베르크 요리문답의 역사와 신학* (서울: 성약출판사, 2006)' 김영재, *기독교 신앙고백* (수원: 도서출판 영음사, 2011)를 참조할 것.

3 졸고, "개혁신학의 구원과 성화," 김정우·오덕교 편집, *구원 이후에서 성화의 은혜까지* (서울: 이레서원, 2005), 미주 13을 참조할 것.

역사는 하나님과 사람의 역할이 각각 합력하여 일어난다고 생각을 한다. 하나님의 거룩한 능력이 먼저 앞서서 타락한 죄인인 사람의 의지를 일깨우고 자극을 시켜서 활력을 주게 되면, 타락한 사람은 그 자체로는 하나님의 은혜를 요구하거나 바라기조차 하지 못할 자이며 이러한 일과 관련하여 어떤 공로도 이룰 수가 없는 존재이지만, 이제 은혜를 통해 자신의 자유선택을 통해 일깨움을 받아 따를 것을 결정하여 따르게 된다. 말하자면 하나님은 도움을 제공하시고, 죄인은 이러한 도움에 동의하고 받는 역할을 각각 이행을 하는 것이다. 천주교 신학에 따르면 개혁파 구원론은 이러한 인간의 자유의지를 올바르게 인정을 하지 않는 데에서 비롯된다.[4]

트렌트 종교회의는 이와 관련하여 다음과 같이 교령을 진술한다.[5]

> 공의회는 … 이 의롭게 됨의 기원이 그리스도 예수로 말미암는 하나님의 선행하는 은총으로부터 취하여져야 한다고 선언을 한다. 다시 말해서, … 어떤 존재하는 공로에 의하지 않은 채, 그들을 부르는 부르심으로부터 취하여져야 한다고 선언을 한다. 죄를 짓고 하나님에게서 등을 돌렸던 자들은, 그들로 하여금 의롭다 함을 받기 위해 회개하도록 그들을 자극하며 돕는 은혜로 말미암아, 바로 그 은혜에 대해 자유로이 동의하고 협동을 하도록 준비를 갖추게 된다. 그 결과 비록 성령의 조명을 통해 하나님께서 인간의 마음을 감동시키신다 하더라도, 그 조명을 받을 때, 인간 자신이 전적으로 아무 것도 행하지 않는 것이 아니다. 왜냐하면 사실 그가 그것을 멀리 던져버릴 수도 있기 때문이다. 그럼에도 불구하고 하나님의 은혜가 없다면, 자신의 자유로운 의지만으로, 하나님이 보시기에 의로운 상태를 향하여 자신을 움직여 나아갈 수가 없다. 성경에서 이르기를, "내게 돌이키라, 그러면 내가 너희를 향해 돌이키리라"고 말씀하실 때, 그것은 우리의 자유에 대해 일깨워 준다. 우리가 "주여, 우리를 주께로 돌이키소서"라고 응답을 할 때, 우리는 하나님의 은혜가 우리보다 앞서는 것을 고백한다.(제 6회기, 의화에 대한 교령, 제 5장)

트렌트 종교회의는 인간의 자유의지에 의한 선택과 관련하여 법령을 두어

---

4 John Adam Moehler, *Symbolism or Exposition on the Doctrinal Differences Between Catholics and Protestants as Evidenced by Their Symbolic Writings*, trans. by S.B. Robertson (Mainz, 1832; 8th ed., 1871-1872), 172-73, 178.

5 트렌트 종교회의 교령과 법규의 원문을 위해서는 Heinrich Denzinger, *Enchiridion Symbolorum: Definitionum et Declarationum de rebus fidei et morum* (Freiburg: Verlag Herder, 1965); Philip Schaff, *The Creeds of Christendom* vol. II (Grand Rapids, MI: Baker Book House, 1990 reprinted); Norman P. Tanner, ed., *Decrees on the Ecumenical Councils* vol. II (London and Washington DC: Sheed & Ward and Georgetown University Press, 1990) 등을 볼 것.

다음과 같이 정리하여 확정을 한다.

> 하나님에 의하여 움직이고 일깨워지는 인간의 자유의지(자유선택, *liberaum arbitrium*)는 일깨우시고 부르시는 하나님을 따르는 일에 - 이렇게 하여 사람은 의롭게 되는 은혜를 얻을 수 있는 성향과 준비를 하게 되는데 - 어떤 식으로든지 아무런 협동을 하지 않는다고 말하는 사람이 있다면 저주가 있을지어다. 또한 원한다 하더라도 거부할 수 없으며, 생명력이 없는 것처럼 어떤 것이든지 행할 수가 없으며, 단지 수동적으로만 있을 수 있을 뿐이라고 말하는 사람이 있다면 저주가 있을지어다.(제 6회기, 의화에 대한 법규 4항)

천주교 신학은 사람이 의롭다 함을 받는 일은 오직 은혜가 먼저 주어져야만 하는 일이라는 점에서 은혜의 우선성을 강조한다. 그러나 하나님이 주시는 은혜는 사람으로 하여금 그 은혜를 받아 죄를 회개하고 하나님에게로 나오도록 돕기 위한 수단일 뿐이다. 하나님께서 은혜를 베푸셨다고 하더라도, 사람은 그 은혜를 거부하거나 내동이칠 수가 있다. 사람이 그 은혜의 도움을 받아 그 은혜에 협동을 할 경우라야 그 사람은 의롭다함을 받을 수가 있게 되며, 하나님은 그 사람을 의롭게 하실 수가 있게 되는 것이다.[6]

그러나 개혁파 신학은 타락하여 죄에 빠진 사람은 하나님을 향한 영적 선을 행할 수 있는 선택의 능력을 완전히 상실하였으며, 타락 이후로 부패한 성품으로 말미암아 영적인 악만을 행하는 선택의 제한과 무능력의 상태에 놓여 있다고 강조한다. 타락한 사람이 영적 선과 관련하여 자유로운 선택을 할 수 없는 전적으로 무능한 자가 된 까닭은 아담과 하와의 타락으로 인하여 사람의 성품이 부패하였기 때문이다. 하이델베르크 요리문답은 이와 관련하여 다음과 같이 교훈한다.

> 질문 6: 그렇게 본성이 악하여 하나님의 계명을 온전하게 지키지 못하는 것은 하나님께서 사람을 사악하고 비뚤어진 상태로 창조하셨기 때문입니까?

---

6 천주교회가 제 2차 바티칸 공의회 개회 30주년을 맞이하여 1992년에 불어판으로 발간하고 그리고 1997년에 라틴어 표준판을 발간하였던 『가톨릭교회 교리서』는 자유의지와 관련하여 트렌트 공의회 교령을 그대로 인용하면서 다음과 같이 진술한다. "의화는 하느님의 은총과 인간의 자유 사이에 협력 관계를 이룬다. 인간 편에서, 의화는 회개를 촉구하시는 하느님의 말씀에 대한 신앙의 동의 안에서, 그리고 그 동의에 앞서고 그것을 보전하시는 성령의 이끄심에 사랑으로 협력하는 행위를 통해서 표현된다." 1993항.

답: 결코 그렇지 않습니다. 하나님께서는 사람을 선한 상태로 자신의 형상을 따라 참된 의와 거룩함으로 창조하셨습니다. 그리하여 사람으로 하여금 창조주 하나님을 올바르게 알아 하나님을 마음을 다해 사랑하며 영원한 행복을 누리며 하나님을 영화롭게 하고 찬미하며 살도록 하셨습니다.

본래 사람은 순전한 상태로 창조를 받았으며 그 결과 그가 원하기만 하면 하나님을 영화롭게 하고 찬미하며 영원한 행복을 누리며 살 수 있었다. 이것은 뒤집어 말해서 그가 원하기만 하면 결코 죄를 짓지 않고 살 수 있는 복된 상태에 있었음을 뜻한다. 그러나 사람은 그런 복된 상태를 유지하지 못했다.

질문 7: 그렇다면 사람이 이처럼 부패한 본성을 갖게 된 까닭이 무엇입니까?

답: 그것은 사람의 첫 조상인 아담과 하와가 낙원에 있을 때 타락하여 불순종하였기 때문입니다. 그 결과로 우리 본성이 실로 부패하여짐으로써 우리 모두가 잉태될 때부터 본성이 부패한 죄인으로 태어나게 되었습니다.

개혁파는 사람이 타락한 이후에 부패한 성품을 가지고 죄인으로 태어난다는 원죄론에 근거하여 타락한 사람은 하나님과 관련한 영적 선에 대한 선택을 자유롭게 할 능력이 없다는 사실을 강조하여 가르친다. 사람은 스스로 하나님을 향한 영적 선을 선택할 능력이 없으며 오히려 하나님을 멀리하고 악을 행하는 데로 나아간다는 것이 개혁파가 교훈하는 타락한 사람의 영적 무능력이다. 하이델베르크 요리문답은 이와 관련하여 다음과 같이 교훈한다.

질문 8: 그렇다면 우리는 어떠한 선도 전혀 행할 수기 없으며 온갖 사악한 일들만을 행하는 데로 이끌려 갈 정도로 그렇게 부패해 있습니까?

답: 정말로 그렇습니다. 우리가 하나님의 영으로 새롭게 태어나지 않는다면, 참으로 그렇습니다.

여기서 주의를 기울여 살펴보아야 한다. 앞서 살펴본 것처럼 천주교 신학도 "하나님의 은혜가 없다면, 자신의 자유로운 의지만으로, 하나님이 보시기에 의로운 상태를 향하여 자신을 움직여 나아갈 수가 없다"(의화에 대한 교령, 제 5장)고 말한다. 그렇다면 결국 트렌트 종교회의 교령도 하이델베르크 요리문답이 "타락한 사람이 선을 전혀 행하지 못하며 사악한 일을 행하는 데로 이끌려 갈 정도로 부패해 있다"고 말하는 것과 동일한 취지의 말을 하고 있는 것이 아닐까? 타락한 사람이 스스로 영적 선을 행할 수가 없으며, 하나님의 은혜가 주어져야 한다는 사실에 천주교 신학이나 개혁파는 둘 다 전적으로 동의를 하는 것으로 보이지 않는가? 도대체 무엇이 이 둘의 신학을 갈라놓는 것일까?

그것은 하나님의 은혜에 대한 설명에서 드러난다. 트렌트 종교회의 교령은 하나님의 은혜가 타락한 죄인으로 하여금 회개하도록 성령의 조명으로 그들의 마음에 감동을 주어 자극하며 돕는 것이라고 말한다.[7] 반면에 하이델베르크 요리문답은 하나님의 은혜와 관련하여 "하나님의 영으로 새롭게 태어나지 않는다면"이라고 말한다. 이것은 하이델베르크 요리문답이 고백하는 하나님의 은혜란 트렌트 종교회의의 교령이 말하는 것과 같이 조명의 은혜, 곧 단순히 일깨우는 도움과 같은 것이 아님을 말한다.

칼빈이 지적하고 있는 바처럼, 개혁파와 천주교 신학의 차이는 하나님의 은혜가 단지 연약한 의지를 일깨워 강화하는 것이냐 아니면 완전히 새로운 마음을 창조하는 것이냐에 있다. 전자는 천주교 신학이고 후자는 개혁파 신학이다. 개혁파 신학은 "내가 그들에게 한 마음을 주고 그 속에 새 영을 주며 그 몸에서 돌 같은 마음을 제거하고 살처럼 부드러운 마음을 주어 내 율례를 따르며 내 규례를 지켜 행하게 하리니 그들은 내 백성이 되고 나는 그들의 하나님이 되리라"(겔 11:19-20)는 말씀이나 "예수께서 대답하여 이르시되 진실로 진실로 네게 이르노니 사람이 거듭나지 아니하면 하나님의 나라를 볼 수 없느니라"(요 3:3)의 말씀이 교훈하는 바가 단순히 연약한 의지를 돕는 것이 아니라 근본적으로 새로운 심령을 창조하는 것임을 힘주어 제시한다.[8]

---

[7] 천주교회에서 말하는 하나님의 은혜란 하나님의 구원의 부르심에 대해 우리로 하여금 반응을 할 수 있도록 하나님이 베푸시는 호의요 값없이 주시는 도우심(favor, *auxilium gratuitum*)이다. "우리는 하느님의 은총으로 의화된다. 은총은 하느님의 자녀 곧 양자가 되고 신성과 영원한 생명을 나누어 받는 사람이 되라는 하느님의 부름에 응답하도록 하느님께서 우리에게 베푸시는 호의이며 거저 주시는 도움이다."(『가톨릭교회 교리서』 1996항) 천주교회는 이러한 은혜를 두 개념으로 구별한다. 하나는 상존은총(*gratia habitualis*)이며 다른 하나는 조력은총(*gratia actualis*)이다. 상존은총이란 성화 활동의 샘으로서 하느님께서 성령을 통해서 영혼 안에 불어 넣으시며 죄에서 치유하고 거룩하게 하여주시는 은총이다. 이것은 성화은총(*gratia sanctificans*0 또는 신화은총(*gratia deificans*)라고 불리며 세례를 받음으로써 받는다. 반면에 조력은총은 회개의 시작이나 성화의 활동 과정 중에 하나님께서 개입하시는 은총을 뜻한다. 『가톨릭교회 교리서』 1999항, 2000항 참조. 아울러 졸고, "개혁신학의 구원과 성화," 133-34를 볼 것.

천주교 신학이 타락한 사람에게 하나님의 은혜를 받을 것인지 거부할 것인지의 자유의지(자유선택)의 가능성과 능력을 인정하는 근거 구절은 무엇일까? 앞서 인용한 바와 같이 "그러므로 너는 그들에게 말하기를 만군의 여호와께서 이처럼 이르시되 너희는 내게로 돌아오라 만군의 여호와의 말이니라 그리하면 내가 너희에게로 돌아가리라 만군의 여호와의 말이니라"(슥 1:3)의 말씀이며 또한 "여호와여 우리를 주께로 돌이키소서 그리하시면 우리가 주께로 돌아가겠사오니 우리의 날들을 다시 새롭게 하사 옛적 같게 하옵소서"(애 5:21)의 말씀이다. 이들은 전자의 인용은 자유선택이 있음을 말하며 후자의 인용은 하나님의 은혜의 우선성을 말한다고 주장을 한다. 그러나 "우리를 주께로 돌이키소서"는 우리 안에 주께로 돌이키는 소원을 창조하여 주시기를 바라며 주님께서 그렇게 하여 주시지 않으면 스스로는 결코 주께로 돌아갈 수 없다는 것을 말하며, "내게로 돌아오라"는 말씀은 주님에게로 돌아오지 않는 자들의 완악한 죄성을 지적하여 그들을 정죄하는 심판의 교훈을 말하는 것으로 풀이가 된다. 하나님께서 이스라엘에게 "돌아오라" 명하신 것은 돌아올 능력이 그들에게 있다는 자유의지에 관한 교훈을 주시기 위한 것이 아니다. 그것은 이스라엘이 하나님을 떠난 죄가 얼마나 큰 것인가를 교훈하시며 마땅히 돌아와야할 도리를 일깨우시는 교훈적인 명령일 뿐이다. 이 말씀들은 결코 천주교 신학을 배타적으로 지지하는 근거가 되지를 못하는 것이다.

둘째, '의롭게 함'(*justificatio*)의 이해에 대하여

개신교 신학 일반이 천주교 신학과 근본적으로 이해의 차이를 보이는 많은 것들 가운데 구원론과 관련한 것의 시작은 '의롭게 함'이 무엇을 뜻하는 가와 관련한다. 천주교 신학은 의롭게 함의 교리란 사람이 첫째 아담의 아들로서의 죄인의 신분에서 둘째 아담인 예수 그리스도로 말미암아 하나님의 아들로 입양이 되는 은혜의 신분으로 옮겨짐을 뜻한다고 말한다.

> ... 불경건한 자가 의롭게 된다는 말의 표현은 사람이 첫째 아담의 아들로 태어난 신분으로부터(*ab eo statu*) 둘째 아담인 우리 구주 예수 그리스도로 말미암아 하나님의 아들로 입양이 된 은혜의 신분으로(*in statum gratiae*) 옮기어짐을 가리킨다. ...(제 6회기, 의화에 대한 교령, 제 4장)

---

8 John Calvin, *Acta Synodi Tridentinae. Cum Antidoto.* CO 7:444.

천주교회의 의롭게 함에 대한 이러한 이해는 얼핏 보기에 개신교 신학과 별 다른 차이를 보이지 않는 듯이 여겨진다. 칼빈도 트렌트 종교회의 교령을 비판하는 글에서 제 4장에서 말하는 의롭게 함의 표현에 대해 별 다른 이의를 제기하지 않았다.[9] 개혁파 신학에서 의롭게 함이란 그리스도의 의로 말미암아 죄인의 신분이 의인의 신분으로 변화되어 하나님의 자녀로 입양이 되며 영생을 기업으로 얻게 되는 은혜를 가리켜 말한다.[10]

그런데 문제는 천주교회 신학은 의롭게 함을 이해하기를 그것이 단지 외적인 하나님과의 관계에 따른 신분의 변화만을 의미하는 것으로 생각지 않는다는 데에 있다. 트렌트 종교회의 교령은 다음과 같이 말한다.

> 의롭게 됨은 단지 죄의 사함만이 아니라 은혜와 은사를 자발적으로 받아들임으로써 속사람이 거룩케 되고 새롭게 됨이기도 하다. 사람은 이것을 통해 불의한 자로부터 의로운 자가 되며, 대적자로부터 친구가 되며, 그 결과 영원한 생명의 소망을 따르는 상속자가 된다.(제 6회기, 의화에 대한 교령, 제 7장)

첫째 아담의 아들로서의 죄인의 신분에서 둘째 아담인 예수 그리스도로 말미암아 옮겨진 하나님의 양자로서의 은혜의 신분이 뜻하는 바가 무엇인가에 대해서 천주교회가 고백하는 바는 단지 죄를 사함 받는 것뿐만 아니라, 또한 내적으로 속사람이 갱신되고 성화를 포함한다. 앞서 말한 바처럼 이러한 결과를 얻기 위하여 죄인이 사람은 자발적으로 자유의지로 하나님의 은혜를 받기로 하며 협력을 한다고 이해를 한다.

천주교회의 신학에 따르면 의롭게 함이란 죄를 사함 받고 실제로 사람이 의롭게 되는 변화의 관점(the transformation view)을 반영하고 있다. 이것은 중세 스콜라 신학의 전통에 따라 실제로 의의 선물이 은혜로 죄인에게 주입이 되는 '주입된 은혜'(gratia infusa)의 신학을 그대로 드러내는 것이다.

반면에 개신교 신학은 의롭게 함을 변화의 관점이 아니라 법정적 관점으로 이해를 한다. 즉 의롭게 함이란 소극적으로는 죄의 사함을 포함하면서, 또한 적극적으로는 그리스도의 의가 죄인에게 전가됨을 선언하는 법정적 행위(actus forensis)를 의미하며, 주입된 의가 아니라 전가된 의(iusitia imputata)를

---

9 John Calvin, *Acta Synodi Tridentinae. Cum Antidoto. CO* 7:443.

10 Louis Berkhof, *Systematic Theology* (Edinburgh, UK: The Banner of Truth Trust, 1988 reprinted), 513-16.

선언한다.[11] 하이델베르크 요리문답은 이러한 개신교 신학에 따른 의롭게 함의 교리를 간명하게 전달한다.

> 질문 56: "죄를 사하여 주시는 것"을 고백할 때 당신이 믿는 바는 무엇입니까?

> 답: 그리스도께서 죄를 심판하시는 하나님의 공의를 만족시키셨으므로 하나님께서는 나의 모든 죄를 그리고 내가 평생 싸워야만 하는 나의 부패한 본성을 더 이상 기억하지 않으실 것이며, 오히려 그리스도의 은혜를 나에게 전가시키는 은혜를 베푸실 것이므로, 나는 하나님의 심판을 받아 정죄 받게 될 일이 결코 있지 않을 것임을 고백합니다.

> 질문 59: 지금까지 고백한 모든 신앙 항목들을 믿음으로 말미암아 당신이 지금 어떠한 유익을 누리고 있습니까?

> 답: 예수 그리스도 안에서 나는 하나님께서 보실 때에 의로운 자이며, 영원한 생명을 상속받을 자라는 유익을 누립니다.

하이델베르크 요리문답은 죄 사함을 받음에 있어 그리스도의 전적인 속죄의 은총에 근거하여 그리스도의 의가 죄인에게 전가됨을 고백한다는 점에서 트렌트 종교회의의 교령과는 완전히 다른 이해를 밝히고 있다. 개혁파 신학에서 의롭게 함의 교리는 두 가지 요소를 내용을 갖는다. 하나는 부정적인 측면에서 죄 사함이며, 다른 하나는 긍정적인 측면에서 하나님의 자녀가 되는 것과 영생을 기업으로 받는 것이다. 하이델베르크 요리문답 질문 56의 답은 이 가운데 전자, 곧 죄 사함을 받는 일과 관련하여 '의의 전가'를 고백하며, 질문 59의 답은 후자, 곧 양자됨과 영생의 복과 관련하여 고백을 한다. 양자됨과 영생의 복은 질문 59에 이미 표현이 되고 있는 바처럼 '의의 전가'를 통하여 의롭게 된 자가 누리게 되는 영적인 유익으로서 '죄 사함'을 통한 결과적인 유익이다.

요컨대 의롭게 함과 관련하여 개신교 신학과 천주교 신학의 차이는 '전가

---

11 의롭게 함이 전가된 의를 선언하는 법정적 행위이며 변화적 관점에서의 성화를 포함하지 않는다는 사실과 관련하여 루터파 정통주의와 개혁파 정통주의의 설명들을 일괄하여 보기를 원하면 다음을 참조하라. Heinrich Schmid, *The Doctrinal Theology of the Evangelical Lutheran Church* (Minneapolis, MN: Augsburg Publishing House, 1875; 1961 reprint); Francis Pieper, *Christian Dogmatics* vol. II (St. Louis, MO: Concordia Publishing House, 1951); Heinrich Heppe, *Reformed Dogmatics*, trans. by G. T. Thomson (Grand Rapids, MI: Baker Book House, 1950)

의 의'를 고백하는가 아니면 '주입된 의'를 고백하는가에 따라서 드러나는 것이다. 이같은 사실을 트렌트 종교회의는 의와에 대한 교령을 발표하고 이어 선언한 법규를 통해 잘 나타내 보이고 있다.

> 성령을 통하여 사람의 심령들에 부어지고 그것들에 내재하는 은혜와 사랑을 배제한 채, 그리스도의 의의 전가만으로, 또는 죄 사함만으로, 사람이 의롭게 된다고 말하거나, 또는 사람이 의롭게 되는 은혜는 단지 하나님의 호의일 뿐이라고 말하는 자는 저주를 받을지어다.(제 6회기, 의화에 대한 법규 11항)

이러한 트렌트 종교회의 법규의 분명한 선언에 맞서서 하이델베르크 요리문답은 매우 명료하게 "그리스도의 은혜를 나에게 전가시키는 은혜를 베푸실 것이므로, 나는 하나님의 심판을 받아 정죄 받게 될 일이 결코 있지 않을 것임을 고백한다."고 밝히고 있는 것이다.

하이델베르크 요리문답의 이러한 고백은 칼빈이 트렌트 종교회의가 교령과 법규를 비판한 것과 이해의 맥을 같이 한다. 칼빈은 트렌트 종교회의 교령이 의롭게 함에 대해 말하기를 단지 '죄 사함'(peccatorum remissio)뿐만이 아니라 또한 '속사람의 거룩하게 함과 새롭게 함'(sanctificatio et renovatio interioris hominis)을 포함한다고 말하는 것에 대해 성경의 지지를 받지 못하는 그릇된 주장이라고 매우 강력하게 비판을 하였다. 트렌트 종교회의 교령은 증거 구절로 "너희는 유혹의 욕심을 따라 썩어져 가는 구습을 따르는 옛 사람을 벗어 버리고 오직 너희의 심령이 새롭게 되어 하나님을 따라 의와 진리의 거룩함으로 지으심을 받은 새 사람을 입으라."(엡 4:22-24)는 말씀과 "소망이 우리를 부끄럽게 하지 아니함은 우리에게 주신 성령으로 말미암아 하나님의 사랑이 우리 마음에 부은 바 됨이니."(롬 5:5)의 말씀을 제시한다.[12]

그러나 이러한 구절들은 의롭게 함과 관련하여 주어진 증거본문이 아니다. 이에 대하여 칼빈은 의롭게 함의 정의를 밝히고 있는 성경의 근거구절을 제시하며 반박을 한다. 예를 들어 "일한 것이 없이 하나님께 의로 여기심을 받는 사람의 복에 대하여 다윗이 말한 바 불법이 사함을 받고 죄가 가리어짐을 받는 사람들은 복이 있고 주께서 그 죄를 인정하지 아니하실 사람은 복이

---

[12] 제 6회기, 의화에 대한 교령, 제 8장 in Philip Schaff, *The Creeds of Christendom* vol. II.

있도다 함과 같으니라"(시 32:1; 롬 4:6)의 말씀을 제시한다. 칼빈은 바울이 여기서 의의 전가를 통해 의로 여김을 받은 자의 행복을 다윗의 시편을 통해 말하고 있음이 분명하다고 해석을 한다. 이러한 사실은 또 "하나님께서 그리스도 안에 계시사, 세상을 자기와 화목하게 하시며 죄를 사람들에게 돌리지 아니하셨다"(고후 5:19)는 말씀과 "죄를 알지도 못하신 자로 우리를 대신하여 죄를 삼으신 것은 우리로 하여금 하나님의 의가 되게 하려 하심이다."(고후 5:21)는 말씀으로 확정이 되고 있다고 강조를 한다.[13]

하이델베르크 요리문답 또한 의롭게 함이 변화의 내적 성화가 아니라 전적으로 그리스도의 의의 전가에 의한 죄 사함과 관련한 것임을 확증하는 증거 구절로 고린도 후서 5장 21절을 제시하고 있는 것은 개혁파 신학의 충실성을 잘 보여주는 부분이다. 하이델베르크 요리문답은 여기에 더하여 "모든 사람이 죄를 범하였으매 하나님의 영광에 이르지 못하더니 그리스도 예수 안에 있는 속량으로 말미암아 하나님의 은혜로 값 없이 의롭다 하심을 얻은 자 되었느니라."(롬 3:23-24)는 말씀, "그런즉 한 범죄로 많은 사람이 정죄에 이른 것 같이 한 의로운 행위로 말미암아 많은 사람이 의롭다 하심을 받아 생명에 이르렀느니라."(롬 5:19)는 말씀, "그리스도께서 우리를 위하여 저주를 받은 바 되사 율법의 저주에서 우리를 속량하셨으니"(갈 3:13)는 말씀, "우리는 그리스도 안에서 그의 은혜의 풍성함을 따라 그의 피로 말미암아 속량 곧 죄 사함을 받았느니라."(엡 1:7), 그리고 "그 아들 예수의 피가 우리를 모든 죄에서 깨끗하게 하실 것이요."(요 1:7)의 말씀들을 제시한다. 실제로 하이델베르크 요리문답의 저자 가운데 한 사람인 우르시누스는 그가 해설한 요리문답 해설서에서 이르기를 로마서 4장의 문맥에서 모두 7회에 걸쳐서 "여기시다"(λογίζομαι)로 표현된 말이 사실 "전가하다"(imputo)를 의미한 다고 말함으로서 의의 전가 교리를 강조한다.[14]

그렇다면 트렌트 종교회의 교령이 의롭게 함의 증거 구절로 사용한 "너희는 유혹의 욕심을 따라 썩어져 가는 구습을 따르는 옛 사람을 벗어 버리고 오직 너희의 심령이 새롭게 되어 하나님을 따라 의와 진리의 거룩함으로 지으

---

[13] John Calvin, *Acta Synodi Tridentinae. Cum Antidoto. CO* 7:447.

[14] 자카리아스 우르시누스(Zacharias Ursinus), *하이델베르크 요리문답 해설(the Commentary on the Heidelberg Catechism)*, 533.

심을 받은 새 사람을 입으라.'"(엡 4:22-24)는 말씀에 대한 하이델베르크 요리문답의 이해는 어떠할까? 이 말씀이 의롭게 함이 무엇인지를 교훈하는 구절이 아니라면 무엇과 관련한 말씀으로 해석을 해야 하는 것일까? 하이델베르크 요리문답을 해설하는 개혁파 신학은 이 증거구절을 의롭게 함이 아니라 회심과 관련한 것으로 인용을 한다. 회심과 관련한 하이델베르크 요리문답의 고백은 다음과 같다.

> 질문 88: 어떤 일들이 있음으로 참된 회심이 이루어집니까?
>
> 답: 두 가지 일들이 있어야 합니다. 옛 사람을 죽이는 일과 새 사람을 살리는 일입니다.[15]

옛 사람을 죽이는 일(mortificatio)과 새 사람을 살리는 일(vivificatio)을 교훈하는 회심은 과거의 일에 대해 회개를 하며 앞으로 신앙의 교훈에 따라 살아가고자 하는 진실한 갈망을 의미한다. 이처럼 옛 사람을 죽이고 새 사람을 살아가는 일을 행하는 것은 바로 의롭게 함을 실현하는 과정이 아니라 오히려 회심을 통해 성화를 이루어가는 변화의 상태를 의미한다.

이러한 하이델베르크 요리문답의 교훈은 의롭게 함과 거룩하게 함의 은혜를 구별하는 개혁파의 노력과 연속성을 가지며 일치한다. 예를 들어 웨스트민스터 소요리문답은 의롭게 함과 거룩하게 함에 대하여 다음과 같이 구별하여 교훈을 한다.

> 질문 33: 의롭게 함이란 무엇입니까?
>
> 답: 의롭게 함은, 믿음으로만 받으며, 우리에게 전가된 오직 그리스도의 의 때문에, 우리의 모든 죄를 용서하시고 우리를 그가 보시기에 의로운 자들로 받아 주시는, 하나님께서 값없이 주시는 은혜의 사역입니다.
>
> 질문 35: 거룩하게 함이란 무엇입니까?
>
> 답: 거룩하게 함은, 우리가 전인격적으로 하나님의 형상을 좇아 새롭게 되며, 죄에

---

15 역사적으로 하이델베르크 요리문답의 증거구절을 덧붙여온 해설의 역사는 88문답과 관련하여 롬 6:1-11; 고전 5:7; 고후 5:17; 엡 4:22-24; 골 3:5-10 등을 제시한다.

대하여서는 더욱 더 죽은 자가 되고, 의에 대하여서는 더욱 더 산 자가 되도록 하는 하나님께서 값없이 주시는 은혜의 사역입니다.

하이델베르크 요리문답과 마찬가지로 웨스트민스터 소요리문답은 의롭게 함을 그리스도의 의의 전가에 의하여 죄 사함을 주시는 하나님의 은혜로 설명한다. 이어서 거룩하게 함과 관련하여 웨스트민스터 소요리문답은 하나님의 형상을 좇아 새롭게 되는 것이며 죄에 대하여서는 죽고 의에 대하여서는 살도록 하시는 하나님의 은혜로 설명한다. 이것은 하이델베르크 요리문답이 88문항에서 회심에 대하여 설명한 것과 동일한 맥락을 따른다. 옛 사람을 죽이고 새 사람을 살아가고자 하는 열망이 회심이라면 이러한 회심을 행할 수 있도록 능력을 더해주시는 하나님의 은혜의 사역이 바로 거룩하게 하시는 성화인 것이다. 웨스트민스터 소요리문답은 35문항에 대해 답을 하면서 하나님의 형상을 좇아 새롭게 되도록 하는 일과 관련하여 에베소서 4장 22-24절을 증거구절로 제시한다. 이러한 관찰은 개혁파 신학에 있어서 의롭게 함이란 오직 죄 사함과 그 결과 양자됨과 영생을 유익을 얻음을 의미할 뿐이며, 천주교 신학이 말하듯이 속사람이 새롭게 되거나 거룩하게 되는 일이 아님을 확정한다.

셋째, '의롭게 하는 믿음'(*fides justificans*)에 대하여

흔히들 의롭게 함과 관련하여 개신교 신학과 천주교 신학과의 차이에 대하여 말하기를 개신교 신학은 믿음으로 의롭게 됨을 말하는 반면에, 천주교는 이에 반대하여 행함으로 의롭게 됨을 말한다고 한다. 하지만 이러한 설명은 사실 정확하지 않다. 펠라기우스를 이단으로 정죄 이후로 어떤 기독교 신학도 행함으로 의롭게 됨을 주장하지를 않는다. 이 점에 있어서는 천주교 신학도 마찬가지이다. 예를 들어 트렌트 종교회의 교령의 다음 진술을 보도록 하자.

> 하지만 사도가 사람은 믿음으로 말미암아 값없이 구원을 받는다고 말할 때, 그 말의 의미는 천주교회가 지속적으로 동의하여 지지하고 표현해 온 바대로, 즉 사람은 과연 믿음으로 의롭게 된다는 의미로 이해되어야 한다. 왜냐하면 믿음은 구원의 시작이며 모든 의롭게 됨의 근본이며 뿌리이기 때문이다. 믿음이 없이는 하나님을 기쁘시게 하는 일이 불가능하며, 그의 아들들의 공동체에까지 이르는 것이 불가능하다. 또한

사람이 값없이 의롭게 된다고 말할 것이다. 왜냐하면 의롭게 됨보다 앞서 있는 그 어떤 것도, 믿음이건 행위이건, 의롭게 됨의 은혜 자체를 공로로 얻을 수가 없기 때문이다. 만일 그것이 은혜로 인한 것이며, 더 이상 행위로 인한 것이 아니며, (사도가 바로 그것을 말한 바처럼) 그렇지 않다면 은혜는 더 이상 은혜가 아닐 것이기 때문이다. (제 6회기, 의화에 대한 교령, 제 8장)

트렌트 종교회의 교령은 분명한 어조로 사람이 믿음으로 의롭게 된다는 것은 천주교회가 오랜 동안 동의해 온 바이며 지켜온 신조라고 말한다. 또한 의롭게 되는 일은 값없이 은혜로 주어지는 것임을 고백한다. 그렇다면 개신교 신학과 무엇에 있어서 차이가 있는 것일까? 그것은 "믿음으로 의롭게 된다"는 말과 "값없이 의롭게 된다"는 말에 대한 해석이 다르다는 데에 있다.

먼저 천주교회가 사람이 의롭게 되는 것은 믿음으로 말미암는다고 말할 때, 그것이 의미하는 바는 믿음이 의롭게 됨의 시작이며 근본이며 뿌리라는 것이다. 즉 천주교회에 따르면, 의롭게 됨이 완성에 이르러 의롭게 됨의 열매를 맺는 일은 믿음이 아니라 믿음을 근본 또는 뿌리로 하여 그것에서 비롯되어 나타난 다른 무엇으로 인하여 이루어지게 된다. 또한 의롭게 되는 일이 값없이 되는 일이라고 말할 때 천주교회가 의미하는 바는 의롭게 하는 은혜를 사람이 미리 어떤 믿음이나 행위를 공로로 삼아 얻을 수가 있는 것이 아니라는 것이다. 즉 의롭게 하는 은혜는 지금까지 사람이 지켜온 어떤 믿음이나 행위를 근거로 주어지는 것이 아니라는 것이다. 하지만 그 은혜가 지속되기 위해서는 믿음이나 행위가 사람의 자유의지에 의하여 나타나야 한다. 이 모든 트렌트 종교회의 교령의 설명은 결국 의롭게 됨이 믿음으로 말미암아 이루어지지만, 믿음으로만 되는 것은 아니라는 것을 주장한다.

그러나 하이델베르크 요리문답은 사람이 의롭게 되는 일이 믿음으로 될 뿐만 아니라 오직 은혜로만 된다는 사실을 교훈한다.

질문 20: 그렇다면 아담 안에서 모든 사람들이 다 멸망을 당했으므로 또한 그리스도에 의하여 모든 사람들이 구원을 받는 것입니까?

답: 아닙니다. 참된 믿음으로 그리스도를 믿어 그에게 접붙임을 받고, 그리스도의 모든 은택들을 받는 자들만이 구원을 받습니다.

사람이 믿음으로만 의롭게 되는 진리에 대한 하이델베르크 요리문답의 설명에는 몇 개의 단계가 이어진다. 먼저 의롭게 되기 위하여서는 그리스도께서 이루신 은택을 받아야 한다. 그 다음 그리스도의 은택들을 받기 위하여서는 그리스도에게 접붙임을 받아야 한다. 그리고 그리스도에게 접붙임을 받기 위해서는 그리스도를 믿어야만 한다. 그러므로 의롭게 되는 일은 그리스도를 믿는 믿음으로만 이루어지는 것이다.

그렇게 믿음으로만 의롭게 되는 일은 단지 의롭게 되는 시작만이 이루어지거나 뿌리가 내려진 것에 그치는 것이 아니다. 믿음으로만 의롭게 되는 일은 의롭게 됨의 시작일 뿐만 아니라 완성을 의미한다. 하이델베르크 요리문답의 교훈을 살펴보자.

질문 60: 당신이 어떻게 해서 하나님께서 보실 때에 의로운 자가 되었습니까?

답: 오직 예수 그리스도를 참되게 믿는 믿음으로만 인하여서 의로운 자가 되었습니다. 비록 내가 하나님의 계명에서 크게 벗어났으며 하나라도 지킨 것이 없고, 온갖 악에게로 여전히 마음이 끌리고 있다고 나의 양심은 비록 고소하지만, 그럼에도 불구하고, 하나님께서는 나의 공로를 전혀 요구하지 않은 채, 순전히 은혜로, 그리스도께서 치르신 완전한 죗값과 그의 의와 거룩함을 나에게 부여하시고 내 것으로 삼아 주십니다. 그리하여 마치 나는 결코 죄가 없으며, 또한 죄를 단 한번이라도 범한 적이 없는 것처럼, 실로 그리스도께서 나를 위하여 행하신 그 모든 순종을 마치 내가 완전히 성취한 것처럼 여겨 주십니다. 그러므로 하나님 앞에서 내가 의로운 자가 되기 위하여 내가 할 일이란 오직 참된 믿음의 마음을 가지고 이 은혜의 선물을 받는 것뿐입니다.

믿음으로만 의롭게 된다는 개혁파의 구원론은 의롭다함을 받은 자가 여전히 하나님의 계명에 불순종의 죄 아래 있고 악을 향하여 마음이 이끌려 간다는 사실을 인정한다. 하지만 그것은 의롭다 함을 받는 시작에 불과한 것이 아니다. 그러한 상태에서 의롭다 함을 받기 위한 시작이 이루어지고 나중에 그러한 상태에서 벗어나 하나님이 인정하실만한 의와 거룩함을 이루어 의롭다 함을 완성하게 되는 것이 아니다. 개혁파 신앙고백은 그러한 상태 자체로 이미 완전히 의롭다 함을 받은 것이다.

개혁파 신앙고백이 하나님께서 의롭다 하실 때에 어떤 공로를 요구하지 않으시며 순전히 은혜로 그렇게 하신다고 하는 말의 의미는 바로 의롭다 함을 받는 자가 여전히 죄와 죄의 성향으로 인하여 양심의 고통을 받는 흠이 있는 죄인이라는 사실에 있다. 죄의 값은 그리스도께서 온전히 갚아 주시는 것이다. 그리고 그리스도의 의의 순종을 죄인에게 전가하여 그의 것으로 인정해 주시는 것이다. 이러한 의미에서 오직 믿음으로만 의롭다 함을 받는다는 것은 단지 의롭다 함의 시작이나 근본이나 뿌리가 아니라 그 자체로 이미 완전한 의로움을 인정받는 것이다.

넷째, 믿음(*fides*)과 사랑(*caritas*) 또는 선행(*bona opera*)에 대하여

의롭게 하는 믿음과 관련하여 개신교 신학과 천주교 신학이 서로 다른 이해의 차이를 보이는 것은 그들 각각이 의롭게 함의 이해의 차이 때문에 어쩔 수 없이 나타나게 되어 있다. 이를 테면 천주교 신학의 의롭게 함의 이해는 단지 죄 사함을 말하는 것이 아니라 속사람의 전적인 변화를 의미하는 것이기 때문에 천주교 신학은 결코 사람이 믿음으로만 의롭다 함을 받는다는 주장에 대해 동의를 하지를 못하며, 하나님께서 인정하실 만한 의로운 수준으로 변화하는 일을 요구한다. 지식을 통해서 주어진 믿음은 다시 지식으로 말미암아 일깨워진 느낌을 통해 실행의 의지로 나가야 하며, 그러한 절차를 통해서 믿음의 지식은 의지에 침투하여 소생케 하고 열매를 맺어 하나님의 형상대로 창조함으로 입은 새 사람을 낳게 된다는 것이 천주교 신학의 이해인 것이다.[16] 이러한 맥락에서 천주교 신학은 믿음을 구별하여, 단지 죄 가운데 머물러 있으며 '살아있지 않은 믿음'(*fides informis*)과 '살아 있어 사랑을 통해 생명력을 나타내는 생기넘치는 믿음'(*fides formata caritate, animata, fides viva vivida*)을 말한다. 여기서 트렌트 종교회의 교령을 읽어 보자.

> ... 그리하여 죄 사함과 더불어 의롭게 함을 받을 때, 사람은 그가 접붙임을 받은 예수 그리스도로 말미암아 이러한 모든 주입된 것들, 믿음, 소망과 사랑을 동시에 함께 받는다. 왜냐하면 믿음은, 그것에 소망과 사랑이 더하여 지지 않는다면, 사람을 그리스도와 완전하게 연합을 시키지 못하며, 그의 몸의 살아있는 지체가 되게 하지도 못한다. 이러한 까닭에 행함이 없는 믿음은 죽은 것이며 무익한 것이라는 매우 참된

---

[16] John Adam Moehler, *Symbolism or Exposition on the Doctrinal Differences Between Catholics and Protestants as Evidenced by Their Symbolic Writings*, 204-207.

말이다. 또 그리스도 예수 안에서는 할례나 무할례가 조금도 가치를 지니지 못하며, 사랑으로 역사하는 믿음이 가치를 지닌다는 것은 참된 말이다. ...(제 6회기, 의화에 대한 교령, 제 7장)

소망과 사랑이 함께 하는 믿음, 또는 행함이 있는 믿음, 곧 사랑으로 역사하는 믿음이 사람을 그리스도와 완전히 연합을 시키는 믿음이며, 또한 그리스도의 살아있는 몸의 지체가 되게 하는 믿음이다. 이러한 설명은 결국 사람을 의롭게 하는 믿음이란 형상을 이루지 못한 믿음(fides informis), 곧 살아있지 않은 믿음이 아니며, 사랑으로 형상을 이룬 믿음(fides caritate formata), 곧 행함이 있으며 살아있는 믿음인 것이다.

칼빈은 이러한 천주교 신학의 믿음에 관한 구별에 대해 매우 잘못된 것으로 비판을 한다. 성경은 이러한 구별을 전제하지 않고 있기 때문이다. 예를 들어 "믿음으로 말미암아 그리스도께서 너희 마음에 계시게 하시옵고 너희가 사랑 가운데서 뿌리가 박히고 터가 굳어져서"(엡 3:17)의 말씀은 믿음과 사랑을 분리할 수 없음을 보여준다는 것이 칼빈의 주장이다.[17] 믿음을 사랑에서 분리할 수 없는 것은 그리스도를 그의 영과 분리할 수 없는 것과 같은 이치이기 때문이다. 개혁파에서 의롭게 하는 믿음이란 처음부터 사랑을 열매로 맺는 믿음이기 때문이다. 의롭게 함의 믿음이 다른 구원의 은사들과 상관없이 독립적으로 활동하는 것이 아니라는 점을 유의할 필요가 있다. 예를 들어 웨스트민스터 신앙고백서는 다음과 같이 교훈을 한다.

[믿음으로] 그리스도와 그의 의를 받아들이고 의지하므로, 믿음은 의롭게 함의 유일한 방편이다. 그렇지만 의롭게 된 자에게 있어서 믿음은 단독적으로 있는 것이 아니라 항상 다른 구원의 은혜들을 함께 수반하며, 결코 죽은 믿음이 아니라 사랑으로 역사하는 믿음이다.(11장 2항)

개신교 신학이, 특히 개혁파 신학이 의롭게 됨이 믿음만으로 이루어진다고 말할 때 그것은 결코 믿음을 사랑과 분리시켜서 사랑의 열매를 맺지 않으며 사랑과 아무런 연관을 갖지 않는 믿음이 사람을 의롭게 한다는 말을 하는 것이 아니다. 믿음은 '항상 다른 구원의 은혜들과 함께 역사하는' 것임을 유의

---

17 John Calvin, *Acta Synodi Tridentinae. Cum Antidoto. CO* 7:450.

하여야 한다. 하이델베르크 요리문답보다 2년 앞서 나온 개혁파 벨직 신앙고백서(1561년)는 이에 대하여 다음과 같이 명료한 설명을 제공한다.

> 우리는 하나님의 말씀을 들음으로써 그리고 성령님의 역사로 말미암아 사람 안에 이루어진 이 참된 믿음이 그를 중생케 하며 새로운 사람으로 만들어 그로 하여금 새로운 삶을 살도록 하며, 죄의 굴레에서 자유롭게 함을 믿는다. 그러므로 이 의롭게 하는 믿음으로 말미암아 사람들이 경건하며 거룩한 삶에 태만하게 된다는 것은 결코 사실이 아니다. 오히려 그것이 없이는 하나님을 사랑하는 마음으로부터는 어떤 일도 하지 못하며 단지 자신을 사랑하거나 정죄를 두려워하는 마음에서 하게 될 따름이다. 그러므로 이 거룩한 믿음이 사람에게 있어서 아무런 열매도 맺지 못한다는 것은 있을 수 없는 일이다. 왜냐하면 우리는 헛된 믿음을 말하고 있는 것이 아니라, 하나님께서 그의 말씀 가운데 명하신 일들을 스스로 행하도록 인도하는 믿음, 성경에서 "사랑으로 역사하는 믿음"이라 일컫는 믿음에 대해서 말하고 있기 때문이다. 이 일들은 믿음이라는 좋은 뿌리에서 비롯되는 것들로 선하며 하나님께서 받으실 만하다. 왜냐하면 그것들은 그의 은혜로 말미암아 모든 성화된 것들이기 때문이다. 그러나 그것들은 우리의 칭의와 관련하여 의미를 지니지 못한다. 왜냐하면 선행을 행하기 이전에, 그리스도를 믿는 믿음으로 말미암아 의롭게 되는 것이기 때문이다. 그렇지 않다면 그것들은 선한 것일 수가 없으니, 마치 나무가 처음부터 좋은 것이 아니라면 그 열매가 좋은 것일 수가 없는 것과 같은 이치이다 ...[18]

이처럼 의롭게 하는 믿음은 결코 사랑과 분리되는 것이 아니지만, 그러나 유의할 것은 믿음만이 의롭게 하는 방편이라는 사실이다. 의롭게 하는 믿음은 사랑으로 역사하는 믿음이지만 그렇다고 하여 사랑이 의롭게 됨의 근거가 되거나 사랑으로 의롭게 되는 것은 결코 아니다.

천주교 신학은, 의롭게 됨이 그리스도의 의의 전가에 기초한 죄 사함의 법정적 선언이라는 사실을 부인하고 속사람의 새롭게 됨과 거룩하게 됨이라는 변화의 관점에서 주입된 의를 말하기 때문에, 사람이 의롭게 되는 것은 오직 믿음만이 아니라 사랑이라고 말한다. 이러한 이해의 바탕에서 천주교 신학은 개신교 신학에서 믿음으로 의롭게 됨을 말할 때 그 믿음을 가리켜 사랑이 없는 형상을 이루지 못한 믿음(fides informis)이라 말하며 비판을 하는 것이다. 그리고 속사람을 새롭게 하며 거룩하게 하는 믿음이란 형상화 된 믿음(fides

---

18 *Belgic Confession*, art. 24 일부.

formata)이니 곧 사랑이라고 말하며, 결국 사람이 의롭게 되는 것은 믿음으로만이 아니라 사랑으로 이루어지는 것이라고 주장을 한다. 그러나 이러한 천주교 신학의 비판은 완전히 잘못된 것이다. 개신교 신학에서 말하는 의롭게 하는 믿음은 '사랑과 무관하지 않으며' 사랑의 열매를 맺는 믿음이고, 그 믿음이 바로 의롭게 하는 방편인 것이다.

믿음은 사랑과 비분리적이지만 그러나 사랑이 아니며, 또한 의롭게 하는 방편은 사랑이 아니라 믿음이라는 사실에 대하여 하이델베르크 요리문답은 믿음의 정의를 밝혀 줌으로 다음과 같이 교훈한다.

질문 21: 어떠한 믿음이라야 참된 믿음입니까?

답: 참된 믿음이란, 하나님께서 그의 말씀 안에서 우리에게 계시하신 모든 것들이 진리라고 확신하는 분명한 지식이면서, 동시에 다른 이들 뿐만 아니라 내게도 또한 죄 사함과 영원한 의와 구원이 오직 그리스도의 공로로 인하여 그저 은혜로 하나님에 의해 값없이 주어진다는 것을 믿는 확고한 확신입니다. 이와 같은 확신은 성령님께서 복음으로 말미암아 심령 가운데 일으키심으로 주어집니다.

의롭게 하는 참된 믿음은 지식이며 또한 확신이다. 그것의 내용은 그리스도의 복음에 관한 진리와 그 진리가 참이라는 사실이다. 이 믿음으로 그리스도의 공로의 전가를 통한 죄 사함이 주어지며 영원한 의와 구원이 값없이 주어지는 것이다. 동시에 이 믿음은 성령님께서 복음으로 말미암아 심령 가운데 일으킴으로 주어진다. 바로 여기서 믿음과 사랑 또는 선행의 연결점이 나타난다. 믿음을 일으키신 성령님이 또한 사랑과 선행을 가능케 하시는 실행적 원인이시기 때문이다.

하이델베르크 요리문답은 이러한 맥락에 따라서 오직 은혜로 값없이 믿음만으로 의롭다 함을 받은 자들이 마땅히 선행을 하여야 하는 이치에 대해 다음과 같이 교훈을 한다.

질문 86: 우리가 우리의 비참함에서 구원을 받은 것은 우리가 수고한 공로로 인한 것이 아니라, 오직 하나님의 은혜로 그리스도로 말미암아 얻은 것일 뿐인데, 어찌하여 우리는 여전히 선을 행하여야만 하는 것입니까?

답: 진실로 그리스도께서는 그의 보혈로 우리를 구속하셨습니다. 그러나 그리스도께서는 또한 그의 성령으로 우리를 새롭게 하시어 그를 닮도록 하시기 때문입니다. 그리하여 우리는 모든 생활을 통해서 하나님께서 우리에게 행하신 모든 은택에 대해 감사를 표현하며, 하나님께서는 우리를 통해 찬양을 받으십니다. 아울러 우리 각 사람은 선행의 열매를 통해 자신의 믿음을 확신케 되고, 우리의 이웃들도 또한 우리의 경건한 삶으로 인하여 그리스도에게로 인도함을 받게 됩니다.

믿음으로만 값없이 은혜로 의롭다 함을 받은 사람은 새로운 사람이 되어 그리스도를 닮아가도록 성령의 은혜를 받는다. 그 결과로 죄인을 의롭다 하신 하나님의 은혜를 감사하며 사랑과 선행의 열매를 통해 의롭게 하는 믿음을 확신케 되며 또한 이웃을 그리스도에게로 인도하게 된다. 하이델베르크 요리문답은 이러한 감사와 회개의 삶을 살지 않는 사람은 결코 믿음으로 의롭다함을 받을 수가 없다고 단언을 함으로써 의롭게 하는 믿음이 결코 사랑과 분리된 믿음이 아님을 공고히 한다.[19]

맺는 말

하이델베르크 요리문답은 '구원하는 은혜와 믿음'에 대해서 명확하게 규명하고 철저하게 강조하고 있다. 이것은 천주교 신학을 상대로 신인협동론적인 구원론을 비판하고 '오직 은혜로만'의 신학이며 또한 '오직 믿음으로만'의 신학을 세워가는 노력이다. 하이델베르크 요리문답은 특별히 천주교 신학의 오류를 시정하고 성경의 교훈을 제시하는 교리를 매우 정밀하게 제시한다. 그 중심은 '오직 은혜로만'의 복음을 '오직 믿음으로만'의 고백을 통하여서 전달할 때에만 참된 은혜의 신학이 완전하게 표현되는 것임을 강조하는 데에 있다.

이러한 맥락에서 하이델베르크 요리문답이 트렌트 종교회의 교령에 맞서

---

19 질문 87: 그렇다면 감사하지도 않으며 회개의 삶을 살지도 않은 채 하나님께로 돌이키지 않는 사람들은 구원을 받을 수 없는 것입니까?
답: 결코 구원을 받을 수 없습니다. 음란한 자, 우상 숭배자, 간음하는 자, 도둑질하는 자, 탐욕을 부리는 자, 술 취하는 자, 모욕하는 자, 강도질하는 자와 그와 같은 일을 하는 자들은 하나님 나라를 유업으로 받지 못할 것임을 성경은 선언하고 있기 때문입니다.(고전 6:9-10; 갈 5:19-21; 엡 5:1-20; 요일 3:14)

서 강조한 신학요소 가운데 본 글에서 살펴본 것은 크게 네 가지였다. 하나는 아담의 범죄로 타락한 이후의 사람들은 그들의 부패한 성품으로 인하여 어떤 의미에서도 하나님의 은혜에 협동할 수 있는 능력을 가지고 있지 못하며 따라서 어떤 의미에서도 구원론적 공로를 주장할 수 없음을 명확히 하는 것이다. 둘은 의롭게 함이란 결코 속사람을 새롭게 하거나 거룩하게 하는 상태의 변화를 말하는 것이 아니며, 오직 그리스도의 전가된 의로 인하여 죄 사함을 선언하는 법정적 행위라는 점을 밝힌다. 양자됨과 영생의 상속이라는 은혜는 의롭게 함으로 말미암아 아울러 받게 되는 결과적인 은택들이다. 속사람의 새롭게 함은 의롭게 함이 아니라 회심에 속한 일이며 성화와 관련한 일이다.

셋, 의롭게 함을 받는 방편은 오직 믿음뿐임을 강조한다. 트렌트 종교회의 교령에서 주장하는 바와 같은 교리, 곧 믿음은 의롭게 됨의 시작이나 뿌리에 그치고, 그 후에는 행함을 통하여 믿음으로 시작된 의로움을 완성하는 것이라는 주장에 대해서는 확고하게 부정을 한다. 오직 믿음으로만 의롭다 함을 받으며, 그렇게 받은 의롭다 함은 시작이나 근본이나 뿌리가 아니라 그 자체로 이미 완전한 것임을 확고히 한다.

끝으로 넷, 의롭게 하는 믿음은 결코 사랑이나 선행과 분리되는 것이 아니며, 오히려 사랑의 열매를 낳는 믿음임을 강조한다. 그러나 믿음은 사랑이 아니다. 믿음은 하나님의 계시에 대한 확실한 진리인식이며 그리스도 안에서 의롭게 함과 영생을 기업으로 주심에 대한 확고한 신뢰이다. 따라서 비록 믿음은 홀로 역사하는 은사가 아니며 반드시 사랑으로 역사하지만, 그렇다고 하여도 의롭게 함을 받는 방편은 믿음에 더하여 사랑으로 말미암는 것이 아니라 오직 믿음뿐임을 고백한다.

이상과 같이 하이델베르크 요리문답이 교훈하는 '믿음으로 의롭게 함'의 고백은 무엇보다도 오늘날 의롭다 함을 받는 믿음의 은혜를 오해하여 소위 값싼 복음의 탈윤리적이며 불경건한 종교양상들을 흔하게 나타내고 있는 한국 교회에 올바른 개혁의 방향을 제시하는 커다란 유익을 준다. 본래 종교개혁신학에 오류나 허점이 있어서 오늘날 한국 개신교회의 부정적 양상들이 드러나고 있는 것이 아니라, 복된 신앙의 유산들을 바르게 배워 익혀 순종하지 않은 데에 있음을 보여준다. 반면에 하이델베르크 요리문답은 한국 교회의 도덕적 문제를 개혁해야 한다는 동기적 순수함과 열정으로 말미암아 '오직 믿음으로만 의롭다 함'을 받는 종교개혁의 성경적 신학을 비난하거나 거부하는 잘못된 접근에 대해서도 경종을 울린다.

개혁은 성경의 교훈으로 돌아가는 것이다. 그렇게 성경으로 돌아간 결과로 얻어진 복된 신앙적 유산 가운데 하나가 '오직 믿음으로만 의롭게 됨'이란 교리임을 깨닫고 이를 잘 익혀 따르고 전수하는 일이 한국 교회를 개혁하는 올바른 길일 것이다. (*)

8.
하이델베르크 요리문답에 나타난 교회론
- 교회 권징론을 중심으로[1]

이남규   조직신학 · 조교수

1. 서론

교회권징은 칼빈주의의 중요한 특징이다. 하이델베르크 요리문답서 85문은 천국열쇠중 하나인 교회권징을 설명한다. 그런데 당시의 상황을 보면 칼빈주의의 특징인 교회권징이 하이델베르크 요리문답서에 들어간 것은 흥미로운 일이다. 그리고 교회권징은 교회법에 들어가지 않으면 실천되지 않는 항목으로 남게 된다. 그래서 팔츠(Pfalz)도 자기의 요리문답의 내용을 자기교회의 법안에 받아들이고 나아가 적용시켜야 했다. 팔츠의 수도 하이델베르크의 상황은 이제 막 루터주의로부터 승리를 거둔 상황이었고 올레비아누스(Caspar Olevianus, 1536-1587)와 우르시누스(Zacharias Ursinus, 1534-1584)라는 외부로부터 온 자들이 주도하는 개혁은 쉽지 않았다. 교회정치와 직접적으로 연결된 교회권징이 교회법 안에 자리 잡고 적용되기 까지는 상당한 진통을 겪었다.

따라서 하이델베르크 요리문답서의 교회권징론의 의미와 그것이 어떤

---

[1] 본고는 「장로교회와 신학」 11권(2014)에 실렸던 글임을 밝혀둔다.

논의를 거쳐 법안에 들어오는지 살피는 것은 의미 있는 일이 될 것이다. 본 논문은 하이델베르크 요리문답서의 교회권징론이 갖는 의미, 거기서 어떤 개혁교회의 특징이 드러나는지, 칼빈주의의 특징이 들어나는 이 교회권징론에 대해 어떤 반대들이 있었으며 개혁신학자들의 답변은 무엇인지, 결국 팔츠는 어떤 결정을 하게 되는지 살펴보게 된다. 이 논의를 통해 개혁교회 안에서 교회권징이 갖는 의미와 중요성이 드러날 것이다.

2. 교회본질과 교회권징

하이델베르크 요리문답서는 교회의 정의를 할 때 이미 개혁주의적인 입장을 보여준다. '거룩한 보편적 교회'가 무엇인지에 대하여 이렇게 말한다.

> "나는 온 인류로부터 영생으로 택함 받은 공동체를 하나님의 아들이 성령과 말씀을 통해 참된 믿음으로 하나 되도록 세상의 처음부터 마지막 날까지 자신에게 모으고 보호하고 보존하신다는 것과 나도 이 교회의 살아있는 지체이며 영원히 지체일 것이라는 것을 믿습니다."

루터가 초기에 『노예의지론』(de servo arbitrio)에서 하나님의 절대적 예정을 주장하면서 큰 세력으로 있는 로마 가톨릭교회를 비판하면서 "교회는 숨겨져 있고, 성도들은 감추어져 있다"고 말했다.[2] 그럼에도 불구하고 루터교회는 교회에 대하여 말할 때, 아우크스부르크 신앙고백서 안에 머물면서 선택을 말하지 않고 부름받은 보이는 교회만을 대상으로 말하고자 했다. 하이델베르크 요리문답서의 핵심인물인 우르시누스의 스승이었던 멜란히톤은 교회에 대하여, 롬 8:30의 "미리 정하신 그들을 또한 부르시고"에 따라 교회에 대해 다룰 때는 '가시적 교회'(Ecclesia visibilis)인 '부름받은 공동체'(coetum vocatorum)에 대해 생각해야 한다고 말했다.[3] 그리고 예정에 대하여 말할 때 교회를 연결해서 말했다. 하나님께서 특별히 이 생애에서 지키시고, 방어하시고 다스리는 택함 받은 자들의 교회가 항상 있을 것이라고 한다.[4]

---

2 "... abscondita est ecclesia, latent sancti." Martin Luther, WA 18, 652.

3 Philip Melanchthon, *Loci Praecipui Theologici* (Berlin: Sumibus Gust. Schlawitz, 1856), 95.

4 "Mansura est igitur semper aliqua electorum Ecclesia, quam Deus mirabiliter etiam in hac vita servat, defendit et gubernat ..." Melanchthon, "Loci Praecipui Theologici (1559)," CR

개혁주의 신앙고백서는 교회에 대하여 선택에까지 올라가서 고백한다. 물론 벨직신앙고백서(1561)처럼 교회에 대하여서는 선택에 대한 언급 없이 (그러나 벨직신앙고백서는 선택에 대하여 독립적인 항목 안에서 고백한다) 모든 신자들의 모임(*coetus omnium fidelium*)으로 규정하는 신조도 있으나, 이미 제네바 요리문답(1545)처럼 교회를 하나님의 선택과 연결시켜 말하기 시작했다. 제네바는 교회가 무엇이냐는 질문에, 하나님께서 영생으로 예정하신 신자들의 모임(*societas*)과 몸(*corpus*)라고 답한다.[5] 스코틀랜드신앙고백서(1561)는 선택받은 사람들의 한 공동체와 무리(one company and multitude of men chosen by God)라고 한다.

따라서 교회를 택함받은 하나의 공동체(eine auserwählte Gemeinde)[6]라고 말한 하이델베르크 요리문답서의 자리는 제네바의 영향을 받은 개혁주의적인 특징을 드러낸다고 할 수 있다. 동시에 교회의 보편성을 말하는 '세상의 처음부터 끝까지'란 표현, 교회가 모아지고 보호받고 보존된다는 표현들은 멜란히톤의 영향아래 있다고 보인다. 하이델베르크 요리문답서는 영원 전에 '선택받은 자들의 공동체'(*coetus electorum*)라는 것과 시간 속에서 '부름받은 공동체' (*coetus vocatorum*)라는 것 둘 다 드러낸다.

교회는 영원 전에 선택받은 자들의 공동체이면서 동시에 이 땅에서 부름받은 공동체로서 드러난다. 따라서 선택이 교회의 기초라면, 이 선택은 선택받은 자들의 믿음으로 드러나고야 말 것이다. 그리고 부름받은 자, 곧 선택받은 자임을 증거하는 믿음은 신앙고백과 선행으로 나타난다. 개혁교회가 참된 교회의 표지에 말씀과 성례외에도 권징 또는 생활의 거룩을 추가한 이유가 거기에 있다. 칼빈과 개혁신학자들 중 말씀과 성례만을 언급한 이들도 성례에는 거룩한 생활이나 권징이 포함된 성례를 말했다. 말씀의 순수한 선포가 궁극적 의미에서 교회의 표지이지만,[7] 이 말씀은 교회의 모든 부분에 적용되어져야 하고, 따라서 개혁교회는 말씀선포, 성례, 나아가 권징도 말했던 것이다.

21, 130.

[5] "Quid est ecclesia? Corpus ac societas fidelium, quos Deus ad vitam aeternam praedestinavit." Ernst Friedrich Karl Müller, *Die Bekenntnisschriften der reformierten Kirche* (Leipzig: A. Deichert'sche Verlagsbuchhandlung Nachf., 1903), 125.

[6] "거룩한 보편적 교회(Kirche/ecclesia)"에 대한 물음에 "영생으로 택함받은 공동체"(Gemeinde/coetus)로 답했다. 여기서 게마인데(Gemeinde)는 교회의 유기체적 성격을 드러내는 용어로서 지교회를 칭할 때 또는 그 회중전체를 칭할 때 흔히 사용하는 단어이다.

[7] Herman Bavinck, *Gereformeerde Dogmatiek 4* (Kampen: J. H. Kok, 1930), 296.

하이델베르크 요리문답서의 교회권징의 위치에서 이런 특징이 분명히 나타난다. 권징은 성만찬에 연결되어 등장한다. 성례는 믿음이 어디서 오는가 란 질문을 통해 즉 은혜의 방편을 통해 등장한다. 하이델베르크 요리문답서는 믿음이 일으켜지는 것을 말씀에, 믿음이 강화되는 것을 성례에 연결시킨다. 즉 성례에 참여하는 자는 이미 믿는 자다. 그리고 성만찬론의 후반부에 누가 주의 상에 참여할 수 있는지 묻는다(81문). 죄를 슬퍼하는 사람, 그리스도의 고난과 죽으심에 의한 죄 사함을 믿는 사람, 삶을 교정하기를 소망하는 사람을 성찬에 참여할 자로 소개한다. 성찬 참여자에 대해 82문에서 다시 부정적으로, 불신과 불경건을 고백과 생활에서 드러내는 자에게도 허락되는지를 묻는다. 여기에 대하여 이렇게 답한다.

> 아닙니다. 그렇게 되면 하나님의 언약이 더럽혀져서 하나님의 진노가 모든 회중에게 내릴 것입니다. 그러므로 그리스도와 그의 사도들의 명령에 따라, 그리스도의 교회는 천국열쇠들을 통해서 그러한 자들이 생활을 교정할 때까지 성찬에서 제외시켜야만 합니다.

여기 82문에서 교회의 권세인 천국열쇠들이 등장한다. 그리고 이 천국열쇠들 (하이델베르크요리문답서는 말씀과 교회권징으로 규정한다)에 대한 해설로 85문에서 교회권징이 가르쳐진다. 이 85문을 마지막으로 하이델베르크 요리문답서의 세가지 구성(비참-구원-감사)중 두 번째 부분인 '어떻게 구원을 얻는가' 에 대한 부분이 끝나고 86문부터 우리의 감사에 대한 부분으로 선행에 대한 부분이 설명된다. 그 뒤로 자연스럽게 율법이 해설되며 율법의 제3사용이라는 개혁교회의 특징을 보여준다. 정리하면 '믿음-성례(세례, 성만찬)-천국열쇠들 (말씀, 권징)-선행-율법'의 구도이다. 믿는 자가 성만찬에 참여함으로 교회지체 곧 그리스도의 지체로 증명되는 데, 그 믿음은 생활에서 드러나기 때문에 권징은 언약의 표와 선행 더 나아가 율법의 제3사용을 연결시키고 있는 것이다.

3. 특별한 85문

개혁교회의 특징인 교회권징이 대표적인 개혁교회의 요리문답서 중 하나인 하이델베르크 요리문답서에 포함된 것은 당연한 일인 것처럼 보일 수도 있다.

그러나 몇 가지 정황을 살펴보면 반대로 낯선 일이다. 먼저 우르시누스의 소요리문답서에 권징에 대한 부분이 빠져있다는 사실이다. 108문으로 구성된 우르시누스의 소요리문답서는 그 구조와 내용의 유사성 때문에 하이델베르크 요리문답서의 초안으로 추정되는 사본이다. 그런데 이 초안에 빠져있는 교회 권징은 우르시누스의 대요리문답 321문과 유사하다. 이것을 하이델베르크 요리문답서와 비교해보자.

321문 교회권징의 형식은 어떠해야 합니까?

답 교회 생활의 감찰자인 장로들이 세워져야 합니다. 악하게 사는 자들은 한두 번 개인적 권면 후에 장로들 앞에 나아와 그들에게 권면받아야 합니다. 그들이 순종하지 않는다면 생활의 교정을 말로 약속할 뿐 아니라 행위로 보여주기 전까지 장로들의 결정으로 저들이 주의 만찬의 교제에서 제외되어야 합니다.[8]

85문 천국이 교회의 권징을 통해 어떻게 닫히고 열립니까?

답 그리스도의 명령에 따라, 그리스도인이라 불리우지만 그리스도인답지 않은 교리나 생활을 행할 경우 형제로서 거듭 권고해야 합니다. 그럼에도 불구하고 오류와 악한 생활에서 돌이키기를 거부한다면, 그 사실을 교회나 교회에 의해 그 일을 위해 세워진 자들에게 보고해야 합니다. 그들이 그 권고도 따르지 않을 때에는 성례에 참여함을 금하여 교회 공동체에서 배제되며 하나님에 의해 그리스도의 나라에서도 배제됩니다. 그런데 그들이 참된 교정으로 약속하고 보인다면 다시 그리스도와 교회의 지체로 받아들여집니다.

우리는 하이델베르크 요리문답서의 교회권징 내용이 우르시누스의 대요리 문답서와 유사하다는 것을 인정할 수밖에 없다. 하이델베르크 요리문답서와 관련정도에 있어서 우르시누스의 소요리문답서가 대요리문답서보다 훨씬 가깝지만 교회권징에서만큼은 반대이다. 이런 이유로 우르시누스의 대요리 문답서를 하이델베르크 요리문답서의 기초문서에서 완전히 배제할 수 없는 것이다. 하이델베르크 요리문답서의 교회권징은 우르시누스의 소요리문답 서에는 나타나지 않으나 대요리문답서에 큰 유사성을 갖고 나타나는 매우

---

[8] Lic. A. Lang, ed., *Der Heidelberger Katechismus und vier verwandte Katechismen* (Leipzig: A. Deichert'sche Verlagsbuchhandlung Nachf., 1907), 199.

낯선 경우이다.

위 85문에서 또 한 가지 의외인 점은 국가가 등장하지 않고 교회에 의해 주도적으로 진행된다는 점이다. 국가 대신 교회에 의해, 그 일을 위해 즉 권징을 위해 세워진 자들이 나타난다. 대요리문답과 비교할 때 하이델베르크 요리문답서는 장로들이라는 정확한 직분을 소개하지 않았으나 권징을 위한 자들이 필요함을 말하고 있다. 권징에 있어서 교회의 독립적인 주도성, 권징을 위한 직분의 소개 등은 하이델베르크가 개혁교회 편에 섰다는 것을 보여준다. 물론 루터도 권징이 실행되어서 악한 자가 반복적인 권면 후에 성만찬에서 제외되기를 바랐다. 나아가 교회권징이 국가의 직원들에게 넘어가는 것에 반대한 적도 있었다. 멜란히톤도 교회권징이 지역교회에 귀속되어야 하기를 바랐다. 그러나 루터교회에는 권징을 위한 장로직이 없었고 유스투스 요나스(Justus Jonas, 1493-1555)의 본을 따라 정부에 점점 위임하는 방식을 띠고 정부관리의 업무가 되어갔다. 뷔르템베르크의 오랜 권징논쟁은 국가교회(Staatskirche)안에서 권징이 허물어졌다는 것을 상징적으로 보여준다.9 츠빙글리는 처음에 교회의 독립적인 권징을 말하는 것 같기도 했지만, 1525년 이후로는 정부에 그 우선권을 주었다. 왜냐하면 교회와 국가는 가까워졌고 분리할 수 없다고 생각했기 때문이다. 목사가 비록 권면할지라도, 판단하고 최종적으로 실행하는 것은 정부가 했다.10 그러나 칼빈은 제네바에서 교회의 독립적인 권징권을 얻기 위해 거의 20년간 싸운 후 1555년에서야 이 권세를 획득했다. 하이델베르크 요리문답서에 암시되는 교회의 독립적인 권징은 하이델베르크가 특별히 제네바의 노선을 따르고 있음을 보여준다.

하이델베르크 요리문답서에서 교회권징이 이렇게 개혁교회의 특정 노선을 따라 표명되는 것은 드문 경우이다. 최근 비어마(Bierma)는 하이델베르크 요리문답서는 예정, 언약, 성찬 교리에서 논쟁이 될 만한 부분들에서 특정입장을 드러내지 않으므로 논쟁을 최소화했다고 주장했다.11 이것을 염두에 둔다면, 교회권징은 틀림없이 논쟁을 몰고 올 문제였는데, 하이델베르크 요리문답서는 교회권징을 구체적으로 진술하며, 나아가 교회의 고유한

---

9 Theologische Realenzyklopädie 19, s.v. "Kirchenzucht," 180-181.
10 Theologische Realenzyklopädie 19, s.v. "Kirchenzucht" 177-178.
11 Lyle D. Bierma, "The Sources and Theological Orientation of the Heidelberg Catechism," *An introduction to the Heidelberg Catechism* (Grand Rapids: Baker Academic, 2005), 94.

일로 진술함으로서 어느 정도 칼빈을 따르고 있다는 것을 보여주는 것은 매우 흥미로운 부분이다. 이 후의 논쟁에서 불링거는 우르시누스를 설득하기 원했으나 우르시누스는 자기 입장을 고수했다.[12] 많은 부분에서 취리히와 깊은 관계를 맺고 그 영향 하에 있었던 우르시누스가 이 부분에서 제네바의 입장을 드러낸 것이다.

그러므로 하이델베르크 요리문답서에 있는 교회권징론은 여러모로 흥미로운 부분이다. 만일 칼빈주의가 더 많이 세력을 얻은 후인 한 세대 후에 교회권징에 대해 말한다면 너무나 당연하게 받아들여졌을 것이다. 그러나 이제 칼빈주의의 확장이 시작되는 시기에, 그것도 이제 막 성만찬 입장에서 개혁주의로 방향을 잡고 루터주의와 많은 논쟁을 치루고 있는 곳의 문답서에, 칼빈주의자 뿐만이 아니라 츠빙글리주의자와 멜란히톤주의자가 함께 있는 지역에서 이 항목이 발견되는 것은 주목할 만한 것이다.

4. 교회권징 논쟁의 배경

그러므로 하이델베르크 요리문답서에 포함된 교회권징은 논쟁의 끝이 아니라 시작이었다. 하이델베르크 요리문답서 이후 긴장과 갈등은 커져 갔다.[13] 교회권징이 하이델베르크 요리문답서의 방식대로 교회에 정착되려면 많은 대가를 치러야 했던 것이다. 논쟁이 시작되자 한쪽 편에 우르시누스와 올레비아누스가 서고, 다른 편엔 이들에 반대하는 에라스투스가 섰다. 전자는 신학부 교수들의 후원을 받으며 교회의 독립적인 치리를 원했다. 후자는 교회의 치리권이 세속 정부에 있어야 한다고 주장하는 자들로 귀족들과 신학부 외의 전공 교수들이 지원했다.

교회의 독립적인 치리에 반대하는 진영의 중심인물인 토마스 에라스투스

---

12 우르시누스는 여러 부분에 있어서 불링거의 도움을 받았다. 멜란히톤의 사후에 취리히로 가서 도움을 받았으며, 우르시누스가 하이델베르크로 오게된 것도 불링거의 천거에 의한 것이었다. 불링거는 우르시누스에게 가능한 좋은 자리를 주기 위해서 프리드리히3세를 설득했다. 그럼에도 불구하고 우르시누스는 이 점에 있어서 불링거와는 다른 관점을 유지했다. E. K. Sturm, *Der junge Zacharias Ursin* (Neukirchener Verlag, 1972), 308.

13 이후 진행되는 하이델베르크의 교회권징 논쟁에 대한 논의의 많은 부분은 졸저의 다음 논문들에서 이미 다루어졌다: "에라스투스주의의 등장으로서 하이델베르크 권징논쟁", 『성경신학저널』 제5권 (2013): 273-291; "팔츠의 교회법에 끼친 칼빈의 영향", 『칼빈연구』 제10집(2013): 145-171.

(Thomas Erastus, 1524-1583)는 자신의 이름보다는 웨스트민스터 총회에 있었던 교회정치논쟁을 통해 에라스투스주의(Erastianism)라는 용어로 더 많이 알려진 인물이다. 당시 교회의 치리권을 세속정부 아래 두어야 한다는 에라스투스주의에 대한 맹렬한 공격은 스코틀랜드의 신학자들로부터 왔다. 왜냐하면 그들은 개혁된 자신들의 교회를 보호하길 원했기 때문이다. 웨스트민스터회의에 있었던 국가정치와 교회정치의 관계와 이해방식에 대한 논의가 이미 1560년대에 하이델베르크에서 오랫동안 진행되었던 것이다.

그러나 에라스투스는 하이델베르크가 개혁주의 편에 있도록 애썼던 인물이다. 에라스투스가 하이델베르크에 오게 된 것은 1556년 팔츠에 종교개혁을 도입한 오트하인리히(Ottheinrich)가 불렀기 때문이다. 그러나 오트하인리히는 신학적 노선에 대해 큰 관심이 없이 사람들을 불러들였기 때문에 강한 루터주의 신학자들과 개혁주의신학자들도 불렀다. 1559년 오트하인리히가 죽고 프리드리히 3세가 통치를 시작하면서 이 갈등은 폭발할 지경이 되었다. 이 때 의학부교수였던 에라스투스는 탁월한 신학적 지식과 언변으로 개혁주의의 입장을 대변했다. 1560년 6월 개혁주의자들과 루터주의자들 사이에 있었던 성만찬에 대한 공개토론에서 보키누스(Boquinus)가 서툰 독일어 때문에 힘든 모습을 보이자 에라스투스가 도왔다. 에라스투스가 참여하자 공개토론에서 개혁주의 입장은 더욱 힘을 얻었다. 결국 개혁주의가 승리하고 루터주의자들은 하이델베르크를 떠나게 된다. 그 자리를 대신한 인물 중에 카스파르 올레비아누스와 자카리아스 우르시누스가 있었다.

우르시누스와 올레비아누스는 개혁주의로 노선을 정한 팔츠에 새로운 힘이 되었다. 새로운 노선을 위한 신앙고백서와 교회법이 팔츠에 필요했고, 이 일에 우르시누스와 올레비아누스가 중요한 역할을 했다. 우르시누스는 특히 하이델베르크 요리문답서의 작성에, 올레비아누스는 교회법의 작성에 힘을 썼다. 하이델베르크 요리문답은 공식적으로는 위원회의 것이지만, 우르시누스의 소요리문답이 하이델베르크 요리문답서의 초안으로 생각되기 때문에 우르시누스가 핵심적인 역할을 했다는 것을 추측해 볼 수 있다. 1563년의 교회법의 작성에는 올레비아누스가 핵심적인 역할을 했다는 것이 남겨진 편지들을 통해서 발견된다. 그리고 하이델베르크 요리문답과 교회법은 함께 간다. 프리드리히 3세의 의도는 하이델베르크 요리문답의 내용이 교회법의 실행을 통해 교회 안에서 실천되는 것이었다.[14] 교회권징의 경우 교회법의 실행과 직접적으로 연결된다. 따라서 하이델베르크 요리문답서의 작성의 핵심적 인물인 우르시누스와 팔츠교회법 작성의 핵심적 인물인 올레비아누스는 이 부분에 대해서 공감대를 갖고 함께 논의했고 이후 논쟁에서 이들은 함께 한다.

우르시누스와 올레비아누스는 왜 제네바의 본을 따라 교회권징을 적용하려고 했을까? 대답은 이들뿐 아니라 제네바를 경험했던 많은 이들이 제네바를 칭송한 것에서 그 해답을 찾을 수 있다. 종교개혁자 낙스는 사도시대 이후로 지상에 존재했던 그리스도의 학교들 가운데 가장 완벽한 곳이라고 칭찬했는데, 그 이유는 단순히 그리스도를 전파할 뿐 아니라 생활과 종교가 신실하게 개혁되었기 때문이라고 했다.[15] 생활의 개혁은 바로 교회권징의 결과이다. 제네바에서 생활의 개혁을 경험했던 이들이 자기고향으로 돌아가서 적용하려고 했다. 후에 네덜란드, 스코틀랜드는 교회권징을 받아들였다. 우르시누스와 올레비아누스도 제네바를 경험했으며 그 본을 따라 하이델베르크에 적용하길 바랐던 것이다.

5. 올레비아누스와 우르시누스의 입장

법학박사 출신 목사인 올레비아누스는 칼빈의 영향아래서 교회권징을 팔츠의 교회법에 정착시키려고 했다. 올레비아누스는 칼빈을 신뢰하고 존경했다. 올레비아누스와 칼빈은 교회법에 대해서 1560년부터 1563년에 집중해서 논의했다. 주로 올레비아누스가 팔츠의 교회법 작성을 위해서 문의하고 칼빈이 이에 대해 답하는 방식으로 편지교환이 이루어졌다.

올레비아누스는 1560년 4월에 칼빈에게 제네바의 치리회 법을 안전하게 보내달라고 청하였다. 그것을 팔츠 교회협의회의 몇 사람과 함께 살펴볼 것이라고 밝히고 있다.[16] 1560년 9월의 편지에서는 올레비아누스는 선제후와 교회협의회가 교회권징을 받아들이기를 원한다고 강하게 밝히면서, 칼빈에게 간곡하게 제네바 교회법과 형식들을 청하였다.[17] 그 외에도 환자에 대한 심방과

---

14 Müller, "Caspar Olevian," *Monatshefte für Evangelische Kirchengeschichte des Rheinlandes* 37/38(1998/1989), 38.

15 John T. McNeill, The History and Character of CALVINISM(1954), 정성구, 양낙흥 공역, 『칼빈주의 역사와 성격』 (서울: 크리스챤다이제스트, 1990) 204

16 "Leges consistorii verstri optarim tuto ad me transmitti per Cortaeum nundinis proximis: communicarem eas cum aliquot in senatu ecclesiastico." *CO 18*, 48.

개인에 대한 심사[심방]의 방식을 물었다. 같은 해 11월에 온 칼빈의 답장에서 제네바 교회법에 대한 중요내용들이 포함되어 있다. 제네바에서 목사들의 임직방식, 유아세례예식의 방식 등이 포함되었다. 특히 성만찬에 대해서는 신앙고백 없이는 나올 수 없고, 일 년에 네 번 심사한다고 하면서 교회생활과 권징에 대해서 알려주었다.[18]

올레비아누스가 1562년 9월 24일 칼빈에게 보낸 편지에는 교회권징의 필요성에 대한 확신이 나타난다. 특히 교회권징에 대한 하이델베르크의 상황을 알려주고 있다. 선제후는 마음으로 교회권징을 원하고 있고, 그 필요성을 이해하고 있다고 진술한다.[19] 올레비아누스는 자신은 처음부터 확신이 있었고, 선제후를 설득해서 얻어내었다고 고백한다. 덧붙여 하이델베르크의 대표적인 인물들이 교회권징에 대해 어떤 자세를 갖고 있는지 평가했다. 딜러(Diller)는 권징에 대해 소극적이지만 호의적이고, 출레거(Zuleger)는 선제후의 의견을 따르는 자로서 적극적인 것을 알려준다. 에라스투스에 대해서는 의견차이가 상당하다는 것을 밝힌다.[20]

취리히의 지인에게 보내는 1562년 3월 22일자의 편지에 우르시누스는 "우리는 이미 백성들과 우리 젊은이들을 교육하기 위한 적절한 요리문답 양식을 작성하고 있고 교회사역과 교회권징의 방식을 구성하는 중에 있습니다"[21] 라고 말한다. 이 진술은 하이델베르크 요리문답서의 작업과 팔츠교회법이 이미 작성중이었다는 것을 알게 한다. 특히 교회권징이 여기서 언급되는 것을 볼 때에 우르시누스가 교회권징에 이미 알고 있었다. 그가 '우리'라고 했을 때에 여기에는 교회법 작성에 헌신하고 있는 동료 올레비아누스가 포함되었을 것이다. 그렇다면 이때에 당연히 우르시누스는 교회권징의 기본방향을 이미 설정하고 있었던 것으로 보여진다. 즉 우르시누스는 하이델베르크 요리문답서

---

[17] "Nollem etiam alia conditione suscipere quam si princeps et senatus ecclesiae consentiant in constitutionem disciplinae ecclesiasticae, cuius leges atque formulam obnixe rogo ..." *CO 18*, 194.

[18] *CO 18*, 235-237.

[19] "Princeps animo est propenso et necessitatem disciplinae constituendae intelligit ..." *CO 19*, 538.

[20] *CO 19*, 539.

[21] "In eo iam sumus, ut forma catechismi populo et iuventuti nostrae instituendae idonea conscribatur, ministerii et disciplinae ratio constituatur." Gustav Adolf Benrath, "Briefe des Heidelberger Theologen Zacharias Ursinus (1534-1583)," in *Heidelberger Jahrbuecher VIII* (Springer, 1964), 100.

에만 관여한 것이 아니라 교회법 작성에도 힘을 보태고 있었던 것이다. 이런 증거는 1563년 4월 올레비아누스가 칼빈에게 보낸 편지를 통해 확증된다.

> 당신의 요리문답이 며칠 안에 나보다 언어 능력이 뛰어난 자카리아스 우르시누스에 의해 잘 번역된 독일어로 오게 됩니다. 거기다 성례의 실행방식과 기도 등이 추가됩니다. 모든 것이 신실하게 고려되어서, 독일 사람들이 읽는 것을 거절하지 않도록 당신의 이름과 당신들의 도시는 언급되지 않습니다. 대신 우리는 이 제목을 사용했습니다: 프랑스 개혁교회에서 행해지는 방식—성찬의 실행, 혼인, 기도, 요리문답 등. 요리문답의 명칭은 프랑스 교회의 요리문답입니다[22]

올레비아누스는 제네바의 교회법과 요리문답이 우르시누스에 의해 독일어로 번역되고 있다는 사실을 칼빈에게 알렸던 것이다. 그러나 칼빈과 제네바에 대해 좋지 않게 생각하는 자들 때문에 프랑스 개혁교회 것으로 제목이 붙여진다고 하였다. 우르시누스가 교회법에 상당히 적극적으로 관여했으며 둘은 함께 팔츠의 교회가 제네바 방식의 종교개혁을 따르기를 원했다는 것을 보여준다. 위 편역에서 교회정치와 권징 부분이 제외된 것은 그렇게 될 때 너무 큰 저항에 맞닥뜨릴 수도 있었을 것을 고려했을 것이라 추측이 된다.

하이델베르크 요리문답서가 나오기 전의 우르시누스의 교회권징에 대한 정확한 진술은 1562년 9월 전후 작성된 것으로 추측되는 그의 대요리문답에서 만났을 수 있다. 성만찬에 대한 부분을 마무리 짓는 320문에서 성만찬에 합당하지 않은 자들은 교회권징으로 교정되어야 할 것을 언급했다. 그다음 이미 위에서 살핀 대로 321문에서 교회권징의 형식에 대해 장로들을 세워 생활을 살피고 개인적인 권면 후에 장로들이 지적하고, 그래도 듣지 않으면 생활의 교정을 약속하고 보여줄 때까지 성만찬에서 제외해야 한다고 한다. 계속해서 322문에서 교회의 독립적인 교회권징을 분명하게 가르쳤다. 여기서 칼빈과 제네바의 방식을 따른 교회와 국가의 구별이 나타난다.

---

[22] "Catechismus tuus germanice prodit hisce nundinis bene conversus a Zacharia Ursino, qui me facultate linguae superat. Addita est ratio administrandi sacramenta, precationes etc. Omnia fideliter sunt reddita, verum non addito nomine tuo aut urbis vestrae, ne Germani lectionem recusent, sed eius loco hunc fecimus titulum: forme receue par toutes les eglises reformees en France en ladministration des sacraments, mariage, prieres, catechisme etc. Et ainsi le catechisme a le tiltre: Catechisme des Eglises de France." *CO 19*, 685.

322. 교회권징이 정치적 관원의 책임과 어떻게 구별되는가?
첫째, 우선적인 차이는 관원은 악한 자들에게 물리력으로 벌을 주고 교정하고, 교회는 다만 말로서 권고하고 교제로부터 제외시킨다. 둘째, 관원은 형벌을 통한 공의의 실행에 만족하고, 교회는 권고 받은 자들의 교정과 구원을 추구한다. 셋째, 관원은 형벌을 주기위해 나아가지만, 교회는 시기적절한 교정에 의해서 관원들의 형벌을 피하게 하도록 형제로서 권고한다. 넷째, 관원은 교회를 해치고 교회에 의해 책망 받아야하는 많은 잘못에 대하여는 벌하지 않는다.[23]

위에서 언급한대로 하이델베르크 요리문답에서도 이런 구도 속에서 비슷한 내용이 나타난다. 고백과 생활에서 불신과 불경건을 나타내는 자들은 하나님의 언약을 더럽히는 자들이므로 그리스도의 사도들의 명령에 따라서 교회가 열쇠의 직무(Amt der Schlüssel)를 통해 그런 자들이 생활을 돌이킬 것을 말한다 (82문). 이 열쇠는 말씀과 교회권징인데(83문), 교회권징을 통해 고백과 생활에서 권고하고 돌이키지 않는 자들은 그 사실을 교회 또는 교회에 의해 세워진 자들에게 알리고, 이것도 듣지 않으면 성례에 참여하는 것을 금해야 한다(85문). 여기서 정치적 관원에 대한 언급은 없으며, 교회에 의해 세워진 자들의 결정을, 교회의 결정과 동일화하고, 나아가 하나님의 결정과 동일화했다.

6. 1563 팔츠 교회법(Kirchenordnung)의 교회권징

하이델베르크 요리문답서는 팔츠의 교회법(1563년 11월)에 중심에 포함되었다. 하이델베르크 요리문답서는 교회가 가르칠 내용이며, 교회법에 적용되어서 예식서의 많은 부분이 하이델베르크 요리문답서의 구절을 사용했다. 팔츠의 교회법에 있는 성만찬에 대한 부분을 살펴보자. 제네바에서 일 년에 4번 하였지만, 팔츠의 법은 적어도 한 달에 한번(zum wenigsten alle monat) 하도록 규정했다.[24] 1556년의 오트하인리히 판(루터주의방식을 따랐다)에 있었던 토

---

23 "322. Quid differt disciplina Ecclesiae ab officio magistratus politici? Primum et praecipuum discrimen est, quod magistratus vi corporali punit & coercet delinquentes: Ecclesia vero tantum verbo admonet & a communicatione excludit. Secundum, Magistratus acquiescit in exequutione iustitiae in puniendo: Ecclesia vero quaerit emendationem & salutem eorum quos admonet. Tertium, Magistratus ad poenam progreditur: Ecclesia fraterne admonet, ut poenae magistratuum tempestiva emendation vitentur. Quartum, Magistratus multa vitia non punit, quae nocent Ecclesiae, et ab eo taxari debent." Zacharias Ursinus, "Die Summa Theologiae Ursins," 199.

24 Ernst Walter Zeeden, "Calvinistische elemente in der Kurpfälzischen Kirchenordnung

요일 저녁의 고해와 공동참회가 같은 시간에 하는 성만찬 준비로 바뀌었다. 성만찬 준비란 성만찬 심사의 형식을 띤다. 토요일 설교가 마친 후 생애 첫 번째로 성만찬에 참여하는 자는 자신의 신앙을 먼저 고백한 다음, 목사가 사도신경, 주기도문, 십계명, 요리문답의 성만찬 부분을 답하게 한다. 생애 첫 번째로 성만찬에 참여하는 자의 부모가 목사에게 알려야 하는 부분이 번역된 제네바 교회법의 영향을 받은 것처럼 보인다.[25] 공동심사의 방식은 목사가 회중 전체에게 하이델베르크 요리문답의 세부분을 요약하여서 각 부분을 묻고(즉, 우리의 죄에 대하여, 우리의 구원에 대하여, 우리의 감사에 대하여), 회중은 각 질문에 대하여 "예"라고 답하는 것이다.[26] 성만찬 예식서에서 고전 11:23-29을 근거로해서 성만찬의 근거와 당위, 그리고 주의점을 말하는 점이 번역된 제네바 교회법과 비슷한데,[27] 그다음 우리 자신을 살피는 방식은 하이델베르크 요리문답의 세 부분을 요약해서 가르침으로 회중들로 점검하게 했다. 이렇게 하이델베르크 요리문답이 팔츠의 교회법에 적용되는 것은 여러 군데에 나타난다.

교회권징부분에 대해서도 팔츠교회법은 하이델베르크요리문답서와 일치한다. 교회권징에 대해서는 성만찬의 마지막에 다루어진다.[28] 성만찬에 참여하는 것에서 제외시키는 교회권징의 주체에 대하여, 한명이나 몇 명의 교회사역자나 다른 사람들의 권력안에(in eines oder etlichen kirchendiener oder anderer

---

von 1563," in *Existenz und Ordnung Festschrift für Erik Wolf zum 60. Geburtstag*, ed. Thomas Würtenberger (Frankfurt am Main: V. Klostermann, 1962), 198-199; Emil Sehling, ed., *Die evangelische Kirchenordnungen des XVI. Jahrhunderts*, (Tübingen: J.C.B. Mohr (Paul Siebeck), 1969)[이하인용: *KO 14*], 381.

[25] *KO 14*, 381; *Ordnung der evangelischen Kirchen in frankrich / so gehalten wird / im Gemeinen Gebet / Reichung der Sacrament / Einsegnen der Ehe / Besuchung der Krancken / und Christlichen Catechismo* (Heidelberg: Johannes Mayer, 1563). 43.

[26] *KO 14*, 382-383.

[27] *KO 14*, 383-384; *Ordnung der evangelischen kirchen*, 46-47.

[28] 팔츠의 교회법의 구조는 다음과 같다: 설교시작과 설교전의 기도, 교리와 설교에 대하여, 거룩한 세례에 대하여, 세례예식서, 요리문답에 대하여, 요리문답, 성경낭독, 요리문답의 짧은 요약, 성만찬을 위한 준비에 대하여, 성만찬예식서, 기독교 출교 또는 권징에 대하여, 구제에 대하여, 교회기도에 대하여, 주일설교전기도, 주일아침설교후기도, 주일정오설교후기도, 요리문답설교후기도, 평일설교에 대하여, 기독교의 모든 필요와 바람을 위한 주중 공동기도회 설교전후의 기도, 아침기도, 저녁기도, 휴일규칙, 혼인규칙, 약혼한 부부를 어떻게 알리는지, 교회 앞에서 그들을 결혼 시킬 때 부부를 향한 권고의 형식 [혼인예식서], 교회노래와 의복에 대하여, 환자방문에 대하여, 환자를 위한 기도, 죽어가는 자를 위한기도, 갇힌 자 방문에 대하여, 장례에 대하여. *KO 14*, 335-336.

personen macht) 있는 것이 아니라 하나의 전체 기독교(bey einer gantzen christlichen gemein)에 있다고 하였다. 교회사역자들도 교회의 가장 작은 지체로서 그 아래에 있는 것으로 진술하면서, 각 장소에서 형편과 필요에 따라 교회에서 선택된 자비롭고 하나님을 경외하는 몇 사람이 교회사역자와 함께 전체 공동체의 이름으로(in namen der ganzten gemein) 권징을 행한다. 그런데 회개하지 않는 자들에게는 회개를 보일 때까지 성찬의 금지로 기독공동체로부터 분리하도록 되어있다.[29] 곧 1563년의 팔츠의 교회법은 감독제와 교황제를 거부하면서(한 명이나 몇 명의 교회사역자에게 권한이 있지 않다는 진술에서 암시된다), 또 교회사역자가 아닌 어떤 이의 권력(정치 권력자를 암시한다)도 거절하면서 하나의 전체 기독공동체에 있다고 진술한다. 이제 지교회의 권징을 통해 매고 푸는 활동은 전체 기독 공동체의 이름으로 말해진다. 교회를 하나로 보면서, 지교회에서 장로들의 피택과 권징을 말할 때에 그것은 전체 교회의 이름으로 선포되는 권위를 갖는다. 하이델베르크 요리문답서 85문의 내용이 이런 방식으로 교회법에 들어왔다.

7. 1564 교회협의회법(Kirchenratsordnung)의 교회권징

그러나 1563년 팔츠교회법의 교회권징이 바로 온전히 실행된 것은 아니다. 얼마 후 나온 1564년의 팔츠 교회협의회법은 하이델베르크 요리문답과 교회법과 모순된다. 이 교회협의회법은 교회권징이 세속의 권력과 구분된다고 말하고 있지만 그 실천에 있어서는 세속권력과 교회권력이 함께 협력하도록 되어있다. 자기 직무를 소홀히 하는 관원이 있다면 목사가 경고하고, 이 경고를 상급관청에 알린다. 하나님을 모독하거나 생활이 악한 교회회원의 경우에 목사에게 경고를 받고 관원에 의해 경찰법(Polizeiordnung)에 따라 형벌을 받는다. 그 후 아무런 소용이 없을 시에는 선제후의 결정에 따른다. 선제후가 출교를 결정하면 그것은 설교단에서 선언된다.[30] 이렇게 해서 이 법은 실제적인 실행에 있어서 경찰업무가 우위에 있는 방식이었다. 1564년의 교회협의회법에

---

[29] "… welche [etliche erbare und gottsförchtige menner] …, so sie sich daran nit keren, mit verbietung der heiligen sacramenten von der christlichen gemein absöndern, biß sie besserung verheissen und erzeigen." *KO 14*, 388.

[30] "Kirchenratsordnung 1564," in *KO 14*, 421-424.

권징을 포함한 치리에 대한 규칙이 포함되었어도 올레비아누스는 만족하지 못했다. 왜냐하면 교회만이 아니라 세속정부가 교회의 치리에 함께 참여할 뿐 아니라 최종적으로는 세속정부가 그 일을 감당하기 때문이었다.

교회협의회(Kirchenrat)는 총 6명, 즉 세명의 세속인사(weltlichen)와 세명의 영적인사(geistlichen)로 이루어졌다. 세명의 세속인사속에 에라스투스가 속해 있었고, 영적인사 속에 올레비아누스가 속해 있었다. 교회협의회법의 작성에 앞장선 인물은 에헴(Ehem)과 출레거(Zuleger)인데, 이들은 나중에 교회권징에 대한 논쟁이 벌어졌을 때 올레비아누스 편에 서는 인물들이다.[31] 에라스투스가 교회협의회 의원 중 한명이라고 하나, 올레비아누스도 참여했고 작성에 앞장섰던 에헴(Ehem)과 출레거(Zuleger)가 올레비아누스 편에 있었는데도 교회협의회법(1564)이 위 두 문서와 모순되는 방식으로 작성된 것에 대해선 명백하게 이해될만한 설명이 아직 발견되지 않았다. 경찰규정의 발전으로 보았거나 또는 규정에 대한 의견이 서로 맞지 않는 상황 가운데 나온 타협안일 수 있다는 추측이 있다.[32]

하이델베르크 요리문답과 팔츠의 교회법, 그리고 이것과 부딪히는 1564년의 교회협의회법은 앞으로 하이델베르크에서 벌어질 교회권징 논쟁의 시작을 보여준다. 올레비아누스와 우르시누스 그리고 다른 대학의 신학부 교수들 그리고 총리 에헴과 교회협의회 회장(Kirchenratspräsident)인 출레거가 올레비아누스 편에 있었다. 에라스투스 편에는 상원의 대다수와 프리드리히 3세의 아들들과 고위관직들과 귀족들이 대부분이 있었다. 그러나 선제후의 마음은 올레비아누스와 신학부 교수들 편에 있었다. 에라스투스는 이렇게 불만을 토로했다. "그[선제후]는 아들들에게도, 보좌관들에게도(한 사람 에헴을 제외하고는 이들은 모두 계속해서 그에게 반대하고 있습니다), 귀족들에게도, 학자들에게도, 대중들에게도 귀를 기울이지 않습니다."[33] 선제후의 마음이 우르시누스와 올레비아누스 편에 있었던 이유 중 하나로 피난민 교회가 언급된다. 선제후는 팔츠지역의 프랑켄탈(Frankenthal)에 있던 프랑스 피난민 교회의 모

---

[31] Volker Press, *Calvinismus und Territorialstaat-Regierung und Zentralbehörden der Kurpfalz 1559-1619* (Stuttgart: Ernst Klett Verlag, 1970), 240.

[32] Goeters, "Einführung," in *KO 14*, 49.

[33] "… non filios, non consiliarios, qui ei uno excepto Ehemio constanter adversantur omnes, non nobiles, non doctos, non plebejos audit …" Sudhoff, *C. Olevianus und Z. Ursinus*, 344. 이 인용은 Erastus가 Bullinger에게 보낸 편지(1570년 1월 1일) 중 일부이다.

습에 매우 감동했던 것이다. 그곳은 제네바의 교회의 영향을 받아 교회권징이 실행되고 있었고, 그런 모습은 가장 괜찮은 팔츠교회보다 훨씬 나은 모습이었다.[34] 경건자(der Fromme) 프리드리히 3세는 자기 지역 교회의 모습이 그런 모습이길 원했을 것이다.

8. 교회권징 논쟁

본격적인 교회권징논쟁이 수면에 떠오른 것은 1568년 6월 10일에 있었던 공개토론이었다. 칼빈주의자 피에르 보키누스가 좌장이었고 답변자는 국가교회를 반대해서 영국을 떠나온 조지 위더스(George Withers)였다.[35] 공개토론에서 발표된 위더스의 논제 중 12번째와 13번째만이 알려져 있는데, 다음과 같다.

> 12. 하나님의 말씀의 신실한 선포와 성례의 합법적인 시행과 치리의 직무가 교회에서 유지되어야만 한다.

> 13. 그런데 이 직무를 나는 이렇게 말한다: 곧 목사들이 장로회와 함께 죄를 범한 누구라도 (왕들까지도) 고발하고 책망하고 출교하고 교회권징을 위해 관계된 다른 것들을 시행할 권한을 가질 뿐 아니라 실행한다.[36]

늦게 도착한 에라스투스는 이 공개토론이 자신을 향한 것이라 여겼고 위더스의 논제에 반대했다. 반대하는 내용이 길어서 좌장의 제안에 따라 하루나 이틀이 지난 후에 에라스투스의 반대와 그에 따른 신학부 교수들과 에라스투스의 공식적인 논쟁이 시작되었다. 이 논쟁 후에 에라스투스는 103개의 논제로

---

34 Wesel-Roth, *Thomas Erastus* (Lahr/Baden: Verlag Moritz Schauenburg, 1954), 46.

35 Gustav Toepke, ed., *Die Matrikel der Universität Heidelberg von 1554 bis 1662* (Heidelberg, 1886), 45. 하이델베르크대학 등록부에 1568년 3월 22일 등록한 네 명의 영국귀족(nobiles Angli)출신은 다음과 같다: Georgius Witherus, Laurentius Tonsomus, Georgius Allinus, Richardus Serger.

36 "XII. Sinceram Verbi divini praedicationem, & legitimam Sacramentorum administrationem, oportet in Ecclesia Gubernationis urgere officium. XIII. Officium autem hoc voco, ut Ministri cum Presbyterio quosuis peccantes (etiam Principes) arguendi, increpandi, excommunicandi, reliquaque ad disciplinam Ecclesiasticam pertinentia peragendi facultatem & habeant & exerceant." Burkhard Gotthelf Struve, *Ausführlicher Bericht von der Pfälzischen Kirchenhistorie von der Reformation bis hierher*, (Frankfurt, 1721), 213; Ursinus, *Opera theologica I*, (Heidelberg, 1612), 301.

254 · 노르마 노르마타

자기의 생각을 밝혔고, 다시 이것을 75개의 논제로 정리했다.[37] 이것이 나중에 에라스투스주의자들의 교과서가 된다.

에라스투스에게 당시 국가의 모습은 기독국가(res publica christiana)인데, 여기에 머리는 하나가 있어야 한다. 그런데 올레비아누스와 우르시누스의 주장을 따르면, 이 국가의 머리는 목사와 장로들이다. 에라스투스에게 이것은 교황이나 감독이 세속권력을 자기 아래 두었던 것과 같은 잘못된 모습이었다. 따라서 에라스투스는 기독국가에서는 기독정부가 머리가 되어 눈에 보이는 교회의 모든 일을 관장하는 것이 합당하다고 생각되었다. 에라스투스에게 "만일 그들의 말도 듣지 않거든 교회에 말하라"는 말씀에서 교회에 말하라는 것은 그 무리를 다스리는 자들에게 말하라는 것이다. 유대인에게 있어서 다스리는 위원회의 역할을 하는 것은 산헤드린(의회)이었고, 따라서 교회에게 말하라는 것은 산헤드린(의회)에 말하라는 것이라고 에라스투스는 주장한다. 시민들이 뽑는 공직자들을 산헤드린과 연결시킨다.[38] 그런데 교회가 산헤드린과 같은 그런 위원회를 택할 권한을 갖지 않기 때문에 교회에 말하라는 그리스도의 말은 시의회에 말하라는 것이 된다.[39] 에라스투스는 하나님의 말씀을 듣고 회개할 기회를 뺏는다는 이유로 범죄자가 교회로부터 완전히 배제되는 것을 반대했다.[40] 그래서 에라스투스에게 출교는 하나님의 법이기 보다는 인간들의 발명이다.[41]

에라스투스는 통치자까지 교회권징권 아래에 두는 것을 타락했던 로마교황의 권력남용의 방식으로 생각했지만, 반대로 교회의 권세를 정부에게 양도하는 것은 교회의 독립성을 포기하고 왕이 교회를 다스리는 황제교황주의로 후퇴하는 것이라고 할 수 있다. 개혁주의자들은 교회만이 아니라 국가도 하나님의 선물이지만 그러나 각기 자기의 소명을 감당하는 것이라고 여겼다. 우르시누스는 산헤드린이 국가에 속했다(politicum)는 에라스투스의 의견에 반대

---

37 Thomas Erastus, *Explicatio Gravissimae Quaestionis utrum Excommunicatio, quatenus Religionem intelligentes & amplexantes, a Sacramentorum usu, propter admissum facinus arcet; mandato nitatur Divino, an excogitate sit ab hominibus.* (Pesclavii, 1589). 1-63.

38 Erastus, *Explicatio*, 34-35.

39 "Nostrae autem Ecclesiae non habent potestatem talem senatum eligendi ⋯" Erastus, *Explicatio*, 35.

40 Erastus, *Explicatio*, 21-24.

41 "⋯ putamus, humanum potius inventum esse Excommunicationem ⋯ quam divinam quandam legem." Erastus, *Explicatio*, 25.

한다. 유대인들의 산헤드린이 국가의 일이 아닌 종교의 일을 담당한 것이다. 우르시누스는 성경의 문맥을 따라서, 이방인과 세리와 같이 여기는 것은 하나님의 나라에서 제외된 사람으로 여기라는 것인데, 그렇게 하는 일은 국가에 속한 일이 아니라 교회에 속한 일이라고 주장한다. 세리는 국가의 일원이지만 그리스도의 교회의 일원은 아니기 때문이다.[42] 에라스투스를 향해 우르시누스는 출교가 하나님의 말씀으로 확증되었다고 말한다. "만일 그들의 말도 듣지 않거든 교회에 말하고 교회의 말도 듣지 않거든 이방인과 세리와 같이 여기라"(마 18:17)는 말씀 외에 고전 5:5; 딤전 1:20을 증거로 삼고 있다. 우르시누스에게 권징의 목적은 죄인을 멸망시키는 것이 아니라 구원하기 위함이다. 목사가 권력을 취하려한다는 지적에 대하여는, 권징의 열쇠는 목사에게 속한 것이 아니라 온 교회에 속한 것이어서 목사의 권위와 폭정을 세우기 위해서가 아니라 오히려 목사 자신이 이 권징아래 있음을 지적했다.

하이델베르크의 신학자들은 제네바의 방식이 옳다고 보았다. 우르시누스, 올레비아누스, 짱키우스, 보키누스, 다테누스 등이 이 논쟁에서 성만찬에 연결된 권징 그리고 장로회에 의한 권징에 찬성했다. 에라스투스와 불링거의 반대에도 불구하고 선제후는 1570년 7월 13일에 교회권징령을 반포하였다.[43] 이제 선제후령 팔츠에서는 회중의 생활을 살필 수 있도록 "크기와 수의 형편에 따라 인자하고 하나님을 경외하는 얼마의 사람들을 교회의 크기에 따라 넷, 여섯, 여덟, 경우에 따라서는 적게 의회와 법원과 교회에서"[44] 뽑도록 했다. 장로를 통한 권징이 실현되었지만 올레비아누스가 원했던 방식, 곧 교회가 국가로부터 완전히 독립한 방식은 아니었다. 출교에 대한 마지막 결정권을 선제후가 갖도록 했기 때문이다. 그 면에서 에라스투스의 영향이 있었다.

올레비아누스는 이 권징령에 만족하지 못했고 에라스투스와의 논쟁은 계속되었다. 1576년 프리드리히 3세가 세상을 떠나고, 그의 아들 루드비히가 루터주의를 실행하면서 하이델베르크 안에서의 논쟁은 끝날 수밖에 없었다. 올레

---

[42] "Declarare vero aliquem pbulicanum & alienum a regno Dei , non est magistratus politici, sed ecclesiastici: quia publicanus potest esse membrum civitatis, sed non ecclesiae Christi." Ursinus, Opera 1, 302.

[43] "Edikt über die Einhaltung der Polizeiordnung, die Einrichtung der Kirchendisziplin und der Classicalconvente und die Verbesserung des Almosens vom 13. Juli 1570" KO 14, 436-441.

[44] "... nach gelegenheit deren grösse und menge jedes orst etzliche erbare und gottsfurchtige menner (dern jeder enden nach grösse der communen biß in vier, sechs oder acht oder im fal weniger personen) auß dem rath, gericht, und gemeinden ..." KO 14, 437.

비아누스가 하이델베르크에서 실현하려다 실패했던, 제네바를 본받은 교회정치의 모습은 올레비아누스의 다음 사역지였던 헤르보른(Herborn)에서 이루어진다. 교회의 독립성이 보장되는 회의체제의 장로교회정치가 1586년 독일에서 처음으로 시작된다.[45]

9. 결론

하이델베르크 신학자들은 교회권징을 하이델베르크 요리문답서에 포함시켰고, 그 실현을 위해 1563년의 팔츠교회법에 적용했지만 에라스투스의 큰 반대를 만났다. 그러나 교회의 거룩을 추구하는 프리드리히 3세의 열망이 1570년의 교회권징령을 도입하게 했다. 에라스투스의 반대는 교회권징의 최종결정권을 세속통치자가 갖는 방식으로 그 영향을 드러냈다. 하이델베르크 요리문답서 85문의 정신이 교회법을 통해 완전히 정착된 것은 아니었다. 그 최종적인 결과가 세속정부로부터 완전한 독립을 이루어내지 못했으나 그 자체로 교회의 거룩을 향한 몸부림이었다. 동시에 교회정치가 회복되어 정착되는 것이 얼마나 어려운 것인가를 보여준다.

교회권징은 성찬, 성도들의 생활, 교회정치, 교회직분, 교회와 국가와의 관계 등과 긴밀하게 연결되어 있다. 언약의 표인 성찬에 참여하는 자를 돌아보게 하고 악한 자로부터 언약의 표를 보호한다. 성도들의 생활이 지속적인 살핌 가운데 있게 하여서 그 생활을 보호하고 지켜 거룩을 향하게 한다. 이 일을 하기 위한 장로직분이 세워지고, 논의하고 처리하는 회가 있게 된다. 국가와 교회가 각기 자기영역에서 자기 일을 감당하기에 권징은 국가의 일이 아니라 교회의 독립적인 일이라는 생각아래서, 그러나 국가를 교회의 원수로 생각하는 재세례파의 생각도 거절하고 국가를 교회의 제어아래 두어야 할 대상으로 보는 로마 가톨릭의 생각도 반대한다.

교회권징은 개혁교회의 중요한 특징이다. 왜냐하면 개혁교회는 신자들의 생활이 개혁되는 것이 참된 교회의 모습이라고 생각했기 때문이다. 하이델베

---

[45] Müller, "Caspar Olevian," 78-79. 헤르보른 교회법에서 교회는 독립적으로 교회권징을 실행하고, 제네바처럼 네 가지 직분(집사, 장로, 목사, 교사)이 있고, 수찬금지는 당회의 결정, 출교는 노회의 결정을 따르도록 되어 있다. 헤르보른 교회법에 대한 더 자세한 내용은 다음을 참고하라: "카스파르 올레비아누스와 독일개혁교회법의 정착", in 강승완 외 3명 편, 『새로 빚어진 다른 그릇』 (서울: 나눔과 섬김, 2013), 255-287.

르크 요리문답서 85문은 우리 한국교회의 형편과 한국교회성도들의 삶의 모습을 돌아보게 한다. 후에 교회권징은 개혁신학의 영향 하에 있는 거의 모든 교회의 법에 들어오게 된다. 한국장로교회의 법에도 교회권징은 자리 잡았다. 그러나 한국장로교회는 여러 가지 윤리적인 면에서 다양한 비판의 소리를 사회로부터 받고 있다. 그런데 거룩함의 추구가 성도의 삶의 방향임을 보여주기 위해서는 교회권징이 살아 있어야 한다. 교회권징이 살아 있다는 것은 그 벌함이 살아 있어야 한다는 것이 아니라, 세워진 장로들이 그 본분대로 성도들의 삶을 부지런히 살피고 권하는 그 실제적인 직무가 살아 있어야 한다는 것이다. 선배들이 정착시키기 위해 헌신했던 교회권징이 업신여겨지거나 버려지거나 요리문답서와 교회법에만 남지 않고 실제 생활로 들어오기를 소망하며 글을 마친다. (*)

제4장
네덜란드 교회의 개혁신학과 신앙

도르트 신경의 예정론에 관련한 이해[1]

김병훈 ▌ 조직신학 · 부교수

1. 들어가는 말

1618-19년에 있었던 도르트 총회(the Synod of Dort)가 알미니우스의 교훈을 따랐던 항론파들의 견해를 잘못된 것으로 결정한 이후에, 소위 말하는 칼빈주의와 알미니안주의는 패커(J. I. Packer)가 말한 바와 같이, "어떤 기독교인이라도 어느 한 편에 서는 일을 피할 수가 없을" 정도로 서로 대척을 이루는 별개의 신학이라는 것은 주지의 사실이다.[2] 그럼에도 불구하고, 흥미롭게도, 셀(Alan, P. F. Sell)은 알미니안 항론파(Arminian Remonstants)가 역사적으로 화란 개혁신학의 전통 안에서 파생되었음을 지목하면서, 이들이 칼빈주의 개혁신학에 대한 화란 개혁파의 주류 해석과는 구별이 되는 또 하나의 개혁신학에 대한 해석의 결과로 나타난 것으로 이해한다.[3] 실제로 알미니우스는 자신이 로마

---

1 본 논고는 「장로교회와 신학」4(2007): 205-280에 발표되었던 것임을 밝혀둔다.
2 J. I. Packer, "Arminianisms," in *Through Christ's Word: A Festschrift for P. E. Hughes*, ed. W. Robert Godfrey and Jesse L. Boyd III (Phillipsburg, N.J.: P & R, 1985), p. 121.

교황에게 돈으로 회유를 받아 천주교회로 돌아갈 것이며, 또 학생들에게 예수회의 수아레츠(Franciscus Suárez)의 책을 읽도록 추천하였다는 소문에 대해서 해명을 하는 글 가운데서 자신은 성경의 교훈과 화란 개혁교회의 벨직 신앙고백서(1561)와 하이델베르크 요리문답(1563)의 교리에 어긋나는 것을 결코 가르친 적이 없다고 자신을 변호하였다.[4] 만일 알미니우스의 말한 바대로 자신의 주장이 벨직 신앙고백서와 하이델베르크 요리문답서의 교훈과 일치된다면, 알미니안주의는 16세기 개혁파의 고백신학을 공유하면서, 16세기 후반부터 스콜라신학으로 발전되어가는 과정에서 분화된 개혁파의 한 부류로 해석될 수 있을 것이다. 그러나 도르트 총회가 판단한 대로, 알미니우스가 16세기 개혁파 신앙과 어긋난다면 그의 신학은 역사적으로는 개혁파 교회 안에서 태동이 되었으나 신학체계에 있어서 개혁신학과는 근본적으로 다른 신학으로 판단하는 것이 옳을 것이다.[5]

본 논고는 알미니안주의를 개혁파의 한 부류로 해석하지 않는다. 그것은 만일 전자가 옳다면 그것은 개혁신학이 칼빈을 비롯한 16세기 초기 개혁주의자들의 신학과 16세기 중반 이후의 개혁주의 스콜라 정통신학 사이에 신학적 불연속성이 있음을 함축하는 것이 되는데, 이 문제와 관련하여서는, 초기 개혁주의 신학과 후기 개혁주의 스콜라신학이 단지 방법론의 차이를 가질 뿐이며,

---

[3] Alan P. F. Sell, *The Great Debate: Calvinism, Arminianism and Salvation* (Eugene OR: Wipf & Stock Publishers, 1998; previously published by H. E. Walter Ltd., 1982), p. 5.

[4] 팔라틴(Palatine) - 또는 흔히들 '팔쯔'라고 일컬어지는 - 영(領)의 선제후 프레데릭 4세가 헤이그에 보냈던 대사, 히볼리투스 아 콜리부스(Hippolytus à Collibus)에게 자신에 대한 소문들을 해명한 이후에 그 내용을 글로 보낸 편지 가운데서 알미니우스는 다음과 같이 쓰고 있다. "제가 단연코 말씀을 드리건데 저는 교회에서이건 대학에서이건 우리의 생각과 말의 유일한 규칙인 것으로 우리에게 있어야 마땅한 신성한 성경에 위배되거나, ... 화란교회의 신앙고백이나 하이델베르크 요리문답에 어긋나는 그 어떤 것을 가르친 적이 없습니다." Arminius, *A Letter addressed to Hippolytus a Collibus* in *The Works of Arminius* II (Grand Rapids: Baker Book House, reprinted 1991), p. 690; Carl Bang, *Arminius: A Study in the Dutch Reformation* (Eugene OR: Wipf & Stock Publishers, 1998; first edition, Nashville: Abingdon Press, 1971), p. 295.

[5] 칼 뱅스(Carl Bangs)는 알미니우스를 개혁파 신학자의 한 사람으로 볼 여러 가지 이유들을 제시하고 있다. 그러나 그가 제시하는 이유는 결국 알미니우스가 역사적으로 개혁파 진영에서 나왔다는 사실만을 보여줄 뿐이다. 뱅스가 말하는 대로 알미니우스는 재침례파가 아니고 소시니안파도 아니며 펠라기우스파도 아니고 숨겨진 천주교파(crypto-Roman Catholic)도 아니다. 하지만 그는 신학적으로 예수회의 몰리니우스 등의 천주교파의 영향을 입고 있는 것은 분명하며, 그런 의미에서 그는 개혁파도 아닌 것이다. Carl Bangs, "Arminius as a Reformed Theologian," in *The Heritage of John Calvin: Heritage Hall Lecture, 1960-70*, edited by John H. Bratt (Grand Rapids, MI: Eerdmans, 1973), pp. 209-22.

교리 상의 실질적인 내용에 있어서는 동일성을 가지고 있음이 멀러(Richard A. Muller)에 의하여 주지의 사실로 인정되기 때문이다.[6] 본 논고가 밝히고자 하는 것은 항론파의 주장에 담겨 있는 알미니안의 신학이 16세기 칼빈의 신학 뿐만 아니라 16세기 후반 이후의 개혁주의 정통신학과 어떻게 차이가 나는지를 스콜라 신학의 방법론에 따라서 도르트 신경의 분석을 통하여 규명하는 것이다.[7]

도르트 신경을 통해서 개혁주의와 알미니안주의 신학의 차이점을 잘 분별하는 것은 단순히 과거의 교리사적 논쟁을 살피는 것을 넘어서 21세기 초의 지금에서도 여전히 의미가 있는 작업이다. 우선 두 신학은 여전히 배타적인 선택을 요구하는 관계로써 신학과 신앙에 있어서 실제적 영향을 주고 있다. 한편으로 칼빈주의는 오늘날 현대 서구사회의 문화에 있어서 단지 과거에 속한 신학적 전통일 뿐, 더 이상 가치가 있는 신학으로 인정을 받지 못하고 있다는 칼빈주의자들의 탄식이 있다. 그 까닭은 칼빈주의의 주요 교리들, 예를 들어, 원죄와 전적 부패, 자신의 구원과 관련한 인간의 무능력 및 하나님의 은혜에 대한 절대적 의존, 하나님의 절대적 주권에 의한 예정과 통치 등의

---

[6] Richard A. Muller, *Post Reformation Reformed Dogmatics* 4 vols. (Grand Rapids, MI: Baker Book House, 1987-2002)을 볼 것.

[7] 그러나 이 말은 도르트 신경이 스콜라신학 방법론에 따라 기술되었음을 뜻하는 것이 아니다. 도르트 총회는 신경을 기술함에 있어서 대학과 학자들 사이에서 사용이 되었던 스콜라적 (*scholasticus*) 방법을 따르기 보다는, 교회에서 사용할 목적을 가지고 일반 사람들이 이해할 수 있도록 하기 위한 '대중적'(*popularis*) 방법을 취하기로 하였다. 즉 도르트 총회는 가급적 '주장과 반론', '형이상학적 개념들의 구별 및 사용', '네 가지로 구별하였던 아리스토텔레스의 원인론의 이용', '형식논리상의 삼단논법을 이용한 합리적 논증,' 그리고 '분석적 또는 종합적 방법의 논증' 등의 스콜라적 기술 방식을 피하고, 일반 대중들의 이해를 돕기 위하여 일상의 언어로 개념을 풀어 기술함을 원칙으로 삼았다. 그러나 도날드 신네마(Donald Sinnema)가 잘 밝히고 있듯이, 도르트 총회에 참석한 개혁주의 신학자들은 스콜라 신학 방법론에 익숙한 사람들이며, 도르트 총회가 금하고 있는 것은 과도한 스콜라적 방법론이었을 뿐, 학계에서 일상적으로 사용하는 정도의 스콜라적 방법론 자체를 부정한 것은 아니었다. 실제로 도르트 신경은 형식적으로는 대중적인 기술 방식을 따라서 기술되고 있으나 그것을 통해 제시하고자 하는 신학의 내용은 스콜라적 방법론에 따른 사고의 결과를 반영하고 있다. 이것은 항론파가 이미 알미니우스를 좇아 스콜라적 방법론에 따른 신학적 결론을 전제로 하면서 개혁주의를 비판하고 있는 까닭에 항론파의 주장을 반박하는 맥락에서 자연스럽게 드러나는 양상이기도 하다. 구체적인 사례들은 본문에서 도르트 신경을 강설하는 가운데 제시될 것이다. Donald Sinnema, "Reformed Scholasticism and the Synod of Dort (1618-19)," in *John Calvin's Institutes: His Opus Magnum* by Proceedings of the Second Soutn African Congress for Calvin Research, July 31-August 3, 1984 (Potchefstroom: Potchefstroom Univ. for Christian Higher Education, 1986), pp. 467-506을 참조할 것.

교리들이 정치적 민주주의, 개인주의, 평등주의와 같은 현대 세속 사회의 가치와 충돌이 되기 때문이며, 뿐만 아니라, 기독교 문화에서 조차도 "하나님은 스스로 돕는 자를 돕는다"는 격언에 따라서 인간의 역할에 가치를 부여하는 공로의 개념이 긍정적으로 받아들여지고 있기 때문이라고 분석되기도 한다.[8] 하지만, 다른 한편으로, 지난 20세기에 웨슬레의 알미니안 신학과 오순절 신학이 지배적으로 활동하였던 미국 복음주의 영역에서 신학의 경쟁에서 패배를 하고 사라진 듯한 칼빈주의가 최근에 괄목할 만한 영향력을 회복하며 다시 출판문화와 교육의 현장에 재등장하고 있음을 우려하고 있는 알미니안주의자들의 경계의 소리도 나타나고 있다. 이들은 그 까닭이 미국 복음주의가 구도자 중심의 피상적인 신학에 머물렀으며, 그 결과가 하나님이 더 이상 성경에서 말하는 거룩한 사랑의 하나님이시기 보다는 교인들의 요구를 충족하여 주는 "우주의 멋진 사환(cosmic bell boy)"으로 전락되었고, 또 성경은 한낱 자기 실현을 위한 조언의 책으로 사용이 되고 있는 복음주의의 세속화의 영향에 있다고 분석한다. 아울러 역설적으로 복음주의에 강하게 자리를 잡고 있는 율법주의적 경향으로 인하여 영적인 메마름에서 고통에서 자유롭게 되는 해방감을 칼빈주의에서 찾고 있기 때문이라고도 분석한다.[9]

---

8 Robert A. Peterson and Michael D. Williams, *Why I Am Not an Arminian* (Downers Grove, IL: InterVarsity Press, 2004), pp. 17-18. 실제로 미국의 교인들이 믿는 바를 조사한 한 통계에 따르면, 응답자의 82퍼센트가 "하나님은 스스로 돕는 자를 돕는다."고 믿으며, 응답자의 56퍼센트는 이 격언이 성경에서 나온 것인 줄을 아는 것으로 나타났다. Brian A. Gerrish, "Sovereign Grace: *Is Reformed Theology Obsolete?*," *Interpretation* 57(2003), p. 56. 게리쉬는 이 통계를 *What Americans Believe* (Glendale, CA: the Barna Research Group, 1991)에서 인용하였음.

9 어떤 알미니안주의자들이 말하는 칼빈주의의 영향력의 회복의 증거는 미국에서 가장 큰 개신교 교단인 남부침례교단(the Southern Baptist Convention)이 개혁주의 신학을 오늘날의 교회의 세속화에 대한 치료의 답으로 제시하고 있다는 사실이다. 최근의 남부침례교단 총회의 신학적 동향에 대한 보고서에 따르면, 침례교 지도자들은 오늘날의 인간 중심적인 교회의 영적 무력성과 도덕적 해이라는 문제의 원인을 알미니안 신학에서 찾고 있는 듯이 보인다고 알미니안주의자들은 염려한다. 이들은 또 칼빈주의자인 몰러(Albert Mohler)가 미국 남부침례신학교(Southern Baptist Seminary) 총장으로 취임하여 학교를 개혁주의 신학으로 재무장시킨 사례를 들고 있다. 뿐만 아니라 대학생들 가운데 인기를 크게 끌고 있는 기독교 팝 밴드인 캐드몬즈 콜(Caedmon's Call)이 공개적으로 개혁주의 신학적 확신을 표방하고 있음을 지목한다. 다른 목소리가 없는 것은 아니다. 이들은 칼빈주의의 회복이 세속화되어버린 교회의 치유책이라는 판단에 맞서서 침례교회가 칼빈주의를 완화시키지 않았더라면, 사회에 똥더미와 같은 꼴이 되고 말았을 것이라고 주장한 풀러(Andrew Fuller)의 견해를 인용하여 칼빈주의로 신학적 경향이 계속되는 것을 경계한 에스텝(William R. Estep)의 주장을 대비시키고 있다. Jerry L. Walls and Joseph R. Dongell, *Why I Am Not a Calvinist* (Downers Grove, IL: InterVarsity Press, 2004), pp. 13-17. 미국남부침례교단 총회의 신학적 동향에 대하여서는 Ernest C. Reisinger and D. Matthew Allen,

최근의 미국 복음주의 신학에서는 칼빈주의만이 그 영향력을 다시 높이고 있는 것이 아니다. 칼빈주의의 부흥과는 정반대로 칼빈주의는 물론 알미니안주의의 신학과도 어긋나는 소위 말하는 개방신론(open theism) 혹은 자유의지신론(freewill theism)이라는 신학 사조가 상당한 목소리를 높이고 있다. 개방신론자들은 전통적인 신학과는 달리 하나님께서 영원 안에서 시간의 역사를 작정, 또는 예지하는 것이 아니라 시간의 발생에 따라서 시간 안의 모든 일을 경험하시므로 어떤 미래의 일도 하나님께 미확정적으로 있는 것이며, 그렇지 않을 경우에는 자유라는 개념은 의미를 갖지 못한다고 주장을 한다.[10] 개방신론의 논의가 활발히 나타나는 가운데, 개방신론과는 달리 일정한 범위 내에서의 전통적인 신관을 유지하면서 하나님의 선택적 예정과 인간의 선택의 자유에 대한 논의들을 환기시키는 움직임들도 주목을 끌만큼 충분히 개진되고 있다. 이러한 논의는 칼빈주의와 알미니안주의의 두 축을 중심으로 하여 나타나고 있다.[11]

A Quiet Revolution: A Chronicle of Beginnings of Reformation in the Southern Baptist Convention (Cape Coral, Fl.: Founders, 2000)을 볼 것. 풀러의 소리는 William R. Estep, "Doctrines Lead to 'Dunghill' Prof Warns," <http://www.founders.org/FJ29/article1.html.>을 볼 것.

[10] 개방신론자(open theism)들의 주장을 알기 위하여서는 Richard Rice, *The Openness of God: The Relationship fo Divine Foreknowledge and Human Free Will* (Nashville, TN: Review and Herald Pub. Association, 1980); idem., *God's Forekonwledge and Man's Free Will* (Minneapolis, MN: Bethany House Publishers, 1985); Gregory A. Boyd, *God of the Possible: A Biblical Introduction to the Open Veiw of God* (Grand Rapids, MI: Baker Books, 2000) 등을 볼 것이며, 개방신론을 여러 관점에서 제시한 책으로, C. Pinnock, R. Rice, J. Sanders, W. Hasker and D. Basinger (Downers Grove, IL: InterVarsity Press, 1995)을 살펴보거나; 신학적 견해를 달리하는 여러 학자들의 동일 주제에 대한 논문을 모아 놓은 책으로, Clark H. Pinnock, ed., *The Grace of God and the Will of Man* (Minneapolis, MN: Bethany House Publishers, 1989)와 James K. Reilby and Paul R. Eddy, *Divine Foreknowledge: Four Views* (Downers Grove, IL: InterVarsity Press, 2001)을 살피면 개방신론에 대한 이해를 얻을 수 있다. 개혁주의관점에서의 비평을 보기 원하면, Bruce A. Ware, *God's Lesser Glory: The Diminished God of Open Theism* (Wheaton, IL: Crossway Books, 2000)과 John M. Frame, *No Other God: A Response to Open Theism* (Phillipsburg, NJ: P&R Publishing, 2001)을 볼 것. 개방신론에 대한 약간의 소개를 받을 수 있는 한국어 논문을 위하여서는 송인규, "칼빈주의자들은 하나님의 예지를 어떻게 보아야 하는가(1)," *신학정론* 23(2005/11): 77-113을 참조할 것.

[11] 앞서 언급한 IVP에서 출판된 *Why I Am Not a Calvinist*와 *Why I Am Not an Arminian*의 두 책 이외에 Dave Hunt and James White가 각각 알미나안주의와 칼빈주의 관점에서 14개의 관련된 주제를 설명하고 비판을 한 *Debating Calvinism: Five Points, Two Views* (Sisters, OR: Multnomah Publishers, 2004)를 볼 것. 칼빈주의와 알미니안주의를 배타적인 선택의 신학들로 여기지 않고 두 신학들을 조화하여 제 3의 신학적 관점을 제안한 책들로 C. Gordon Olson, *Beyond Calvinism and Arminianism* (Cedar Knolls, NJ: Global Gospel Ministries, Inc., 2002); Norman Geisler, *Chosen But Free* (Minneapolis, MN: Bethany House Publishers, 1999, 2001)을

오늘날에도 개혁주의와 알미니안주의의 신학 토론은 여러 가지 형식과 필요를 따라서 계속되고 있으며, 또 개방신론이 16-17세기의 소시니안주의와 유사한 주장으로 알미니안주의와는 다른 관점에서 개혁주의를 비판하고 있음을 고려할 때[12], 도르트 신경에 나타난 개혁주의의 예정론과 인간의 자유의지의 이해를 도모하고, 이로써 개혁주의의 신학의 이유들을 다시 한 번 확인을 하는 것은 의미가 있는 일일 것이다. 이를 위한 본 논고의 연구범위는 예정에 관련한 항론파의 주장과 도르트 총회의 반박 결정문을 살피는 것으로 제한할 것이며, 논의를 위하여 필요할 경우 항론파의 다른 주장들과 이에 대한 도르트 총회의 결정문들을 참고로 하도록 한다.

2. 예정에 관련한 항론파의 주장

소위 "튤립(TULIP)"으로 알려진 칼빈주의 5대 강령은[13] 1609년 알미니우스가 죽은 후에 알미니안주의자들이 자신들의 신앙을 설명하기 위하여 1610년 정부의 지시에 따라 제출한 5대 신앙 강령에 대응하여 만들어졌다.[14] 알미니안

볼 것. 가이슬러에 대한 개혁주의의 비평을 위하여서는 James R. White, *Potter's Freedom* (Amityville, NY: Calvary Press Publishing, 2000)을 볼 것.

[12] 개방신론이 그 사상의 역사적 뿌리를 소시니안주의에 두고 있음에 대해서는 Francis Turretin, *Institutes of Elenctic Theology*, vol. 1, translated by George Musgrave Giger, edited by James T. Dennison, Jr. (Phillipsburg, NJ: P&R Publishing, 1992), loc. 3, q. 12, p. 208. 튜레틴은 이 곳에서 소시니우스가 "하나님은 모든 일들이 일어나기 전에 그 일들이 일어날 것을 알고 계신다는 것을 분명히 보여주는 성경의 어떤 근거나 구절들이 없기 때문에, 하나님의 예지와 같은 지식은 결단코 주장하여서는 안 된다"고 말하였음을 인용하여 제시한다.

[13] 논문의 전개에 따라서 약간의 설명이 뒤따라 나오겠지만, '튤립'(TULIP)으로 표지되는 칼빈주의 5대 신앙강령이란 '전적 부패'(Total Depravity), '무조건적 선택'(Unconditional Election), '제한속죄'(Limited Atonement), '불가항력적 은총'(Irresistible Grace), 그리고 '성도의 견인'(Perseverance of the Saints)을 가리켜 말한다.

[14] 실제로 도르트 신경의 이름을 살피면 '영국, 독일, 프랑스 개혁교회들의 많은 탁월한 신학자들의 참여와 함께 1618년과 1619년에 도르트에서 열렸던 화란 개혁교회의 국가 총회가 화란 교회들 안에서 논쟁이 되었던 다섯 가지 교리 사항에 대해 내린 결정'(*Judicium Synodi Nationalis Reformatarum Ecclesiarum Belgicarum, Habitae Dordrechti Anno MDCXVIII et MDCXIX. Cui plurimi insignes Theologi Reformatarum Ecclesiarum Magnae Britanniae, Germaniae, Galliae, interfuerunt, de Quinque Doctrinae Capitibus in Ecclesiis Belgicis Controversis*)으로 되어 있어, 도르트 신경의 5대 신앙 강령은 항론파의 5개 조에 대한 대응으로 나온 것임을 알 수 있다. Philip Schaff, ed, *The Creeds of Christendom with a History and Critical Notes* vol. 3: The Evangelical Protestant Creeds (Grand Rapids, MI: Baker Book House, reprinted

주의자들의 5대 신앙강령은 '항론서'(*Articuli Remonstrantia*)로 불리웠고, 이에 따라서 그들은 '항론파'로 불리웠다. 도르트 총회는 그들의 '항론서'가 의미하는 바를 보다 분명하게 규명하기 위하여 회기 중에 그들에게 '항론서'에 대한 그들의 견해를 보충적으로 설명할 것을 요구하였으며, 이에 1618년 12월에 31차와 34차 회기에 항론파들은 '항론파들의 견해들'(*Sententia Remonstrantium*)이라는 해명서를 제출하였다.[15] 항론파들은 당시에 널리 주장되고 있던 개혁신학에 대해 자신들의 신앙을 해명하기 위하여 정리하여 제출한 다섯 가지 신앙 항목들은 이와 같다.

첫째 항목은 예정에 관한 것으로, 하나님의 선택과 유기의 작정은 인간의 믿음의 반응을 미리 보시고 이것에 근거하여 이루어진다는 '조건적 선택설'을 주장한다. 둘째 항목은 그리스도의 속죄에 관한 것으로, 그리스도께서는 모든 인류와 각각의 사람의 죄를 대속하기 위할 의도로 죽으셨던 것이며, 몇몇 특정한 사람들만을 위하여 죽으셨던 것이 아니라는 '보편 속죄설'을 주장한다. 셋째 항목은 구원받는 신앙과 관련한 것으로, 성령님의 은혜로 말미암아 그리스도 안에서 거듭나지 않고서는 복음에 대하여 합당한 반응을 할 수 없음을 주장한다.[16] 넷째 항목은 하나님의 은혜에 관한 것으로, 앞의 셋째 항목에서 말한 거듭남을 가능케 하기 위하여 먼저 선행하여야 하는 하나님의 은혜가 인간에게 불가항력적인 것이 아니라는 '가항력적 은혜'를 주장한다. 끝으로 다섯째 항목은 성도의 견인과 관련한 것으로, 성령님으로 말미암아 구원의

1990), pp. 550-79에 도르트 신경의 라틴어 전문이 실려 있음을 참조할 것.

15 도르트 총회와 관련한 역사적, 신학적 상황을 개괄적으로 이해하기 위하여서는 Thomas Scott, tr. *The Articles of the Synod of Dort and Its Rejection of Errors with the History of Events Which Made Way for that Synod* (Utica, NY: Press of William Williams, 1831), idem., with an Introductory Essay by Samuel Miller, *The Articles of Synod of Dort* (Philadelphia, PA: Presbyterian Board of Publsication, 1856); Philip Schaff, ed, *The Creeds of Christendom with a History and Critical Notes* vol. 3: The Evangelical Protestant Creeds (Grand Rapids, MI: Baker Book House, reprinted 1990); Peter Y. De Jong, ed., *Crisis in the Reformed Churches: Essays in commemoration of the great Synod of Dort, 1618-1619* (Grand Rapids, MI: Reformed Fellowship, Inc., 1968); Robert A. Peterson and Michael D. Williams, *Why I Am Not an Arminian* (Downers Grove, IL: InterVarsity Press, 2004); Homer C. Hoeksema, *The Vocie of Our Fathers* (Grand Rapids, MI: Reformed Free Publishing Association, 1980) 등을 참조할 것.

16 이 셋째 항목은 하나님의 은혜로 말미암지 않고서는 복음에 반응할 수 없는 인간의 전적 부패성과 무능력을 말하는 개혁주의 신앙과 동일한 것 같으나, 이 항목은 다음의 넷째 항목과 연결지어 이해하여야 한다. 실제로 항론파들은 1618년에 제출한 '항론파들의 견해들'(*Sententia Remonstrantium*)이라는 해명서에서 앞서 제출한 항론서의 셋째 항목과 넷째 항목을 하나로 묶어서 설명한다.

신앙으로 합당한 반응을 한 자들이 계속하여 성령님의 도우시는 은혜를 바라고 합당히 반응을 하면 그리스도께서는 그들을 구원에서 떨어져 나가지 않도록 지켜주신다는 '조건적 견인설'을 주장한다.[17]

이상의 다섯 가지 신앙 항목들 가운데 본 논고의 중심 주제인 첫째 항목 '예정'에 대한 항론파의 소리를 직접 옮기어 보면 다음과 같다.

> 요한복음 3장 36절에 있는 "아들을 믿는 자는 영생이 있고 아들을 순종치 아니하는 자는 영생을 보지 못하고 도리어 하나님의 진노가 그 위에 머물러 있느니라" 는 말씀과 또 이와 일치하는 다른 몇 구절의 성경에 따르면, 하나님께서는 그의 아들 예수 그리스도 안에서 영원하며, 변치 않는 작정에 따라, 세상의 기초를 놓기 전에, 타락하여 죄에 빠진 인류들 가운데, 성령의 은혜를 통해 그의 이 아들을 믿으며, 동일한 은혜를 통해 이 믿음과 믿음의 순종을 끝까지 지속해 나아가는 자들을, 그리스도 안에서, 그리스도로 인하여, 그리스도를 통해 구원하시기로 정하셨다. 반대로 완악하며 믿지 않는 자들을 죄와 진노 아래에 남아 있도록 하시고, 그리스도에게서 소외된 그런 자로 정죄하기로 정하셨다.[18]

항론파의 '예정'에 대한 진술은 하나님께서 죄인들 가운데 일부를 선택하기로 작정하셨다는 하나님의 예정을 믿는다고 쓰고 있다. 그리고 그 선택은 예수 그리스도 안에서 영원한 작정에 따라서 이루어진 것이라고 고백하고 있으며, 그 선택의 대상은 성령의 은혜를 통해 그리스도를 믿을 뿐만 아니라 이 믿음과 믿음의 순종을 끝까지 견지하는 자들이라고 밝히고 있다. 반면에 유기의 예정

---

17 이상의 항론파의 주장들을 자세히 알기 원하면 Philip Schaff, ed, *The Creeds of Christendom with a History and Critical Notes* vol. 3, pp. 545-549: Robert A. Peterson and Michael D. Williams, *Why I Am Not an Arminian*, pp. 111-22; Homer C. Hoeksema, *The Vocie of Our Fathers*, pp. 10-14, 103-109; Peter Y. De Jong, ed., *Crisis in the Reformed Churches: Essays in commemoration of the great Synod of Dort, 1618-1619*, pp. 207-09, 221-229를 참조할 것. 특별히 뒤의 두 책들은 1610년의 '항론서'에 더하여 1618년의 '항론파들의 견해들'의 해명서를 아울러 소개하고 있다.

18 "Deus aeterno et immutabili decreto in Christo Jesu Filio suo, ante jacta mundi fundamenta, statuit ex genere humano in peccatum prolapso, eos in Christo, propter Christum, et per Christum salvare, qui per gratiam Spiritus Sancti in eundem Filium suum credituri, inque ea ipsa eandem gratiam, usque ad finem essent perseveraturi; contra vero contumacio et incredulos, sub peccato et ira relinquere et condemnare, tanquam a Christo alienos; juxta verbum Evangelii Joh. iii. 36: 'Qui credit in Filium, habet vitam aeternam, qui vero Filio non obtemperat, non videbit vitam, sed ira Dei manet super ipsum.' Cui alia quoque Scripturae dicta respondent." Philip Schaff, ed, *The Creeds of Christendom with a History and Critical Notes* vol. 3: The Evangelical Protestant Creeds (이하 *The Creeds of Christendom* vol. 3로 표기), pp. 544-45에서 인용함. 이하의 항론파의 주장들이나 도르트 신경의 영문 번역을 참조하기 위하여서는 주)15에서 소개하고 있는 책들을 살필 것.

또한 하나님의 작정에 따라 이루어진 것이지만 그 대상은 믿음을 거부한 자들이라고 기술하고 있다. 항론파가 이러한 고백을 통하여 하나님의 예정과 관련하여 거부하는 것은 무엇보다도 개혁파의 '타락전 선택설' (supralapsarianism)이다. 즉 하나님께서는 선택이나 유기의 예정을 하실 때에 그 대상을 죄인들 가운데서 결정하시는 것이지, 타락전 선택설이 말하는 바처럼 '창조되어질 가능적(creabilis) 존재자이며 타락할 가능적(labilis) 존재자'들을 대상으로 예정하신 것이 아니라는 것이다. 항론파는 예정에 대한 진술 가운데 "타락하여 죄에 빠진 인류들 가운데"라는 말을 덧붙임으로써 이것을 분명히 한다.

그렇다면 항론파들의 주장은 개혁파의 또 다른 견해인 '타락후 선택설'과는 일치하는 것인가? 개혁파의 '타락후 선택설'(infralapsarianism)은 하나님께서 선택과 유기의 예정을 하심에 있어서 자유의지를 가진 인간을 먼저 창조하시기로 작정을 하시고 이들로 하여금 타락을 하도록 허용을 하심으로써 이들 가운데 어떤 이들을 구원에 이르도록 선택하는 작정을 하셨다고 믿는다. 곧 '타락후 선택설'에서의 선택의 대상은 '창조되어진(creatus) 자이면서 타락한 (lapsus) 자'이다.[19] 선택의 대상에 관련하여서 항론파들은 개혁파의 '타락후 선택설'과 견해를 같이 한다고 말할 수 있다. 그러나 항론파가 개혁파의 '타락전 선택설'은 물론이거니와 '타락후 선택설'도 또한 거부하고 있다는 사실은 그들이 1618년에 제출한 해명서(Sententia Remonstrantium)에서 뚜렷이 드러난다.

> 하나님께서는 어떤 이는 영원한 생명에 이르도록 선택하시고, 다른 어떤 이는 영원한 생명을 주지 않으시기로 거부하시는 작정을 하심에 있어서, 이들을 창조하고자 하시는 작정보다 앞서서 하신 것이 아니며, 자신의 긍휼과 공의의 영광 또는 자신의 절대적 능력과 통치의 영광을 나타내 보이기 위하여, 자신의 기쁘신 뜻에 따라서, 선행하는 어떤 순종이나 불순종을 고려하지 않은 채, 작정하신 것이 아니다.[20] (항론서 1항에 대한 항론파의 해명서 1항)

---

[19] Richard A. Muller, s.v. "supra lapsum" in *Dictionary of Latin and Greek Theological Terms* (Grand Rapids, MI: Baker Book House, 1985), p. 292.

[20] '항론서' 1항에 대해 '항론파의 해명서'는 10개 항목으로 나누어 해명을 하는데, 그 중 첫 번째 항목임. "Deus non decrevit quemquam ad vitam aeternam eligere, aut ab eadem reprobare ordine prius, quam eundem creare decreverit, citra ullius oboedientiae vel inoboedientiae antecedentis intuitum, pro beneplacito suo, ad demonstrandam gloriam misericordiae et iustitiae suae, vel potestatis et dominii absoluti." *Acta Synodi Nationalis, in nomine Domini nostri Iesu Christi* (Hanoviae: Impensis Egenolphi Emmelii, 1620), p. 159; J. N. Bakhuizen van den Brink, ed., *De Nederlandsche Belijdenisgeschriften* (Amsterdam, Netherland: Uitgegeven, 1940), p. 283. 영역을 위하여서는 Peter Y. De Jong, ed., *Crisis in the Reformed Churches: Essays in commemoration of the great Synod*

항론파는 그들의 해명서에서 자신들이 개혁파 견해에 대하여 거부하고 있는 두 가지 사실을 적시하고 있다. 하나는, 하나님의 선택과 유기의 예정은, '타락전 선택설'과는 달리, 창조의 작정보다 앞서지 않는다는 것이며,[21] 다른 하나는, '타락전 선택설'은 물론 '타락후 선택설'과 달리, '선행하는 어떤 순종이나 불순종을 고려하지 않은 채' 이루어지는 것이 아니라는 것이다. 하나님께서는 '자신의 기쁘신 뜻에 따라서만' 예정하신 것이 아니며, 시간 영역 안에서의 인간의 반응을 '미리 보시고' 예정하신다는 것이다. 즉 하나님께서는 선택과 유기의 예정을 하심에 있어서 그 근거를 자신의 작정의 영원성에 두시는 것이 아니라 인간의 순종과 불순종이라는 시간성에 두고 있다는 것이 항론파가 말하고자 하는 주장의 핵심이며, 개혁파의 견해와 근본적으로 충돌하는 초점이다. 이 점을 강조하기 위하여 항론파는 ('항론서' 제 1항에서 "성령의 은혜를 통해 그의 이 아들을 믿으며, 동일한 은혜를 통해, 이 믿음과 믿음의 순종을 끝까지 지속해 나아가는 자들을 .... 구원하시기로 작정하셨"고 밝히고 있는 것이다.

하나님의 선택의 작정이 죄인의 순종 여부에 대한 고려를 근거로 이루어지는 것임을 말하기 위하여 항론파 해명서는 선택과 유기에 관련한 하나님의 작정에 대해 이렇게 말한다.

> 각 사람의 구원과 멸망에 관련한 하나님의 작정은 절대적으로 의도되어진 결과의 작정이 아니기 때문에, 선택받은 자들과 유기된 자들이 자신들의 최종적인 결과에 유효적이며 필연적으로 처하도록 이끄는 그와 같은 수단들이 바로 그 작정[결과의 작정]에 종속되지 않는다.[22]('항론서' 1항에 대한 항론파의 해명서 2항)

항론파가 말하는 바는 선택과 관련한 하나님의 예정이 각 사람의 운명에 대한 최종적인 결과를 결정하는 작정이 아니기 때문에 이들의 최종적인 운명이

of Dort, 1618-1619, p. 222을 참조할 것. Homer C. Hoeksema, *The Vocie of Our Fathers*, p. 103는 화란어 본의 영역을 제공하고 있음.

21 개혁파가 '타락전 선택설'이나 '타락후 선택설'을 말하면서 예정의 대상이 '창조되고 타락하기 이전의' 존재인가 아니면 '창조되었고 타락한 이후'의 존재인가의 토론을 할 때, 여기서 말하는 '이전'과 '이후'는 시간 역사 안에서의 순서가 아니라 하나님의 의지 안에서의 논리적 순서일 뿐이며 작정의 영원성을 전제하는 것임을 유의할 것.

22 "Cum decretum Dei de cuiusque hominis tum salute tum exitio, non sit decretum finis absolute intenti, sequitur neque eidem decreto subordinata esse media talia, per quae ad finem destinatum tum electi tum reprobi efficaciter atque inevitabiliter perducantur." *Acta Synodi Nationalis*, p. 159; *De Nederlandsche Belijdenisgeschriften*, p. 283. 영역: *Crisis in the Reformed Churches*, p. 222; *The Vocie of Our Fathers*, p. 103.

결정짓는 데에 관련한 구원의 수단들도 하나님의 예정에 따라서 각 사람에게 차이가 나게 주어지는 것이 아니라는 것이다. 즉 하나님께서는 죄인들 가운데 순종 여부를 보시고 작정을 하시는 것이므로, 하나님의 작정이 개혁파들의 예정론처럼 각 사람의 최종적인 운명을 결정하는 의미에서의 결과의 작정이지 않으며, 또한 구원의 수단도 이와 같은 결과의 작정에 따라서 종속되어 차별적으로 주어지는 것이 아니라고 주장한다.

앞서도 살핀 바와 같이 항론파는 예수 그리스도의 중보직을 하나님의 작정과 대비하여 이러한 주장을 확장하여 나간다.

> ... 중보자 그리스도는 단지 선택을 실행하는 자일뿐만 아니라, 또한 선택의 작정의 근거이다. 어떤 이들이 유효적으로 부르심을 받고, 의롭게 되며 믿음 안에서 견인을 받아 영화롭게 되는 것은 그들이 영원한 생명의 선택을 절대적으로 받았기 때문이 아니다. 다른 어떤 이들이 타락한 상태에 남게 되고, 그리스도가 그들에게 주어지지 않으며, 그들이 부르심을 전혀 받지 못하거나 유효적으로 받지 못하게 되고, 강팍하여지며, 저주를 받는 것은 그들이 영원한 생명으로부터 절대적으로 유기를 당하였기 때문이 아니다.[23] ('항론서'1항에 대한 항론파의 해명서 3항)

그리스도가 선택의 실행뿐만 아니라 선택의 작정의 근거라는 주장을 통해 항론파는 마치 '항론서' 1항에서 하나님의 작정이 "예수 그리스도 안에서" 이루어졌음을 강조한 바와 같이, '선택'과 '예수 그리스도'를 연결하고 있다. 이것은 개혁파의 '타락전 선택설'이 선택의 근거와 원인을 '예수 그리스도의 사역'에서 찾는 것이 아니라 '하나님의 작정'에 두고 있다고 비판하는 항론파들의 관점에서 비롯된 것이다. 즉 '예수 그리스도'와 '선택'을 연결시킴으로써, 항론파들은 개혁파의 '타락전 선택설'의 예정론이 죄인을 구원하시는 근거를 예수 그리스도와 그의 사역에 두는 것이 아니라 영원 안에 있는 작정에 둘 뿐이라는 비판을 암시하고 있는 것이다.[24] 요컨대 어떤 이가 유효적인 부르심을 받고 영생에

---

[23] "... Christus Mediator non est solum executor Electionis, sed ipsius decreti Electionis fundamentum: quod alii efficaciter vocantur, iustificantur, in fide perseverant, glorificantur, causa non est, quod absolute ad vitam aeternam sint electi neque quod alii in lapsu deserantur, Christus iis non detur, prorsus non aut inefficaciter vocentur, indurentur, damnentur, causa non est, quod a salute aeterna absolute sint reprobati." *Acta Synodi Nationalis*, p. 159; *De Nederlandsche Belijdenisgeschriften*, p. 283. 영역: *Crisis in the Reformed Churches*, p. 223; *The Vocie of Our Fathers*, p. 104.

[24] Robert A. Peterson and Michael D. Williams, *Why I Am Not an Arminian*, p. 113.

이르게 되는 일이 영원한 절대적 선택의 작정을 받아서 그렇게 되는 것이 아니며, 마찬가지로 어떤 이가 타락한 상태로 남아 유효적인 부르심을 받지 못하게 되는 것이 영원한 절대적 유기의 작정을 받아서 그렇게 된 것이 아니다. 따라서 어떤 누구도 유효적인 부르심을 받지 못하도록 이미 영원히 작정이 되었다는 이유로 영원한 생명을 받지 못하게 되는 것이 아니라는 것이다.

그렇다면 무엇 때문에 어떤 이들은 하나님의 진노 아래 유기되는 것인가? 항론파는 각 개인들의 자기 죄 때문이라고 생각한다.

> 하나님께서는, 실제적인 죄들의 개입과 관련이 없이, 대부분에 이르는 많은 수의 사람들을, 모든 구원의 소망으로부터 배제된 채 타락의 상태에 있도록 작정하시지 않았다.[25]
> ('항론서'1항에 대한 항론파의 해명서 4항)

만일 어떤 사람이 구원의 소망에서 끊어진 채 멸망의 상태에 있도록 예정이 되어 있다면, 그것은 그 사람의 실제적인 죄들의 개입과 관련하여 그렇게 된 것이라는 주장을 통해, 항론파는 한편으로 하나님의 선택과 유기의 대상은 하나님의 의지라는 영원성 안에서 '창조될 것이며 타락할 가능적 존재자'들이 아니라 '창조되었으며 타락한 존재자'들임을 말하면서, 다른 한편으로 선택 또는 유기의 근거가 인간의 순종 또는 불순종에 있음을 명백히 한다.

결국 항론파가 하나님의 예정의 근거는 인간의 반응과는 상관이 없는 하나님의 영원한 의지에 있는 것이 아니라 예수 그리스도와 그의 사역에 있다고 주장하는 것은 그리스도의 사역에 대해 인간이 어떻게 반응을 하는 가에 따라서 하나님의 선택과 유기의 작정이 이루어짐을 말하기 위한 것이다. 따라서 항론파에게 있어서 그리스도의 속죄 사역은 모든 죄인들에게 열려져 있는 보편성을 갖는다.

> 하나님께서는 그리스도가 온 세상의 죄를 위한 대속물이 되도록 작정을 하셨다. 이 작정으로 인하여 하나님께서는 그를 믿는 자를 의롭게 하고 구원하기로 작정을 하시고, 사람들에게 믿음에 이르는 데에 필요할 뿐만 아니라 충분한 수단들을 하나님께서

---

25 "Deus non decrevit sine intervenientibus peccatis actualibus multo maximam partem hominum ab omnis spe salutis seclusam in lapsu relinquere." *Acta Synodi Nationalis*, p. 159; *De Nederlandsche Belijdenisgeschriften*, p. 283. 영역: *Crisis in the Reformed Churches*, p. 223; *The Vocie of Our Fathers*, p. 104.

자신의 지혜와 의에 알맞은 것으로 생각하시는 방식대로 실행하여 주기로 작정을
하셨다. 그렇지만 어떤 절대적인 작정에 따라서, 중보자 그리스도를 오직 선택한 자들에
게만 주시고, 유효적 부르심을 통하여 그들에게만 믿음을 부여 하시고, 이들만을 의롭게
하시고, 믿음 안에서 견인하시고, 영화롭게 하시기로 작정을 하신 적은 어떤 식으로도
결코 없으시다.[26] ('항론서'1항에 대한 항론파의 해명서 5항)

항론파의 주장에 따르면 하나님의 작정이란 먼저 그리스도의 속죄 사역의
대상을 죄인인 모든 보편적 인류를 대상으로 하며, 그리고 그리스도의 속죄를
모든 인류에게 적용하기로 하는 작정에 근거하여 사람들이 구원에 이르는
믿음의 반응을 하기에 필요로 하는 모든 수단들을 제공하기로 작정을 말한다.
따라서 어떤 자들을 미리 정하여 이들에게만 그리스도의 중보를 제한적으로
적용하고, 이들에게만 믿음의 은사를 주고 견인하여 영화롭게 하는 것으로
이해하는 개혁파의 하나님의 작정은 잘못된 것이라고 항론파는 생각한다.

결국 항론파는 하나님의 작정의 이해에 있어서 단순히 작정의 순서에
있어서 뿐만 아니라 작정의 내용에 있어서도 개혁파와 분명한 이견을 주장한
다. 따라서 항론파는 어떤 누구도 하나님의 작정으로 인하여 멸망을 받는
것이 아니라는 점을 확고히 한다.

어떤 누구도 어떤 선행하는 절대적 작정에 의하여 영원한 생명을 받지 못하도록 거부를
당하거나 또는 이를 위해 충분한 수단을 받지 못하도록 거부를 당하지 않는다. 그
결과 그리스도의 공로와 부르심과 성령님의 모든 은사들은 모든 이들을 구원에 이르도록
하기에 유익하며, 또 그들이 이러한 은사들을 남용함으로써 스스로를 멸망으로 돌리지
않는 한, 이것들은 그들에게 참으로 유익이 된다. 하지만 어떤 누구도 저주에 이르게
하는 수단이나 원인인 불신앙, 불경건, 그리고 죄들을 범하도록 예정이 되지 않았다.
('항론서'1항에 대한 항론파의 해명서 6항)[27]

---

[26] "Deus ordinavit, ut Christus sit propitiatio pro totius mundi peccatis et vi istius decreti
statuit credentes in ipsum iustificare et salvare hominibusque media ad fidem necessaria et sufficientia
administrare ea ratione, quam novit suam sapientiam et iustitiam decere. Nequaquam autem destinavit
ex vi decreti absoluti solis electis Christum Mediatorem dare eosdemque solos per vocationem
efficacem fide donare, iustificare, in fide conservare ac glorificare." *Acta Synodi Nationalis,* p.
160; *De Nederlandsche Belijdenisgeschriften,* p. 284. 영역: *Crisis in the Reformed Churches,* p.
223; *The Vocie of Our Fathers,* p. 104.

[27] "Nec a vita aeterna nec a mediis ad eam sufficientibus ullus reiectus est absoluto aliquo
antecedaneo decreto, sic ut meritum Christi, vocatio omniaque dona Spiritus prodesse ad salutem
omnibus possint et re vera prosint, nisi ea ipsi in exitium sibi eorundem abusu vertant; ad

하나님께서, 그의 작정 안에서, 미리 절대적으로 어떤 사람들을 선택하고, 또 다른 어떤 사람들을 유기하기로 예정하시는 것이 아니고, 오히려 모든 사람들에게 구원에 필요하며 충분한 은사를 부여하시는 것이라는 주장을 통하여, 항론파는 인간이 이러한 은사를 소홀히하거나 남용함으로써 스스로 멸망에 이르게 될 따름이라고 결론을 내린다.

이상의 결론을 내린 후에, 이어서 항론파는 '항론서' 1항에 대한 첫 번째 해명 항목에서 이미 언급하였던 것, 곧 "선행하는 어떤 순종이나 불순종을 고려하지 않은 채, 작정하신 것이 아니다"는 표현을 통해 의도하였던 바를 다음과 같이 구체적으로 밝힌다.

> 어떤 특정한 사람들의 선택은, 선택에 있어서 미리 요구되는 전제 조건으로서, 예수 그리스도의 믿음과 견인에 대한 고려를 통해 결정이 되는 것이지, 믿음에 대한 고려와 또 참된 믿음의 견인에 대한 고려도 없이 되는 것이 아니다.[28] ('항론서'1항에 대한 항론파의 해명서 7항)

> 영원한 생명을 받지 못하도록 거부당하는 것은 어떤 선행하는 불신앙과 또 불신앙에 계속 머무르는 것을 고려함에 근거하여 이루어지는 것이지, 어떤 선행하는 불신앙과 또 불신앙에 계속 머무르는 것에 대한 고려도 없이 되는 것이 아니다.[29] ('항론서'1항에 대한 항론파의 해명서 8항)

항론파는 하나님께서 구원을 위한 선택과 유기의 작정을 하심에 있어서 인간의 믿음과 불신앙의 반응이 하나님의 작정보다도 선행하는 것이며, 하나님께서는 개개인의 반응에 따라서 그 개개인의 선택 또는 유기의 작정을 하신다고

---

incredulitatem autem, impietatem et peccata, tamquam media et causas damnationis, nemo destinatus est." *Acta Synodi Nationalis,* p. 160; *De Nederlandsche Belijdenisgeschriften,* p. 284. 영역: *Crisis in the Reformed Churches,* p. 223; *The Vocie of Our Fathers,* p. 104.

[28] "Electio singularium personarum peremptoria est, ex consideratione fidei in Iesum Christum et perseverantiae; non autem citra considerationem fidei et perseverantiae in vera fide, tamquam conditionis in eligendo praerequisitae." *Acta Synodi Nationalis,* p. 160; *De Nederlandsche Belijdenisgeschriften,* p. 284. 영역: *Crisis in the Reformed Churches,* p. 223; *The Vocie of Our Fathers,* p. 104.

[29] "Reprobatio a vita aeterna facta est secundum considerationem antecedaneae infidelitatis et perseverantiae in infidelitate; non autem citra considerationem antecedaneae infidelitatis et perseverantiae in infidelitate." *Acta Synodi Nationalis,* p. 160; *De Nederlandsche Belijdenisgeschriften,* p. 284. 영역: *Crisis in the Reformed Churches,* pp. 223-24; *The Vocie of Our Fathers,* p. 105.

말함으로써 개혁파의 예정에 대한 비판을 결론짓는다. 그러므로 개혁파의 예정론에 대한 항론파의 비판의 초점은 단지 작정의 대상이 죄인이어야 한다는 데에 있는 것이 아니라, 하나님의 작정이 인간의 반응에 의해 조건화 된다거나, 하나님의 작정이 인간의 반응보다 후행적이라는 이해에서 비롯되는 신론상의 문제에 있는 것이다.

'항론서'의 제 1항인 예정에 대한 항론파의 해명서는 마지막으로 예정에 대한 논의를 유아의 경우에 관련하여 전개함으로 끝을 맺는다. 항론파의 주장대로 하나님의 선택의 예정이 인간의 믿음의 반응에 근거하는 것이라면, 신자들은 아직 믿음의 반응을 나타내 보이지 못하는 유아의 상태에 있는 그들의 자식이 구원의 예정을 받았는지에 대해 말할 수 없다는 결론에 이르지 않는가라는 질문이 있게 된다. 이것은 항론파의 이해에 따른 논리적 귀결이지만, 항론파는 유아의 구원을 오히려 인정한다.

> 신자의 자녀들은 그리스도 안에서 모두 거룩하게 된 자들이므로, 이들 가운데 어떤 이도 이성을 사용하기 이전에 이 세상을 떠날 경우 멸망에 이르지 않는다. 자신들의 인격 안에서 실제적인 죄를 범하기 이전 유아기에 이 세상을 떠나는 신자의 어떤 특정한 자녀들이, 거룩한 세례의 씻음과 그들을 위한 교회의 기도가 그들의 구원에 아무런 유익이 되지 못할 정도로, 유기된 자들의 수에 결코 포함이 되지 않는다.[30] ('항론서'1항에 대한 항론파의 해명서 9항)

> 성부와 성자와 성령의 이름으로 세례를 받은 신자의 어떤 자녀도, 유아의 상태로 살고 있을 때에, 절대적인 작정에 의하여 유기된 자 가운데 속하는 것으로 간주되지 않는다.[31] ('항론서'1항에 대한 항론파의 해명서 10항)

---

[30] "Omnes fidelium liberi sunt in Christo sanctificati; ita ut nullus eorum ante usum rationis ex hac vita decedens pereat. Nequaquam autem in reproborum numero censentur etiam nonnulli fidelium liberi, in infantia sua ante ullum actuale peccatum in propria persona commissum ex hac vita discedentes, adeo ut nec baptismi lavacrum sacrum, nec preces Ecclesiae ipsis ullo modo ad salutem prodesse possint." *Acta Synodi Nationalis,* p. 160; *De Nederlandsche Belijdenisgeschriften,* p. 284. 영역: *Crisis in the Reformed Churches,* p. 224; *The Vocie of Our Fathers,* p. 105.

[31] "Nulli fidelium liberi baptizati in nomine Patris, Filli et Spiritus Sancti in infantiae suae statu viventes absoluto decreto reprobatis adscribuntur." *Acta Synodi Nationalis,* p. 160; *De Nederlandsche Belijdenisgeschriften,* p. 284. 영역: *Crisis in the Reformed Churches,* p. 224; *The Vocie of Our Fathers,* p. 105.

항론파는 자신들은 유아기에 죽은 신자의 자녀는 물론, 유아의 상태에 있는 신자의 자녀가 아직은 이성을 사용하기 이전의 상태이므로, 어떤 선택과 유기의 예정의 조건을 갖추기 전이지만, 교회의 거룩한 세례와 기도가 그들의 구원에 아무런 유익이 되지 못하게 될 정도로, 신자의 자녀들 가운데 어떤 이들이 유기된 자들의 수에 포함된다고 생각지 않음을 주장한다. 예정론의 논의의 끝에 유아에 관련한 논의를 덧붙임으로써, 항론파는 만일 개혁파의 주장대로 선택과 유기가 하나님의 작정에 따른 것이라면, 신자의 자녀들 가운데 구원을 확인할 수 있는 믿음의 고백을 하기 전에 이 세상을 떠난 어떤 자녀들은 유기의 작정을 받았을 수도 있지 않은가라는 의문을 자극한다.[32] 항론파의 주장도 하나님의 선택의 예정은 믿음의 반응이라는 조건을 근거로 이루어지는 것이므로 항론파의 논리에서도 유아의 상태에서 세상을 떠난 신자의 자녀의 구원에 대해서 확실하게 말할 수 없는 것이다. 그럼에도 불구하고, 유아기에 죽은 신자의 자녀가 유기가 될 근거가 되는 불신앙이라는 조건이 없는 반면에, 개혁파의 경우는 하나님의 작정에 유기의 근거가 있으므로 유기의 가능성이 여전히 있다는 논리로 항론파는 개혁파의 예정론에 대해 반감을 도모한다.

3. 하나님의 작정, 지식 그리고 의지에 관한 알미니우스의 견해

지금까지 살펴본 항론파의 예정에 관한 견해, 곧 하나님의 작정이 인간의 반응에 의해 조건화 된다거나, 또는 인간의 반응보다 후행적이라는 항론파의 이해는 알미니우스의 사상에 그 기초를 두고 있다. 우선, 알미니우스는 '타락전 선택설'과 같은 개혁파의 교리는 16세기 개혁파 교회의 주요 신앙고백들과

---

32 호머 훅스마(Homer Hoeksema)는 항론파가 유아의 예정문제를 들고 나온 것은 일종의 개혁파를 향한 대인논증(argumentum ad hominem)으로 평가한다. 왜냐하면 항론파가 논의의 초점을 유아기에 사망한 신자의 자녀에 대한 구원의 문제에 대해서 성경이 무엇이라 말하는가에 있는지를 밝히고, 이에 따라서 개혁파의 예정의 문제를 비판하는 것에 두고 있는 것이 아니라, 마치 개혁파의 예정론은 유아기에 사망한 신자의 어떤 자녀를 멸망의 저주 아래에 놓고 있는데 그래도 그것을 받겠는가라는 식으로 전개하고 있기 때문이다. Homer C. Hoeksema, *The Vocie of Our Fathers*, pp. 278-79.

어긋나며, 오히려 자신의 신학이 이것들과 일치한다고 주장을 한다. 예를 들어, 알미니우스는, 1608년에 제출한 "견해의 선언"(*Declaratio sententiae*)에서, 벨직 신앙고백서(1561) '인간의 창조와 타락'에 관한 14항의 한 대목과 '선택'에 관한 16항의 한 대목을 지적하며 다음과 같이 주장한다.[33]

> ... 그러나 인간은, 사단의 속이는 말에 귀를 기울이므로써, 스스로 의지적으로 죄에 빠졌으며, 그 결과 사망과 저주에 놓이게 되었다... (벨직 신앙고백서, 14항 가운데)[34]

> ... 하나님께서는, 자신의 영원하며 불변하는 계획 안에서, 인간의 행위에 대한 어떤 고려가 없이, 우리 주 그리스도 예수 안에서 자신의 순전한 선하심에 따라서, 선택하신 자들을 저주로부터 끌어내시어 구원하심으로써 긍휼하심을 나타내 보이셨다. 그리고 하나님께서는 그 외의 다른 이들로 하여금 그들 스스로 빠져버린 타락과 파멸 가운데 내버려 두심으로써 공의로우심을 나타내 보이셨다 ... (벨직 신앙고백서, 16항 가운데)[35]

알미니우스는 해석하기를 벨직 신앙고백서가 14항에서 인간의 범죄가 '의지적으로'(volontairement) 행하여졌다고 고백하고 있는 것은 인간이 죄를 범하기 이전에 선행한 어떤 예정이라는 작정에 의하여 '필연적으로' 죄를 범하게 되었음을 부정하는 것이며, 따라서 '타락전 선택설'과는 어긋난다고 하였다. 또한 알미니우스는 16항에서 '그리스도 안에서 선택하신 자를 구원하시며, 그 외의 사람들을 파멸 가운데 내버려 두신다'는 고백이 자신의 생각과 어긋나지를 않는다고 주장한다. 알미니우스 생각에 '그리스도 안에서의 선택'이란 하나님께서 그의 작정 안에서 선택의 대상과 관련한 아무런 내용도 없이 선택

---

[33] James Arminius, *A Declaration of the Sentiments of Arminius*, I.3.vi in *The Works of Arminius* vol. 1, translated by James Nichols and William Nichols (Grand Rapids, MI: Baker Book House, 1991 reprinted), p. 622.

[34] 벨직 신앙고백서는 1561년에 지 드 브레(Guy de Brès)가 플랑드르(Flanders)와 네덜란드 (the Netherlands)의 교회를 위하여 불어로 작성한 것으로 1571년 엠덴(Emden) 개혁총회와 1619년 도르트 총회에서 에서 채택이 되었다. 라틴어역은 판별로 약간의 차이가 있으므로, 여기서는 불어판을 참고로 소개한다. "... mais s'est volontairement assujetti au péché, et par conséquent à mort et à malédiction, en prétant l'oreille à la parole du diable ..." Philip Schaff, ed, *The Creeds of Christendom with a History and Critical Notes* vol. 3. p. 398. 같은 쪽에 있는 영역을 함께 참조할 것.

[35] "... Dieu s'est démontré ... miséricordieux, en retirant et sauvant de cette perdition ceux qu'en son conseil éternel et immuable il a élus et choisis par sa pure bonté en Jésus-Christ notre Seigneur, sans aucun égard de leurs oeuvres; juste, en laissant les autres en leur ruine et trébuchement où ils se sont précipités ..." Philip Schaff, ed, *The Creeds of Christendom with a History and Critical Notes* vol. 3. p. 491. 같은 쪽에 있는 영역을 함께 참조할 것.

하였음을 의미하는 것이 아니라 그리스도를 믿는 자를 선택하였음을 뜻하는 것이기 때문이다. 알미니우스는 이러한 자신의 생각이 옳음을 하이델베르크 요리문답을 인용하여 이렇게 논증한다.

> 그리스도로 말미암는 구원은 아담 안에서 멸망을 당한 모든 이들에게 주어지는 것이 아니라 오직 참된 믿음으로 그리스도에게 접붙임을 받아 그의 은사를 받은 자들에게만 주어진다. (하이델베르크 요리문답 20문답)[36]

누가 구원을 받는가? 오직 참된 믿음으로 그리스도에게 접붙임을 받은 자가 아닌가? 알미니우스는 여기서 하이델베르크 요리문답이 하나님께서 어떤 이를 구원에 이르도록 절대적 의미에서 예정하셨음을 말하기보다는, 오히려 오직 참된 믿음으로 그리스도에 나오는 자를 그의 작정 안에서 구원받는 신자로 간주하셨음을 말한다고 주장한다. 알미니우스는 자신의 주장이 옳음을 하이델베르크 요리문답 54문항에서도 확인할 수 있다고 덧붙인다.

> 하나님의 아들께서 세상의 시작 날부터 끝 날까지 온 인류 가운데서 자신의 영과 말씀으로 영원한 생명을 얻도록 선택을 받은, 참된 신앙 안에서 함께 일치하는, 한 무리[교회]를 자신에게로 거두고 모으는 것을 믿는다. (하이델베르크 요리문답 54문답)[37]

알미니우스는 여기서 "영원한 생명을 얻도록 선택을 받은"과 "참된 신앙 안에서 일치하는"의 두 수식은 서로 병행하는 구절이며, 뒤의 구절이 앞의 구절에 종속되는 것으로 해석이 되어서는 안 된다고 주장을 한다. 따라서 개혁파의 주장과는 달리, 하이델베르크 요리문답은 영원한 작정에 의해 선택을 받았기

---

36 하이델베르크 요리문답은 문답 형식으로 되어 있으나, 알미니우스는 그의 글에서 위의 인용과 같이 이것을 풀어서 제시하고 있다: [영역] "Salvation through Christ is not given [restored] to all them who had perished in Adam, but to those only who are ingrafted into Christ by true faith and who embraces his benefits." James Arminius, *A Declaration of the Sentiments of Arminius* I.3.vi in *The Works of Arminius* vol. 1, pp. 622-23. 이하 Arminius, *Declaration of Sentiments* in *Works*, 1로 줄여씀.

37 알미니우스는 하이델베르크 요리문답을 다음과 같이 인용한다: [영역] "I believe that, from the beginning to the end of the world, the Son of God out of the entire race of mankind does by his word and Spirit gather or collect unto himself a company chosen unto eternal life and agreeing together in the true faith." Arminius, *Declaration of Sentiments*, I.3.vi in *Works*, 1, p. 623.

때문에 참된 신앙을 따르게 된다는 것을 말하지 않는다고 해석해야 옳다고 알미니우스는 주장을 한다. 만일 하이델베르크 요리문답이 개혁파의 주장과 같은 취지를 말하고자 했으면, "하나님의 아들께서, 그의 말씀과 영으로, 영원한 생명을 받도록 선택을 받은 한 무리로 하여금 참된 신앙을 믿고 함께 그 신앙에 일치하도록 하기 위하여, 자신에게로 불러 모으신다"고 고백했을 것이라고 알미니우스는 풀이한다.[38]

이처럼 자신의 신학이 초기 개혁파 신앙고백과 결코 어긋남이 없으며, 오히려 '타락전 선택설'과 같은 주장이 개혁파 신앙고백과 어긋난다고 주장을 한 알미니우스는 그리스도의 복음에 대한 반응을 미리 고려하시고 이들을 선택하시는 하나님의 예정에 대한 신론적 근거를 제시함으로써 이른바 '예지예정'이라는 자신의 예정론 이해의 정당성을 강조하고 이를 근거로 '타락전 선택설'은 물론 '타락후 선택설'도 또한 비판한다. 알미니우스는 그의 "견해의 선언"(Declaratio sententiae)에서 자신이 생각하는 예정론을 설명하면서 하나님의 작정을 넷으로 구별하여 설명한다.

> 죄인의 구원과 관련한 하나님의 첫 번째 절대적인 작정은 그의 아들 예수 그리스도를 중보자로, 구속자로, 구주로, 제사장으로, 또 왕으로 임명하시는 작정이다. 예수 그리스도는 친히 죽으심으로서 죄를 멸하시고, 친히 순종하심으로써 잃었던 구원을 획득하시며, 자신의 공로로 그것을 전달하신다.[39]

예정과 관련한 하나님의 첫 번째 작정으로 알미니우스는 예수 그리스도 안에서의 예정을 언급한다. 즉 예정이 예수 그리스도 안에 근거하고 있음을 말한다. 그런데 예수 그리스도를 예정의 근거로 삼는 하나님의 첫 번째 절대적인 작정은 일정한 수의 특정한 개개인들을 대상으로 하는 것이 아니라, 모든 죄인들을 대상으로 하는 일반적인 작정이다.[40]

---

[38] Arminius, *Declaration of Sentiments*, I.3.vi. in *Works*, 1, p. 623.

[39] "The First absolute decree of God concerning the salvation of sinful man, is that by which he decreed to appoint his Son Jesus Christ for a Mediator, Redeemer, Saviour, Priest and King, who might destroy sin by his own death, might by his obedience obtain the salvation which had been lost, and might communicate it by his own virtue." Arminius, *Declaration of Sentiments*, I.5.i in *Works*, 1, p. 653.

[40] Richard A. Muller, "Grace, Election, and Contingent Choice: Arminius's Gambit and the Reformed Response," in *The Grace of God, the Bondage of the Will* vol. 2, Thomas R. Schreiner and Bruce A. Ware, eds. (Grand Rapids, MI: Baker Books, 1995), p. 257.

하나님의 두 번째 정확하며 절대적인 작정은, 회개하고 믿는 자들을, 그리스도 안에서,
그리스도로 인하여, 그리스도를 통해, 호의로 받아들이기로 한 작정이며, 끝까지 견디며
인내한 참회자들과 신자들의 구원이 이루어지도록 한 작정이다. 그러나 모든 회개치
않는 자들과 믿지 않는 자들은 죄 가운데 그리고 진노 아래 내버려 두고 그들을 그리스도
에게로부터 소외된 자로 저주하기로 한 작정이다.[41]

알미니우스가 생각하는 예정에 관련한 하나님의 두 번째 절대적인 작정은
모든 사람을 대상으로 하는 일반적인 작정으로서의 예수 그리스도의 복음에
대해 어떠한 반응을 보이는 자들을 구원할 것인가와 관련한 작정이다. 말하자
면 첫 번째 작정은 그리스도와 관련한 복음 자체의 작정이고, 두 번째 작정은
이 복음을 믿으면 구원을 받는다는 약속의 작정이다. 이 약속 또한 모든 죄인들
에게 예외 없이 적용이 되는 일반적인 작정이다.[42]

하나님의 세 번째 작정은 회개와 믿음에 필요한 수단들을 충분하며 유효적인 방식으로
실행하시는 작정이며, (1) 그의 긍휼함과 엄격함에 모두 잘 적합하며 어울리는 것이
어떤 것인지를 아시는 하나님의 지혜에 일치하며, 또 (2) 그의 지혜가 정하는 것은
무엇이든지 채택하고 그것을 실행하시는 하나님의 공의에 일치하도록 집 행하시
는 작정이다.[43]

알미니우스에게 있어서 세 번째 작정은, 앞선 두 작정들과 함께, 인간의 반응에
앞서서 그 반응의 결과와 관계없이 하나님께서 먼저 작정하시는 '선행적 의
지'(*voluntas Dei antecedens*)에 의한 작정이다. 하나님께서는 이제 인간에게
첫 번째 작정에 따른 그리스도의 복음이 전하여 졌을 때, 아담의 타락으로

---

[41] "The second precise and absolute decree of God, is that in which he decreed to receive
into favour those who repent and believe, and, in Christ, for His sake and through Him, to effect
the salvation of such penitents and believers as preserved to the end; but to leave in sin and
under wrath all impenitent persons and unbelievers, and to damn, them as aliens from Christ."
Arminius, *Declaration of Sentiments*, I.5.ii in *Works*, 1, p. 653.

[42] Richard A. Muller, "Grace, Election, and Contingent Choice: Arminius's Gambit and
the Reformed Response," p. 258.

[43] "The third divine decree is that by which God decreed to administer in a sufficient and
efficacious manner the means which were necessary for repentance and faith; and to have such
administration instituted (1) according to the Divine Wisdom, by which God knows what is proper
and becoming both to his mercy and his severity, and (2) according to Divine Justice, by which
He is prepared to adopt whatever his wisdom may prescribe and to put in execution." Arminius,
Declaration of Sentiments, I.5.iii in *Works*, 1, p. 653.

인하여 죄에 빠진 인간이 두 번째 작정에 따른 하나님의 약속에 대하여 반응을 할 수 있도록 필요한 수단들을 실행하여 주기로 작정을 하신다. 여기서 알미니우스가 말하는 구원에 필요한 수단들이란 믿음을 세우는 데에 도움이 되는 그리스도 안에 있는 모든 축복된 것들을 망라하여 말하지만, 가장 고유하고도 적절한 수단은 말씀과 성령을 말한다.[44]

> 이제 네 번째 작정은 하나님께서 어떤 특정한 사람들을 구원하시고 또 저주하시는 작정이다. 이 작정의 근거는 하나님의 예지에 있다. 하나님은, 하나님의 선행 은총 (preventing grace)을 통해, 회심과 믿음에 알맞으며 적합한, 앞서 언급한, 수단들을 실행하는 것에 따라서, 믿을 자가 누구인지, 그리고 후행 은총(subsequent grace)을 통해 끝까지 견딜 자가 누구인지를 자신의 예지로 영원부터 아셨다. 그리고 같은 방식으로 누가 믿지 않을 것이며 끝까지 인내하지 않을 것인지를 자신의 예지로 아셨다.[45]

알미니우스는 네 번째 작정에 이르러 특정한 개개인들에 대한 선택과 유기의 예정에 대한 하나님의 작정을 설명한다. 결국 앞의 세 작정들은 모두 네 번째 작정을 위한 조건들을 위한 작정들인 셈이다. 그런데 알미니우스의 하나님은 이 네 번째 작정의 근거를 자신의 의지에 두는 것이 아니라 자신의 지식에 둔다. 곧 세 번째 작정에서 결정하였던 믿음의 수단들, 곧 은혜를 공급하였을 때에 개개인들이 어떻게 반응을 할 것인가를 미리 아는 지식에 근거하여 개개인의 선택과 유기의 작정을 한다. 그렇지만 하나님은 어떤 개인을 믿도록 하기 위하여 믿음의 수단을 공급하고 그것으로 인하여 믿도록 자신의 의지 안에서 작정을 하지 않는다. 다만 믿음의 수단을 공급하고 그 개인이 어떠한 반응을 보일지를 자신의 예지로 알뿐이다. 그리고 그 지시에 따라서 자신의 의지로 선택과 유기의 예정을 작정하는 것이다.

---

44 Arminius, *Twenty-Five Public Disputations*, XV.i-xv in *Works*, II, pp. 226-230; idem, *Seventy-Nine Private Disputations*, XLI.i-ix in *Works*, II, pp. 394-395; Richard A. Muller, "Grace, Election, and Contingent Choice: Arminius's Gambit and the Reformed Response," p. 258.

45 "To these succeeds the Fourth decree, by which God decreed to save and damn certain particular persons. This decree has its foundation in the foreknowledge of God, by which he knew from all eternity those individuals who would, through his preventing grace, believe, and, through his subsequent grace would persevere, - according to the before-described administration of those means which are suitable and proper for conversion and faith; and, by which foreknowledge, he likewise knew those who would not believe and persevere." Arminius, *Declaration of Sentiments*, I.5.iv in *Works*, 1, pp. 653-54.

알미니우스는 그의 신론에서 구원을 위한 조건을 먼저 작정하는 '선행적 의지'(*voluntas Dei antecedens*)와 그 조건에 따라 개개인의 예정을 작정하는 '후행적 의지'(*voluntas Dei consequens*), 또는 개개인의 반응에 상관이 없이 작정하는 '절대적 의지'(*voluntas Dei absolutiva*)와 개개인의 신앙과 불신앙에 대한 예지에 근거하여 개개인의 반응에 따라 작정하는 '각각의 의지'(*voluntas Dei respectiva*)의 구별을 한다. 즉 알미니우스가 개혁파의 예정론을 거부한 것은 그가 인간의 선택과 관련한 하나님의 지식과 의지에 대해서 개혁파와 다른 견해를 가지고 있었기 때문이다.

알미니우스는 중세 스콜라 신학과 개혁파 스콜라 신학과 마찬가지로 하나님의 지식에 대한 표준적인 두 구별을 인정한다. 하나는 하나님께서 가능한 모든 일이나 상황에 대해 아는 가능태(*potentia*)의 지식으로 '단순지성의 지식'(*scientia simplicis intelligentiae*) 또는 '필연적 지식'(*scientia necessaria*) 또는 '본성의 지식'(*scientia naturalis*) 또는 '불확정된 지식'(*scientia indefinita*) 등으로 일컬어진다.[46] 다른 하나는 실제로 일어나는 일이나 상황에 대해 아는 현실태(*actus*)의 지식으로 '이상의 지식'(*scientia visionis*) 또는 '자유로운 지식'(*scientia libera*), 또는 '임의의 지식'(*scientia voluntaria*), 또는 '확정된 지식'(*scientia definita*) 등으로 일컬어진다. 이 지식은 하나님께서 발생하도록 함으로써 나타날 일이나 상황에 대한 지식으로써 하나님의 의지와 관련한 지식이다.[47] 개혁파는 이 두 종류의 지식이외에 하나님의 지식으로 다른 지식

---

[46] Arminius, *Twenty-Five Public Disputations*, IV.xlii in *Works*, II, p. 123; idem, *Seventy-Nine Private Disputations*, XVII.ix in *Works*, II, p. 342. 모든 가능태에 대한 하나님의 지식이 단순지성의 지식(*scientia simplicis intelligentiae*)이라 불리는 까닭은 이 지식이 여러 가지 것들이 복합적으로 합성되어 있지 않은 순일한(simple) 하나님의 지성에 의한 지식이기 때문이며, 또 필연적 지식(*scientia necessaria*)이라 불리는 것은 하나님께서 모든 가능태를 완전하게 그리고 탁월하게 알기 때문이며, 또 본성의 지식(*scientia naturalis*)이라 불리는 것은 하나님의 무한한 본성에 따라서 하나님께서 아시는 지식이기 때문이며, 끝으로 불확정의 지식(*scientia indefinita*)이라 일컬어지는 까닭은 아직 하나님의 의지에 의하여 현실태로 확정이 되기 이전의 미확정 상태에 있는 가능태에 대한 지식이기 때문이다. Richard A. Muller, *God, Creation, and Providence in the Thought of Jacob Arminius* (Grand Rapids, MI: Baker Book House, 1991), p. 151.

[47] Ibid. 이 지식은 하나님께서 자신의 의지에 의하여 발생하도록 정하신 것을 미리 보시는 지식이므로 이상의 지식(*scientia visionis*)이라고 하며, 하나님의 자유로운 의지에 의한 지식이므로 자유로운 지식(*scientia libera*)이라 하며, 또 하나님께서 자신의 자유로운 의지에 따라서 임의로 정하신 것에 대한 지식이므로 임의의 지식(*scientia voluntaria*)이라 하며, 끝으로 하나님께서 의지하신 일은 일어나도록 확정이 된 것이므로 확정의 지식(*scientia definita*)이라고 불리운다. Richard A. Muller, *God, Creation, and Providence in the Thought of Jacob Arminius*, p. 152; idem., "Grace, Election, and Contingent Choice: Arminius's Gambit and the Reformed Response,"

을 말하지 않는다. 전자에 의하여 하나님께서 모든 가능한 일과 상황에 대해 아시며, 또 후자에 의하여 그 가운데 하나님께서 자신의 의지에 따라서 결정하시는 일과 상화에 대해 아시면, 모든 가능한 경우에 속하지 않거나 하나님의 의지에 따라서 결정되지 않는 어떤 일과 상황은 존재하지 않는다고 생각하기 때문이다. 하지만 알미니우스는 로마 천주교회의 신학자인 수아레츠 (Franciscus Suárez)와 몰리나(Luis de Molina)의 영향을 입어 제 3의 범주로 '중간지식'(*scientia media*)을 설정한다.[48]

> 스콜라 학자들은 덧붙여 하나님의 지식 가운데 하나는 본질적이며 필연적인 지식이고, 다른 하나는 자유로운 지식이며, 세 번째 지식은 중간[media]지식이라고 말한다. (1) 본질적이며 필연적인 지식은 하나님께서 자신을 알며 가능한 모든 것을 아는 지식이며, (2) 자유로운 지식은 다른 모든 것을 아는 지식이다. (3) 중간지식은 "만일 이 일이 일어나면, 저 일이 일어날 것이다"를 아는 지식이다. 첫 번째 것은 하나님의 의지의 자유로운 활동보다 선행하며, 두 번째 것은 하나님의 의지의 자유로운 활동의 뒤를 따른다. 그리고 마지막도 또한 하나님의 의지의 자유로운 활동보　다 앞서지만, 그것은 어떤 특별한 일이 가정적인 조건에 따라서(hypothetically) 이 활동으로부터 발생할 것임을 안다.[49]

알미니우스는 인간의 선택(*arbitrium*)의 자유에 따라 결정되는 일에 관련한 하나님의 지식으로 중간지식을 말한다.[50] 알미니우스는 하나님께서 인간의 자유로운 선택에 따른 일에 대해서는 그 일이 있을 것임을 단지 인간의 선택에 따른 결과로서만 아는 것으로 생각한다. 이 지식은 하나님의 의지에 따라 결정됨으로써 아는 지식, 곧 절대적 의미에서의 지식이 아니라, 인간의 선택이 이루어질 때에 이것으로 인하여 이루어질 일들이 어떠한 것인지를 비로소 아는 상대적 혹은 가정적인 지식이다. 이 지식에 따르면, 하나님께서는 아직

---

p. 264; Heinrich Heppe, *Reformed Dogmatics* (Grand Rapids, MI: Baker Book House, 1978 reprinted), p. 72-75.

[48] Richard A. Muller, *God, Creation, and Providence in the Thought of Jacob Arminius*, pp. 155-57; idem., "Grace, Election, and Contingent Choice: Arminius's Gambit and the Reformed Response," p. 265.

[49] Arminius, *Twenty-Five Public Disputations*, IV.xliii in *Works*, II, pp. 123-24.

[50] "The middle or intermediate [kind of] knowledge ought to intervene in things which depend on the liberty of created [*arbitrii*] choice or pleasure." Arminius, *Seventy-Nine Private Disputations*, XVII.xii in *Works*, II, p. 342.

9. 토르트 신경의 예정론에 관련한 이해_ 김병훈 · 283

그 일이 이루어지기 전에 그 일이 일어날 것임을 아시기는 하지만 하나님의 의지에 의하여 그 일이 현실화되는 것이 아니라 인간의 선택에 의하여 현실화의 여부가 결정이 되는 것이므로, 모든 가능한 일 가운데 하나님의 의지가 아닌 다른 어떤 것, 곧 인간에 의하여 현실화되는 일이 있음을 말하는 것이 된다.[51]

그렇다면 알미니우스는 하나님에게 존재론적으로 독립된 일이나 상황이 인간의 자유의지에 의하여 발생할 수 있음을 말하는 것인가? 그렇지는 않은 것 같다.[52] 알미니우스가 하나님의 지식 가운데 중간지식의 범주를 인정하는 것은 하나님께서 피조물 가운데 어떤 일이 일어나도록 작정하심에 있어서 개개의 피조물의 원인성을 유지하면서 하나님의 작정을 실현해나가시는 하나님의 일하심이 인간의 자유선택을 침해하지 않는다고 생각하는 데에서 비롯된다.

> [하나님의 동주사역(concursus divinus)은] 행동을 낳는 데에 필요하다. 왜냐하면 그 어떤 것도 개체를 직접적으로 만들어 내는 제 1 원인이며 중심 존재에 의하지 아니하면 이떤 개체도 가질 수가 없기 때문이다. 하나님의 동주사역은 하나님께서 제 2원인 혹은 하부 원인에 직접적으로 개입하심을 말하는 것이 아니라, 단지 피조물의 결과에 직접적으로 영향을 끼치는 하나님의 활동을 말한다. 그렇게 됨으로써 하나의 동일한 완전한 행동으로 말미암아 동일한 결과가 하나님과 피조물에 의하여 동시에 나타날 수가 있게 된다.[53]

하나님께서 만물을 다스리시는 섭리활동을 행함에 있어서 하나님은 결코 인간의 활동을 낳는 원인자로서 활동하시는 것이 아니라, 단지 어떤 결과가 나타나도록 영향을 끼치실 뿐이라고 알미니우스는 생각한다. 결국 자유의지를 지니고 있는 인간과의 관계에 있어서 하나님은 자신의 의지에 따라서 인간의 행동의 원인으로 작용을 하실 수는 없으며, 단지 인간의 자유의지에 따라서 어떠한 선택을 할 때, 그 선택을 미리 아는 하나님의 중간지식을 기초로 하여 하나님이

---

51 Richard A. Muller, *God, Creation, and Providence in the Thought of Jacob Arminius*, p. 156.

52 알미니우스는 하나님이 모든 만물의 존재의 근원이며, 어떤 유한한 존재도 스스로 존재하지 못하며, 하나님께로부터 그 존재를 받아 존재함을 밝히고 있다. Arminius, *Seventy-Nine Private Disputations*, XIV.v in *Works*, II, p. 336.

53 Arminius, *Twenty-Five Public Disputations*, X.ix in *Works*, II, p. 183.

284 · 노르마 노르마타

원하는 결과가 나타나도록 역사할 따름인 것이다.[54] 하나님께서는 원하는 결과를 이끌어 내도록 영향을 미치기는 하지만, 결과를 낳는 인간의 선택의 완전한 자유로움에 어떠한 손상도 끼치지 않음으로써, 한 편으로 인간은 자신의 행동에 대해 자유로운 선택으로서의 완전한 원인자이며, 하나님은 그 원인자인 인간의 행동이 가능할 수 있도록 하는 일과 그 결과에 대해서만 섭리의 역사를 할 따름이다.

이러한 이해에 이르러 돌이켜 보면, 앞서 살펴보았던 바와 같은, 알미니우스가 말하는 네 가지 작정들 가운데 마지막 네 번째 작정을 제외한 다른 세 작정들이, 개개인에 대하여 어떤 이는 영생으로, 다른 어떤 이는 영벌로 나뉘게 되는 예정을 위한 전제이며 조건의 환경을 제공하는 의미에서의 일반 모두를 위한 선행적 작정인 까닭을 이해할 수가 있다. 적어도 알미니우스에게 있어서 하나님의 의지는 인간의 반응과 관계없이 자신이 원하는 바대로 절대적 작정을 하는 선행적 의지(voluntas Dei antecedens)와, 하나님이 의도한 결과가 나오도록 섭리하되 결코 인간의 자유를 해치지 않도록 인간의 반응에 대한 중간지식을 기초로 조건적 또는 가정적으로 결정을 하는 후행적 의지(voluntas Dei consequens)로 구별이 되어야 한다. 그리고 그 구별이 바로 예정론에 있어서 개혁파의 견해와 다를 수밖에 없는 알미니우스의 '예지예정'의 예정론의 핵심적 이유가 된다.[55]

---

[54] Richard A. Muller, *God, Creation, and Providence in the Thought of Jacob Arminius*, pp. 251-56.

[55] "Some persons also distinguish the Will of God into that which is antecedent, and that which is consequent. This distinction has reference to one and the same volition or act of the rational creature, which if the act of the Divine Will precedes, it is called the 'antecedent Will of God' (1 Tim. ii, 4) but if it follows, it is called his 'consequent Will' (Acts i, 25; Mt. xxiii, 37, 38). but the antecedent will, it appears, ought to be called *velleity*, rather than *will*." 모든 사람을 구원하고자 하는 것은(딤전 2:4) 하나님의 선행적 의지이며, 아무리 하나님께서 암탉이 그 새끼를 날개 아래 모음같이 모으고자 하여도 백성들의 불순종으로 인하여 그 뜻을 이루지 못하게 되는 것은(마 23:37) 하나님의 후행적 의지라고 알미니우스는 설명한다. 가롯 유다를 시도의 직무에 세우고자 하였던 것은 하나님의 선행적 의지이지만, 유다가 이를 버리고 제 곳으로 간 것의 상황은(행 1:25) 하나님의 후행적 의지라는 것이다. 결국 선행적 의지와 후행적 의지라는 하나님의 의지는 인간의 반응에 따라서 구별이 됨으로, 하나님의 의지가 피조물에 의하여 나뉘어지는 결과를 초래한다. 알미니우스 자신 또한 선행적 의지는 '결정의 의지'(voluntas)라기 보다는 '원하는 바람'(velleitas)이라고 함으로써 피조물에 의하여 하나님의 의지가 조건화 되는 것을 의식하고 있음을 알 수 있다. Arminius, *Twenty-Five Public Disputations*, IV.lx in *Works*, II, p. 129; Richard A. Muller, *God, Creation, and Providence in the Thought of Jacob Arminius*, p. 188.

4. 예정과 관련한 도르트 총회의 결정

1618년 12월부터 그 다음 해 5월까지 약 6개월에 걸쳐서 도르트 총회(1618-19)가 모인 목적은 칼빈주의 개혁파의 견해와 알미니안주의 항론파의 견해를 균형있게 청취하고 이에 대한 교리적 판단을 하기 위한 것이 아니었다. 총회는 항론파들의 오류를 정죄하고 인간을 구원하시는 하나님의 주권적 은혜의 교리를 천명하고자 하였다. 총회는 개혁파 신학자와 목사들로 구성되었으며, 항론파에 속한 사람들의 주장은 단지 그들의 견해가 교회의 바른 가르침에서 벗어나 있음을 판단하기 위해 필요한 증언으로만 언급이 되었다. 항론파 사람들은 총회의 회원으로 참여한 것이 아니라 단지 그들의 견해가 잘못되었음을 증거하도록 요구를 받아 참석한 것뿐이었다. 총회는 항론파의 견해를 이단으로 정죄하였으며, 총회에서 항론파의 견해를 방어하였던 15명의 사람들과 약 200여명에 이르는 알미니안주의 목사들을 총회의 결의에 따라서 면직을 시키고, 총회에서 제명을 하였다.[56]

도르트 총회는 항론파의 신앙강령들에 대해 반론을 담고 이와 관련한 바른 신앙고백을 제시하기 위하여 항론파의 5개 신앙강령의 신학 주제에 대응하는 다섯 가지의 강령에 걸쳐서 고백하고 있다. 첫 번째 강령은 선택과 유기에 대한 하나님의 예정에 관한 것이며, 두 번째 강령은 그리스도의 죽으심과 이를 통한 인간의 구원에 대한 것이며, 세 번째 강령과 네 번째 강령은, 총회에 항론파가 제출한 해명서에서도 함께 묶어서 제시되고 있는 것처럼, 총회에서도 함께 다루어지고 있으며, 그 내용은 인간의 부패와 하나님에게로의 회개와 방법에 대한 것이다. 끝으로 다섯 번째 강령은 성도의 견인을 다루고 있다. 다섯 가지의 주제 강령은 서로 구별되어 있지만, 내용상 서로 유기적으로 연결이 되어 있다.[57] 총회는 본 고에서 다룰 첫 번째 주제 강령을 18개의 세부항목으로 나누어 제시하고 있다. 신앙고백 1조 1항은 다음과 같다.

---

[56] Robert A. Peterson and Michael D. Williams, *Why I Am Not an Arminian*, p. 123; Robert E. Picirilli, *Grace, Faith, Free Will* (Nashville, TN: Randall House, 2002), pp. 15-16.

[57] 항론파의 해명을 담은 견해서(*Sententia Remonstrantium*)의 5개 주제항목과 도르트 신경 (*Canones Synodi Dordrechtanae*)의 5개 주제항목의 제목을 비교하면 다음과 같다. *de Praedestinationis Decreto Articulum(SR) - de Divina Praedestinatione(CD); de Universalitate Meriti Mortis Christi(SR) - de Morte Christi, et Hominum per eam Redemptione(CD); de Gratia Dei et Conversione Hominis(SR) - de Hominis Corruptione, et Conversione ad Deum ejusque Modo(CD); de Perseverantia(SR) - de Perseverantia Sanctorum(CD).*

온 세상으로 하나님의 심판 아래 있게 하려 함이니라 롬 3:19, 모든 사람이 죄를 범하였으매 하나님의 영광에 이르지 못하더니 롬 3:23, 죄의 삯은 사망이요 롬 6:23. 사도가 말한 바와 같이, 아담 안에서 모든 인간이 죄를 범하였으며, 영원한 저주와 사망 가운데 처하게 되었기 때문에, 하나님께서 온 인류를 죄와 저주 아래에 내버려 두시며 죄로 인하여 저주를 하시기로 원하셨다고 할지라도, 하나님은 전혀 불의를 행하시는 것이 아니었을 것이다.[58]

총회는 어거스틴의 신학을 따라서 예정의 대상을 '죄인'으로 고백한다. 이것은 총회가 '타락후 선택설'의 흐름을 따르고 있음을 보여준다. 아울러 죄의 삯은 사망이라는 말씀에 비추어 이 죄인들을 향하여 영원한 사망의 심판을 내리시는 하나님의 진노는 지극히 공의롭다는 사실을 환기시킨다. 유기와 관련한 하나님의 예정은 처음부터 공의와 관련한 문제제기의 대상이 아님을 말하는 것이다. 이미 모든 인류가 죄인이며, 죄의 값은 사망이며, 이들을 향한 하나님의 영원한 형벌은 공의롭다는 세 가지 사실을 상기할 때, 하나님의 유기의 예정은 하나님의 공의에 비추어 합당한 것이라는 점을 총회는 고백의 시작에 분명하게 천명한다.

> 그러나 하나님의 사랑이 이렇게 나타난바 되었으니, 하나님께서 자신의 독생자를 세상에 보내시어 누구든지 그를 믿는 자는 멸망치 않고 영원한 생명을 얻도록 하셨다. 요일 4:9; 요 3:16.[59] (1조 2항)

하나님의 예정에 대한 이해에 있어서, 유기와 관련하여 하나님의 공의에 대해 문제제기를 하는 것은 잘못된 방향이며, 오히려 선택의 예정과 관련하여 하나

---

58 "Cum omnes homines in Adamo peccaverint, et rei sint facti maledictionis et mortis aeternae, Deus nemini fecisset injuriam, si universum genus humanum in peccato et maledictione relinquere, ac propter peccatum damnare voluisset, juxta illa Apostoli, *Totus mundus est obnoxius condemnatini Dei*, Rom. iii.19, *Omnes peccaverunt et destituuntur gloria Dei*, Rom. iii.23, et, *Stipendium peccati mors est*, Rom. vi.23." Philip Schaff, ed, *The Creeds of Christendom* vol. 3, pp.551-52. 도르트 신경 전문의 영역을 보기 위하여서는 *Ecumenical Creeds and Reformed Confessions* (Grand Rapids, MI: CRC Publications, 1988), pp. 122-45를 볼 것이며, 해설을 곁들인 전문의 영역을 보기 위하여서는 Homer C. Hoeksema, *The Vocie of Our Fathers*를 볼 것. 호머 훅스마는 이 책에서 740여 쪽에 걸쳐서 번역과 해설을 제공한다.

59 "Verum in hoc manifestata est charitas Dei, quod Filium suum unigenitum in mundum misit, ut omnis qui credit in eum, non pereat, sed habeat vitam aeternam. 1 Johan. iv.9; Johan iii.16." Philip Schaff, ed, *The Creeds of Christendom* vol. 3, p.552. 영역은 *Ecumenical Creeds and Reformed Confessions*, p. 123을 볼 것.

님의 사랑을 찬송하는 것이 올바른 방향임을 총회는 암시한다. 온 인류가 죄인인 까닭에 하나님의 공의로운 심판에 따라서 영원한 형벌을 받게 되었으나, 예수 그리스도를 통하여 나타난 하나님의 사랑이 인류에게 주어진 소망임을 밝히고 있다. 총회가 여기서 지적하는 중요한 점은 하나님께서 공의에 따라서 온 인류를 벌하지 않으시고, 죄인인 인류에게 사랑를 나타내 보이셨다는 사실이다. 이 사실을 바르게 이해할 때에라야 선택과 유기의 예정을 균형있게 이해할 수 있기 때문이다. 곧 여기서 총회는 유기란 하나님의 공의에 따를 때, 죄인에게 마땅한 것이며, 선택은 죄인들에게 베푸시는 특별한 사랑이라는 사실을 바르게 이해하여야 할 것임을 암시하고 있다.

> 사람들로 하여금 믿음에로 나오도록 하기 위하여, 하나님께서는, 자신이 원하는 자들에게, 자신이 원하는 때에, 이 지극히 기쁜 소식을 전할 사람들을 보내시어, 이들의 수고를 통하여 사람들로 하여금 회개와 십자가에 못 박힌 그리스도에 대한 믿음에로 부르심을 받아 나오도록 긍휼을 베푸셨다. **듣지도 못한 이를 어찌 믿으리요 전파하는 자가 없이 어찌 들으리요 보내심을 받지 아니하였으면 어찌 전파하리요** 롬 10:14, 15.[60] (1조 3항)

하나님께서는 그리스도를 통하여 나타내 보이신 이 사랑은 전하는 자를 통하여 듣도록 하셨는데, 전할 대상에게 전할 자를 보내시는 것을 하나님께서는 자신의 뜻대로 자신의 긍휼 가운데 행하심을 총회는 고백한다. 그리스도를 믿는 자마다 영원한 생명을 얻도록 하신 하나님께서는 이 믿음에로 나올 수 있기 위하여 그리스도의 복음을 전하는 자를 보내는 일과 전할 대상과 전할 때를 하나님의 주권에 따라서 결정을 하신다고 고백함으로써, 총회는 믿음에 이르는 수단이 모든 인류에게 보편적으로 열려져 있는 것이 아니라 하나님에 의하여 제한이 되고 있음을 강조한다.

> 하나님의 진노는 이 복음을 믿지 않는 사람들에게 머물러 있다. 그러나 참되고 살아있는 믿음으로 그것을 받아들이고 예수님을 구세주로 영접하는 자들은 그로 말미암아 하나님

---

[60] "Ut autem homines ad fidem adducantur, Deus clementer laetissimi hujus nuntii praecones mittit, ad quos vult, et quando vult, quorum ministerio homines ad resipiscentiam et fidem in Christum crucifixum vocantur. *Quomodo enim credent in eum, de quo non audierint? quomodo autem audient absque praedicante? quomodo praedicabunt, nisi fuerint missi?* Rom. x. 14, 15." Philip Schaff, ed, *The Creeds of Christendom* vol. 3, p.552. 영역은 *Ecumenical Creeds and Reformed Confessions*, p. 123을 볼 것.

의 진노로부터 그리고 멸망으로부터 구원을 받을 것이며, 영원한 생명을 선물로 받을 것이다.[61] (1조 4항)

복음을 들음으로써 믿음의 반응이 가능하기 때문에, 복음이 전하여질 때 하나님께서 믿음에 나오도록 정하신 자들이 아닌 자들도 복음을 듣는 일이 있을 것이다. 그러나 이러한 자들은 복음을 믿지 않을 것이며, 따라서 1조 1항에서 말한 바와 같이 본래 죄인들에게 임하시는 하나님의 진노가 이들에게 그대로 머물러 있게 될 것이다. 그러나 총회는 1조 3항에서 언급한 바와 같이 하나님께서 믿음에 나오도록 긍휼을 베풀어 주신 자들은 참되고 살아있는 믿음으로 예수님을 구주로 믿어 영원한 생명을 선물로 받을 것임을 고백한다. 그렇다면 복음을 듣고도 불신앙의 반응을 보이는 자들은 하나님께서 이들에게 믿음의 가능성을 열어주시지 않았기 때문에 그런 것이라고 말할 수 있을 터인데, 어떻게 이들에게 불신앙의 책임을 물을 수 있는 것일까?

이러한 불신앙의 원인 또는 책임은 다른 모든 죄들의 경우와 마찬가지로 하나님께 있는 것이 결코 아니며 오직 인간에게 있다. 그리고 예수 그리스도와 그로 말미암는 구원을 믿는 것은 하나님의 값없는 선물이다. 이것은 성경에 **너희가 그 은혜를 인하여 믿음으로 말미암아 구원을 얻었나니 이것이 너희에게 난 것이 아니요 하나님의 선물이라** (엡 2:8), 또 마찬가지로, **너희에게 은혜를 주신 것은 다만 그를 믿을 뿐 아니라** (빌 1:29)고 이른 바와 같다.[62] (1조 5항)

총회는 하나님의 선택의 예정을 받은 사람들만 복음에 반응을 할 수 있다면, 하나님의 선택을 받지 못한 사람들의 불신앙은 하나님 탓이라는 항론파의 주장을 강력하게 부정한다. 하나님을 믿는 일의 가능성이 오직 하나님의 은혜로 말미암는 선물이지만, 이 선물을 받지 못한 자들이 복음을 거부하는 것은

---

[61] "Qui huic Evangelio non credunt, super eos manet ira Dei. Qui vero illud recipiunt, et Servatorem Jesum vera ac viva fide amplectuntur, illi per ipsum ab ira Dei et interitu liberantur, ac vita aeterna donantur." Philip Schaff, ed, *The Creeds of Christendom* vol. 3, p.552. 영역은 *Ecumenical Creeds and Reformed Confessions*, p. 123을 볼 것.

[62] "Incredulitatis istius, ut et omnium aliorum peccatorum, causa seu culpa neutiquam est in Deo, sed in homine. Fides autem in Jesum Christum et salus per ipsum, est gratuitum Dei donum, sicut scriptum est: *Gratia salvati estis per fidem, et hoc non ex vobis, Dei donum est.* Ephes. ii. 8. Item: *Gratis datum est vobis in Christum credere.* Phil. I. 29. Philip Schaff, ed, *The Creeds of Christendom* vol. 3, p.552. 영역은 *Ecumenical Creeds and Reformed Confessions*, p. 123을 볼 것.

그들이 죄악 가운데 있기 때문에 그런 것이지, 선물을 받지 못하였기 때문이라고 핑계하여 자신들의 불신앙을 변명할 수 없다고 강조한다. 즉 하나님께서는 그리스도의 복음을 믿을 수 있도록 믿음의 선물을 주시는 반면에, 그리스도의 복음을 믿지 않도록 영적이며 윤리적인 어떠한 방해도 하지 않으시기 때문이다. 죄인이 복음을 믿는 것은 하나님의 은혜로 인한 것이지만, 복음을 믿지 않는 것은 자신의 죄로 인한 것이다. 여기에는 믿음은 하나님의 은혜로 인한 것이듯이, 믿지 않는 것은 하나님의 방해로 인한 것이라는 대칭적 관계가 아니라, 믿음은 하나님의 은혜로 인한 것이지만, 믿지 않는 불신앙은 인간 자신의 죄로 인한 것이라는 비대칭적 관계가 자리하고 있음을 주목하여야 한다.

> 시간 안에서 어떤 이들은 하나님께로부터 믿음의 선물을 받지만, 다른 어떤 이들은 선물을 받지 못하는 것은 하나님의 영원한 작정에서 비롯된다. 왜냐하면 주님은 자신의 모든 일을 영원으로부터 알고 계시기 때문이다 (행 15:18; 엡 1:11). 이 작정에 따라서 하나님은 선택한 자들의 마음을, 그것이 제 아무리 굳어 있다하더라도, 자비로 부드럽게 하시어, 믿음을 향해 마음을 돌리시는 반면에, 자신의 공의로운 판단에 의하여 선택하지 않은 자들을 악의와 강퍅함 속에 내버려 두신다. 그리고 여기에서 심오한, 한편으로는 자비로우며 또 한편으로는 공의로운, 똑 같이 파멸에 처한 사람들 가운데 차이를 두는, 구별이 특별히 우리에게 드러난다. 즉 하나님의 말씀 가운데 계시된 **선택**과 **유기**의 그 작정이 드러난다. 비록 타락한 자들과 순결치 못한 자들, 그리고 견고하지 못한 자들은 자신들이 멸망에 이르기까지 이 작정을 왜곡하지만, 거룩하며 경건한 영혼들에게는 말로 다할 수 없이 위로를 보장해 준다.[63] (1조 6항)

여기서 총회는 1조 4항에 말한 바와 같은 복음에 대한 반응의 차이가 시간 안에서 나타나는 것은 이미 영원 안에서 이루어진 선택과 유기의 작정 때문이라는 고백을 한다. 항론파들이 말하는 것처럼, 인간이 스스로 자신의 자유의

---

[63] "Quod autem aliqui in tempore fide a D대 donantur, aliqui non donantur, id 뮤 aeterno ipsius decreto provenit; *Omnia enim opera sua novit ab aeterno:* Actor. xv. 18; Ephes. i. 11; secundum quod decretum electorum corda, quantumvis dura, gratiose emollit, et ad credendum inflectit, non electos autem justo judicio suae malitiae et duritiae relinquit. Atque hic potissimum sese nobis aperit profunda, misericors pariter et justa hominum aequaliter perditorum discretio; sive decretum illud *electionis* et *reprobationis* in verbo Dei revelatum. Quod ut perversi, impuri, et parum stabiles in suum detorquent exitium, ita sanctis et religiosis animabus ineffabile praestat solatium." Philip Schaff, ed, *The Creeds of Christendom* vol. 3, pp. 552-53. 영역은 *Ecumenical Creeds and Reformed Confessions*, pp. 123-24를 볼 것.

선택에 의하여 복음에 대한 반응을 결정하는 것이 아니라, 하나님께서 영원한 작정 가운데 결정하신 것을 실행하시는 결과임을 말한다. 하나님께서는 선택한 자들의 경우 그들의 마음을 부드럽게 하시어 그리스도를 믿도록 하는 반면에, 완악한 자들은 자신들의 악의와 강퍅함 속에 내버려 두신다. 총회는 신자의 구원이 하나님의 변치 않는 영원한 작정에서 비롯된다는 예정론이야말로 형언할 길이 없이 커다란 위로를 준다고 강조한다. 그러나 완악한 자들은 하나님의 예정론을 왜곡하여 자신들의 불신앙의 책임을 면하기 위한 핑계로 삼지만 끝내는 멸망에 이르게 됨을 경고한다.

> 선택은 하나님의 변함이 없는 목적이며, 이것에 따라서 하나님은 다음의 일을 행하셨다. 하나님은 창세 전에, 순전한 은혜로써, 값없는 선한 기쁘신 자신의 뜻에 따라서, 처음의 순전한 상태로부터 자신의 잘못으로 인하여 죄와 파멸에로 떨어져 버렸던 전체 인류 가운데 일정한 수의 특정한 사람들을 구원에 이르도록 그리스도 안에서 선택하였다. 선택을 받은 사람들은 다른 이들보다 더 선하지도 않으며 더 그렇게 될 만한 가치를 지니고 있지 않았으며, 단지 그들과 더불어 공통의 비참함에 놓여져 있었다. 하나님은 이것을 그리스도 안에서 행하셨으니, 하나님께서는 그리스도를 영원으로부터 중보자이시며, 모든 선택을 받은 사람들의 머리이며, 그들의 구원의 반석으로 또한 임명하셨다. 그리고 하나님께서는 선택을 받은 자들이 구원을 받도록 그들을 그리스도에게 주시고, 이들을 자신의 말씀과 성령을 통하여 그리스도와의 교제에 참여하도록 이들을 유효적으로 부르시고 이끄시기로 작정을 하셨다. 달리 말해서, 하나님은 그리스도를 믿는 참된 믿음을 그들에게 주시고, 그들을 의롭게 하시며, 그들을 거룩하게 하시고, 그리고 자신의 아들과의 교제 안에서 그들을 권능으로 보존하신 후, 마침내 그들을 영화롭게 하기로 작정을 하셨다. 하나님께서는 자신의 긍휼을 나타내 보이시어 하나님의 은혜의 영광을 찬송토록 하기 위하여 이 모든 것을 행하셨다. 성경에서 이르듯이, 곧 **창세 전에 그리스도 안에서 우리를 택하사 우리로 사랑 안에서 그 앞에 거룩하고 흠이 없게 하시려고 그 기쁘신 뜻대로 우리를 예정하사 예수 그리스도로 말미암아 자기의 아들들이 되게 하셨으니 이는 그의 사랑하시는 자 안에서 우리에게 거저 주시는바 그의 은혜의 영광을 찬미하게 하려는 것이라** (엡 1:4-6). 그리고 다른 곳에서, **미리 정하신 그들을 또한 부르시고 부르신 그들을 또한 의롭다 하시고 의롭다 하신 그들을 또한 영화롭게 하셨느니라**[64] (롬 8:30). (1조 7항)

---

[64] "Est autem electio immutabile Dei propositum, quo ante jacta mundi fundamenta ex universo genere humano, ex primaeva integritate in peccatum et exitium sua culpa prolapso, secundum liberrimum voluntatis suae beneplacitum, ex mera gratia, certam quorundam hominum multitudinem, aliis nec meliorum, nec digniorum, sed in communi miseria cum aliis jacentium, ad salutem elegit in Christo, quem etiam ab aeterno Mediatorem et omnium electorum caput, salutisque fundamentum

하나님의 복음에 대해 인간이 스스로 태도를 결정함으로써 자신이 복음을 받아들이기로 선택하는 선한 반응을 보임으로써 구원을 받는 것이 아니라, 하나님의 영원한 작정에 의한 것이라는 1조 6항의 증언은 이제 7항에서 더욱 강조가 되고 있다. 총회는 하나님께서 선택이라는 예정을 하실 때에 선택의 대상이 된 사람들이 선택을 받을 만한 가치를 지니고 있거나 공로를 행하였기 때문에 선택을 하신 것이 아님을 분명하게 밝힌다. 선택의 대상은 선택을 받지 못한 자들과 마찬가지로 죄악의 형벌과 비참함에 놓인 자들이었을 뿐이었다. 그러한 그들을 선택하여 구원하시기 위하여 하나님께서는 그리스도의 사역과, 또 이들을 믿음으로 이끄시기 위한 말씀의 사역과 성령님의 사역을 하나님 홀로 담당하심으로써, 오직 자신의 긍휼로만 이들을 구원하시어, 하나님의 은혜의 영광을 찬송케 하신 것이라고 총회는 고백을 한다. 즉 선택만이 오직 하나님의 은혜로 되는 것이 아니라, 그 선택의 실행을 위한 모든 수단 또한 은혜로 되는 것임을 강조한다.

> 이 선택에는 여러 종류가 있는 것이 아니다. 그것은 구약과 신약에서 구원을 받도록 되어 있는 모든 자들에게 있어서 하나의 동일한 선택이다. 왜냐하면 성경은 하나님의 의지에는 단 하나의 선하신 기쁨과 목적과 계획이 있음을 말하며, 이것에 따라서 나님은 우리로 하여금 은혜와 영광으로, 그리고 구원에로, 또 우리로 하여금 그 구원에로 나아가도록 미리 예비하셨던 구원의 길로 나아가도록 영원으로부터 선택하셨다.[65] (1조 8항)

---

constituit; atque ita eos ipsi salvandos dare, et ad ejus communionem per verbum et Spiritum suum efficaciter vocare ac trahere; seu vera et ipsum fide donare, justificare, sanctificare, et potenter in Filii sui communione custoditos tandem glorificare decrevit, ad demonstrationem suae misericordiae, et laudem divitiarum gloriosae suae gratiae, sicut scriptum est: *Elegit nos Deus in Christo, ante jacta mundi fundamenta, ut essemus sancti et inculpati in conspectu ejus, cum charitate; qui praedestinavit nos quos adoptaret in filios, per Jesum Christum, in sese, pro beneplacito voluntatis suae, ad laudem gloriosae suae gratiae, qua nos gratis sibi acceptos fecit in illo dilecto.* Ephes. I. 4,5,6. Et alibi: *Quos praedestinavit, eos etiam vocavit; et quos vocavit, eos etiam justificavit; quos autem justificavit, eos etiam glorificavit.*" Rom. viii. 30. Philip Schaff, ed, *The Creeds of Christendom* vol. 3, p. 553. 영역은 *Ecumenical Creeds and Reformed Confessions*, p. 124를 볼 것.

65 "Haec electio non est multiplex, sed una et eadem omnium salvandorum in Vetere et Novo Testamento, quandoquidem Scriptura unicum praedicat beneplacitum, propositum, et consilium voluntatis Dei, quo nos ab aeterno elegit et ad gratiam et ad gloriam; et ad salutem et ad viam salutis, quam praeparavit ut in ea ambulemus." Philip Schaff, ed, *The Creeds of Christendom* vol. 3, p. 553. 영역은 *Ecumenical Creeds and Reformed Confessions*, p. 124를 볼 것.

선택뿐만 아니라 그것의 실행 또한 하나님의 전적인 은혜로 말미암는다는 1조 8항의 강조는 그렇다면 구약에서도 신약과 마찬가지로 전적인 은혜의 구원인가라는 질문 앞에 예수 그리스도로 말미암아 영원한 생명으로 인도함을 받는 구원의 복음은 구약에 있어서나 신약에 있어서나 동일함을 총회는 주장한다. 즉 하나님의 영원한 선택의 예정은 구약에 있어서도 은혜와 관련하여서는 신약과 실체적으로는 동일하다는 점을 명백히 함으로써 선택과 관련한 단 하나의 하나님의 예정이 있을 뿐임을 밝히고 있다. 즉 구약에서도 이스라엘을 대상으로 일반적으로 구원의 기회를 부여하시고 개개인의 반응에 따라 개개인의 선택을 결정하는 것이 아니며, 신약에서도 모든 인류를 대상으로 일반적인 구원의 기회를 부여하시고 개개인의 반응에 따라 개개인의 선택을 결정하는 것이 아니라, 처음부터 구약에서나 신약에서나 동일하게 하나님께서 자신의 은혜로 개개인의 선택을 작정하시고, 이에 따라서 하나님께서 선택한 자들로 하여금 하나님께서 예비한 구원의 방편으로 나아가도록 하시는 것임을 강조하고 있다.

> 바로 이 선택은, 마치 선택이 선택을 받는 사람 안에 있는 어떤 전제 조건이나 원인에 근거하고 있는 것처럼, 미리 보신 믿음, 믿음의 복종, 거룩함, 또는 다른 어떤 선한 특성이나 경향을 근거로 하여 나타나지 않았으며, 오히려 믿음, 믿음의 순종, 거룩함, 기타의 여러 일을 목적으로 나타났다. 따라서 선택은 구원의 은택들 하나 하나의 근원이다. 믿음, 거룩함, 그리고 다른 구원의 은사들, 그리고 마침내 영원한 생명 그 자체가 선택의 열매이며 결과로서 선택으로부터 흘러나오는 것이다. 사도가 말한 바와 같이, **하나님은 우리로 하여금 그 앞에 거룩하고 흠이 없게 하시려고**(우리가 그러하기 때문이 아니라) **우리를 택하셨다** (엡 1:4).[66] (1조 9항)

여기서 총회는 하나님의 선택이 오직 그리고 전적으로 은혜일뿐임을 다시 강조하면서, 항론파가 오해하고 있는 문제점을 적시하여 올바른 이해를 제시

---

[66] "Eadem haec electio facta est non ex praevisa fide, fideique obedientia, sanctitate, aut alia aliqua bona qualitate et dispositione, tanquam caussa seu conditione in homine eligendo praerequisita, sed ad fidem, fideique obedientiam, sanctitatem, etc. Ac proinde electio est fons omnis salutaris boni: unde fides, sanctitas, et reliqua dona salvifica, ipsa denique vita aeterna, ut fructus et effectus ejus profluunt, secundum illud Apostoli: *Elegit nos* (nos quia eramus, sed) *ut essemus sancti et inculpati in conspectu ejus in charitate*. Ephes. i. 4." Philip Schaff, ed, *The Creeds of Christendom* vol. 3, pp. 553-54. 영역은 *Ecumenical Creeds and Reformed Confessions*, pp. 124-25를 볼 것.

한다. 선택은 인간 편에서의 믿음이나 믿음의 복종 등을 미리보고, 이것들을 어떤 조건이나 원인으로 삼아 이루어진 것이 아님을 말한다. 오히려 인간에게서의 어떠한 믿음이나 믿음의 복종이나 거룩함과 같은 은사들은 선택으로 말미암아 나타나는 결과이며 열매이며, 그 결과와 열매를 낳기 위하여 하나님께서는 죄인들 가운데 선택을 하신 것임을 명백히 한다. 즉 항론파는 선택의 목적을 선택의 이유로, 선택의 열매를 선택의 조건으로 잘못 이해하였다는 것이다.

> 자격도 없이 받는 이 선택의 원인은 오직 하나님의 선한 기쁨일 따름이다. 여기에는 모든 가능한 사람들로부터 어떤 인간의 특성들이나 행동들을 구원의 조건으로 선택하는 일이란 있지 않으며, 단지 죄인이라는 공통의 사람들로부터 어떤 특정한 사람들을 자신의 친 백성으로 받아들이시는 일이 있을 뿐이다. 성경에 이르는 바처럼, 그 자식들이 아직 나지도 아니하고 무슨 선이나 악을 행하지 아니한 때에 ... 그녀(리브가)에게 이르시되 "큰 자가 어린 자를 섬기리라" 하셨나니, 기록된바 "내가 야곱은 사랑하고 에서는 미워하였다" (롬 9:11-13) 함과 같으니라. 또한 **영생을 주시기로 작정된 자는 다 믿더라** (행 13:48).[67] (1조 10항)

그렇다면 선택의 원인은 인간의 편이 아닌 오직 하나님 편에서 찾아져야만 하니, 그것은 하나님의 선하심의 기쁨이라고 밝힌다. 모두가 다 죄인인 가운데 특정한 사람들을 선택하여 친 백성으로 삼으시는 것이므로, 죄인들에게서 어떤 구원의 조건을 찾아보시고 이들을 선택하시는 것이 아님을 확언한다.

> 마치 하나님 자신이 지극히 지혜로우시며, 변함이 없으시고, 모든 것을 아시며, 전능하신 것처럼, 그에 의하여 행하여진 선택 또한 보류되거나, 변경되거나, 취소되거나, 또는 소멸되거나 하지 않는다. 또한 그의 선택을 받은 자들이 버림을 받거나, 그들의 수가 줄어들지 않는다.[68] (1조 11항)

---

[67] "Caussa vero hujus gratuitae electionis, est solum Dei beneplacitum, non in eo consistens, quod certa qualitates seu actiones humanas, ex omnibus possibilibus, in salutis conditionem elegit; sed in eo, quod certas quasdam personas ex communi peccatorum multitudine sibi in peculium adscivit, sicut scriptum est: *Nondum natis pueris, cum neque boni quippiam fecissent neque mali,* etc., *dictum est* (nempe Rebeccae), *Major serviet minori, sicut scriptum est, Jacob dilexi, Esau odio habui.* Rom. ix. 11,12,13. Et, *Crediderunt quotquot erant ordinati ad vitam aeternam.* Act. xiii. 48." Philip Schaff, ed, *The Creeds of Christendom* vol. 3, p. 554. 영역은 *Ecumenical Creeds and Reformed Confessions*, p. 125를 볼 것.

[68] "Atque ut Deus ipse est sapientissimus, immutabilis, omniscius, et omnipotens: ita electio

1조 10항에서 확정한 바처럼, 하나님의 선택은 인간 편에서의 반응에 따라 이루어진 것이 아니라 오직 하나님의 선한 뜻에 따라서 이루어진 것이므로, 인간의 반응의 변화에 따라서 선택이 취소되거나 선택자의 수가 증감의 변화를 겪지 않는다. 왜냐하면 선택은 하나님의 의지에 속한 것이며, 그 의지는 하나님의 전지전능하심에 의하여 이루어진 것이기 때문이다.

> 그들이 구원에 이르는 영원하며 변치 않는 이러한 선택을 받았음에 대한 확신은, 비록 다양한 단계에 따라서 정도가 다르게 주어지는 것이라 하더라도, 적당한 때에 선택을 받은 자들에게 주어진다. 그러한 확신은 하나님의 감추어진 깊은 일들을 호기심 어린 탐구를 함으로써 나오는 것이 아니라, 하나님의 말씀에 적시되어 있는 선택의 명명백백한 열매들, 곧 그리스도를 믿는 참된 믿음, 하나님을 어린아이와 같이 경외함, 자신들의 죄에 대한 경건한 슬픔, 의에 대한 굶주림과 갈증 등과 같은 것들을, 영적인 기쁨과 거룩한 즐거움으로, 자기 자신들 안에서, 주목하여 볼 수 있음으로 인해 나온다.[69] (1조 12항)

만일 구원의 선택이 인간의 반응에 따라서 조건화되지 않고 단지 하나님의 의지에 따라 결정이 된 것이라면, 하나님의 의지를 알 수 없는 인간이 선택의 예정을 어떻게 확신할 수 있겠는가? 총회는 먼저 선택의 확신이 가능하다는 사실을 전제한다. 하지만 이 확신은 하나님의 뜻을 알고자 하므로 알 수 있는 것이 아니라, 단지 자신에게 나타나는 경건의 열매들, 곧 1조 9항에서 언급한 선택의 열매들을 통하여 알 수 있다. 그러나 이와 같이 열매를 통하여 알게 되는 선택의 확신은 누구에게나 동일하게 주어지는 것은 아니며, 정도의 차이를 가지고 각각 적당한 때에 주어진다. 그러나 선택의 확신은 주어진다고 고백한다.

> 이러한 선택을 자신들이 받았음을 알고 확신하는 가운데, 하나님의 자녀들은 하나님

---

ab ipso facta nec interrumpi, nec mutari, revocari, aut abrumpi, nec electi abjici, nec numerus eorum minui potest." Philip Schaff, ed, *The Creeds of Christendom* vol. 3, p. 554. 영역은 *Ecumenical Creeds and Reformed Confessions*, p. 125를 볼 것.

69 "De hac aeterna et immutabili sui ad salutem electione, electi suo tempore, variis licet gradibus et dispari mensura, certiores redduntur, non quidem arcana et profunditates Dei curiose scrutando; sed fructus electionis infallibiles, in verbo Dei designatos, ut sunt vera in Christum fides, filialis Dei timor, dolor de peccatis secundum Deum, esuries et sitis justitiae, etc., in sese cum spirituali gaudio et sancta voluptate observando." Philip Schaff, ed, *The Creeds of Christendom* vol. 3, p. 554. 영역은 *Ecumenical Creeds and Reformed Confessions*, p. 125를 볼 것.

앞에서 자신들을 더욱 겸손히 낮추며, 깊이를 측량할 길이 없는 하나님의 긍휼을 경배하고, 자신을 정결케 하며, 자신들을 먼저 이처럼 너무도 사랑하셨던 하나님께 열렬한 사랑을 돌려드려야 할 더 커다란 이유를 날마다 발견한다. 이것은 선택에 대한 교훈과 그에 대한 묵상이 하나님의 자녀들로 하여금 하나님의 계명들을 지키는 일에 방종하게 하며 정욕적인 자기 확신에 빠지게 한다고 말하는 것과는 전혀 다르다. 하나님의 공의로운 심판에 따라서, 이러한 일은 선택의 은혜를 원인적으로 당연한 것으로 여기거나 그것에 대해 나태하고 뻔뻔스러운 말을 하기에 급급하면서 선택받은 자들의 길로 행하지 않으려고 하는 자들에게 실로 종종 나타난다.[70] (1조 13항)

만일 하나님께서 변치 않는 작정에 따라서 선택을 하는 것이라면, 그리고 그것이 인간의 반응에 따라서 달라지는 것이 아니라면, 인간은 하나님의 계명에 대해 방종하게 자기 정욕에 따라 살게 될 것이라는 비판에 대해서, 총회는 오히려 선택의 확신이 하나님을 사랑하여야 할 이유를 더욱 더 밝혀준다고 강조한다. 하지만 선택에 안주하면서 나태와 방종의 삶을 사는 모습이 선택을 당연한 것으로 여기는 뻔뻔한 자들에게 나타나는 일이 종종 있지만, 이러한 현상은 선택을 바르게 이해한 자들의 태도일 수 없다고 말한다. 선택을 바르게 이해하면 더욱 더 하나님의 사랑에 감사하면서 그 하나님께 사랑을 돌려드리려야 할 이유를 발견하게 되기 때문이다.

하나님의 지혜로운 계획에 의하여, 하나님의 선택에 관한 이러한 가르침은 구약과 신약의 시대에, 선지자들, 그리스도 자신, 그리고 사도들에 의하여 선포되어 왔으며, 따라서 성경 말씀들 안에 기록이 되어져 왔던 것처럼, 오늘날에도 또한 그것이 구체적으로 의도하였던 하나님의 교회 안에서, 이 가르침은, 분별의 영에 따라서, 경건하고 거룩한 방식으로, 적절한 시간과 장소에서, 지극히 높으신 자의 방식을 호기심으로 알아보고자 하는 탐구를 거둔 채, 하나님의 지극히 거룩하신 이름의 영광을 위하여, 또한 그의 백성들의 생생한 위로를 위하여 개진되어야 한다.[71] (1조 14항)

---

[70] "Ex hujus electionis sensu et certitudine, filii Dei majorem indies sese coram Deo humiliandi, abyssum misericordiarum ejus adorandi, seipsos purificandi, et eum, qui ipsos prior tantopere dilexit, vicissim ardenter diligendi, materiam desumunt: tantum abest, ut hac electionis doctrina atque ejus meditatione in mandatorum divinorum observatione segniores, aut carnaliter securi reddantur. Quod iis justo Dei judicio solet accidere, qui de electionis gratia, vel temere praesumentes, vel otiose et proterve fabulantes, in viis electorum ambulare nolunt." Philip Schaff, ed, *The Creeds of Christendom* vol. 3, pp. 55-55. 영역은 *Ecumenical Creeds and Reformed Confessions*, p. 125를 볼 것.

[71] "Ut autem haec de divina electione doctrina sapientissimo Dei consilio per prophetas, Christum ipsum, atque Apostolos, sub Veteri aeque atque sub Novo Testamento, est praedicata,

그러므로 이 예정론은 반드시 교회 안에서 가르쳐져야 한다고 총회는 강조한다. 그 까닭은 구약이든 신약이든 성경이 예정론을 한결같이 가르쳐 왔기 때문이다. 하지만 이 예정론의 가르침은 단순한 호기심으로 알아보는 것이어서는 안 된다는 것을 총회는 제한하여 말한다.[72]

게다가, 성경은, 모든 사람들이 선택을 받은 것이 아니며 어떤 사람들은 하나님의 영원한 선택 안에서 선택을 받지 못하였거나 간과되었다는 것을 더욱 더 증거를 함으로써, 우리의 선택이 영원하며 받을 자격이 없이 받는 은혜라는 것을 무엇보다도 특별히 강조하며, 이것을 우리들에게 보다 더 분명하게 드러낸다. 이들과 관련하여서, 하나님께서는 완전히 자유로우며, 지극히 공의로우며, 흠잡을 데가 없으며, 변함이 없는 자신의 선한 기쁨에 근거하여, 이들이 자신들의 잘못으로 인하여 스스로를 던져 넣었던 [인류 모두에게] 공통된 비참함에 이들을 내버려 두시고, 이들에게 구원의 믿음과 회개의 은혜를 부여하지 않으시며, 그들 자신들의 방식대로 그리고 하나님의 공의로운 심판 아래에 내버려 둠으로써, 자신의 공의를 나타내 보이기 위하여, 결국에는 이들의 불신앙 뿐만 아니라 다른 모든 죄들로 인해 이들을 저주하고 영원한 형벌을 주시기로 작정을

---

et sacrarum deinde literarum monumentis commendata: ita et hodie in Ecclesia Dei, cui ea peculiariter est destinata, cum spiritu discretionis, religiose et sancte, suo loco et tempore, missa omni curiosa viarum altissimi scrutatione, est proponenda, idque ad sanctissimi nominis divini gloriam, et vividum populi ipsius solatium." Philip Schaff, ed, *The Creeds of Christendom* vol. 3, p. 555. 영역은 *Ecumenical Creeds and Reformed Confessions*, p. 125를 볼 것.

72 칼빈은 그의 기독교 강요에서 예정론의 가르침이 교회 안에서 가르쳐지어야 함과 관련하여 도르트 신경과 같은 취지의 교훈을 주고 있다: "예정에 관한 논의는, 비록 그 자체로 이미 어느 정도 어려운 것이기는 하지만, 인간의 호기심으로 말미암아 매우 혼란스러우며 위험스럽게 된다. 인간의 호기심이 금지된 사잇길로 방황하거나 높은 고지로 밀고 올라가지 않도록 억제할 방도가 없다 ... 예정을 탐구할 때 하나님의 지혜의 신성한 영역으로 침투해 들어가는 것임을 사람들로 하여금 기억하도록 해야 한다. 만일 어떤 이가 무책임한 확신을 가지고 이 영역으로 침투해 들어간다면, 그는 호기심을 충족하지 못할 것이며 출구가 없는 미로에 들어가게 될 것이다. 왜냐하면 주님께서 자신 안에 감추어 두기로 정하신 것들을 절제 없이 찾아 나서는 것이나, (우리로 하여금 경이감으로 충만케 되도록 하기 위하여 이해하기 보다는 경외하도록 하신), 지극히 숭고한 지혜를 영원으로부터 풀어내려고 하는 것은 사람에게 합당한 일이 아니기 때문이다 ... 이러한 해악을 치유하고자 예정에 관한 모든 언급을 묻어두려는 사람들이 있다. 이들은 암초를 피하듯이 예정에 관한 어떤 질문도 삼갈 것을 교훈한다 ... 그러나 이들은 너무나도 낮은 수준으로 내려가므로, 쉽사리 제어되지 않는 인간의 지성에 아무런 진전을 가져다 주지 못한다 ... 성경은 성령님의 학교인데, 여기서는 알아야 필요가 있으며 알아서 유익한 것은 하나도 빠트리지 않으며, 알아서 유용한 것이 이외는 어느 것도 교훈하지 않는다. 그러므로 우리는 예정에 관하여 성경이 밝히고 있는 그 무엇이든지 신자들에게서 빼앗지 않도록 유의하여야 한다. 그렇지 않다면 우리는 사악하게도 그들에게서 하나님의 축복을 속여서 빼앗은 자와 같을 것이며, 성령님께서 어떤 식으로든 억눌러야 좋을 것을 공개해버린 것에 대해 책임을 져야 한다고 비난을 하며 비웃는 것과도 같을 것이다." *Institutes* III. 21. i, iii. ( )는 글의 흐름을 이해하기 위하여 번역하여 인용하면서 붙인 것임.

하셨다. 그리고 이것이 유기의 작정이지만, 이것으로 인하여 하나님께서는 결코 죄의 조성자가 되시는 것이 아니며 (실로 불경한 생각이 아닌가!) 오히려 죄를 심판하시는, 두렵고도, 흠잡을 데가 없으며, 공의로운 재판장이시며 복수자이시다.[73] (1조 15항)

성경은 선택에 대해서 증거를 할 뿐만 아니라 선택을 받지 못한 자들에 대한 예정도 아울러 강조함으로써, 오히려 하나님의 선택의 영원성과 은혜를 강조한다. 왜냐하면 선택을 받지 못한 자들은 하나님의 공의로운 심판의 결과로 영원한 형벌을 받도록 작정이 된 것이 때문이다. 즉 하나님의 공의성으로 인하여 유기의 작정이 이루어지는 만큼, 선택을 입은 자들도 그 공의성에 비추어 생각하면, 유기의 작정을 입은 자들과 별로 다를 바가 없기 때문이다. 하지만 총회는 유기의 작정으로 인하여 선택을 받지 못한 자들이 자신의 죄로 인하여 형벌을 받게 된다는 사실이 하나님을 죄의 조성자로 만드는 것이 아님을 공고히 한다. 이러한 생각은 실로 불경한 것이며 사악한 자들이 죄의 책임을 피하기 위하여 거짓으로 꾸며대는 악한 것이다. 왜냐하면 유기의 작정은 죄를 범하도록 하는 것이 아니라 죄를 범한 자들을 재판하기 위한 하나님의 공의로운 작정이기 때문이다.

아직 그리스도를 믿는 살아있는 믿음이나 심령의 확고한 확신, 양심의 평안, 어린아이와 같은 순종의 열정, 그리고 그리스도로 말미암아 하나님께 영광을 돌리는 일 등을 아직 활기 있게 경험하지 못하였으나, 그럼에도 불구하고 하나님께서 우리 안에 이러한 일들을 역사하기로 약속하셨던 그 수단들을 사용하고 있는 그러한 사람들은 유기라는 말을 들을 때에 놀라거나, 자신들을 유기된 자들의 수에 포함시킬 필요가 없다. 오히려 그 수단들을 계속해서 부지런히 사용을 하며, 보다 풍성한 은혜의 때를 열렬히 갈망하고, 경외와 겸손으로 그것을 기다려야 할 것이다. 다른 한편, 하나님께로 돌아가며, 그만을

---

73 "Caeterum aeternam et gratuitam hanc electionis nostri gratiam eo vel maxime illustrat, nobisque commendat Scriptura Sacra, quod porro testatur non omnes homines esse electos, sed quosdam non electos, sive in aeterna Dei electione praeteritos, quos scilicet Deus ex liberrimo, justissimo, irreprehensibili, et immutabili beneplacito decrevit in communi miseria, in quam se sua culpa praecipitarunt, relinquere, nec salvifica fide et conversinis gratia donare, sed in viis suis, et sub justo judicio relictos, tandem non tantum propter infidelitatem, sed etiam caetera omnia peccata, ad declaratinem justitiae suae damnare, et aeternum punire. Atque hoc est decretum *reprobationis*, quod Deum neutiquam peccati authoram (quod cogitatu blasphemum est) sed tremendum, irreprehensibilem, et justum judicem ac vindicem constituit." Philip Schaff, ed, *The Creeds of Christendom* vol. 3, p. 555. 영역은 *Ecumenical Creeds and Reformed Confessions*, pp. 125-26을 볼 것. 한글로 옮긴 본문의 글 가운데 [ ]는 이해를 위한 보충임.

기쁘시게 하고, 사망의 몸에서 구함을 받기를 진지하게 소망하지만, 경건과 믿음의 길에 있어서 아직 그들이 바라는 바의 그러한 진보를 이루지 못한 그러한 사람들은, 긍휼의 하나님께서 꺼져가는 등불을 끄지 아니하시며 상한 갈대를 꺾지 아니하시겠다고 약속하셨기 때문에, 유기에 관한 교훈으로 인하여 두려워할 필요가 더욱 더 없다. 그렇지만, 하나님과 구세주 예수 그리스도를 잊어버렸으며 세상의 염려와 육체의 쾌락에 몹시 빠져버린 그러한 사람들은, 그들이 진지하게 하나님께로 돌이키지 않는 한, 이 가르침을 두려워하여야 할 충분한 이유가 있다.[74] (1조 16항)

예정론에 대한 고백을 마무리 하면서 총회는 목회적 배려를 표현한다. 만일 어떤 이가 아직 선택의 확신은 고사하고, 양심의 평안은 물론 그리스도를 믿는 생생한 신앙조차도 아직 경험하지 못하였다면, 이들은 유기된 자들인가? 총회는 이러한 자들이라 할지라도 하나님께서 구원의 은혜를 주시기 위하여 우리에게 베푸신 은혜의 수단들, 곧 예배에 출석하며, 하나님의 말씀을 배우기를 꾸준히 한다면, 이러한 자들은 자신들이 유기되었는가를 염려하고 두려워할 필요가 없음을 강조한다. 하물며 신자가 비록 강렬하게 사망의 몸으로부터 완전히 자유롭고 하나님만을 기쁘시게 하는 삶을 살고자 바라지만, 연약한 육체의 부패한 성품으로 인하여 자신이 바라는 분량만큼의 믿음과 경건의 수준에 이르지 못하였을 경우에는, 더욱 유기의 예정을 두려워할 이유가 없다. 하나님은 우리의 연약함을 아시고 긍휼히 여기시는 분이시기 때문이다. 다만 분명하게 복음에 참여하기를 거부하고 육체의 정욕에 빠져 사는 자들의 경우에 유기의 가르침을 마땅히 두려워해야할 이유가 있음을 기억해야 한다고 총회는 밝힌다. 즉 유기의 교리는 쓸데없는 호기심 가운데 자신의 연약함에 낙심하여 자신은 유기된 자일 것이라고 미리 염려하도록 하는 것이 아니라,

---

[74] "Qui vivam in Christum fidem, seu certam cordis fiduciam, pacem conscientiae, studium filialis obedientiae, gloriationem in Deo per Christum in se nondum efficaciter sentiunt, mediis tamen, per quae Deus ista se in nobis operaturum promisit, utuntur, ii ad reprobationis mentionem non consternari, nec se reprobis accensere, sed in usu mediorum diligenter pergere, ac horam uberioris gratiae ardenter desiderare et reverenter humiliterque expectare debent. Multo autem minus doctrina de reprobatione terreri debent ii, qui cum serio ad Deum converti, ei unice placere, et e corpore mortis eripi desiderant, in via tamen pietatis et fidei eo usque, quo volunt, pervenire nondum possunt, siquidem linum fumigans se non extincturum, et arundinem quassatam se non fracturum, promisit misericors Deus. Iis autem haec doctrina merito terrori est, qui Dei et Servatoris Jesu Christi obliti, mundi curis et carnis voluptatibus se totos manciparunt, quamdiu ad Deum serio non convertuntur." Philip Schaff, ed, *The Creeds of Christendom* vol. 3, pp. 555-56. 영역은 *Ecumenical Creeds and Reformed Confessions*, p. 126을 볼 것.

오히려 하나님의 약속을 믿고 더욱 은혜의 수단에 매달려야할 이유를 보여줄 따름이라는 점을 공고히 하여준다.

> 우리가 하나님의 말씀으로 하나님의 뜻을 판단하여야 하는데, 그 말씀의 증거에 따르면, 신자들의 자녀들은 본성상으로는 거룩하지 않지만, 그들의 부모와 함께 그들이 속해 있는 은혜의 언약으로 인하여 거룩하므로, 경건한 부모들은 하나님께서 유아 시절에 금생으로부터 불러간 자녀들의 선택과 구원을 의심할 필요가 없다.[75] (1조 17항)

그렇다면 유아기에 하나님의 부르심을 받고 세상을 떠난 신자의 자녀들의 경우는 어떻게 되는 것일까? 이들은 아직 믿음의 이르는 은혜의 수단에 능동적으로 참여하지를 못한 자들이므로, 비록 신자의 자녀라 할지라도 유기의 예정을 받았다고 말할 수 있겠는가? 1조 1항에서 언급했던 바처럼 모든 사람이 죄 아래 있어 영원한 형벌을 받아야 하는 진노의 대상이므로, 신자의 자녀들도 본성상 부패한 죄인들이며 거룩하지 않은 것은 사실이다. 하지만 선택은 오직 하나님의 작정에 따른 것이기 때문에 신자의 자녀들은 유아기에 세상을 떠났을 경우에라도 하나님의 작정에 따라서 선택을 받은 자들일 수가 있다. 그런데 신자의 자녀들은 부모와 더불어 하나님의 은혜의 언약에 속한 자들 거룩한 백성의 무리 가운데 포함이 되기 때문에 그들이 유아기에 금생을 떠났을 경우 이들의 선택과 구원을 의심할 필요가 없다고 총회는 고백한다.

> 자격이 없이 주어지는 선택이라는 이 은혜에 대해서 그리고 공의로운 유기의 엄격함에 대해서 불만을 표하는 자들에게, 사도의 말, **이 사람아 네가 뉘기에 감히 하나님을 힐문하느뇨?** (롬 9:20), 그리고 우리 구주의 말씀, **내 것을 가지고 내 뜻대로 할 것이 아니냐?** (마 20:15)으로 응답을 하겠다. 그리고 이러한 비밀한 일들을 경건히 찬미하면서, 우리는 사도와 더불어 큰 소리로 외친다. **깊도다 하나님의 지혜와 지식의 부요함이여, 그의 판단은 측량치 못할 것이며 그의 길은 찾지 못할 것이로다 누가 주의 마음을 알았느뇨 누가 그의 모사가 되었느뇨 누가 주께 먼저 드려서 갚으심을 받겠느뇨 이는 만물이 주에게서 나오고 주로 말미암고 주에게로 돌아감이라 영광이 그에게 세세에 있으리로다 아멘** (롬 11:33-36).[76] (1조 18항)

---

[75] "Quandoquidem de voluntate Dei ex verbo ipsius nobis est judicandum, quod testatur liberos fidelium esse sanctos, non quidem natura, sed beneficio foederia gratuiti, in quo illi cum parentibus comprehenduntur, pii parentes de electione et salute suorum liberorum, quos Deus in infantia ex hac vita evocat, dubitare non debent." Philip Schaff, ed, *The Creeds of Christendom* vol. 3, p. 556. 영역은 *Ecumenical Creeds and Reformed Confessions*, p. 126을 볼 것.

예정론에 관련한 총회의 신앙고백은 마지막 항목에서 하나님의 지혜와 지식의 부요함을 찬송하는 것으로 마무리를 한다. 선택뿐만 아니라 유기 또한 작정이 되는 것이므로 이를 핑계로 하나님의 선하심과 사랑을 부정하면서 불만을 하는 모든 사악한 자들에게 총회는 지금까지의 모든 항목을 통한 설명에 덧붙여 이제 창조주의 주권 앞에서의 피조물의 존재를 환기시킴으로서 이들의 망령된 입을 막는다.

5. 하나님의 작정, 지식 그리고 의지에 관한 개혁파의 견해

도르트 총회의 결의에 나타난 개혁파의 예정에 관한 견해, 곧 하나님의 예정은 항론파가 주장하듯이 인간의 반응에 의하여 조건화 되는 것이 아니며, 하나님의 영원한 작정 안에서 인간이 타락하기 이전이든 혹은 타락한 이후이든 특정한 사람들을 선택하여 영생을 주시고 나머지 사람들은 멸망에로 작정한 것이라는 견해는 개혁파의 하나님의 작정과 지식 그리고 의지에 관한 이해에 그 기초를 두고 있다.

하나님의 작정에 대한 개혁파의 견해에 따르면, 어떤 작정이 다른 작정들에 비하여 앞서거나 혹은 뒤에 오는 것으로 말하여 질 수 있겠으나, 그렇다고 하여 작정들 자체가 선행하는 것과 후행하는 것으로 구별이 된다고 말할 수는 없다. 왜냐하면 모든 작정은 하나님의 영원하며(*aeternum*) 단일하며(*unicum*) 지극히 순일한(*simplicissimum*) 작정이기 때문이다. 따라서 작정의 선행성(*prioritas*)과 후행성(*posterioritas*)의 구별은 작정 자체와 관련하여서는 불가능한 것이다. 하지만 시간 안에서 나타나는 여러 일들과 관련하여 어떤 일은 앞서고, 다른 어떤 일은 뒤에 이루어지도록 하는 의미에 따른 선행적 작정

---

76 "Adversus hanc gratuitae electionis gratiam, et justae reprobationis severitatem, obmurmuranti opponimus hoc apostolicum: *O hom! tu quis es qui ex adverso responsas Deo?* Rom. ix. 20. Et illud Servatoris nostri, *An non licet mihi quod volo facere in meis?* Matt. xx. 15. Nos vero haec mysteria religiose adorantes, cum Apostolo exclamamus : *O profunditatem divitiarum tum sapientiae tum cognitionis Dei! Quam imperscrutabilia sunt Dei judicia, et ejus viae imperscrutabiles! Quis enim cognovit mentem Domini? Aut quis fuit ei a consiliis? Aut quis prior dedit ei ut reddatur ei? Nam ex eo, et per eum, et in eum sunt omnia. Ipsi sit gloria in saecula. Amen.* Rom. xi. 33-36." Philip Schaff, ed, *The Creeds of Christendom* vol. 3, p. 556. 영역은 *Ecumenical Creeds and Reformed Confessions*, pp. 126=27을 볼 것.

혹은 후행적 작정의 구별이 있을 수 있다. 즉 작정의 선행성과 후행성은 작정 자체와 관련한 구별이 아니라 시간 내에서 실행이 될 때 다른 것들에 비하여 앞서거나 뒤에 오는 등의 순서를 갖게 되는 작정된 일(res decreta)과 관련하여 구별이 되는 것일 뿐이다.[77] 따라서 하나님께서 인간들을 향하여 시간 안에서 자신의 경륜(dispensatio)을 선하거나 악한 방향으로 변화를 준다하더라도 작정 자체가 시간 안에서 변화하거나 만들어 지는 것이 아니다. 왜냐하면 바로 그 변화가 이미 영원부터 작정되어 있는 것이기 때문이다. 즉 이러한 변화는 신인동정론(anthropopathos)에 따라 이해되어야만 하며, 하나님 자신과 관련하여서가 아니라 하나님이 작정하신 일 안에 변화가 이미 내포되어 있는 것으로 이해되어야 한다.[78] 따라서 개혁파의 견해에 따르면, 인간의 반응에 따라서 하나님의 작정이 상대적으로 결정이 된다는 의미에서의 후행적 작정을 말하는 알미니우스의 주장은 크게 잘못된 것이다.

마찬가지로 하나님의 작정과 관련한 개혁파들의 조건성의 이해는 알미니안주의자들과 크게 다르다. 항론파들은 하나님의 작정이 조건적이어서 하나님의 선행 은총에 대한 사람의 반응을 미리 보시고 이를 조건적 근거로 하여 작정하셨음을 주장하지만, 개혁파는 하나님의 작정 안에 있는 조건성은 작정 자체가 조건적인 것이 아니라 작정되어진 일들이 조건성을 포괄하게끔 작정을 한 것으로 이해를 한다.

> 비록 믿음과 견인은 작정된 구원에 이르는 선결 조건으로 설명이 되지만 (그 결과 믿음과 견인이 없으면 구원이 있을 것으로 기대할 수가 없도록 되었지만), 그러나 그리스도 안에서 이 사람 혹은 저 사람에게 구원을 베푸는 하나님의 영원한 작정과 관련하여 강력한 조건들을 말하는 것이 아니다. 하나님께서 그러한 조건 위에서 그들에게 구원을 주시기로 작정한 것이 결코 아니며, 그와는 반대로 (하나님께서 구원을 그들에게 주시기로 작정하였던 그 작정에 의해) 하나님은 또한 그들에게 믿음과 견인 그리고 구원에 필요한 다른 여러 수단들을 주시기로 작정한 것이다. 작정된 일이

---

[77] 이와 관련하여 볼레비우스(Johannes Wollebuis)는 다음과 같이 쓰고 있다: "In itself God's decree is *unicum et simplicissimum*, nor is any *prius* or *posterius* to be found in it. But as regards the things decreed the distinction is that God is said to have decreed their eventuation in the order in which they do eventuate." Johnannes Wollebuis, *Christianae Theologiae Compendium* (Basel, 1626), p. 19, quoted from Heinrich Heppe, *Reformed Dogmatics*, translated by G. T. Thomson (Grand Rapids, MI: Baker Book House, 1950 first published; 1978 reprinted), VII. 9, p. 140.

[78] Francis Turretin, *Institutes of Elenctic Theology*, vol. 1, translated by G. M. Giger (Phillipsburg, NJ: P&R Pub., 1992), loc. 4. q, 2. ix, p. 315.

조건적이라는 것과, 작정 자체가 조건적이라는 것은 서로 다른 말이다 … 하나님께서는 구원에 있어서 믿음과 회개라는 조건이 부가되도록 하셨지만, 믿음과 회개는 하나님에게 있는 의지의 활동의 조건이나 원인이 아니며, 결과적으로 구원하는 작정의 조건이나 원인도 아니다.[79]

만일 조건적 작정이라고 할 때의 '조건'이라는 말이 작정된 일이 조건적이라는 의미를 뜻하는 것이라면 문제가 될 것이 없으나, 작정 자체가 하나님 자신 이외의 어떤 사건이나 능력들에 의하여 조건화 된다는 의미를 말한다면, 개혁파는 단호히 '조건적 작정'을 거부한다. 비록 하나님께서 어떤 확정된 조건에 근거하여 어떤 일이 있도록 작정을 하신다 하더라도, 즉 믿음이라는 조건에 근거하여 베드로를 구원하신다 하더라도, 작정 그 자체가 조건적인 것이 아니라, 작정된 일만이 조건적이라고 개혁파는 주장한다. 왜냐하면 하나님께서는 베드로에게 구원을 주시기로 작정하실 때에, 그에게 또한 구원에 이르는 조건이 믿음을 주시고, 믿음 안에서 인내하도록 견인을 주시기로 이미 절대적으로 작정하셨으며, 이에 따라서 베드로는 구원의 조건을 충족하면서 구원에 이르는 것이기 때문이다.[80] 성경의 다른 예를 들어 설명하면, 사무엘 상 2:30에 하나님께서는 엘리에게 말씀하기를 "내가 전에 네 집과 네 조상의 집이 내 앞에 영영히 행하리라 하였으나 이제 나 여호와가 말하노니 결단코 그렇게 아니하리라 나를 존중히 여기는 자를 내가 존중히 여기고 나를 멸시하는 자를 내가 경멸히 여기리라" 하셨는데, 여기서 "내가 전에 … 하였으나 이제 … 결단코 그렇게 아니하리라"는 것이 마치 하나님의 작정이 엘리의 반응에 의하여 조건적으로 변화하였음을 말하는 것이 아니라고 개혁파는 해석한다. 왜냐하면 이 말에 이어 나오는 말씀, 곧 "나를 존중히 여기는 자를 내가 존중히 여기고 나를 멸시하는 자를 내가 경멸히 여기리라"는 조건에 따라서 엘리의 행동에 대한 하나님의 판단을 말씀하시는 것일 뿐이기 때문이다. 다시 말해서 하나님께서는 엘리에게 지켜야 할 조건을 그의 작정 안에 이미 제시하시고, 불순종하는 엘리에게 이전에 약속하신 것을 취소하시는 심판을 말씀하시면서 엘리가 조건을 이행치 않았음을 보이고 있는 것이다. 물론 엘리의 불순종도

---

[79] Francis Turretin, *Institutes of Elenctic Theology*, vol. 1, loc. 4. q. 3. viii-ix, p. 317.

[80] Johannes Braunius, *Doctrina Foederum sive Systema Theologiae didacticae et elencticae* (Amsterdam, 1688), I. ii. 9, 11, quoted from Heinrich Heppe, *Reformed Dogmatics*, VII. 6, p. 138.

이미 하나님의 절대적인 작정 안에 있는 것이다.[81]

만일 하나님의 절대적인 작정 안에서 수단과 방편들이 조건적으로 작정이 되어 있을 뿐이라면, 그리고 그 조건에 대한 반응도 또한 이미 하나님의 작정 안에 있는 것이라면, 하나님의 작정은 필연적이지 않은가? 알미니우스와 항론파들은 하나님의 작정의 필연성은 결국 인간의 자유로운 선택을 제한하게 되므로, 인간의 범죄와 관련하여 생각할 때 하나님을 죄의 조성자로 만든다고 주장을 한다. 이에 반하여 개혁파는 하나님의 작정이 인간의 자유를 침해하지 않는다고 역설을 한다.

어떠한 일에 대하여 물리적 필연성(physical necessity)이나 강제적 필연성(a necessity of coaction)에 의한 결정을 주장하는 것은 자유(liberty)와 우유성(contingency)을 빼앗는다. 그러나 가정적 필연성(hypothetical necessity)[82]에 의한 결정을 주장하는 것은 그렇지 않다. 왜냐하면 확실성(certainty)이 자유로우며 우유적인 제 2 원인들의 본질로부터 비롯되는 것이 아니다. 그것은 (사물들의 본질이 변하도록 하는 것이 아니라 필연적인 것들은 필연적으로, 자유로운 것들은 필연적으로 활동하도록 하게 하는) 하나님의 불변하는 작정이라는 외래적 요소에 의하여 비롯되기 때문이다. 그러므로 제 1 원인과 관련하여서는 작정의 필연성과 불변성이 우유성을 빼앗아가는 것이 사실이다. 왜냐하면 모든 일은 필연적으로 나타나는 법이며, 어느 것도 우유적으로 나타나지 않기 때문이다. 그러나 제 2 원인과 관련하여서는 우유성을 빼앗지 않는다. 왜냐하면 미리 결정한 그 작정이 또한 필연적 원인들을 가지고 있는 것들은 필연적으로, 우유적 원인들을 가지고 있는 것들은 우유적으로 나타나도록, 나타날 일들의 양식을 결정하였기 때문이다. 그러므로 결과는 필연적이면서도 동시에 우유적이라고 일컫는 것도 적절하다. 하지만 그것은 각각 다른 관점에서 그렇게 말한다. 전자는 하나님 편에서 작정과 관련하여 말하는 것이고, 후자는 일의 편에서 각각 다르게 나타날 수 있는 제 2 원인 또는 근인(proximate causes)과 관련하여 말하는 것이다.[83]

개혁파는 하나님의 작정과 섭리에 따른 실행이 인간의 자유와 충돌을 이룬다고 생각하지 않는다. 제 1 원인이신 하나님은 그의 작정 안에서 모든

---

[81] Francis Turretin, *Institutes of Elenctic Theology,* vol. 1, loc. 4. q, 3. xiii, p. 318을 참조할 것.

[82] 가정적 필연성이란, 어떤 사물이나 일이 본성 상 가변적이며 우유적이지만, 하나님의 작정이라는 것에 의하여 일어나지 않을 수가 없게끔 됨으로 나타나는 필연성을 가리킨다. 즉 하나님의 작정이라는 가정(hypothesis)에 의하여 필연성이 수반되는 경우를 의미한다. Francis Turretin, *Institutes of Elenctic Theology,* vol. 1, loc. 4. q, 4. ii, p. 320을 참조할 것.

[83] Francis Turretin, *Institutes of Elenctic Theology,* vol. 1, loc. 4. q, 4. vi, p. 321.

일을 결정하실 때에 제 2 원인들의 성질에 따라서 혹은 필연적으로, 혹은 자유롭게, 혹은 우유적으로 실행이 되도록 하셨기 때문이다. 즉 하나님께서는 자신의 영원한 작정에 따라서 모든 일을 결정하시지만, 실행에 있어서는 제 2 원인들의 본질에 따라서 작정의 대상들을 움직이시며, 그것들의 고유한 작용양식을 빼앗지 않는 방식으로 행하시는 것이다.[84] 개혁파는 이러한 이해에 기초하여 하나님의 작정은 물리적이거나 강제적인 필연성이 아니라 가정적 필연성을 가질 따름이며, 따라서 제 2 원인들을 손상시키지 않고, 사람의 경우 자발적으로 자신의 이성의 선택적 고려에 따라서 자발적으로 선택하여 행동을 하도록 하기 때문에, 아담의 범죄와 관련하여 하나님은 죄의 조성자가 아님을 역설한다.

> 그러므로 우리는 이렇게 말할 수 있다. "아담은 필연적으로 그리고 자유롭게 죄를 범하였다." 저자는 작정과 관련하여 말한 것이며, 후자는 인간의 의지와 그 양식과 관련하여 말한 것이다. 왜냐하면 작정의 필연성이 어떠하던지 간에, 그럼에도 불구하고 아담은 자발적으로 죄를 범한 것이며, 결과적으로 지극히 자유롭게 범한 것이기 때문이다.[85]

아담의 행동이 한 편으로는 "필연적으로" 다른 한 편으로는 "자유롭게" 죄를 범하였다는 것은 개혁파의 관점에서는 영원에 속한 작정의 영역과 그 실행에 속한 시간의 영역이 서로 구별이 됨을 말하여 준다. 영원의 작정에 따라서는 필연적이지만, 실행의 시간 영역에서는 자유롭게 나타난 것이다. 칼빈은 이러한 이치를 삼림 속에 들어갔다가 도적을 만나서 살해된 사람의 예를 들어 설명하였다. 이 사람이 삼림에 들어간 것은 그가 스스로 자유롭게 들어간것이지만 하나님께서는 그의 죽음을 미리 보셨을 뿐만 아니라 또한 이미 작정을 한 것임을 말한다. 칼빈은 이르기를 "하나님의 일반 섭리는 자연의 질서를 계속적으로 유지토록 하기 위하여 피조물 가운데 활동적으로 나타날 뿐만 아니라, 놀라운 계획에 의하여 확정적이며 적절한 목적에 부합이 된다."고 교훈한다.[86] 이러한 하나님의 작정은 분명 자연적 필연성(natural necessity)과

---

[84] 하나님께서 어떻게 자신의 영원한 불변의 작정을 제 2 원인들을 손상하지 않은 채 실행하는가와 관련한 하나님의 동주사역(*concursus divinus*)에 대한 설명을 위하여 Francis Turretin, *Institutes of Elenctic Theology*, vol. 1, loc. 6. q, 6. v-viii, pp. 512-14를 살필 것. 졸고, "개혁 신학의 구원과 성화," *구원이후에서 성화의 은혜까지*, 박영선과 브라이언 채플 외 (서울: 이레서원, 2005), pp. 117-63 가운데 한 부분에서 번역 및 설명을 볼 수 있음.

[85] Francis Turretin, *Institutes of Elenctic Theology*, vol. 1. loc. 4. q, 4. viii, p. 321.

는 차이가 난다.

> 우리는 스토아 학파처럼 자연 안에 포함이 되어 있는 연속적인 원인들이 영속적으로 연결되고 친밀하게 관련을 갖는 것으로부터 비롯되는 필연성을 고안하는 것이 아니다. 우리는 하나님을 모든 일들의 주권자이며 통치자로 삼는다. 왜냐하면 하나님은 그의 지혜를 따라서 지극히 깊은 영원의 심연으로부터 그가 하고자 하시는 것을 작정하셨고, 이제는 그가 작정하신 것을 실행하시기 때문이다.[87]

칼빈과 개혁파의 주장에 따르면, 하나님의 작정은 그 실행에 있어서 작정한 바를 결과하는 원인들을 그 결과와 관련한 자연의 영역 안의 것으로 제한하지 않는다는 점에서 자연적 필연성의 운명론과는 다르다. 결정론에 따르면 어떤 일의 결과는 내적이든지 외적이든지 그 결과에 선행하는 요소들이 결과를 낳도록 영향을 줌으로써 결과가 초래된다. 그러나 하나님의 작정에는 이러한 자연 안에 포괄되는 선행의 요소들만으로는 설명이 되지 않는 초시간적 (supratemporal) 원인이 있다. 그 원인이 자연 영역에 속한 요소라면 역시 자연 영역에 속한 제 2 원인으로서의 인간의 자유와 충돌이 되지 않을 수 없으나, 하나님의 작정은 영원에 속한 것이며, 비시간적이기 때문에 인간의 자유를 훼손하지 않는다.[88]

---

86 John Calvin, *Institutes*, I. 16. vii, ix.

87 John Calvin, *Institutes*, I. 16. viii.

88 John Calvin, *Concerning the Eternal Predestination of God*, translated by J.K.S. Reid (London: James Clarke and Co., 1961), pp. 25-26; James Greenbury, "Calvin's Understanding of Predestination with Special Reference to the Institutes," *The Reformed Theological Review* 54(1995), p. 128을 참조할 것. 멀러(Richard A. Muller)는 하나님의 작정이 인간의 자유를 훼손하므로 죄의 조성자라는 알미니안 주장에 대한 개혁파의 견해를 다음과 같이 간명하게 정리하여 준다: "아담의 타락이 하나님의 의지에 의한 것이므로 아담의 자유로운 죄의 선택을 배제하여야 한다는 것이 결코 개혁주의 견해가 아니었던 것과 마찬가지로, 인간의 도덕적 행동이 미리 결정이 되어 있다는 것은 결코 개혁주의 견해인 적이 없었다." 존 프레임(John M . Frame)은 멀러를 비판하기를 멀러가 하나님께서 인간의 타락을 작정하셨으며, 그러므로 또한 인간의 도덕적 결정을 작정하셨음을 가르치는 개혁주의 전통에서 이탈하였다고 쓰고 있다. 프레임은 '하나님의 작정'과 '인간의 자유'와 관련한 개혁주의 양립론(compatibilism)은 '도덕적 결정에 대한 하나님의 선결정'(divine predetermination of moral acts)를 배제하지 않는 반면에, 멀러는 인간의 도적적 행동이 미리 결정되어 있다는 것이 개혁주의 견해가 아니라고 주장함으로써, 개혁주의를 잘못 이해하고 있다고 쓰고 있다. 그러나 프레임의 이러한 비판은 멀러를 바르게 이해하지 않은 데서 비롯된다. 멀러는 하나님의 작정이 철학적 결정론적 의미에서 인간의 도덕적 행동을 미리 결정하는 것이 아니라는 점을 지적하고 있을 따름이다. 즉 하나님의 작정은 인간의 자유와 어울릴 수 있을 뿐만 아니라 더 나아가 인간의 자유를 훼손하기는커녕 가능케 하는 원인이라는 것이다. 멀러는 이것이 시간적 차원의 존재 안에서 이것을 설명하는 철학적 결정론과는 전혀 다른 것임을

라이드(J.K.S. Reid)를 인용하며 설명하고 있다. 곧 멀러가 말하고자 하는 것은 하나님의 작정이 필연성을 갖지만, 그런 의미에서 인간의 도덕적 행동을 미리 결정하지만, 그럼에도 불구하고 시간의 영역 안에서 그 작정을 실행하실 때에 인간의 자유를 훼손하여 도덕적 선택을 미리 결정하지 않는다는 것이다. 오히려 하나님께서는 작정을 실행하실 때에 인간의 자유를 가능케 함으로써 인간으로 하여금 도덕적 선택을 하도록 하신다는 것이다. 이것이 바로 하나님의 작정의 필연성이 인간의 자유의 선택과 양립될 수 있다는 개혁주의 양립론이다. 개혁주의에서 말하는 인간의 자유는 강압적 필연성으로부터의 자유뿐만 아니라 물리적 필연성으로부터의 자유, 곧 짐승들처럼 본능에 따라 선택이 제한이 되는 필연성으로부터 이성에 의한 선택을 하는 자유를 본질적으로 가지고 있다. 이 자유의 두 가지 요소는 인간의 의지의 본질적인 것이므로 타락에 의하여서도 여전히 남아있는 의지의 요소라고 개혁파는 생각한다. 따라서 개혁파는 어떤 선택의 대상을 취하거나 거부하는 자유의 선택(*libertas contrarietatis; libertas specificationis*)과 어떤 행동을 하거나 하지 않을 수 있는 자유의 선택(*libertas exercitii*)를 인정한다. 그런데 개혁주의는 이러한 인간의 자유가 모든 필연성에 의하여 충돌이 된다고 생각하지 않는다. 앞서 말한 바처럼, 인간의 자유는 강압적 필연성으로부터의 자원의 자유와 물리적, 본능적 필연성으로부터의 이성적 선택의 자유를 본질적인 요소로 갖지만, 그럼에도 다음의 네 가지 필연성들과는 충돌이 되지 않는다고 생각을 한다, 즉 하나님의 의존해야하는 필연성, 이성적으로 하나의 최고의 최종적인 선택적 판단을 하였을 때에 다른 선택이 없으므로 나타나는 이성적 필연성, 어떤 유형의 행동으로 고정화 되어버릴 정도로 습성화 되어 노예적 상태로 빠져버린 도덕적 필연성, 그리고 어떤 일이 달리 일어날 수가 없이 일어남으로써 나타나는 사건적 필연성 등과는 충돌이 없다고 주장한다. 따라서 하나님의 작정과 같이 하나님을 의존해야 하는 필연성은 인간의 자유의 선택과 충돌이 된다는 것을 전제로 하여 하나님의 작정이나 이성의 최종적인 판단에 대해서도 선택적 자유를 가져야 한다는 의미에서의 리베르테리안적 중립의 자유(*libertas indifferentiae*)에 대해서 개혁주의는 반대를 하는 것이며, 이들에 대하여 자원의 자유(*libertas spontaneitatis*)를 말하는 것이다. 사실 리베르테리안 중립의 자유 개념에 따르면 하나님의 작정은 필연적이지 않다. 인간의 자유선택의 대상일 따름이기 때문이다. 반면에 개혁파는 하나님의 작정을 필연적인 것으로 이해한다. 그럼에도 불구하고 하나님의 필연적 작정에 따라 실행되는 가운데 있는 인간의 자유는 그 선택적 자유를 자유롭게 누린다는 양립론을 주장하는 것이다. 자원의 자유를 주장한다는 것은 인간의 선택의 자유를 부정하는 것은 아니다. 자원의 자유는 선택과 자원성이라는 두 요소를 본질로 갖는다. 여기서 선택이란 요소는 짐승과 같이 맹목적인 본능에 의한 것이 아니라 이성의 고려에 의하여 기쁘게 여겨지는 것을 행하였다는 의미에서의 선택이며, 자발성이란 외적인 강압이 없이 행하였다는 의미에서의 자발성이다. 개혁파는 이 두요소를 합하여 이성적 자원성(rational willingness)이라 일컬으며, 이것은 자유의 필수적이며 본질적인 요소라고 설명한다. 이 요소는 타락 이후에도 여전히 남는 인간의 자유인격에 속한 본질적인 것들이다. 개혁파는 이러한 인간의 도덕적 선택의 행동이 하나님의 작정 가운데 일어나는 일임에도 여전히 시간 안에서는 자유로운 것임을 인정한다. 하나님의 영원한 작정에 따라서 미리 결정된 일임에도 불구하고 어떻게 인간의 도덕적 행동이 시간 안에서 자유로울 수 있는가를 개혁파는 앞서 말한 설명에 근거하여 견해를 밝히고, 리베르테리안 자유를 주장하는 항론파 등의 사람들에 대하여 하나님의 작정에 따라 미리 결정이 되었으나 여전히 인간의 도덕적 행동이 자유로운 선택에 의한 것이라고 강조한 것이다. 따라서 "아담의 타락이 하나님의 의지에 의한 것이므로 아담의 자유로운 죄의 선택을 배제하여야 한다는 것이 결코 개혁주의 견해가 아니었던 것과 마찬가지로, 인간의 도덕적 행동이 미리 결정이 되어 있다는 것은 결코 개혁주의 견해인 적이 없었다."라는 멀러의 설명은 개혁파의 교훈에 완전히 일치하며, 프레임은 의문은 충분한 설득력을 갖지 못한다. 이것과 조금 다른 맥락에서 개혁주의가 인간의 자유선택의 제한성을 말하는 것은 아담의 타락 이후의 인간의 영적 선택과 관련한 것이다. 타락 이후에 전적으로 부패한 인간에게는 영적 선택과 관련하여 선을 행할 수가 없게 되었다. 어거스틴을 따라서 죄를 피할 수가 없는 상태, 곧 *non posse non peccare*의 상태가 되었음을 강조한 것이다. 하지만 자연적이며 도덕적 의미에서의 선의 선택마저 따라서 개혁파는 알미니우스와 항론파들과 달리 하나님의 지식에 있어서 '중간지식'(*scientia media*)을 고려하지 않는다. 중간지식은 하나님의 작정이 인간의 자유를 훼손한다는 전제 하에 인간의 자유의 반응에 대한 예지를 기초로 이것이 일어나도록 작정하신다는 이해를 내포하는데, 전통적으로 개혁파는 인간의 자유선택의 반응이라 요소에 의하여 하나님의 지식이 특별히 구별이 되어야 할 이유를 발견하지 못한다. 개혁파는 전통적으로 하나님의 지식을 두 가지로 분류할 따름이다. 하나는 '단순지성의 지식'(*scientia simplicis intelligentiae*), '필연적 지식'(*scientia necessaria*), '본성의 지식'(*scientia naturalis*) 또는 '불확정의 지식'(*scientia indefinita*) 등으로 일컬어지는 하나님의 지식이며, 다른 하나는 '이상의 지식'(*scientia visionis*) 또는 '자유로운 지식'(*scientia libera*), 또는 '임의의 지식'(*scientia voluntaria*), 또는 '확정의 지식'(*scientia definita*) 등으로 일컬어지는 지식이다. 전자의 지식은 하나님의 전능성에 근거하여 하나님께서 하실 수 있는 모든 가능한 일에 대한 지식이며, 하나님의 작정에 앞서는 지식인 반면에, 후자의 지식은 하나님의 작정에 의하여 모든 가능한 일들 가운데 미래에 나타나도록 정하신 바에 대한 지식이다. 중간지식과 관련한 논란은 하나님의 지식 가운데 그 지식의 대상이 가능한 일에 대한 지식이 아니라 앞으로 있을 일에 대한 지식이면서, 또 미래에 있을 확실한 일에 대한 지식이 아니라 단지 미래에 있을 가정적 일에 대한 지식이 있을 수 있는가와 관련이 된다. 하나님께서는 모든 일이

부정을 하는 것은 아니다. 왜냐하면 하나님의 작정이 이러한 의미에서의 선택의 자유를 부정하는 것이 아니라 그것을 오히려 그의 작정의 실행 안에서 가능케 하시기 때문이다. 즉 개혁파가 타락 이후의 인간에게 자유의 선택이 없다고 말하는 것은 인간이 본질적 자유의 요소와 관련하여 말하는 것이 아니라 영적으로 선한 - 도덕적이거나 일상 생활과 관련한 것이 아니라 - 행동을 어떠한 영향에도 관계없이 선택할 수 있느냐의 문제와 관련하여 말하는 것이다. 자유의 본질적인 측면에서 타락 이후에 인간에게 자유가 있느냐고 할 때, 그것은 앞에서 언급한 세 번째의 도덕적 필연성과 관련이 된다, 인간이 타락하여 부패한 이후에 인간은 하나님께 반패하는 영적 의미에서의 악한 습성이라는 필연성을 갖게 되었다. 이런 의미에서 개혁주의는 타락한 이후 중생하지 못한 인간이 영적 선에 대하여 중립의 자유(*libertas indifferentiae*)를 갖는다는 것을 부정한다. 그렇지만 개혁주의는 이러한 전적 부패로 인한 영적 의미에서의 악한 습성으로 인한 필연성은 도덕적 필연성과 같은 종류의 것이므로 인간의 자유와 충돌이 되지 않는다고 주장한다. 인간은 계속적으로 자발적으로 죄를 선택할 따름이기 때문이다. 다시 말해서 자원의 자유에 따라서 죄를 자유로이 선택하기 때문이다. 그러기 때문에 타락 이후에 인간은 영적 선을 행할 능력이 없는 전적 부패와 무능력에 갇혀 있는 도덕적 필연성 아래 놓여져 있지만 타락 이전과 마찬가지로 여전히 자신의 죄에 대하여 책임을 면할 수가 없다는 것이 개혁파의 설명이다. Richard A. Muller, "Grace, Election, and Contingent Choice: Arminius's Gambit and the Reformed Response," p. 270; John M. Frame, *No Other God: A Response to Opne Theism*, p. 123을 참조할 것.

가능하시며 그 모든 가능한 일을 아실뿐만 아니라, 하나님의 의지에 따라 작정하여 일어날 미래의 일들에 대해서는 어떤 것이든지 아시는 예지가 있으며, 또 모든 일이 하나님의 작정 안에 있으므로, 이 두 가지 지식 이외에는 다른 지식이 있을 수가 없다는 것이 개혁파의 생각이다. 말하자면 하나님의 예지에는 하나님의 작정에 의한 확실한 지식이 있을 뿐이며, 하나님의 작정 밖에 있는 어떠한 가정적 지식이란 있을 수가 없다. 즉 하나님의 작정에 근거하지 않고, 피조물의 자유에 근거하는 미래의 조건적인 사건(future conditional events)이란 있을 수 없기 때문에, 개혁파는 이것을 전제로 하는 중간지식을 인정하지 않는다.[89]

> (1) 만일 [지식의 대상이] 존재한다면, 그것들은 이미 이상의 지식[scientia visionis]의 대상이다. 만일 [지식의 대상이] 존재하지 않는다면, 그것들은 이미 단순지성의 지식 [scientia simplicis intelligentiae]의 대상이다. 그러므로 중간 지식이란 없다.

> (2) 모든 것은 하나님에 의하여 절대적으로 미리 작정이 되어지며, 그의 의지에 근거한다. 그러므로 하나님께서는 조건적인 것들에 대한 지식과 상관이 없이 모든 일들을 작정하신다. 왜냐하면 하나님께서는 실제적이며 자유로우며, 조건적인 원인들도 또한 자신의 섭리의 결과로 [실행이 되어 나타나도록] 작정을 하시기 때문이다.[90]

개혁파의 생각에 하나님의 단순지성의 지식과 이상의 지식의 두 구분에 의한 지식의 대상에서 빠져나갈 수 있는 대상이란 존재하지 않는다. 하나님의 의지에 따라 현실화 되도록 작정되기 이전에 이미 존재하는 대상이란 존재할 수가 없기 때문에 처음부터 하나님의 예지의 대상일 수가 없으므로 중간지식이라는 예지는 있을 수가 없는 것이다. 만일 중간지식이 가능하려면 피조물이 하나님의 의지를 결정하는 선행적 원인이 된다는 것이 되므로 있을 수 없는 주장인 것이다. 결국 중간지식과 관련한 하나님의 지식의 논의는 하나님의 의지와 관련하여 생각할 때 그 오류가 더욱 더 분명하게 드러난다.

> 지금까지 중간지식에 반대하여 개진하여 왔던 요점들을 볼 때, 지금의 논쟁의 모든 어려움이 바로 이 한 가지로 모아진다는 것이 분명하다: 미래에 있게 될 것인지 그렇지

---

[89] Francis Turretin, *Institutes of Elenctic Theology*, vol. 1, loc. 3. q. 13. ii, p. 213.

[90] Gisbertus Voetius, *Selectarum Disputationum theologicarum Pars. I-V* (Utrecht, 1648-1669), I, p. 257, quoted from Heinrich Heppe, *Reformed Dogmatics*, V. 17, p. 79.

않을 것인지에 대해 본질 상 결정되어 있지 않은 상태로 영원으로부터 자유로운 우유사(偶有事, free conditioned things)들이 하나님의 작정이외의 다른 방식에 의하여 미래의 상태에로 넘어갈 수 있겠는가? 이것이야말로 논의의 모든 무게가 달려있는 근본적인 것 중의 근본적인 문제이다. 이것이야말로 우리들도 우리의 반대자들에게 양보할 수 없으며, 반대자들도 우리에게 증명할 수 없는 기본 원리이다. 이것이 … 하나님의 의지는 작정을 하심에 있어서 한낱 맹목적 가능성일 뿐이며 미리 비추는 중간지식이라는 빛을 위해 있는 것이라는 … 혼동스러우며 불합리한 가설들이 이끌려 나오는 중심이다. 중간지식은, 그 자체의 성질에 따르면, 어떤 일의 결과를 내는 데에 유효적이며 적절한 작용을 한다. 하나님은, 그의 지혜로운 작정을 함에 있어서, 그의 작정들은 확정된 결과를 반드시 갖도록 되어 있음에도, 이것[중간지식]에 의존하여 기다리도록 강요를 받는다. 미래의 자유로운 우유사(偶有事, future conditioned free ones)들이 참인지 거짓인지에 대한 것은, 그것들의 원인들이나 하나님의 작정으로부터 알 수 있는 것이 아니라, 그 일의 실제적 발생으로부터 알 수 있게 된다. 하나님께서는 자신의 의지의 활동 이전에라도 본성상으로는 아주 불확실한 사물에게서도 확실성을 볼 수 있게 되는 것이다. 결국 최고의 존재자로부터 독립적으로 존재하는 존재가 있는 것이다.[91]

개혁파가 알미니안 항론파와 달리 하나님의 중간지식을 거부하는 것은 그 지식의 설정 자체가 하나님께서 그의 의지 안에서 어떤 일을 작정하기 이전에 이미 존재하는 어떤 일을 가정하고 있기 때문이다. 개혁파의 생각에는 하나님의 작정 이전에 이미 존재하는 어떤 일에 대한 지식, 곧 중간지식을 근거로 하여 하나님께서 그 일이 있도록 작정하시는 하나님의 후행적 의지(*voluntas Dei consequens*)를 인정하는 것은 하나님으로부터 독립하여 존재하는 어떤 일의 가능성을 인정하는 것일 뿐만 아니라, 하나님의 의지가 피조물의 어떤 것에 의존하는 결과를 낳는 것이므로 만물의 근원이신 창조주 하나님의 신관과 근본적으로 어긋나는 것이다. 따라서 개혁파에게 있어서, 하나님께서는 그의 선택과 유기의 예정을 인간에게 베푸신 복음에 대하여 인간이 나타내 보이는 순종 혹은 불순종을 미리 보시고 이것에 근거하여 결정하는 것이라는 항론파의 견해는 받아들일 수가 없는 것이었다. 개혁파는 이러한 항론파의 견해가 하나님의 작정과 인간의 자유의 상관성에 대한 잘못된 이해에서 비롯된 것이며, 결과적으로 인간의 자유의지의 선택적 반응에 의해 하나님의 예정

---

[91] Gisbertus Voetius, I, p. 336, quoted from Heinrich Heppe, *Reformed Dogmatics*, V. 17, p. 80.

의 의지가 조건화 되는 신학적 구조를 낳게 되는 것으로 판정을 내리고, 이를 거부하고 정죄하였다.

6. 나가는 말

도르트 신경과 항론파의 주장에 대한 관찰은 하나님의 예정에 대한 항론파의 주장이 단순히 하나님의 예정이 타락 전에 있는 것이 아니라 타락 후에 있음을 말하는 데에 있지 않음을 보여준다. 당시의 개혁파 신학자들의 상당 수가 지지하였던 '타락전 선택설'에 대한 항론파의 비판의 중심점은 하나님의 선택의 대상이 '타락전 선택설'이 주장하는 바와 달리, '창조되어질 가능적 (*creabilis*) 존재자이며 타락할 가능적(*labilis*) 존재자'가 아니며, '창조되어진 (*creatus*) 자이면서 타락한(*lapsus*) 자'라 데에 있는 것이 아니었다. 항론파가 선택의 대상은 예수 그리스도 안에 있는 죄인들이라고 말할 때, 그들이 염두에 두고 있는 것은 예수 그리스도의 복음에 대한 죄인들의 반응에 따라서 하나님의 선택과 유기가 예정이 된다는 주장이었다. 이것은 하나님의 예정이 특정한 사람들을 대상으로 하여 이들을 구원하거나 형벌을 주는 결과의 작정에 따른 것이 아니며, 따라서 구원의 수단도 선택과 유기의 예정에 따라서 차별적으로 주어지는 것이 아니라는 주장을 담고 있다.

　항론파의 주장은 알미니우스의 하나님의 작정과 지식, 그리고 의지에 관한 교훈을 배경으로 하고 있다. 알미니우스는 하나님의 작정이 인간의 자유를 침해하지 않기 위하여 하나님의 인간을 향한 작정은 인간의 자유로운 반응을 미리 보시고 난 이후에 자신의 의지에 따라서 작정하여야 한다고 생각을 하였다. 따라서 그에게 있어서는 인간을 향한 하나님의 작정은 인간의 자유로운 반응에 의하여 조건화 된다. 따라서 예정과 관련하여, 하나님은 미리 예수 그리스도 안에서 복음을 믿는 자들을 선택하기로 하고 세상 모든 죄인들에게 공통적으로 구원의 수단을 베풀기로 하는 일반적이며 절대적인 작정을 미리 하시며, 이러한 선행적인 작정들 안에서 인간의 반응을 보는 중간지식에 근거하여, 비로소 이들 가운데 순종하는 자들과 불순종하는 자들을 특정하게 지목하여 선택과 유기의 예정을 한다고 알미니우스는 주장을 한다.

　이에 대하여 도르트 총회는 '타락 후 선택설'을 따라서 하나님의 예정의 대상을 '창조되어진(creatus) 자이면서 타락한(lapsus) 자'로 고백하면서 이러한 자들 가운데 하나님께서 자신의 기쁘신 뜻에 따라서 특정한 사람들을 선택하여 구원하시고, 나머지 사람들을 유기하여 벌하시기로 작정하셨음을 확고히 하였다. 즉 이들의 선택과 유기의 근거는 이들이 보이는 복음에의 순종 또는 불순종이 아니며, 오직 하나님의 영원한 작정임을 밝혀두었다. 하나님께서는 구원과 형벌이라는 최종적인 목적만을 위하여 선택과 유기의 예정을 하신 것이 아니라, 이것을 실현하기 위한 수단도 오직 특정한 사람들을 향한 예정의 목적에 따라서 이들에게 차별적으로 자신의 은혜로 베푸신다고 총회는 고백을 하였다. 하나님께서 인간 편에서의 믿음이나 믿음의 복종을 미리 보시고 이것들을 어떤 조건이나 원인으로 삼아 예정을 하시기는커녕, 인간 편에서의 믿음이나 믿음의 복종은 하나님께서 선택하심으로 말미암아 나타나는 결과이며 열매임을 강조하였다. 그러나 하나님께서 유기의 예정을 하셨기 때문에 사람들이 형벌을 받게 된다는 사실이 하나님을 죄의 조성자로 만드는 것이 결코 아님을 총회는 힘주어 강조하였다. 왜냐하면 유기의 작정은 죄를 범하도록 하는 것이 아니라 죄를 범한 자들을 심판하시는 하나님의 공의로운 작정이기 때문이다.

인간의 반응을 미리 보는 일이 없이, 오직 하나님의 작정에 의하여 선택과 유기가 예정된다는 도르트 총회의 결의는 하나님의 작정보다 앞서는 인간의 자유로운 반응이라는 것은 존재하지 않으며, 따라서 이에 대한 하나님의 소위 말하는 중간지식이라는 것도 있을 수 없다는 개혁파의 신학의 이해를 충실히 따르고 있다. 개혁파는 중간지식을 기초로 일반적인 작정 안에서 특별한 선택과 유기라는 작정이 뒤따른다는 알미니우스의 주장을 부인한다. 하나님의 작정에 조건성이 있을 수 있으나, 그것은 하나님의 의지 이외의 어떤 사건이나 인간의 반응에 의하여 하나님의 작정이 조건화 된다는 의미를 말하는 것이 아니라, 단지 하나님께서 작정의 대상이 되는 일이나 사물 관계에 조건성을 부여하신다는 것을 말할 뿐이라는 것이 개혁파의 생각이었다. 개혁파는 하나님의 작정이 인간의 자유를 침해하지 않는다고 믿는다. 왜냐하면 하나님께서는 그의 작정에 있어서 각각의 피조물의 본질, 곧 제 2원인들에 합당한 방식에 따라서 뜻하신 바를 작정하시기 때문이다. 따라서 인간의 자유의지의 어떠한 행동이나 결과도 이미 하나님의 작정 안에 있는 것이므로, 중간지식에 의한 하나님의 후행적 작정이라는 것은 피조물을 하나님에게서 독립한 존재로 만드는 것이라고 개혁파는 비판을 한다.

결국 개혁파의 도르트 총회의 신학과 알미니안 항론파의 예정에 관련한 이해의 차이는 단순히 예정에 있어서의 인간의 역할에 대한 것이 아니라, 하나님의 속성과 작정에 관련한 신론적 이해의 차이이며, 그 결과로 예정, 은혜의 구원 등과 관련한 구원론적 의미의 차이를 나타내고 있다. 개혁주의 관점에서 알미니안 항론파는 이단인가? 도르트 총회는 항론파의 견해를 모두 잘못된 것으로 결론을 내렸다. 그리고 총회가 끝난 즉시로 약 200 여명의 알미니안 목사들이 면직이 되었으며, 항론파의 지도자였던 반 올덴바르네벨트(Jan van Oldenbarnevelt)는 교수형에 처해졌고, 그로티우스(Hugo Grotius)는 수감이 되었다. 그러나 이들의 처형과 수감의 배경에는 신학적 갈등을 넘어 정치적 이해의 차이가 자리하고 있었다. 개혁파를 지지하는 정치적 배경이었던 모리스 공(Prince Maurice)이 총회 이후 6년이 지난 1625년에 죽고 난 이후에, 정치적 관용주의를 힘입어 항론파는 신앙의 자유를 허락받아 1630년에 교회와 학교를 세우게 되었고, 1795년에는 항론파 교회(Remonstrant Church)가 공식적으로 인정을 받았다. 그러나 이 모든 관용은 정치적 관용에 의한 종교적 자유의 허용에 따른 것이었지, 개혁파 교회에서 이를 인정하였기 때문은 아니었다. 도르트 신경은 개혁파 신앙고백 가운데 가장 규모가 큰 에큐메니칼 권위를 가지고 있으며, 개혁파 신학의 더할 수 없이 소중한 신앙문서이다. 도르트 신경은 하나님 주권에 의한 전적인 은혜의 구원이라는 종교개혁의 신학의 핵심을 예정론의 맥락 안에서 매우 탁월한 개혁파 신학의 통찰을 수렴하고 있다. 반면에 알미니안 항론파의 신학은 비록 중세 말기의 유명론적 세미-펠라기우스 견해와는 약간의 상이점이 없는 것은 아니나 하나님의 작정과 인간의 자유의지라는 기본적인 신학의 체계에서는 그 틀을 같이 하고 있다. 따라서 개혁파 신학의 관점에서 볼 때, 알미니안 항론파 신학은 잘못된 신학이며 성경에 합당한 신학으로 인정될 수가 없다. 더욱이 오늘날처럼 학문이라는 이름으로 개방신론과 같이 비성경적이며 그릇된 신학이 거침없이 개진되고 있음을 생각할 때, 17세기 초엽에 있었던 도르트 신경의 신학적 유산은 오늘날에도 살아 있는 음성으로 널리 들려져야 할 이유를 발견하게 된다.

그럼에도 불구하고 사람이 할 수 있는 신학의 한계를 인식하면서, 범기독교적 연합이라는 틀에서 볼 때, 알미니안 항론파의 신학을 따르는 교회와 필요 이상의 신학 논쟁을 벌이는 것은 바람직하다고 볼 수는 없다. 항론파의 주장에 대하여 개혁주의 견해를 확고히 하였던 도르트 총회의 노력의 결과로 이제 후대의 개혁파 교회는 알미니안 항론파의 신학에 대한 분별을 할 기준을 가지고 있으며, 그것으로 이제 그들과의 신학의 논쟁은 매듭이 지어졌기 때문이다. 18세기의 영국 성공회에서 칼빈주의을 대표하였던 찰즈 시므온(Charles Simeon, 1759-1836)이 칼빈주의 예정론을 부정하고 비판하였던 존 웨슬리(John Wesley)[92]에게 하나님께서 먼저 하나님께로 돌아갈 마음을 주시지 않았더라면 웨슬리 자신이 하나님께로 회심하지 못하였을 것을 믿는지, 또 그가 그리스도만을 통하여 구원을 바라보는 지 등등을 물었을 때, 웨슬리가 그렇다고 충분하게 답을 하자, "그렇다면, 당신과 헤어지면서 나는 나의 칼을 칼집에 다시 넣어 둘 것입니다. 왜냐하면 이것이 다 나의 칼빈주의이기 때문입니다 … 우리는 서로 생각이 같은 사항들에 있어서는 진심으로 연합을 할 것입니다."라고 답을 하였다고 한다.[93] 알미니안주의자들이 종교 개혁의 이유를 분명하게 이해하고 동의하고 있다면 18세기 칼빈주의자처럼 오늘의 칼빈주의자들도 알미니안주의자들을 향해 제한적이지만 연합의 손길을 내밀어 줄 수도 있을 것이다. 그러나 얼마 전에 한국에서 개최되었던 제 19차 세계 감리교 대회에서 감리교파는 루터교파와 천주교파의 대표자들과 함께 '칭의 교리에 대한 교리적 합의문'에 서명을 함께 하였다고 들었다. 루터파와 천주교파가 합의한 칭의교리에 대한 교리적 합의문은 미국의 미주리 총회와 같은 루터교단에서는 인정하지 않는 매우 논란이 많은 합의문임을 생각할 때, 이번의 합의문도 같은 연장선에 있는 것이라면, 개혁파가 이에 합의한 알미니안파와 상당한 신학적 거리를 두어야 하는 이유를 도르트 신경은 다시금 환기시켜 준다. (*)

---

[92] 웨슬리와 그의 부흥 운동에 끼친 알미니안 예정론의 이해의 영향에 대해 알기 원하면, Emmanuel D Mbennah and J. M. Vorster, "The Influence of Arminian Conception of Predestination on the 18th-century Wesleyan Revival," *Studia historiae ecclesiasticae* 24 (1998), pp. 161-87을 볼 것.

[93] Brian A. Gerrish, "Sovereign Grace: *Is Reformed Theology Obsolete?*," *Interpretation* 57(2003), p. 57.

10.
예정(Praedestinatio)인가 후정(Postdestinatio)인가?
항론파 제1항에 대한 도르트 회의 총대들의 논의와 결정[1]

이남규 ▌ 조직신학 · 조교수

1. 들어가며

소위 도르트 신경(Canones Synodi Dordrechtanae)이라 불리는 것은 도르트 회의(1618-19)의 결정문이다. 이 신경에 회의에 참여한 모든 총대들이 서명을 했다. 그리고 네덜란드 개혁교회의 3대 신조가 되었고, 개혁교회의 정체성을 드러내는 중요한 문서로 남아 있다. 이 도르트 신경이 결정되기 전에 총대들의 생각을 확인하는 과정이 필요했다. 그것은 회의가 끝나갈 즈음 각 지역에서 파송된 총대들이 그동안 회의에 참석하면서 논의한 내용들, 즉 항론파에 대한 평가문을 제출하고 낭독하는 것이었다. 총대들이 작성한 평가문은 먼저 도르트 신경이라는 일치된 문서를 만드는 근거라는 의미를 갖는다. 나아가 총대들의 다양한 신학적 접근과 판단들을 읽을 수 있다는 의미에서도 중요한 의미를 갖는다.

평가문들은 어떤 주제를 다루었는가? 총대들이 항론파의 주장에 대한

---

[1] 본고는 「장로교회와 신학」 11(2014): 164-187에 실렸던 글임을 밝혀둔다.

신학적 판단은 무엇이었고, 구체적으로 어떤 점들을 지적했는가? 거기에 담긴 신학적 또는 교의학적 의미는 무엇인가? 평가문과 총대들이 평가문에서 지적한 내용을 도르트 신경은 잘 담아내었는가? 우리는 평가문과 관련해서 여러 가지 질문을 던져볼 수 있다. 그런데 그 중에서도 먼저 평가문에서 중요하게 공통적으로 논의된 것들이 무엇인지 살펴보는 것이 의미 있을 것이다. 왜냐하면 이런 공통적인 내용이 도르트 신경에 포함될 것이기 때문이다. 따라서 본 논문은 평가문에서 무엇이 다루어졌는지 그것이 어떻게 도르트 신경에 포함되었는지를 살펴볼 것이다.

본 논문은 평가문이 포함된 도르트 회의 회의록을 주로 참고한다.[2] 회의록은 총 3부분으로 구성된다. 1부는 순수한 회의록으로 볼 수 있는 것이고, 2부와 3부는 지역총대들의 평가문을 모아놓은 회의록 첨부문서인데, 1부 회의록의 두 배이다.[3] 2부는 국외총대들의 평가문을 모은 것이고, 3부는 네덜란드 국내의 총대들의 평가문을 모은 것이다. 본 논문에서는 국외총대들의 평가문 모음인 회의록 2부를 주로 참고한다. 국외의 학자들의 것을 살펴보는 것으로 유럽 전역에 퍼진 개혁주의의 통일성이 드러나기에 더 유익하기 때문이다.

2. 지역 평가문의 의미

도르트 회의에서 각 지역분과들이 평가문을 제출하고, 그 다음 이 평가문을 기초해서 최종적으로 도르트 신경이 만들어지게 된다. 이 과정을 회의록을 참고하여 알아보자. 1618년 12월 13일과 17일에 항론파의 논제가 제출되고 읽혀졌다. 항론파의 생각이 구체적으로 제출되자 이 문제를 어떻게 처리할

---

2 본 글이 참조한 회의록은 다음과 같다. *Acta Synodi Nationalis, in nomine Domini nostri Iesu Christi, authoritate illustr. et praepotentum D D. ordinum generalium foederati Belgii provinciarum, Dordrechti habitae anno 1618 et 1619. Accedunt plenissima de quinque articulis theologorum iudicia, Dordrechti Typis Isaaci Ioannidis Canini & Sociorum, 1620. Cum Privilegio Illustr. Ordd. Generalium.*

3 1부 회의록은 이후 'Acta I'으로 인용되며, 2부 *Iudicia Theologorum Exterorum De Quinque Controversis Remonstrantium Articulis. Synodo Dordrechtanae exhibita, Anno MDCXIX* 은 이후 'Acta II'로 인용된다.

것인지에 대한 여러 제안들이 있었다. 1619년 1월 16일 의장 보거만이 각 지역대표단(collegium)이 각 항목에 대해서 진지하게 심사평가하고 평가서를 제출하는 것이 좋겠다고 제안했다. 이 제안이 받아들여져서 이후 도르트 총회는 각 지역대표단들이 스스로 자유롭게 모여서 이 문제를 토론하고 결정된 사항들을 회의에 보고하는 방식으로 진행되었다. 각 지역분과에서 이 문제를 연구하고 토론했기 때문에, 이 날 이후 회의록은 어떤 주제가 다뤄졌는지만 알아볼 수 있는 정도만 짧게 기록되고 구체적인 토론은 많이 발견되지 않는다. 따라서 심사 및 평가방식이 결정되기 전까지 약 200쪽이 기록되었던 회의록은 1618년 1월 16일(61차 모임)이후 1619년 3월 4일(98차 모임)까지 단 다섯 장만 넘기면 된다. 이 때 무엇이 논의되었는지는 회의록에 첨부된 각 지역분과의 평가문을 통해서 알 수 있다.

총대들의 논의를 통해 작성된 평가문은 당시 가장 존경받고 권위 있었던 원로 신학자 파레우스의 평가문(David Pareus, 초청받았으나 여행하기에 너무 늦은 나이이기에 오지 못했다)이 낭독된 이후 공개되었다. 파레우스의 편지는 1619년 3월 4일에, 그리고 그 후 이틀 동안에는 그의 평가문이 낭독되었다. 3월 6일 파레우스의 평가문의 낭독이 마쳐지자 바로 각 지역분과들의 평가문이 각 항목별로 낭독되었다. 먼저 국외대표들(영국, 팔츠, 헤센, 스위스, 나사우-베터라우, 제네바, 브레멘, 엠덴의 순서로)의 평가문이 낭독되고, 다음 네덜란드 교수단의 평가문이 낭독되고, 이어서 네덜란드 각 노회의 평가문이 낭독되었다. 3월 21일까지 모든 평가문이 낭독되었다.

22일(126차 모임)에 23일(127차 모임)에 의장 보거만이 첫 번째 항목과 두 번째 항목에 대한 신경들(Canones)을 발표했다. 의장이 설명이나 수정을 원하면 자신과 보좌관들에게 알려달라고 덧붙였다. 그런데 다음 모임(3월 25일)에서 의장 홀로 작성하는 것에 대해 문제제기가 들어와서, 총대들의 제안에 따라 작성위원회를 만들었다. 위원회는 의장, 두 보좌관, 국외총대 대표로 영국의 조지 칼레튼(George Carleton)과 팔츠의 아브라함 스쿨테투스(Abraham Scultetus), 제네바의 요하네스 데오다투스(Johannes Deodatus), 국내 총대 대표로 요하네스 폴리안더(Johannes Polyander), 안토니우스 발레우스(Antonius Walaeus), 야코부스 트리글란드(Jacobus Trigland) 총 9인으로 구성되었다. 이들이 신경을 작성할 동안 20일 넘게 회의는 열리지 않았다가 4월 16일(129차 모임)부터 4월 22일까지 각 항목들이 읽혀지고 검토되고 승인되었다. 최종적으로 도르트 신경이 4월 23일 오전 오후에 다시 한 번 읽혀지고 모든 총대들이 서명했다.

작성위원회가 작성한 도르트 신경은 의장 보거만이 작성했던 것을 초안으로 삼았다. 그가 작성했던 내용의 핵심, 구조, 문체에서 큰 변화는 없었다. 따라서 의장 보거만이 어떤 의도를 갖고 초안을 작성했는지가 중요하다. 의장은 회의의 목적이 예정교리 때문에 시끄러워진 네덜란드교회를 평안하게 하고 평화롭게 하는 것이었기 때문에 교회를 위한 것 곧 교회가 든든히 세워져 가도록 하는 것이 도르트 신경작성의 주된 목적이었다고 밝혔다. 교회를 위한 것이므로 문체는 단순한 방식이어야 하고 학교에 어울리기 보다는 교회에 어울리도록 작성되었다. 의장은 정통 교리를 먼저 오도록 할지 아니면 비정통 교리를 먼저 오게 할지에 대해서 논의 한 후 참된 교리를 먼저 오도록 작성했다. 왜냐하면 참된 교리가 네덜란드교회가 원래 처음부터 갖고 있었던 교리이기 때문이다.[4] 정리하면 신경의 목적은 교회를 세우고 평화롭게 하기 위한 것으로 학교에 어울리기 보다 교회에 어울리는 방식을 취했다는 것이며, 네덜란드 교회가 원래 바른교리를 가졌으므로 바른교리를 앞에 두는 방식으로 작성된 것이다.

각 지역 분과의 평가문의 목적은 이런 신경작성의 목적과는 차이가 있다. 지역분과의 평가문은 항론파의 논제들을 세세히 분석하고 논박하는 데에 목적을 둔 좀 더 논쟁적이며 학술적인 성격을 가졌다. 서술하는 방식도 단순히 논제를 나열하는 방식을 선호하는 분과도 있었고(취리히), 논제를 나열하되 여러 근거 성경구절을 인용하는 분과도 있었고(제네바, 브레멘), 논제에 설명을 덧붙이는 경우도 있었고(영국, 팔츠, 나사우-베터라우), 긴 서술방식을 취하는 경우도 있었고(헤센), 질문과 답의 형식을 취한 경우도 있었다(엠덴). 신경이 정통교리를 먼저 진술하고 거절하는 교리를 뒤에 오게 했다면, 평가문은 지역분과별로 일관성이 없었다. 비정통교리의 논제를 앞에 두고 분석한 후 정통교

---

4 126차 모임에 대한 Sibelius의 설명: "... habenda ratio aedificationis imprimis Ecclesiarum Belgiacarum quia Synodus Nationalis huc coacta ut consulatur quieti et paci ecclesiarum belgicarum. Ordo, stylus horum canonum debet directus esse ad institutionem harum Ecclesiarum. Nude proponentur omnia et simpliciter, itemque simul nonnimis jejunia, ne Canones sint scholastici seu Academici, sed Ecclesiatici. Ordo an praemittenda heterodoxa an vero orthodoxa? Praeses putat primo loco ponendam doctrinam veritatis, quod natura prior est et fuit in hoc Belgio prior." Klaas Dijk, *De Strijd over Infra- en Supralapsarisme in de Gereformeerde Kerken Van Nederland* (Kampen, 1912), Bijlage C.

리가 무엇인지 진술하는 지역분과도 있었고, 예정에 대한 정통교리를 먼저 설명하고 변증한 후 항론파의 논제를 비판하는 평가문도 있다. 이렇게 문체와 서술방식과 구조에 있어서 다양성을 갖는 각 지역분과의 평가문의 의미는 바로 이런 다양성에도 불구하고, 또는 이런 다양성이 함께 모여서 항론파의 주장에 대하여 한 목소리로 반대했다는 것이다. 그래서 각기 다른 지역의 출신들이, 넓게는 유럽전역에 퍼져있던 이들의 다양한 방식의 분석과 문체가, 교회를 평안하게 하고 평화롭게 할 목적과 교회교육을 위해서 도르트 신경이 라는 한 목소리로 모아진 것이다.

3. 논의와 결정

가. 선택의 작정 전체의 서술

선택의 작정 전체를 어떻게 서술할 것인지에 대한 문제는 총대들의 논의에서 가장 분량이 많고 핵심적인 부분을 차지한다. 따라서 1610년에 항론파가 제출한 1항의 내용 전체를 먼저 직접 들어보고 도르트 총대들의 논의를 살펴보자.

> 요한복음 3장 36절에 있는 "아들을 믿는 자에게는 영생이 있고 아들에게 순종하지 아니하는 자는 영생을 보지 못하고 도리어 하나님의 진노가 그 위에 머물러 있느니라" 는 말씀과 또 이와 일치하는 다른 몇 구절의 성경에 따르면, 하나님께서는 그의 아들 예수 그리스도 안에서 영원하며, 변치 않는 자정에 따라, 세상의 기초를 놓기 전에, 타락하여 죄에 빠진 인류들 가운데, 성령의 은혜를 통해 그의 이 아들을 믿으며, 동일한 은혜를 통해 이 믿음과 믿음의 순종을 끝까지 지속해 나가는 자들을, 그리스도 안에서, 그리스도로 인하여, 그리스도를 통해 구원하시기로 정하셨다. 반대로 완악하여 믿지 않는 자들을 죄와 진노 아래에 남아 있도록 하시고, 그리스도에게서 소외된 그런 자로 정죄하기로 정하셨다.[5]

---

5 "Deus æterno et immutabili decreto in Christo Jesu Filio suo, ante jacta mundi fundamenta, statuit ex genere humano in peccatum prolapso, eos in Christo, propter Christum, et per Christum salvare, qui per gratiam Spiritus Sancti in eundem Filium suum credituri, inque ea ipsa fide et obedientia fidei, per eandem gratiam, usque ad finem essent perseveraturi; contra vero contumacio et incredulos, sub peccato et ira relinquere et condemnare, tanquam a Christo alienos; juxta verbum

각 지역분과의 평가문을 보면 먼저 작정 전체(totum decretum) 또는 선택의 작정 전체(totum electionis decretum)을 정의한다. 이 정의에서 총대들이 가장 먼저 문제 삼은 부분은 항론파가 규정한 선택의 대상이다. 항론파가 "믿음과 믿음의 순종을 끝까지 지속해 나가는 자들"로 규정한 것이 왜 잘못이 되는가? 또 팔츠 총대들에 의하면 항론파의 주장이 "믿는 자들, 믿음 안에서 또 믿음의 순종 안에서 마지막까지 견디는 자들을 구원하심에 대한 하나님의 뜻이 생명을 위한 예정의 전 작정이다"[6]라고 했을 때, 그러면 하나님께서 믿을 자 또는 믿는 자를 구원하신다는 표현이 잘못인가? 항론파가 성경을 근거하여 주장하듯이 하나님께서 믿음 안에서 견디는 자를 구원하신다는 것은 오히려 성경적인 것이 아닌가? 만약 항론파의 표현이 잘못되지 않았다면 그들의 오류는 어디에 있는 것일까?

팔츠의 총대들은 항론파가 믿음을 구원의 조건으로 소개하는 것에 대해서 인정한다. 오히려 부정할 수 없는 사실이라고 말한다. 왜냐하면 아들을 믿는 자마다 영생을 얻는 것이 아버지의 뜻이며(요 6:40), "끝까지 견디는 자가 구원을 얻으리라"(마 24:13)고 그리스도께서 친히 말씀하시기 때문이다. 그래서 믿음을 조건으로 하여서 구원을 얻는다는 항론파의 표현이 잘못된 것은 아니다. 그런데 항론파의 오류는 바로 이 수준에서 멈추고 오직 이것만이 하나님께서 구원에 대하여 알리신 유일한 뜻이며, 다른 뜻을 찾거나 진술할 수 없다고 했다는데 있다. 항론파는 "이것 외에 어떤 다른 (구원을 위한) 예정이 복음 안에서 우리에게 계시되지 않았다"라고 주장한다.[7] 그러나 성경을 잘 아는 자들은 항론파의 주장을 부정한다. 오히려 우리의 구원에 대한 하나님의 다른 많은 행위들(actus)이 계시되었는데, 그것들은 순서와 사역에 있어서 앞서 있는 것들이라고 팔츠의 총대들은 답한다.[8] 팔츠의 신학

Evangelii Joh. iii. 36: 'Qui credit in Filium, habet vitam æternam, qui vero Filio non obtemperat, non videbit vitam, sed ira Dei manet super ipsum.' Cui alia quoque Scripturae dicta respondent." Philip Schaff, ed., *The Creeds of Christendom with a History and Critical Notes*, vol. 3: *The Evangelical Protestant Creeds*, 544-45. 한글번역참고: 김병훈, "도르트 신경의 예정론에 대한 이해", 「장로교회와 신학」 4 (2007): 214.

  [6] "Voluntas Dei de servandis fidelibus, in Fide eiusque obedientia ad finem perseverantibus, est totum decretum Praedestinationis ad vitam." Acta II, 15.

  [7] "... asserunt: 1. Decretum illud, de salvandis in Christum perseveranter credentibus, esse totum & integrum divinae Praedestinationis ad salutem, seu electionis, decretum, nullamque aliam, praeter hanc, praedestinationem ad salutem nobis in Evangelio esse revelatam." Acta II, 26.

  [8] "Quod vero voluntas illa sit tota Dei voluntas de hominum salute in Evangelio patefata,

자들은 항론파의 주장을 성경에 능숙하지 못한 주장, 나아가 성경전체를 드러내지 못한 주장으로 규정하면서 성경전체를 보면 우리의 믿음을 앞선 하나님의 일하심이 있다는 것을 지적한 것이다. 영국총대들도 항론파의 주장은 생명 얻는 방식에만 하나님의 예정을 제한하는 것이며 그들의 주장에는 "성경에 설명된 신적 예정의 전체 구조가 설명되지 않았다"고 지적한다.[9] 도르트 회의 총대들의 관점에서 항론파 주장의 시작은 성경전체로부터 예정과 구원의 원인을 바라보지 않았다는 것이다. 취리히 대표들은 다음과 같이 평가한다.

> 하나님께서 견디는 신자들을 구원하시기를, 반대로 불신자들과 변화를 모르는 자들을 죄 가운데 두시기를 원하시는 것이 최고의 사실임에도 불구하고, 이런 말들로 예정의 전체적이고 완전한 작정을 묘사하는 것을 우리는 부정한다. 왜냐하면 예정의 높고 유일한 원인 곧 하나님의 기뻐하심 또는 하나님의 가장 자유로운 뜻이 생략되었기 때문이다[10]

믿음으로 구원을 얻는다는 사실을 부정하는 것이 아니라, 그 사실이 일어나는 원인을 성경을 통해 전체적으로 바라본다면 하나님의 일하심이 항상 앞서간다는 것을 알 수 있다는 것이 총대들의 의견이다. 팔츠 총대들은 우리의 믿음을 앞선 하나님의 일하심 중 먼저 계시를 언급한다. 그리스도는 아버지께서 주신 자들에게 아버지의 이름을 알리신다(요 17:6). "천국의 비밀을 아는 것이 너희에게는 허락되었으나 그들에게는 아니되었다"(마 13:11). 이렇게 계시된 하나님의 뜻은 택함받은 자들에게만 믿음을 주시는 것이고 다른 이에겐 주시지 않는 것이다.[11] 따라서 팔츠 총대들이 지적하는

---

ut aliam nec quaerere, nec asserere fas sit, id vero merito negatur ab iis, qui sensus in Scriptura exercitatiores habent. Certe actus complures alii voluntatis divinae de nostra salute inibi nobis proponuntur, unico isto, ut ordine, sic operatione, priores." Acta II, 16.

9 "At in hoc non explicatur tota fabrica praedestinationis divinae in Sacris Scripturis descriptae." Acta II, 6.

10 "Tametsi verissimum sit, Deum fideles perseverantes salvare, infideles contra & converti nescios in peccatis relinquere velle, tamen his verbis exprimi Praedestinationis decretum totum & plene, negamus. Omittitur enim causa praedestinationis suprema & unica, Eudokia videlicet, sive Dei liberrima illa voluntas." Acta II, 38.

11 "aec etiam Dei voluntas revelatur nobis in Evangelio, quod electis suis Fidem in Christum gratificari decrevit, quam aliis negat ..." Acta II, 16.

항론파의 오류의 핵심은 견디며 믿는 자들을 하나님의 영원한 구원의 정함보다 앞서 가게 했다는 것이다.[12] 선택의 작정 전체는 선행하는 하나님의 뜻이 포함되어야만 한다는 것이다.

　　신학자들은 오래전부터 하나님의 앞서가는 의지를 말하는 용어로 하나님의 기뻐하심(beneplacitum Dei)을 사용해왔고 그것으로 충분했는데, 그러나 항론파도 똑같이 하나님의 기뻐하심이란 용어를 사용하면서 전혀 다른 의미로 바꾸었기 때문에 문제가 복잡해졌다. 항론파가 회의 중 자신들의 의견을 보충하기 위해 제출한 글에서 하나님이 "자기의 기뻐하심을 위해"(pro beneplacito suo) "선행하는 어떤 순종과 불순종을 고려"(ulius obedientiae vel inobedientiae antecedentis intuitum)해서 작정했다고 진술했다. 그러나 하나님의 기뻐하심과 선행하는 순종은 조화될 수 없는 모순이다. 따라서 항론파가 말하는 하나님의 기뻐하심과 구별짓기 위해서 영국총대들은 '효과적인 의지'(efficax voluntas) '효과적인 작정'(efficax decretum)이란 용어를 사용한다. 여기서 '효과적'이라는 수식을 하는 이유는 예정이 인간의 자유의지에 놓여진 생명에 이르는 단순한 서정이 아니라 서정의 결과 그 자체에 대한 결정이라고 보았기 때문이다. 다시 설명하면 하나님께서 단순히 생명 얻는 방식을 정하셨다는 의미에서 예정이 아니라 그 방식 안에서 얻어지는 결과까지를 정하셨기 때문에 가장 먼저 앞서는 하나님의 뜻이라는 의미에서 효과적이란 단어를 사용한 것이다. 항론파의 하나님의 기뻐하심이란 믿음의 행위를 구원을 주시는 조건으로 규정한 것이라면,[13] 브레멘 신학자들은 "하나님은 그의 순수한 기뻐하심에서 어떤 인간들을 긍휼히 여기시기로, 그들을 자기 은혜의 효과적으로 참여하도록 부르시기로 정하셨다"고 수정한다.[14]

　　따라서 항론파에게 하나님의 기뻐하심이 총대들과 전혀 다른 의미였듯이, 항론파의 예정도 전혀 다른 의미가 된다. 항론파의 주장에서 구원을

---

　　[12] "Remostrantes contra, credentes perseverantes fingunt antecedenter, qui crediderint & perseveaverint, antequm aeternae saluti destinarentur a Deo." Acta II, 16.

　　[13] "Quodque beneplacitum illud Dei, ... sed tantum in hoc, quod Deo visum fuerit, ignobilem fidei actum praescribere, in conditionem communicandae salutis, seu fideles facere salvos ..." Acta II, 59.

　　[14] "... sed ex mero suo beneplacito, statuit, ... certorum hominum misereri, eosque ad participationem gratiae suae efficaciter vocare, iustificare, & glorificare ..." Acta II, 59.

결정하는 것은 선행하는 인간의 믿음이므로 팔츠의 총대들의 관점에서 항론파의 이런 주장은 구원의 원인들의 순서(seriem causarum salutis)를 파괴한 것이며 예정을 후정으로 만든 것(ex Praedestinatio facere Post-destinationem)이다.[15] 항론파는 예정이란 단어를 사용했지만 그 실제적 결과는, 하나님께 앞선 원인을 돌리지 않고 오히려 하나님의 의지를 인간의 행위에 의존하게 만든 것이다. 즉 '예정'은 영원 전(ab aeterno)이라는 단어에만 매이는 의미가 아니라 구원의 원인의 논리적 선후관계에도 적용되는 것으로 본 것이다. 항론파는 '영원 전'이라는 단어와 함께 '예정'(Praedestinatio)이라는 단어를 사용했으나 원인의 실제적인 선후관계에서 '후정'(Postdestinatio)을 말한 것이다.

총대들이 논의한 이 주제는 도르트 신경 1조 7항에서 선택을 정의할 때, 하나님이 "자기 뜻의 가장 자유로운 기뻐하심을 따라"(secundum leberrimum voluntatis suae beneplacitum)이란 용어로 표현되었다. 여기서 선행하는 하나님의 은혜를 강조하기 위해서 인간의 어떤 공로를 부정하는 비참한 인류를 강조했다. 1조 10항에서 더 직접적으로 하나님의 기뻐하심만이 값없는 선택의 원인이라고 규정하면서 설명한다. 1 조 후반 부에 있는 거절하는 오류 제1항에서도 믿음과 믿음안에서 견디는 자를 구원하는 것이 '구원에 이르는 선택의 전체적이고 완전한 작정'(totum & integrum Electionis ad salutem Decretum)이라는 항론파의 이해를 거절하고 수정하면서, 그런 주장이 성경의 분명한 가르침(요 17:6, 행 13:48, 엡 1:4)과 부딪힌다고 한다.

나. 유기의 원인과 영벌의 원인 구별

회의 중에 항론파들이 선택의 문제보다 유기의 문제를 다루기를 원했던 것은 선택보다 유기가 신학적으로 다루기 더 어렵다고 생각했기 때문이다. 항론파는 도르트 회의에 제출한 문서에서 선택을 유기와 함께 같은 원리로 다룬다. "어떤 이들이 효과적으로 부름받고 의롭게 되고 믿음 안에서 견디고 영화롭게 되는 것이 영생으로 절대적으로 선택되었기 때문이 아니다" 마찬 가지로 "어떤 이들이 타락 안에 버려지고, 그리스도가 주어지지 않고, 나아가 유효하

---

[15] Acta II, 16.

게 부름받지 않고, 강퍅하게 되고 정죄심판 받는 것이 절대적으로 유기되었기 때문이 아니다."16 항론파의 논리를 그대로 따라가면 정죄심판의 원인이 하나님의 유기, 즉 하나님의 의지가 된다. 정죄심판의 원인이 인간의 죄에 있지 않고 하나님께 있다면 부당한 것이 되고 만다. 따라서 반대로 정죄심판의 원인이 인간의 죄에 있다고 해야 한다. 항론파에게 그 의미는 유기의 원인이 인간에게 있다는 것으로 이해된다. "영생으로부터 행해진 유기는 선행하는 불신과 불신에서 고집하는 것을 고려한 것이다."17 유기의 원인이 인간의 불신과 불신에서 고집하는 것에 놓여 진다면, 병행적으로 선택의 원인도 믿음과 믿음 안에서 견디는 것이 될 것이다. 따라서 이 문제에 총대들의 적당한 답이 필요했다.

1619년 1월 29일 69차 모임에서 팔츠 신학자 하인리히 알팅이 유기에 대해서, 하나님은 죄의 원인이 아니라는 점, 죄가 유기의 결과일지라도 죄는 유일한 원인인 부패한 인간본성에서 나온다는 점, 강퍅케 함과 어둡게 함은 하나님의 공의로운 심판이며 그런 방식으로 하나님께 돌려질 수 있다는 점을 언급하며 발언했다.18 이 발언은 하나님은 죄의 원인이 아니라 죄의 심판자시며, 죄가 하나님의 뜻 아래서 발생할지라도 그 원인은 인간에게 돌려진다는 개혁교회의 생각을 담고 있다.

개혁신학자들이 오래전부터 유기의 원인과 정죄심판의 원인을 구별해왔듯이 도르트 회의 총대들은 유기의 원인은 하나님의 기뻐하심에 정죄심판의 원인은 인간의 죄에 돌리고 있다. 영국신학자들은 긍휼과 형벌을 정하는 방식이 다르다는 것을 지적하면서, 자비의 선한 것들은 가장 자유로운 하나님의 뜻 때문에 정해지나, 형벌의 고통은 선행하는 인간들의 죄과 없이는 정하지 않는다고 말한다.19 죄에 대한 고려 없이는 하나님께서 아무도 심판하지 않으

---

16 [항론파가 회의 중 제출논제 3항]. Acta I, 113. 항론파가 제출한 논제들의 한글번역은 다음을 참고하라: 김병훈, "도르트 신경의 예정론에 대한 한 이해", 「장로교회와 신학」 4 (2007): 205-281.

17 "Reprobatio a vita aeterna facta est secundum considerationem antecedaneae infidelitatis, & perseverantiae in infidelitate ..." [항론파가 회의 중 제출논제 8항], Acta I, 113.

18 "1. Quod per hanc dotrinam, Deus non statuatur Autor peccati. 2. Quod peccata, etsi statuantur Reprobationis consequentia, tamen ex natura hominis corrupta, ut unica eorum causa, promanent. 3. Quod induratio & excaecatio iusta sint Dei iudicia, atque hac ratione Deo attribui possint." Acta I, 201.

19 "Deus bona gratiae dispensat pro liberrima sua voluntate. ... Porro damnatio est actus iusititiae punitivae, Culpam igitur praecedentem supponit." Acta II, 13.

시고 심판에 정하지 않기 때문에, 벌주시는 하나님의 공의로운 행위에는 앞서는 죄책이 전제되어야 한다는 것이다.

항론파가 "유기의 공로적 원인"(Causa Reprobationis meritoria)으로 불신과 불신안에서 고집하는 것에 대해서 팔츠신학자들은 반대한다. 유기의 원인을 하나님의 기뻐하심 또는 가장 자유롭고 의로운 의지라 칭하면서 영벌의 원인으로 원죄와 자범죄와 율법과 복음에 대한 반대를 들고 있다.[20] 여기서 팔츠총대들은 항론파가 사용한 '공로적'이란 단어를 삭제하고 단순히 '유기의 원인'이라 한 것에 주목해야 한다. 항론파는 '유기의 공로적 원인'이란 단어를 사용해 유기에 선행하는 죄를 고려하고 있고, 죄없이 하나님께서 영벌에 처하는 유기를 할 수 없다는 것을 드러내고 있기 때문이다.

헤센학자들도 항론파가 유기의 공로적 원인을 불신으로 규정한 것을 반대한다. 개혁교회가 유기의 원인을 하나님의 기뻐하심이라고 가르치고 있다고 하면서, 개혁교회의 신학자들이 유기의 두 가지 행위를 정확하게 구분해 왔다는 것을 지적한다. 첫째 행위는 소극적인 것으로 하나님께서 자비롭게 여기시지 않고 지나치시는 것이다. 여기서 유일한 원인은 아버지의 기뻐하심이다. 둘째 행위는 적극적인 것으로 영벌의 계획이다. 이 행위는 부분적으로는 하나님의 뜻 안에 있고 부분적으로는 유기자들의 죄안에 있다는 것이다. 회개 없음과 불신은 유기의 원인이 아니다. 만일 그렇다면 예외 없이 모든 인간들이 버려질 것이다. 원죄와 자범죄, 회개없음과 불신은 영벌의 원인이다. 하나님은 죄가 아니고는 아무도 의로운 형벌에 처하게 하지 않으시기 때문이다.[21] 취리히총대들도 유기와 영벌을 구분해서, 하나님께서 저자보다 이자를 유기하시는지는 원인을 오직 하나님의 기뻐하심에 돌리고 이자 또는 저자를 영벌하시는 이유를 죄에 돌린다.[22] 엠덴총대들도 유기의 원인으로 하나님 자신의 '순수한 기뻐하심'(merum ipsius beneplacitum)이라 칭하면서 하나님은 죄 때문에 아무도 유기하지 않았지만 죄를 제외하고는 아무도 영벌하기로 정하지 않았다고 언급한다.

---

[20] "Causa Reprobationis, cur quibusdam gratiose electis caeteros praeteriet, est beneplacitum Dei, sive liberrima ac iustissima eius voluntas. Causa autem damnationis est peccatum tum originale, tum actualia adversus Legem & Evangelium admissa." Acta II, 22.

[21] Acta II, 37.

[22] Acta II, 41.

도르트 총대들은 이처럼 이구동성으로 유기의 원인과 영벌의 원인을 구별했다. 항론파의 용어사용에 주의하면서, 즉 '유기의 공로적 원인'이란 단어를 피하면서 '하나님의 순수한 기뻐하심'에 유기의 원인을 돌린다. 도르트 신경도 1조 15항에서 하나님이 "가장 자유롭고, 가장 의롭고, 비평받을 것이 없는, 변치 않는 기뻐하심에서"(ex liberrimo, iustissimo, irreprehensibili, & immutabili beneplacito) 어떤 자들을 비참함에 버려두셨다고 고백한다. 그리고 그들을 "불신앙 뿐만 아니라 다른 모든 죄 때문에"(non tatum propter infidelitatem sed etiam caetera omnia peccata) 정죄심판하시고 영벌을 주시기로 정하셨다고 함으로서 유기의 원인과 영벌의 원인을 구별했다.

다. 선택에서 그리스도와 믿음의 자리

항론파가 제출한 논제 3에 의하면 중보자 그리스도는 선택의 실행자일 뿐 아니라 저 선택의 작정의 기초다.[23] 여기서 그들이 그리스도를 선택의 기초로 칭한 이유는 그리스도를 선택의 공로적 원인(meritoria causa electionis)으로 파악했기 때문이다. 따라서 항론파는 그리스도의 공로를 믿음으로 받아들이지 않고서는 아무도 의롭게 될 수 없는 것처럼, 그리스도의 공로를 믿음으로 받아들이지 않고는 아무도 선택되었다고 말할 수 없다고 했다.[24] '그리스도 안에서' 선택되었다는 뜻도 바로 같은 의미에서, '믿음을 통해서 그리스도 안에 있을 것'을 하나님이 미리 아시고 선택했다고 해석했다. 이것은 다시 미리 알려진 믿음이 선택의 조건이라는 항론파의 주장과 만나게 된다.[25] 따라서 총대들은 '그리스도 안에서 선택되었다'는 의미가 무엇인지에 대해 설명하고 그리스도의 자리가 무엇인지 규정하는 것이 필요했다.

---

[23] "Christus Mediator non est solum executor Electionis, sed ipsius Decreti Electionis fundamentum" Acta I, 113.

[24] "Christus est causa meritoria Electionis, ita quidem, ut quemadmodum nemo iustificatur, nisi per & propter satisfactionem & meritum Christi vera fide apprehensum, ita etiam nemo dicatur electus, nisi per idem Christi meritum vera fide apprehensum." Acta II, 34.

[25] "... an ita simus in Christo electi, quatenus per fidem fuimus in Dei praescientia tanquam ὄντες ἐν αὐτῷ, acque ita fides praevisa sit conditio electionis praerequisita." Acta II, 74.

영국총대들은 항론파의 '선택의 기초'(fundamentum electionis)라는 용어를 '선택받은 자들의 머리와 기초'(caput & fundamentum Electorum)라고 교정한다.[26] 선택으로 주어지는 은택들이 그리스도 안에서 주어지기 때문이다. 취리히 총대들도 '기초'라는 단어를 사용해서 "하나님께서 그의 실패할 수 없는 최고의 사랑으로부터 세상에 주기로 작정하셨던 중보자 그리스도가 실행될 선택의 기초"[27]라고 믿는다. 취리히 신학자들은 단어 하나를 추가하여서 그리스도가 '실행될 선택의 기초'(electionis exequendae fundamentum)라고 교정한 것이다. 왜냐하면 그리스도를 통하지 않고는 영적인 복들에 참여할 수 없기 때문이다. "이런 의미에서 그리스도 안에서 우리가 택함받았다고 말해진다. 곧 그리스도를 통해 속죄 받을 자들로, 그를 믿음으로 의롭게 될 자들로, 결국 그리스도를 통해 또 그리스도와 함께 영화롭게 될 자들로 아버지께서 그리스도에게 우리를 주셨다."[28] 그렇기 때문에 창세전에 하나님께서 그리스도 안에서 우리를 택하셨다는 의미는, "우리가 선택되기 전에 그 안에 존재하는 자들인 것처럼 선택하신 것이 아니라 우리가 그 안에 있도록 또 그를 통해 구원 얻도록 선택하신 것이다."[29] 취리히 총대들에 의하면 선택이 우리를 그리스도 안에 존재하도록 이끌었지 선택이 있기 전에는 우리는 그리스도 안에 없었다. 그리스도 안에 있는 것이 선택의 원인이 아니라 선택이 우리가 그리스도 안에 머무는 원인이다.

나사우-베터라우 대표들은 선택이 목적과 수단 두 행위로 구성되어 있다고 가르치면서 그리스도의 자리를 규정한다. 하나님은 선택하실 때 목적을 정하셨고 목적에 이르도록 수단들을 정하셨다. 그리스도는 이 수단들의 첫 번째 자리를 차지해서 그리스도는 다른 모든 수단들의 기초(mediorum fundamentum)이다.[30] 하나님께서 선택받은 자들을 그에게 주셔

---

[26] Acta II, 4.

[27] "Christum Mediatorem, quem ex suprema sua & ineffabili dilectione Deus mundo dare decrevit, electionis exequendae fundamentum sic esse ..." Acta II, 39.

[28] "Atque hoc sensu in Christo dicimur electi, quod Christo nos dederit Pater, per Christum redimendos, per fidem Iesu iustificandos, tandem per Christum & cum Christo glorificandos." Acta II, 39.

[29] "... tamen nos elegit Deus non velut existentes in illo priusquam eligeremur, sed elegit ut essemus in illo, perque eum servaremur." Acta II, 39.

[30] "Porro in mediis istis primum locum obtinet, adeoque reliquorum mediorum fundamentum est Christus Mediator ..." Acta II, 46.

서 구원얻는 자는 그를 믿음으로 값없이 구원 얻도록 하셨기 때문이다. 헤센 총대들도 그리스도의 자리를 선택의 수단으로 규정하면서, 항론파는 그리스도를 선택의 공로적 원인으로 규정하나 개혁교회는 (결정되는 선택이 아니라 실행되는) 선택의 수단으로 가르친다고 한다. 헤센 총대들은 더 정확히 제일의 으뜸가는 수단(medium primum & praecipuum)이라고 표현하는데, 왜냐하면 믿음, 칭의, 성화 나아가 구원 자체가 그리스도에게 의존하기 때문이다.[31]

헤센총대들은 나아가 성자와 그리스도를 각각 선택의 원인과 수단으로 구분하는 것을 암시한다. 총대들은 그리스도가 보냄받고 십자가의 죽음에 넘겨줌에 대한 작정은 선택의 작정 후라고 결론 내리면서, 그 원인을 성부와 성자의 사랑이라고 언급한다. 즉 그리스도의 오심과 십자가의 죽으심이 결과라면 성부와 성자의 사랑은 원인이다. 여기서 우리는 원인에 성자의 사랑을 포함시키는 것에 주목할 필요가 있다. 이 구도 안에서 성자는 원인이나 그리스도는 결과가 된다. 헤센 대표들이 직접적으로 언급하진 않으나 성자가 선택의 실행자로 그리스도는 선택의 결과로 암시되는 것이다 따라서 항론파가 그리스도를 선택의 실행자로 언급한 것은 정확하지 못한 면이 있다. 삼위일체 안에서 성자는 선택의 실행자요 신인이신 그리스도의 오심과 사역은 선택의 결과이기 때문이다.

엠덴의 대표들은 그리스도를 선택의 결과로 표현하기를 선호한다. 이들에 의하면 선택의 유효한 원인은 영원 전에 있어야만 하는데 그리스도의 공로는 영원 전에 없었다. 게다가 중보자직은 택함 받은 자들을 하나님과 화목하려는 목적으로 선택된 것이다. "따라서 그리스도는 선택의 원인이 아니라 결과다. 그리스도가 우리를 위해서 죽으실 것이기 때문에 하나님이 우리를 선택하신 것이 아니라, 반대로 하나님께서 우리를 그리스도 안에서 선택하셨기 때문에 그리스도가 우리를 위해 죽으신 것이다."[32]

'그리스도 안에'라는 표현을 '그리스도를 믿는 믿음 안에서'라고 해석해

---

[31] "Ecclesiae Reformatae docent, Christum esse electionis (non decernendae, sed exequendae) medium ... primum ac praecipuum, cui reliqua media, puta fides, iustificatio, ipsaque etiam salus innitantur ..." Acta II, 34.

[32] "Ergo Christus electionis non causa, sed effectum est. Non enim ideo elegit nos Deus, quia Christus pro nobis moriturus erat: sed contra, ideo Christus pro nobis mortuus est, quia Deus nos elegerat in ipso." Acta II, 74.

서 항론파가 의도한 것은 그리스도의 위치를 높이 올리려는 것이었을지 모르나 사실 그 결과는 그리스도 안에 머물게 하는 '우리의 믿음'을 높이는 것이 된다. 따라서 우리는 믿음의 자리도 논해야 한다. 항론파의 주장은 결국 그리스도를 믿는 믿음이 선택의 조건이라는 명제로 간다. 항론파는 회의 중 제출한 논제에서 하나님이 선택에서 미리 요구된 조건으로서 믿음과 믿음 안에서 견딤을 고려했다고 주장했다.[33] 또 다른 곳에서 항론파는 하나님이 구원을 주는 조건으로서 가능한 많은 조건 들 중에서 믿음을 택하신 하나님의 기뻐하심이 선택의 원인이라고 하였다.[34]

반면 도르트 회의 총대들은 믿음이 선택의 열매라고 자리매김한다. 믿음, 견인, 그리고 구원으로 인내하는 모든 은혜의 선물은 선택의 열매요 효과다(영국). '은혜롭고 값없는 선택의 열매'(취리히), 효과적인 사랑을 통한 믿음은 선택의 열매이다(나사우-베터라우) 등이다. 팔츠신학자들은 믿음을 조건으로 택하신 하나님의 기뻐하심이 아니라, 어떤 이들을 긍휼히 여기시기로 하시고 그들에게 구원을 위한 믿음과 거룩을 주시기로 정하신 하나님의 기뻐하심이라고 교정했다.[35] 당연히 믿음, 믿음의 순종, 믿음 안에서 견인은 선택의 원인 또는 미리 요구된 조건(praerequisita eius conditio)이 아니라 선택의 열매와 결과(fructus & effectus Electionis)다.

팔츠신학자들은 성경구절들을 간단히 인용함으로서 이것을 증명한다. 이것이 주어지고 주어지지 않는 것은 아버지의 뜻(마 11:25-26)이며, 정해진 자가 믿으며(행 13:48), 거룩하고 흠이 없도록 선택되었다(엡 1:4). 하나님께서 주심으로 우리가 소유하는 것이지 주시지 않으면 어떤 것도 우리는 소유할 수 없다. 믿음이 선택의 열매라는 것은 믿음의 소유하게 된 원인을 인간이 아니라 하나님께 돌린다는 의미다. 취리히 대표의 다음의 언급은 이 핵심을 잘 파악했다. "좋으신 하나님 스스로 선한 것을 비참한 자에게 주기로 결정하시지 않는 한, 인간 안에서 어떤 선한 것도 미리

---

[33] "VII. Electio singularium personarum peremtoria est, ex consideratione fidei in Iesum Christum & perseverantiae; non autem citra considerationem fidei & perseverantiae in vera fide, tanquam conditionis eligendo praerequisitae." Acta I, 113.

[34] "Causa Electionis est beneplacitum Dei, quo ex multis conditionibus possibilibus placuit ipsi, Fidem eligere in conditionem communicandae salutis." Acta II, 17.

[35] "Causa Electionis est beneplacitum Dei, quo nemini quicquam debens; liberrima voluntate ac gratia huius prae illo misereri, in Christo sevandi; hunc prae illo in fide & sanctitate ad salutem donare decrevit." Acta II, 18.

보시지 않는다."[36] 엠덴 대표는 이것을 의식해서 "그리스도의 공로 때문에 또 우리가 믿음으로 그것을 받았기 때문에 선택되었다고 말한다면, 우리가 선택되는 것보다 먼저 그리스도를 믿었어야 한다는 것인데, 이것은 모순이다"고 지적했다.[37]

총대들이 논의한 그리스도와 믿음의 자리매김은 도르트 신경에도 포함된다. 도르트 신경은 1조 7항에서 그리스도 안에서 선택하셨다는 것을 언급하면서 "그를 또한 영원 전에 중보자(Mediatorem), 모든 선택된 자들의 머리(omnium Electorum Caput)와 그리고 '구원의 기초'(salutisque fundamentum)로 세우셨다"고 덧붙인다. 선택된 자들을 '구원 얻도록'(salvandos) 그에게 주시고, 그를 믿는 믿음을 주시기로 작정하셨다고 표현함으로 선택의 작정 아래에 그리스도와 믿음의 자리를 놓고 있다. 믿음에 대해서는 1조 9항에서 선택이 미리 본 믿음으로부터 행해진 것이 아니라고(non ex praevisa fide) 분명히 밝힌다. 선택이 구원의 모든 좋은 것의 근원(fons omnis salutaris boni)이며, 믿음과 거룩과 다른 은사는 선택의 열매와 결과(fructus & effectus eius)라고 규정한다.

라. 선택과 언약의 통일성

도르트 회의에 참여한 총대들이 논의한 내용 중에 선택은 하나(unica electio)인지 아닌지에 대한 것이 있다. 이 내용은 의외로 길게 논의 되어졌다. 영국신학자들에 의하면 항론파에게 구원에 이르는 선택이 하나가 아니어서, 어떤 것은 정해지지 않았고, 어떤 것은 정해져 있다. 정해진 선택은 다시 완결되지 않았고 되돌릴 수 있으며 변할 수 있는 선택이 있고, 완결되었고 되돌릴 수 없고 변할 수 없는 선택이 있다는 것이다.[38] 항론파에 대한 이런 평가가 있는 것은 그들의 선택에 대한 이해 때문이다. 그들은 먼저 선택을 일반적인 선택과

---

[36] "Nec quicquam boni Deus in homine praevidit, nisi quod bonus ipse misero dare decrevit." Acta II, 39.

[37] "Si propter meritum Christi, idque fide apprensum, ut loquuntur, electi sumus, sequitur nos prius in Christum credidisse, quam fuimus electi, quod est absurdum." Acta II, 74.

[38] "Electionem ad salutem non esse unicam, sed aliam indefinitam, aliam difinitam; atque hanc vel incompletam, revocabilem, mutabilem; vel completam, irrrevocabilem, immutabilem." Acta II, 7.

특별한 선택으로 나누었다. 일반적인 선택이란 믿을 자들을 구원하시기로 정하신 것을 말하며, 특별한 선택이란 믿을 각 개인을 미리 보시고 선택하신 것을 말한다. 일반적인 것은 정해지지 않은 것(indefinita)이라 불렸으며, 특별한 것은 각 개인들에 대한 선택이므로 특수한 것(particularis) 또는 개인적인 것(singularis)으로 정해진 것(definita)이라 불렸다. 이 특별한 것은 다시 완전하지 않아서 되돌릴 수 있는 선택과 완전해서 되돌릴 수 없는 선택으로 나뉜다. 참되게 믿어 의롭게 되고 성령을 통해 새롭게 된 후에 믿음과 성령을 잃고 마지막까지 고집하다고 거기서 죽기 때문에 완전하지 않고 되돌릴 수 있는 선택이며, 참된 믿음으로 견디다가 죽을 때에 변하지 않고 되돌릴 수 없는 선택이다.[39] 팔츠신학자들은 여기에 덧붙여 항론파에 의하면 신약과 구약의 선택이 다르다는 것을 지적한다.[40]

성경이 말하는 하나님의 선택은 정해진 선택이라는 것이 도르트신학자들의 생각이다. 아직 열려져 있어 정해지지 않은 것은 하나님의 선택이 아니다. 무엇보다 이 선택이 하나님의 속성과 일하시는 방식에 연결되어 있기 때문이다. 영국신학자들의 견해에 따르면 선택이란 하나님의 의지 안에서 각 개인들을 구원에 이르도록 정하는 것인데, 이것은 실패할 수 없기 때문에 항론파에 반대한다.[41] 취리히 대표들에게 항론파의 이 주장은 "경솔한 호기심의 담대한 발견"이다.[42] 우리를 예정하시는 이가 모든 일을 그의 뜻의 결정대로 일하시는 분(엡 1:11)임을 말하면서 이 주장에 반대했다. 헤센신학자들은 하나님의 속성에 좀 더 들어가서 하나님의 내재적인 어떤 행위도 비완성적이라고 말할 수 없다고 한다. 선택은 나누어질 수 없는 하나님의 내재적 행위에 속한다.[43] 그런데 하나님의 의지 안에 있는 계획이 비완성적이라는 것은 하나님의 내재적 행위를 나누는 것이다. 이것은 하나님 안에 서로 다른 계획이나 서로 다른 의지가 있다는 것으로 하나님의 완전성에 손상을

---

[39] Acta II, 31.

[40] 팔츠신학자들은 에피스코피우스의 논제에서 이 사실을 발견했다. Acta II, 17.

[41] "Nam electio est, quaedam infallibilis ordinatio singularium personarum ad salutem, in mente ac voluntate divina." Acta II, 8.

[42] "Electionem aliam generalem, universalem, indefinitam: similter completam & incompletam ... velut temerariae curiositatis audax inventum ..." Acta II, 40.

[43] "Nulla Dei actio immanens potest dici incompleta. Ratio, quia actiones Dei immanentes sunt individuae ... Electio ad salutem est actio Dei immanens ..." Acta II, 32.

가하는 것이다.

항론파의 다중선택(multiplex electio)은 열려진 것으로서 참 선택이 아니라는 것이 도르트 신학자들의 견해다. 영국신학자들에게 이것은 고장 난 반-선택(semi-electio)이다. 왜냐하면 인간들의 성질과 행동에 놓였고, 영생과 필연적으로 연결되어 있지 않기 때문이다.[44] 다만 모든 이들에게 공통적으로 놓인 구원에 이르는 방법을 표현할 뿐이다. 그러나 각 개인이 구원으로 정해지지 않은 선택은 참된 선택이 아니다. 이 항론파의 선택은 하나님의 주권을 손상시킨다는 면에서 하나님의 영광에 상처를 입혔고, 구원을 부패한 인간의 불확실성에 놓음으로 위로를 빼앗았다. 나아가 인간의 불확실성에 구원을 놓는 다는 면에서 펠라기우스주의와 연속성 아래에 있다. 엠덴신학자들은 이렇게 결론 내린다. "하나님에게서는 자기 영광을 빼앗고, 인간들에게게서는 삶과 죽음에서의 참된 위로를 뺏는다, 기독교의 교리에 있는 모든 확실성을 가져간다. 마지막으로 펠라기우스주의로 가는 넓은 길을 열었다. 그렇다, 펠라기우스주의 그 자체 외에 다른 것이 아니다."[45]

나아가 선택의 통일성은 신구약의 통일성과 연결된다는 것을 팔츠 신학자들이 보여준다. "구원에 이르는 선택은 오직 하나이다"이기 때문에 "동일한 구원이 모든 선택받은 자들에게 의도되었고 동일한 구원의 수단들이 미리 정해졌고 준비되었다"는 전제 아래서, "모두 동일한 교회를 이룬다"고 말한다.[46] 동일한 구원과 동일한 수단을 갖는 선택이기 때문에 신약과 구약에 적용될 때 신구약에 다른 선택이 있다고 말할 수 없게 된다. "구약과 신약의 각기 다른 선택이 생각될 수 없고 말해질 수 없다. 둘 다 같은 구원의 이해를 갖는데, 곧 하나님의 값없는 선택으로 이루어진 구원의 근원에 대해서 뿐만 아니라 정확하게 필요한 구원의 모든 수단들에 대해서다."[47] 구약아래서도 과연 신약

---

44 Acta II, 8.

45 "... Deum gloria sua, homines vera consolatione in vita & in morte spoliat, omnem certitudinem in Doctrina religionis tollit, viam denique amplam ad Pelagianismum aperit, imo nihil aliud est, quam ipse Pelagianismus." Acta II, 69.

46 "... unica ... st ad salutem Electio ... eandem salutem omnibus electis intendit, & eadem salutis media praeordinavit ac praeparavit ... omnes sunt ... eandem ecclesiam constituentes ..." Acta II, 17.

47 "... non alia V. alia N.Testamenti statuenda aut dicenda est electio, quandoquidem eadem utrobique salutis ratio obtinet, tum quo ad fontem salutis, qui gratuita Dei electione continetur, tum quo ad omnia eius media praecise necessaria." Acta II, 17.

과 동일한가에 대해서 제네바 대표들은 구약에서 족장들의 선택도 신약과 동일한 근원, 동일한 목적, 동일한 수단을 갖는다고 말한다. 즉 구약에서도 하나님의 기뻐하심으로부터, 그리스도 안에서 믿음을 통해 영원한 구원으로 정해졌다는 것이다.[48] 즉 신구약이 동일한 하나의 선택에 해당한다는 것은 바로 신구약이 구원의 근원에서나 구원의 방식에서 같은 하나의 동일한 구원론을 갖는다는 말이다. 이렇게 도르트 회의의 논의에서 예정론 논쟁은 신구약의 통일성 문제와 직접적으로 연결되어 있다. 따라서 도르트신학자들에게 항론파의 다중선택은 하나님의 영광, 신자의 위로, 언약의 통일성을 상처내는 견해였다.

이 내용도 도르트 신경에 포함되어서 1조 8항에서 선택이 다중적이 아니고(non multiplex), 신구약에서 구원 얻을 자들에 대한 하나의 동일한(una & eadem omnium savandorum in Vetere & Novo Testamento) 선택이 있다고 말한다. 거절하는 오류 2항에서는 항론파의 다중선택론을 길게 인용한 후 성경에 근거하지 않은 인간 정신의 생산물로 규정하면서, 선택교리를 파괴할 뿐 아니라 '구원의 황금사슬을 끊는다'(aurem salutis catenam dissolvens)고 경고한다.

마. 선택의 확신

항론파는 구원에 이르는 선택의 확신을 부정했다. 어떤 특별한 계시를 받은 신자만이 예외적으로 이 확신을 가질 뿐 신자들에게 보편적이 아니라는 것이다. 도르트 회의는 이 문제도 다루어야 했다. 1619년 1월 28일 도르트 회의 68차 모임에서 팔츠 신학자 아브라함 스쿨테투스는 선택을 깨닫고 확신하는 것에 대하여 공적으로 설명했다. 그 후 엠덴의 노년에 이른 목사가 일어나 자신이 44년 동안 사역하면서 선택과 구원의 확신에 대한 교리를 엠덴 교회에서 가르쳤는데, 동료들의 큰 동의와 교회가 크게 견고해지는 것이 있었다고 지원하는 발언을 했다.[49] 팔츠신학자들과 엠덴신학자들은 이 문제를 비중있게

---

[48] "Electio Patrum sub V.Testamento fuit ab eodem fonte, ad eundem finem, per eadem media principalia, atque in Novo; Id est, ex mero beneplacito Dei, in Christo, per fidem ad salutem aeternam fuerunt ordinati." Acta II, 55.

[49] "... Reverende Senex Daniel Eilshemius, declarabat, se istam de Electionis ac salutis certitudine doctrinam, quae a Clarissimo D. Sculteto explicata fuerat, per integros quadraginta quatuor

다뤘고 다른 지역대표들도 이 문제에 대해 논의했다. 선택의 확신을 부정하는 것은 하나님의 선택 자체를 선택받은 자들에게 소용없는 것으로 만드는 것과 마찬가지이기 때문에 이 문제는 중요했다.[50]

엠덴신학자들은 이 생애에서 선택에 대해서 확신할 수 없다는 것을 항론파의 다중선택론 곧 완성되어 있고 완성되지 않은 선택론의 귀결로 본다. 그리고 선택의 확신을 부정하는 것은, 트리엔트회의에서 죄용서에 대한 확신을 모든 경건에서 멀리 있는 헛된 신뢰(vanam & ab omni pietate remotam fiduciam)라고 불렀던 로마교회와 함께 하는 것이다. 엠덴신학자들에게 이 문제는 위로와 깊은 관련을 맺고 있다. 그래서 그들은 개혁교회의 교리, 즉 선택받은 각자가 자기 선택에 대해서 확신할 수 있고 확신해야만 한다는 것을 위로의 교리로 부른다.[51] 아브라함은 하나님의 약속(창 15장)과 은혜언약(창 17장) 때문에 자기 선택에 대해서 확신했다. 그래서 아브라함은 하나님을 의심치 않고 견고한 믿음으로 하나님께 영광을 돌리며 약속하신 그것을 능히 이루실 줄을 확신했다(롬 4:20-21). 이것은 아브라함만 위한 것이 아니라 우리를 위한 것이다(롬 4:24). 엠덴신학자들은 이삭, 야곱, 모세, 다윗, 여러 신앙 인물들의 확신을 나열한다. 사도바울은 자신만 확신할 뿐 아니라 모든 신자들의 확신에 대해서도 말한다. 곧 성령이 친히 우리 영으로 더불어 우리가 하나님의 자녀인 것을 증거한다(롬 8:16). 우리의 소망(롬 8:24)으로 말한다. "누가 능히 하나님의 택하신 자들을 송사하리요?"(롬 8:33) "누가 우리를 그리스도의 사랑에서 끊으리요?"(롬 8:35) 엠덴 신학자들은 롬 8장과 딤후의 성경구절들을 인용하면서 선택의 확신에 대한 증거를 마무리한다.

다른 여러 지역대표들은 특히 소명, 칭의, 성화 등과 연결시켜서 선택의 확신을 말한다. 팔츠신학자들은 이 생애에서 두 열매 즉 지각과 확신이, 비록 수준이 다를지라도 부름받은 택함받은 자들에게 있다는 것이 성경의 증거라고 소개한다.[52] 소명과 칭의의 지각과 확신에 연결시켜서 항론파의

---

annos in Ecclesia Emdensi, magno cum Collegarum consensu & Ecclesiae insigni aedificatione, docuisse." Acta I, 200.

[50] "Sensum & cetitudinem Electionis in hac vita negare, est ipsam Electionem electis in hac vita reddere inutilem ..." Acta II, 19.

[51] "Hisce opponimus hanc Thesin consolatoriam: Unusquisque electus de sua electione certus esse potest ac debet." Acta II, 79.

주장을 이렇게 교정한다. "소명이나 칭의에 대한 지각과 확신만큼 선택에 대한 지각과 확신이 이 생애 가운데 있는 택함받은 자들에게 있다."[53] 브레멘 신학자들에 의하면 이 선택은 시간 속에서 우리에게 알려진다. 곧 말씀과 성령으로 중생될 때, 또는 효과적으로 부름받아 그리스도를 믿고 거룩하게 살고 영원한 영광의 확실한 소망을 갖게 될 때다.[54] 헤센의 신학자들도 소명과 칭의에 연결시켜서 선택의 확신을 말한다. 소명, 믿음, 칭의, 성화에 대해 확신할 수 있는 자는 누구나 영생에 이르는 자신의 선택에 대하여 확신할 수 있다고 주장한다. "왜냐하면 유효적 소명, 그리스도를 믿는 믿음, 칭의, 성화는 서로 그리고 선택과 필연적으로 연결되어 있기 때문이다."[55] 나아가 헤센신학자들은 선험적으로(a priori) 어떤 이가 선택의 수에 포함되어 있는지 아무도 알 수 없으나, 모든 신자들은 자신의 선택에 대해서 후험적으로(a posteriori), 곧 말씀의 계시와 자신 안에 거하는 성령의 증거와 선택의 열매들 때문에 알 수 있다고 결론 내린다. 제네바 대표들은 이런 선택의 열매들을 가지고 떨림으로 선택의 확신을 바라보며 유지하며 증가시켜야만 한다고 덧붙인다.[56]

　도르트 신경은 1조 12항에서 선택의 확신에 대해서 고백한다. 다양한 단계와 다른 수준에도 불구하고 선택에 대한 확신이 있다. 그런데 하나님의 비밀과 심원에 호기심으로 들어가는 방식이 아니라, 그리스도에 대한 믿음, 하나님에 대한 경외, 죄에 대한 슬픔, 의에 대한 배고픔과 갈증과 같은 선택의 열매를 통해서 확신이 있다고 고백한다. 거절하는 오류 7항에서 변할 수 있는 조건 밖에서는 어떤 선택의 감각과 확신이 없다는 항론파의 주장을 확실하지 않은 확실성(certitudinem incertam)이라고 한다. 신자들이 확신 속에서 고백한다는 것을 성경 인용을 통해 보여준다.

---

[52] "Scripturae aliud iudicium est, quae utrumque fructum, sensum videlicet ac certitudinem etiam in hac vita, vendicat electis vocatis; gradu licet dispari." Acta II, 19.

[53] "Sensus ac certitudo electionis, non minus quam vocationis, aut iustificationis, electis etiam in hac vita constat." Acta II, 19.

[54] "Haec Electio patefit in tempore, quum per Verbum & Spiritum Dei regeneramur, seu efficaciter vocamur, ut in Christum credamus, sancte vivamus, & spem aeternae gloriae certam concipiamus." Acta II, 61.

[55] "Quia vocatio efficax, fides in Christum, iustificatio & sanctificatio, & inter se; & cum electione necessario cohaerent." Acta II, 35.

[56] "... debent ... illam sollicite tueri, fovere, & augere." Acta II, 56.

바. 교회에서 가르치는 방식의 제안

우리는 마지막으로 도르트 신경의 구성방식도 회의에서 논의되었다는 것을 살펴보려 한다. 앞에서 살핀 것처럼 각 지역의 평가문과 도르트 신경은 그 목적에서 차이가 있기 때문에 평가문의 구성방식과 도르트 신경의 구성방식이 다르다. 지역 평가문의 목적은 항론파의 주장을 자세히 검토하고 분석하여 평가하고 성경의 바른 이해가 무엇인지 보여주는 것이다. 따라서 그 서술방식과 문체는 학교의 방식에 가깝다. 반면 도르트 신경의 목적은 교회를 안정시키고 세우는 것에 있다. 따라서 그 서술방식과 문체는 더 실천적인 성격을 갖는다. 도르트 신경은 다양한 평가문의 일치된 내용을 포함하면서도 평가문과는 다르게 더 실천적인 성격을 갖게 된다. 그런데 도르트 신경이 갖는 이런 실천적 성격을 갖는 구조도 총대들의 제안속에서 드러난다.

그 대표적인 예가 바로 팔츠 대표들이 제안한 '예정교리가 대중적으로 가르쳐지는 방식'(Modus docendi populariter doctrinam de Praedestinatione)이다. 팔츠의 신학자들은 항론파의 1항에 대한 평가문 뒤에 이것을 첨부해서 회의에서 공식적으로 낭독했다. 도르트 회의 의장 보거만은 팔츠 신학자들이 제안한 이 방식을 따라 신경의 초안을 작성했다.[57] 즉 신경이 예정론을 전달하는 방식의 구조도 회의에서 논의되었고 제안된 평가문의 영향아래에 있었던 것이다.

팔츠 대표가 제안한 예정론을 가르치는 방식은 총 11개의 논제로 이루어졌다.[58] 이 내용을 요약하면 다음과 같다. 하나님께서 타락한 인간을 심판하실 수 있었음에도 심판하지 않으시고 독생자를 약속하셨다(1항). 독생자를 믿는 자마다 영생을 얻는데(2항), 성령이 마음을 여셔야 믿을 수 있기 때문에(3항), 믿음은 하나님의 선물이다(4항). 인간은 스스로의 힘으로 믿음을 얻을 수 없기 때문에(5항), 하나님께서 원하시는 자에게 이것을 주신다(6항). 하나님께서 창세전에 선택한 사람들에게 믿음을 주시므로 믿음은 선택의 열매요, 선택의 원인은 하나님의 기뻐하심이다(7항). 선택은 실패하지 않으며(8항), 그리스도

---

57 Dijk, *De Strijd*, 171.
58 Acta II, 23-24. 한글번역: 이남규, "위로와 확신의 근거-하나님의 예정",「성경과 신학」 58 (2011): 303-306.

인은 자기 선택에 대해 확신한다(9항). 하나님이 선택을 계시하신 이유는 우리가 미끄러지지 않고 두려움과 떨림 가운데서 힘쓰기 위해서다(10항). 두려움과 떨림이 위로충만한 실천신학논증(consolationis plenissimam Theologiae practicae logicam)과 연결되어 있다(11항).

이 구조는 도르트 신경과 유사한 '죄와 하나님의 진노-복음-믿음-선택-확신-실천적 이해'의 순서라는 것을 알 수 있다. 도르트 신경은 선택을 가장 먼저 말하지 않고 하나님의 진노아래 있는 인류에 대해 말하고(1항), 그리스도를 통해 나타난 하나님의 사랑(2항), 그리스도를 믿음을 얻는 영생(3, 4항), 믿음이 하나님의 선물이며 하나님의 결정의 결과(5항, 6항)인 것을 밝힌 후에 7항에서 선택을 정의한다. 교회를 세우려는 의도에서 선택의 실천적 이해(13, 14항), 유기의 실천적 이해(16항)를 포함한다. 도르트 총대들은 예정교리가 사변적이지 않고 성경에 근거한 교리일 뿐 아니라, 교회를 세우며 신자들에게 유익을 가지는 것으로 생각했다는 것을 보여준다.

4. 나가며

도르트 회의 중에 논의된 내용을 유럽전역에 퍼진 개혁주의를 대표할 수 있는 국외 총대들의 평가문을 통해서 살펴보았다. 총대들이 다룬 주제들 중에서 공통적으로 지적하고 있는 주된 주제들을 택했다. 선택의 작정 전체를 서술함에 있어서 단순히 믿음으로 구원을 얻는 데에 멈추지 않고 성경을 따라 선행하는 하나님의 값없고 조건없는 선택을 포함해야 한다는 점, 유기에 있어서 유기의 원인과 영벌의 원인을 구분해서 유기의 원인은 하나님께 돌리고 영벌의 원인은 인간의 죄에 돌려야 한다는 점, 그리스도 안에 있는 것이 선택의 원인이 아니라 선택이 우리를 그리스도 안에 머물도록 했고 따라서 믿음은 선택의 열매라는 점, 선택은 다중적이지 않고 신구약에 하나라는 점, 신자는 이 땅에서 선택의 열매를 통해 선택을 확신한다는 점, 나아가 총대들은 예정론의 유익함을 알았고 가르치는 방식까지 생각했다는 점을 살펴보았다. 각 지역 총대들은 자신만의 독특한 문체로 항론파에 반대하고 바른 교리를 세우려고 했다. 그리고 이 내용들은 도르트 신경에 실천적인 방식으로 담겼다. 총대들의 다양한 신학적 접근과 화법은 성경의 교리를 보호하고 교회를 세우려는 목적 하에 도르트 신경이라는 하나된 증언으로 모아졌다.

이 도르트 신경은 개혁주의를 상징하는 대표문서로 우리에게 전해졌다. 개혁주의는 약속을 믿는 믿음 안에 머무는 것에 만족하지 않고, 성경의 증언과 함께 선행하는 하나님의 선택까지 올라간다. 성경이 예정이란 단어를 사용한 이유는 우리의 모든 행위를 실제적으로 앞서 궁극적 원인이 되시는 하나님의 일하심을 말하는 것이며, 따라서 예정을 고백하는 자는 하나님께 영광을 올려드리는 것이다. 그렇게 때문에 도르트 회의에 참여한 총대들은 항론파의 예정론을 받을 수 없었다. 항론파가 비록 예정(Praedestinatio)이란 단어를 사용하지만 이 예정이란 실제적인 의미에서 인간의 행동 뒤에 오는 후정(Postdestinatio)일 뿐이다. 도르트 총대들에게 선행하는 실제적인 예정을 보호하는 것이 성경을 지키는 것이고, 모든 복을 하나님께 돌리고 무릎 꿇는 경건이었다. (*)

11.
도르트 신경이 고백하는 성도의 견인 교리[1]

김병훈 ▌ 조직신학 · 부교수

도르트 신경은 개혁파 구원론을 대표하는 신조로 널리 알려져 있다. 그것은 개혁파의 하나님의 주권과 작정에 따른 구원론을 논리적 체계로 제시한다고 말한다. 도르트 신경은 1610년에 46명의 목사의 서명을 담아 제시한 '알미니안 또는 항론파 신앙항목들'(*Articuli Arminiani sive Remonstrantia*)에 대해 오류를 시정하는 개혁파의 반론의 결과이다.

특별히 성도의 견인 교리와 관련하여 논쟁이 오고간 논점은 과연 참된 신앙을 가진 중생한 자가 완전히 그리고 최종적으로 구원을 받지 못할 수가 있는가에 있었다. 그것은 파생적으로 중생한 자가 실족하여 죄를 범할 때, 그것이 믿음의 상실인가 아니면 믿음은 여전하되 믿음의 활동이 약화되거나 멈춘 것인가의 논점으로 이어졌다. 그리고 당연히 믿음의 견인에 대한 확신을 가질 수가 있는가의 문제가 다루어졌다. 과연 성경은 성도의 견인 교리를 지지하는가의 문제는 가장 핵심적인 논점이었다. 성경은 성도가 구원의 날까

---

[1] 본 논고는 「장로교회와 신학」 11(2014): 218-259에 실렸던 글임을 밝혀둔다.

지 보존이 될 것임을 말하기도 하는 반면에, 또한 신자 가운데 멸망에 이를 자들도 있으므로 신앙을 인내하며 지킬 것을 경계하기도 한다.[2]

개혁파의 성도의 견인 교리를 비판하는 이들은 성도의 견인 교리는가 성경에 근거를 둔 것이 아니며, 오히려 칼빈주의 교리에 따라서 철학적인 배경에서 논리적으로 연역한 것이라고 주장한다.[3] 과연 그런가? 개혁파는 항론파를 향해, 항론파는 개혁파를 향해 서로 성경의 근거가 부족하고 신학의 체계를 논리적 연역 위에 각기 주장을 세운 것이라는 비판을 하므로 단순히 결정될 질문은 아니다.

본 글은 도르트 신경이 고백하는 성도의 견인 교리를 잘 이해할 수 있도록 설명하는 목표를 가지고 시작에 앞서서 다음과 같은 점에 이해를 분명히 하는 것이 도움이 될 것이다. 첫째 성도의 견인 교리에 따른 성도는 어떠한 범위에 속한 분들인지의 문제이다. 염두에 두어야 할 것은 성도의 견인 교리의 대상 혹은 범위는 모든 예배 참석자들이나 교회 회중 모두를 가리키지 않으며, 또 공적으로 신앙고백하는 모든 자를 말하는 것도 아니며, 은혜언약 안에 있는 모든 사람들을 가리켜 말하는 것이 아니라는 점이다. 성도의 견인 교리의 대상 혹은 범위에 대한 올바른 이해는 참된 신앙을 소유한 중생한 자이다.[4] 둘째 견인의 성격이다. 이 교리는 참된 신앙을 가진 중생한 사람은 항상 믿음을 잃어버릴 수 없다고 가르치지 않는다. 도르트 신경은 참된 신앙인이라할지라도 일시적으로는 신앙의 활동을 하지 않을 수가 있음을 부인하지 않는다.

셋째 성도의 견인 교리의 논점은 견인의 근거가 어디에 있느냐의 문제이다. 항론파는 신자 자신의 결심과 능력에서 견인의 가능성을 찾는다. 하지만 개혁파는 신자의 능력이 아니라 하나님의 신실하신 약속의 성취하심에 둔다.[5]

넷째 실천적인 측면으로, 성도의 견인 교리와 관련한 악의적인 오해는 성도의 견인 교리가 사람들에게 아무렇게나 삶을 방종하고 살도록 허용을 한다는 것이다. 이것은 전혀 사실이 아니다.

이러한 논점과 전제를 이해하면서 도르트 신경의 성도의 견인 교리를 이해하

---

2 성도의 견인 교리와 관련하여 현대적 논의들을 알고자 하는 이들을 위하여 약간의 참고문헌을 글의 뒤에 별첨으로 붙임을 밝힌다.

3 Anthony A. Hoekema, *Saved By Grace* (Grand Rapids, MI: Eerdmans, 1989, 236); 한역을 위하여서는, *개혁주의 구원론*, 류호준역 (서울: 기독교문서선교회, 1990), 389.

4 Ibid., 235; 한역, 387..

5 Ibid., 234, 한역, 334.

기 위하여 먼저 항론파의 주장을 살피고, 이에 대해 항론파와 함께 회합을 한 헤이그 모임(1610)에서 개혁파가 항론파에 대해 반박한 글을 살피고, 개혁파의 반론과 그에 대한 성경적, 신앙문서 또는 요리문답의 근거들을 살핀다. 그리고 도르트 신경을 성도의 견인과 관련하여 15개 항목을 읽고, 이어서 9개 오류에 대한 논박문을 살피며, 마지막으로 개혁파 신앙문서인 웨스트민스터 신앙고백서의 성도의 견인교리의 이해를 비교하여 살피고, 루터파에서 보는 성도의 견인 교리에 대한 비판을 정리하는 것으로 마치도록 한다.

1. 성도의 견인 교리와 관련한 항론파의 주장

"진실한 믿음으로 그리스도에게 접붙임을 받은 자들, 그리고 그 결과 그의 살리는 영에 참여하게 된 자들은 능력으로 충만하게 무장이 되어 그 능력으로 사단과 죄와 세상을 대항하여 그리고 자신의 육신과 싸울 수 있으며, 참으로 그것들에게서 승리를 되찾아 올 수 있다. 그렇지만 (주의하여 조심하기를 바란다) 그것은 항상 성령의 도우심으로 인한 것이다. 그리고 예수 그리스도께서 그의 영으로 모든 시험에서 그들에게 도움을 주시며, 손을 내밀며, (만일 그들이 싸움을 위하여 준비가 되어 있기만 하다면, 그의 도움을 바라며 그들이 게을리 하지 않는다면) 그들을 도우며 굳세게 한다. 그 결과, 요한복음 10장에 있는 그리스도의 말씀에 따라, 어떤 거짓이나 사단의 힘에 의하여 미혹을 받거나 그리스도의 손에서 빼앗김을 당할 수가 없도록 한다. 한 편, 그들이 그리스도의 생명의 시작을 태만으로 말미암아 다시 버리는 일이 있을 수가 있는지, 그리고 다시 현 세상을 품을 수는 있는지, 그들에게 전에 전해진 거룩한 교리에서 돌아서는 일이 있을 수 있는지, 선한 양심을 버리는 일이 있을 수 있는지, 그리고 은혜를 무시하는 일이 있을 수 있는지에 대해서는 우리가 확실한 마음으로 다른 이들에게 이것을 가르칠 수 있기에 앞서서 먼저 더욱 정확하게 성경을 살피는 일이 있어야 할 것이다."[6]

---

6 1610년에 46명의 목사들의 서명을 담아 항론파가 작성하여 신앙 선언문은 다섯 개 조항으로 되어 있다. 그것은 이름은 "알미니안 또는 항론파 신앙 항목들"(Articuli Arminiani sive Remonstrantia)이다. 이 중 다섯 번째 항목이 성도의 견인 교리와 관계가 된다. 저자가 확인한 라틴어 원문은 두 가지이다. 하나는 필립 샤프(Philip Schaff)의 *The Creeds of*

항론파의 주장을 정리하여 논쟁의 핵심을 짚어보도록 하자. 항론파는 자신들이 구원이 오직 하나님의 은혜로 주어진다는 것을 부정한다는 오해를 불식하기 위하여 애를 쓰는 듯 매우 조심스럽게 논지를 전개하고 있다. 항론파는 (1) 먼저 우선 진실한 믿음의 소유자들이 사단과 죄와 세상 그리고 자신의 육신의 정욕을 대항하여 싸워 승리를 걸을 수 있는 능력을 가진 자들임을 밝힌다. (2) 다음으로 이러한 능력은 스스로에게서 비롯되는 것이 아니라 그리스도에게 접붙임을 받았기 때문이며 또 살리는 영이신 성령에 참여한 자가 되었기 때문이다. (3) 게다가 과거에 그러한 일이 있었다는 사실에 그치는 것이 아니라 계속하여 그리스도께서 베푸시는 성령의 도움을 받음으로써 이러한 승리를 거둘 수 있음을 강조하여 말한다. (4) 그러므로 참된 신앙인은 그리스도의 도움을 받아 거짓이나 사단의 힘에 의한 미혹을 이겨내며, 또 그리스도의 손에서 빠져나가지 않을 수가 있게 된다고 주장한다.

이러한 진술로 항론파는 구원이 사람에게서 나오는 것이 아니라 그리스도의 은혜로 인한 것임을 담고자 한다. 그러나 이러한 주장이 개혁파에게서 비판을 받게 된 이유는 참된 신자가 그러한 그리스도와 성령의 도움을 받는 일이 도움을 주는 그리스도와 성령의 의지에 의하여 이루어지는 것이 아니라 도움을 받는 사람의 의지에 의하여 결정이 된다고 말하고 있기 때문이다. 항론파 생각에는 이처럼 사단과 죄와 세상과 자신의 정욕에 대하여 승리를

Christendom vol. III에서 얻은 것이며, 다른 하나는 Middelburg판이다. 샤프의 것은 1615년 Lugduni Batavorum의 *Scripta adversaria Collationis Hagiensis*에서 얻은 것이다. 1615년 Middelburg판의 이름은 *Collatio Scripto habita Hagae*로 시작이 된다. 둘 다 1611년 헤이그에서 항론파와 개혁파가 모인 회합이 소득이 없이 마치고, 그 이후에 다시 모인 1613년 델피(Delphi) 회합도 결과를 내지 못한 후에 출판된 것이다. 둘 다 헤이그 회합의 의사록을 라틴어로 번역한 것이다. 흥미롭게도 전자의 역자는 항론파인 Petrus Bertius이고, 후자의 역자는 개혁파인 Henricus Brandius이다. 서로 자신의 주장들을 알리기 위한 노력으로 각각 번역, 출판을 하였다. 이 둘의 번역은 서로 약간의 차이를 보이고 있다. 하지만 실제적인 내용에서는 차이가 없다. 화란어를 라틴어로 번역하는 과정에서 발생한 차이로 보아도 무방할 듯하다. 본문에서 사용하는 관련된 내용은 후자를 사용한다. 전자는 전자책의 원본이 깨끗하지 않고 일부는 상한 부분도 있어 가독성이 떨어지기 때문이다. 다만 인용한 항론파 다섯 번째 신앙선언 본문의 번역은 항론파 번역인 전자의 것에서 왔다. 전자는 http://books.google.co.kr에서, 후자는 http://reader.digitale-sammlungen.de/en/fs1/object/display/bsb10368004_00001.html에서 볼 수 있다. (후자의 자료는 한병수 박사가 애써 찾아내어 너그럽게 공개함으로써 얻은 것임을 밝힌다.) Cf. Nicolas Fornerod, "The Canons of the Synod had shot off the advocate's head": A Reappraisal of the Genevan Delegation at the Synod of Dordt" in *Revisiting the Synod of Dordt(1618-1619)*, ed. Aza Goudriaan and Fred van Lieburg (Leiden, the Netherlands: E.J. Brill, 2011), 192.

하는 능력의 도움이 신자 자신의 의지에 따라서 주어지기도 하고 그렇지 않기도 하기 때문에, 참된 신앙의 소유자라 할지라도 그가 끝까지 구원에 이를 것이라고 지금의 신앙으로 확신하는 일은 잘못된 것이라고 판단한다. 비록 지금은 진정한 신자라 할지라도, 그가 처음에 자신의 의지에 따라 받은 그리스도의 생명을 끝까지 태만히 여기지 않을 수 있는지, 그리하여 세상으로 다시 돌아가는 일이 나타나지 않을 것인지, 그들이 처음에 받았던 거룩한 교리를 떠나는 일이 없을 것인지, 선한 양심을 버리지 않고 은혜를 소홀히 하는 일이 없을 것인지는 그가 계속해서 끝까지 성령을 통한 그리스도의 도움을 받기를 바라며 구할 때 비로소 이루어지는 일인 것이다. 그리고 항론파는 이러한 자신들의 주장이 개혁파의 생각보다 오히려 성경의 교훈에 더욱 일치한다고 생각을 한다.

2. 1611년 헤이그 회합에서 제시된 개혁파의 반론

"항론파의 주장과는 반대로, 진실한 믿음으로 그리스도에게 접붙임을 받고 그 결과 그의 살리는 영에 참여하게 된 자들은 육체의 연약함으로 말미암아 제 아무리 심하게 죄를 범한다 하더라도, 그럼에도 불구하고 하나님에 의해서 보존이 되며, 이 참된 믿음과 살리는 영은 완전하게(totaliter) 또는 최종적으로(finaliter) 상실하지 않게 된다는 것이 확실하다는 것을 우리는 성경에서 입증할 것이다." [7]

여기서 개혁파는 첫째, 참된 신앙으로 그리스도 안에 있는 자가 육체의 연약함 때문에 죄를 범할 수 있으며, 그것도 상당히 심각할 정도의 죄를 범할 수 있음을 인정한다. 둘째, 그럼에도 불구하고 개혁파는 아무리 중대한 죄를 범하는 일이 있다고 하더라도, 그것으로 인하여 참된 신앙과 살리는 영을 완전하게(totaliter) 그리고 최종적으로(finaliter) 잃어버리는 일이 없음을 주장한다.

개혁파는 이 사실을 적극적으로 다시 진술함으로써 참된 신앙인은 완전

---

[7] "Nos contra probabimus ex S. Scriptura, eos, qui per veram fidem Iesu Christo sunt insiti, & proinde vivifici eius spiritus participes facti, quamvis possint per carnis imbecillitatem graviter peccare, a Deo tamen ita conservari, ut certum sit eos hanc veram fidem & hunc vivificu(m) Spiritum non totaliter, neque finaliter amissuros." *Collatio Scripto habita Hagae*, p. 341. vivificu(m)에서 (m)은 저자가 덧붙인 것임.

하게 그리고 최종적으로 믿음 안에서 견인을 한다는 것이 확실하다고 강조한다. 이러한 주장이 성경에 근거한 것임을 강조하기 위하여 다음과 같이 삼단논법의 주장을 전개한다. (1) 대전제: 하나님께서 자신의 말씀으로 약속하신 것은 확실하며, 그것이 다르게 되는 일은 있을 수가 없다. (2) 소전제: 하나님께서는 그의 말씀으로 참으로 신자들이 완전하게 그리고 최종적으로 견인할 것임을 확실히 약속하셨다. (3) 결론: 그러므로 진실로 신자들은 완전하게 그리고 최종적으로 확실히 견인할 것이다.[8]

이러한 개혁파의 진술은 항론파와의 논점이 바로 진실한 신자의 경우 그가 과연 완전하게 그리고 최종적으로 참된 믿음을 견인하지 못한 채, 예수 그리스도의 구원에서 떨어져 나가는 일이 있겠는가에 있음을 보여준다. 진실한 신자라 할지라도 죄를 범하는 일이 있다는 사실에 대해서는 개혁파나 항론파나 이론을 가지지 않는다. 개혁파의 견해는 만일 죄를 범한 신자가 참으로 중생한 자로서 참된 믿음을 가진 자라면, 그의 죄가 아무리 크다고 하더라도 결코 완전하게 그리고 궁극적으로 구원에서 떨어지는 일이 있을 수 없다는 것이며, 항론파의 견해는 아무리 중생한 자로서 참된 믿음을 가진 자라 할지라도 죄를 범하여 완전하게 그리고 궁극적으로 구원을 받지 못하는 일이 있을 수 있다는 것이다. 양자 간의 핵심 논점이 바로 "완전하게 그리고 최종적으로"(*totaliter et finaliter*)의 표현으로 압축이 된다.

그러면 개혁파가, 이처럼 성도의 견인을 부인하는 항론파의 주장에 반대하여, 참된 신앙의 성도가 참된 믿음을 완전하게 그리고 최종적으로 잃어버리는 일이란 있을 수가 없으며 오히려 끝까지 견인한다는 주장을 하는 신학적 근거는 무엇일까? 우선 앞의 삼단논법의 형식을 따른 개혁파 진술에서 확인을 할 수 있는 것은 '하나님의 확실한 약속의 말씀'이다. 이 외에 개혁파가 성경을 통해 증거할 수 있다고 주장하는 성도의 견인에 관한 신학적 근거들은 몇 가지가 있다. 그것들은 '하나님의 변치 않는 영원한 선택의 작정,' '하나님의 은혜언약,' '주 예수 그리스도의 신실하며 강력하며 효과적인 보존' 그리고 '한번 성령에 의하여 중생했을 자들 가운데 계속해서 끊임없는 성령의 거하심' 등이다.[9]

---

8 "Quod Deus verbo suo promisit, certum est, & non potest aliter fieri. Vere fideles totaliter & finaliter perseveraturos promisit Deus verbo suo certo. Vere fideles igitur certo totaliter & finaliter perseverabunt." *Collatio Scripto habita Hagae*, p. 342.

개혁파는 이러한 근거들을 단순히 신학의 논리적 연계성에 따라 사변적으로 제시하지 않는다. 항론파와의 논쟁은 어느 편이 성경의 올바른 가르침에 서 있느냐에 있었다. 앞서 인용한 다섯 번 째 항론파 신앙선언에서 보듯이 항론파는 성도의 견인 교리를 가르칠 수 있기에 앞서서 먼저 더욱 정확하게 성경을 살피는 일이 있어야 할 것임을 주장하기 때문에, 개혁파는 성경에 근거하여 과연 성도의 견인의 교리가 신학적으로 지지를 받을 수 있는지를 분명하게 밝히고자 하였다.

3. 개혁파가 제시한 성도의 견인 교리를 지지하는 성경의 전거

개혁파가 제시한 성경의 전거들은 이러하다.

(1) 먼저 하나님께서 그의 은혜로운 약속을 통해 베푸시는 두 가지 은택들이 한편으로는 의롭게 함과 죄 사함이며 다른 한편으로는 중생임을 말하기 위하여 예레미야 31장 33-34절, 이사야 54장 10절, 59장 21절, 시편 125장 1절 등을 제시한다.[10] 또한 참된 믿음으로 그리스도에게 접붙임을 받은 자들에 게 그리스도께서 주신 약속들과 관련하여 요 4장 14절, 5장 25절, 6장 35, 37, 39, 44, 57절, 10장 28, 29절, 그리고 마태복음 16장 18절, 요한복음 14장 16절 등을 제시한다.[11]

(2) 이러한 약속에 따라서 하나님께서는 그 약속된 일을 행하시어 모든 참된 신자들을 보존하실 것이며, 그 결과 그들 가운데 최종적으로(finaliter) 그리고 완전히(totaliter) 실패하는 일이 없도록 하신다는 것과 관련하여 바울서 신들 가운데서 제시되는 구절들은 고전 1장 8, 13절, 살전 5장 23절, 살후 3장 3절, 빌 1장 6절 등이다.[12]

---

9 "Nos contra probabimus ex S. Scriptura ... fundamentum perseverantiae consistere in immutabili decreto divinae & aeternae Electionis, in Dei Patris certa promissione, in eius foedere gratioso, in Domini Iesu Christi fideli & potenti efficacacique custodia, & in continua perpetuaque Spiritus Sancti mansione apud omnes eos, qui ab eo semel regenerati fuerint." *Collatio Scripto habita Hagae*, pp. 341-342.

10 *Collatio Scripto habita Hagae*, pp. 342-343.

11 *Collatio Scripto habita Hagae*, p. 343.

12 *Collatio Scripto habita Hagae*, p. 343.

(3) 개혁파 생각에 하나님께서는 선택된 자들 이외에 다른 이들에게는 생명의 참된 신앙을 주지 않으시며, 자신이 선택한 자들이 믿음을 통해 구원에 이르도록 정하셨다. 그렇게 된 자들은, 하나님의 계획이 변하는 일이 있지 않다면, 결코 완전하게 그리고 최종적으로 실패하는 일이 있지 않게 된다는 결론에 이르게 된다. 이와 관련하여 하나님의 변치 않는 영원한 구원을 위한 선택의 작정과 관련한 전거들은 마태복음 24장 24절, 로마서 8장 29, 30절, 11장 1, 2, 7, 29절 등이다.[13]

(4) 이어 그리스도의 기도는 무엇이든지 이루어지는 것이 확실하다는 점을 지적하면서, 참된 신자들의 견인을 위하여 그리스도께서 기도하는 구절들을 제시한다. 요한복음 11장 41, 42절, 누가복음 22장 32절, 요한복음 17장 15, 20절, 로마서 8장 34절 등이 그것이다.[14]

(5) 또한 그리스도께서는 그의 이름으로 신자가 기도할 때 그것을 확실하게 받을 것이라고 약속하셨으며, 시험에 들게 하지 마시고 악에서 구하시기를 기도하라 하신 사실은 성도의 견인의 증거가 된다고 개혁파는 생각한다. 이를테면 요한복음 16장 23절, 마태복음 6장 13절 등이다.[15]

(6) 주 예수 그리스도로 말미암아 끝까지 믿음 안에서 신실하며 확실하게 보존을 받은 사람들은 결코 완전하게 그리고 최종적으로 버림을 받지 않음에 대해 개혁파는 다음의 성경구절들을 들어 명확하게 증거를 본다. 그것들은 요한복음 6장 37, 39절, 10장 27, 28절, 17장 12절, 13장 1절, 고린도전서 1장 8절, 에베소서 5장 23절, 유다서 1절, 디모데전서 1장 12절, 히 12장 2절, 베드로전서 1장 5절 등이다.[16]

(7) 성령의 인치시는 보증의 은혜를 교훈하는 구절들도 또한 성도의 견인의 교리가 성경에 따른 것임을 보여준다. 그것들은 고린도후서 1장 21절, 에베소서 1장 13, 14절, 4장 30절 등이다.[17]

(8) 성경이 신실한 신자들에게 주는 열매에 관한 약속들, 이를 테면 시편 1장 3절, 마태복음 7장 24, 25절, 누가복음 8장 15절 등의 구절들이 또한 진실한

---

13 *Collatio Scripto habita Hagae*, p. 344.
14 *Collatio Scripto habita Hagae*, p. 344.
15 *Collatio Scripto habita Hagae*, pp. 344-345.
16 *Collatio Scripto habita Hagae*, p. 345.
17 *Collatio Scripto habita Hagae*, pp. 345-346.

신자들이 완전하게 실패하는 일은 없으며 끝까지 시험을 인내로 견디어 간다는 것을 말해 준다.[18]

(9) 따라서 끝까지 견인하지 못한 채, 전에 신앙을 고백했던 그 믿음에서 실패하는 신자들에 대해서 개혁파는 다음의 구절들을 들어 이들이 사실 이전에는 참된 신자가 아니었던 것이며 참된 신앙으로 그리스도에게 접붙임을 받은 자들이 아니었던 것이며 생명을 주시는 성령에 참여한 자가 아니었던 것이라고 생각한다. 예를 들어, 요한복음 8장 31절, 요한일서 2장 19절, 히브리서 3장 6절, 14절 등이다.[19]

(10) 마지막으로 이처럼 많은 성경의 구절들에 의하여 명백한 증거의 사실은 생명을 주는 그리스도의 영과 중생에 참여한 참된 성도들은 결코 완전히 그리고 최종적으로 멸망하는 없다는 것이다. 그 중에 대표적인 구절들은 로마서 6장 2, 8, 9, 10, 11절이다. 여기서 개혁파는 사도 자신이 말한 바와 같이, 죄에 대하여 죽은 성도가 다시 죄 가운데 살면서 죄가 자신을 지배하는 일은 있을 수가 없다는 사실을 지적한다. 그리고 마치 그리스도께서 한 번 죽으시고 의롭게 되셨으니 다시 죽는 일이 없듯이, 영적으로 죄의 죽음에서 살아난 자들은 더 이상 다시 죄에 종속되지 않는다고 말한다. 요한일서 3장 9절, 5장 4절, 유다서 3절, 요한계시록 20장 6절 등에서 보듯이, 참 신자는 다시 죄의 지배 아래에 들어가지 않으며 죄를 지을 수가 없는 까닭은 두 가지로 모아진다. 하나는 중생의 씨가 거하기 때문이며, 다른 하나는 중생한 참 신자는 하나님에게서 난 자이기 때문이다.[20]

이상의 근거를 제시하면서 마무리에 개혁파는 확신을 가지고 참된 신앙으로 그리스도에게 접붙임을 받은 자들, 그리고 생명을 주시는 성령에 참여한 사람들은 어느 때인가 제 아무리 육신의 연약함으로 말미암아 죄에 빠지는 일이 있다고 하더라도, 그리스도의 영을 완전하게 그리고 최종적으로 상실하는 일이 결코 없음을 천명한다. 그리고 덧붙이기를 진실로 성도는 무엇을 말하든지 어떻게 말하든지 그것이 옳게 말하고자 한다면 사도 바울이 로마서 8장 35, 37, 38, 39절에서 말한 바와 같이 하여야 할 것이라고 매듭을 진다. "누가 우리를 그리스도의 사랑에서 끊으리요 환난이나 곤고나 박해나 기근이

---

[18] *Collatio Scripto habita Hagae*, p. 346.
[19] *Collatio Scripto habita Hagae*, pp. 346-347.
[20] *Collatio Scripto habita Hagae*, pp. 347-348.

나 적신이나 위험이나 칼이랴 그러나 이 모든 일에 우리를 사랑하시는 이로 말미암아 우리가 넉넉히 이기느니라 내가 확신하노니 사망이나 생명이나 천사들이나 권세자들이나 현재 일이나 장래 일이나 능력이나 높음이나 깊음이나 다른 어떤 피조물이라도 우리를 우리 주 그리스도 예수 안에 있는 하나님의 사랑에서 끊을 수 없으리라."[21]

4. 개혁파 신앙고백서와 요리문답의 전거들

항론파는 자신들의 견해가 성경에 근거한다는 주장을 하였다. 이에 대해 성경을 통해 논박을 한 개혁파는 이어서 항론파의 주장이 이미 교회의 공식 신앙문서로 고백되고 있는 것들과도 어긋나고 있음을 들어 보이며, 과연 그럼에도 불구하고 항론파의 견해가 성경적이라 할 수 있는 지를 묻는다. 개혁파가 여기서 살피는 두 신앙문서는 벨직 신앙고백서와 하이델베르크 요리문답이다.[22]

먼저 개혁파가 벨직 신앙고백서에서 인용을 하고 있는 부분은 29항, 34, 35항의 일부이다. "참된 교회의 참되 지체가 어떠한 사람인가는 모든 그리스도인들의 공통된 지표들, 곧 믿음으로부터 판단할 수 있다. 그들이 믿음으로 그리스도 또는 유일한 자신의 구주를 한 번 붙든 후에는, 죄와 싸우며, 의를 좇고, 또한 참 하나님과 자신의 이웃을 사랑하며, 좌로나 우로 치우치지 않는다 … 그것은 마치 그들에게 이제 더 이상 아무런 연약함이 없다는 것이 결코 아니다. 오히려 성령의 능력으로 전 생애 동안 그것들과 싸움을 한다."(29항) "세례는 그 분이 우리의 영원토록 우리의 하나님이시며, 우리에게 은혜로운 아버지이심을 우리에게 증거한다."(34항) "오직 하나님의 선택된 자들만 특별히 이 영적 생명을 소유한다."(35항)[23]

---

21 *Collatio Scripto habita Hagae*, p. 348.

22 *Collatio Scripto habita Hagae*, pp. 349-350.

23 벨직 신앙고백서는 1561년 또는 1562년에 초판이 만들어지지만, 지금은 존재하지 않는다. 현재 최고의 권위본은 1580년판으로 불어본이다. 라틴어판은 아마도 베자에 의해서 번역되었을 것으로 추정이 되며, 제네바에서1581년에 출판한 *Harmonia Cofnessionum*에 포함된 것이 제일 권위가 있는 것으로 여겨진다. 1618년에 도르트 총회가 벨직 신앙고백서를 다시 번역하였다. 지금 항론파에 대하여 개혁파가 인용하는 벨직 신앙고백서는 1581년 판에서 온 것으로 여겨진다.

개혁파가 인용한 하이델베르크 요리문답을 살피면 다음과 같다. "... 주 그리스도께서 하늘에 계신 나의 아버지의 뜻이 아니면 단 하나의 머리카락이라도 내 머리에서 떨어지지 않도록 나를 보존하여 주신다. 진실로 모든 일들은 나를 구원하기 위한 것이다. 또한 그의 성령으로 말미암아 영원한 생명에 대하여 나로 하여금 확신하도록 하신다..."(1문항) "지극히 신실하신 하나님 아버지 안에서 최선의 소망을 굳게 갖도록 함으로써, 그의 사랑에서 우리를 끊어낼 것은 아무 것도 없다는 사실을 확실하게 알게 한다."(28문항) "그리스도 인이라 불리는 까닭은 믿음으로써 그리스도의 지체가 되었으며 그의 기름부음에 참여하였기 때문이다. 그리하여 그의 이름을 고백하며, 그에게 살아있는 감사의 제물을 드리기를 멈추지 않고, 이 세상에서 자유롭고 선한 양심을 가지고 죄와 사단과 맞서서 싸우며, 그 후에는 그리스도와 더불어 영원토록 모든 피조물을 다스리게 될 것이다."(32문항) "그리스도께서는 그의 성령으로 그의 지체인 우리에게 하늘의 선물을 부어준다. 그는 그의 능력으로 모든 원수들에게서 우리를 보호하시고 지켜준다."(51문항) "그리스도께서는 택하신 모든 자들과 더불어 나를 하늘의 큰 기쁨 가운데 자신에게로 인도하신다."(52문항) "성령 하나님께서 또한 나에게도 주어져 나로 하여금 참된 믿음을 가지고 그리스도가 주시는 모든 은택들에 참여하게끔 하신다. 그리하여 성령 하나님께서는 나를 위로하실 뿐만 아니라, 나와 더불어 영원히 거하신다."(53문항) "내가 살아있는 그의 지체이며, 계속해서 그러할 것임을 믿는다."(54항) "현재의 생애 가운데에도 내 심령 안에서 영원한 시작을 맛보며, 이 후에는 완전하며 복으로 가득 찬 생애를 누리게 될 것이다."(58항) "믿음으로 그리스도에게 접붙여진 사람이 감사의 열매를 맺지 않는 일은 있을 수가 없다."(64문항) "그리스도 안에 또한 우리 안에 거하시는 성령으로 말미암아 그리스도의 거룩한 몸에 연합됨을 더욱 더 이루어가며 ... (마치 같은 몸의 지체들이 한 영혼에 의하여 다스림을 받는 것처럼) 영원토록 한 성령을 의지하여 살며 한 성령에 의해 다스림을 받는다."(76항) "우리를 보존하시고, 당신의 강한 영으로 굳건하게 하시어, 이 영적 전쟁에서 패하여 넘어지지 않게 하시며, 완전한 승리를 거둘 때까지 더욱 더 강력하게 그들과 맞서 싸우도록 하여 주시기를 간구합니다."(127문항)

개혁파는 이상의 내용을 토대로 하나님께서 그의 작정 가운데 그리스도께 속한 자들을 성령의 중생케 하시며 도우시는 일로 인하여 구원이 이루어진

다고 주장한다. 그리고 개혁파는 구원이 사람의 의지에 따라 달라지는 것이
아니라, 오직 성령에 의하여 이루어지며, 따라서 선택을 받은 중생한 참 신자는
결코 완전하게 그리고 최종적으로 구원을 잃어버리는 일이 없이 마침내 구원
을 받는다는 것이 성경의 진리이며 또한 개혁교회의 공적 신앙고백임을 확고
히 한다.

5. 도르트 총회의 공적 신앙선언문으로서의 도르트 신경

지금까지 1610년에 항론파들이 제시한 신앙선언문을 다루기 위해 1611년에
헤이그에서 열렸던 항론파와 개혁파의 회합에 제출되었던 항론파와 개혁파의
견해를 살펴보았다. 양 진영은 그 후 1613년에 델피에서 다시 회합을 가졌으나
그 역시 무위로 끝이 나고 말았다. 이에 개혁파는 도르트 총회를 열어 공식적으
로 항론파의 견해를 다루었다. 이에 본 글은 항론파가 개혁파의 성도의 견인
교리와 관련하여 비판한 주장들에 대해 개혁파가 도르트 총회에서 공식적으로
논박을 하고 개혁파 신앙을 공적으로 고백한 도르트 신경의 다섯 번째 성도의
교리에 관한 장을 요약하고 이를 토대로 항론파가 개혁파에 대해 비판한 오류
들에 대한 논박문을 구체적으로 살펴보기로 한다.[24]

1) 다섯 번째 교리: 성도의 견인에 대하여

개혁파가 고백하는 성경적 구원론은 전적인 은혜에 따라 구조화 된다. 이러한
은혜는 믿음을 선물로 주고 또한 순종을 강화한다. 여기에 구원의 근거나
공로로서의 인간의 역할은 철저히 배제된다. 이는 인간이 전적으로 부패하여
영적으로 죽은 자이기 때문이다. 인간 스스로가 자각하기 이전에 이미 하나님
의 은혜가 인간의 영혼 안에서 시작되고, 그 후에 하나님의 말씀으로 인한

---

24 본 글에서 살핀 도르트 신경의 다섯 번째 성도의 견인 교리와 오류반박문의 라틴 원문은
필리 샤프에게서 온 것이다. Cf. Philip Schaff, *The Creeds of Christendom* vol. III (Grand Rapids,
MI: Baker Book House, 1931, reprinted 1990), 571-577. 도르트 총회의 회의록을 직접 보기 원하면
http://books.google.co.kr에서 *Acta Synodi Nationalis ... Dortrechti habitae*를 쳐서 검색하면 무료로
내려받아 볼 수 있음.

회심과 믿음 그리고 순종이라는 총체적인 구원의 역사가 이루어진다.

개혁파에 대한 항론파의 비판의 논점은, 이미 앞에서 항론파의 다섯 번째 신앙선언 항목에서 살폈듯이, 구원받는 믿음은 구원을 받기에 실제적인 조건이며, 그 믿음은 인간의 자유선택에 의한 것이고, 따라서 하나님의 예정에도 불구하고 중생한 참된 신자라 할지라도 사단과 죄와 세상의 힘에 미혹을 받아 구원에 이르지 못할 수가 있으며, 믿음으로 견인한다는 확신은 특별한 계시가 없다면 가질 수가 없으며, 그럼에도 불구하고 성도의 견인 교리는 이러한 확신을 그릇되게 주어 영적 나태와 방종을 조장하고 거룩한 경건의 훈련에 방해를 준다는 것으로 요약이 된다.

도르트 총회의 개혁파는 이러한 항론파의 주장에 대해 성도의 견인 교리를 다루는 다섯 번째 장에서 15항에 걸쳐 개혁파 공식 신앙항목을 축조하고 이어서 9개조에 걸쳐서 항론파의 오류를 지적하고 논박을 하였다.

> **중생한 사람의 상태: 죄의 지배에서 구원을 받았으나 죄에서 완전히 자유롭지 않다**[25]
> 1항 "하나님께서는 그의 목적에 따라 그의 아들 주 예수 그리스도와 교통하도록 부르셔서 성령으로 중생한 사람을 이 세상에서 죄의 지배를 받고 종살이 하는 것에서 구원하신다. 그러나 그들은 이 세상에 사는 한 죄의 몸과 육신의 연약함에서 완전히 자유롭지는 않다."

개혁파는 1항에서 견인 교리의 대상인 중생한 자에 대한 이해로부터 신앙고백을 시작한다. 아담과 하와가 타락한 이후에 원죄 가운데 출생한 사람이 어떻게 중생자로 되는가? 중생은 하나님의 목적, 곧 작정에 의한 것임을 밝힌다. 그리고 중생한 자는 그리스도를 향하여 부르심을 받아 성령에 의하여 태어나게 된다. 즉 중생의 시작이 사람에게서가 아니라 전적으로 하나님의 작정과 성령의 역사로 인하여 이루어지는 것임을 확정하는 것이다. 그렇게 죄인을 중생케 하시는 목적은 이 세상에서 죄의 지배와 종살이에서 구원하시기 위함이다. 그러나 그렇게 하나님의 작정에 따라 그리스도의 은혜로 성령의 능력으로 중생한 사람일지라도 이 세상에서 사는 동안 죄의 몸과 육신의 연약함에서 해방되는 아님을 고백한다.

중생한 성도의 구원: 그리스도에게로 피하고 경건을 행하므로 영광의 구원을 받는다
2항 "따라서 나약함에서 매일 죄들이 솟아나고, 최선의 행위에도 오점이 생기므로 이러한 것들이 성도들로 하여금 하나님 앞에 끊임없이 겸손하게 만들며, 십자가에 달리신 그리스도에게서 피난처를 찾게 한다. 기도의 영과 경건의 거룩한 실천으로 점차 육을 죽이며, 이 죽음의 몸에서 구원을 받을 때까지 완전함을 목표로 하여 나아가면, 마침내 그들은 하늘에서 하나님의 어린양과 더불어 다스리게 될 것이다."

2항은 중생자라고 하더라도 그렇게 연약한 상태에 여전히 있기 때문에 매일 죄를 범하게 되며 제 아무리 최선을 다해도 흠을 피할 수가 없는 이 세상의 상태를 지적한다. 하지만 중생한 자의 그러한 연약함이 그가 구원에서 떨어져 나갈 수 있는 위태로움으로 나가게 하는 것이 아니다. 도리어 그러한 연약함 때문에 중생한 자는 자신을 겸손히 낮추고 그리스도의 십자가 앞에 엎드리게 되며, 성령의 도움을 구하여 거룩한 경건을 실행하고자 애를 쓴다. 그리하여 마침내 하늘의 어린 양 그리스도와 함께 거하는 영광을 누리는 은혜를 입는다. 하나님께서는 작정하신 뜻에 따라 선택의 예정을 받은 자들에게 중생의 은혜를 베푸시며, 또 중생한 자들로 하여금 죄와 육신의 정욕과 싸워가는 거룩한 경건의 실천을 행하도록 함으로써 작정의 목적을 이루신다.

중생한 성도의 보존: 자신의 힘으로가 아니라 신실하신 하나님의 은혜로 보존 된다
3항 "우리 안에 남아 있는 죄의 잔재에 더하여 세상과 사단의 유혹 때문에 회심한 사람들이 그들 자신의 힘에 맡겨진다면 은혜의 상태에 계속 머물러 있을 수가 없다. 그러나 은혜를 주신 하나님께서는 미쁘시므로 한 번 은혜로 불러 모으신 자들을 자비롭게 견고하게 하시고, 은혜 안에서 세상 끝 날까지 강력하게 보존하신다."

3항에서 개혁파는 중생한 자라도 이 세상에서 연약한 상태에 있다면 어떻게 중생한 자가 2항에서 말한 바와 같이 마침내 영광의 어린 양과 함께 거하며 다스리는 은혜를 누릴 수가 있게 되는 지에 대해 설명한다. 그 까닭은 하나님의 신실한 은혜이다. 과연 중생자라 할지라도 연약한 상태에 있기 때문에 하나님의 은혜가 계속적으로 주어지지 않은 채 스스로 살도록 맡겨지면 틀림없이 은혜의 상태에서 떨어져 나가고 말게 된다. 개혁파는 여기서 하나님께서는 중생케 하는 은혜를 베푸실 뿐만 아니라, 일단 부르신 후에는 그들을 또한 끝 날까지 포기하지 않으시고 강력하게 보존하신다고 선언한다. 중생한 자가 믿음 안에서 끝까지 견인하는 것은 그가 자신의 힘으로 믿음을 지켰기 때문이 아니라, 오히려 하나님께서 그를 보존하시기 때문인 것이다. 중생한 자를 보존하는 것은 그의 능력 때문이 아니라 하나님의 신실하심 때문이다.

중생한 자의 경건의 필요성: 깨어서 기도하지 않으면 죄악에 빠지게 된다

4항 "비록 참 신자들을 은혜의 상태에 있도록 굳게 붙드시고 보존하시는 하나님의 능력이 육신의 지배의 가능성보다는 더욱 크다 할지라도, 그럼에도 불구하고 회심한 사람들이 어떤 경우에도 육의 정욕에 유혹을 받아 하나님의 은혜의 인도에서 이탈하여 육체의 유혹에 빠져 넘어가는 경우가 없을 정도로 그렇게 항상 하나님에게서 감화와 격려를 받는 것은 아니다. 그러므로 이러한 시험에 들지 않도록 늘 깨어서 기도하여야 한다. 이런 일들을 행하지 않을 경우에는 그들은 육신과 세상과 사탄에 의하여 크고 가증스런 죄에 빠질 뿐 아니라, 때로는 하나님의 의로우신 허용에 따라 이러한 죄악에 정말로 빠지게 된다. 성경에 기록된 대로 다윗과 베드로와 다른 성도들이 통한의 죄에 빠진 것이 바로 이런 경우이다."

4항은 진실로 중생한 자가 자신의 힘으로는 은혜 안에 계속하여 머물 수 없으며, 육의 정욕에 빠지지 않고, 하나님의 길에서 이탈하지 않을 수도 없다는 사실을 강조한다. 중생한 자가 은혜의 상태에 머물 수 있는 것은 오직 그들을 굳게 붙드시고 보존하시는 하나님의 능력으로 인한 것이다. 여기서 4항은 하지만 중생한 자라 할지라도 늘 하나님께서 명하신 경건의 길을 잘 지켜 나가지 않으면 정말로 사탄과 세상과 육신의 시험에 굴복하여 가증스러운 죄악을 범하게 될 것임을 경고한다. 이러한 사례들은 다윗과 베드로와 같은 충실한 하나님의 제자들의 삶을 통해서 확인이 된다. 즉 개혁파는 성도의 견인의 교리가 한 번 중생한 자는 죄를 다시는 범하지 않는다는 것을 가르치는 것이 아님을 분명히 한다. 중생한 자라도 늘 시험에 들어 죄를 범하지 않도록 깨어 살피고 기도하는 일이 왜 필요한지를 알게 한다. 성도의 견인 교리는 중생한 참된 신자가 깨어 기도하는 경건의 실천의 필요성을 강조한다.

중생한 자의 죄의 정도와 결과: 하나님의 은혜의 감각조차 잃어버릴 수 있다

5항 "그리고 그들은 실로 중대한 죄들을 범하여 하나님을 심히 분노케 하며, 죽을 죄를 짓고, 성령을 근심하게 하며, 믿음의 실행을 그치고, 양심에 심각한 상처를 입히며, 때때로 하나님의 은혜에 대한 감각을 잃는다. 마침내 그들이 진지하게 회개하여 바른 길로 다시 돌아오게 되는 그 때가 되어서야, 하나님 아버지의 얼굴의 빛은 그들 위에 다시 비쳐질 것이다."

중생한 자가 죄를 범할 가능성이 있다고 하더라도 그들이 범하는 죄가 심각해야 얼마나 심각한 죄를 범하게 될까? 중생한 자이므로 가벼운 죄에 머물지 않게 되는 것이 아닐까? 일단 중생의 은혜를 받았으니 결국 안전하게 구원을 받을 것이므로 그들은 자신들이 범한 죄로 인하여 크게 마음을 상하게 하고 두려워하지 않아도 되지 않을까? 개혁파는 5항에서 중생한 자들이라도 깨어 있지 않을 때에는 중대한 죄를 범할 수가 있음을 경고한다. 중생한 자라도 하나님을 심히 분노케 하며, 죽을 죄를 짓고, 성령을 근심하게 하며, 믿음의 실행을 그치고, 양심에 심각한 상처를 입히며, 때때로 하나님의 은혜에 대한 감각을 잃을 정도로 심각한 죄를 범할 수 있다. 중생한 자들이 이러한 죄를 범하면 오직 한 가지 길, 곧 진지한 참된 회개를 통해서만 하나님 아버지의 얼굴의 비추임을 다시 받게 된다. 개혁파는 이렇게 참된 중생한 자라 할지라도 심각한 중죄를 범할 수 있음을 말하지만, 그러면서도 참된 믿음 자체를 잃어버린다고 말하지는 않는다. 항론파는 중생한 신자가 심각한 죄를 범함으로써 믿음 자체를 상실할 수 있다고 주장을 한다. 그러나 개혁파의 판단은 그들이 성령을 근심케 하는 죄를 범하여 믿음의 활동을 그치게 되는 것일지언정 그것이 곧 믿음 자체의 상실을 뜻하지는 않는다. 즉 믿음의 활동의 일시적인 중지인 것이지 믿음 자체가 사라지는 것은 아니다.

중생한 자를 향한 하나님의 자비: 멸망에 이르도록 성령을 거두지 않으신다

6항 "그러나 자비가 풍성하신 하나님은, 그의 변치 않는 선택의 목적에 따라, 자기 백성들이 애통하게도 타락을 했을 경우에 조차도 그들로부터 성령을 전적으로 거두어 가지는 않으시며, 그들이 양자의 은혜를 상실하고 의롭다함의 지위를 박탈당하거나 죽음에 이를 죄 또는 성령 안에서 죄를 범하고, 그리하여 하나님께 철저히 버림을 받아 스스로 영원한 멸망에 내던져지기까지 실족하도록 내버려 두지 않으신다."

5항에서 말한 바처럼, 중생한 자라 할지라도 중대한 죄를 범할 수 있다면, 그러한 중죄를 범한 자가 어떻게 하여 믿음 자체를 상실하지 않게 되는 것일까? 그러한 죄를 범한 사람이라면 믿음을 상실한 것으로 보아야 하지 않는 것일까? 이러한 사실들은 믿음의 견인 교리를 부정하는데 항론파가 옳다는 것을 보여 주지 않는 것인가? 이에 대하여 개혁파는 6항에서 답을 준다. 그것은 하나님의 풍성하신 자비 때문이다. 하나님께서는 그의 백성들이 타락을 하였을 때에라도 그들을 선택한 목적을 따라 성령을 거두지 않으며 그들이 영원한 멸망에 미끄러지지 않도록 자비의 긍휼을 베푸신다. 이러한 하나님의 은혜 때문에 참된 신앙의 중생한 자들은 믿음의 활동을 나타내지 않을 때가 있을지라도 그것이 곧 그들이 믿음 자체를 상실하였음을 뜻하지 않는다.

> **중생한 자의 보존: 중생을 취소하지 않으시며 두렵고 떨림으로 구원에 이르도록 하신다**
> 7항 "왜냐하면 먼저, 하나님께서는 이러한 타락 속에서도 멸망이나 완전히 잃어버림을 당하지 않도록 그들 안에 중생의 썩지 않는 씨를 보존하시며, 그 후에 그의 말씀과 성령으로 그들을 확실하게 효과적으로 새롭게 하셔서 그들로 하여금 회개하고 죄를 진심으로 슬퍼하게 함으로써, 중보자의 피로 죄 씻음을 받기를 구하여 받도록 하시고, 하나님의 속죄의 사랑을 다시금 경험하게 하시며, 믿음으로 하나님의 자비를 찬양하게 하시고, 앞으로는 더욱 열심을 다하여 두려움과 떨림으로 자신들의 구원을 이루도록 하시기 때문이다."

7항은 6항의 마지막 진술이 말하는 성도의 보존의 이유에 대해 설명한다. 왜 개혁파는 하나님께서는 중생한 자가 중대한 죄를 범할 때에라도 철저히 버림을 받아 스스로 영원한 멸망에 내던져지기까지 실족하도록 내버려 두지 않으신다고 믿는 것일까? 이 질문은 중대한 죄를 범한 중생한 자를 끝까지 붙드시어 믿음의 견인을 하도록 하시는 까닭이 무엇인가라는 질문과 다를 바가 없다. 이 질문에 대한 답은 하나님의 자비로움이다. 이제 개혁파는 7항에서 새로운 이유 두 가지를 추가한다. 하나는 중생한 사람에게 주신 부패할 수 없는 중생의 씨를 보존하기 위함이며, 다른 하나는 말씀과 성령으로 죄를 범한 중생한 사를 새롭게 하고 그들로 하여금 회개하여 죄 씻음을 다시 받고, 그로 인하여 속죄의 기쁨을 다시 경험하며 두렵고 떨림으로 하나님을 경배하도록 하는 것이다. 요컨대 중생의 은혜를 취소하거나 변경하지 하지 않고 보존하시기 때문이며, 또한 두렵고 떨림으로 스스로를 돌아보아 구원의 하나님을 경배하도록 하기 위함이다. 이러한 개혁파의 설명은 성도의 견인 교리가 결코 거짓되거나 위선적인 신앙을 허용하지 않음을 보여준다. 결코 나태와 방종을 허락하지 않으며, 오히려 깊은 죄책에 대한 자각과 참회의 실행이 필수적임을 말해 준다. 결코 거짓된 자기 확신은 자리할 곳이 없는 것이다. 성도의 견인 교리는 값 싸며 가벼운 즐거움을 아무런 조건 없이 허용하지 않는다. 오히려 참회의 심령으로 눈물과 회심과 중보자 그리스도 안에서 죄 씻음의 용서를 갈망하며 두려움과 떨림으로 구원을 이루어가는 경건을 수반하며, 그러한 과정을 통해서 이루어진다.

> **중생자의 견인의 궁극적 이유: 하나님의 결정과 약속과 부르심은 변경, 파기되지 않는다**
> 8항 "이와 같이 그들이 믿음과 은혜에서 완전히 타락하거나, 최종적으로 멸망에까지 이르지 않는 것은 그들 자신들의 공로나 능력 때문이 아니고 하나님의 거저 주시는 은혜로 말미암음이다. 그들 자신들을 두고 말하자면 배도가 가능할 뿐 아니라 의심할 여지없이 일어날 일이지만, 하나님 편으로 말하자면, 그것은 전혀 불가능하다. 왜냐하면, 그의 결정은 변경될 수 없으며, 그의 약속은 파기될 수도 없고, 그의 목적에 따라 부르심은 철회될 수 없으며, 그리스도의 공로와 중보와 보존하심은 효과적이지 않을 수 없고, 성령의 인치심이 파손되거나 말소될 수도 없기 때문이다."

8항은 중생한 자가 구원을 받기까지 믿음을 견인할 수 있는 것에 대한 궁극적인 이유를 설명한다. 앞서 살핀 바처럼 중생한 자도 타락하여 배도하는 중대한 죄를 범할 수 있다면, 중생한 자는 어떻게 두렵고 떨림의 경건으로 구원에 이르는 믿음을 끝까지 견인할 수 있는 것일까? 앞서 3항에서 이미 고백한 바와 같이, 그 이유는 중생한 자 자신의 힘에서 찾을 수가 없다. 만일 자신의 능력에 맡겨진다면 결코 은혜의 상태에 계속 머물러 있을 수가 없기 때문이다. 오직 신실하신 하나님께서 그 은혜를 신실하게 끝까지 베풀어주시기 때문이다. 8항은 이러한 하나님의 신실하신 은혜가 어떻게 나타나는지를 설명한다. 그것은 그의 작정이 변경되지 않으며, 약속도 파기되지 않고, 작정의 목적을 이루기 위한 부르심은 철회되지 않으며, 그리스도의 공로로 인한 중보와 보존은 확실하고, 성령의 인치심이 파기, 말소되지 않는다는 사실들로 나타난다. 하나님의 은혜는 시작부터 끝까지, 처음부터 완성의 때까지 신실하게 역사한다. 하나님의 전적인 은혜와 신실하심, 그것이 바로 중생한 사람이 끝까지 믿음을 견인하고 구원에 이르도록 보존을 받는 궁극적인 이유이다. 여기에 사람의 어떤 자유선택의 기여로 인한 공로가 비집어 들어올 여지는 전혀 허용이 되지를 않는다. 구원의 복락은 '오직 은혜로만' 그리고 '오직 믿음으로만' 주어지며, 이 모든 은혜의 구원은 '오직 하나님의 신실하심으로만' 확실하게 그리고 끝까지 보존이 된다. 완전하게 그리고 최종적으로 타락하여 멸망에 이르는 일은 결코 없는 것이다.

> **중생한 자의 믿음의 확신: 믿음의 견인과 성도의 보존은 믿음의 확신을 준다**
> 9항 "택함을 받은 자들이 구원에 이르기까지 이렇게 보존되는 일에 관하여, 그리고 참된 성도들이 믿음 안에서 견인하는 일에 관해서 말하자면, 믿는 자들은 스스로 믿음의 분량에 따라 자신들이 교회의 참되며 살아 있는 지체로 늘 있을 것과, 죄 사함과 영생을 받아 가지고 있다는 것을 확실하게 믿고 있음을 확신할 수 있으며 또한 확신한다. "

9항에서 개혁파는 참된 신앙의 성도들이 믿음의 확신을 갖는 일이 가능할 뿐만 아니라 실제로 그 확신을 누린다는 사실을 분명히 한다. 앞서 살펴본 바처럼 항론파는 다섯 번째 항론파 신앙선언문에서 "그리스도의 생명의 시작을 태만으로 말미암아 다시 버리는 일이 있을 수가 있는지, 그리고 다시 현 세상을 품을 수 있는지, 그들에게 전에 전해진 거룩한 교리에서 돌아서는 일이 있을 수 있는지, 선한 양심을 버리는 일이 있을 수 있는지, 그리고 은혜를 무시하는 일이 있을 수 있는지에 대해서는 우리가 확실한 마음으로 다른 이들에게 이것을 가르칠 수 있기에 앞서서 먼저 더욱 정확하게 성경을 살피는 일이 있어야 할 것이다."고 진술하면서 믿음의 확신을 부정한다.

그러나 개혁파는 항론파에 맞서서 이러한 믿음의 내용을 확실하게 믿고 있음을 확신할 수 있으며 실제로 확신한다는 사실을 선포한다. 9항에서 주목할 사항은 누구나 믿음의 확신을 동일하게 갖는 것은 아니라는 것과 또 그것을 자기 자신 스스로가 아니라 다른 이들에 의해서 갖게 되는 것이 아니라는 점이다. 왜냐하면 믿음의 확신은 스스로 확인하고 갖는 것이며 또 믿음의 분량에 따라 서로 다르게 갖는 것이다. 확신을 갖는 믿음의 내용은 자신들이 교회의 참되며 살아있는 지체로 지금과 마찬가지로 앞으로도 마땅히 있게 될 것이라는 사실을 확신하며 지금 자신이 죄 사함을 받아 영생을 소유한 자로 있다는 사실이다.

> **믿음의 확신은 이미 계시하신 약속과 성령의 증거, 거룩한 열망에서 나온다**
> 10항 "그러나 이 확신은 사전에 주어진 어떤 특별한 계시나 추가적인 말씀에 의하여 생기게 되는 것이 아니다. 오히려 그것은 하나님께서 우리를 위로하시기 위하여 그의 말씀 안에서 풍성하게 계시하여 주신 그의 약속을 믿는 믿음에서 생기게 되는 것이며,

또 '우리가 하나님의 자녀요, 상속자임을 우리의 영과 함께 증언하시는 성령'의 증거에서(롬 8:16) 생기게 되는 것이다. 그리고 그것은 선한 양심을 보존하고 선한 일을 실행하려는 진지하고 거룩한 열망에서 생겨난다. 만일 하나님께 택함을 받은 자들이 승리를 얻을 것이라는 이 확고부동한 위로를 박탈당하고 또 영원한 영광을 어김없이 얻을 것이라는 보증을 박탈당한다면, 그들은 모든 사람들 가운데 가장 비참한 사람들이 될 것이다."

10항에서 개혁파는 9항에서 확언을 한 믿음의 확신이 어디에서 근거를 두고 주어지는 것인지를 설명한다. 개혁파는 믿음의 확신을 갖기 위하여서는 추가적 말씀 혹은 별도의 특별한 계시가 필요하다는 주장을 일체 부인한다. 믿음의 확신이 말씀에서 나와야 하지만 그 말씀은 이미 풍성하게 주어진 약속의 말씀 이외에 다른 것이 아니다. 하지만 믿음의 확신이 단순히 교리에 대한 지식을 통해만 주어지는 것은 아니다. 믿음의 확신은 말씀을 가지고 우리의 영과 함께 증언하시는 성령의 증거에서 주어지며, 그리고 성령을 따라 그리스도의 교훈에 순종하려는 진지하며 거룩한 열망에서 비롯되기 때문이다. 따라서 개혁파는 실천적 경건의 삶이 수반되지 않는 믿음의 확신을 말하지 않는다. 성령의 증거가 없으며 선한 양심을 따라 선한 일을 실행하고자 하는 거룩한 열망이 수반되지 않는 믿음의 확신은 마음을 속이는 것이며 참된 확신이 아니다. 이러한 확신을 통해서 확고한 승리를 바라며 영원한 영광이 주는 위로와 보증을 누리게 되므로, 만일 이러한 확신을 빼앗긴다면 가장 비참한 자가 될 것이며, 결코 영적으로 강건한 성장을 이루기가 어렵게 된다.

믿음의 확신과 견인의 확실성은 항상 일정하게 인식되지 않는다

11항 "그러면서도 성경은 믿는 자들이 이생에서 여러 가지 육적인 의심과 싸워야 한다는 사실을 증언하고, 또 가혹한 유혹 아래서 믿음의 이러한 충만한 확신과 견인의 확실성을 항상 인식하지는 못한다고 증언한다. 그러나 모든 위로의 하나님 아버지께서 그들이 감당하지 못할 시험을 받는 것을 허락하지 않으시며, 시험과 더불어 피할 길을 내어주신다(고전 10:13). 그리고 성령으로 말미암아 견인의 확신을 그들 가운데 다시 일으키신다."

개혁파는 앞서 1항에서 고백했듯이 중생한 자라도 이 세상에서 사는 한 죄의 몸과 육신의 연약함에서 완전히 자유롭지 않다고 믿는다. 죄의 몸으로 인한 이러한 연약함에서 매일 죄를 범하고 최선의 행위에도 오점이 없지 않으므로 참된 신자라도 믿음의 확신을 갖지 못하거나 잃게 되지 않을까? 개혁파는 11항에서 그럴 수 있음을 말한다. 구원의 확신을 가질 때에라도 믿음의 분량에 따라 믿음의 확신이 달라지는 것이므로(9항을 참조), 육적인 의심과 싸우면서 믿음이 약해질 경우 믿음의 확신과 견인의 확실성을 충분히 느끼지 못할 수 있는 것이다. 구원의 시작인 중생으로부터 완성인 영화의 자리에 이르기까지 모든 구원의 역사가 오직 은혜로 이루어지는 것임을 고백하는 개혁파는 11항에서 이처럼 연약해지는 믿음의 확신이라도 다시 회복될 수 있음을 교훈한다. 하나님께서는 시험과 시련 가운데서라도 피할 길을 내주시고 감당할 힘을 주시며, 마침내 이 모든 일을 통해 견인의 확신이 약해지기는 고사하고 오히려 다시 일깨워져 강화되도록 하신다고 고백한다.

견인의 확신은 자만이 아니라 겸손을 낳으며 기쁨과 감사로 선한 일을 하도록 이끈다
12항 "그러나 견인의 이러한 확실성으로 인하여 진실하게 믿는 자들이 교만하게 되거나, 육적으로 안전하게 되는 일은 전혀 없다. 오히려 견인의 확실성은 겸손, 자녀다운 경애심, 참된 경건, 온갖 환난을 이겨 내는 인내, 열정을 쏟는 기도, 십자가와 진리의 고백 안에서의 항상성, 하나님 안에서 굳건한 기쁨 등의 참된 뿌리 끊임없는 진리의 고백, 하나님 안에서 누리는 한결같은 기쁨의 진정한 원천이다. 그러므로 이러한 유익에 대한 생각은, 성경의 증언들과 성도들의 모범에서 드러나는 바와 같이, 진지하며 끊임없는 감사하도록 또 선한 일을 실행을 하도록 자극을 한다. 이러한 사실은 성경의 증언과 성도들의 본을 볼 때 분명하다."

성도의 견인 교리를 비판하는 항론파 그리고 그러한 견해에 동의하는 자들은 믿음의 견인 교리가 태만과 방종과 교만을 낳는다고 주장을 한다. 12항에서 개혁파는 이러한 주장을 일축한다. 오히려 견인의 교리에 대한 확실성은 모든 경건의 원천이며 또한 경건으로 인한 유익과 열매의 원천이다. 경건의 열매는 믿음의 확신을 통해 누리는 위로와 은혜의 감사를 통해 나타나는 것이기 때문이다. 개혁파는 견인 교리의 확신이 영적 해를 끼치기 보다는 오히려 유익을 끼친다는 이러한 주장이 성경의 증거를 통해 확인이 될 뿐만 아니라 성도들의 본을 통해서 분명하게 실증이 된다고 선언한다.

새롭게 회복된 견인의 확신은 주님의 길을 걸어감으로 견인의 확실성을 지켜간다
13항 "견인의 새로운 확신이 타락한 상태에서 회복을 한 사람들 안에 방종을 낳거나 경건에 해를 끼치는 일을 낳지 않는다. 오히려 주님의 길들을 주의 깊게 지키고자 하는 더욱 더 큰 관심을 낳는다. 주님의 길들은, 그 길들을 걸을 때, 자신의 견인의 확실성을 지켜나가도록 예비 되었다. 이것은 아버지의 호의를 악용하여 하나님의 자애로운 얼굴이 (경건한 자들에게 있어 그의 얼굴을 보는 것은 생명보다 더 달콤하며, 철수하는 것은 죽음보다 더 쓰리리다) 다시 그들에게서 떠나 그들이 더 큰 영혼의 고통으로 떨어지는 일이 있지 않도록 하기 위해서이다."

13항에서 개혁파는 12항의 고백을 연장하여 강화한다. 12항은 11항에서 말한 견인의 확신이 약하게 되더라도 다시 회복, 강화된다고 교훈을 받아, 이러한 회복에도 불구하고 참된 성도는 자만하게 되거나 방종하지 않고 오히려 겸손하게 감사를 드리며 선한 일에 힘을 쓴다고 선언하였다. 13항은 이러한 일이 어떻게 이루어지게 되는지를 설명한다. 견인이 새롭게 회복이 될 때, 참된 성도는 그로 인하여 주님의 길을 더욱 더 따르기 위해 조심스럽게 애를 쓰게 된다. 주님의 길은 하나님 아버지의 호의를 악용하여 다시 하나님의 얼굴을 뵙는 일에서 떨어져 나가 더욱 더 큰 영혼의 고통 속으로 떨어지지 않도록 미리 예비하신 길이기 때문에, 이 길을 따라 가기에 애를 쓸 때 견인의 확실성을 지켜나갈 수가 있게 된다.

> **견인의 확실성은 복음의 설교와 성례를 통하여 보존되고 마침내 완성에 이른다**
> 14항 "그리고 하나님께서는 복음의 설교를 통하여 우리 안에 이 은혜의 사역을 시작하기를 대단히 기뻐하신다. 그러므로 우리가 그의 말씀을 듣고 읽고 묵상할 때, 교훈이나 경고와 약속의 말씀을 통하여, 그리고 성례를 행하게 하심으로써 이 은혜의 사역을 보존하고 계속하며 완성하신다."

성도가 믿음 안에서 견인하는 일은 주님의 길을 따름으로써 확실하게 될 수 있음을 밝힌 후에, 이제 어떻게 하면 주님의 길을 따르게 되는 것인지를 14항에서 교훈한다. 개혁파의 답은 하나님께서 교회에 주신 은혜의 방편들을 잘 행하는 것이다. 복음의 설교를 잘 듣고, 말씀을 읽고, 묵상하여, 말씀을 통해 주시는 교훈에 순종하고 경고에 주의를 하며 약속에 소망을 두는 일이다. 아울러 세례와 성찬의 성례를 합당하게 행하고 참여함으로써 성도를 구원의 끝 날까지 견고하게 이끌어가면서 계속해서 보존하고 완성하는 하나님의 은혜를 누리게 된다. 견인의 확실성은 이처럼 교회에 주신 은혜의 방편들을 소홀히 하는 일을 결코 허락하지 않는다. 성도의 견인 교리는 하나님께서 성도를 보존하시되, 성도가 경건의 책임을 성실하게 이행하도록 함으로써 보존하시는 은혜를 말한다.

> **오직 참된 신자들만 견인 교리를 알며 교회는 이 교리를 사랑하고 지켜왔다**
> 15항 "하나님께서는 거룩한 신자들의 견인과 그것의 확실성에 대한 교리를 자신의 이름의 영광을 위하여 그리고 경건한 영혼들의 위로를 위하여 자신의 말씀 가운데 풍부하게 계시하셨으며, 신자들의 심령 속에 각인 하셨다. 이 교리를 육으로는 누구도 이해하지 못하며, 사탄은 미워하고, 세상은 조롱하며, 위선자들은 이를 남용하고 이단의 영들은 대항한다. 그러나 그리스도의 신부는 이 교리를 값으로 평가할 수 없는 보물로 더 없이 부드럽게 사랑하여 왔으며 끊임없이 지키기 위하여 싸워왔다. 하나님께서는 신부가 앞으로 행할 어떤 일도 돌보실 것이다. 하나님을 대항하는 어떠한 계획도 승할 수가 없으며, 어떤 세력도 지배력을 발휘할 수가 없다. 오직 성부와 성자와 성령 하나님께만, 영예와 영광이 영원히 있을지어다. 아멘."

15항에서 개혁파는 이 교리의 소중함을 강력하게 변증한다. 하나님께서는 이 교리를 두 가지 목적으로 말씀 가운데 계시하셨으며, 그것도 풍부하게 계시하였다. 두 가지 목적 중 하나는 하나님의 이름의 영광을 위한 것이며, 다른 하나는 참된 신자의 영혼에 위로를 주기 위한 것이다. 이 교리는 육으로는 이해하지 못하며, 사탄, 세상, 위선자 그리고 이단의 영들은 미워하고, 조롱하고, 남용하고 대항한다. 개혁파는 그렇지만 교회는 언제나 이 교리를 사랑해 왔고 또 지키기 위해 끊임없이 노력을 하였다고 강조한다. 하나님을 대항할 어떤 계획도 세력도 없는 만큼, 이 성도의 교리는 결코 무너질 수 없는 교회의 영원한 보물이다. 성도의 견인 교리는 교회로 하여금 성부, 성자, 성령 하나님께만 영예와 영광을 영원히 돌리며 찬송하도록 한다.

6. 개혁파의 성도의 견인 교리에 관련한 항론파의 비판에 대한 개혁파의 논박

1) 첫 번째 선택과 유기 교리에 대한 오류 논박

오류 6 "구원을 받도록 행하여진 모든 선택이 다 불변하는 것이 아니다.

선택을 받은 자들 가운데 어떤 이들은 하나님의 작정에도 불구하고 멸망할 수 있으며 영원히 멸망할 수 있다."

항론파는 구원을 위한 하나님의 선택의 예정이 반드시 실현이 되는 것이 아니라고 주장을 한다. 하나님의 선택을 받은 사람이라도 멸망할 수 있으며 또 그 가운데 어떤 이들은 일시적으로만 멸망을 하는 것이 아니라 영원히 멸망할 수도 있다고 말한다. 하나님께서 선택하셨다는 작정이 결코 이러한 멸망의 가능성을 부인하지 않으며 또 멸망의 실현을 막지 못한다는 것이다.

논박: "이들은 이처럼 엄청난 오류를 범함으로써 하나님을 변하시는 분으로 만들고, 확고한 선택으로 말미암아 성도들이 얻는 위로를 파괴하며, 성경의 가르침을 부정한다.(마 24:24 "할 수만 있으면 택하신 자들도 미혹하리라"; 요 6:39 "나를 보내신 이의 뜻은 내게 주신 자 중에 내가 하나도 잃어버리지 아니하고 마지막 날에 다시 살리는 이 것이니라"; 롬 8:30 "또 미리 정하신 그들을 또한 부르시고 부르신 그들을 또한 의롭다 하시고 의롭다 하신 그들을 또한 영화롭게 하셨느니라.")

개혁파의 논박의 핵심은 하나님의 작정이 실현되지 않는다는 것은 하나님의 속성에 대한 근본적인 변화를 초래하는 오류를 범하는 것이며, 결과적으로는 하나님의 선택의 불변성으로 인한 성도의 위로를 박탈하는 오류를 범한다는 것이다. 항론파의 오류는 단순히 하나님의 작정의 실행과 관련하여 인간이 순종 또는 불순종을 선택할 중립적인 자유선택을 할 수 있다는 인간론적인 이해의 차이에서만 발생하는 것이 아니다. 보다 근본적으로는 신론의 이해의 차이에 있다. 항론파에 따르면 하나님의 작정은 변치 않는 것이 아니며, 작정을 한 하나님도 또한 변치 않는 분이 아니다. 이것은 하나님은 자신의 작정을 실행할 의도를 바꾸시는 분이시거나 아니면 능력과 지혜가 결여된 분이라는 심대한 반성경적 오류를 범한다. 개혁파는 신론적 오류를 지적하는 동시에 그 결과 오는 구원론적 위로의 파괴의 독소를 지적한다. 택하신 자들이라도 할 수만 있으면 미혹하려는 사단의 시험에도 불구하고 하나도 잃어버리지 않고 마지막 날에 다시 살리는 하나님의 뜻에서 위로를 받으며, 그리하여 미리 정하심을 받은 자들은 의롭다함을 받고 마침내 영화를 누리게 될 것이라는 소망의 위로는 모든 참된 성도들에게 약속된 것이며 또한 실제적인 신앙의 능력이기도 하다. 항론파는 이러한 성경의 교훈에 어긋난다.

그러면 이어서 도르트 총회가 아홉 가지로 정리한 성도의 견인 교리에 대한 항론파의 비판을 살피고 이에 대한 개혁파의 논박을 이해하도록 한다.

2) 다섯 번째 성도의 견인 교리에 대한 오류 논박

오류 1 "참된 신자의 견인은 선택의 결과가 아니며 또 그리스도의 죽음으로 인하여 주어진 하나님의 선물도 아니다. 그것은 그가 소위 말하는 선택과 의롭게 됨을 받기에 앞서서 먼저 그의 자유의지로 충족해야만 하는 새 언약의 단호한 조건이다."

첫째 오류는 견인의 성격에 관한 것이다. 항론파는 참된 신자가 믿음 안에서 끝까지 견고하게 인내할 수 있다는 견인의 가능성에 대해 부인하지 않는다. 항론파가 부인하는 것은 그 가능성이 하나님의 선택의 예정으로 인하여 실현이 되는 것이라는 이해이다. 또 그리스도의 죽음으로 인하여 거저 받는 선물이라는 이해에 대해서도 거부한다. 항론파의 생각은 성도가 끝까지 믿음 안에서 견인한다는 것은 하나님이나 그리스도의 어떤 작정이나 도움의 결과로 얻어지는 선물이 아니다. 오히려 성도의 견인은 성도 자신이 자유선택을 통해 스스로 감당하여야 하는 자기 책임의 문제이다. 선택과 의롭다함을 받기 위한 새 언약의 조건이며 타협이 없는 단호한 조건이다.

논박 "성경은 견인이 선택에서 비롯되며 또한 그리스도의 죽음, 부활, 그리고 중보에 의하여 선택함을 받은 자들에게 주어진다는 것을 증거한다: '오직 택하심을 입은 자가 얻었고 그 남은 자들은 우둔하여졌느니라'(롬 11:7); 마찬가지로 '자기 아들을 아끼지 아니하시고 우리 모든 사람을 위하여 내주신 이가 어찌 그 아들과 함께 모든 것을 우리에게 주시지 아니하겠느냐 누가 능히 하나님께서 택하신 자들을 고발하리요 의롭다 하신 이는 하나님이시니 누가 정죄하리요 죽으실 뿐 아니라 다시 살아나신 이는 그리스도 예수시니 그는 하나님 우편에 계신 자요 우리를 위하여 간구하시

는 자이시니라 누가 우리를 그리스도의 사랑에서 끊으리요'(롬 8:32-35)

개혁파는 견인하는 믿음이 선택을 받기 위한 조건이 아니라 선물로 주어지는 것이며, 그것을 선물로 주는 근거는 바로 그리스도의 죽음, 부활 그리고 중보라는 구속 사역에 있음을 성경을 들어 논박한다. 엘리야 시대에 바알에게 무릎을 꿇지 아니한 남은 자들은 하나님께서 남겨두신 자들이며, 하나님께서 이들을 남겨두신 까닭은 이들의 행위로 말미암은 것이 아니라 이들을 향한 하나님의 선택의 은혜 때문이라고 성경이 밝히고 있기 때문이다. 그리고 그러한 선택의 은혜는 그리스도의 죽으심과 부활과 그의 중보로 나타나는 그리스도의 사랑 때문에 주어지며 그 사랑 때문에 또한 의롭게 됨의 은혜를 받게 되는 것임을 확정한다.

> 오류 2 "하나님께서는 신자에게 견인하기에 충분한 능력을 공급하시며, 또 신자가 자신의 의무를 행한다면 그 사람 안에 이 능력을 기꺼이 보존해 주신다. 그러나 신앙의 견인에 필요한 모든 것들 그리고 하나님께서 신앙의 보존을 위하여 사용하실 모든 것들이 주어진다 하더라도, 견인의 여부는 여전히 사람의 의지의 선택에 항상 달려있다."

항론파의 논점은 사람의 자유선택의 자리를 확보하는 것에 있다. 하나님께서는 견인을 위한 충분한 능력을 공급하시되 그 능력을 받아 사용하는 것은 사람의 선택적 의지에 달려 있다. 그리고 견인을 위한 능력이 계속해서 보존되도록 하는 것이 하나님의 뜻이지만, 그 뜻의 실행은 과연 신자가 자신이 할 바를 다하는 신자 자신의 뜻과 선택에 달려 있다는 주장이다.

> **논박** "이 견해는 명백히 펠라기우스주의이다. 이는 한편으로 사람을 자유롭게 하고자 하여, 다른 한편으로 사람을 신성모독의 불경건한 자로 만든다. 이것은 사람에게서 자랑할 모든 근거를 빼앗고 이러한 은택에 대한 찬양을 오직 하나님의 은혜에게로 돌리는 복음의 교훈의 일관된 일치를 거스른다. 그것은 또한 사도의 선언과도 어긋난다. '주께서 너희를 우리 주 예수 그리스도의 날에 책망할 것이 없는 자로 끝까지 견고하게 하시리라.'(고전 1:8)"

개혁파는 결국 항론파의 주장이 펠라기우스적이라고 판단을 내린다. 항론파도 사람이 신앙의 견인을 하기에 충분한 능력을 스스로 가지고 견인을 이루어내는 것은 불가능하다는 것을 인정한다. 그러한 능력은 하나님께서 주셔야 한다. 하지만 하나님께서는 그 능력을 주실 뿐, 그 능력의 사용은 전적으로 사람 자신에게 달려 있으며 하나님께서는 사람으로 하여금 그 능력을 사용하도록 하실 수가 없다. 결국 소위 말하는 충분은혜를 받아 그것에 반응하여 협동은혜의 자리로 나가는 것은 오직 사람 자신의 자유선택에 따른 것이다. 그런 의미에서 항론파의 주장은 펠라기우스적이다.

오류 3 "참된 신자이며 중생한 사람들은 은혜와 구원뿐만 아니라 의롭게 하는 신앙을 완전히 그리고 최종적으로 잃어버리는 일이 있을 수 있을 뿐만 아니라, 실제로 종종 그것들을 잃어버리고 영원한 멸망을 한다."

항론파의 주장은 나름의 일관성을 갖는다. 앞서 살핀 것처럼 하나님께서 견인을 위한 능력을 공급하시더라도 그 능력을 사용하는 것은 전적으로 인간의 몫이며, 따라서 인간 자신이 스스로의 구원을 결정하게 된다. 심지어 지금 참된 신앙을 고백하는 신자이며 또한 중생한 사람일지라도 이 이치는 변함이 없다. 항론파는 의롭게 되는 신앙을 중생한 사람일지라도 완전하게 그리고 최종적으로(*totaliter et finaliter*) 잃어버리는 일이 있을 수 있으며 실제로 영원히 멸망을 하게 되는 책임을 인간 스스로에게 부여한다.

논박 "이 견해는 그리스도에 의하여 계속적으로 보존되는 일뿐만 아니라 의롭게 됨과 중생의 은혜를 헛되게 한다. 그것은 사도 바울이 분명하게 표현한 말들과 완전히 어긋난다. '우리가 아직 죄인 되었을 때에 그리스도께서 우리를 위하여 죽으심으로 하나님께서 우리에 대한 자기의 사랑을 확증하셨느니라 그러면 이제 우리가 그의 피로 말미암아 의롭다 하심을 받았으니 더욱 그로 말미암아 진노하심에서 구원을 받을 것이니.'(롬 5:8-9) 그리고 사도 요한과도 어긋난다. '하나님께로부터 난 자마다 죄를 짓지 아니하나니 이는 하나님의 씨가 그의 속에 거함이요 그도 범죄하지 못하는 것은 하나님께로부터 났음이라.'(요일 3:9) 또한 예수 그리스도의 말씀과도 어긋난다. '내가 그들에게 영생을 주노니 영원히 멸망하지 아니할 것이요 또 그들을 내 손에서 빼앗을 자가 없느니라 그들을 주신 내 아버지는 만물보다 크시매 아무도 아버지 손에서 빼앗을 수 없느니라.' (요 10:28-29)"

개혁파가 보기에 항론파의 오류는 그리스도께 주시는 보존의 은총을 인정하지 않는다는 데에 있다. 그리스도에 의한 계속적인 보존의 은혜를 부인하는 것은 그러한 보존의 은혜와 연결된 다른 은혜도 부인하는 잘못을 범한다. 그것은 곧 중생의 은혜가 취소될 수 있음을 말한다. 개혁파는 중생한 사람은 그 속에 하나님의 씨가 거하며 하나님께서 난 자이며 따라서 진노하심에서 구원을 받는 그리스도의 구속의 은혜를 받은 자가 된다. 이들은 하나님께서 영생을 주시기고 선택의 예정을 하신 자들이므로 하나님 아버지와 그리스도의 손에서 빼앗을 자가 없다. 즉 하나님께서는 성도로 하여금 견인의 신앙을 갖도록 하시고 이들을 보존하는 은총을 베푸시는 것이다. 이러한 이들은 죄를 범하는 일이 있다고 하여도 결코 '완전히 그리고 최종적으로' 믿음을 잃어버리는 일은 없다.

> 오류 4 "참된 신자이며 중생한 사람들은 사망에 이르는 죄 또는 성령을 훼방하는 죄를 범할 수가 있다."

항론파는 믿음을 은혜의 결과이며 또한 은혜의 한 요소임을 부인한다. 믿음은 사람이 스스로 복음에 대해 반응하는 사람의 행위이며 결정인 것이다. 그리고 그 믿음의 행위는 자유선택에 의한 인간의 자유로운 결정의 결과이기 때문에, 참된 신앙을 가진 중생자라 할지라도 믿음을 떠나 죄를 범하는 일이 있을 수 있으며 심지어는 완전하게 그리고 최종적으로 믿음과 구원의 은혜에서 떠날 수도 있다. 이러한 항론파의 주장은 결국에 참된 신자이며 중생한 사람이라도 사망에 이르는 죄 또는 성령을 훼방하는 죄를 범할 수가 있다고 말한다. 어떤 하나님의 은혜도 저항하지 못하는 은혜가 없으며, 사람이 스스로 자유선택을 통해 결정해 나가는 것이므로 사망에 이르는 성령 훼방죄라도 범할 가능성이 있게 된다. 이것은 항론파 생각에 성령의 은혜가 사람의 자유선택을 제한하거나 폐기할 수 없기 때문이다.

논박 "사도 요한은 사망에 이르는 죄를 범하는 자들 말하며 그들을 위하여 기도를 하지 말 것을 말하고 난 후에(요일 5:16-17), 즉시 이 말씀을 덧붙인다. '하나님께로부터 난 자는 다 범죄하지 아니하는 줄을 우리가 아노라 하나님께로부터 나신 자가 그를 지키시매 악한 자가 그를 만지지도 못하느니라.' (요일 5:18)

개혁파의 관점에서 성령을 훼방하는 죄를 범하는 사람은 처음부터 성령의 은혜를 받은 자가 아니며 중생한 자가 아니다. 이들이 죄 사함을 받지 못하고 사망에 이르는 죄를 범하게 되는 것은 하나님께로서 난 자가 아니기 때문이다. 하나님께로서 난 자는 중생한 자를 말하며 하나님께서는 악한 자가 그를 만지지도 못하도록 지키신다. 따라서 성령을 거역하여 사망에 이르는 죄를 범할 수가 없다. 참된 신자이며 중생한 자는 성령께서 내주하시므로 성령을 훼방하는 죄를 범하는 일이 있을 수가 없다.

오류 5 "특별한 계시가 없다면 누구도 이 세상에서 장차 견인하리라는 어떤 확신도 가질 수 없다."

항론파는 여기서 성도의 견인 교리와 믿음의 확신 교리의 연결 문제를 언급한다. 그들에게는 사실상 성도가 믿음을 끝까지 견인하는 것이 하나님의 선택과 중생의 은혜에 따라 결정이 되는 것이 아니며 오직 자신의 자유선택에 의한 것이다. 따라서 믿음의 확신은 자신의 자유선택의 불변성에 대한 확신 이외에 다른 것이 아닌 게 된다. 그러할 때 미래를 확신하는 믿음의 확신 문제는 미래를 미리 아시는 하나님의 예지에 따른 계시가 없이는 불가능하다는 것이 항론파의 주장이다.

논박 "이 교리에 의해 참 신자가 이 세상에서 확고하게 누리는 위로가 박탈당하며 교황주의자들의 의심이 다시 교회 안으로 들어온다. 그러나 성경은 여러 곳에서 이러한 확신을 어떤 특별한 비범한 계시가 아니라, 하나님의 자녀로서 적합한 표지와 하나님의 계속적인 약속에서 이끌어내고 있다. 그러므로 특별히 사도 바울은 '높음이나 깊음이나 다른 어떤 피조물이라도 우리를 우리 주 그리스도 예수 안에 있는 하나님의 사랑에서 끊을 수 없으리라.'(롬 8:39)고 교훈하며, 또 사도 요한은 '그의 계명을 지키는 자는 주 안에 거하고 주는 그의 안에 거하시나니 우리에게 주신 성령으로 말미암아 그가 우리 안에 거하시는 줄을 우리가 아느니라.'(요일 3:24)고 선언한다."

여기서 개혁파와 항론파 사이에 어느 쪽이 더 철학적 혹은 사변적인지를 가름할 수 있다. 항론파는 자유선택이라는 변할 수 없으며 타협할 수 없는 견고한 진지를 구축하고 그 위에서는 어떠한 미래의 견인을 확신할 수 없으므로 특별히 하늘에서 내리는 계시가 있어야만 확신을 가질 수 있음을 말한다. 항론파는, 개혁파와 달리, 성경에서 성령의 내주를 고백하고 그리스도의 사랑을 확신하는 많은 구절들이 있음을 고려하지 않으며, 또한 도우시는 하나님의 은혜를 믿고 그것에 의지하여 자신이 끝까지 믿음을 지켜갈 것이라는 믿음의 확신을 갖는 이들이 실제로 있음을 인정하지 않는 잘못을 범한다. 반면에 개혁파는 성경에 거슬리면서 작정을 말하지 않는다.

오류 6 "견인과 구원의 확실성이라는 교리는 그 성질과 특성상 육적인 나태의 원인이 되며 경건, 선한 도덕성, 기도 그리고 다른 거룩한 생활 훈련들에 해를 끼친다. 정반대로 오히려 이러한 일에 대해 의심을 갖는 것인 칭찬할 만하다."

항론파는 성도의 견인 교리와 구원의 확신 교리는 나태와 방종한 태도를 낳아, 결국 경건한 생활훈련을 감당하지 못하게 하는 영적 폐해를 범한다고 비판을 한다. 왜냐하면 이러한 교리들은 한번 구원을 받으면 다음에 어떻게 살든지 관계없이 구원을 받는다는 생각을 하게끔 하여 육적인 나태를 낳는 원인이 되는 특성을 가지고 있기 때문이다.

논박 "이러한 것은 그들이 하나님의 은혜의 능력과 내주하는 성령의 활동에 대해 알지 못하고 있다는 것을 보여준다. 이는 사도 요한이 분명하게 말한 바와 어긋난다. '사랑하는 자들아 우리가 지금은 하나님의 자녀라 장래에 어떻게 될지는 아직 나타나지 아니하였으나 그가 나타나시면 우리가 그와 같을 줄을 아는 것은 그의 참모습 그대로 볼 것이기 때문이니

주를 향하여 이 소망을 가진 자마다 그의 깨끗하심과 같이 자기를 깨끗하게 하느니라.'(요일 3:2-3) 더욱이 이러한 말들은 구약과 신약의 성도들의 본에 의해서 반박된다. 그들은 견인과 구원을 확신하였음에도 불구하고, 기도와 다른 경건의 연습을 끊임없이 행하였다."

개혁파는 이러한 비판에 대해서 성경의 교훈과 성경에 나타난 성도들의 본을 들어 반박을 한다. 우선 성경이 확고한 선택의 예정과 그리스도의 은혜의 위로와 기쁨의 확신을 누리는 자가 또한 주님을 뵐 소망을 가진 자로서 주님께서 깨끗하심과 같이 자신도 또한 깨끗하게 하여 주님을 닮는 자로 살아가기에 힘을 쓸 것을 권면함을 지적한다. 이러한 권면에 따라 구약과 신약의 많은 성도들 그리고 교회사 속의 많은 성도들은 자신의 죄를 살피고 구원의 은혜에 감사하며 기도와 경건의 연습을 부단히 행하였음을 제시한다. 성도의 견인의 교리는 부주의한 생활과 타락한 도덕을 야기하거나 조장하기는커녕, 오히려 겸손케 하며 순종의 감사를 드리게 한다. 성도의 견인은 곧 하나님께서 성도를 보존하신다는 교리이며, 그러한 보존의 필요는 바로 죄인인 인간의 무능력과 부패 때문임을 깨닫게 하는 교리이다. 그러므로 견인의 교리는 하나님의 사랑과 그리스도의 십자가 고난과 부활의 영광을 돌아보면서 그러한 크신 은혜를 베푸신 하나님께서 성령의 능력으로 끝까지 보호하실 것을 믿고 더욱 더 진리를 고백하고 하나님을 기쁘시게 하는 겸손을 강화하는 토대가 된다. 성도의 견인 교리는 참된 신앙의 중생자에게 방종이 아니라 책임을 동반한 위안을 주는 것이다.

오류 7 "단지 일시적으로만 믿는 사람들의 신앙은 의롭다 함을 받고 구원을 받는 신앙과 다르지 않으며 다만 지속적인 면에서만 다를 뿐이다."

항론파는 개혁파와 마찬가지로 일시적 신앙과 구원을 받는 신앙을 구별한다. 그들의 생각에 따르면 일시적 신앙과 구원을 받는 신앙은 신앙의 성질에서는 동일하며 다만 지속성에 있어서 다를 뿐이다. 이러한 차이는 구분의 차이라기보다는 단지 구별일 뿐이다. 이러한 주장에 함축된 의미는 신앙의 성질상 구원을 받는 신앙을 가진 자라도 지속성이 꾸준하여 끝까지 못하면 그것은 곧 일시적 신앙이 된다는 것이다. 과연 끝에 이르는 미래를 알 수 없는 것처럼 견인의 확신도 불가능한 항론파 주장에서는 일시적 신앙과 구원을 받는 신앙 사이에 믿음의 성질이 다른 구분은 의미가 없다.

논박 "그리스도께서 친히 마태복음 13장 20절 이하에서 그리고 누가복음 8장 13절 이하에서 일시적인 신자들과 참된 신자들 사이에 이러한 좀 더 확실한 차이들이 있음을 확실하게 말씀하신다. 그리스도께서 하신 말씀은 이러하다: 전자는 씨를 돌밭에서 받으며, 후자는 좋은 땅, 곧 좋은 마음에서 받는다. 또 전자는 뿌리가 없지만 후자는 뿌리를 단단히 내린다. 전자는 열매를 맺지 못하지만, 후자는 여러 가지 양으로, 꾸준하게, 일관되게 열매를 맺는다."

개혁파가 일시적 신앙과 구원받는 신앙을 구분하는 차이는 항론파와 다르다. 개혁파의 구분은 복음서에 나오는 씨 뿌리는 비유를 따른다. 땅에 따라 씨가 열매를 맺기도 하고 그렇지도 못하기도 하는 차이는 곧 일시적 신자들과 참된 신자들의 차이를 교훈하는 것을 이해를 한다. 개혁파에 따르면 돌밭과 좋은 땅의 차이는 중생한 자와 그렇지 못한 자의 차이로 구분이 된다. 돌밭은 말씀의 씨를 받되 뿌리를 내리지 못하고 결국에 열매를 맺지 못하는 중생하지 못한 신자를 가리키며, 좋은 땅에 떨어진 씨는 여러 가지 양으로 꾸준히 일관되게 열매를 맺는 중생한 구원받는 신자를 가리킨다. 요컨대 일시적 신앙과 구원받는 신앙의 차이는 열매를 맺는 것에 의해서 구분이 된다. 돌밭에 떨어진 씨도 말씀을 듣고 기쁨으로 받으므로 겉모양으로는 회심하고 돌이킨 자와 같이 보이지만 실제로는 그렇지 않은 자들이다. 이러한 신앙이 구원받지 못한 신앙이라는 것이 처음에는 구분이 되지를 않지만 시간이 지나면서 환난과 박해와 같은 여러 가지 이유들로 열매를 맺지 못하므로 일시적인 신앙이었음을 드러낸다. 이것은 일시적인 신앙이 처음부터 구원받은 신앙과 동일한 신앙이 아니었음을 교훈한다. 항론파가 주장하듯이, 단지 지속성에 있어서 차이를 보이는 것이 아니다.

오류 8 "사람이 이전의 중생을 상실한 후에는 다시 한 번, 실로 종종 중생하여야 한다는 말은 불합리한 것이 아니다."

항론파가 중생을 말할 때, 그들은 사람이 자연인으로서 스스로 구원에 이르는 영적인 능력을 가지고 있다는 사실을 부인한다. 여기서의 논점은 중생의 필요성이 아니라 중생의 반복성이다. 항론파는 그리스도에게 접붙임을 받고 생명을 주시는 살리는 성령에 참여하는 일이 오직 믿음으로 되는 것임을 주장한다. 여기서 성령에 참여하는 중생의 일이 믿음으로 되는 것이며, 그 믿음은 신자의 자유선택에 의하여 되는 것임에 주목을 하여야 한다. 신자의 의지에 따라서 중생의 믿음을 지속하는 여부가 결정이 되므로, 참된 신자라 할지라도 중생을 상실할 수 있으며 또 자신의 믿음을 회복하여 다시 한 번이 아니라 여러 번 자주 중생하는 일이 있을 수 있다는 것은 합리적이라고 주장을 한다.

논박 "이러한 가르침은 사람이 거듭나는 것은 하나님의 씨, 썩지 않는 씨로 인한 것임을 부인한다. 사도 베드로의 증거에서 어긋난다. '너희가 거듭난 것은 썩어질 씨로 된 것이 아니요 썩지 아니할 씨로 된 것이니 살아 있고 항상 있는 하나님의 말씀으로 되었느니라.'(벧전 1:23)"

개혁파는 항론파의 오류를 두 가지 점에서 비판을 한다. 하나는 중생의 원인과 관련한 것으로 중생은 성령 하나님에 의하여 하나님의 말씀의 씨로 된 것이므로 그것 자체가 썩어지거나 취소되는 것이 아니라는 사실을 제시한다. 그러므로 중생의 은혜는 끝까지 보존이 되는 것이라는 점을 밝힌다. 다른 하나는 중생은 사람의 자유선택에 따라서 거부되거나 선택되는 대상이 아니라는 사실이다. 중생은 본성이 부패한 사람에게 도덕적 설득을 따라 주어지는 것이 아니라 살아 있고 항상 있는 하나님의 말씀으로 되는 초자연적인 것이다.[26]

---

26 여기서 개혁파는 도르트 신경 III-IV장 12항에서 밝힌 다음과 같은 교훈에 주목을 할 필요가 있다. "이것이 성경에 그처럼 분명하게 서술되어 있는 중생이며, 새로운 창조이며, 죽음에서 일어남이며, 살아남이다. 하나님께서 우리들의 도움을 받지 않고 우리 안에서 이것을 행하신다. 하지만 그것은 결코 바깥에서 울리는 교리나 도덕적 설득에 의한 것이 아니다. 또 (그것과 관련해서) 하나님이 일하신 이후에는 중생하거나 중생을 하지 않거나, 또는 회심을 하거나 회심을 하지 않거나 하는 것이 사람의 능력에 있는 식으로 되는 것도 아니다. 그것은 분명히 초자연적이며, 지극히 강력하면서 또한 동시에 지극히 달콤하며, 기적적이며, 비밀스럽고, 형용할 길이 없는, (이 일의 저자에 의하여 영감이 된) 성경에 따르면, 그의 능력에 있어서 창조나 죽은 자들의 부활에 부족하거나 열등하지 않는 작용이다. 그 결과 마음속에서 이처럼 놀라운 방식으로 하나님께서 일하신 사람들은 확실히, 오류가 없이, 그리고 유효적으로 중생을 하며, 실제로 믿는다. 그리하여 이제 새롭게 된 의지는 단지 하나님에 의하여 활동이 되고 움직여 질뿐만 아니라, 또한 하나님에 의하여 활동이 됨으로써 그 자체가 활동을 한다. 이러한 이유로 사람은 또한

오류 9 "그리스도께서는 어디에서도 신자가 믿음을 실패하지 않고 견인할 수 있도록 기도하신 적이 없다."

성경에는 제자를 위한 그리스도의 기도가 분명히 발견이 되므로 항론파의 주장은 이렇게 해석될 수 있다. 우선 그리스도께서 믿음이 떨어지지 않도록 제자를 위하여 기도하신 적은 있으나 그것은 일시적인 것이며, 또 그것을 통해 제자들로 하여금 믿음이 떨어지는 일이 그리스도께서 기뻐하시는 일이 아니라는 사실을 교훈하기 위한 것이라고 생각하는 일이다.

> **논박** "이것은 그리스도께서 친히 하신 말씀에 어긋난다. '그러나 내가 너를 위하여 네 믿음이 떨어지지 않기를 기도하였노니 너는 돌이킨 후에 네 형제를 굳게 하라.'(눅 22:32) 그리고 사도 요한도 요한복음 17장에서 그리스도께서 기도하신 것이 단지 사도들만을 위하여서만이 아니라, 또한 그리스도의 말씀을 듣고 믿게 될 모든 사람들을 위하여 하신 것임을 증거한다. '거룩하신 아버지여 내게 주신 아버지의 이름으로 그들을 보전하사'(11절) 그리고 '내가 비옵는 것은 그들을 세상에서 데려가시기를 위함이 아니요 다만 악에 빠지지 않게 보전하시기를 위함이니이다.'(15절)

개혁파는 항론파의 주장이 성경의 말씀에 의하여 그대로 반박을 받는다는 사실을 지적한다. 그리스도께서는 사도 베드로에게 그의 믿음이 떨어지지 않기를 기도한다고 하였을 때, 그것은 결국 베드로의 영혼을 보전하기 위한 것이었다. 또 사도들만이 아니라 믿게 될 모든 사람들을 위하여 기도하시는 대제사장으로서의 중보기도는 단지 일시적인 것이 아니라 이들이 모두 악에 빠지지 않게 하기 위한 것임을 생각할 때, 항론파의 주장은 설득력을 잃는다.

7. 웨스트민스터 신앙고백서의 '성도의 견인' 교리 이해와 비교

성도의 견인 교리는 결코 도르트 신경만의 특별한 교리가 아니다. 그것은

그 자체가 받은 은혜로 말미암아 믿음과 회개를 한다고 말해지는 것이 옳다."

개혁파의 중심 교리였으며, 다른 신앙고백서들 가운데서도 쉽게 발견이 된다. 앞에서 1611년에 헤이그에서 항론파와의 회합 때에 개혁파가 제시한 글 가운데 "벨직 신앙고백서"와 "하이델베르크 요리문답"의 관련 내용은 소개를 하였으므로 여기서는 웨스트민스터 신앙고백서의 내용을 살펴보기로 한다.

11장 칭의

5항 "하나님께서는 의롭다함을 받은 사람들의 죄를 계속 용서하신다. 비록 그들이 의롭다함을 받은 지위에서 결코 떨어지는 일이 있을 수 없지만, 그럼에도 불구하고 그들은 죄를 범함으로써 아버지로서의 하나님의 불쾌함 아래로 떨어질 수 있다. 그리하여 그들이 스스로 낮아져서 자신들이 범한 죄를 고백하고, 용서를 구하며 믿음과 회개를 새롭게 할 때까지는 하나님의 얼굴의 빛이 자신들을 향해 회복되도록 하지 못한다."

웨스트민스터 신앙고백서(이하 신앙고백서로 줄여 씀)의 칭의에 관련하여 고백을 한 11장 5항은 도르트 신경의 다섯 번째 교리 1항과 5항의 내용과 그대로 일치한다. 구체적으로 신앙고백서가 의롭다함의 지위에서는 결코 떨어지는 일이 없는 참된 신앙의 소유자라 할지라도 죄를 범하여 하나님의 불쾌함을 살 수 있다고 고백을 하고 있듯이, 도르트 신경은 다섯째 교리 1항에서 성령으로 중생한 사람이라 할지라도 이 세상에서 사는 동안 죄의 몸과 육신의 연약함에서 완전히 자유롭지 않음을 고백한다. 또 고백서가 의롭다함을 받은 성도라 할지라도 죄를 범한 후에는 마땅히 죄를 고백하고 용서를 구하며 믿음과 회개를 새롭게 할 때까지는 하나님의 얼굴의 빛이 회복되지 않음을 교훈하는 내용은 도르트 신경이 다섯째 교리 5항에서 "마침내 그들이 진지하게 회개하여 바른 길로 다시 돌아오게 되는 그 때가 되어서야 하나님 아버지의 얼굴의 빛은 그들 위에 다시 비쳐질 것이다."는 것과 뚜렷한 일치를 보인다.

17장 성도의 견인

1항 "하나님께서 그의 사랑하시는 아들 안에서 받으시고, 부르심의 효과가 나타나도록 하셨으며, 그의 성령으로 성화케 하시는 자들은 전적으로 그리고 최종적으로 은혜의 상태에서 타락할 수가 없으며, 끝까지 믿음을 확실하게 견지하여 영원히 구원을 받을 것이다."

신앙고백서가 1항에서 교훈하는 부르심의 유효적 실현은 도르트 신경 다섯째 교리 1항에서 "하나님께서는 ... 그의 아들 주 예수 그리스도와 교통하도록 부르셔서 성령으로 중생한 사람을"이라는 진술과 동일한 교리를 가르친다. 신앙고백서나 도르트 신경이나 하나님께서 그리스도 안에서 성령으로 부르시고 구원하시는 삼위일체의 사역에 근거한 구원론의 진술을 전개한다. 아울러 신앙고백서가 사용하는 "전적으로 그리고 최종적으로" 타락할 수 없다는 표현은 도르트 신경이 다섯째 교리 8항에서 중생한 사람은 믿음과 은혜에서 "완전히"(totaliter) 그리고 "최종적으로"(finaliter) 타락하거나 멸망할 수 없다는 표현과 일치한다. 이것은 항론파가 오류 3에서 보듯이 "참된 신자이며 중생한 사람들은 은혜와 구원뿐만 아니라 의롭게 하는 신앙을 완전히 그리고 최종적으로 잃어버리는 일이 있을 수 있을 뿐만 아니라"는 진술에서 사용함으로 비롯된 것이다. 따라서 "완전하게 그리고 최종적으로" 잃어버리는 일이 없다는 강조는 개혁파가 항론파에 대하여 주는 답의 특징적인 표현으로 사용이 되었다. 이러한 맥락에서 신앙고백서가 이 표현을 사용하고 있는 것은 성도의 견인 교리에 있어서 도르트 신경과 동일한 신학의 기조를 이어가고 있음을 보여준다.

> 2항 "성도의 이러한 견인은 자신의 자유의지에 근거하는 것이 아니다. 그것은 하나님 아버지의 값없이 주시는 변함없는 사랑으로부터, 예수 그리스도의 공로와 중보의 효능과 성령과 하나님의 씨가 그들 안에 내주 하는 일 그리고 은혜언약의 속성에 근거하여, 흘러나온다. 이 모든 것들에서 성도의 견인은 확실히 그리고 틀림없이 보장이 된다."

신앙고백서는 2항에서 성도의 견인의 근거와 관련하여 성도 자신의 자유의지가 아니라 하나님 아버지의 사랑, 그리스도의 공로, 성령 하나님의 내주와 중생의 씨, 은혜언약의 속성임을 제시한다. 이것은 도르트 신경의 8항과 실제적인 내용에 있어서 그대로 일치한다. 도르트 신경은 중생한 자들이 완전히 그리고 최종적으로 멸망하지 않는 까닭은 자신의 공로나 능력 때문이 아니며, 하나님의 은혜 때문이라고 말한다. 그리고 하나님 아버지의 변함없는 결정과 약속과 목적, 그리스도의 공로와 중보, 성령의 인치심 등을 이유로 제시한다.

신앙고백서는 삼위일체 하나님의 사역에 근거한 도르트 신경의 설명과 하나의 신학을 이룬다.

> 3항 "그럼에도 불구하고, 성도들은, 사단과 세상의 시험들, 자신 안에 남아 횡행하는 부패성, 그리고 그들을 보존하는 방편들에 대한 태만 등으로 말미암아, 중대한 죄에 빠질 수가 있다. 그리하여 한 동안, 그러한 상태가 계속될 수 있다. 그로 인하여 하나님의 불쾌를 초래하고 자신에게 있는 성령을 근심하게 하며, 상당한 정도의 은혜와 위로를 빼앗기고, 마음이 완악해지고 양심의 상처를 입는 일이 있게 되며, 다른 사람들을 해치고 넘어지게 하고, 스스로 이 세상 사는 동안 심판을 자초할 수 있다."

신앙고백서는 성도의 견인의 확실하며 틀림이 없는 보장을 교훈한 2항에 이어서 3항에서는 이러한 확실한 견인에도 불구하고 이 세상에서 사는 동안 참된 신자들이 죄에 빠질 수가 있으며 그것도 중대한 죄에 빠질 수 있고, 또 한 동안 그러한 상태가 지속될 수도 있음을 지적한다. 그러한 타락의 정도는 성령을 근심하게 할 정도이며, 다른 사람을 해치고 넘어지게 할 정도이고, 이 세상 사는 동안 심판을 자초할 수 있을 정도이다. 은혜와 위로는 상당한 정도로 빼앗기고, 마음은 완악해지고 양심은 상처를 입어 제 기능을 못하게 될 수 있음을 말한다. 이러한 정도의 타락이라면 구원에서 떨어져 나간 것이 아닐까? 신앙고백서는 이럴 정도로 심각하게 타락하여 하나님의 불쾌를 초래한 경우라도 여전히 구원에 이르는 성도들임을 강조한다. 그럼 왜 이런 일이 나타나는 것일까? 그것은 성도들 안에는 여전히 부패가 횡행하기 때문에 은혜의 방편들을 부지런히 사용하여야 하는데, 그렇지 못한 경우가 있기 때문이다.

신앙고백서의 이러한 경계는 도르트 신경 4항과 5항의 내용과 동일하다. 4항에서 참 신자들은 "육신과 세상과 사탄에 의하여 크고 가증스런 죄에 빠질 뿐 아니라, 때로는 … 죄악에 정말로 빠지게 된다."고 진술하고 있으며, 5항에서는 "그리고 그들은 실로 중대한 죄들을 범하여 하나님을 심히 분노케 하며, 죽을 죄를 짓고, 성령을 근심하게 하며, 믿음의 실행을 그치고, 양심에 심각한 상처를 입히며, 때때로 하나님의 은혜에 대한 감각을 잃는다 …"고 교훈하고 있다. 그러나 신앙고백서와 도르트 신경은 이러한 사실을 말하면서 참 신자이며 중생한 자라도 완전히 그리고 최종적으로 구원에서 떨어지는 것이 아니며, 또 믿음 자체가 없어지는 것이 아니라 일시적으로 믿음의 활동이 약화 또는 중지될 따름임을 확실히 한다.

8. 개혁파 '성도의 견인 교리'에 대한 루터교회의 평가

루터파들도 기독교인들에게 있어서 '신앙의 견인'의 주제가 매우 중요함을 잘 인식하고 있다. 그들도 그리스도께서 성도들이 시련과 환난을 당하게 될 것을 말씀하시면서, "또 너희가 내 이름으로 말미암아 모든 사람에게 미움을 받을 것이나 끝까지 견디는 자는 구원을 얻으리라"(마 10:22)고 하셨음을 기억한다. 루터파가 성도의 궁극적인 견인과 관련하여 정리한 성경의 교훈은 두 가지로 요약이 된다. 하나는 "신앙을 지키는 일은 오직 하나님의 은혜로운 보존으로 말미암아서만 되는 일"이라는 것이며, 다른 하나는 "신앙에서 떨어지는 것은 자기 스스로 잘못하여 되는 일"이라는 것이다. 모든 경우에 있어서 배도의 원인은 하나님의 말씀을 거부하며 말씀으로 역사하는 성령님에 대해 저항하는 데에 있다.[27](피퍼, III, 89)

얼핏 보기에는 루터파의 성도의 견인의 이해가 개혁파의 것과 크게 다르지 않는 것처럼 생각될 수 있겠다. 오직 하나님의 은혜로운 보존을 통해서만 성도의 견인이 가능하다고 말하는 점 때문이다. 그러나 루터파는 개혁파의 성도의 견인 교리를 찬성하지 않는다. 그 까닭은 중생한 참된 신자의 경우 중대한 죄들(peccata enormia)을 범하였을 때조차도 신앙을 상실하지 않으며, 다만 신앙의 실행(exercitium fidei)을 하지 못하게 될 뿐이라고 말하는 것에 대해 불만을 갖기 때문이다.[28] 개혁파가 신앙의 상실과 신앙의 실행의 중지라는 모호한 개념으로 설명하는 까닭에 대해 비판을 하면서 루터파는 이 잘못된 개념 구별이 보편은총(gratia univeralis)을 부인하는 교리적 오류 때문이라고

---

[27] Francis Pieper, *Christian Dogmatics* vol. III (St. Louis, MO: Concordia Publishing House, 1953), 89.

[28] Ibid.

말한다. 보편은총을 부인하는 개혁파가 죄 가운데 빠진 신자들이 심령 가운데 일어나는 불확실성과 의심 때문에 불안해하는 것을 가라앉힐 목적에서 고안한 것이라고 비판을 하는 것이다.[29]

개혁파와 루터파의 차이는 '말씀과 함께'(cum Verbo)와 '말씀을 통해'(per Verbum)으로 종종 알려진 말씀과 성령의 관계에 대한 이해의 차이에서 비롯된다. 개혁파는 중생케 하심에 있어서 성령 하나님께서 말씀과 함께, 말씀을 가지고 역사하시며, 이 때 말씀은 방편이고 중생을 일으키시는 분은 성령님이라고 가르친다. 이에 대하여 루터파는 말씀은 말씀 자체에 내재적인 실행의 능력이 있으며 따라서 예수 그리스도의 대리 속죄의 복음을 모든 사람들에게 전하고 값없이 받도록 제안을 하고 이 때 말씀이 이들 가운데 믿음을 일으키면 회심하고 믿음으로 구원을 받게 된다고 생각한다.[30] 따라서 실족하여 죄를 범하여 믿음에서 떨어진 자들에게 위로를 주고 다시 믿음을 회복시키기 위해서는 모든 사람들에게 구원을 주시는 예수 그리스도의 복음을 보편적으로 알리고 초청하는 것이 유일한 답이다. 이것은 바로 루터파 보편은총의 이해에서 나오는 답이다.

루터파는 개혁파에 대해 비판하기를 '말씀과 함께'를 주장하는 개혁파는 성령의 비밀한 중생을 말하므로 결국 믿음에서 주저앉은 사람에게 믿음이 없어진 것이 아니라 믿음의 실행이 약화된 것이라고 말할 수밖에 없으며, 이것은 성도에게 아무런 유익이 되지를 못한다고 지적을 한다. 믿음과 믿음의 실행의 구분이 실제적으로 무의미하다는 것이다. 루터파 생각에, 개혁파의 유효적 소명과 성령의 교리에 따르면, 믿음이 약해진 사람의 경우 자신이 중생한 자인지를 확인하기 위하여서는 믿음이 약해지기 이전인 과거에 자신에게 믿음의 활동이 있었는가를 돌아보게 되고 그것이 사실이면 중생한 것이라고 판단을 하는 방식을 취하게 된다고 판단한다. 이러한 개혁파 교리는 중생한 자는 다시 취소됨이 없으니까 비록 믿음의 활동이 중지되고 있었도 믿음이 취소되지 않았음을 믿으라고 가르치는 것이며, 이것은 불합리하며 비현실적이

---

29 Ibid,, 90.

30 Robert D. Preus, *The Theology of Post-Reformation Lutheranism* (St. Louis, MO: Concordia Publishing House, 1970), 367. 보다 자세한 내용은 졸저, "은혜의 방편으로서의 성경: '말씀을 통하여(per Verbum)'와 '말씀과 함께(cum Verbo)', *조직신학연구* 19 (2013): 116-143.

라는 것이다. 그런데 현재 믿음의 활동이 없는 사람이 이런 방식으로 믿음을 확인하는 것은 위선과 거짓된 확신이 나타날 수 있으므로 개혁파는 당연히 거룩한 생활에 대한 확인을 할 것을 덧붙이다고 지적하면서, 이것은 오직 믿음으로만 의롭다고 하시는 복음의 교훈에서 이탈하는 위험성을 초래하게 된다고 비판을 한다.[31]

맺는 말

성도의 견인 교리는 결코 성도를 무부별한 방종으로 이끌지 않는다. 성도의 견인 교리는 단순히 복음에 관한 지식을 가지고 있으면, 어찌 됐든 구원을 받는다는 값싼 복음을 뒷받침하는 교리가 아니다. 오히려 성도의 견인 교리는 오직 은혜, 오직 믿음의 종교개혁 신학의 완결이다. 성경에 계시된 성도의 보존의 말씀을 물론 성도를 향한 경계의 말씀도 또한 성도의 견인 교리를 뒷받침 한다. 하나님의 은혜의 역사는 사람의 책임을 무시하거나 제거하지 않는다. 도리어 하나님께서는 사람의 경건의 책임을 통해 은혜를 실현해 가신다. 항론파는 하나님의 중생의 은혜로 인하여 죄인이 하나님의 말씀에 반응을 비로소 할 수 있으며 그럴 때 중생한 자로서 하나님의 말씀을 감사와 기쁨으로 순종하는 자발적 자유의지의 활동이 나타난다는 인간론의 이해가 결핍되어 있다. 그러므로 중생한 자에게는 완전히 그리고 최종적으로 구원에서 이탈하는 일이 없다는 개혁파의 주장을 동의하지 못하며 믿음의 확신과 보존하는 은혜 안에서 구원에 이르는 성도의 견인 교리를 받지 못한 것이다. 도르트 신경은 교회를 이러한 오류에서 보호하고 성경의 교훈에 일치하는 은혜의 위로를 전해주는 가장 완결된 신조이다. (*)

별첨: 항론파 다섯 번째 신앙 항목의 라틴어 원문

(1) *Scripta adversaria Collationis Hagiensis*, Petrus Bertius 역

"Eos qui Christo vera fide insiti sunt, ac proinde vivificantis eius Spiritus participes

---

31 Francis Pieper, 90-91.

facti sunt, abunde instructes sunt viribus, quibus adversus Satanam, peccatum, Mundum, suamque carnem possint pugnare, atque adeo etiam victoriam ab iis referre, puta tamen semper auxilio gratiae eius de Spiritus, ita, ut Jesus Christus ipsis per Spiritum suum in omnibus tentationibus adsit, manum porrigat, eosdem (si modo ad pugnam ipsi parati sint, eiusque opem deposcant, sibique ipsis non desint) fulciat ac confirmet, ita ut nulla fraude aut vi Satane seduci, aut ex Christi manibus eripi possint, juxta promissionem Christi. Iohan. x. 'Oves meas nemo rapiet ex manu mea.' Caterum, utrum iidem non possint per socordiam, ut loquitur Apostolus ad Hebre. III. 6, 14. τὴν ἀρχὴν τῆς ὑποστάσεως Χριστοῦ καταλείπεν, praesens seculum iterum amplecti, a sancta doctrina ipsis tradita recedere, bonam conscientam amittere, gratiamque negligere, esset prius accuratiore ex Sacra Scriptura examine inquirendum, quam nos illud possemus alios cum πληροφορία animi nostri docere.

(2) *Collatio Scripto habita Hagae*, Henricus Brandius 역

Qui Iesu Christo per veram fidem sunt insiti, ac proinde Spiritus ejus vivificantis participes, eos abunde habere facultatum, quibus contra Satanam, peccatum, mundum, propriam suam carnem pugnent, victoriam obtineant, verumtamen semper per auxilium gratiae eiusdem Spiritus: Iesum Christum vero illis suo Spiritu in omnibus tentationibus adesse, manum porrigere, modo sint ad pugnam parati, eius auxilium petant neque sibi desint, eos confirmare, atque id adeo quidem, ut nulla Satanae fraude aut vi seduci, manibus Christi eripi possint secundum illud Christi. Ioan. 10. Nemo illos ex manu mea eripiet. Sed an illi negligentia sua principium substantiae suae in Christo non possint deserere, praesenti mundo iterum implicari, a sinacta doctrina ipsis semel tradita deficere, bonae conscientiae naufragium facere, gratiam negligere, esset prius ex Sacra Scriptura exactius disquirendum, quam illud plena certaque animi nostri persuasione possemus docere.

【참고도서 목록】

단행본

1. 성도의 견인 : 『구원의 불변성과 영원성에 관한 명쾌한 설명』 오웬, 존, 생명의말씀 사, 2013
2. 『한 번 받은 구원 영원한가 : 견인에 대한 네 가지 관점』 호튼 마이클, 부흥과개혁사; 2011
3. 『로마서 강해. 6 : 성도의 견인』 로이드 존즈, D.M. (Lloyd-Jones, D.M.) (BS2665.3-로

이드죤스) 예수교문서선교회, 1976

4. Thomas R. Schreiner & Ardel B. Caneday (2001). *The Race Set Before Us: A Biblical Theology of Perseverance and Assurance.* Inter-Varsity Press. ISBN 0830815554

5. D. Martyn Lloyd-Jones. *Romans 8:17-39: The Final Perseverance of the Saints.* Banner of Truth. ISBN 0851512313

6. A. W. Pink (2001). *Eternal Security. Sovereign Grace* Pub. ISBN 1589601955

7. Arminius, James. *The Works of Arminius*, translated by James and William Nichols (Grand Rapids: Baker Book House, 1986).

8. Arrington, French L. *Unconditional Eternal Security: Myth or Truth?* (Tennessee: Pathway Press, 2005).

9. Ashby, Stephen M. "Reformed Arminianism," Four Views on Eternal Security, editor J. Matthew Pinson (Grand Rapids: Zondervan, 2002).

10. Atwood, Craig D., Hill, Samuel S., and Mead, Frank S. *Handbook of Denominations in the United States*, 12th Edition (Nashville: Abingdon Press, 2005).

11. Bercot, David W, editor. *A Dictionary of Early Christian Beliefs*: A Reference Guide to More Than 700 Topics Discussed by the Early Church Fathers (Peabody: Hendrickson Publishers, 1998).

12. Bercot, David W. *Will the Real Heretics Please Stand Up*: A New Look at Today's Evangelical Church in the Light of Early Christianity (Amberson: Scroll Publishing Company, 1989).

13. Boettner, Loraine. *The Reformed Doctrine of Predestination* (Phillipsburg: Presbyterian and Reformed Publishing House, 1932).

14. Brown, Colin, editor, *The New International Dictionary of New Testament Theology*, 3 Volumes (Grand Rapids: Regency Reference Library/Zondervan, 1975‒1978).

15. Claybrook, Frederick W. Jr. Once Saved, *Always Saved? A New Testament Study of Apostasy* (Lanham: University Press of American, 2003).

16. DeJong, Peter Y. *Crisis in the Reformed Churches: Essays in Commemoration of the Great Synod of Dordt, 1618-1619* (Grand Rapids: Reformed Fellowship, Inc., 1968).

17. Dillow, Joseph. *The Reign of the Servant Kings: A Study of Eternal Security and the Final Significance of Man* (Hayesville: Schoettle Publishing Co., 1992).

18. Ellis, Mark A, translator and editor. *The Arminian Confession of 1621* (Eugene: Pickwick Publications, 2005).

19. Greenlee, J. Harold. *Words from the Word: 52 Word Studies from the Original New Testament Greek* (Salem: Schmul Publishing, 2000).

20. Hoekema, Anthony. *Saved by Grace* (Grand Rapids: William B. Eerdmans Publishing Co., 1989).

21. Marshall, I. Howard. *Kept by the Power of God: A Study of Perseverance and Falling Away* (Minneapolis: Bethany Fellowship, Inc., 1969).

22. Muller, Richard A. *Dictionary of Greek and Latin Theological Terms: Drawn Principally from Protestant Scholastic Theology* (Grand Rapids: Baker Book House, 1985).

23. Murray, John. *Redemption Accomplished and Applied* (Grand Rapids: William B. Eerdmans Publishing Company, 1955).

24. Oropeza, B. J. *Paul and Apostasy: Eschatology, Perseverance, and Falling Away in the Corinthian Congregation* (Tübingen: Mohr Siebeck, 2000).

25. Pawson, David. *Once Saved, Always Saved? A Study in Perseverance and Inheritance* (London: Hodder and Stoughton, 1996).

26. Picirilli, Robert. *Grace, Faith, Free Will. Contrasting Views of Salvation: Calvinism and Arminianism* (Nashville: Randall House Publications, 2002).

27. Purkiser, W. T. *Security: The False and the True* (Kansas City: Beacon Hill Press, 1956).

28. Schaff, Philip, editor. *The Creeds of Christendom Volume III: The Evangelical Protestant Creeds* (Grand Rapids: Baker Book House, 1984).

29. Shank, Robert. *Life in the Son: A Study of the Doctrine of Perseverance* (Minneapolis: Bethany House Publishers, 1960, 1961, 1989).

30. Stanley, Charles. *Eternal Security: Can You Be Sure?* (Nashville: Oliver-Nelson Books, 1990).

31. Steele, Daniel. *Mile-Stone Papers: Doctrinal, Ethical, and Experimental on Christian Progress* (New York: Nelson and Phillips, 1878).

32. Wesley, John. *The Works of John Wesley*, Third Edition Complete and Unabridged, 14 Vols. (Grand Rapids: Baker Book House, 2001).

33. Williams, J. Rodman. *Renewal Theology: Systematic Theology from a Charismatic Perspective*, 3 Vols. in One (Grand Rapids: Zondervan, 1996).

34. Witherington, Ben. *John's Wisdom: A Commentary on the Fourth Gospel* (Louisville: Westminster John Knox Press, 1995).

35. Yocum, Dale. *Creeds in Contrast: A Study in Calvinism and Arminianism* (Salem: Schmul Publishing Co., 1986).

36. John Gill, *The Doctrine Of The Saints Final Perseverance*, Asserted And Vindicated,

London: George Keith, (1752) Page 15.

37. John Calvin, *Calvin's Commentary on Romans*, Ages Software, Auburn: OR (1996), Page 256

38. Charles Hodge, *Systematic Theology*. Originally published 1872., Vol. 2, Page 161. Oak Harbor, WA: Logos Research Systems, Inc., 1997.

39. Charles G. Finney's *Systematic Theology*(1878 edition)

http://web.a.ebscohost.com/ehost/ebookviewer/ebook/bmxlYmtfXzIwMDkwMDhfX0 FO0?sid=25a28ad1-1d27-4777-9cfa-115ed65a2c52@sessionmgr4001&vid =4&format=EB&rid=15

40. Peterson, Robert A.. *Apostasy in the Hebrews warning passages*(Presbyterion, 34 no 1 Spr 2008, p 27-44)

◈ 학위논문

1. "성도의 견인 교리에 관한 고찰" 방성문, 고려신학교 신학원, 2001

2. "성도의 견인 교리에 대한 역사적 개혁주의 신학의 연구 : 도르트 신조와 웨스트민스터 신앙고백서를 중심으로" 강일주, 안양대학교, 20073

3. "칼빈의 예정론과 칼빈주의 5대 교리에 관한 연구" 김기호, 한남대학교 학제신학대학원, 2010

4. "초기개혁주의신조에 나타난 예정론 연구 : 벨직신조·도르트신조·웨스트민스터신앙고백을 중심으로" 계명대학교, 2005

5. "예정론과 구원론의 관계에 대한 연구 : 어거스틴, 칼빈, 칼빈주의, 아르미니우스주의, 웨슬리의 경우를 中心으로" 박인규, 목원대학교, 2013

6. (해외박사)Augustine and high medieval theologies of perseverance_The perseverance teachings of Augustine, Thomas Aquinas, Matthew of Aquasparta and Gregory of Rimini

◈ 학술논문

[국내]

1. (본문 및 주제연구)인내와 성도의 견인/송인규, [그말씀] 292호(2013년10월)

2. 바울과 성도의 견인/박형용, [신학정론] 17권 1호, 1999

3. Joel R. Beeke (신호섭 역), "성도의 견인과 구원의 확신",「진리의깃발」82 (한국개혁주의 설교연구원, 2006) 5-15.

4. Fred L. Pugh (서창원 옮김), "믿음과 의에 있어서 성도의 견인: 타락과 배교를

어떻게 이해할 것인가?", 「진리의깃발」 68 (한국개혁주의 설교연구원, 2004) 40-48.

5. Sinclair B. Ferguson (김준범 옮김), "하나님의 견인",「진리의깃발」 68 (한국개혁주의 설교연구원, 2004) 49-63.

6. 이호우, "도르트신조의 역사적,신학적 이해",「일립논총(一粒論叢)」 9 (한국성서대학교, 2003) 109-132.

[해외]

1. Lest anyone should fall : A middle knowledge perspective on perseverance and apostolic warnings/William Lane Craig International(Journal for Philosophy of Religion April 1991, Volume 29, Issue 2, pp 65-74)

2. Davis, John Jefferson. "The Perseverance of the Saints: A History of the Doctrine," Journal of the Evangelical Theological Society 34:2 (June 1991), 213-228.

3. Lopes, Edson Pereira; El Atra, Alcides Sarkis, A DOUTRINA DA PERSEVERANÇA DOS SANTOS NO PENSAMENTO DE SANTO AGOSTINHO. (Portuguese) (Ciências da Religião: História e Sociedade. 2009, Vol. 7 Issue 1, p50-69)

5. Sinnema, Donald W., Calvin and the Canons of Dordt (1619)_Church History & Religious Culture. Apr2011, Vol. 91 Issue 1/2, p87-103

6. MacArthur, John, Perseverance of the saints(Master's Seminary Journal, 4 no 1 Spr 1993, p 5-24)

7. Peterson, Robert A.. "Though all hell should endeavor to shake" : God's preservation of his saints.(Presbyterion, 17 no 1 Spr 1991, p 40-57.)

8. Peterson, Robert A.. The perseverance of the saints_a theological exegesis of four key New Testament passages(Presbyterion, 17 no 2 Fall 1991)

9. Campbell, John, The perseverance of the saints(Affirmation & Critique, 8 no 1 Ap 2003)

10. Peterson, Robert A.. Apostasy in the Hebrews warning passages(Presbyterion, 34 no 1 Spr 2008)

11. Henžel, Ján., When conversion is joy and death victory: historical foundations of the doctrine of perseverance

(Tyndale Bulletin, 54 no 2 2003, p 123-148.)

12. Peterson, Robert A.. Apostasy in the Hebrews warning passages(Presbyterion, 34 no 1 Spr 2008, p 27-44)

13. Knapp, Henry M.. Augustine and Owen on perseverance(Westminster Theological

Journal, 62 no 1 Spr 2000, p 65-87)

14. Aldrich, Willard M., Perseverance (Bibliotheca sacra, 115 no 457 Ja 1958, p 9-19)

15. Zuck, Roy B., The race set before us: a biblical theology of perseverance and assurance(Bibliotheca sacra, 160 no 638 Ap-Je 2003, p 241-243)

16. Yinger, Kent. The race set before us: a biblical theology of perseverance and assurance(Evangelical Quarterly, 76 no 4 O 2004, p 367-369)

17. Peterson, Robert A.. "Though all hell should endeavor to shake" : God's preservation of his saints.(Presbyterion, 17 no 1 Spr 1991, p 40-57)

18. Chafer, Lewis Sperry. The Calvinistic doctrine of security(Bibliotheca sacra, 107 no 425 Ja-Mr 1950, p 9-41)

19. Chafer, Lewis Sperry., The eternal security of the believer(Bibliotheca sacra, 106 no 423 Jl-S 1949, p 260-290)

◆ 기타 자료(인터넷 참고정보원)

1. Theopedia : online evangelical encyclopedia of biblical Christianity

(http://www.theopedia.com/Perseverance_of_the_saints)

- Multiple views

1. J. Matthew Pinson, ed. (2002). Four Views on Eternal Security. Zondervan. ISBN 0-310-23439-5

2. Herbert W. Bateman IV, ed. (2007). Four Views on the Warning Passages in Hebrews. Kregel Publications. ISBN 978-0-8254-2132-7

- Arminian view

1. W. T. Purkiser (1956, 1974 2nd ed.). Security: The False and the True. Beacon Hill Press. ISBN 0-8341-0048-7

2. Robert Shank (1960). Life in the Son: A Study of the Doctrine of Perseverance. Bethany House Publishers. ISBN 1-55661-091-2

3. Howard Marshall (1969, 1995 Rev. ed.). Kept by the Power of God: A Study of Perseverance and Falling Away. Paternoster Press. ISBN 0-85364-642-2

4. Dale Yocum (1986). Creeds in Contrast: A Study in Calvinism and Arminianism. Schmul Publishing Co. ISBN 0-88019-183-X

5. David Pawson (1996). Once Saved, Always Saved? A Study in Perseverance and

Inheritance. Hodder & Stoughton. ISBN 0-340-61066-2

6. B. J. Oropeza (2000, 2007). Paul and Apostasy: Eschatology, Perseverance, and Falling Away in the Corinthian Congregation. Wipf & Stock Publishers. ISBN 978-1-55635-333-8

7. Robert E. Picirilli (2002). Grace, Faith, Free Will. Contrasting Views of Salvation: Calvinism and Arminianism. Randall House Publications. ISBN 0-89265-648-4

8. Frederick W. Claybrook, Jr. (2003) Once Saved, Always Saved? A New Testament Study of Apostasy. University Press of America. ISBN 0-7618-2642-4

9. French L. Arrington (2005). Unconditional Eternal Security: Myth or Truth? Pathway Press. ISBN 1-59684-070-6

- Traditional Calvinist view

1. G. C. Berkouwer (1958). Studies in Dogmatics: Faith and Perseverance. Wm. B. Eerdmans Publishing Company. ISBN 0-8028-4811-7

2. D. Martyn Lloyd-Jones (1976). Romans 8:17-39: The Final Perseverance of the Saints. Banner of Truth. ISBN 0-85151-231-3

3. Judith M. Gundry (1991). Paul and Perseverance: Staying in and Falling Away. Westminster/John Knox. ISBN 0-664-25175-7

4. Anthony A. Hoekema (1994). Saved by Grace. Wm. B. Eerdmans. ISBN 0-8028-0857-3

5. A. W. Pink (2001). Eternal Security. Sovereign Grace Publishers. ISBN 1-58960-195-5

6. Thomas R. Schreiner & Ardel B. Caneday (2001). The Race Set Before Us: A Biblical Theology of Perseverance and Assurance. Inter-Varsity Press. ISBN 0-8308-1555-4

7. Alan P. Stanley (2007). Salvation is More Complicated Than You Think: A Study on the Teachings of Jesus. Authentic Publishing. ISBN 1-934068-02-0

- Non-traditional Calvinist or free grace view

1. R. T. Kendall (1983, 1995). Once Saved, Always Saved. Authentic Media. ISBN 1-932805-27-3

2. Zane C. Hodges (1989). Absolutely Free! A Biblical Reply to Lordship Salvation. Zondervan Publishers. ISBN 978-0-310-51960-7

3. Charles C. Ryrie (1989, 1997). So Great Salvation: What it Means to Believe in Jesus Christ. Moody Publishers. ISBN 0-8024-7818-2

4. Charles Stanley (1990). Eternal Security: Can You Be Sure?. Oliver-Nelson Books. ISBN 0-8407-9095-3

5. Joseph C. Dillow (1992). The Reign of the Servant Kings: A Study of Eternal Security and the Final Significance of Man. Schoettle Publishing Company. ISBN 1-56453-095-7

6. Norman L. Geisler (1999, 2001). Chosen But Free: A Balanced View of Divine Election, 2nd ed. Bethany House Publishers. ISBN 0-7642-2521-9

7. Tony Evans (2004). Totally Saved. Moody Publishers. ISBN 978-0-8024-6824-6

제5장
잉글랜드와 스코틀랜드 교회의 개혁신학과 신앙

12.
웨스트민스터 신앙고백서와 언약신학[1]

김병훈 ▌ 조직신학 · 조교수

1. 들어가는 말

영국 의회가 웨스트민스터 총회에 맡긴 임무는 복합적인 것으로 교회 정치체제(church government)와 예전(liturgy)을 정립하고. 교리(doctrine)의 정당성을 제시하여 잘못된 비방들과 해석들로부터 교회를 보호하는 일이었다. 그동안 웨스트민스터 총회를 바라본 역사학자들의 시각은 주로 교회의 정치체제와 관련한 것이었으며, 따라서 장로교도들, 독립교도들, 그리고 에라스티안 감독교회파들이 각각 자신의 지지하는 교회 정치체제를 내세우기 위하여 어떻게 행하였는가가 주로 연구되어왔다.[2]

그러나 실제로 웨스트민스터 총회에서 열린 전체회의(plenary sessions) 가운데 26 퍼센트만이 교회 정치체제를 다루기 위한 것이었으며, 소위원회는

---

[1] 본 논고는 「신학정론」 32/2(2014.11): 325-346에 실렸던 글임을 밝혀둔다.

[2] Chad B. van Dixhoorn, "New Taxonomies of the Westminster Assembly (1643-52): The Creedal Controversy as Case Study," *Reformation and Renaissance Review* 6/1(2004), 84.

19 퍼센트가 이를 다루었다. 반면에 전체회의의 36 퍼센트와 소위원회의 31 퍼센트는 신학적 주제들을 다루는데 집중을 하였다. 이러한 통계는 웨스트민스터 총회의 관심이 교회 정치체제보다는 신학적 논의에 훨씬 더 집중하였음을 보여준다.[3] 교리와 관련하여 소위원회에서 다룬 주제들은 율법폐기론(antinominianism), 재침례파(anabapts), 반삼위일체론자들(anti-Trinitarians), 반안식일파(anti-Sabbatarians)를 다루었으며, 요리문답의 축조, 사도신경 관련 문제, 39개조 관련 문제, 신앙고백서 축조, 성찬론, 성령 훼방죄 등이었다.[4]

교리와 관련하여 웨스트민스터 총회에 부여된 과제는 잉글랜드 교회의 '39개 신조'(1563년)를 개정하는 일이었다. 비록 39개 신조가 나름대로 건전한 개혁신학을 담고 있었지만, 반대파들이 39개 신조를 이용하여 자기변호를 하는 일이 없도록 하기 위하여, 잘못된 해석의 여지를 남기지 않도록 수정이 될 필요가 있었다. 따라서 잉글랜드 교회만을 생각한다면 그것의 개정만으로 충분한 효과를 보았을 것이다. 하지만 총회는 완전히 새로운 신앙고백서를 만들도록 임무를 부여받았다. 그것은 스코틀랜드의 '엄숙동맹과 언약파'와의 요구에 의한 것이었다. 아일랜드 교회는 개혁파 예정론과 칭의론을 강화한 람베스 신조(the Lambeth Articles, 1595년)와 39개 신조를 통합하여 새롭게 아일랜드 신조(1615년)를 만들었다. 총회는 새롭게 신앙고백서를 만들면서 아일랜드 신조를 39개 신조보다 더 많이 참조를 하였다.[5]

총회에 참여한 거의 모든 총대들은 교회 정치체제에 관련하여서는 장로교파, 독립교회파, 왕당파의 감독교회파 등으로 이해의 차이가 상당하였지만, 새로운 신앙고백서를 만드는 과정 가운데, 교리와 관련하여서는 개혁파의 흐름에서 벗어나지 않았다.[6] 전체적으로 교리와 관련한 총대들의

---

[3] Ibid., 85. 전체회의는 1244회 열렸으며, 이 중 교회 정치체제에 관련한 것은 356회였고, 교리에 관한 것은 508회였다. 그 외 예배모범과 관련한 것은 79회로 전체회의의 6 퍼센트에 해당하였다. 소위원회는 210개의 특별위원회가 있었으며, 그 중에 65개의 위원회가 교리에 관한 것이었다. 자세한 도표를 위하여 다음의 글을 볼 것. idem., "The Westminster Assembly at Work," in *The Westminster Confession into the 21st Century*, vol. 3 (Ross-shire, Scotland: Christian Focus Publications, 2009), 19-53.

[4] Chad b. van Dixhoorn, "The Westminster Assembly at Work," 45-48.

[5] B. B. Warfield, *The Westminster Assembly and Its Work* (NY: Oxford University Press, 1934; MI: Baker Book House, 1991 reprinted), 53-55.

[6] 칼빈과 WC의 신학적 연속성과 우르시누스(Zacharias Ursinus)가 미친 웨스트민스터 총대로 참여한 옥스포드 칼빈주의자들에 대해서는 각각 다음의 글들을 참조하라. Paul Helm,

논의는 '가정적 보편속죄론'(hypothetical universalism)을 주장하는 아미랄디안들(Amyraldians)과의 토의나, 예정론과 관련하여 타락 전 선택론자들(Supralapsarians)과 타락 후 선택론자들(Infralapsarians) 사이의 토론 등과 같이. 개혁파 안에서 견해를 조정하며 신앙고백서의 교리적 지위를 결정하기 위한 토론들이었다.

웨스트민스터 신앙고백서(이하 WC로 표기함)의 전반적인 축조의 과정은 먼저 언약신학의 틀 안에서, 성경론을 첫 장으로 하고[7] 이어서 '하나님과 삼위일체,' '하나님의 작정,' '창조,' '섭리,' '타락과 죄,' 그리고 '하나님께서 인간과 맺은 언약,' 그리고 '언약의 중보자 그리스도,' 그리고 '자유의지'에 대한 고백을 하였다. 그 뒤로는 구원의 서정(*ordo salutis*)을 따라 '소명,' '의롭게 하심,' '양자로 받으심,' '거룩하게 하심'에 대해 고백을 하였으며, 이어서 언약 안에 있는 신자의 의무와 관련하여 '믿음,' '회개,' '선행,' '견인,' '확신' 등을 고백하였다. 이처럼 하나님께서 이끌어 가시는 구원의 서정을 고백하고, 언약 안에서 성도가 행하여야 할 경건의 의무와 관련하여 고백을 하는 두 줄기의 고백을 마친 후에, WC는 '하나님의 율법,' '양심의 자유,' '예배와 안식일,' 그리고 '맹세와 서원'에 대해 고백을 하였다. 그리고 마지막에 이르러서야 '교회와 국가의 관계,' '결혼과 이혼,' '교회,' '성도의 교통,' 그리고 '성례'와 성례에 관련한 '세례,' '성찬,' '치리,' 그리고 치리기관과 관련하여 '총회와 노회'에 대해 고백을 하였다. 그리고 마지막으로 종말과 관련하여 '개인의 사후 상태와 부활'과 '최후 심판'에 대해 고백을 하였다.[8] 전체 주제별 장들의 총 수는 33장에 이르며, 각 장의 세부 항목들의 수는 전부 170개에 이른다. 이처럼 WC는 33장에 이르는 항목별로 교리를 고백하면서, 각 주제에 따라 로마 가톨릭, 루터파, 알미니안 항론파를 비롯한 당대의 여러 신학들과 분파들에 대항하여 개혁신학에 의한 정론의 진술을 제시하였다.

"Westminster and Protestant Scholasticism," in *The Westminster Confession into the 21ˢᵗ Century*, vol. 3 (Ross-shire, Scotland: Christian Focus Publications, 2004), 99-116; R. Scott Clark and Joel Beeke, "Ursinus, Oxford, and the Westminster Divines," 1-32.

7 워필드는 WC의 제1장 '성경'은 개신교 신앙고백서들 가운데 가장 훌륭하게 정리된, 가장 뛰어난 것이며, 로마 가톨릭의 트렌트 공의회 신조의 '의화론'에 비견할만한 수준이라고 높이 평가를 한다. Ibid., 57.

8 Ibid., 56-57.

이러한 웨스트민스터 신앙고백서는 대요리 문답서 및 소요리 문답서와 더불어 17세기 중엽에 이르기까지의 개혁파 정통스콜라 신학의 결과를 공식적으로 반영을 한 신앙문서라는 점에서 특별한 의의를 갖는다. 본 논고는 공식적으로 신앙고백의 지위에서 개혁파 신학을 대변하고 있는 웨스트민스터 신앙고백서가 개혁신학을 특징짓는 언약신학을 그대로 반영하고 있음을 강조하고자 한다. 바르트 견해를 따르는 이들은 웨스트민스터 신앙고백서가 행위언약을 교훈하고 있음을 지목하면서, 그것의 언약적 이해가 신인협동론적 율법주의를 따른다고 비판을 한다. 그러나 본 논고는 이러한 주장이 지극히 잘못된 것임을 지적하고, 오히려 대, 소요리문답을 포함하는 웨스트민스터 신앙문서들은 지극히 은혜 중심적인 개혁신학의 본류에 충실함을 강조하고자 한다. 글의 전개는 먼저 개혁신학 전통에서의 언약신학을 살피고, 이어 웨스트민스터 신앙고백서와 언약신학의 관계를 밝힌 후에 결론을 내리는 순서를 따른다.

2. 개혁신학 전통과 언약신학

개혁신학의 전통은 소위 '스콜라 정통개혁신학'을 통해 그것의 체계를 완성하게 된다. 그리고 그러한 개혁신학은 '언약신학'으로 요약이 된다.[9] 언약신학의 발전적 토양이 독일 하이델베르크 신학자인 우르시누스(Zacharias Ursinus),

---

[9] David B. McWilliams, "The Covenant Theology of the *Westminster Confession of Faith* and Recent Criticism," *Westminster Theological Journal* 53 (1991), 109. 개혁신학을 대표하는 전통적인 개념으로 언약신학 이외에 덧붙일 만한 것으로, 스파이크(Gordon J. Spykman)는 '하나님 나라'의 주제를 제시한다. 그에 따르면 이 두 개념은 바로 개혁주의 교의학의 중심 특징을 이룬다. *Reformational Theology: A New Paradigm for Doing Dogmatics* (Grand Rapids, MI: Eerdmans, 1992), 257. 스텍(John H. Stek)은 언약과 관련한 성경신학의 최근 연구 결과를 요약하여 제시한 후에, '언약'보다는 '하나님 나라'가 개혁신학을 통합하는 중심 주제로 삼는 것이 보다 성경적이라고 주장을 한다. 스텍이 고려하는 성경신학자들은 Walter Eichrodt, Meredith Kline, O. Palmer Robertson, William J. Dumbrell, Thomas E. McComiskey 등이다. 언약신학과 관련한 이들의 저술과 내용의 이해를 위하여서는 스텍의 글을 참조할 것. John H. Stek, "'Covenant' Overloaded in Reformed Theology," *Calvin Theological Journal* 29 (1994): 12-41. 최근의 언약신학에 대한 동향 및 이에 대한 반대 주장에 대한 소개 및 이에 대한 비판을 위하여서는 Ligon Duncan, "Recent Objections to Covenant Theology: A Description, Evaluation and Response," in *The Westminster Confession into the 21ˢᵗ Century* vol. 3, edited by Ligon Duncan (Fearn, Scotland: Mentor, 2009), 467-500을 참조할 것.

올레비아누스(Caspar Olevianus)에게서 만들어졌다는 사실로 인하여 언약사상의 기원을 독일 루터파의 멜랑히톤과 연결하는 이들도 있다. 이들은 언약교리의 발전의 공로가 칼빈이 아니라 멜랑히톤에, 또 스위스 개혁파가 아니라 멜랑히톤의 영향을 받은 독일 개혁파에 있다고 주장을 한다.[10]

그러나 이러한 견해는 잘못된 주장이다.[11] 제네바의 칼빈이 비록 언약신학을 세웠다고 평가를 받기는 어렵겠지만 언약사상을 충분히 개진하고 있으며, 재침례파와 유아세례에 관하여 논쟁을 하였던 취리히의 신학자들은 언약신학의 토대를 충분하게 발전을 시켰다. 쯔빙글리(Huldrych Zwingli)의 **하나님의 단일하며 영원한 언약에 대하여**(De Testamento seu Foedere Dei Unico et Eterno, 1534)에 이어 레오 유드(Leo Jud)는 언약사상을 강하게 반영하는 요리문답들을 만들었다. 그리고 마침내 불링거(Heinrich Bullinger)는 완전한 언약신학에 의해 신학체계를 갖춘『신학강론 50제』(Sermonum Decades quinque, de potissimis Christianae religionis capitibus, 1552)을 펴냈던 것이다.[12]

따라서 개혁파 언약신학과 관련하여 말할 때 개혁파 언약신학이 개혁파 정통 스콜라신학의 완성 시기인 17세기에 이르러 비로소 형성, 발전이 된 것이 아니라는 사실에 유의하여야 한다. 개혁신학의 언약 사상은 이미 16세기 개혁파 학자들에 의해서 체계화 되었던 것이다. 예를 들어, 1세대에 속한 쯔빙글리(Huldrych Zwingli, 1484-1531), 이어 2세대에 속하는 무스쿨루스

---

10 Peter A. Lillback, "Ursinus' Development of the Covenant of Creation: A Debt to Melanchthon or Calvin?," *Westminster Theological Journal* 43 (1981): 247-50. 예를 들어 헤페(Heinrich Heppe)는 우르시누스는 멜링히톤의 제자로 그의 영향을 입어 언약신학을 발전시켰다고 말한다. 멜랑히톤의 신학은 칼빈의 절대 예정론이 경건의 책임을 약화시키고 냉정한 신학체계를 낳을 것을 염려하여 언약사상을 제시하여 사람의 의지를 보호하려 했다는 것이다. 우르시누스는 바로 이러한 멜랑히톤의 영향을 받아 후에 행위언약 개념을 제시하게 되었다고 말한다.

11 릴백(Peter A. Lillback)은 우르시누스가 그의 언약사상을 멜랑히톤의 신학에 의해 영향을 받아 형성하였기기는커녕, 오히려 전적으로 칼빈에게 있는 언약의 초기 개념에 의해 영향을 받았으며 그의 언약의 실체는 칼빈에게 빚지고 있다고 결론을 짓는다. "Ursinus' Development of the Covenant of Creation: A Debt to Melanchthon or Calvin?," 247-88. 릴백의 결론은 보스와 바빙크에 의해 지지를 받는다. Geerhardus Vos, *Redemptive History and Biblical Interpretation*, edited by Richard B. Gaffin, Jr. (Phillipsburg, NJ: Presbyterian and Reformed Publishing Co., 1980), 235; Herman Bavinck, *Reformed Dogmatics: Sin and Salvation in Christ* (Grand Rapids, MI: Baker Academic, 2006), 209.

12 Geerhardus Vos, 236.

(Wolfgang Musculus, 1497-1563), 칼빈(John Calvin, 1509-1564), 불링거 (Heinrich Bullinger, 1504-1575), 그리고 3세대에 속하는 우르시누스(Zacharias Ursinus, 1534-1583), 올레비아누스(Caspar Olevianus, 1536-1587) 그리고 바로 이어지는 퍼킨스(William Perkins, 1558-1602) 펜너(Dudley Fenner, 1558-1587), 폴라누스(Amandus Polanus, 1561-1610), 그리고 롤록(Robert Rollock, 1555-1599) 등이다.[13]

더 나아가 개혁파의 언약사상은 역사적으로 전례가 없었던 독창적인 발견이 아니라 이미 교부시대와 중세시대의 신학을 계승하면서 이를 발전시킨 것이다.[14] 이러한 흐름은 결국 개혁신학의 언약신학은 흔히 클로펜부르그(Johann Cloppenburg, 1592-1652)와 콕케이우스(Johannes Cocceius,

---

[13] 여기서 1, 2, 3 세대의 구별은 비어마(Lyle D. Bierma)의 표현에 의한 것이다. *German Calvinism in the Confessional Age: The Covenant Theology of Caspar Olevianus* (Grand Rapids, MI: Baker Books, 1996), 61.

[14] Richard A. Muller, "Divine Covenants, Absolute and Conditional: John Cameron and the Early Orthodox Development of Reformed Covenant Theology," *Mid-America Journal of Theology* 17 (2006): 11-56. 멀러가 언급한 학자들 이외에 보스가 지역을 따라 언급한 이름들은 다음과 같다. 스위스의 Polanus (d. 1610)의 제자였던 Johannes Wollebius (d. 1629), 헝거리의 Szeged 학자들, 독일의 Urban Pierius (d. 1616), Georgius Sohnius (d. 1589), Raphael Eglinus (d. 1622), Matthias Martinius (d. 1630), 네덜란드의 Franciscus Junius (d. 1602), Franciscus Gomarus (d. 1641), Lucas Trelcatius (d. 1607), Henricus A, Nerdenus (d. 1614). Geerhardus Vos, 236-37. 보스가 제시한 언약신학자들은 바빙크(Herman Bavinck)에 의해 언급된 자들 가운데 포함이 된다. *Reformed Dogmatics: Sin and Salvation in Christ*, 209-210을 볼 것. 참고로 여기서 멀러에 의해 특별히 언약신학과 관련하여 언급된 신학자들의 저서들은 다음과 같다. Wolfgang Musculus, *Loci communes sacrae theologiae* (Basel: Johann Herwagen, 1560, 1568, 1573), cap. 14; translated as *Commonplaces of Christian Religion* (London: R. Wolfe, 1563; second edition, London: H. Bynneman, 1578); Zacharias Ursinus, *Catechesis, summa theologiae, per quaestiones et responsiones exposita: sive religionis Christianae continens* in *D. Zachariae Ursini ... Opera theologica, quibus orthodoxae religionis capita perspicue & breviter explicantur*, ed. Q. Reuter, 3 vols. (Heidelberg: Lancellot, 1612); Caspar Olevianus, *De substantia foederis gratuiti inter Deum et electos, itemque de mediis, quibus ea ipsa substantia nobis communicatur* (Geneva: Eustathius Vignon, 1585); Dudley Fenner, *Sacra theologia sive veritas qua est secundum pietatem ad unicae et verae methodi leges descripta* (London, 1585); William Perkins, *Armilla Aurea, id est, theologiae descriptio mirandam seriem causarum & salutis & damnatinis juxta verbum Dei proponens* (Cambridge: John Legat, 1590); the translation is found in *The Works of ... Mr. William Perkins*, 3 vols. (Cambridge: J. Legat, 1612-1619); Amandus Polanus, *Partitiones theologiae christianae*, Pars I-II (Basel, 1590); idem, *Syntagma theologiae christianae* (Hanau, 1609; Geneva, 1617); Robert Rollock, *Quaestinoes et responsiones aliquot de foedere Dei, deque sacramento quod foederis Dei sigillum est* (Edinburgh: Henricus Charteris, 1596); idem, *Tractatus de vocatione efficaci, quae inter lococ theologicae communissimae recensetur* (Edinburgh: Robert Waldegrave, 1597); in translation, *A Treatise of Effectual Calling*, trans. Henry Holland (London: Felix Kyngston, 1603).

1603-1669)에 의해 정립이 된 것으로 알려져 있으나,[15] 바빙크가 말한 바대로 그가 언약신학에 대해 말하기 훨씬 오래 전에 이미 언약신학은 개혁신학에 고유한 것이었다.[16]

16세기 개혁신학자들은 언약신학을 창조의 질서와 관련한 일반언약 (*foedus generale*) 또는 창조언약으로, 그리고 율법 이전(*ante legem*), 율법 아래 (*sub lege*), 그리고 율법 이후(*post legem*)의 구분 아래 신자와 관련한 특별언약 (*foedus speciale*)의 개념으로, 또는 자연언약(*foedus naturale*), 율법언약(*foedus legale*), 그리고 행위언약(*foedus operum*), 은혜언약(*foedus gratuitae promissionis; foedus gratiae*) 등의 개념으로 설명하였다.[17]

이러한 개념의 구별은 구체적으로 언약의 특성을 반영한 것이었다. 예를 들어 일반언약은 언약의 상대가 성취하여야 할 조건을 제시하지 않은 채, 하나님께서 홀로 선포하시고 지켜 가시는 일방적이며 절대적인 언약을 말한다. 반면에 특별언약은 조건적이거나 쌍방적인 것으로, 언약의 규정들을 지켜야할 책임이 사람에게도 주어지는 언약을 말한다.[18] 일반언약과 특별언약은 무스쿨루스의 구별이며, 자연언약, 창조언약, 율법언약, 그리고 은혜언약 등은 우르시누스 또는 올레비아누스의 구별이고, 그 후에 행위언약과 은혜언약의 구별은 모든 16, 17세기 개혁신학자들에 의해 인정이 되고 사용이 되었다.[19]

무스쿨루스의 일반언약은 자연언약이나 행위언약과는 다르다. 일반언약의 대상자는 노아이며, 자연질서의 유지에 대한 약속인 반면에, 자연언약이나 행위언약의 대상자는 타락 이전의 아담이며 하나님께 행하여야 할 의무를 제시한 언약이다. 자연언약이나 행위언약은 은혜언약과 더불어 무스쿨루스의

---

15 콕케이우스의 언약에 관한 저서『하나님의 언약에 관한 대 교리』(*Summa Doctrinae de Foedere et Testamento Dei*)는 1648년에 출판이 되었다.

16 Herman Bavinck, *Reformed Dogmatics: Sin and Salvation in Christ*, 210.

17 Richard A. Muller, 17-27.

18 Richard A. Muller, 18.

19 쯔빙글리, 불링거, 칼빈, 우르시누스, 올레비아누스, 틴델(William Tyndale), 그리고 롤록 등, 16세기 개혁신학자들이 행위언약과 은혜언약의 논의 가운데 모세언약과 관련하여 율법과 은혜의 관계를 설명한 것에 대하여 다음의 글을 참조하라. Mark W. Karlberg, "Reformed Interpretation of the Mosaic Covenant," *Westminster Theological Journal* 43 no 1 (Fall 1980), 1-57. 칼버그는 여기서 개혁파는 모세언약의 행위원리는 행위언약이 아니며, 은혜언약 아래에서 그리스도의 은혜를 바라보게 하는 상징적이며 교육적인 기능을 담당하는 것으로 이해하고 있음을 잘 밝히고 있다.

구별에 따르면 특별언약에 속한다. 특별언약, 자연언약, 행위언약 그리고 은혜언약과 같은 이러한 구별은 하나님께서 사람과 맺으시는 언약이란 원리적으로 조건적 성질을 갖는다는 것을 전제를 한다. 그렇다고 하여 개혁신학자들은 이러한 언약의 조건성에 대한 이해 때문에 행위언약과 은혜언약의 구별을 혼동하지 않았다. 행위언약과 은혜언약의 구별은 조건성을 갖느냐 아니면 갖지 않느냐의 구별이 아니었다. 각각이 갖는 조건이 무엇이었느냐에 의해 분명하게 차이가 있기 때문이다. 곧 행위언약은 행위의 완전한 순종을 조건으로 하는 반면에, 은혜언약은 예수 그리스도를 믿는 믿음을 조건으로 한다는 점에서 서로 구별이 된다.[20]

그런데 은혜언약도 그리스도에 대한 믿음을 조건으로 한다면, 믿음이 행위의 순종은 아니라 할지라도 사람에게 책임이 주어진다는 조건성에서는 은혜언약도 행위언약과 다를 바가 없는 것이 아닐까? 여기서 개혁신학자들이 한편으로는 언약에는 조건성이 있는 것임을 말하고, 다른 한편으로는 행위의 순종을 조건으로 하는 행위언약과 믿음을 조건으로 하는 은혜언약을 구별하여 말할 때, 그들이 말하는 구별의 초점이 단지 각각의 조건성이 행위인가 믿음인가에 있는 것이 아니다. 행위언약과 은혜언약을 구별하는 핵심은 그 조건성을 사람이 자연적인 능력으로 만족시키는가, 아니면 하나님에 능력에 의해서 사람이 행하게 되는 것인가의 차이에 있다. 요컨대 은혜언약이 은혜인 것은 신자들의 믿음은 하나님께서 주시는 선물이며 신자들의 선행도 또한 성령 하나님께서 그들 안에서 행하심으로 나타나는 것이라는 사실에서 비롯되는 것이다.[21]

뿐만 아니라 개혁신학자들은 행위언약과 은혜언약의 구별에 이어서, 은혜언약 안에서 옛 언약과 새 언약을 구별하였다. 이것은 옛 언약 하에서 율법의

---

20 예를 들어, 퍼킨스는 다음과 같이 언약의 본질을 정의한다. "하나님의 언약이란, 영원한 생명을 얻는 일과 관련하여, 어떤 특정한 조건 위에서, 하나님께서 사람과 맺으시는 협약이다. 이 언약은 두 부분으로 구성이 된다: 사람에 대한 하나님의 약속, 하나님에 대한 사람의 약속이다. 사람에 대한 하나님의 약속은 사람이 그 조건을 성취하면 하나님께서 사람에게 대하여 그의 하나님이 되시기로 자신을 속박하시는 약속이다. 하나님에 대한 사람의 약속은 사람이 그의 주님에게 충성을 맹세하는 약속이다. 그렇게 언약이란 하나님과 사람이 서로 조건을 이행하는 것이다." William Perkins, *Armilla Aurea* ... in *The Works of* ... *Mr. William Perkins*, 3 vols. (Cambridge: J. Legat, 1612-1619), p. 31, col. 2-p. 32, col. 1. Richard A. Muller, 23에서 재인용.

21 Richard A. Muller, 18, 23-24, 26.

순종이 요구되는 바를 마치 행위언약인 듯이 오해를 해서는 안 된다는 것을 분명하게 지시하는 구별이었다. 행위언약에서 행위의 손종은 언약이 약속한 바를 얻기 위한 조건이지만, 은혜언약인 옛 언약에서의 순종은 은혜 아래 있는 신자가 마땅히 행하여야 할 책임 또는 의무이기 때문이다. 이러한 맥락에서 개혁신학은 옛 언약과 새 언약이 다 같이 은혜언약이며, 다만 그 실행의 경륜이 서로 다른 것이라는 점을 확고히 하였다.[22] 은혜언약은 구원을 위한 영원한 언약으로서 타락한 이후에 아담에게, 그리고 아브라함에게, 모세의 때를 거쳐 선지자들에게 주어진 것이며, 마침내 모든 언약의 근거이신 그리스도에게서 완성이 되는 언약인 것이다. 구원의 은혜 아래 들어온 신자에게 순종해야할 책임을 요구한다는 조건을 고려할 때, 은혜언약은 한편으로는 일방적이며 절대적이면서도 또한 다른 한편으로는 조건적이며 쌍방적인 요소를 통합하고 있는 것이다.[23] 그러나 은혜언약의 조건성은 어떤 의미에서도 행위언약이 요구하는 바와 같이 구원을 얻기 위한 공로나 전제로서의 조건이 아니다.

그럼에도 불구하고 근래에 들어, 바르트(Karl Barth)의 주장을 좇아, 자연언약 또는 행위언약의 개념을 언약신학에 도입을 함으로써, 정통 스콜라 개혁신학자들은 칼빈과 불링거가 강조했던 은혜의 개념에서 이탈하여 중세 스콜라주의와 유사한 율법주의 요소를 언약신학에 끌어왔다고 비판을 하는 학계의 소리가 상당히 일어났다.[24] 우르시누스는 대표적인 최초의 사례로 지목이 되었다.[25] 사실 우르시누스는 1560년대에 개혁신학의 교의학에 언약신학을 구축한

---

[22] Richard A. Muller, 19.

[23] Richard A. Muller, 20.

[24] Karl Barth, *Church Dogmatics* III/1, 97, 231-32 trans. G. W. Bromiley (Edinburgh: T&T Clark, 1956); IV/1, 54-66.

[25] 예를 들어 켄달(R.T. Kendall)은 우르시누스가 행위언약을 도입함으로써 구원의 확신을 무너뜨리는 율법주의를 이끌어온 잘못을 범하였다고 비판을 하였다. 리담(R.W.A. Letham) 또한 우르시누스가 행위언약을 상호적인 계약의 의미로 해석하여 언약에 참여를 하기 위하여서는 그리스도를 받아들이고 섬기는 일을 하여야 하는 것으로 만들어 결국 하나님의 은혜보다는 사람의 책임을 더 강조하게 되었다고 주장하였다. 말하자면 우르시누스의 구원론을 다소 신인협동론에 가까이 간 것으로 판단을 한 것이다. 심지어 스트렐(Stephen Strehle)은 우르시누스의 성례론은 "자신에게 있는 바를 최선을 다하는 자에게 하나님께서 호의를 베푸신다"는 프란시스칸 신학에로 종교개혁신학을 퇴행케 한 자라고까지 비판을 한다. R.T. Kendall, *Calvin and English Calvinism to 1649* (New York: Oxford University Press, 1979), 38-41; 197-208; R.W.A. Letham, "Saving Faith and Assurance in Reformed Theology: Zwingli to the Synod of Dort," 2 vol. (Ph.D.

대표적 신학자로 인정을 받은 신학자이며,[26] 언약신학을 단순히 단일 주제로 다루는 것을 넘어 신학을 통일하는 체계 안에서 전 영역의 주제들에 관계하는 것으로 적용하였다.[27] 바르트의 주장과 같이, 그러한 그가 행위언약을 언약신학에 도입함으로써 만일 율법주의를 열어 놓았다면 이것이 개혁파 언약신학 전체가 이러한 비판에서 결코 자유롭지 못할 것임을 말해준다.

그러나 언약신학이 개혁파 신학을 율법주의 형태로 왜곡시켰다는 비판은 정당한 근거를 갖고 있는 것일까? 우르시누스가 행위언약이라는 용어를 개혁신학에 소개를 하였다는 것은 물론 사실이다.[28] 그러나 이를 근거로 우르시누스가 종교개혁의 은혜 원리를 떠나 율법의 원리를 개혁신학에 끌고 왔다고 비판을 할 수는 없으며, 이를 주장한 브루징크(Donald J. Bruggink),[29] 롤스톤 (Holmes Rolston III)[30] 그리고 토렌스(James B. Torrance)[31] 등은 정당성을 잃는다. 비어마(Lyle D. Bierma)에 따르면, 우르시누스는 그의 후기 문헌에서는 자연언약이라는 용어를 사용하지 않으며, 또한 타락 이후의 언약신학을 옛 언약이나 새 언약이나 모두 통일성을 지닌 은혜언약으로 강조하는 데에 더 많은 무게를 두었다.[32] 더욱이 우르시누스의 창조언약 개념에 담긴 어떠한

Thesis, Aberdeen, 1979), 1.187-95; Stephen Strehel, *Calvinism, Federalism and Scholasticism: A Study of the Reformed Doctrine of the Covenant* (Bern: Frankfrut am Main, 1988), 39, 41. R. Scott Clark and Joel R. Beeke, "Ursinus, Oxford, and the Westminster Divines," in *The Westminster Confession into the 21st Century* vol. 2, edited by Ligon Duncan (Fearn, Scotland: Mentor, 2004), 2-4에서 재인용.

[26] Heinrich Heppe, *Dogmatik des deutschen Protestanismus im sechzehnten Jahrhundert*, 3 vols. (Gotha: Friedrich Andreas Perthes, 1857), 1:158-60, 142-4. Lyle D. Bierma, "Law and Grace in Ursinus' Doctrine of the Natural Covenant: A Reappraisal," in *Protestant Scholasticism*, ed. Carl R. Trueman and R. S. Clark (Carlisle, U.K.: Paternoster, 1999), 96에서 재인용.

[27] Lyle D. Bierma, *German Calvinism in the Confessional Age: The Covenant Theology of Caspar Olevianus*, 61-62.

[28] Lyle D. Bierma, "Law and Grace in Ursinus' Doctrine of the Natural Covenant: A Reappraisal," 97.

[29] "Calvin and Federal Theology," *Reformed Review* 13 (1959): 15-22를 볼 것.

[30] *John Calvin Versus The Westminster Confession* (Richmond, Va: John Knox, 1972); idem, "Responsible Man in Reformed Theology: Calvin versus the *Westminster Confession*," *Scottish Journal of Theology* 23 (1970): 129-56을 볼 것.

[31] "Covenant or contract? A Study of the Theological Background of Worship in Seventeenth-Century Scotland," *Scottish Journal of Theology* 23 (1970): 51-76을 볼 것.

[32] 이것은 올레비아누스의 경우에도 마찬가지이다. 그는 행위언약(*foedus operum*) 뿐만 아니라 구속언약(*pactum salutis*), 창조언약(*foedus creationis*), 율법언약(*foedus legale*), 사단언약 (*foedus Sathanae*), 그리고 피조물과의 언약(*foedus cum creaturis*) 등의 개념을 사용하지만 그의

율법의 요소도 칼빈에게서도 또한 발견되는 정도나 범위를 넘어서지 않으며, 타락 이전의 아담에게 있어서 하나님의 은혜를 말하는 칼빈의 강조는 우르시누스에게서도 그대로 발견이 된다.[33] 따라서 칼빈과 우르시누스를 나누고, 또 칼빈과 17세기 언약신학자 위치우스(Witsius)와 브라켈(Brakel)을 나누며, 또 칼빈과 후기 칼빈주의를 나누는 바르트를 비롯한 신정통주의자들의 이해는 개혁주의 정통신학을 잘못 이해한 것이며, 행위언약과 관련한 바르트의 주장이 결코 인정될 수 없다는 결론이 확고하게 인정을 받는다.[34]

언약신학과 관련한 최근의 또 다른 논쟁은 개혁신학이 하나의 언약신학을 가르쳤는가 아니면 두 가지 서로 다른 언약신학의 전통을 가지고 있는가에 대한 것이다. 두 전통을 주장하는 이들은 제네바의 칼빈과 츄리히의 불링거는 서로 다른 언약신학을 가르쳤다고 말한다. 예컨대 칼빈의 언약신학은 일방적이며 조건이 없는 하나님의 약속이며, 언약의 성취는 하나님의 부담이고, 예수 그리스도의 성육신과 죽음과 부활로 이루어졌다고 말한다고 주장한다. 반면에 불링거가 가르친 언약은 쌍방적이며, 하나님의 조건적 약속과 인간의 이에 대한 반응으로 이루어졌다는 것이다. 따라서 언약의 성취는 사람이 부담이며, 사람이 순종하고 하나님께서 이에 대해 보상을 주실 때 이루어진다고 가르쳤다는 것이다. 그리고 두 전통주의자들 가운데는 이와 같은 언약의 이해의 차이를 바로 예정론의 개념의 차이와 연결하면서 칼빈의 일방적 언약을 그의 절대적 이중예정론에, 불링거의 쌍방적 언약은 단일선택예정론에 관계를 짓는다.[35]

언약신학의 구성은 은혜언약의 은혜성에 의해 지배를 받는다. Lyle D. Bierma, "Covenant or Covenants in the Theology of Olevianus?" *Calvin Theological Journal* 22 no 2 (N 1987): 228-250.

33 Lyle D. Bierma, "Law and Grace in Ursinus' Doctrine of the Natural Covenant: A Reappraisal," 109.

34 바르트와 그를 따르는 학자들의 견해에 대한 비판의 글들을 위하여 다음의 것을 참조할 것. Peter Lillback, "Ursinus' Development of the Covenant of Creation: A Debt to Melanchthon or Calvin?," *Westminster Theological Journal* 43 (1981): 247-88; Richard A. Muller, "The Covenant of Works and the Stability of Divine Law in Seventeenth-Century Orthodoxy: A Study in the Theology of Herman Witsius and Wilhelmus à Brakel," *Calvin Theological Journal* 29 (1994): 75-101; idem, "Calvin and 'Calvinists': Assessing Continuities and Discontinuities between the Reformation and Orthodoxy," *Calvin Theological Journal* 30 (November, 1995):345-375; idem, *Calvin Theological Journal* 31 (April, 1996): 125-60.

35 Lyle D. Bierma, "Federal Theology in the Sixteenth Century: Two Traditions?," *Westminster Theological Journal* 45 (1983): 305. 비어마는 이처럼 언약신학의 두 전통을 말하는 이들로 다음의

그러나 비어마는 이러한 두 전통론에 대한 비판의 견해를 소개하면서[36] 쯔빙글리, 불링거, 칼빈, 올레비아누스 등을 분석한 후에, 제네바와 취리히 사이에 언약이해의 실질적인 차이가 없다고 결론을 내린다. 제네바이건 취리히이건 언약을 항상 하나님의 단일사역의 구원론의 맥락 안에서 이해하였다. 은혜언약에는 믿음이건 행위이건 사람이 행하여야 하는 의무 또는 책임과 같은 조건성을 내포하지만, 그럼에도 불구하고 그러한 조건성은 은혜의 구원을 얻기 위한 공로로 요구되는 것이 아니며 결코 하나님의 단일사역 구원론의 틀을 벗어나지 않는다는 점을 밝혔다. 게다가 사람은 믿음과 순종의 성향을 사람에게 창조하시는 하나님의 은혜에 의해서 비로소 언약의 조건을 성취하기 때문이다. 제네바의 언약은 하나님의 단일 사역에 의한 것인 반면에, 취리히의 언약은 하나님과 사람의 공동 사역이라는 도식적인 이해는 결코 성립이 되지 않으며, 오히려 이러한 도식은 신앙과 행위에 있어서 하나님과 인간의 역할의 신비를 극단적으로 풀어간 하이퍼-칼빈주의(hyper-Calvinism)과 알미니안주의(Arminianism)에게서 확인이 되는 것일 뿐이다.[37]

3. 웨스트민스터 신앙고백서와 언약신학

학자들을 지목한다. Leonard J. Trinterud, "The Origins of Puritanism," *Church History* 20 (1951): 37-57; Jens G. Møller, "The Beginnings of Puritan Covenant Theology," *The Journal of Ecclesiastical History* 14 (1963):46-67; Richard Greaves, "The Origins and Early Development of English Covenant Thought," *The Historian* 31 (1968): 21-35; J. Wayne Baker, *Heinrich Bullinger and the Covenant: The Other Reformed Tradition* (Athens, OH: Ohio University Press, 1980). 이러한 두 전통의 이론은 밀러(Perry Miller)에 의해 최초로 영향을 받은 것으로 평가된다. Perry Miller, *The New England Mind: The Seventeenth Century* (Boston: Beacon Press, 1939)를 볼 것. 밀러에 대한 비판적 분석을 위해서는 G. M. Marsden, "Perry Miller's Rehabilitation of the Puritans: A Critique," *Church History* 39 (1970): 91-105를 볼 것.

[36] Hideo Oki, "Ethics in Seventeenth Century English Puritanism" (Ph.D. dissertation, Union Theological Seminary, 1960); John F. H. New, *Anglican and Puritan: The Basis of Their Opposition, 1558-1640* (Stanford: Stanford Univeristy Press, 1964); Victor Priebe, "The Covenant Theology of William Perkins" (Ph.D. dissertation, Drew University, 1967); J. W. Cottrell, "Covenant and Baptism in the Theology of Huldreich Zwingli" (Th.D. dissertation, Princeton Theological Seminary, 1971). 하지만 비어마는 이러한 비판의 목소리는 두 전통론 자체의 기본 원리는 반박하는 데까지 나가지는 못했음을 한계로 지적한다. "Federal Theology in the Sixteenth Century: Two Traditions?," 309.

[37] Lyle D. Bierma, "Federal Theology in the Sixteenth Century: Two Traditions?," 320-21.

워필드(B.B. Warfield)는 웨스트민스터 신앙고백서를 구성하는 중심적인 체계원리는 다름 아닌 언약신학이라고 말한다. 웨스트민스터 신앙문서가 만들어졌던 당시에 언약신학은 영국에서 이미 '개혁신학의 본체'(corpus of Reformed doctrine)로 확고한 위치를 차지하고 있었다.[38] 보스(Geerhardus Vos) 또한 미첼(Alexander F. Mitchell)을 인용하면서 당시 잉글랜드와 스코틀랜드에서의 언약신학은 단지 화란의 신학을 모방하여 따르는 수준이 아니라 독립적인 발전을 하는 데에 이르고 있었다고 말한다.[39] 미첼의 말은 다음과 같다.[40]

> 언약교리에 대해서 어떤 이들은 화란에서 도입이 된 것이라고 말하는데, 면밀히 조사한 끝에 내린 내 자신의 생각으로는 신앙고백서에서 교훈하는 것 가운데 어떤 것도 이미 실제적인 내용에 있어서 스코틀랜드의 롤록과 호위 그리고 잉글랜드에서 … 카트라이트, 프레스톤, 퍼킨스, 에임즈 그리고 볼 등에 의해 가르쳐지지 않은 것이 하나도 없다."

보스는 말하기를 잉글랜드와 스코틀랜드에서 이처럼 언약신학이 신학의 중심을 차지하고 있었기 때문에, 웨스트신앙고백서는 언약신학을 단지 주변에서가 아니라 전면에서 강조하고 가르치며 거의 모든 신앙고백의 주제들에 영향을 주고 있는 최초의 개혁파 신앙고백서라고 강조한다.[41]

웨스트민스터 신앙고백서에 개혁파 언약신학이 영향을 미쳤을 것으로 생각되는 또 다른 중요한 근거 가운데 하나는 16세기 당시 영국 목사들에게는 불링거의『신학강론 50제』(Sermonum Decades quinque)가 필독서로 요구되었다는 사실이다.[42] 불링거의 이 저술은 언약신학을 근간으로 하여 핵심적인 신학논제들을 강실한 책이었기 때문에 이 책을 읽는 독자들이 언약신학을

---

[38] B.B. Warfield, *The Westminster Assembly and Its Work* (Cherry Hill, N.J.: Mack Publishing co., 1972), 56. 워필드는 영국에서 언약신학의 융성을 증거하기 위하여 Robert Rollock, John Howie, Thomas Cartwright, John Preston, William Perkins, William Ames, John Ball 등을 언급한다.

[39] Geerhardus Vos, 239.

[40] Alexander F. Mitchell, *The Westminster Assembly: its history and standards; being the Baird lecture for 1882* (Philadelphia: Presbyterian Board of Publication and Sabbath-School Work, 1897), 377. Geerhardus Vos, 238-9에서 재인용.

[41] Geerhardus Vos, 239.

[42] John H. Leith, *Assembly at Westminster: Reformed Theology in the Making* (Atlanta, GA: John Knox Press, 1973), 40.

학습하게 되는 것은 필연적인 결과였다. 아울러 우르시누스의 영향을 언급할 필요가 있다. 우르시누스가 웨스트민스터 총회의 총대들에게 언약신학과 관련하여 영향을 주었다는 사실에 대해서는 의문을 제기하는 사람은 없는 듯하다. 다만 어떤 의미에서 영향을 주었는가에 대해 상반된 견해가 제기되고 있다. 켄달(R.T. Kendall)은 주장하기를 우르시누스에게서 믿음의 교리를 받은 퍼킨스(William Perkins)를 통해서 웨스트민스터 총회에 우르시누스의 영향력이 전달이 되었다고 한다.[43] 그런데 켄달을 지지하는 사람들은 우르시누스의 언약신학이 신인협동적인 구원론을 포함하며, 그 결과 칼빈의 신학에서 이탈되었다고 판단을 한다. 따라서 이들은 우르시누스의 행위언약을 포함한 언약신학의 영향을 입은 웨스트민스터 신앙고백서가 결과적으로 인간의 책임을 강조하는 언약신학을 공적인 신앙고백의 차원에서 정통적인 것으로 인정을 하는 결과를 낳았다고 주장을 한다.[44]

그러나 이러한 주장은 강력히 비판을 받아야 한다. 비록 웨스트민스터 신앙고백서가 우르시누스의 언약신학의 영향을 받은 것은 사실이지만, 우르시누스의 언약신학을 칼빈에서 이탈한 것으로 보는 것은 잘못된 판단이기 때문이다. 예를 들어 클락(R. Scott Clark)과 비키(Joel R. Beeke)는 공동으로 저술한 글에서, 다음과 같이 논증한다: (1) "우르시누스의 칼빈주의는 16세기 후반 잉글랜드에 흘러들어 온 대륙의 개혁신학의 흐름 가운데 상당한 부분을 형성하였으며, 나중에 총회에서 총대로 활동하게 되는 영국의 젊은 칼빈주의자들에게 양분을 공급하였다"; (2) "우르시누스 신학이 잉글랜드에 전달이 되는 과정 가운데 하나는 옥스포드 대학이었다"; (3) "그의 언약신학과 웨스트민스터 총대들의 언약신학적 함의는 종교개혁적이며, 은혜 중심적이며 또한 칼빈주의적이라고 이해하는 것이 적절하다."[45]

---

[43] R.T. Kendall, *Calvin and English Calvinism to 1649*, 41, 56, 58, 62, 74, 210; R. Scott Clark and Joel R. Beeke, 2를 볼 것.

[44] David A. Weir, *The Origins of Federal Theology in Sixteenth Century Reformation Thought* (Oxford, England: Clarendon Press; New York: Oxford University Press, 1990), 15-16, 157. R. Scott Clark and Joel R. Beeke, 3을 볼 것.

[45] R. Scott Clark and Joel R. Beeke, 3-4를 볼 것. 웨스트민스터 신앙고백서의 언약신학, 청교도 언약신학의 칼빈주의 성격과 관련하여 켄달(R.T. Kendall), 와이어(David A. Weir) 그리고 스트렐(Stephen Strehle) 등에 대한 비판의 글을 보기 위하여서는 다음을 보라. R. Scott Clark, *The Substance of the Covenant: Caspar Olevian and the substance of the Covenant: the double benefit of Christ* (Edinburgh: Rutherford House, 2005); Lyle D. Bierma, *German "Federal Theology*

클락과 칼빈에 따르면, 켄달, 리담, 와이어, 그리고 스트렐 등이 우르시누스를 잘못 평가한 까닭은 '언약의 조건성'(covenant conditionality)과 '언약의 의무'(covenant obligation)의 구별을 정확하게 하지 못하였기 때문이다. 전자의 조건성은 사람이 특정한 조건들을 만족시킨 이후에 그것을 전제로 하여 하나님께서 받아들이신다는 것을 의미하며, 후자는 하나님께서 구원하신 하나님의 자녀들에게 부여하는 의무 또는 책임을 말한다.[46] 곧 전자는 구원 받기 이전에 행하는 조건성이며, 후자는 구원 받은 이후에 행하는 책임이다. 만일 우르시누스가 언약신학을 통해 전자를 말하였다면 그는 가브리엘 비엘(Gabriel Biel, 1415-1495)의 펠라기우스적인 유명론의 언약과 공로로 종교개혁신학을 퇴행시켰다는 비판을 받을 것이다.

그러나 이것은 전혀 사실과 다르다. 우르시누스가 그러한 오류를 범하였다고 비판하는 사람들은 우르시누스가 구속 이후에 선택한 사람들에게 부과하는 의무들에 대해 말할 때 그것이 구속 이전에 구원을 받기 위해 요구되는 조건들에 대해 말하는 것과 다르다는 것을 바르게 구별하지 못하였던 것이다.[47] 우르시누스가 '조건성'이라는 말을 할 때, 그것은 율법을 지킴으로 구원을 얻는 의미에서 '조건성'을 뜻하지 않았다. 우르시누스에게서 조건으로서의 율법은 중생한 이후에 신자의 생활과 관련하여 주어지는 것이었다. 이런 의미에서 신자에게 주어지는 의무로서의 조건성은 '신앙의 열매'이며

in the Sixteenth Century: Two Traditions?," *Westminster Theological Journal* 45 (1983): 304-21; idem, "The Role of Covenant Theology in Early Reformed Orthodoxy," *The Sixteenthe Century Journal* 21 (1990): 453-462; Mark W. Karlberg, "Covenant Theology and the Westminster Tradition," *Westminster Theological Journal* 54 (1992): 135-52; John von Rohr, *The Covenant of Grace in Puritan Thought* (Atlanta, Ga: Scholars Press, 1986); Donald K. McKim, "William Perkins and the Theology of the Covenant," in *Studies of the Church in History*, ed. Horton Davies (Allison Park, PA: Pickwick Publications, 1983); Paul Helm, *Calvin and the Calvinists* (Edinburgh; Carlisle, PA: Banner of Truth Trust, 1982); idem., "Calvin and the Covenant: Unity and Continuity," *The Evangelical Quarterly* 55 (1983): 65-82; Joel Beeke, *Assurance of Faith: Calvin, English Puritanism and the Dutch Second Reformation* (New York: Peter Lang, 1991); idem, "Faith and Assurance in the Heidelberg Catechism and its Primacy Composers: A Fresh Look at the Kendall Thesis," *Calvin Theological Journal* 27 (1992): 39-67; idem, "Does Assurance Belong to the Essence of Faith? Calvin and the Calvinists," *The Master's Seminary Journal* 5 (1994): 43-71.

[46] 릴백(Peter A. Lillback)은 하나님께서 은혜로 구원을 베풀고 그들에게 부과하시는 의무와 관련하여서는 칼빈도 인정을 한다는 사실을 밝힌다. "The Continuing Conundrum: Calvin and the Conditionality of the Covenant," *Calvin Theological Journal* 29:42-74를 보라.

[47] R. Scott Clark and Joel R. Beeke, 17.

또한 '그리스도로 말미암아 우리와 화목케 되신 하나님 안에서의 기쁨이며, 하나님의 영광을 위해 의를 사랑하고 열망하는 것'이다.[48]

따라서 웨스트민스터 신앙고백서의 언약신학이 칼빈신학과 다르며 구원의 은혜를 강조하지 않고 율법의 조건성을 드러낸다고 말하는 견해는 우르시누스가 말하는 언약의 순종이 사람에게 주어지는 의무이지만 그것이 결코 은혜언약의 은혜성을 훼손하지 않는다는 사실을 오해한 잘못된 주장이다.[49] 우르시누를 비롯한 개혁신학의 언약사상은 하나님의 은혜에 근거한 구원론을 바르게 드러내고 있으며, 이러한 언약신학의 영향 아래 완성된 웨스트민스터 신앙고백서 또한 그러한 은혜의 구원을 충실히 반영하고 있다고 말할 수 있다.

이와 관련하여 리스(John H. Leith)는 웨스트민스터 신앙고백서에 나타난 언약신학의 영향과 관련하여 다음과 같이 말한다.

> 언약신학이란 본질적으로 하나님과 사람의 관계를 이해하기 위한 노력이었다. 한편으로는 모든 것을 하나님의 은혜로 넘겨버리는 율법폐기론을 피하면서, 또 다른 한편으로는 사람의 결정에 지나치게 많은 비중을 의지하는 알미니안주의를 피하여야만 했다. 청교도들은 구원은 전적으로 하나님께서 하시는 일인 줄을 알고 있었다. 또한 그들은 역사적으로나 심리적으로 그 일이 사람의 일이기도 하다는 것을 알고 있었다. 언약신학과 하나님의 작정의 신학은 구원의 양면을 올바르게 평가하는 하나의 방법이었다. 신앙고백서는 바로 이 문제를 의롭게 함과 거룩하게 함의 주제를 다루면서 대단히 성공적으로 다루고 있다 ...[50]

인용에서 보듯이, 웨스트민스터 신앙고백서의 언약신학은 하나님의 주권적 은혜와 사람의 책임의 문제를 성경신학의 흐름을 따르면서도 하나님의 작정이라는 교리적 진술을 풀어가는 조직신학의 결과를 반영하고 있다. 개혁신학의 조직신학은 언약신학의 전통 덕분에 구속사 주제를 통합할 수가 있었다. 웨스트민스터 신앙고백서는 그러한 언약신학의 결과를 신앙고백서의 교리 항목 각각에 잘 반영하고 있다. 맥윌리암즈(David B. McWilliams)의 다음의 글은

---

48 R. Scott Clark and Joel R. Beeke, 29-31.

49 웨스트민스터 신앙고백서의 "행위언약"에 대한 최근의 비판과 이에 대한 올바른 반론의 요약을 위하여 다음의 글을 볼 것. Cornelis P. Venema, "Recent Criticisms of the 'Covenant of Works' in the Westminster Confession of Faith," *Mid-America Journal of Theology* 9 no 2 (Fall 1993): 165-98;

50 John H. Leith, 95.

이러한 사실을 잘 요약해 준다.

> … 웨스트민스터 총회의 총대들은 언약의 관점을 교회의 생활의 모든 경우에 적용이
> 될 수 있는 필수불가결한 포괄적인 신학 주제로 여겼다. 언약의 구조는 기독교 신학과
> 삶에 있어서 매우 중요한 것이다. 사람은 창조되었던 그 때부터 언약적 존재이며,
> 타락하였을 때 언약을 파괴한 자가 되었다. 그러나 하나님께서 사람은 그리스도 안에서
> 구원하시는 일이 언약으로 또한 제시된다. "중보자 그리스도"의 장은 바로 "인간과
> 맺으신 하나님의 언약"이라는 장에 이어서 나온다. 그리스도의 의의 전가로 말미암아
> 죄인을 의롭게 하는 교리는 언약의 조건들에 대한 고백 안에서 제시된다. 신자의
> 생활 규칙으로서의 율법은 아담에게 주신 율법과 직접적인 관련을 갖는다. 그것은
> 죄인들에게 임하는 하나님의 저주를 영속화 하는 하나님의 도덕법의 계시이다. 그리고
> 이 율법은 그리스도의 순종으로 말미암아 복음으로 바뀌게 되며, 신자의 생활의 규칙이
> 된다. 교회는 구속사 안에 있는 하나님의 구원을 나타내며, 또 성례의 관계로 인하여
> 언약과 상관을 갖는다. 성례는 은혜언약의 표지이며 인침으로 확실하게 규정이 되며
> 그 결과 언약신학은 신앙고백서의 성례 신학의 틀이 된다. 게다가 신앙고백서는 은혜언
> 약의 본질에 성도의 견인이 근거하고 있음을 확실히 한다.[51]

요컨대 웨스트민스터 신앙고백서와 언약신학의 관계를 살피는 것은 신앙고백
서가 언약에 관하여 고백하는 단일 신앙 항목에 국한 되는 것이 아닌 것이다.
이것은 언약신학의 관점에서 살피는 웨스트민스터 신앙고백서의 신학 특징들
을 찾는 일이 성경론, 신론, 인간론, 기독론, 구원론, 교회론과 종말론을 포괄하
는 전면적인 항목에서 이루어져야 함을 뜻한다.

4. 정리하는 말

웨스트민스터 신앙고백서는 정통스콜라 개혁신학의 결과 위에 세워진 개혁파
신학을 최종적으로 반영하는 실제적인 공적 신앙문서이다. 그리고 웨스트민스
터 신앙고백서의 개혁신학은 다름 아닌 언약신학의 특징을 갖는다. 개혁파
언약신학의 토양은 16세기 칼빈의 제네바 신학과 쯔빙글리, 불링거로 이어지

---

[51] David B. McWilliams, "The Covenant Theology of the *Westminster Confession of Faith
and Recent Criticism,*" *Westminster Theological Journal* 53 (1991), 122.

는 취리히 신학을 통해 마련이 되었으며, 개혁파 정통 스콜라신학의 완성 시기인 17세기에 이르러 완성이 된다. 특별히 언약신학은 여러가지 구별들이 제안이 되었으나 결국에는 행위언약 또는 자연언약 그리고 은혜언약으로 두 가지로 구별이 되었다.

행위언약과 은혜언약의 구별은 조건성에 따른 구별이라기보다는 무엇을 조건으로 하느냐에 따른 구별이었다. 행위언약은 행위의 완전한 순종을 조건 으로 하는 반면에, 은혜언약은 예수 그리스도를 믿는 믿음을 조건으로 한다는 점에서 서로 구별이 되었다. 그리고 여기에 더하여 행위언약과 은혜언약은 행위와 믿음이라는 조건성의 차이뿐만 아니라, 그 조건성을 만족시킬 능력과 관련하여 구별이 또한 되었다. 행위언약과 은혜언약은 언약으로서 각각이 요구하는 조건성을 사람이 자연적인 능력으로 만족시키는가, 아니면 하나님 에 능력에 의해서 사람이 행하게 되는 것인가의 차이에 의해서도 구별이 되었다. 은혜언약이 은혜인 것은 신자들의 믿음은 하나님께서 주시는 선물이 며 신자들의 선행도 또한 성령 하나님께서 그들 안에서 행하심으로 나타나는 것이라는 사실에서 비롯되는 것이다. 따라서 행위언약에서는 행위의 순종을 통해 사람이 공로를 세우게 되는 반면, 은혜언약에서는 사람이 믿음의 순종을 하지만 그것은 단지 하나님의 약속을 받는 도구나 방식이며 그 믿음 조차도 성령 하나님의 도움으로 되는 것이므로 결코 공로를 주장할 수가 없다. 은혜언 약을 통해 주어지는 약속의 복은 오직 그리스도의 공로로 말미암아 주어질 따름이다.

개혁신학자들은 은혜언약 안에서 옛 언약과 새 언약을 구별하였다. 옛 언약은 행위언약이 아니며, 실행의 경륜에 있어서 은혜언약과 다를 뿐이다. 은혜언약은 타락한 이후에 아담, 아브라함, 모세를 거쳐 선지자들에게 주어진 것이며, 마침내 모든 언약의 근거이신 그리스도에게서 완성이 되는 언약인 것이다. 옛 언약은 새 언약의 그림자였으며, 새 언약은 옛 언약의 실체였다. 옛 언약이나 새 언약이나 모두 은혜언약으로 일방적이며 절대적이면서도 또한 조건적이며 쌍방적인 요소를 가지고 있다.

이러한 까닭에 하나님의 언약은 오직 은혜언약 뿐인데 정통스콜라 개혁 신학자들이 행위언약 개념을 도입함으로써 결국 중세 스콜라주의와 유사한 율법주의 요소를 언약신학에 끌어왔다고 비판을 한 칼 바르트와 그의 추종자들은 주장은 잘못이다. 행위언약은 타락 이전의 언약을 말할 뿐이며, 행위의 순종을 조건으로 하지만 그것을 이룰 능력을 전제로 하는 것이다. 중세 스콜라주의의 율법주의는 타락 이후에 행위의 순종을 언약 성취의 조건으로 연결을 짓는 것이므로 행위언약의 도입이 결코 율법주의의 도입을 뜻하는 것이 아니다. 더구나 모세의 옛 언약도 율법주의가 아니다. 타락 이후의 언약은 어떤 의미에서도 행위언약이 아닌 것이다. 옛 언약도 은혜언약 아래 있을 뿐이며 어떤 의미에서도 율법주의를 포함하지 않는다.

개혁신학은 제네바에서나 취리히에서나 서로 다른 언약신학의 전통을 세우지 않았다. 어떤 이는 칼빈의 언약신학은 일방적이며 조건이 없는 하나님의 약속이며 부담인 반면에, 불링거가 가르친 언약은 쌍방적이며, 하나님의 조건적 약속과 인간의 이에 대한 반응으로 이루어진다고 말한다. 여기서 언약의 성취는 사람이 부담이며, 사람이 순종하고 하나님께서 이에 대해 보상을 주실 때 이루어진다. 그러나 이러한 해석은 잘못된 것이다. 은혜언약은 포함하는 조건성은 믿음이건 행위이건 사람이 성취하여야 하지만, 그 모든 조건성은 하나님의 단일사역 구원론의 틀 안에 있다. 하나님께서 믿음과 순종의 성향을 사람에게 창조하실 때라야 비로소 언약의 조건을 성취할 수가 있기 때문이다.

워필드가 말한 바처럼, 웨스트민스터 신앙고백서의 신학체계는 언약신학 위에 세워졌다. 웨스트민스터 신앙문서가 만들어졌던 당시에 언약신학은 잉글랜드와 스코틀랜드에서 신학의 중심을 차지하고 있었다. 그러한 영향 아래 웨스트신앙고백서는 언약신학을 단지 하나의 주제로서 강조하는 것에 그치지 않고, 모든 신학 주제들을 언약신학의 틀 안에서 고백을 하고 있는 최초의 개혁파 신앙고백서로 인정을 받는다.

바르트의 견해를 좇는 이들은 웨스트민스터 신앙고백서가 신인협동론적 구원론을 개진한 우르시누스의 영향을 받았으며, 그 결과 인간의 구원론적 책임을 강조하는 언약신학을 공적인 고백하며 정통신학으로 자리를 잡도록 하였다고 잘못된 주장을 하였다. 그러나 우르시누스의 언약신학과 웨스트민스터 총대들의 언약신학은 종교개혁 신학 위에 충실히 서 있으며, 은혜 중심적이며 또한 지극히 개혁신학의 전통을 계승하고 전달한다. 우르시누스와 웨스트민스터 신앙고백서는 사람이 특정한 조건들을 만족시킨 이후에 하나님께서 그를 받아들이는 조건성을 말하지 않는다. 양자가 말하는 것은 하나님께서 구원의 은혜를 베푸신 하나님의 자녀들에게 부여하는 의무와 책임이다. 우르시누스나 웨스트민스터 신앙고백서에서 어떤 조건성을 함의할 경우, 그것은 율법을 지킴으로 구원을 얻는 의미에서 조건성이 아니며, 오로지 중생한 이후에 신자의 생활과 관련하여 주어지는 것이다. 이것은 구원 이전이 아니라, 구원 이후의 신자에게 주어지는 의무로서의 조건성이며 신앙의 열매이다. 따라서 웨스트민스터 신앙고백서의 언약신학을 율법주의적 조건성에 의한 것이라고 주장하는 것은 전혀 사실과 다른 왜곡된 견해이다.

웨스트민스터 신앙고백서는 개혁신학의 언약신학에 충실하며, 언약신학을 단지 한 주제에 국한하지 않고, 성경론, 신론, 인간론, 기독론, 구원론, 교회론, 그리고 종말론을 포괄하는 모든 신앙고백의 항목들 안에서 반영을 하고 있다. 한 마디로 말해서, 웨스트민스터 신앙고백서의 신학적 특징은 개혁신학의 완성한 언약신학의 결정체라는 관찰로 요약이 된다. (*)

13.
『스코틀랜드 신앙고백서』(1560)의 독특성[1]

이승구 ▌ 조직신학 · 교수

하나님의 섭리 가운데서 교회를 성경이 지시하는 모습에로 다시 이끌어 들이는 종교 개혁이 유럽이 각 도시들과 여러 나라에서 이루어지면서 나타난 특이한 현상 가운데 하나로 자신들이 믿는 바를 명확히 진술하는 신앙 고백서를 작성하고 같이 고백하며, 그 내용을 성도와 교회 안의 어린이들과 젊은이들에게 가르치는 일이 있게 되었다. 이처럼 종교 개혁의 큰 특성의 하나가 신앙고백서를 작성하는 일이었다고 해도 과언이 아니다. 때로는 당시 서구의 학술적 공용어인 라틴어로 발표하기도 하고 라틴어 본과 같이 발표하기도 했지만, 자신들이 일상적으로 사용하는 언어로 자신들이 믿는 바를 제시하는 일이 일반화 된 것이다. 루터가 1529년에 "가장이 그의 가족에게 분명하고 쉽게 가르치도록 하기 위해" 『소교리 문답』(Small Catechism, 1529)을 작성하여 발표하고 사용한 이래로, 1530년 『아우구스부르그 신앙고백서』(The Augsburg Confession, 1530)

---

1 이 글은 「장로교회와 신학」 4(2007): 123-162에서 발표되었던 글임을 밝혀둔다.

가 작성되어 1530년 6월 25일에 신성로마제국의 황제였던 칼 5세 앞에서 독일어로 낭독되었고, 1537년에는 『쉬말칼트 신조』(Schmalcaldische Artikel, 1537)가 작성되어 선포되었으며, 1536년에 스위스 여러 도시의 종교개혁자들이 바젤에 모여서 불링거(Bullinger), 그리내우스(Grynaeus) 미코니우스(Myconius) 등이 초안하고 여러 도시의 권위자들이 검토하고 서명한 『제일 스위스 신앙고백서』(The First Helvetic Confession, 1536), 칼빈이 제네바에서 작성하여 사용한 『제네바 교회 신앙 문답서』(1542년), 칼빈이 준비하고 그의 제자 샹데이유(De Chandieu)가 개편하여 1559년 파리 노회에서 인정을 받았고, 1571년 프랑스 프로테스탄트 전국 총회가 로쉘(Rochelle)에서 모였을 때 정식으로 받아들여진 프랑스어로 쓰인 『프랑스 신앙고백서』(1559), 스코틀랜드 사람들이 자신들의 신앙 고백을 위해 발표한 『스코츠 신앙고백서』(1560), 브레(Guy De Brés)에 의해서 1561년에 프랑스어로 작성되고 나중에 화란어와 라틴어로 번역되어 1571년 엠덴(Emden) 개혁교회 시노드에서 받아들여지고, 1619년 도르트에서 열린 전국 대회에서 수정된 『벨직 신앙고백서』(The Belgic confession, 1561), 우르지누스(Zacharias Ursinus)와 올레비아누스(Casper Olevianus)가 초안하고 프리드리히 3세와 함께 하이델베르크의 여러 목회자들이 같이 기여하여 발표한 『하이델베르크 요리문답』(1563), 그리고 엘리자베스 1세 하에 영국 교회 (성공회)의 신앙 고백으로 라틴어로 작성된 『39개 신조』(Thirty-nine Articles, 1563) 등이 초기의 대표적인 신앙고백서라고 할 수 있다. 이는 후에 보다 길게 진술한 『도르트 신조』(1619)나 『웨스트민스터 신앙고백서』(1647)보다 비교적 이른 시기에 투쟁적 정황에서 나온 생생한 신앙고백서들이라고 할 수 있다.

이 가운데서 『스코츠 신앙고백서』는 제네바에서 칼빈의 가르침을 받고 그와 같은 원리에 따라 스코틀랜드 교회를 바로 세워 보려고 한 죤 낙스(John Knox)와 다른 다섯 명의 요한(John)이 함께 작성한 것으로 스코틀랜드 종교 개혁의 초기 문서로서 매우 중요한 것이다. 이 글에서는 스코틀랜드 종교개혁의 특성을 좀 더 구체적으로 드러내기 위해서 일단 이 신앙고백서 작성 배경을 살핀 후(1), 이 『스코츠 신앙고백서』의 내용을 살피면서 이 『스코츠 신앙고백서』의 독특성을 제시해 보고(II), 이것이 <제1치리서>와 <제2치리서> 등에 의해서 보충되어 스코틀랜드에서 장로교회의 기틀이 어떻게 마련되었는지를 살피고(III), 『스코츠 신앙고백서』의 표현 중에서 다시 생각해 볼만한 점들을 생각한 후에(IV), 『스코츠 신앙고백서』가 우리 시대의 한국 교회에 주는 의미를 찾아보고자 한다(V).

I. 『스코츠 신앙고백서』의 작성 배경

스코틀랜드 종교 개혁 운동은 종교 개혁적 가르침에 대한 전파로 인한 순교 이야기로부터 시작한다고 해도 과언이 아니다. 개신교의 초기 순교자들로는 귀족 출신으로 파리 대학 대학에서 공부할 때 루터를 읽고 배운 후에 세인트 안드류스 대학교에서 공부하고 가르치다가 제임스 비톤 대주교(James Beaton) 와의 충돌로 1527년에 독일로 피신하여 말부르그에서 프랑소와 람버트 (Francois Lambert) 함께 아주 루터파적인 짧은 신조(*Loci commune*)를 출판하고,[2] 논쟁을 하자는 비톤 대감독의 초청을 받아 세인트 안드류스에서 기소되고 1528년 2월 27일에 24세의 나이로[3] 화형당한 스코틀랜드 종교개혁 최초의 순교자 패트릭 해밀턴(Patrick Hamilton, 1503-1528), 그리고 1546년 5월 1일에[4] 세인트 안드류스(St. Andrews) 대성당과 딘스코트(deanscourt) 사이에 (지금 GW 사인이 있는 곳에서) 사형에 처해진 죠오지 위샤트(George Wishart, 1513?-1546) 등을 들 수 있다. 위샤트는 아버딘 대학을 졸업하고,[5] 스코틀랜드에서 헬라어가 처음으로 가르쳐진 학교인 몬트로즈 아카데미(Montrose Academy)의 교사였던 분으로, 그는 희랍어 신약성경을 가르쳤다는 혐의를 받고 도망하여 영국과 스위스로 피하여 살면서 <제일 스위스 신앙고백서>를 영어로 번역했고, 1542년 말경 영국으로 돌아가 캠브리지의 코르프스 크리스티 컬리쥐(Corpus Christi College)에서 1년여 가르치다가, 1543또는 1544년에 다시 스코틀랜드로 와서 몬트로즈(Pmtrose), 던디(Dundee), 그리고 동부 로디안 (East Lothian) 등지에서 개신교 사상을 설교하다가 해딩톤 근처에서 체포되어 (해밀턴을 화형 했던 제임스 비톤의 조카요 1539년 그를 이어 추기경이 된) 데이비드 비톤 추기경(Cardinal David Beaton, 1494-1546)에 의해 세인트 안드루스에서 화형당했다.[6]

---

2 이는 후에 Tyndale의 친구인 John Frith에 의해서 영어로 번역되었고, 이는 흔히 『패트릭스 신앙 개요』(*Patrick's Places*)라고 언급된다고 한다. Cf. John T. McNeill, *The History and Character of Calvinism* (London: Oxford University Press, 1954; Paperback edition, 1967), 293.

3 이 날자와 나이에 대한 정보는 McNeill, *The History and Character of Calvinism*, 293을 보라.

4 이 날짜에 대해서 cf. R. Tudor Jones, *The Great Reformation* (Downers Grove, Ill.: IVP, 1985), 187.

5 J. D. Douglas, "George Wishart," 『교회사 대사전』 II (서울: 기독지혜사, 1994), 796.

6 이에 대해서는 McNeill, *The History and Character of Calvinism*, 293f.를 보라. 비톤 추기경은 스코틀랜드의 일로 너무 바빠서 트렌트 공의회(the Council of Trent)에 참석하는 일을

이런 순교에 보복하고자 위샤트의 화형을 주도했던 비톤 추기경을 개신교 귀족들이 죽이고 그의 사체를 세인트안드류스 성 성문에 매다는 일도 발생했다(1546년 5월 29일). 이 암살 후에 그들은 성에서 요새를 만들고 있었으나, 결국 프랑스 함대와 군대에 의해 함락당하고 프랑스 갤리선의 노예가 된 이들 가운데 한 사람인 죤 낙스(John Knox)가 스코틀랜드 종교 개혁의 중심 인물이 된다. 그는 비톤 추기경을 암살한 사람들의 무리에 그 암살과 시해 사건 있은 지 일 년 후에 참가하여[7] 세인트 안드류스 성에 있으면서 죤 로프(John Rough)의 요청 하에 1547년 부활절 설교를 한 것으로 알려졌다.[8]

에딘버러에서 17마일 동편에 있는 하딩톤(Haddington) 근방에서 출생하였고(1505?, 1513?,[9] 1514?,[10] 1515?) 세인트 안드류스에서 수학하고[11] 1536년에 사제로 임직한 것으로 여겨지는[12] Knox는 길염(Thomas Gilyem=Gwilliam)의 영향으로[13] 개신교로 개종하고 후에 러프(John Rough)와 죠오지 위샤트의 더 확고하고 열정적인 원리와 가르침에 동조하며[14] 위샤트가 하딩톤에서 설교할

사양하였다고 한다.

[7] Cf. McNeill, *The History and Character of Calvinism,* 294f.: "A year later, Knox and his pupil's, weary of seeking safety elsewhere, joined the company."

[8] Cf. Jones, *The Great Reformation,* 187.

[9] Justo L. González, *A History of Christian Thought, III* (Nashville: Abindon Press, 1975), 이 형기, 차 종순 역,『기독교 사상사, III: 현대편』(서울: 대한예수교장로회 총회 출판국, 1988), 381; Steven Ozment, *The Age of Reform, 1250-1550* (New Haven: Yale University Press, 1980), 422; Jones, *The Great Reformation,* 187.

[10] McNeill, *The History and Character of Calvinism,* 294; Ernest Trice Thompson, *Through the Ages: A History of the Christian Church* (Richmond, Virginia: CLC Press, 1965), 191; Richard L. Greaves, "John Knox," in『교회사대사전』I (서울: 기독지혜사, 1994), 356; J. D. Douglas, "John Knox and the Scots Reformation," in *Great Leaders of the Christian Church,* ed. John D. Woodbridge (Chicago: Moody Press, 1988), 250.

[11] 낙스가 1520년대 초에 세인트 안드류스 대학교에서 수학했을 가능성은 매우 높다고 생각한다. 이 때 그는 아마도 죤 메이져(John Major)에게서 가르침을 받았을 것이라고 추론된다 (McNeill, *The History and Character of Calvinism,* 294; Ozment, *The Age of Reform, 1250-1550,* 423). 그러나 낙스가 세인트 안드류스 대학을 졸업했다는 확실한 기록은 남아 있지 않다. (이에 대해서는 세인트 안드류스에서 교회사 교수를 했고 제1, 2 치리서의 전문가인 James K. Cameron 교수의 말을 기억한다). 그래서 낙스가 졸업은 하지 않았다고 논의되기도 한다(Jones, *The Great Reformation,* 187).

[12] Douglas, "John Knox and the Scots Reformation," 250. 그런데 Ozment는 낙스가 1535년에 22세의 나이로 사제가 되었다고 한다(*The Age of Reform, 1250-1550,* 423). 그는 1543년까지만 해도 자신을 세인트 안드류스 대주교 아래의 "거룩한 제단의 봉사자"(minister of the sacred altar)라고 서명할 정도로 천주교적이었다(Douglas, "John Knox and the Scots Reformation," 250).

[13] 그는 메리 여왕의 섭정이던 아란 백작(the earl of Arran)의 궁의 개신교 궁정 설교자(court chaplain)였다(Ozment, *The Age of Reform, 1250-1550,* 422).

때 그들 시중했고, 큰 칼을 들고서 그의 bodyguard 역할을 하였고, 그가 말리지 않았더라면 그와 함께 화형 당하려고도 했다고 한다.[15]

1546년 5월 29일의 비튼 추기경을 제거하는 거사 당시 세인트안드류스에 거주하면서 개신교 귀족의 자녀들에게 라틴어와 불어를 가르치고 있던 낙스도 일 년 뒤에 그의 제자들과 함께 세인트안드루스 성에 모인 무리에 한 참여했다. 프랑스군에 의해 성이 점령되자 낙스도 프랑스 갤리선에서 19개월을 노역한 후에 영국 개신교 지도자들과 정치 지도자들의 개입으로 1549년 초에 풀려나 4월부터 영국에 있으면서 에드워드 6세와 크랜머(Cranmer) 대주교의 종교개혁 운동을 도왔다(1549-54). 즉, 그는 때때로 6명의 궁전 목사 중의 하나로 사역하기도 하면서 미사를 우상숭배라고 지적하고, 성찬 때에 무릎을 꿇는 것을 반대하는 일 등을 하였던 것이다.[16] 자주 왕실 설교도 하던 그는 그에게 제안된 로체스터 주교직(bishopric of Rochester)은 거절하고,[17] 에드워드 6세가 1553년 7월 6일에 죽자 메리 여왕(Mary Tutor, 1553-58 통치한 소위 Bloody Mary) 치하인 1554년 1월말에[18] 제네바로 가서 칼빈과 사귀고 취리히에서 불링거와 사귄 후 칼빈의 권고를 따라 프랑크푸르트의 영국인 피난민 교회의 목사로 있다가 이 교회에서 영국 교회의 <공동기도서>(Book of Common Prayer)을 사용할 것인가[19] 제네바식 예전을 따를 것인가의 문제로 논쟁이 일어나 축출 당하자,[20] 낙스와 윌리엄

---

14 Greaves, "John Knox," 356.

15 John Knox, The History of the Reformation in Scotland, ed. W, C. Dickinson (Edinburgh: Nelson, 1949), 1:69. 위샤트는 낙스에게 "한 희생에는 한 명으로 족하다"(One is sufficient for one sacrifice)는 말로 말렸다고 한다. Cf. McNeill, The History and Character of Calvinism, 294.

16 낙스의 영향으로 크랜머 대 주교는 <제 2 기도서>(The Second Prayer Book)에 성찬 받을 때 무릎 꿇는 것에 대한 아주 개신교적인 설명, 흔히 Black Rubric이라고 불리는 부분, 즉 축성 후의 떡과 포도주가 실제 그리스도의 몸과 피는 아니며 성찬 때 무릎을 꿇는 것도 그것을 함의하는 것은 아니라는 설명을 삽입하도록 했다고 한다(McNeill, The History and Character of Calvinism, 295; Jasper Ridley, John Knox (New York: Oxford University Press, 1968), 109; Ozment, The Age of Reform, 1250-1550, 425).

17 이 때 그가 후대 장로교도들처럼 주교제에 대한 명확한 반대 신념을 가지고 있어서 거절한 것은 아니라고들 생각한다. 특히 Greaves, "John Knox," 357을 보라. 오히려 자신을 국가에 잘 순종하는 이가 되게 하려는 시도로 해석해서 이를 거절했다고 한다(Ozment, The Age of Reform, 1250-1550, 425). 또는 "악한 날이 오고 있다"(evil days to come)는 예견에서라고 보는 견해들도 있다(Douglas, "John Knox and the Scots Reformation," 250).

18 Cf. Ozment, The Age of Reform, 1250-1550, 427.

19 Jones는 이를 주장하던 이들로 Thomas Lever, Richard Cox (1500?-81), 그리고 존 제벨 (John Jewel, 1522-71)을 언급하고 있다(Jones, The Great Reformation, 188).

20 이에 비해 그가 프랑크푸르트를 떠나게 된 이유가 당시 황제인 찰스 5세를 '네로'와 같다(a Nero) 또는 네로보다 더 심한 독재자라고 부른 것이 프랑크푸르트 정치 지도자들에게

휘팅햄(William Whittingham, 1524?-79), 그리고 그들과 동조하는 이들은 1555년 4월에 다시 제네바로 가게 된다.

낙스는 제네바에서 칼빈의 영향력이 가장 강하던 기간 중에 4년간[21] 칼빈이 설교하던 바로 옆 건물에서 모이던 영국인 피난민 교회에서 목회하면서 계속해서 스코틀랜드의 상황을 염려하며 그의 유명한 전투 문서라고 할 수 있는 <여성들의 야만적인 통치에 대항하는 첫째 나팔 소리>(First Blast of the Trumpet against the Monstrous Regiment of Women, 1558)를 썼고,[22] 여러 개혁파 인사들, 특히 제임스 슈튜어트(James Stewart, 1513?-70), Argyll의 제5 공작인 알키발드 캄벨 (Archibald Campbell, 1530-73) 등과 함께 하는 "회중의 귀족들"(the Lords of Congregation), 즉 "주의 회중"(the Congregation of the Lord)의[23] 지도자들의 강한 권면에 따라 1559년 5월 2일에 드디어 에딘버러의 외항인 레이뜨(Leith)를 통해 스코틀랜드에 다시 돌아오게 된다.

귀국하자마자 여왕의 법령에 의해 법밖에 있는 자로 선언된[24] 낙스는

밀고된 때문이라는 주장도 있다(McNeill, The History and Character of Calvinism, 295; Ozment, The Age of Reform, 1250-1550, 427).

[21] 물론 1555년 8월부터 스코틀랜드에서 보낸 기간을 제외해야 한다. 그 기간을 6개월로 보는 이도 있고(J. D. Douglas, "Calvinism's Contribution to Scotland," in John Calvin: His Influence in the Western World, edited by W. Stanford Reid [Grand Rapids, Michigan: Zondervan, 1982], 220), McNeill은 이 때 낙스가 영국의 Berwick에서 혼인한 후에 스코틀랜드에 있었던 기간을 9개월이라고 한다(The History and Character of Calvinism, 295).
이 때 낙스는 많은 이들을 개혁 신앙에로 돌이키도록 하였고 천주교적 미사에 참여하지 않도록 하였고(Douglas, "Calvinism's Contribution to Scotland," 220), 또한 이때 스코틀랜드에서는 처음으로 개혁파적인 방식으로 성찬 집례가 있었다고 한다(Jones, The Great Reformation, 188; Douglas, "Calvinism's Contribution to Scotland," 220). 그러나 이전에도 낙스가 개신교적으로 성례를 집례한 예가 있으므로 (에를 들어서 1546년 3월 1일 위샤트 순교 후 성에 붙잡혀 있던 친구들과 함께), 1555년의 집례는 "좀 더 개신교적 방식으로"라고 이해하는 것이 좋을 것이다. 또한 에딘버러의 세인트 가일즈(St. Giles) 예배당의 상들을 파괴하는 운동도 일어날 정도로 종교 개혁적 열망이 준비되고 있었다고 할 수 있다(Jones, The Great Reformation, 188).

[22] 이는 제네바에서 저자의 이름도, 출판자의 이름도, 출판지도 없이 인쇄되어 발간되었다 (Ozment, The Age of Reform, 1250-1550, 429).

[23] 이런 용어는 1557년 12월 스코틀랜드 귀족들이 맺은 동맹(스코틀랜드 제일 언약)에서 온 말이다. 이 언약에서 이 귀족들은 "하나님의 엄위 앞에서" "그 모든 미신들과 가증한 것들과 우상 숭배와 함께 사단의 회(the congregation of Satan)을 버려 버리고(renounce)(Thompson, 191), "하나님의 말씀과 그의 회중의 위해" 자신들의 모든 힘과 재산과 삶을 드리기로 엄숙히 서약했다 (McNeill, The History and Character of Calvinism, 295f.). 여기서부터 "하나님의 회중"이라는 언약파적인 용어가 사용되기에 이르렀고, 그 지도자들은 (하나님의) 회중의 지도자들이라는 뜻에서 the Lords of the Congregation이라고 한 것이다.

[24] Douglas, "John Knox and the Scots Reformation," 250.

다른 개혁파 인사들과 함께 Perth에서 당시 섭정을 하고 있던(Queen Regent) 메리 여왕의 어머니(Mary of Guise/Lorraine)에게 개혁의 필요성을 요청하나 이런 개혁의 요구는 잘 받아들여지지 않았다. 던디(Dundee)와 펄뜨(Perth)에서 의 설교는 백성들의 개신교적 열망을 더 강화시켰고, 죤 해밀톤 대주교 (Archbishop John Hamilton, 1546-71)의 경고에도 불구하고 낙스는 1559년 6월 11일에 세인트 안드류스 대성당에서 다시 설교하므로 언젠가는 다시 세인트 안드류스에 가서 성경을 바로 선포하겠다는 낙스의 오랜 소망을 이루게 된 다.25 결국 스코틀랜드 왕실군 4,000명과 프랑스 지원 군 대(對) 500명의 개혁파 군대와 (1560년 1월 27일의 벌윅 조약[The Treaty of Berwick]에 따라 스코틀랜 드 개혁파를 돕게 된)26 영국군 1만 명의 전투가 1560년 4월 4일부터 시작되어 6월 16일 프로테스탄트파가 승리하고,27 1560년 7월 6일에 맺어진 에딘버러 조약(The Treaty of Edinburgh)에 따라 7월 15일에 영국군과 프랑스군이 동시에 철수하고, 7월 19일 St. Giles 대성당에서 낙스 집례 하에 공적인 감사 예배를 드림으로써,28 스코틀랜드가 일단 독자적으로 정치적, 종교적 문제를 개신교적 인 방향으로 해결할 수 있게 되었다.

1560년 8월 1일29 구성된 스코틀랜드 의회는 여섯 명의 요한(John Knox, 훗날 로디언의 감독이 된 John Spottiswoode, 이전에 프란시스파 사제였으나 대륙의 개혁자들을 잘 알고 친교하며 훗날 글라스고우와 서부 지역의 감독이 된 John Willock, Padua에서 법학을 공부한 법학 박사이기에 이탈리아 교회의 상황을 아는 후에 Perth의 목사인 John Row, 세인트안드류스의 목사인 John Douglas, 세인트안드류스의 부수도원장이었고 1547년에는 낙스의 이단자 혐 의 재판을 하여야 했던, 그러나 후에는 교황은 적그리스도이고 천주교 미사는

---

25 Cf. McNeill, *The History and Character of Calvinism*, 296.

26 스코틀랜드 역사에서 이 때 처음으로 영국군에 스코틀랜드 땅에 들어오는 것을 스코틀랜 드 사람들이 기뻐했다고 한다(Douglas, "John Knox and the Scots Reformation," 251).

27 그 기간 중인 1560년 6월 11일에 섭정 여왕(Mary of Guise/Lorraine)은 죽고, 그녀의 죽음의 병상을 지킨 목사는 개신교 목사인 죤 윌록(John Willock)이었다(McNeill, *The History and Character of Calvinism*, 297).

28 이 날자 정보는 McNeill, *The History and Character of Calvinism*, 297에 의한 것이다. 이후에 낙스는 이 예배당에서 스코틀랜드 교회와 사회의 새로운 건축을 희망하면서 학개서를 강해했다고 한다.

29 McNeill, *The History and Character of Calvinism*, 298; Jones, *The Great Reformation*, 190. 그런데 홍치모 교수는 8월 3일에 의회가 모여 이 요청을 했다고 한다. Cf. 홍치모, 『종교개혁사』 (서울: 성광문화사, 1977, 3판, 1979), 194.

우상 숭배라고 강하게 주장한 John Winram)이 4일 만에 초안하고 작성한 신앙고백서를 8월 17일에 받아들임으로써[30] 스코틀랜드 종교 개혁의 신앙 고백적 기초가 마련되었다고 할 수 있다.

이는 이미 1560년도 5월에 3주 동안 작성되었다가 후에 개정되었으며,[31] 1561년 1월에 의회에서 검토되어졌던[32] (흄 브라운의 이른 바 "스코틀랜드 역사에서 가장 중요한 문서"인)[33] <제1치리서>(The First Book of Discipline),[34] 그리고 1562년에 총회의 동의를 받고 1564년에는 개정되고 확대되어서 권위를 지닌 것으로 총회에서 공표되어서 이미 폐지된 천주교적 미사를 명확히 금하면서, 성찬 때에 회중들이 긴 성찬상에 둘러 앉아 성찬에 참여하도록 하고, 당회의 허락에 의한 표(token)을 가진 이들만이 성찬에 참여 하도록 하고, 혼인은 예배 중의 한 부분으로 회중 앞에서 시행하도록 하며(즉, 사적인 혼인식을 폐지하고), 예배 중의 시편 찬송과[35] 어린 아이들에 대한 요리 문답 교육을 명백히 하는 <공예배서>(The Book of Common Order)와 함께 스코틀랜드 종교 개혁의 토대를 놓은 문서이다.

1560년 12월 5일에 남편인 프랑스 왕 프랑소와 II세가 죽자 1561년 8월 19일에 스코틀랜드로 돌아와[36] 19세의 과부 여왕으로 다스리기 시작한 메리

---

[30] 이는 거의 모든 역사서가 잘 언급하고 있는 내용이나 이를 처음으로 필자에게 각인되게 가르치신 홍치모 교수님의 강조를 잊을 수 없다. Cf. 홍치모, 『종교개혁사』, 194. 6명의 요한이 4일 만에 작성한 초안에 대한 강조에 대해서는 또한 McNeill, The History and Character of Calvinism, 293, 298; J. D. Douglas, "Calvinism's Contribution to Scotland," 221을 보라.

[31] 이에 대해서는 Douglas, "Calvinism's Contribution to Scotland," 221을 보라.

[32] Jones, The Great Reformation, 190. 그러나 이는 의회의 재가를 받지는 못했다(Thompson, Through the Ages, 192; Jones, 190). 아마도 교회의 치리에 대한 강한 표현에 모두가 동의할 수 없었기 때문인 듯하다고 여겨진다.

[33] P. Hume Brown, John Knox (Edinburgh: A. & C. Black, 1895), 2:148, cited in Douglas, "Calvinism's Contribution to Scotland," 221.

[34] 스코틀랜드 종교와 삶에 지속적인 마크를 남겼다는 점에서 더글라스는 어떤 의미에서 제일치리서가 신앙고백서보다 더 중요하다고 평가하기도 한다(Douglas, "Calvinism's Contribution to Scotland," 221). 이는 고백서의 내용은 다른 개혁파 고백서의 내용과 유사하다는 점을 감안해서 말하는 것으로 보아야 할 것이다. 그러나 이 치리서는 신앙고백서와는 달리 의회의 비준을 받지는 못하였다. 더글라스는 이 치리서에 죄들에 대한 치리가 아주 강하게 언급된 것이 그 주된 이유라고 언급한다(Douglas, "Calvinism's Contribution to Scotland," 222).

[35] 낙스가 목회하던 제네바의 영국 피난민 교회에서는 51편의 시편이 사용되었고, 1564년 스코틀랜드 교회 총회에서는 전 시편에 대한 시편가를 완성하여 인쇄했다고 한다. 두 번째 시편가는 1650에 나왔다(the Second Scottish Psalter of 1650)(McNeill, The History and Character of Calvinism, 303).

[36] Cf. Jones, The Great Reformation, 190. McNeill은 그 날을 12월 4일로 제시하고 있다(The

슈튜어트(Mary Queen of Scots/Mary Stuart, 1542-87)와 낙스의 대결은 매우 시사적인 것이다. 에딘버러의 홀리루드(Horyrood) 궁에서 메리 여왕은 미사를 드리기 시작했고, 낙스는 이에 대해서 강하게 비판하기 시작했다. 그녀의 두 번째 남편인 단리(Lord Darnly, 1545-67)가 1567년 2월 10일에 의문스럽게 살해당한 뒤 단지 3개월이 지난 후 그녀가 보뜨웰의 4대 백작(4th Earl of Bothwell)이요 단리의 죽음의 주된 책임을 지닌 것으로 알려진 제임스 헵번 (James Hepburn, 1536?-78)과의 결혼한 것과 법을 어기면서 죤 해밀톤 대주교를 다시 세우려한 시도는 여론을 더 나쁘게 만들어 분노한 이들은 그녀를 폐위시키고, 총회는 1567년 6월 25일에는 그녀는 통치권을 포기한 것이라고 선언하였고,[37] 6월 29일에는 그녀의 어린 아들을 스털링(Sterling)에서 제임스 6세(후에 영국과 합하여 제임스 I세가 됨)로 세우는 대관식을 하였다. 이 대관식에서 낙스는 소년 왕 요시아(왕하 12장)에 대한 설교하고, 12월에는 의회에서 설교하면서 스코틀랜드 전체를 철저한 개신교 국가로 만드는 투쟁을 계속하다가 1572년 11월 24일에 낙스는 사망한다.

낙스 사후에 개혁 운동의 사상적 지도자 역할을 했다고 할 수 있고 흔히 "장로교주의의 아버지"(the father of Presbyterianism)이라고 불려지는 앤드류 멜빌(Andrew Melville, 1545-1622)의 주도하에 작성된 <제2치리서>(The Second Book of Discipline)가 1577년 총회에서 받아들여짐으로 스코틀랜드에 철저한 장로교 조직이 형성되기에 이르렀다. 물론 이 이후로 스코틀랜드의 교회와 학교를 개혁하여 스코틀랜드 전체를 개혁하는 일은 순조로운 일을 아니었다. 특히 1660년 왕권이 회복(Restoration)된 후에는 감독제냐 노회 제도냐의 문제가 논쟁의 핵심이 되었고 17세기 스코틀랜드의 언약도들 (covenanters)은 낙스 등이 가르친 성경적 개혁파 사상에 충실하기 위해 피흘리기까지 노력했는바 그들 사상의 배후에 있는 것도 결국 1560년『스코츠 신앙고백서』에서 고백된 개혁파 신앙이라고 할 수 있다.

이제 "오류 없는 하나님 말씀의 진리에 기초한 교리"로 제시하고 받아들여진 스코츠 신앙고백의 특성에 대한 고찰에로 나아가기로 하자.[38]

History and Character of Calvinism, 301).

[37] McNeill, The History and Character of Calvinism, 301; Jones, The Great Reformation, 191. 메리 여왕은 1568년에 영국으로 도망하였다가 스페인과 공모하여 엘리자베드 여왕을 해하려고 하였다는 죄목으로 1587년 2월 18일에 반역죄로 처형당하게 된다(Ozment, The Age of Reform, 1250-1550, 432).

II. 『스코츠 신앙고백서』의 특성들

1. 선택과 성령의 중생시키시는 역사를 강조하는 개혁파적 특성(Monergism)

『스코츠 신앙고백서』는 선택을 아주 분명히 하면서 "중생은 하나님이 선택하신 자의 마음에서 일하시는 성령의 역사"라고 명확히 말한다(3조). "즉, 성령께서는 선택받은 자들로 하여금 하나님께서 말씀 안에서 계시하시는 약속에 대한 확실한 신앙을 갖도록 일깨우신다는 것이다"(3조). 그러므로 하나님이 선택하신 자녀들은 모두 주 예수의 영을 받는다(13조). 따라서 교회는 "하나님의 선택하심을 받은 사람들의 하나의 교제이며"(16조, 21조, 25조),[39] "성부가 성자 예수 그리스도에게 주신 사람들이 아니고는 아무도 교회에 속할 수 없다"고 한다(16조). 또한 이 선택은 (1) "창세 이전부터의" 선택이며, (2) 하나님의 은혜에만 의지하는 선택이고, (3) 하나님의 아들 예수 그리스도 안에서 선택하신 것임을 분명히 한다(8조). 이는 후대의 하이델베르크 요리 문답 같은 고백이 선택을 전제로 하지만[40] 52문과 54문에 간단히 스쳐지나가면서 언급할 뿐 그것을 명확히 드러내어서 고백하지 않은 것과 대조되는 것이다.[41]

---

[38] 이하 『스코츠 신앙고백서』는 다음 자료들에서 인용되었다: *Scots Confession (Confessio Scoticana), 1560*, with Introduction by G. D. Henderson (Edinburgh, 1937); Philip Schaff, ed., *The Creeds of Christendom,* revised by David S. Schaff, vol. III (New York: Harper and Row, 1931, reprinted, Grand Rapids: Baker, 1990); 이장식 편, 『기독교신조사』, 제 1 집 (서울: 컨콜디아사, 1979, 4쇄, 1990), 221-41; Karl Barth, *Gotteserkenntnis und Gottesdienst* (Zollikon: Verlag der Evangelischen Buchhandlung, 1938), 백철현 옮김, 『하나님, 교회, 예배: 스코틀랜드 신앙고백에 대한 해석』 (서울: 기민사, 1987), 9-35,

[39] 그러나 나중에 언급하겠지만 25조에서 선택자가 아닌 이들도 교회의 외적인 교제 안에 있을 수 있음을 말하여 『스코츠 신앙고백서』는 도나투스트적인 독단에로 나아가지 않는다.

[40] 이점에 대한 좋은 논의로 Fred H. Klooster, *A Mighty Comfort* (Grand Rapids, Michigan: CRC Publications, 1990), 이승구 옮김, 『하나님의 강력한 위로』 (서울: 여수룬, 1993; 개정판, 서울: 토라, 2005), 69: "우리는 암묵리에 언급된 다른 부분들도 발견할 수 있다."

[41] 그러므로 『스코츠 신앙고백서』에 대하여 "선택'을 잘 언급하지 않는 철저히 칼빈주의적 문서"라는 표현을 쓴 것은(Thompson, 192) 옳지 않은 것이라고 판단된다. 또한 낙스가 예정론에 있어서 칼빈적이기 보다는 쯔빙글리적이고 불링거의 영향을 더 받았다고 하면서 그가 기본적으로 죠오지 위샤트의 제자였음을 강조하는 견해가 있는데(Basil Hall, in G. E. Duffield, ed., *John Calvin,* 33-34; Ridley, *John Knox,* 291-98; 곤잘레스, 381), 그러나 이는 칼빈이 위샤트와의 만남 이후에 칼빈과 만나 교제하며 받은 영향을 무시하는 경향이 있는 해석으로 보여진다. 통치자들과의 관계에 대한 이해에서는 좀 더 쯔빙글리적이라는 곤잘레스의 요점에는 오히려 쉽게 동의할 수 있다. 그러나 예정론에서의 칼빈과 낙스의 차이를 찾는 것은 칼빈의 예정론에 대한 오해에서 기인하는 문제라고 여겨진다.

또한 이와 연관해서 부패하고 타락한 인간이 스스로의 힘으로는 하나님께 돌이키거나 순종할 수 없음을 아주 분명히 하고 있다는 점을 말해야 한다. 개혁파적 문서로서는 아주 당연한 바이나 이런 점들을 너무 부인하는 방향으로 많이 나아가는 오늘 날의 상황에서 이는 다시 눈여겨 볼만한 고백이라고 해야만 한다. 다음 같이 강하게 말하는 고백을 들어 보라:

> (타락 이후의) 우리는 본성상 죽은 자이며 눈이 어두우며 강팍하기 때문에 만일 주 예수의 성령이 죽은 자를 되살리시며 우리의 마음에서 암흑을 제거하시고 그의 기뻐하시는 뜻에 복종하도록 우리의 완고한 마음을 처부수지 않으시면 우리는 찔려도 느끼지 못하며 빛이 드러나도 보지 못하며 계시되어도 하나님의 뜻에 복종하지 않는다(12조).

이렇게 분명히 그리스도의 성령님에 의해서 영적으로 되살려지지 않았을 때 우리가 전적으로 부패해 있고, 구원이나 영적인 선을 행하는 일에 있어서 전적으로 무능한 자임을 분명히 한다. 그리고 그 상태에 대한 표현이 매우 구체적이다. 한 곳에서는 이렇게까지 표현한다:

> (타락한 사람은) 스스로 쾌락과 향락에 도취하여 고난을 당할 때는 불평을 품으며, 번영할 때에는 의기양양하며, 언제나 하나님의 존엄을 파손하는 경향을 갖는다(13조).

이처럼 구체적이고 인간의 부패한 본성의 표현을 잘 표현한 문서를 찾기 어려울 것이다. 심지어 성령님께서 우리를 중생시키시고 성화시키는 것이 "중생 이전이든지 중생 이후에 **우리에게서 나오는 아무런 공로 없이**" 이루시는 일임도『스코츠 신앙고백서』는 분명히 한다(12조, 강조점은 필자의 것임). 즉, 우리가 중생되는 것이나 성화되는 것은 우리의 공로로 이루어지는 것이 아니라는 것이다.

이는 인간 스스로 하나님의 뜻을 행하여 구원에 이를 수 있다고 생각하는 펠라기우스주의(Pelagianism)나 오렌지 공의회의 결정을 따르면서 펠라기우스주의에 반대한다고 하면서도 특별 은혜 이전에도 어느 정도는 하나님에 대해서 알고 따를 수 있다고 하며, 특히 은혜 받은 후에는 주입된 은혜(infused grace)에 근거해서 인간이 하나님 앞에서 어느 정도는 공로를 낼 수 있다고 가르치는 천주교의 반-펠라기우스주의(Semi-Pelagianism), 그리고 우리는 그럴 수 있는 있는 능력이 없다는 것을 분명히 하면서도 최소한 복음이 선포되면 스스로의 힘으로 그것을 믿을 수 있고 복음적 순종을 할 수 있다고 가르치는 알미니안주의와는 명확히 다르게 성경이 가르치는 인간의 전적인 부패와 따라서 오직 하나님의 힘으로만 이루어지는 구원(monergism)을 아주 분명히 천명하는 선언인 것이다.

12조 마지막에 나타나는 다음과 같은 표현은 이를 더 명확히 해준다:

> 우리는 창조와 속죄와 존귀와 영광을 스스로 수포로 돌리고 있듯이 (우리 스스로는) 중생과 성화도 파괴하고 있다. 왜냐하면 우리 스스로는 선량한 생각을 한 가지도 못하며, 우리 안에서 계속 역사하시는 하나님만이 우리를 그의 과분한 은혜의 영광과 찬양으로 인도하시는 분이시다(12조).

그러니 우리의 구원은 오직 하나님 혼자의 힘으로 이루어지는 것이며, 우리는 이를 인정하고 온전히 하나님을 따라 생각하며 행하기를 성령님 안에서 힘쓸 뿐이다. 스스로는 우리를 망하게 하지만, 하나님은 우리를 살리시는 것이다.

그렇기에 바로 그 다음 조항에서는 "선한 행위의 원인에 관하여 우리는 그것이 자유의지에 있는 것이 아니고 주 예수의 영에 있다고 고백한다"고 선언한다(13조). 이로써 『스코츠 신앙고백서』는 한편으로는 반-펠라기우스주의 (Semi-Pelagianism)는 물론이거니와 심지어 그런 논의가 공식적으로 나오기도 전에 알미니안주의의 자율성 주장을 일체 봉쇄하면서, 동시에 우리 안에 거하시는 성령님으로 말미암은 선한 일의 행사를 강조하는 것이다. 그래서 "성화의 영이 없는 사람에게도 그리스도가 그 마음 안에 계신다고 말하는 것은 하나님을 모독하는 것으로 굳게 믿는다"고 말할 수 있었다(13조). 성령님을 의존해서 미약하게나마 성화의 길에로 나아가지 않는 이들은 "참된 신앙을 갖지 않으며", "그들이 악을 계속해서 행하는 한 그들이 예수의 영을 가지고 있다고 절대로 말할 수 없는" 것이다(13조). 그러나 하나님께서 선택하신 사람들에게는 모두 성령이 주어지며 성령님은 선택된 자들 안에 거하며 "그들을 새로 지으신다"(13조). 그렇게 되면 그들은 "전에 사랑했던 것을 미워하고 전에 미워했던 것을 사랑하게 된다"(13조). 그러므로 하나님의 자녀들 안에는 육과 영의 투쟁, 즉 영적 투쟁이 있게 된다. 그러나 "우리의 성질은 타락하여 극히 약하고 불완전하여 우리는 결코 율법의 행위를 완전하게 완수할 수 없다. 만일 우리가 중생한 후에라도 죄를 갖지 않는다고 말한다며 우리는 스스로를 속이며 하나님의 진리가 우리 안에 있지 않은 것이다"(15조). "우리는 모든 점에서 율법의 요구를 충족시킬 수 없다"(15조). 여기 어떤 이들이 주제넘게 주장하는 완전주의

(perfectionism)에 반하는 개혁파적 이해가 나타나고 있다. 그러므로 그들은 "죄와 싸우며 불의의 유혹되었음을 알면 크게 슬퍼한다. 만일 그들이 넘어지면 열심히 회개하여 다시 일어난다"(13조). 그러나 "그들은 이러한 일을 자기 자신들의 힘으로 행하지 않고 주 예수의 힘으로 행한다. 주 예수 없이는 아무 일도 해낼 수 없다"(13조). "그러므로 누구든지 자기 자신의 행위의 공적을 자랑하거나 자기의 공적을 신뢰하는 사람은 누구든지 헛된 것을 자랑하며 저주 받을 우상 숭배를 신뢰하는 것이다"(15조). 이와 같이 인간의 부패성과 오직 성령의 힘으로만 이루어지는 구원과 성화의 삶에 대한 철저한 진술이 『스코츠 신앙고백서』를 장식하고 있다.

2. 구속사와 계시사적인 이해의 개혁파적 특성(redemptive-historical approach)

원복음에 대한 이해를 잘 제시하면서 하나님은 인간의 타락 뒤에 "다시 아담을 찾으시고 그의 이름을 부르시며 그의 죄를 책망하시고 선고하셨으며 마지막에는 '여자의 후손이 뱀의 머리를 깨뜨릴 것이라'(창 3:15)는 기쁜 약속을, 즉 여자의 후손이 악마의 활동을 타파하리라는 약속을 아담에게 주셨음을 우리는 믿는다"고 선언하여 최초의 구원 약속에 대한 이해를 아주 명확히 하고 "이 약속은 때를 따라 반복되었고 점차 분명하게 되었다"고 말하여(4조) 계시사(*historia revelationis*)적인 이해를 분명히 하고 있다.

이는 다음과 같은 표현에서 더욱 더 잘 드러난다:

> 그래서 이 약속을 기쁘게 받아들여 확실히 믿고 있었던 믿음이 돈독한 선조들이 부단히 이 약속을 이어받고 믿어 온 것이다. 즉, 아담으로부터 노아에 이르기까지, 노아로부터 아브라함에 이르기까지, 아브라함으로부터 다윗에 이르기까지, 그리고 마지막에는 그리스도 예수의 성육신에 이르기까지 신앙의 선조들 모두가 다 율법 아래서 기쁜 그리스도의 날을 바라보며 기뻐하였던 것이다.(4조)

이와 같은 진술은 구약 율법 아래 있던 이들도 메시아를 미리 바라보며 당시에 주어진 계시에 대한 믿음으로 말미암아 기쁨을 누리고 있었다고 함으로써 그들이 구원 얻은 것이 주어진 약속을 믿는 믿음을 따라 된 것이며, 오늘날 어떤 사람들이 오해하듯이 단지 아브라함만이 아니라 구약의 독실한 신자들 모두가 다 그리스도의 날을 바라보며 보고 기뻐하였다고 함으로써 성경을 유기적으로 이해하고 있음을 잘 드러내고 있는 것이다.

이와 같이 『스코츠 신앙고백서』는 세대주의적 이해를, 그런 이해가 19세기와 20세기 초에 나오기도 전에 미리 잘 극복하면서 모든 신자들이 어떻게 구속사 안에서 계시사를 따라 갔는가를 분명히 하고 있다고 할 수 있다.

3. 성경적 교회 이해(Biblical ecclesiology)

또한 『스코츠 신앙고백서』는 그 모든 시기가 결국 교회의 시대임을 잘 제시하면서 아담 이후로 "모든 시대에 있어서" 하나님께서는 이렇게 하나님의 약속을 믿는 "그의 교회를 보존하시고 인도하시고 증가시키시고 교회에게 영예를 주시고 죽음에서 생명에로 불러내셨다고 믿는다"고 단언하고 있다(5조). 이는 교회에 대한 이해가 어떻게 유기적으로 타락 한 이후 주신 계시를 믿은 이들을 구원하여 이미 교회로 삼아 오셨는가를 잘 드러내는 표현이다. 그리하여 교회에 대해서 이와 같이 고백한다:

> 우리는 성부, 성자, 성령의 한 하나님을 믿듯이, 처음부터 있었고 지금도 있고 또 세상 끝 날에도 있을 하나의 교회, 즉 예수 그리스도에 대한 참된 신앙으로 예배하는 하나님의 선택을 받은 사람들의 하나의 교제, 곧 회중을 믿는다(16조).

이와 같은 교회는 그리스도의 몸이요 그리스도의 신부라고 그 표상적 표현을 잘 이해하고 드러낸다. 교회 공동체가 그리스도의 몸이고, 교회 전체가 한 사람의 신부라고 잘 제시하는 것이다.

이 교회가 보편적 교회(catholic church)라고 따라서 "교회는 모든 나라 모든 국민 유대인 이방인을 막론하고 말이 다른 사람들이 포함되는" 공동체라고 잘 표현한다(16조). 더 나아가 "한 하나님, 한 주 예수, 한 신앙, 한 세례를 가진 이 교회 밖에는 생명이 없고 영원한 행복도 없다"고 강조한다(16조). 이 교회에는 신앙이 있는 부모와 그 자녀들이 포함되며, 또한 이미 세상을 떠난 선택된 사람들이 포함되는 데 이 세상을 떠난 성도들을 승리의 교회라고 옳게 부른다(16조, 17조).

그러나 이 세상의 교회는 다음에 언급하는 교회의 표지를 가지고 있어야 할 것을 강조하면서도 이 세상의 교회에는 우리가 의도하지 않게 하나님이 선택하지 않은 사람들도 있을 수 있음을 말하여(25조) 도나티스트적인 오류를 경계하기도 한다. "왜냐하면 가리지도 곡식과 함께 파종되어서 함께 자라기 때문이다." 즉, "하나님으로부터 버림을 받은 사람들도 선민들의 교제 안에서 결합되어서 그들과 함께 외적인 말씀과 성례전의 은혜를 입으로 받을 수 있기 때문이다." 그러나 이와 같은 사람들은 끝까지 진정으로 의인의 회중에 있는 것은 아니다. 그들이 진정한 의미로 신앙하지 않는다는 것을 결국은 드러내고야 마는 것이다. "이러한 사람은 얼마 동안 신앙을 고백해도 마음으로 하지 않고 다시 타락하여 마지막까지 견디지 못한다. 그들은 그리스도의 죽음과 부활과 승천의 열매를 갖지 않는다"(25조).

참된 교회의 표지를 제시하는 일에서 『스코츠 신앙고백서』는 (1) 하나님의 말씀의 참된 선포와 (2) 그리스도 예수의 성례전의 올바른 집행, 그리고 (3) "교회의 훈련이 올바로 시행되며 하나님의 말씀의 규정으로 악이 억제되고 선행이 육성되는 것"을 언급함으로써(18조, 25조)[42], 역시 이 세 가지를 언급하는 벨직 신앙고백서(1561)나[43] 웨스트민스터신앙고백서(1647)와[44] 의견을 같이 하고 있다.[45] 그러나 여기서도 교회의 훈련은 성례를 바로 시행하는 것과 연관되어 이해되고 있다:

우리는 그들의 신앙과 이웃 사람에 대한 의무를 시험해 볼 수 있다. 신앙 없이 성만찬을 먹고 마시거나 더구나 자기들의 형제들과 분열되어 다툰다면 합당치 않게 먹는 것이다. 그러므로 우리 교회에서는 우리들의 교역자가 공적으로 또는 특별하게 주 예수의 만찬을 허락할 수 있는 사람들의 신앙과 생활에 관하여 조사를 한다(23조).

이렇게 성도의 신앙과 생활에 대해서 조사할 때 그 목적은 성찬을 제대로 집행하여 결국 성도들을 하나님 백성답게 살도록 하기 위한 것이다.

---

[42] 이렇게 교회의 표지를 세 가지로 언급한 것 에는 프랑크푸르트 프랑스피난민 교회에서 사용하던 뿌렝(Valerian Poullain)의 <거룩한 예전> (*Liturgia Sacra*)의 영향이라고 한다(W. S. Reid, "Scots Confession," in 『교회사대사전』 II [서울: 기독지혜사, 1994], 284).

[43] Cf. The Belgic Confession, 제29조.

[44] Cf. The Westminster Confession of Faith XXV.

[45] 개혁신학자들 가운데 명확히 이 셋을 나누어 언급하는 이들은 다음과 같다: Hyperius, Martyr Vermigli, Ursinus, Trelcatius, Heidegger, Wendelinus, Louis Berkhof. 그런가하면 Calvin, Bullinger, Zanchius, Junius, Gomarus, Mastricht, Abraham Kuyper 등은 세 번째 표지인 치리의 신실한 시행을 성례전의 신실한 시행에 넣어 제시한다. 또 Beza, Alsted, Amesius, Heidanus, Maresius 등은 이 모든 것을 복음의 순수한 교리의 선포에 넣고 이 한가지만을 교회의 표지로 제시하고 있다. 이와 같이 분류는 다양하게 하나 내용은 다 같은 것을 언급하는 것으로 파악하는 것이 좋을 것이다. 그래서 헤르만 바빙크는 두 가지를 교회 표지로 언급하는 루터와 세 가지를 언급하는 후대 개혁신학자들의 차이는" 실재보다는 이름에만 있다"고 했다. Bavinck, *Gereformeerde Dogmatiek,* IV, 296, Berkouwer, *The Church,* 나용화, 이승구 옮김, 『개혁주의교회론』 (서울: CLC, 2006), 21에서 재인용.

성례전에 대해서는 세례 의식과 성찬 예식(주님의 몸과 피의 교제)만을 신약의 성례전으로 언급하면서, 이는 보이는 표지이기만 한 것이라고 말하는 것을 "공허한 고백"이라고 할 정도로 통상적 쯔빙글리파적 해석을 배격하면서 이는 (1) 주님의 백성과 하나님과 언약 관계를 가지지 않은 사람들을 구별하는 것일 뿐만 아니라, (2) 하나님의 아들들의 신앙의 권장과 성례전에 참여함으로써 그의 마음에 주님의 약속에 대한 확신을 주며, (3) 선택된 자들이 자신들의 머리가 되는 그리스도 예수와 연하고 일치하며 교제한다는 확신을 주는 것이라고 표현한다(21조) 즉, 성례의 인치는 기능을 같이 강조하는 것이다. 세례는 성인으로서 사려 있는 사람들에게와 신자의 유아들에게도 베푸는 것을 인정하면서 "신앙과 이해를 갖지 못한 유아에게 세례를 베푸는 것을 거부한 재세례파의 과오를 우리는 거부한다"고 강조하고 있다(23조).

또한 천주교회의 화체설적 이해를 해롭고 저주받을 것으로 여기면서 "신앙이 독실한 사람이 주님의 성찬을 올바로 받음으로써 주 예수의 몸을 먹고 그의 피를 마시며, 이 일을 통하여 주님은 그들 안에 계시고 그들은 주님 안에 있음을 고백하고 확신하다"고 말하여 성찬 때에 그리스도의 실재적 임재(real presence)를 분명히 하면서 동시에 "그리스도 예수의 몸과 피에 의해하여 주어지는 일치와 결합은 참된 신앙을 통해서 보이는 육적인 지상적인 모든 것 위에 임하시는 성령의 역사로 이루어지는 것이다"고 선언하여 그것이 영적으로 이루어지는 영적 임재설(theory of spiritual presence)을 아주 분명히 표현한다. 그렇게 함으로써 우리는 "표지가 의미하는 실체 대신에 그 표지를 예배하는 것이" 되지 않고, 또한 "그 표지를 무시하는 것이 아니다"고 단언할 수 있었다(21조). 이렇게 성례전에 대해서 자세하게 설명하고 고백하는 이유는 "수찬자가 거기에 대한 의견이 다르다면 성례전을 올바로 사용할 수 없기 때문이다"는 확신 때문이었다(22조).

또한 총회 모임과 그 결정에 오류가 있을 수 있음을 인정하면서도 "그 회의가 하나님의 말씀에 따라 주어진 결정과 명령을 선언하는 한 우리는 그 회의를 존중하고 승인해야 한다"고 선언한 점에서(20조) 이는 회중 교회 정치 체제와는 구별되는 장로교 정치 체제를 선언하는 좋은 예가 된다고 할 수 있다. 이렇게 바로 이해된 의미에서 총회가 소집되는 이유는 하나님이 전에 주시지 않은 영원한 율법을 만들기 위해서도 아니고, 새로운 것을 만들거나 하나님의 말씀에 권위를 부여하기 위함도 아니라고 바로 선언하고 있다. 또 한편에서 이 스코츠 신앙고백은 "어떠한 정치와 질서도 모든 시대와 장소를 위하여 제정된 것으로 생각하지 않는다"고 선언하면서 그것이 "교회를 교화하기 보다는 오히려 미신을 품게 하는 때는 그것을 변경해도 좋으며 또 변경시켜야 한다"고 선언하여 성경이 규정한 것 외의 모든 정치적 질서는 교회의 유익 여부에 따라 변경 가능한 것으로 여기고 있다.

4. 구속 받은 이들의 하나님의 뜻을 따른 삶과 실천에 대한 강조(practicality)

『스코츠 신앙고백서』의 개혁파적 신앙고백서로서의 또 하나의 특성은 성경적인 구원 이해를 분명히 한 후에 그런 구원 받은 사람이 과연 어떻게 살아야 하는 지를 아주 명확히 드러내고 있는 실천적인 측면이다.

기본적으로 성화의 길로 나아가며, 성령님을 따라 생각하고 느끼며 노력하여 간다는 것을 아주 분명히 하면서(13조), 또한 이를 위해서는 하나님께서는 거룩한 율법을 주셨다고 말한다(14조). 그러므로 그런 용어를 사용하지는 않지만 개혁파에서 늘 강조해 온 '율법의 제 3의 용'을 아주 분명히 하면서 구속함을 받은 하나님의 백성들이 이 땅 가운데서 율법의 가르침을 따라 살아가야 한다는 것을 강조한다. 이는 다른 개혁자들의 가르침과 일치하는 것이며 후의 웨스트민스터 신앙고백서의 고백과도 잘 조화되는 것이다. 14조 첫머리에 나타나고 있는 다음 선언을 보라:

> 우리는 하나님이 거룩한 율법을 사람에게 주셔서 그것으로 하나님의 신성한 존엄에 반역하는 모든 행위를 금지하실 뿐더러 하나님이 기뻐하시며 보답해주시기로 약속하신 모든 일을 행하도록 명령하셨다고 고백한다(14조)

율법은 하나님의 존엄에 반역하는 모든 행위를 금하시며 하나님이 기뻐하시는 일을 규정해 주는 것이다. 그러므로 율법에 금한 것을 하지 않고, 율법이 하라고 하는 일을 하나님의 입법 의도에 따라서 행하는 것이 "하나님 앞에서 선한 것으로 인정되는" 것이다. 다시 말하여 "율법에서 하나님이 기뻐하시는 일로서 나타나 있는 하나님의 계명들을 신앙을 가지고 행하는 행위만이 선한 행위"라고 한 것이다(14조). 그것을 『스코츠 신앙고백서』는 구체적으로 하나님의 영광을 위하여 행하는 일과 이웃 사랑을 위하여 행하는 일로 크게 분류하여 제시한다. 그리고는 다음과 같이 그 내용을 구체적으로 언급한다:

(1) 유일하신 하나님을 소유하고 유일하신 하나님을 예배하고 유일하신 하나님께 영광을 돌리는 일.

(2) 우리의 모든 고통 속에서도 하나님의 이름을 찾아 부르며 하나님의 이름을 높이며, 성례전을 통한 교제를 가지는 일.

(3) 부모, 왕후, 지배자, 위에 있는 권위를 존경하며, 그들을 사랑하며 도우며, 또 하나님의 명령에 어긋남이 없이 그들의 명령에 복종하며,

(4) 죄 없는 생명을 도우며, 억압자를 진압하며, 압박하는 자를 막으며,

(5) 우리의 몸을 정결하게 가지며 진실과 절제로써 생활하며,

(6) 모든 사람과 더불어 말과 행위에 있어서 올바르게 행하는 일.

(7) 모든 이웃을 해치려는 욕망을 억제하는 일.

또한 이와 연관해서 이와 반대되는 일들을 가장 혐오할 죄이고, 하나님이 언제나 싫어하시며 하나님의 진노를 초래하는 일이라고 하면서 구체적으로 다음과 같은 것들을 죄로 언급한다:

(1) 우리가 필요한 때에도 하나님을 불러 구하는 일을 하지 않는 것,

(2) 존경하는 마음으로 그의 말씀을 듣지 않고 그 말씀을 경멸하는 일

(3) 우상을 가지는 일, 혹은 그것을 예배하고 우상 숭배를 지키며 그것을 변호하는 일

(4) 하나님의 존귀한 이름을 생각하는 일이 적은 것

(5) 예수 그리스도의 성례전을 더럽히며 남용하며 경시하는 일

(6) 하나님이 자기 권위 안에 두신 것을 불순종하고 저항하는 일.

(7) 살인하거나 혹 그 일에 동의하며, 사람을 미워하는 마음을 가지며, 우리가 어떤 일에 반대할 때 피를 흘리겠다고 말하는 일.

(8) 첫째와 둘째의 다른 어떤 계명이라도 범하는 일(14조).

5. 당대에는 당연한 것이었으나,
오늘날 상황에서 의미심장한 이해들과 고백들(orthodoxy)

당대의 모든 신앙 고백서에 따라서 스코츠 신앙고백도 하나님의 성품과 한분이신[46] 하나님의 삼위일체 되심을 아주 분명히 천명한다(1조).[47] 또한 하나님의

---

46 Cf. "하나님이 한 분이 아니라면 하나님은 존재하지 않는다"(*Deus, si non unus est, non est*)(Tertullian, *Adv. Marc.* 1,3, cited in Karl Barth, *Gotteserkenntnis und Gottesdienst*, 『하나님 교회 예배: 스코틀랜드 신앙 고백에 대한 해석』, 47.

47 이 분명한 진술들과 이에 대한 바르트의 더 모호하게 하는 설명들과 대조시켜 보라.

창조와 섭리(1조), 특히 인간의 창조를 역사적 사실로 명시하고 타락의 사실도 역사적 사실로 명시하고 있다(2조). "여자는 뱀 때문에 타락하였고 남자는 여자의 말에 따라 타락하였다"(2조). 그리고 그것은 "지극히 높으신 하나님의 존엄에 대해 반역"한 것이라고 분명히 말한다(2조).[48] 인간의 시조인 아담, 노아, 아브라함 등의 모든 인물과 관련된 것이 역사적 사실들로 언급되고 있다(4조, 5조). 가인과 아벨, 이스마엘과 이삭, 에서와 야곱의 이야기도 그러하다(18조).[49]

이와 함께 예수님의 동정녀 탄생의 역사성도 명확히 하면서 "성자는 성령의 역사로 여자 곧 처녀의 본질에서 인간성을 취하셨다"고 선언한다(6조, 11조). 또한 죽으신 그리스도의 부활의 역사성과 그에 대한 확증도(10조), 그리고 그의 부활하신 **몸의 승천도** 의심하지 않는다고 고백되고 있다(11조). 그리스도의 승천은 "모든 것의 성취를 위해서" 이루어진 것으로 언급되고 있으며(11조), 그가 아버지 우편에 앉으신 것을 "왕으로 취임하시고"라고 표현하고 있다(11조). 그리고 장차 "심판의 집행을 위하여 우리 주 예수 그리스도께서 먼저 승천하신 그 모습대로 눈으로 보이게 재림하실 것을 믿는다"고 고백하고 있다(11조).

또한 그리스도의 양성론을 분명히 하면서 이와 관련된 이단들을 구체적으로 거명하면서 정죄하며 그리스도의 한 인격을 가지셨으나 양성을 가지셨다는 칼케돈 정의에 충실한 고백을 하고 있다: "우리는 그를 임마누엘, 즉 하나님과 사람의 두 가지 완전한 성질이 한 인격(person)에 통일되어 결합된 참 하나님, 참 사람으로 고백하고 인정하였다. 우리는 이 고백에 따라 아리우스, 마르시온, 유티케스, 네스토리우스를 배격될 해로운 이단으로써 정죄하였고, 또한 그의 신성의 영원성을 부인하거나 인간성의 참되심을 부인하거나 그 두 가지

Cf. Barth, 『하나님 교회 예배』, 제 2장 3장, 46-65. 그는 다른 현대주의 신학자들과 함께 하나님의 계시를 늘 그의 은닉성과 함께 언급하여(특히 59, 60, 61, 65) 모호하게 한다. 그는 이것이 하나님의 자유를 보장하며 주권을 주장하게 하는 방식이라고 생각한다(특히 48, 60f. 62f.을 보라). 그러나 스코틀랜드 신앙고백서의 작성자들이 그에 동의하는지는 의문이다.

[48] 그런데 바르트는 죄론을 따로 명확히 하는 것을 따르지 않으면서 "인간의 죄의 역사는 인간 예수 그리스도의 역사 안에서 서술되는 그러한 방식으로 서술될 수 있을 뿐이다"라고 말하여(Barth, 『하나님 교회 예배』, 77, 또한 81f.를 보라), 후에 베르까우어의 이른 바 바르트 신학에서의 은총의 승리를 드러내고 있다. 바르트는 죄를 항상 은총의 빛에서 다루려한다. 그는 이로써 자신이 복음적인 것이고 『스코츠 신앙고백서』의 구조에 충실한 것이라고 주장하지만(76), 실질적으로 죄를 무력화시키고 있는 것이다.

[49] 이에 비해 바르트는 역사 비판적 성경 연구를 "발전된 학문적인 성서 연구"라고 하면서 그것을 상당히 용인한다. 즉, 그는 그런 연구에 너무 많은 것을 기대해서도 안 되지만 너무 무시해서도 안 된다고 말한다(Barth, 『하나님 교회 예배』, 94).

성질을 혼합하거나 분리시키는 사람들을 정죄하는 것이다"(6조).

마찬가지로 그리스도의 수난과 죽음을 언급하고 고백할 때 그가 우리를 대신해 형벌을 받기 위해 현세적으로 실제로 고난 받고 죽으셨다는 것을 강조한다(8조, 9조). 그러므로 "그의 공로로 우리에게 자유가 주어졌고 모든 점에 있어서 우리는 율법의 요구를 충족시킬 수 없지만 하나님의 저주는 우리 위에 내리지 않는다"(15조). 그러나 그리스도께서 우리를 위해 죽으실 때에도 "유일하신 하나님은 죽음을 당할 수 없기 때문에" 인간성을 취하여 그 인간성으로 수난을 당하시고 죽으셨다는 것을 명확히 하고 있는 것도 현대적 상황에서는 매우 중요한 이해와 고백이라고 할 수 있다(8조). 또한 그가 우리의 자리에 서시어 우리가 "죄인으로 당연히 받아야 할 아버지의 진노를" 받아 "그가 몸과 영혼으로 고통을 당하시고 사람들의 죄를 위한 완전한 만족을 치르신 그 고난 가운데서도 아버지의 사랑하시는 유일한 아들이었음을 확신한다"고 고백하여 (9조) 그의 죽음이 우리의 죄에 대한 완전한 만족과 변상이 됨을 분명히 하면서도 그 가운데서 그가 절망한 것이 아니라는 것을 잘 제시하여 그가 십자가에서 외치신 "나의 하나님, 나의 하나님 어찌하여 나를 버리시나이까?"라는 말씀에 대한 잘못된 이해를[50] 극복하도록 하고 있다는 점도 매우 중요한 것이다.

또한 "우리는 우리의 죄를 위한 다른 희생이 있을 수 없다고 확신하지 않으면 그리스도의 죽음을 손상시키는 것"이라고 『스코츠 신앙고백서』가 명확히 말하는 점도 주목하여 보아야 한다(9조). 그리고 "그의 죽음으로 죄용서와 만족을 우리가 영원히 획득한 것임을 우리가 확신하고 의심하지 않는다"고 고백하는 것을(9조) 볼 때, 우리는 구원의 확신 문제를 둘러싼 오늘날의 논쟁 속에서 우리 선배들의 십자가에 근거한 확신의 표현의 또 한 예를 보게 된다고 할 수 있다. 그리고 이런 신앙과 이런 신앙의 확신은 "우리 안에 있는 잔연적인 힘에서 생기는 것이 아니고 성령의 감동으로 생기는 것이다"는 것도 명백히 한다(12조).

마지막으로 그리스도의 재림 후에 있을 모든 사람의 몸의 부활을 강조하는 점, 그리고 그들이 "그들의 행위에 따라 영광이나 벌을 받을 것이다"고 명확히 이야기하되, 그 영원한 형벌을 "몸과 영혼의 영원한 고통"으로 묘사하고, 그렇게 되는 이유를 "그들이 지금 악마를 섬기면서 온갖 가능한 불법을

---

50 이런 잘못된 이해의 대표적인 예로 이 어귀에 대한 알버트 쉬바이쳐의 이해를 생각해 보라. Cf. A. Schweitzer, *The Quest of Historical Jesus*, 3rd edition (London: A. & C. Black, 1954), 368-69.

자행하고 있기 때문이다"라고 밝히면서, 이와 대조되는 성도들의 영원한 상태를 "선을 행하며 끝까지 잘 견디면서 충성스럽게 주 예수에 대한 신앙을 고백한 자는 영광과 존귀와 영생을 얻게 되고, 영원히 예수 그리스도와 함께 왕노릇하게 될 것이며, 주님께서 다시 심판하러 오셔서 그 나라를 모든 것 중의 모든 것이 되시는 아버지 하나님께 넘기실 때에(고전 15:24, 28), 모든 주님에게 선택받은 자는 영광스러운 그리스도의 몸과 같이 변화될 것(요일 3:2)을 우리는 믿는다"고(25조), 모든 건전한 교회들과 함께 고백하면서 "성자와 성령과 함께 성부 하나님에게 지금으로부터 영원히 영광과 존귀를 돌리나이다"고 송영으로 마치는 것에 우리도 힘차게 "아멘"이라고 동의하게 된다.

III. <제 1 치리서> 등에 의해 보충된 점들에 대한 고려

<제 1 치리서> 등에서 신앙고백서가 지향하는 신학에 근거한 실천적 내용을 더 분명히 하고 있는 대표적인 예로 목사를 임직할 때 안수하지 않고 장립식에서 기도만으로 임직하게 한 예를 들 수 있다. 이는 『스코츠 신앙고백서』 20조에서 교회의 정치와 질서가 "교회를 교화하기 보다는 오히려 미신을 품게 하는 때는 그것을 변경해도 좋으며 또 변경시켜야 한다"고 선언한 것과 연관되는 문제라고 여겨진다. 그렇게 했던 주된 동기가 천주교에서 생각하던 주교의 안수에 의한 인물의 계승이라는 생각, 안수를 통해 성령님의 특별한 은혜가 임하는 것으로 생각하는 미신을 극복하는 것이었음을 생각하면 『스코츠 신앙고백서』 작성자들의 동기는 교회 안에서 행하던 것이라도 성경적 근거기 없으며 특히 그것의 행사가 미신을 품게 하는 때는 변경해도 좋을 뿐만 아니라, 반드시 변경해야 한다고 생각했던 바를 구체화 하는 것으로 여겼다고 할 수 있는 것이다. 1577년에 총회에서 받아들여진 <제 2 치리서>에서는 안수하는 일이 다시 나타났다. 이는 아마도 17년이 지난 당시에는 더 이상 천주교적인 미신이 작용하지 않을 것이라는 생각 때문에 상징적인 행위로서의 안수를 허용한 것이라고 여겨진다. 그 이후로 장로교회에서는 목사 임직 시에 안수를 선택 가능한 것(optional)한 것으로 여기되, 안수를 하는 경우에도 그것은 임직자가 그 일에로 성별되었음을 드러내는 단지 상징적 행위로만 여긴 것이다.

또한 <제 1 치리서>에 따라서 교회는 **매년 선출되는**, 즉 1년 임기제로 선출되어 섬기는 장로와 집사 제도를 가지게 되었다. 또한 <제1치리서>는 "하나님 말씀에 포함되지 않은 온갖 형태의 하나님을 숭배한다고 하는 것 모두"를 예배에서의 우상 숭배로 더 명확히 규정하였다. 그리고 교회의 예배는 하나님 말씀에 대한 강해로 풍성하게 되었고, 엄격한 치리를 강조하게 되었다.

그러나 <제 1 치리서>에는 옛 주교들과 비슷한 감독자들(superintendents)을 임시적으로 용인하고 그들로 10개의 교구로 나누어진 각 교구(diocese)의 행정적인 일을 하게 하되, 교구 목사들 보다 높지는 않게 했고,[51] 그러나 <제 2 치리서>에서는 목사와 주교는 같은 직분을 가지는 것을 명확히 규정하였고, 앤드류 멜빌이 세인트안드류스 대학교의 학장(Principal)으로 임명된 1580년[52] 이후에 이르러서야 <제 1 치리서>에서 감독자들에게 위임했던 행정적 권세를 노회(presbyteries)와 교회 법정(ecclesiastical courts)에로 이관하게 되었다.[53] <제 2 치리서>에서는 주교제도 자체가 옳지 않은 것임을 분명히 하면서 모든 목사의 동등성을 분명히 선언하였다. 또한 노회(presbytery)가 명확한 교회 제도로 드러나게 되었고, 노회가 하나님의 법을 따른 것임이 분명히 선언되었다(*jure divino* theory). 비로소 이때에 이르러서야 처음 개혁자들의 본래적 의도에 일치하는 모습이 나타나게 된 것이다. 이렇게 온전한 장로교 제도가 나타난 것은 1581년에 이르러서이지만, 그것은 이미 스코틀랜드 종교개혁에 깊이 뿌리 내리고 있었다고 말하는 더글라스의 말에[54] 우리는 기꺼이 동의할 수 있다. 왜냐하면 <제1치리서>에서 이미 교회는 하나님의 백성이므로 모든 회원은 국가의 종교를 통제하는 데 있어서 동등한 지위를 지니고 있다는 것을 분명히 하고 있었기 때문이다. 이런 점에서 교회에서의 평등성은 정치적 사회적 평등성보다 훨씬 더 먼저 선언되었다는 점을 주목하여 보지 않을 수 없다. 왕과 귀족들이 있는 정황에서도 교회에서는 모든 진정한 신자들의 동등한

---

[51] 이와 같은 것은 점차적인 개혁의 예로 이해하는 일이 많이 있다. 폭 넓게 이런 점을 언급하는 Jones, *The Great Reformation,* 190f.를 보라. 실제로는 5명만이 임명되었고, 그들이 죽거나 은퇴하자 이 직무가 계속 유지되지는 않았다(McNeill, *The History and Character of Calvinism,* 300).

[52] Cf. Marcus L. Loane, *Makers of Puritan History* (Grand Rapids: Eerdmans, 1961; reprinted, Grand Rapids: Baker, 1980), 19.

[53] 이 점에 대해서는 Kenneth Scott Latourette, *A History of Christianity* (New York: Harper & Row, 1975), 윤두혁 역,『기독교사』중 (서울: 생명의 말씀사, 1980), 406을 보라.

[54] Douglas, "Calvinism's Contribution to Scotland," 221.

지위와 결정권이 선포되었기 때문이다.

또한 <제 1 치리서>는 "경건하고 많이 배운 사람들이"(godly and learned men) 부족함을 절감하면서 목회자들 위한 높은 교육적 수준을 강조하고 있다는 점도[55] 주목할 만하다. 이렇게 (1) 잘 훈련되고 준비된 목회자는 (2) 회중의 선출로 청빙되어야 하며,[56] (3) 성경을 차례로 체계적으로 강해하여 하나님의 백성들이 온전한 가르침을 얻게끔 해야 한다. 또한 <제 1 치리서>는 일정한 거리에 있는 목회자들이 매주 한번씩 모여서 성경과 성경적 교리를 논의하도록 규정하고 있으니,[57] 이는 일종의 계속 교육의 역할도 하며 노회의 토대를 이루게 한 것이다.

또한 <제 1 치리서>에서는 시골 지역(rural places)에서는 목사나 독경자 (reader)가 아이들을 가르치도록 하고, 모든 도시 교구(town parish)마다는 학교 (school)를 세우게 하고, 10개의 대교구마다 잘 준비된 교사들이 있는 중등 교육 기관(college)을 가지게 하고, 3개 도시에 세워진 대학교(university)의 종교개혁적 개혁이 시도되도록 하였다. 또한 모든 이들이 평등하게 대학교 (University)까지 공부할 수 있는 동등한 기회를 부여하는 아주 높은 교육적 구조도 세계 역사상 최초로[58] 제시하고 있다. 이와 함께 스스로 경제 문제를 해결할 수 없는 이들을 돌아보는 전국적 제도도 도입하도록 하고 있다.[59]

IV. 다시 생각해 볼만한 점들

『스코츠 신앙고백서』가 선언한 내용 중에서 혹시 우리가 다시 생각해 볼만한 점은 없을까? 몇 가지 사소한 문제를 생각해 볼 수 있을 것이다. 그리스도

---

[55] 이점에 대한 또 다른 강조로 McNeill, *The History and Character of Calvinism*, 299f.을 보라.

[56] 당시의 관습과 상황으로서는 이것이 매우 혁명적인 것이라 하지 않을 수 없다. 이점에 대한 강조로 McNeill, *The History and Character of Calvinism*, 300을 보라: "Ministers are settled in congregations on election by the people."

[57] 이는 1558년 엠덴(Emden)에서 귀국한 존 윌록(John Willock)이 엠덴 교회에서 행하던 바를 옮겨 와서 이미 시행하고 있던 것이고, 이것이 스코틀랜드와 영국 청교도에게 전수된 것으로 이를 청교도들은 "prophesying"이라고 부르게 되었다. 이에 대해서 Jones, *The Great Reformation*, 188f.를 보라.

[58] 이 점을 특별히 언급하는 Thompson, *Through the Ages*, 192를 보라.

[59] 그러나 스코틀랜드 귀족들의 욕심과 수많은 천주교 재산들이 결국 귀족들에 의해서 사적으로 소유되게 됨으로 이 일이 잘 시행되지는 못했다. 이 점을 잘 지적하는 Thompson, *Through the Ages*, 193을 보라.

재림 때에 있을 신자와 불신자의 부활을 언급하면서 "모든 사람이 매장되던 날의 모습으로 되살아나며"라고 말하고 있는데(25조), 이는 혹시 오해를 살 수도 있는 표현으로 여겨질 수도 있으므로 표현 방식의 조정이 필요한 것으로 여겨질 수도 있다. 이 고백서의 작성자들의 의도는 진정한 몸의 부활을 아주 명확히 표현하기 위해 이와 같은 용어들을 사용한 것이라고 판단된다. 그러나 이는 "나이든 사람은 나이든 모습으로, 병든 사람은 병든 모습으로"와 같이 원고백자들이 의도하지 않은 오해를 낳을 수 있는 표현이다. 고백자들이 "썩지 않을 자로 부활하며"라고 명확히 하고 있으므로 특히 신자들의 경우에 있어서 는 그 몸이 쇠하지 않고, 병들지 않고, 다시 죽지 않는 강하고 영광스러운 몸, 성령님의 통치하심에 온전히 복종하는 "신령한 몸"으로[60] 다시 살 것이라 는 의도로 고백하고 있는 것임에 틀림이 없다. 그러므로 이와 같이 오해할만한 표현은 조금 조절하는 것이 더 나으리라고 생각된다.

V. 『스코틀랜드 신앙고백서』가 한국 장로교회에 주는 시사점

그러나 우리가 되짚어 볼 것보다는 같이 고백하고 선배들의 통찰에 놀라게 될 일이 더 많이 있다고 여겨진다. 오늘날에는 그리스도의 신성을 부인하는 사람들이 얼마나 많은가? 그런 점에서 16세기 스코틀랜드 개혁자들이 강조하 는 바를 우리가 심각하게 새겨들어야 할 것이다. 네스토리우스나 유티케스의 가르침이나 그 보다도 더한 견해를 기독교 안에서 지속적으로 유지할 수 있다 고 생각하는 이들은 결국 『스코츠 신앙고백서』와는 다른 신앙을 고백하는 것으로 여겨야 한다. 또한 보수적인 교회들도 유티케스나 네스토리우스의 생각이 어떤 것인지를 거명하면서 그들의 입장과는 대조되는 우리들이 믿는 바를 명확히 한다는 것이 매우 현학적이고 영적이지 않은 것처럼 생각하는 분위기가 지배적인 것은 교회의 진정한 건강을 위해 모든 것을 무릅쓰던 이전 개혁자들의 생각과는 매우 다른 것임을 분명히 해야 할 것이다. 우리 선배

---

60 바울이 말하는 신령한 몸의 진정한 의미에 대한 좋은 논의로 G. Vos, *Pauline Eschatology* (Princeton: Princeton University Press, 1930; reprinted, Grand Rapids: Baker, 1979), 167: A. A. Hoekema, *The Bible and the Future* (Grand Rapids: Eerdmans, 1979), 25); "the spiritual body of the resurrection is one which will be totally, not just partially, dominated and directed by the Holy Spirit."

장로 교인들은 성도들이 이를 명확히 하고 고백하도록 했던 것이다.

그리스도의 신성의 죽으실 수 없음을 분명히 한 것(8조)은 오늘날 여러 곳에서 나타나고 있는 신의 impassibility(즉, 하나님은 우리와 같은 성정을 지니신 분이 아니심)를 부인하고 나아가면서 결국 panentheism(범내재신론)적 경향으로 나아가고 있는 분위기 속에서 매우 중요하게 강조해야 할 점이라는 것을 말하지 않을 수 없다.

또한 그리스도의 희생 제사 이외에 다른 제사가 있을 수 있다고 생각하는 것은 그리스도의 죽음을 손상시키는 것이라는 고백(9조)을 우리 시대에 심각하게 들어야 한다. 또한 『스코츠 신앙고백서』도 천주교회의 화체설적 이해를 해로운 것과 저주 받을 것이라고 표현하고 있음도 유념해야만 한다(21조, 23조). 오늘날에도 십자가에서 이루신 희생 제사를 다시 표현하는(represent) 일을 계속해야만 한다고 하는 천주교회는 그런 의미의 미사를 매일 드리고 있고, 그런 미사를 정죄할만하고 가증스러운 우상숭배라고 선언하며 정죄한 『하이델베르크 요리문답』 80문을[61] 괄호에 넣거나 제거할 수 있는 것으로 생각하는 북미기독교개혁교회(CRC)의 최근 결정에 비추어 볼 때, 우리는 『스코츠 신앙고백서』 9조, 21조, 22조와 『하이델베르크 요리문답』 80문을 다시 강조하지 않을 수 없을 것이다. 『스코츠 신앙고백서』는 천주교회의 미사는 천주교회의 사제가 그것을 이해하며 집행하는 방식에 비추어 볼 때 "그들은 산자와 죽은 자의 죄를 용서 받기 위해 성부 하나님에게 희생 제물을 바치는" 의미로 행하고 있으므로 "이 교의는 그리스도 예수를 모독하는 것이며, 모든 사람의 죄를 씻기 위해 한 번에 바치신 주님의 유일한 희생을 훼손하는 것이어서 우리가 극도로 혐오하며 비난하는 것이다"고 선언하고 있다(22조). 그런데 일부 한국 교회에는 아직까지도 아주 생각 없이 예배하는 것을 "제단 쌓는다"고 표현하는 일("새벽 제단 쌓는다", "가정 제단 쌓는다" 등과 같은 표현)이 많은 것을 생각할 때 우리는 이 점을 더 강조하지 않을 수 없다. 그리스도의 십자가의 희생 제사 외에 우리에게 제단 쌓는 일, 혹은 제사라고 언급할 수 있는 일은 있을 수 없다. 과거 제네바나 스코틀랜드의 개혁자들이 왜 그리스도의 십자가만을 존귀하게 여기면서 피 흘리면서까지 예배를 제사라고 표현하는 것을

---

61 이에 대한 논의로 이승구, 『성령의 위로와 교회: 하이델베르크 요리 문답 강해 II』 (서울: 이레서원, 2001), 해당 부분을 보라.

제거하려고 하였는지를 깊이 있게 생각해야 할 것이다.

"한 하나님, 한 주 예수, 한 신앙, 한 세례를 가진 이 교회 밖에는 생명이 없고 영원한 행복도 없다"고 강조하는 것(16조)은 오늘날과 같은 종교 다원주의가 유행하는 시대에 의미 깊게 생각하면서 그 함의를 이끌어내야 할 조항이 아닐 수 없다. "그리스도 예수 없이는 생명도 구원도 없다"고 강하게 단언하는 이 가르침은 마치 "오직 예수의 이름만으로?"라고 묻는[62] 현대의 주장들을 미리 다 듣고서 답해 주는 것과 같이 아주 명확한 입장을 전달하는 것이다. 이런 분명한 입장을 떠날 때 이 땅에 기독교회는 없어지는 것이다.

마지막으로 『스코틀랜드 신앙고백서』의 고백자들은 최후의 심판을 위해 이루어질 그리스도의 눈에 보이는 재림을 믿는다고 하고 있음을(11조) 다시 언급하지 않을 수 없다. 오늘날 장로교회 가운데서 그리스도의 가시적 재림을 믿지 않는 교단이 얼마나 많은가? 그들이 이런 개혁자의 신앙 고백에로 되돌아가 성경의 가르침을 그대로 받아들이며, 그에 머물지 않고 그렇게 가시적으로 재림하여 오실 주님의 현재 통치를 충만히 받으면서 그의 재림을 기다리며 종국에 이를 극치의 다스리심을 기대하는 일이 더 풍성하게 있어야 할 것이다. 과연 우리 한국 장로교회와 한국 교회 일반은 이런 기대 가운데서 "나라이 임하옵시며"라고 간절히 기도하면서 지금도 예수 그리스도의 다스리심을 받고 있는가? 그렇지 않은 측면이 있는 곳곳마다 진정한 회개 운동이 일어나고 그 통치에 복종할 때 우리는 비로소 스코틀랜드 선배들의 신앙을 이어 가고 있다고 할 수 있을 것이다.

부디 스코틀랜드의 사람들이나 다른 나라의 개혁파나 장로교인들이나 우리들 모두가 그렇게 해 나갈 수 있기를 바라면서, 다시 말하여, "우리는 스코틀랜드 왕국에서 참된 신앙으로 예배하는 거리와 도시와 그 밖의 곳에서 그리스도의 이름을 고백하는 교회를 가질 것을 권한다"고 말했던(18조) 『스코츠 신앙고백서』의 권면이 그곳과 이곳에서 지금도 유효하게 되기를 기원하면서 (1) 하나님 말씀인 성경에 포함되어 있는 것만을 우리들의 교의로 하고, (2) 우리의 교회 안에서도 성경 해석이 하나님의 영에 의존하며, (3) 어떤 교사나 교회나 회의의 해석과 결정과 고시가 있더라도 그것이 성경에 쓰인 하나님의 말씀에 어긋나는 것이면 우리도 단호히 거부하기를 바란다(18조) (*)

---

[62] Cf. Paul F. Knitter, *No Other Name? A Critical Survey of Christian Attitudes Toward the World Religions* (New York: Orbis Books, 1985).

14.
요한 낙스와 <제1치리서>[1]

이승구 ▒ 조직신학 · 교수

요한 낙스가 스코틀랜드 교회를 개혁파적인 교회, 스코틀랜드 교회, 즉 장로교회로 형성하는 데서 가장 결정적인 기여를 하였다고 해도 과언이 아니다.[2] 1904년 David Hay Fleming이 새로운 주장을 하기 전에는 많은 사람들이 낙스가 1505년 출생하였다고들 생각하였다.[3] 그로부터 계산하면 2015년은 낙스 탄생 510년이 되는 해가 된다. 그런데 David Hay Fleming이 스코틀랜드 언약도들의 야사(略史)를 제시하면서 낙스가 1513에서 1515년 시이에 출생했을 것이라는 견해를 제시하였다.[4] 그 이후에 어떤 분들은 1513년을 주장하는가 하면,[5] 1514

이 글은 「교회와 문화」 제35권(2015)에 발표된 글임을 밝힌다.

[2] 낙스에 대한 이전 논의로 이승구, "스코틀랜드 신앙 고백서(1560)의 독특성", 「장로교회와 신학」 4 (2007): 123-62를 보라.

[3] 그 이후에도 이렇게 이른 연대를 제시하는 분들은 다음과 같다: M. E. Wiesner-Hanks, *Early Modern Europe, 1450－1789* (Cambridge: Cambridge University Press, 2006), 170 (1505?); and Michael A. Mullet, *Calvin* (London: Routledge, 1989), 64 (1505).

[4] David Hay Fleming, *The Story of the Scottish Covenants in Outline* (Edinburgh: Oliphant, Anderson & Ferrier, 1904). 이 견해를 따르는 학자들로 다음 학자들의 책을 언급할 수 있다: Geddes MacGregor, *The Thundering Scot* (Philadelphia: The Westminster Press, 1957), 13, 229-31; Jasper Ridley, *John Knox* (Oxford: Clarendon Press, 1968), 531-34; and W. Stanford Reid, *Trumpeter*

년이라고 하는 분들도 있다.[6] 그러므로 정확히 낙스가 언제 출생하였다고 말하기는 어려운 것 같다. 그래서 키니와 스웨인이 편집한 『튜더 영국에 대한 백과사전』에서는 아예 그가 1505에서 1515년 사이에 출생했다고 말하기도 한다.[7] 그의 출생이 언제인지를 생각하는 것에 따라서 2015년은 낙스 탄생 500년 내지 510년을 기념하는 해가 된다.

이 중요한 해에 요한 낙스의 업적으로 기리면서, 낙스가 그 작성에 있어서 매우 중요한 기여를 하였고, 흄 브라운의 이른 바 "스코틀랜드 역사에서 가장 중요한 문서"인[8] <제1치리서>(*The First Book of Discipline*)에[9] 대해서 생각해 보는 일은 매우 의미 있는 일이다. 스코틀랜드 종교와 삶에 지속적인 자취 (mark)를 남겼다는 점에서 더글라스는 어떤 의미에서 <제1치리서>가 신앙고 백서보다 더 중요하다고 평가하기도 한다.[10] 이는 고백서의 내용은 다른 개혁 파 고백서의 내용과 유사하다는 점을 감안해서 말하는 것으로 보아야 할 것이 다. 1560년 스코틀랜드의 종교개혁은 『스코츠 신앙고백서』와 함께 스코틀랜 드 교회의 조직과 체제에 관한 계획인 이 <제 1 치리서>로 이루어졌다고 할 수 있다. 이 치리서는 "저주 받은 교황주의에 의해서 그 동안 완전히 아주 오용된 것들의 개혁"을[11] 위한 지침들로 주어진 것이다.

of God (New York: Charles Scribner's Sons, 1974), 15.

   5 Justo L. González, *A History of Christian Thought, III* (Nashville: Abindon Press, 1975), 이형기, 차종순 역, 『기독교 사상사, III: 현대편』 (서울: 대한예수교장로회 총회 출판국, 1988), 381; Steven Ozment, *The Age of Reform, 1250-1550* (New Haven: Yale University Press, 1980), 422; R. Tudor Jones, *The Great Reformation* (Downers Grove, Ill.: IVP, 1985), 187.

   6 John T. McNeill, *The History and Character of Calvinism* (London: Oxford University Press, 1954; Paperback edition, 1967), 294; Ernest Trice Thompson, *Through the Ages: A History of the Christian Church* (Richmond, Virginia: CLC Press, 1965), 191; Richard L. Greaves, "John Knox," in 『교회사대사전』 I (서울: 기독지혜사, 1994), 356; J. D. Douglas, "John Knox and the Scots Reformation," in *Great Leaders of the Christian Church*, ed. John D. Woodbridge (Chicago: Moody Press, 1988), 250.

   7 Arthur. F. Kinney and David. W. Swain (eds.), *Tudor England: An Encyclopedia* (London: Routledge, 2000), 412 (between 1505 and 1515). 필자도 이전 논문에서 여러 견해를 다 열거하여 제시한 바 있다: 이승구, "스코틀랜드 신앙 고백서(1560)의 독특성", 129를 보라.

   8 P. Hume Brown, *John Knox* (Edinburgh: A. & C. Black, 1895), 2:148, cited in J. D. Douglas, "Calvinism's Contribution to Scotland," in *John Calvin: His Influence in the Western World*, edited by W. Stanford Reid (Grand Rapids, Michigan: Zondervan, 1982), 221.

   9 이 치리서의 전문은 *Works of John Knox*, edited by David Laing (Edinburgh: James Thin, 1895), vol. 2, 183-260에서 볼 수 있다. 이를 현대 영어로 고치고 전자화한 것으로 다음을 보라: Available at: http://www.swrb.com/newslett/actualNLs/bod_ch00.htm.

   10 Douglas, "Calvinism's Contribution to Scotland," 221.

I. 역사적 배경

<제 1 치리서>는 1560년도 5월에 3주 동안 작성되었다가 후에 개정되었는데,[12] 낙스와 그의 동료들은 종교 개혁을 빨리 완수하려고 이를 빨리 작성해서 1560년 5월 30일에 의회에 제출했다. 그러나 당시는 영국과 프랑스가 긴장 관계에 있는 상황이므로 의회에서 결정이 내려지지 않고 이를 라틴어로 번역하여 대륙의 여러 개혁자들에게 보내어 의견을 청취하도록 했다.[13]

그러는 동안 1560년 12월 20일에 에딘버러에서 모인 스코틀랜드 교회의 총회에 제출되었다. 이 총회는 6명의 목사와 여러 교회의 장로들인 36명이 함께 모인 총회로[14] 스코틀랜드 교회적으로나 세계 장로교회적으로도 매우 의미 있는 모임이었고, 스코틀랜드 교회가 장로교회임을 명시적으로 드러낸 총회라고 할 수 있다.

그 다음 해인 1561년 1월 15일에 모인 귀족들의 회의에 제출되어서 검토되었으나 귀족들의 동의를 받지는 못했다고 한다.[15] 아마도 교회의 치리에 대한 강한 표현에 모두가 동의할 수 없었기 때문이라고 여겨진다. 더글라스는 이 치리서에 죄들에 대한 치리가 아주 강하게 언급된 것이 그 주된 이유라고 언급한다.[16] 그러나 더 심각한 문제는 교회에 속한 토지를 소유하는 문제에 대한 귀족들의 불안 때문으로 여겨진다.[17] 낙스는 1561년 1월 27일에 많은

---

[11] <제 1 치리서> 결론의 첫 문장에 나오는 표현: "Thus have we, in these few heads, offered unto your honours our judgments, according as we were commanded, touching *the reformation of things which heretofore have altogether been abused in this cursed Papistry*."(강조점은 필자가 덧붙인 것임).

[12] 이에 대해서는 Douglas, "Calvinism's Contribution to Scotland," 221을 보라.

[13] John Knox, *History of the Reformation in Scotland,* edited by W. C. Dickinson (Edinburgh, 1944), I, 1, lxviii, 290, 323; *Works,* VI, 119, cited in Reid, 『존 낙스의 생애와 사상』, 246.

[14] *Acts and Proceedings of the General Assembly of the Kirk of Scotland, 1567-77,* Known as the *Book of the Universal Kirk* (Edinburgh, 1837), 3. D. Calderwood, *History of Kirk,* II, 44f.; Row, *History of the Kirk,* edited by T. Thomson (Edinburgh, 1842), 13f., cited in W. Stanford Reid, *Trumpeter of God* (New York: Charles Scribner's Sons, 1974), 서영일 역『존 낙스의 생애와 사상』(서울: 기독교문서선교회, 1984), 255.

[15] R. Tudor Jones, *The Great Reformation* (Downers Grove, Ill.: IVP, 1985), 190. 이는 의회의 재가를 받지 못했다(Ernest Trice Thompson, *Through the Ages: A History of the Christian Church* [Richmond, Virginia: CLC Press, 1965], 192; Jones, *The Great Reformation,* 190).

[16] Douglas, "Calvinism's Contribution to Scotland," 222.

귀족들이 다음 같은 조건 하에서 치리서에 서명했다고 전했다. 즉, 현재 교회 토지를 소유하고 있는 자들은 이 수입 가운데서 목회자들의 사례를 지급하되, 소유권은 종신토록 가진다는 조건이다.[18] 그러나 귀족들은 결국 <치리서>를 공식적으로 수용하지는 않은 것이다.

교회는 독자적으로 1년에 두 번씩 총회로 모여 의논하면서 이 <치리서> 내용대로 교회와 사회 전체를 개혁하려고 하였다.

> 설교자들은 교회 내의 모든 부정들을 개혁하고, 교회의 사명을 제대로 감당하도록 노력해야 한다고 외쳤다. 우리는 하나님의 말씀에 의해 행해야 하며, 모든 왕국들의 흥망성쇠를 주관하시는 하나님의 능력에 우리들의 성패를 맡겨야 한다고 하였다.[19]

II. <제 1 치리서>의 내용

1. 제1항 교리에 대하여

이것이 가장 간단한 조항이다. 그러나 이것에 다른 모든 것이 담겨 있다고 해도 과언이 아니다. 이 조항의 내용은 "그리스도 예수님을 아버지 하나님이 유일한 머리로 명령하여 세우시고 그의 양들이 따르도록 하신 것을 볼 때에 우리들은 이 왕국의 모든 교회(kirk)와 모든 모임(assembly)에서 그의 복음이 참되고도 공개적으로 선포되는 것이 필요하며, 그의 복음에 위반되는 모든 교리들은 사람의 구원에 도움이 안 될 정도가 아니라 정죄 받을 만한 것으로 여겨져서 온전히 배제되어야만 한다"는 것이다.[20] 이는 (1) 교회의 머리가 오직 예수 그리스도이심을 분명히 하고, 따라서 (2) 그의 복음이 교회의 모든 모임에서 선포되고, (3) 그에 위반되는 모든 것들은 온전히 배제 되어야 한다고 강하게 선언한다. 그러므

---

17 Reid, 『존 낙스의 생애와 사상』, 255-57.

18 Reid, 『존 낙스의 생애와 사상』, 257.

19 Knox, *History*, I, 347, cited in Reid, 『존 낙스의 생애와 사상』, 258.

20 *The First Book of Disciple (1560), the first head: Doctrine:* "Seeing that Christ Jesus is he whom God the Father has commanded only to be heard, and followed of his sheep, we urge it necessary that his evangel be truly and openly preached in every kirk and assembly of this realm; and that all doctrine repugning to the same be utterly suppressed as damnable to man's salvation."

로 이하 이 치리서의 내용은 이를 구체화하는 것이라고 할 수 있다.

혹시 이를 오해할 사람들이 있을까봐 아주 친절하게 여기서 말하는 '복음' 이 무엇인지도 밝히고 있다: "복음의 선포라는 말로써 우리들은 신약 성경 뿐만 아니라, 구약 성경도 포함하여 이해하니, 즉, 그 율법과 선지서들과 역사들, 그 안에서 (신약에 사는) 우리들이 참되게 소유하고 있는 예수 그리스도를 모형으로(in figure) 언급하고 있는 내용도 지칭하는 것이다."[21] 그리하여 성경 전체가 하나님의 영감으로 된 것으로 교훈과 책망과 바르게 함과 의로 교육하기에 유익한 것이라고 구체적으로 언급하기도 한다.

또한 성경의 가르침과 다른 교훈들로는 "**하나님의 말씀의 명백한 명령이 없이** 사람들이 법으로나 회의에 의해서나 규정에 의해서 사람들의 양심에 부과시킨 것들"이라고 하면서 다음 같은 것들을 아주 구체적으로 언급하고 있다: 평생을 독신으로 살겠다는 서약, 혼인 맹세, 남자와 여자들은 몇 가지 위장하는 의복에 묶어 놓는 일, 금식일의 미신적 준수, 양심을 위해 (특정한 날에는) 고기를 먹지 않도록 하는 것, 죽은 자들을 위한 기도, 교황주의자들이 창안해 낸 것들인 사도들의 절기들, 순교자들의 절기들, 성녀들의 절기들, 성탄절, 예수님의 할례를 기념하는 절기, 주현절, 성결례절, 그리고 마리아와 관련된 여러 절기들과 같은 것들과 같이 사람들이 명령한 어떤 거룩한 날들[聖日]을 지키는 것이다.[22] 하나님의 성경 가운데서 명령되지도 않고 확신을 가질 수도 없는 것은 이 왕국에서 온전히 제거되어야 한다고 강하게 선언하고 있다.

2. 성례 문제

주 예수 그리스도의 제정과 사도들의 관습 외에 그 어떤 것도 덧붙여져서는

---

[21] *The First Book of Disciple (1560), the first head: Doctrine,* The Explication of the First Head: "By preaching of the evangel, we understand not only the scriptures of the New Testament, but also of the Old: to wit, the law, prophets, and histories, in which Christ Jesus is no less contained in figure, than we have him now expressed in verity."

[22] *The First Book of Disciple (1560), the first head: Doctrine,* The Explication of the First Head: "vows of chastity, forswearing of marriage, binding of men and women to several and disguised apparels, to the superstitious observation of fasting days, difference of meat for conscience sake, prayer for the dead; and keeping of holy days of certain saints commanded by man, such as be all those that the Papists have invented, as the feasts (as they term them) of apostles, martyrs, virgins, of Christmas, Circumcision, Epiphany, Purification, and other fond feasts of our lady."

안 된다고 하면서 **말씀과 약속이 먼저 선포된 후에** 세례와 성찬만이 복음의 표와 인으로 제시되고 준수될 것이 강조되고 있다. 세례 때도 주께서 명하신 평범한 물외에 기름이나 소금이나 왁스를 같이 사용하는 것이나 침 뱉음, 주문을 외움, 십자가 형태로의 세례나 베품 등과 같은 것은 성경적 근거가 없는 것으로 배제되어야 할 것을 분명히 하고 있다.

성찬도 예수님께서 행하신 것과 가장 비슷하게 하는 것이 좋다고 하면서 모두가 상에 둘러앉는 방식을 최선의 것으로 제안하고, 목사가 떡을 떼어 가까이 앉은 자들에게 나누어 주고 같은 존중하는 태도와 엄숙성을 가지고 그들끼리 또 나누라고 하는 것이 **예수님의 행동과 사도들의 모범에 가장 가까운 것**이라고 제안하면서, 이 때 예수님의 죽음 생각하도록 할 성경 구절을 목사가 읽어 주는 것은 좋은 데 그것은 주어진 지혜를 따라 하도록 권하고 있다.

3. 우상숭배의 폐지(Abolishing idolatry) 문제

"우상숭배라는 말로 우리들은 미사와 성자들의 이름을 부르는 것과 상을 숭배 하는 것과 상들을 지니는 것과 마지막으로 하나님의 거룩한 말씀에 포함 되지 않은 하나님을 높인다고 하는 모든 것을 지칭하는 것이다"(By idolatry, we understand the Mass, invocation of saints, adoration of images, and the keeping and retaining of the same; and, finally, all honouring of God not contained in his holy word).

<제 1 치리서>는 "하나님 말씀에 포함되지 않은 온갖 형태의 하나님을 숭배한다고 하는 것 모두"를 예배에서의 우상숭배로 더 명확히 규정하였다. 그리고 교회의 예배는 하나님 말씀에 대한 강해로 풍성하게 되었고, 엄격한 치리를 강조하게 되었다.

사실 1560년 12월 총회 때에 아직도 미사를 집례하고 있는 성직자들의 처벌을 엄격히 집행해 주도록 의회에 청원하면서 미사 집례자들의 명단을 첨부 하기도 하였다.[23] 이 당시의 교회가 얼마나 천주교회적 미사를 바르게 파악하면 서 그 문제점을 잘 드러내고 있는 지를 보여 주는 일이기도 하나, 당시의 성격상 교회와 국가의 관계가 어떤지를 보여 주는 단적인 예라고 할 수 있다.

---

[23] Calderwood, *History of Kirk*, II, 44f; *Book of the Universal Church*, I, 3ff.

4. 목사들과 합법적인 선출의 문제[24]

"개혁된 교회 혹은 종교 개혁을 지향하는 교회에서는 그 누구도 그 일에로 합법적으로 부름을 받지 않고서는 설교하려고 하거나 성례를 집례하려고 해서는 결코 안 된다. 일반적 소명은 선출(election)과 시취(examination), 그리고 임직(admission)으로 구성된다."고 선언하고 있다.

먼저 각 공동체가 자신들의 목사를 선출하도록 하고, **40일 동안도** 적당한 목사를 청빙하지 않을 때는 가장 개혁된 교회(the best reformed kirk)가 위원회와 함께 교리와 지식에서 뿐만 아니라 삶에 대해서도 잘 점검함을 받아 예수 그리스도의 양떼를 잘 목양할 수 있는 목사를 제시할 수 있다고 하였다.

이와 같이 <제 1 치리서>는 목사를 청빙하고 임직하는 과정을 아주 구체적으로 언급하는데, 먼저 적절한 사람들이 (1) 특별히 선출되고 학식 있는 목사들에 의해 시험(examination)을 받은 후, (2) 교우들에 의해 정당하게 청빙받고 (election) 목사로 임직해야 하는데, (3) 목사를 임직할 때 안수하지 않고 장립식에서 기도만으로 임직(admission)하게 하였다. <제 1 치리서>는 아주 분명하게 다음 같이 선언하고 있다: "비록 사도들은 안수를 하였으나, [사도 시대 이후의 상황에서] 이 의식의 사용은 불필요하다고 우리들은 판단한다." 이것은 거의 <제 1 치리서>의 특징이라고도 할 수 있다. 이는 『스코츠 신앙고백서』 20조에서 교회의 정치와 질서가 "교회를 교화하기 보다는 오히려 미신을 품게 하는 때는 그것을 변경해도 좋으며 또 변경시켜야 한다'고 선언한 것과 연관되는 문제라고 여겨진다. 그렇게 했던 주된 동기가 천주교에서 생각하던 주교의 안수에 의한 인물의 계승이라는 생각, 안수를 통해 성령님의 특별한 은혜가 임하는 것으로 생각하는 미신을 극복하는 것이었음을 생각하면 『스코츠 신앙고백서』 작성자들의 동기는 교회 안에서 행하던 것이라도 성경적 근거가 없으며 특히 그것의 행사가 미신을 품게 하는 때는 변경해도 좋을 뿐만 아니라, 반드시 변경해야 한다고 생각했던 바를 구체화 하는 것으로 여겼다고 할 수 있는 것이다.

시간이 어느 정도 지난 후 1577년에 총회에서 받아들여진 <제 2 치리서>에서는 안수하는 일이 다시 나타났다. 이는 아마도 17년이 지난 당시에는

---

[24] Cf. Robert M. Healey, "The Preaching Ministry in Scotland's First Book of Discipline," *Church History* 58/3 (Aug. 1989): 342-45.

더 이상 천주교적인 미신이 작용하지 않을 것이라는 생각 때문에 상징적인 행위로서의 안수를 허용한 것이라고 여겨진다. 그 이후로 장로교회에서는 목사 임직할 때에 안수를 선택 가능한 것(optional)한 것으로 여기되, 안수를 하는 경우에도 그것은 임직자가 그 일에로 성별되었음을 드러내는 단지 상징적 행위로만 여긴 것이다.

1560년에 목사 자격이 있다고 인정된 자들이 12명뿐이었다. 그 보다 덜 준비된 이들로 보다 많은 이들이 독경자(readers)로 인허되었으니, 1560년 12월 총회 때 44명이 독경자로 인허되었다. 그러나 후에 자격 있는 목회자들이 세워지자 1581년 총회에서는 더 이상 독경자(readers)들은 세우지 않도록 결하였다.

또한 <제1치리서>는 "경건하고 많이 배운 사람들이"(godly and learned men) 부족함을 절감하면서 목회자들 위한 높은 교육적 수준을 강조하고 있다는 점도[25] 주목할 만하다. 이렇게 (1) 잘 훈련되고 준비된 목회자는 (2) 회중의 선출로 청빙되어야 하며,[26] (3) 성경을 차례로 체계적으로 강해하여 하나님의 백성들이 온전한 가르침을 얻게끔 해야 한다는 것을 강조하고 있다. 스코틀랜드 교회가 얼마나 말씀을 강조하고 있는지를 알 수 있게 해 주는 모습이다.

5. 목사들에 대한 사례와 교회에 정당하게 주어진 재산과 임대료의 분배에 관하여 (Concerning the Provision for the Ministers, and for the Distribution of the Rents and Possessions Justly Appertaining to the Kirk)

또한 이 부분에서 <제 1 치리서>는 시골 지역(rural places)에서는 목사나 독경자(reader)가 아이들을 가르치도록 하고, 모든 도시 교구(town parish)마다는 **학교(school)를 세우게 하고, 10개의 대교구마다 잘 준비된 교사들이 있는 중등 교육기관(college)을** 가지게 하고, St. Andrews, Aberdeen 그리고 Glasgow 3개 도시에 세워진 대학교(university)의 종교개혁적 개혁이 시도되도록 하였다. 또한 모든 이들이 평등하게 대학교(university)까지 공부할 수 있는 **동등한 기회를 부여하는** 아주 우수한 교육제도를 세계 역사상 최초로[27] 제시하고 있다.

---

25 이점에 대한 또 다른 강조로 McNeill, *The History and Character of Calvinism*, 299f.을 보라.

26 당시의 관습과 상황으로서는 이것이 매우 혁명적인 것이라 하지 않을 수 없다. 이점에 대한 강조로 McNeill, *The History and Character of Calvinism*, 300을 보라: "Ministers are settled in congregations on election by the people."

6. 교회의 재산과 (교회가 받는) 임대료에 대하여

천주교가 소유하고 있는 토지, 즉 처음에 "미신적 용도"를 위해 잘못 주어진 재산들을 개혁된 교회에 양도하도록 하였다.[28] 그리하여 이전 천주교 시대에 각 교회가 소유하고 있던 교회의 재산과 (교회가 받는) 임대료로는 학교의 운영과 목사들의 삶을 교회가 지지하게 하고, 동시에 스스로 경제 문제를 해결 할 수 없는 이들을 돌아보는 전국적 제도도 도입하였다. 예를 들어서, (1) 가난한 자들은 10분의 일세를 면제하고, (2) 부자들로부터 1년에 네 번은 구제 헌금을 거두어 집사가 관리하여 구제하도록 하였다.

또한 <제 1 치리서>는 일정한 거리에 있는 목회자들이 매주 한 번씩 모여서 성경과 성경적 교리를 논의하도록 규정하고 있으니,[29] 이는 일종의 계속 교육의 역할도 하며 노회의 토대를 이루게 한 것이다.

7. 장로들과 집사들의 선출에 관하여

매년 선출되는, 즉 1년 임기제로 선출되어 섬기는 장로와 집사 제도를 가지게 되었다. 이것이 <제 1 치리서>의 특징이었고, 이것이 <제 2 치리서>와 다른 점이라고 할 수 있다. 그러나 일단 성도들이 직분자들을 선택하도록 한 것은 신약 성경적 제도에로의 회복이라고 할 수 있다.

그 과정을 다음과 같이 지시하고 있다: (1) 하나님 말씀에 대한 최선의 지식을 가지고, 정결한 삶을 살며, 신실한 사람, 정직하게 말하는 남자들을 제시하면(nominated to be in election), (2) 그들에 대해서 매년 8월 1일에 자유로운 선거를 한다고 하였다.[30] (3) 그들은 재선될 수는 있으나(he is appointed

---

27 이 점을 특별히 언급하는 Thompson, *Through the Ages,* 192를 보라.

28 그러나 스코틀랜드 귀족들의 욕심과 수많은 천주교 재산들이 결국 귀족들에 의해서 사적으로 소유되게 됨으로 이 일이 잘 시행되지는 못했다. 이 점을 잘 지적하는 Thompson, *Through the Ages,* 193을 보라.

29 이는 1558년 엠덴(Emden)에서 귀국한 존 윌록(John Willock)이 엠덴 교회에서 행하던 바를 옮겨 와서 이미 시행하고 있던 것이고, 이것이 스코틀랜드와 영국 청교도에게 전수된 것으로 이를 청교도들은 "prophesying"이라고 부르게 되었다. 이에 대해서 Jones, *The Great Reformation,* 188f.를 보라.

30 "The election of elders and deacons ought to be used every year once (which we judge to be most convenient the first day of August."

yearly, by common and free election), 집사, 재무 등은 3년의 공백을 가지도록 하고 있다(provided always, that the deacons, treasurers, be not compelled to receive the office again for the space of three years).

무엇보다도 그들의 자격을 명시하여 성도들이 이런 사람들을 선출하도록 지침을 주고 있다. 즉, "그들은 술 취하지 말고, 겸손하고, 조화와 평화를 사랑하고 좋아 해야 하며, 무엇보다도 다른 사람들에게 경건의 모범이 되어야 한다."(They must be sober, humble, lovers and entertainers of concord and peace; and, finally, they ought to be the example of godliness to others.) "만일에 그렇지 않은 모습이 나타날 때 (그런 것이 비밀스러운 것이면) 목사나 같이 섬기는 동료들에 권고를 받아야 하고, 공적인 것일 때는 사역자들 앞에서 책망 받아야 한다. 이전에 목사들에 대해서 취해진 것과 같은 질서가 장로들과 집사들에게도 세워져야 한다."(And if the contrary thereof appears, they must be admonished by the minister, or by some of their brethren of the ministry, if the fault is secret; and if it is open and known, it must be rebuked before the ministry, and the same order kept against the senior or deacon, that before is described against the minister.)

8. 교회의 정책(the Policy of the Church)에 대하여

- 하나님 말씀에 대한 설교와 해석에 대해서,
- 혼인에 대해서
- 장례에 대해서
- 예배당과 수리에 대해서
- 성례를 더럽히고 말씀을 모독하며 적법하게 불리워지지 않았음에도 목사로 자처하는 사람들에 대한 벌에 대해서

그러나 <제 1 치리서>에는 옛 주교들과 비슷한 감독자들(superintendents)을 임시적으로 용인(5조 뒷부분)하여, 교회의 조직과 확장을 위해서 "당분간" "경건하고 학식 있는 이들" 10~12명을 뽑아서 그들로 10개의 교구로 나누어진 각 교구(diocese)의 행정적인 일을 하게 하되, 교구 목사들 보다 높지는 않게 했고,31 부지런히 설교하고 교회를 개척할 필요성 부과했고, 그들은 목사를

임명할 권한은 없고 지교회에 목회자가 필요할 때에는 근방 다른 교회의 목회자들과 모인 위원회(Council)에서 의논하여 목사 후보를 추천하여 지교회가 결정하도록 했다.

낙스가 처음 작성한 원안에는 이 제도에 대한 언급이 없었을 것으로 예상됨 그러므로 아마도 이 부분은 John Spottiswoode이나 훗날 글라스고우와 서부 지역의 감독이 된 John Willock 영향일 것으로 추론된다.[32] 그래도 이들은 임시적, 순전한 행정직이었고, 이들도 비판을 받고 치리 받는 입장이었다는 것, 그리고 모든 총회에서 집회 초기에 이들에 활동에 대한 감사를 행한 것에서 일반적 주교직과는 다른 것임이 드러나고 있다.

만일에 "감독자가 말씀을 선포하는 일에서 게으르거나 교회들을 방문하고 돌아보는 일에서 게으르거나 다른 목사들이 정죄 받을 다른 죄를 지었음이 분명하게 정죄되거든 그의 인격이나 직임에 구애 받지 않고 그 직무에서 물러나도록" 규정되었다.[33]

이를 시행하기 위한 기본 계획은 다음 같이 제시되고 있다.

1. 오르크니 감독관(the superintendent of Orkney): 그의 교구는 the Isles of Orkney, Shetland, Caithness, and Strathnaver. 그는 the town of Kirkwall에 거주해야 함.

2. 로스 감독관(The superintendent of Ross): 그의 교구는 Ross, Sutherland, Moray, with the North Isles of the Skye, and the Lewis. 그는 Canonry of Ross에 거주.

3. 알가일 감독관(The superintendent of Argyll): whose diocese shall comprehend Argyll, [Kintyre,] Lorne, the South Isles, Arran [and] Bute, with their adjacents, with Lochaber. His residence to be in [Argyll].

4. 아버딘 감독관(The superintendent of Aberdeen): 그의 교구는 Dee and Spey 사이로 Aberdeen and Banff 군을 포함함. 그는 Old Aberdeen에 거주해야 함.

---

31 이와 같은 것은 점차적인 개혁의 예로 이해하는 일이 많이 있다. 폭 넓게 이런 점을 언급하는 Jones, *The Great Reformation*, 190f.를 보라. 실제로는 5명만이 임명되었고, 그들이 죽거나 은퇴하자 이 직무가 계속 유지되지는 않았다(McNeill, *The History and Character of Calvinism*, 300).

32 Reid, 『존 낙스의 생애와 사상』, 250.

33 "If the superintendent is found negligent in any of these chief points of his office, and especially if he is noted negligent in preaching of the word, and in visitation of his churches, or if he is convicted of any of those crimes which in the common ministers are damned, he must be deposed, without respect of his person or office."

5. 브레친 감독관(The superintendent of Brechin): 그의 교구는 Mearns와 Angus 전 주를 포함함. 그는 Brechin에 거주해야 함.

6. 쎄인트 안드류스 감독관(The superintendent of Saint Andrews): 그의 교구는 파이프 (Fife)와 포떨링햄(Fotheringham)으로부터 스털링(Stirling)에 이르는 지역, 그리고 펄뜨(Perth) 주 전체를 포함함. 그는 Saint Andrews에 거주해야 함.

7. 에딘버러 감독관(The superintendent of Edinburgh): 그의 교구는 로디안 (Lothian) 주 전체와 스털링에 이르기까지 그리고 Merse, Lauderdale, 그리고 Wedale 교회의 동의를 얻어 포함 시키고 그는 Edinburgh에 거주해야 한다..

8. 에드버러 감독관(The superintendent of Jedburgh): 그의 교구는 Teviotdale, Tweeddale, Liddesdale, 그리고 the Forest of Ettrick을 포함한다. 그는 에드버러에 거주해야 한다.

9. 글리스고우 감독관The superintendent of Glasgow): 그의 교구는 Clydesdale, Renfrew, Menteith, Lennox, Kyle, 그리고 Cunningham을 포함 한다. 그는 Glasgow에 거주해야 한다.

10. 덤프라이스 감독관(The superintendent of Dumfries): 그의 교구는 Galloway, Carrick, Nithsdale, Annandale을 포함한다. 그는 Dumfries에 거주해야 한다.

그러나 1561년 3월 9일 이들을 선출하고 임직식 행하여 시행 할 때에는 5명만이 임직되었으니, 아마도 적절한 사람이 없었기 때문이라고 판단된다. 그 때 낙스가 설교하고 (1) 교우들과 실제 대상자 5명에게 문답하고, (2) 그 자리에 참여한 목사와 장로들이 이들과 **악수례**하고, (3) 기도로 임직식을 하였다. 목사 임직과 마찬가지로 안수는 없었음은 당연한 일이었다.

- Lothian 지역 --- John Spottiswoode
- Fife 지역 --- John Winram
- Glasgow 지역 --- John Willock
- Angus & Mearns 지역 --- Earskin of Dunn
- Argyll 지역 --- John Carswell

그러나 실제 업무 수행은 정부의 인준과 지명을 받기 위해 6개월을 더 기다려야 했다. 더구나 1577-1578년에는 이런 감독관도 배제하여 좀 더 성경적인 장로교회에 부합한 교회의 모습을 취하여 나간 것을 볼 수 있다.

III. <제 1 치리서>의 의의와 현대적 의미

<제 1 치리서>는 교회의 형태가 비정상인 형태를 지니게 된 것을 극복하게 만든 치리서라고 할 수 있다. 이제 비로소 교회가 성경적인 형태를 지니게 된 것이다. 여기서 "성경적"이라는 말은 때로는 명확히 성격적 근거가 있는 것을 뜻하기도 하지만, 성경 전체의 뜻에서 볼 때 보다 바른 이라는 뜻으로 생각될 수도 있는 문제들이 언급되는 것이다. 이것은 매우 중요한 점이니 우리의 삶에서 성경의 어느 구절에 근거해서 어떻게 해야 한다고 말할 수 없는 부분들이 많기 때문이다. 그러나 이런 상황에서도 보다 "성경적"인 것이 있다고는 할 수 있으니 성경 전체의 빛에서 하나님의 뜻에 더 가까운 것을 찾을 수 있기 때문이다. <제 1 치리서>와 <제 2 치리서> 등에서 언급된 구체적인 문제들은 그와 같이 폭 넓은 의미에서 하나님의 뜻에 가까운 것에 관한 문제이기 때문이다.

이 문서들의 또 하나의 특성은 이들 문서들은 스코틀랜드 전체의 교회와 학교를 개혁하는 것과 관련된 문서들이라는 것이다. 여기에 국가 교회(national church)에 대한 생각이 나타난다. 하나님의 경륜 가운데서 지도적인 사람들이 성경적 견해를 가지고 있을 때 (스코틀랜드 종교 개혁이 이루어 질 때 같은 때가 바로 그런 때이다)에는 이런 국가 교회적 생각이 의미 있고 아름다운 결과를 낼 수 있었다. 그러나 지도적인 사람들이 성경적인 생각에서 벗어나 있을 때에는 이런 국가 교회의 이상은 오히려 문제를 낳을 수 있고, 국가 교회에 속해 있던 이들이 그런 교회에 대해서 "애통하면서" 참 교회를 선언하고 나와야 하는 결과를 낼 수도 있다. 아브라함 카이퍼와 그를 따르던 사람들이 바로 그런 일을 감행했었다고 할 수 있다. 그러나 이와 같이 국가 교회의 이상을 버려 버린 사람들도 자신이 속해 있는 지교회뿐만이 아니라, 같은 교단의 교회들은 같은 입장을 지니고 같은 일을 수행하겠다고 나갔던 것을 우리는 유념해야 한다. 이들에 비하면 우리들은 매우 개교회주의적인 분위기

에 많이 물들어 있다고 판단할 수 있다. 교회를 새롭게 하는 문제에 있어서도 우리는 그저 개 교회적인 일에만 신경을 쓸 뿐이다. 교단 전체를 새롭게 하는 일에 있어서는 상당히 비관주의적인 태도를 나타내는 것은 시대의 악함이 극에 도달한 것일 수도 있지만 우리들이 교회에 대한 바른 이해에서 멀어진 채 우리들의 눈에 보이는 것만을 생각하고 있는 모습을 드러내는 것이다.

이 문서를 작성하신 목사님들은 다른 사람들에게 잘 권면하면서 이를 받아들이도록 하는 방식으로 이 문서를 제출하고 있다. 다음에 인용하는 <제1치리서>의 마지막 말은 그들이 하나님 앞에서 이를 어떤 태도와 마음으로 수행하고 있는 지를 잘 나타내준다. 이를 우리 교우들 앞에도 같은 심정으로 제시하면서 우리 모두 그들과 그들의 말을 듣던 첫 사람들의 심정으로 우리들의 교회를 돌아 볼 수 있었으면 한다:

> 우리 주 예수 그리스도의 아버지 하나님께서 성령님의 능력으로 여러분들의 마음을 밝히사 하나님 앞에서 그가 보시기에 선하고 받아들여질 만한 것들을 분명히 볼 수 있게 하시고, 하나님께 온전히 엎디어 순종하여 여러분들 자신의 감정보다는 하나님의 계시된 뜻을 선호하게 하시고, 또한 하나님의 거룩한 이름을 찬양하고 그의 영예를 높이기 위하여, 그리고 여러분들 자신의 양심의 위로와 확신을 위하여, 앞으로 따라 올 후손들의 대한 위로와 모범을 위하여 강한 영으로 힘을 주셔서 여러분들이 이 왕국 가운데서 용감하게 악을 벌하고 덕을 유지할 수 있기를 바랍니다. 아멘. 그렇게 되기를 원합니다.
>
> 여러분들의 영예에 의해
> 가장 겸허한 종들이
> 에딘버러에서 1560년 5월 20일에[34]

---

[34] "God the Father of our Lord Jesus Christ, by the power of his Holy Spirit, so illuminate your hearts that ye may clearly see what is pleasing and acceptable in his presence; so bow the same to his obedience that ye may prefer his revealed will to your own affections; and so strengthen you by the spirit of fortitude that boldly ye may punish vice and maintain virtue within this realm, to the praise and glory of his Holy name, to the comfort and assurance of your own consciences, and to the consolation and good example of the posterities following. Amen. So be it.

By your honours'
Most humble Servants, etc.
From Edinburgh, the 20 of May 1560"

스코틀랜드 교회 <제 2 치리서>(1578)에 나타난 장로교회의 모습[1]

이승구 ▌ 조직신학 · 교수

I. 들어가는 말: <제 2 치리서>(1578)와 안드류 멜빌

요한 낙스(John Knox, 1514?-1572) 사후에 스코틀랜드 교회의 사상적 지도자 역할을 했다고 할 수 있고 흔히 "장로교주의의 아버지"(the father of Presbyterianism)이라고 불리는 안드류 멜빌(Andrew Melville, 1545-1622) 주도하에 작성된 <제 2 치리서>(*The Second Book of Discipline*)가[2] 멜빌이 총회의 의장 (moderator)으로 수고했던 1578년 스코틀랜드 교회(the Church of Scotland) 총회

---

[1] 이 논고는 「신학정론」 31/2(2013): 188-204에서 발표된 글임을 밝힌다.

[2] <제2치리서> 본문은 David Calderwood, *History of the Kirk of Scotland,* edited by Thomas Thomson (Edinburgh: Woodrow Society, 1843), vol. 3, 529-55에 나타나 있다. 또한 Calderwood, *The True History of the Church of Scotland* (1678 edition), 102-16. Available at: http://www.swrb.com/newslett/actualNLs/bod_ch04.htm. 또한 James Kirk, *The Second Book of Discipline* (Edinburgh: St. Andrew Press, 1980)도 보라. 이하에서는 *The Second Book of Discipline,* 1. 1의 형식으로 <제2치리서> 본문을 인용하도록 하겠다.

에서 받아들여짐으로 스코틀랜드에 **철저한 장로교 조직이 형성**되기에 이르렀다.

안드류 멜빌은 앙구스의 몬트로즈(Montrose, Angus)에 가까운 발도비(Baldovie)에서 리쳐드 멜빌의 막내 아들로 태어났다.3 리쳐드 멜빌은 핑키 전투(the Battle of Pinkie, 1547)에서 사망하였고, 그의 어머니도 곧 돌아가셔서 안드류 멜빌은 23년 연상의 큰 형인 리쳐드 멜빌(1522-1575)에 의해 키워졌다고 한다. 그는 어릴 때부터 공부하고 배우는 일에 열심이었고, 큰 형은 그를 교육시키는 일에 최선을 다해서 그는 몬트로즈 문법학교에서 라틴어를 배우고 공부하는 일에 토대를 마련했다. 그 후에는 2년 동안 (던의 존 얼스킨[John Erskine of Dun, 1509-159)]이 몬트로즈에 있도록 설득하여 그곳에 있던) 삐에르 드 마르세이유(Pierre de Marsilliers)에게서 희랍어를 배웠다고 한다. 그리고 세인트 안드류스 대학교에 진학하여 뛰어난 희랍어 실력을 드러내면서 "(그 땅의 젊은이들 가운데) 가장 뛰어난 시인이요 철학자요 희랍어 전문가"(the best poet, philosopher, and Grecian of any young master in the land)라는 칭송을 받으면서 학교를 마쳤다고 한다.

안드류 멜빌이 19세 되던 해인 1564년 프랑스로 가서 빠리 대학교에서 셈어 연구에 힘을 쏟아 탁월한 동양어 학자로 인정받고 동시에 아드리아누스 투르네부스(Adrianus Turnebus)에게서 희랍어를 더 배우고, 피터 라무스(Petrus Ramus)의 강의를 듣고, 뽀아띠에(Poitiers) 대학교에서 법학을 공부하고(1566), 21살의 나이에 성 마르세온 학교(the college of St Marceon)의 교장으로 임명되었다. 3년을 가르친 후에 프랑스의 정치적 상황 때문에 개신교 지역인 스위스의 제네바로 가서 떼오드르 베자의 환영을 받으면서 제네바 아카데미의 인문학부 교수가 되었다. 교수로 가르치면서도 그는 동양어 연구의 힘을 써서 동료 교수인 코넬리우스 베트람 교수(Cornelius Bertram)에게서 시리아어를 배우기도 했다고 한다. 특히 그가 제네바에서 가르칠 때에 프랑스에서 일어난 바돌로뮤 대학살 사건(1572)으로 수많은 프랑스 개신교 지식인들이 제네바로 유입되어 그들과 교제하면서 다방면의 지식이 더 깊어지고 특히 교화의 자유에 대한 의식이 더 강화 되었다고들 평가한다.

1574년 스코틀랜드로 돌아 온 안드루 멜빌은 글라스고우 대학교 학장

---

3 이하 그에 대한 역사적 정보는 "Andrew Melville"의 내용에 많이 의존하였음을 밝힌다 (http://en.wikipedia.org/wiki/Andrew_Melville).

(Principal)으로 세워져 이 대학교를 새롭게 하는 일을 한다. 좋은 제도를 만들고 공고히 하여 교과과정을 확대하고, 언어와 자연 과학과 철학과 신학 교수직을 만들었다고 한다. 이 일로 그는 유명해져서 1575년에는 아버딘 대학교를 새롭게 하는 일도 돕게 된다. 그리고 교회를 새롭게 하도록 <제 2 치리서>를 작성하고, 1578년 총회장으로 섬기 던 때에 이 <제 2 치리서>가 스코틀랜드 교회 총회에서 받아들여진 것이다. <제 2 치리서>에서는, 우리가 후에 논의 할 바와 같이, 목사와 감독은 **같은 직분임을** 명확히 규정하였고, 스코틀랜드 전국의 교회가 장로교적 체제를 갖추게 규정했다. 그러나 그것의 실행은 시간 이 걸리는 일이었었으니, 앤드류 멜빌이 세인트 안드류스 대학교의 신학부인 St. Mary's College의 학장(Principal)으로 임명된 1580년[4] 이후에 이르러서야 <제 1 치리서>에서 임시로 감독자들(superintendents)에게 위임했던 행정적 권세를 노회(presbyteries)와 교회 법정(ecclesiastical courts)에로 이관하게 되었 다.[5] <제 2 치리서>에서는 **주교제도 자체가 옳지 않은 것임을 분명히 하면서 모든 목사의 동등성을 분명히 선언**하였다. 이는 당시에 왕실이 주교 제도를 다시 도입하려고 노력하던 것과 날카롭게 대립 하는 상황에서 나타난 것이라 는 점에 주목해야 한다.

　이 <제 2 치리서>에서 노회(presbytery)가 명확한 교회 제도로 드러나게 되었고, 노회가 **하나님의 법을 따른 것임이 분명히 선언**되었다(*jure divino* theory). 비로소 이때에 이르러서야 처음 개혁자들의 본래적 의도에 일치하는 모습이 나타나게 된 것이다. 이렇게 온전한 장로교 제도가 나타난 것은 1581년 에 이르러서이지만, 그것은 이미 1560년에 공식적으로 선언된 시작된 스코틀 랜드 종교개혁에 깊이 뿌리 내리고 있었다고 말하는 더글라스의 말에[6] 우리는 기꺼이 동의할 수 있다. 왜냐하면 <제1치리서>에서 이미 교회는 하나님의 백성이므로 모든 회원은 국가의 종교를 통제하는 데 있어서 동등한 지위를 지니고 있다는 것을 분명히 하고 있었기 때문이다. 이런 점에서 교회에서의

---

　　4 Cf. Marcus L. Loane, *Makers of Puritan History* (Grand Rapids: Eerdmans, 1961; reprinted, Grand Rapids: Baker, 1980), 19.

　　5 이 점에 대해서는 Kenneth Scott Latourette, *A History of Christianity* (New York: Harper & Row, 1975), 윤두혁 역, 『기독교사, 중』 (서울: 생명의 말씀사, 1980), 406을 보라.

　　6 J. D. Douglas, "Calvinism's Contribution to Scotland," in *John Calvin: His Influence in the Western World,* edited by W. Stanford Reid (Grand Rapids, Michigan: Zondervan, 1982), 221.

평등성은 정치적 사회적 평등성보다 훨씬 더 먼저 선언되었다는 점을 주목하여 보지 않을 수 없다. 정치적으로 왕과 귀족들이 있는 정황에서도 교회에서는 **모든 진정한 신자들의 동등한 지위와 결정권**이 선포되었기 때문이다.

물론 이 이후로 스코틀랜드의 교회와 학교를 개혁하여 스코틀랜드 전체를 개혁하는 일은 순조로운 일을 아니었다. 왕실은 주교제도를 회복하려고 하였고, 이에 맞서서 싸우는 일은 항상 어려운 일 이었다. 그 과정에서 안드류 멜빌은 계속해서 주교의 자리를 차지하고 있으려고 하는 로버트 몽고메리(Robert Montgomery, d. 1609) 주교를 치리하였고, 이 일로 멜빌 자신이 1584년 2월에 추밀원(privy council)에 불려가 심문을 받아야 했으며 반역죄로 처벌되지 않기 위해 영국으로 도망가야 하기도 했다. 1585년 11월에 다시 스코틀랜드로 돌아 온 멜빌은 1586년 3월부터 세인트안드류스에서 다시 가르치기 시작하여 20년을 더 가르쳤으면 1590년에는 세인트안드류스 대학교의 총장(Rector)이 되었다. 그는 계속해서 교회의 자유와 교회의 순수성을 지키기 위해 자신은 희생하면서도 끊임없이 노력했다. 그가 제임스 6세 (후일 영국과 스코틀랜드 통합 왕국의 제임스 1세)에게 했다는 다음 같은 말은 이런 그의 정신을 잘 드러내고 있다:

> 폐하, 폐하 자신도 하나님의 어리석은 종(God's silly vassal)이일 뿐입니다. 스코틀랜드에는 두 왕과 두 왕국이 있습니다. 즉, 국가의 머리(the head of the commonwealth)이신 제임스 왕이 있고, 교회의 왕이신 그리스도 예수께서 계십니다. 그런데 제임스 6세도 그리스도에게 복속하시는 것입니다. 그의 왕국에서는 제임스 6세도 왕이 아니요, 주도 아니요, 머리도 아니요, 한 지체일 뿐입니다.[7]

매우 당연한 말지만 1570-90년대에 이런 말이 왕에게 어떻게 들렸겠는지를 생각하면, 이는 매우 놀랍고 혁명적 선언이 아닐 수 없다.

특히 1660년 왕권이 회복(Restoration)된 후에는 감독제냐 노회 제도냐의 문제가 다시 논쟁의 핵심이 되었고, 17세기 스코틀랜드의 언약도들(covenanters)은 낙스 등이 가르친 성경적 개혁파 사상에 충실하기 위해 피 흘리기까지 노력했다.

---

[7] David Mitchell, The History of Montrose (1866), 42.

이 글에서는 <제 2 치리서>의 내용을 구체적으로 살펴보면서 과연 1577-78년대 스코틀랜드 장로교인들은 성경적인 교회를 어떻게 이해하고 있었는지 생각해 보기로 하자.

II. <제 2 치리서>의 내용과 특성

아홉 항목(Head)으로 나뉘어 제시되어 있던 <제 1 치리서>(1560)와는[8] 달리 <제 2 치리서>는 13장으로 되어 있다. 그 장을 그대로 따라 가면서 1577년의 스코틀랜드 성도들과의 대화를 시도하는 것이 좋을 것이다.

1. 제1장: 교회와 그 정치체제(政體) 일반과 시민 정치 체제와의 차이에 대해서 (Of the Kirk and Policy Thereof in General, and Wherein it is Different from the Civil Policy)

"하나님의 교회(the kirk of God)는 일반적으로 예수 그리스도의 복음을 고백하는 모든 사람들로 여겨진다"고 시작하는[9] 제 2 치리서는 그 바로 뒤에 다음 같은 현실을 밝히고 있다: "그래서 교회는 오직 경건한 자들의 집단과 그런 자들만의 교제(company and fellowship)가 아니고, 외적으로는 참된 종교를 고백하는 위선자들도 포함하는 공동체이다"(I. 1). 이는 교회(kirk)가 건물이 아니라, **복음을 고백하는 사람들**이라는 매우 바르고 성격적인 이해를 잘 제시하고 있을 뿐만 아니라, 교회 공동체 안에는 경건한 사람들만이 아니라 항상 위선자들이 포함되어 있다는 현실도 잘 인식하고 있는 것이다. 이는 순수한 사람들만으로 교회를 이해하려던 도나티스트 이단을 배제하고, 교회는 예수님의 재림 때까지 참 신자와 가라지가 같이 섞여 있는 복합적인 공동체라는 어거스틴적인 이해를 잘 드러내고 있는 것이다.

---

[8] 이 치리서의 전문은 *Works of John Knox,* edited by David Laing (Edinburgh: James Thin, 1895), vol. 2, 183-260에서 볼 수 있다. 이를 현대 영어로 고치고 전자화한 것으로 다음을 보라: Available at: http://www.swrb.com/newslett/actualNLs/bod_ch00.htm.

[9] "The kirk of God is sometimes largely taken for all them that profess the gospel of Jesus Christ."(*The Second Book of Discipline*, 1. 1).

그러나 그 바로 뒤에 "때로는 교회가 경건한자들 선택된 자들만으로 여겨지기도 한다"고 붙이고 있는 데, 그것은 소위 "우리들의 눈에 보이지 않는 교회"(不可視的 教會, invisible church)에 대한 표현으로 여겨진다. 그리고 그 뒤에 "때로는 진리를 고백하는 회중 가운데서 영적인 치리를 행사하는 것"에 대해서 교회라고 하기도 한다고 하였는데 이는 아마도 마태복음 18장에 나오는 "교회에 말하고"를 그렇게 이해하면서 표현한 것으로 보인다. 그리고 이 세 번째 의미에서의 교회는 하나님께서 부여해 주신 특정한 권세를 가지고 있어서(a certain power granted by God), 그 권세에 따라 전체 교회의 위로를 위하여 사용하는 정당한 통치권(a proper jurisdiction and government)을 사용한다고 말한다(1. 2). 교회의 권세에 대한 이해도 매우 정확하게 제시하려고 다시 부연하고 있으니, "교회적 권세는 중보자이신 예수 그리스도를 통해서 성부께서, 모여진 그의 교회에 주신 권위인데, 이는 하나님의 말씀에 근거를 가진 것이다."[10] 이 얼마나 명백하며 귀중한 진리의 천명인가?

그러므로 제 2 치리서는 (1) 교회라는 용어의 **삼중적 용례**를 잘 밝히고 있다고 할 수 있다. 흥미로운 것은 그것에 건물을 지칭하는 용례는 적어도 이 앞부분에서는 안 나타난다는 것이다.[11] 그리고 (2) 교회는 하나님에 의해 부여된 권세를 가지고 있으나 그 통치권의 행사는 전체 교회의 위로를 위해(to the comfort of the whole kirk) 사용되는 것이라고 밝히고 있다. 위로를 주지 않는 치리의 시행은 참된 것이 아니라는 것이다. 이것은 과거 천주교나 주교제 아래서 교권의 행사를 통해 교회가 위로를 받지 못하고 폭정 아래 있었던 경험을 잘 상기시키는 표현이라고 여겨진다. 그리고 (3) 근본적으로 모여진 하나님의 교회에 주신 이 교회적 권위는 그저 회중 전체가 시행하는 것이 아니라, "합법적 부르심에 의하여 교회의 영적 통치가 그들에게 맡겨진 분들에" 의해서 시행된다는 것도 명백히 한다(1. 2).

이를 좀 더 구체화 하면서 "이 권세에서 나오는 교회의 정치 체제(政體, policy)는 **하나님의 말씀에 의해서** 그 일에로 선정된 지체들에 의해서 이루어지는 영적 통치의 형태이다"(an order or form of spiritual government which is

---

10 "This power ecclesiastical is an authority granted by God the Father, through the Mediator Jesus Christ, unto his kirk gathered, and having the ground in the word of God."(1. 2).

11 뒷부분에 교회 재정 사용과 관련하여 예배당의 수리와는 표현과 관련해서는 그런 식의 표현이 나타나기도 한다. 뒤에 언급할 *The Second Book of Discipline*, 12. 12를 보라.

exercised by the members appointed thereto *by the word of God*)(1. 3, 강조점은 덧붙인 것임). 그러므로 위에서 합법적으로 부르심을 입었다는 것의 한 측면이 **하나님 말씀에 의해서 그 직무를 담당하도록 세워진 것**을 더 분명히 하며, 그 뒤에는 직무를 맡은 이들(the office-bearers)이라고 말하며, 따라서 그들에게 이 권세가 직접적으로 주어진다(is given immediately)는 표현도 한다(1. 3). 이처럼 <제 2 치리서>는 교회의 권세와 정체가 그것의 유일한 토대인(the only ground thereof) 하나님의 말씀에 **직접** 근거해야만 한다는(should lean upon) 것을 강조하면서, 따라서 그 정체가 성경의 순수한 원천(the pure fountains of the scriptures)으로부터만 취해져야 한다고 말한다(1. 7).

그런데 그 권세의 사용을 다양하게 나타난다고 밝힌다. 주로는 교사들, 즉 목사님들에 의해서 사용되는데 이를 일반적 권세(*potestas ordinis*)라고 부르고,[12] 때로는 다른 직임자들, 즉 장로들과의 상호 협의를 통해서 함께(conjunctly by mutual consent of them) 행사 되는 것을 재판권(*potestas jurisdictionis*)이라고 부른다. 그러나 이 두 가지 종류의 권세는 "하나님의 권위, 하나의 근거, 하나의 종국적 원인"(one authority, one ground, one final cause)을 가지는 것으로, 시행 방식에 있어서만 다르다고 하면서 마태복음 16장과 18장에서 우리 주님이 이를 언급하셨음을 밝힌다. 이를 좀 더 구체적으로 설명하면서 제임스 커크는 이에 대해서 다음 같은 설명을 붙이기도 하였다:

> 말씀을 선포하고 성례를 시행하는 권세인 일반적 권세(*potestas ordinis*)와 교회적 치리를 시행하는 권세(*potestas jurisdictionis*)의 구별은 전통적인 것이다. 그러나 여기서의 의의는 일반적 권세(*potestas ordinis*)는 목사님들에 의해서 개별적으로 합법적으로 시행될 수 있으나, 재판권(*potestas jurisdictionis*)은 개인들에게 주어진 것이 아니라, 이하에서 목사님들과 장로님들로 구성된 장로의 회(the eldership)로 이하에 규정된 교회적 재판정(an ecclesiastical court)에 의해 집단적으로 시행되어야만 한다는 것이다.[13]

---

12 이를 일반적으로는 "교훈권"이라고 부르기도 한다.

13 "The distinction between *potestas ordinis*, the authority to preach the Word and administer the sacraments, and *potestas jurisdictionis*, the authority to administer ecclesiastical discipline, was traditional.... The significance here, however, is the claim that whereas *potestas ordinis* is lawfully exercised by individual ministers, *potestas jurisdictionis* pertains not to individuals but should be administered collectively by an ecclesiastical court, defined below as the eldership composed of ministers and elders" (James Kirk, *The Second Book of Discipline* [Edinburgh: St. Andrew Press, 1980], 165).

그러므로 예전에 천주교회나 주교제 아래서 개개인 주교(bishop)에 의해서 시행되던 권세가 특히 재판 문제에 있어서는 목사님들과 장로님들로 이루어진 집합적인 교회 법원(an ecclesiastical court)에 의해 시행되어야 한다고 명확히 규정된 것이다. 이를 따르려면 목사님들과 장로님들이 얼마나 잘 준비된 분들이어야 하며, 얼마나 이 일을 하나님 앞에서 제대로 감당해야 할 것인지를 생각해야 할 것이다.

그리고는 이 권세와 정치 체제는 국가의 통치를 위한 시민적 정치 체제와는 그 성격이 다르다는 것을 지적하는 일에로 나아간다(1. 4). 이 당시의 국가는 거의 모든 사람들이 다 예수 그리스도를 주로 고백하는 상황이었다. 그 때도 교회의 정치 체제와 국가의 정치 체제가 다르다고 천명하는 것은 그 상황에서 이 둘이 공동의 목적으로 위하므로 실질적으로 긴밀하게 움직여야 한다는 것을 주장하는 소위 에라스투스주의에 대한 강한 반대를 분명히 하는 것이다. (오늘날에는 실질적으로 국가와 교회가 분리되어 있으므로 에라스투스주의적인 주장을 하는 사람들은 드물다. 그럼에도 불구하고 성경에서 가르쳐진 가르침을 국가나 이 사회 일반에 그대로 적용하거나 조금만 바꾸어 적용하려는 시도들이 기독교 좌파에서나[14] 기독교 우파에서[15] 시도된다. 이 모든 것이 다 잘못된 것임을 명백히 해야 한다.) 이는 특히 당시 상황 속에서도 교회의 목사들이나 다른 직임자들이 세속 통치자들에게 복속하듯이, 세속 통치자들도 영적으로 교회의 문제에 있어서는 교회에 복속해야 한다는 것을 명백히 선언하는 데서 잘 드러난다(1. 9). 교회적 문제의 통치권은 세속 군주가 아니라 독립된 교회에 있음을 아주 분명히 하여, 에리스투스주의의 근거가 있을 수 없게 한 것이다. 세속 군주는 칼은 가졌으나 교회는 [천국] 열쇠의 직무(the office of the keys)를 가졌다고 단언하는 것이다(1. 9). 이는 제 1장의 마지막에서 다시 한 번 더 강조하는 요점이기도 하다. "군주들도 그들이 양심과 종교 문제에 있어서 범과했을 때는 교회의 치리에 복속해야만 한다."[16] 결론의 말에

---

14 대부분의 해방 신학들과 정치 신학적 시도들이 상당히 이런 성향을 가질 수 있다. 공적 신학도 주의하지 않으면 이런 우리를 범할 수 있다.

15 모세 오경의 원칙을 오늘날 국가에 적용하려는 칼시돈 그룹, 즉 dominion theology의 주장자들이 이런 성향을 지닌다.

16 "Finally, as ministers are subject to the judgment and punishment of the magistrate in external things, if they offend; so ought the magistrates to submit themselves to the discipline of the kirk, if they transgress in matters of conscience and religion."

도 이는 다시 한 번 더 강조되어 나타난다.

그러므로 여기에는 한 국가의 거의 모든 사람들이 예수 그리스도를 주로 인정할 때 나타날 수 있는 가장 이상적인 상황에서의[17] 국가가 과연 어떤 모습을 지녀야 하는 지가 잘 표현되어 있다고 할 수 있다.[18] (1) 국가도 교회와 같이 하나님으로부터 나온 것이고 (즉, 하나님께서 세우신 것이고), (2) 그 국가의 목적도 역시 교회와 같이 하나님의 영광을 증진시키고 (즉, 하나님을 온전하고 바르게 인정하고), 경건하고 선한 백성들이 있도록 하려는 것이라는 것이다. 따라서 통치자들도 "교회의 통치를 돕고, 유지하며, 강화하려고 해야 한다."고도 말한다.[19] 그리고 (3) 기독교 통치자는 공의를 시행하고 악을 벌하며 자신의 통치 영역 안에서 교회의 자유와 안정을 유지해야 한다고 선언한다(1. 10).[20]

그러나 **모두가 예수님을 믿는 그런 상황에서도** 국가와 교회는 그 성질이 다르고, 따라서 그 통치 방식이 달라야 한다는 것을 아주 분명히 천명하는 것이다. 국가의 통치는 외적인 힘을 사용할 수 있고 사용해야 하지만, 교회의 통치는 순전히 영적이다(1. 5). "세속 통치자들은 그 백성들 사이의 외적인 평화와 안정을 위하여 외적인 것들을 명령하지만, 목사님들은 외적인 것들은 양심의 문제로만 다룬다."[21] 또한 "세속 통치자들은 외적인 것만을 다루고 사람들 앞에서 행한 행동만을 다루지만, 영적인 통치자들은 하나님의 말씀에 의해서 양심과 관련하여 외적인 행동만이 아니라, 내적인 감정도 판단하는 것이다."[22] 또한 "세속 통치자들은 칼과 외적인 수단에 의해서 순종을 요구하고 순종을 얻을 수 있지만, 목회 사역은 [하나님의 말씀이라는] 영적인 검과 영적인 방식으로 그리하는 것이다.[23]

---

[17] 중세나 근대 초기의 유럽은 명목상 그런 상황이었음에도 실질적으로는 이상적 모습이 나타나지 않았으므로, 여기서 이상적이라는 말은 현실적으로 이상적이라는 뜻이 아니고, 그야말로 이상적인 상황을 뜻하는 말이다.

[18] 오늘날 대부분 국가와 같이 하나님을 인정치 않는 국가들은 이런 논의가 부분적으로만 적용된다는 점에 유의해야 한다.

[19] "The magistrate ought to assist, maintain, and fortify the jurisdiction of the kirk."(1. 15)

[20] "[The] Christian magistrate to minister justice and punish vice, and to maintain the liberty and quietness of the kirk within their bounds."(1. 10).

[21] "The magistrate commands external things for external peace and quietness amongst the subjects, the minister handles external things only for conscience cause."(1. 11).

[22] "The magistrate handles external things only, and actions done before men; but the spiritual ruler judges both inward affections and external actions, in respect of conscience, by the word of God."(1. 12)

[23] "The civil magistrate craves and gets obedience by the sword and other external means,

말하자면, 교회의 권세는 하나님으로부터 직접 나오고, 그리스도를 그 중보자와 머리로 하며, 따라서 이 땅의 그 어떤 세속적 머리를 가지지 않는다(1. 5).[24] <제 2 치리서>는 그리스도께서 교회의 유일한 머리시라는 것을 여러 다른 단어로 강조한다: "교회의 유일한 왕이요 통치자"(the only spiritual King and Governor of his kirk, 1. 5); "교회의 유일한 머리요 군주"(the only Head and Monarch of the kirk, 1. 6); "유일한 영적인 왕"(the only spiritual King, 1. 7); "교회의 영적 정부의 주님"(Lord and Master in the spiritual government of the kirk, 1. 8); "교회의 한 머리요 주된 통치자"(one Head and Chief Governor, 2. 1), "교회의 유일하신 왕, 대제사장, 교회의 머리"(the only King, High Priest, and Head thereof, 2. 3).

그러므로 천사나 사람을 막론하고 교회의 머리[首長]라는 용어를 사용하는 것은 있을 수 없으며, 그리하는 것은 적그리스도가 그 고귀한 용어를 찬탈하여 사용하는 것이라고 밝힌다(1. 6). 보편의 교회와 특정한 교회 안에서 말씀과 성령으로 명령하고 통치하시는 것은 그리스도의 특별하고 고유한 직임(Christ's proper office)이기 때문이다. 그런데 그 통치를 사람의 섬김을 사용하여(by the ministry of men)하시는 것이므로, 교회 공동체 안에서 직임을 맡은 자들은 주관하려고 해서도 안 되고, 그 안에서 주라고 불려서도 안 되고(nor be called lords), 오직 섬기는 자들, 제자들, 그리고 종들이라고 불려야만 한다고 단언한다(1. 8). 16세기 맥락에서[25] 주교들이 세상 통치자들과 같이 "lords"라고 불리던 맥락에서 이는 매우 강한 선언이 아닐 수 없다. 교회 공동체의 직임자들이(office-bearers) 다른 교우들과 동일한 그리스도의 제자들이면서, 동시에 섬기는 자들(ministers, servants)임을 아주 강하게 단언하는 것이다. 따라서 목사님들은 세속적 통치를 해서는 안 된다는 것을 강조한다. 단지 세속 통치자들에게 어떻게 말씀에 따라 그 통치권을 사용할 것인지를 가르쳐야 한다.[26] 이때 자신들을 세속적인 일에 지나치게 결부시켜서 자신들의 독특한 책무를 무시해서는 안 된다는 것도 강조한다(1. 15).

---

but the ministry by the spiritual sword and spiritual means."(1. 13).

[24] "[This] ecclesiastical power flows immediately from God, and the Mediator Jesus Christ, and is spiritual, not having a temporal head on earth, but only Christ, the only spiritual King and Governor of his kirk."(1. 5).

[25] 그리고 주교 제도를 유지하는 천주교회와 영국 성공회에서는 지금도 그리하고 있음에 유의하면서 이 주장의 중요성을 생각해 보라.

[26] "The ministers exercise not the civil jurisdiction, but teach the magistrate how it should be exercised according to the word."(1. 14)

2. 제2장: 교회의 정체와 직임들에 대해서

교회는 그리스도께서 말씀과 성령으로 친히 다스리시지만, 그리스도께서는 이 목적을 위해 가장 필요한 수단으로(as a most necessary middis [means] for this purpose, 2. 3) 사람의 사역을 사용하신다는 것을 천명한다(1.1 그리고 1. 3).

그리고 교회의 정체가 교리(doctrine), 치리(discipline), 나눔(distribution)에 있다고 규정하고, 이에 따라 교회에는 교리를 가르치고 성례를 섬기는 설교자(목사), 치리를 하는 통치자(장로), 그리고 **나누어 주는 자들, 즉 집사들(distributors, deacons)**의 세 직분이 있어야 한다고 선언한다(2. 2. 그리고 2. 5). 이 모든 사람들이 교회를 섬기는 사람들(ministers of the kirk)라고 하여(2. 3) 성경의 가르침에 일치한 표현을 하려고 노력하고 있다. 이 사람들은 다 성령의 은사가 부여된 사람들이어야 함을 분명히 하면서(2. 4), 그러나 독재의 위험에서 벗어나도록 하기 위해서 각기 다른 기능을 따라 섬기는 동등한 권세를 지닌 형제들의 삼호 협의에 의해 다스리도록(they should rule with mutual consent of brethren, and equality of power, every one according to their functions) 하셨다고 선언한다(2. 4).

신약 시대에 세워진 직분 가운데 비상한(非常) 직임이 셋 있었으니 그것은 사도들의 직임, 복음전하는 자들의 직임, 그리고 선지자들의 직임이다. 이 직임들은 영구한 것이 아니고 교회에서 그쳐졌다(2. 6). 교회 공동체 안의 일반적이고 통상적인 직임들은 목사, 즉 감독의 직임, 교사의 직임, 장로의 직임, 그리고 집사의 직임이다(2. 6). "이 직임들은 평상적(ordinary) 직임들이고 교회 안에 계속해서 있어야만 하는 것이고 교회의 통치와 정체의 필수적인 직임들이다. 그리고 하나님의 말씀에 따라 수립된 참된 하나님의 교회에는 다른 직분들이 있어서는 안 된다."(2. 7)[27] "그러므로 이 네 종류의 직분이 아니고 적그리스도의 왕국에서 창안된 모든 높은 호칭들과 잘못 사용된 위계질서 안에 있는 직임들은 그에 부속하는 다른 직임들과 함께, 한마디로, 거부되어져만 한다"(2. 8).[28]

---

[27] "These offices are ordinary, and ought to continue perpetually in the kirk, as necessary for the government and policy of the same, and no more offices ought to be received or suffered in the true kirk of God established according to his word."

[28] "Therefore all the ambitious titles invented in the kingdom of Antichrist, and in his usurped hierarchy, which are not of one of these four sorts, together with the offices depending thereupon, in one word, ought to be rejected."

이처럼 <제 2 치리서>는 칼빈과 다른 개혁자들의 가르침에 충실해서 오직 성경이 말하고 있는 목사, 박사(교사), 장로, 집사의 직임만이 교회에 영구적으로 있어야 한다는 것을 분명히 하는 것이다.

3. 제3장: 교회적 직임에로 받아들여지는 방법에 대하여

자격 있는 사람들이 영적인 교회 안에서 직임을 얻게 되는 합법적인 방식은 하나님의 부르심(vocation or calling)이라고 한다(3. 1). 이를 또 강조하면서 "합법적인 부르심이 없이 교회적 직임을 행사하려고 하는 것은 합법적이지 않은 것"이라고 덧붙이고 있다(3. 1). 그런데 사도와 선지자를 부르실 때와 같이 하나님께서 직접 부르시는 비상한 부르심(extraordinary)은 "이미 세워지고, 이미 잘 개혁된 교회들에서는 있지 아니하다"(kirks established, and already well-reformed, has no place)(3. 2). 이제 우리들의 교회 안에 있는 하나님의 부르심은 평상적 부르심(혹 일반적 부르심, ordinary calling)인데, 이것은 하나님의 부르심을 선한 양심의 내면적 증언과 하나님의 말씀과 하나님의 교회 안에 수립된 질서에 따라 합법적인 시험을 통한 받아들임(the lawful approbation)과 사람들의 외적 판단을 따라 확인하는 것이다(3. 3).

이 평상적 부르심은 선택(혹 선출, election)과 임직(ordination)으로 이루어진다(3. 4). 선택은 공석이 생긴 직임에 대하여 가장 적절한 사람이나 사람들을 선택하는 것인데 이는 장로들의 판단과 그 직임을 담당할 회중들의 동의(consent)에 의해 이루어지는 것이다(3. 4). 그 자격들은 성경에 충분히 제시되어 있는 바와 같이 종교(즉, 교리의) 건전함과 사람의 경건이다(3. 4). 그러므로 **회중의 뜻에 반하여 선택이 이루어지거나 장로들의 가르침이 없이 선택이 이루어지는 것은 있을 수 없다는 것을 강조**한다(3. 5). 또한 특히 목사의 경우를 염두에 두면서 이미 다른 이가 합법적으로 세워져 있거나 공석이 되지 않은 자리를 차지하려고 끼어들거나 하지 말아야 한다는 것을 강조하여 덧붙이고 있다. 그리고 목사들은 어떤 다른 목적으로 헛되게 이 직임을 담당하려고 해서는 안 된다는 것을 강조한다(3.7). 그러면서 목사들에게 주어지는 사례는 합법적으로 부름 받고 선택된 목사들의 사례라는 것을 강조하고 있다(3. 5).

이 직임자들은 반드시 자신들이 그들에 대해 책임을 지는 회중이 있어야 한다(their own particular flocks amongst whom they exercise their charge)는 것도 강조하고 있다(3. 8). 그들과 함께 살면서 그 부르심[즉, 직임]에 따라 그들을 살피고 돌아보아야(take the inspection and oversight of them) 한다는 것이다(3. 8) 이 때 그들은 하나님의 영광과 교회를 세움[건덕]이라는 두 가지를 늘 염두에 두어야 할 것을 강조하고 있다(3. 8).

합법적으로 부름 받고 선택된 사람을 잘 시험하여 자격이 있다는 것이 잘 드러나면 그 사람을 하나님과 교회에 의하여 세워진 사람으로 구별하고 성별하는(the separation and sanctifying of the person appointed of God and his kirk)는 것이 임직식(ordination)이다(3. 6). 임직식은 금식과 엄숙한 기도와 장로들의 손을 얹는 것으로 이루어진다(The ceremonies of ordination are fasting, earnest prayer, and imposition of hands of the eldership)(3. 6).

이 점이 <제 1 치리서>와 달라진 부분인데 <제 1 치리서>에서는 "사도들은 손을 얹음[按手]을 사용했으나 [이에 따르는 성령의 특별한 능력이 임하는] 이적이 그쳐진 것을 볼 때에 이런 의식을 사용하는 것이 필요하지 않다고 판단한다"(albeit the apostles used the imposition of hands, yet seeing the miracle is ceased, the using of the ceremony we judge is not necessary)고 명확히 하면서,[29] 한 동안 임직식에서 안수하는 일을 하지 않고 엄숙히 기도하여 그 일에로 구별되었다는 것을 분명히 하는 기도만 하여 직분자들로 세웠었다. 이와 같이 하여 안수와 관련된 천주교회의 미신을 제거하려고 한 것이다. 이로부터 17-18년 지난 1578년에는 이런 미신이 충분히 제거 되었다고 생각했는지 장로들의 손을 얹는 일이 임직식에서 사용되고 있다. 이후로 장로교회에서는 임직식에서 안수의 사용을 선택사항(option)으로 여기게 된 것이다.

4. 제4장: 목사직에 대해서

<제 2 치리서>는 목회자(pastors), 감독들(bishops), 목사들(ministers)라는 말을 동의어로 사용하면서 이 직무는 하나님 말씀으로 다스리며 그들을 돌아보도록

---

[29] 제 4 항목("섬기는 자들과 그들의 합법적 선출에 관하여) 중 목사들을 받아들임에 대하여: Available at: http://www.swrb.com/newslett/actualNLs/bod_ch03.htm#SEC04.

(지켜보도록) 어떤 특별한 회중에게 세워진 직무라고 하고 있다(4. 1). 이들은 회중을 말씀으로 먹이는 것이므로 때로는 목회자들(pastors, 목자들)이라고 하고, 그 양무리를 돌아보므로 감독들(*episcopi* 또는 bishops)이라고 하며, 그들의 섬김과 직임 때문에 섬기는 이들(ministers)이라고 하고, 그들이 가장 귀하게 여겨야 하는 영적 다스림의 엄위성 때문에 장로들(presbyters, seniors)라고 하는 것이라고 한다.

목사들은 그들이 담당하도록 되어 있는 특정한 회중에 없이는 선출되어서는 안 되고, 사역에로 불려서는 안 된다(4. 2)는 것과 그 누구도 합법적인 부르심이 없이는 이런 직무를 감당하려고 해서는(즉, 이 직무를 찬탈해서는) 안 된다는 것을(4. 3) 다시 강조한다. 그리고 한번 하나님에 의해서 불리고 백성들에 의해서 선택된 사람들은 그들이 사역을(the charge of the ministry) 수납하고 나서는 그 하는 일을 그만두어서는 안 되다고 하고, 그 일을 하지 않는 사람들을 그 직무를 버린 사람들(deserters)이라고 말한다. 그들은 직무를 제대로 감당하도록 권면 받아야 하고, 그리하지 않을 때는 출교되어야 (excommunicated) 한다고 강하게 말한다(4. 4). 이어서 그 어떤 목사도 자신이 담당한 특정한 회중을 지방회나 총회의 허락 없이 떠날 수 없다고 하면서, 그리할 때에는 권면해야 하고, 그것도 듣지 않을 때에는 교회의 치리가 그에게 임하게 된다고 선언한다(4. 5).

오직 목사들에게만 하나님 말씀을 가르침(teaching of the word of God) 과 성례를 집례 하는 것(the administration of the sacraments)이 속한다 (appertains)(4. 6, 7). 같은 이유에서 그 특정한 회중을 위해 기도하고, 주의 이름으로 축복하는 것도 목사에게만 속한다고 선언한다(4. 8). 목사들은 또한 그 회중의 삶의 방식을 살펴보고, 교리를 그들에게 적용해야 한다고(apply the doctrine to them) 한다(4. 9). 따라서 교회에게 부여된 [천국] 열쇠의 권한(the power of the keys granted unto the kirk)에 따라서 장로회와의 합법적인 과정을 거쳐서(after lawful proceeding by the eldership) 사람들에 대해서 맺고 푸는 선언을 하는 것도 목사에게 속한다(4. 10). 마찬가지로 장로회와의 합법적인 과정을 거쳐서(after lawful proceeding by the eldership) 혼인식을 엄숙히 집례하고(solemnize marriage), 하나님을 경외하면서 거룩한 연합으로 들어가는 부분에게 주의 복을(the blessing of the Lord) 선언하는 것도 목사에게 속한다(4. 11). 또한 일반적으로 교회의 문제에 관하여 회중 앞에서 하는 모든 공적인 선언은 목사의 직무에 속한다. 왜냐하면 목사는 이 모든 문제에 있어서 하나님과 백성 사이에 있는 메신저(messenger)요 하나님의 뜻의 공포자(herald)이기 때문이다(4. 12).

5. 제5장: 교회의 박사, 즉 교사직, 그리고 학교에 대하여

(하나님의) 말씀(을 전하고 가르치는 일)에 수고하는 또 다른 평상적(일반적)이고 연속적인 직임은 (교회의) 박사라는 직임(the office of the doctor)이다. 이는 선지자, 감독, 장로, 또는 교리문답을 가르치는 자(prophet, bishop, elder, catechiser)라고 불리기도 한다고 말한다(5. 1). 이 때 이를 선지자라고 언급하는 것은 구약과 신약 초기의 선지자들과의 혼동을 일으킬 수 있으므로 현명한 단어의 선택은 아니라고 여겨진다. 특히 비상직원들 가운데 선지자를 언급했으므로(2. 6) 그것과 다른 평상직원들 가운데 교회의 박사를 선지자로 언급하는 것은 문제가 있다고 여겨진다. 박사의 직임은 목사들이 사용하는 다양한 방법을 사용하지 않고 (이 때 성례의 집행이나 그와 연관된 다른 것을 생각하는 것 같다), 단순히 사람들에게 성경에 있는 하나님의 영의 뜻을 잘 열어 보여주는 것이라고 한다. 그 목적은 신실한 자들이 건전한 교훈(sound doctrine)으로 가르침을 받도록 하는 것이고, 특히 무지나 악한 의견들에 의해서 복음의 순수성이 손상되지 않도록 하는 것이다(5. 2). 그는 목회자와는 이름만이 아니라 은사에 있어서도 다른 것이니, (교회의) 박사에게는 단순한 가르침에 의해서 신앙의 신비들을 열어주는 지식의 말씀이 은사로 있다면, 목회자들에게는 상황에 따라 말씀을 회중의 삶의 방식에 적용하여 권면하는 지혜의 은사가 있다고 할 수 있는 것이다(5. 3). 그러므로 회중들에게 설교하는 것과 성례를 집례 하는 것과 혼인식을 집례 하는 것 등은 특별히 그 일에로 또 합법적으로 부름을 받지 않고서는(unless he is otherwise orderly called) (교회의) 박사의 직무에 속하지 않는다(5. 6). 그러나 폴리캅이나 다른 사람들의 예들에서 증언하는 것 과 같이 목사에게 은사가 있으면 목사가 학교에서 가르칠 수는 있는 것이다(5. 6).

또한 박사라는 이름으로 우리들은 유대인들과 그리스도인들 사이에서, 심지어 이교 나라들에서도 때때로 잘 유지되어 온 학교들과 대학들에서의 직임자들(the order in schools, colleges, and universities)을 뜻하기도 한다(5.

4). (교회의) 박사는 장로이므로, 교회를 다스리는 일에 있어서 목사를 보좌해야만 하며, 모든 회의체에서 형제된 다른 장로들과 협의해야 만하니(concur with the elders, his brethren, in all assemblies), **교회 문제에 있어서 유일한 판단자(judge)인 말씀**의 해석이 그들의 직무에 맡겨져 있기 때문이다(5. 5).

6. 제6장: 장로들(elders)과 그들의 직임(Office)에 대하여

성경에서 장로라는 용어는 때로는 나이 많은 사람들을 뜻하기도 하고, 때로는 직임을 뜻하기도 한다는 말로써 장로에 대한 규정을 시작하고 있다(6. 1). 직임으로 이 용어가 사용 될 때는 목사들과 박사들도 포함하여 포괄적으로 사용되고 있다(6. 1). 그러나 이 장에서 장로라고 할 때는 사도들이 다스리는 자들(presidents or governors)이라고 부른 직임을 지칭하는 것이다(6. 2). 이 직임도 평상적(일반적, ordinary)이며, 교회에 항상 있어야 하는 영구적인(perpetual) 것이고[그런 의미에서 항존직], 교회에 항상 필수적인(necessary) 것이다(6. 2) 또한 장로직도 목사의 사역(ministry)과 같이 영적인 직임(spiritual function)이다(6. 2). 장로들은 한번 합법적으로 부름을 받고, 그 직임을 수행하는 데 적합한 하나님의 은사를 가지고 있으면, 이 직임을 떠날 수 없다(6. 2). 구약 성전에서 섬기던 제사장들이 그리했던 것처럼 일단의 장로님들이 돌아가면서 시무를 쉴 수는 있다. 회중 안에서 시무하는 장로의 수를 결정해야 한다. 한 회중에서의 장로의 수는 제한될 수 없고, 회중의 크기와 필요에 따라 결정할 수 있다(6. 2).

　　장로들이 어떤 사람이어야 하는 가는 성경의 표현, 즉 사도 바울이 제시한 규정들(canons written by the apostle Paul)을 참조하라고 한다(6. 3). 그들의 직무는 그들에게 맡겨진 회중을 공적으로나 사적으로 부지런히 돌아보는 것이다. 그리하여 교리와 생활 방식의 그 어떤 부패도 발생하지 않도록 해야 한다(6. 4). 목사들과 박사들이 가르치는 일에 수고하여 부지런히 말씀의 씨를 뿌리는 것과 같이, 장로들은 백성들에게서 그 말씀의 열매가 맺히도록 하는 일에 힘써야만 하는 것이다(6. 5). 장로들에게는 백성들이 주의 상에 올 때에 그들을 점검하는 일에서 목사를 돕는 일이 속해 있다. 예를 들어서, 병자들을 심방하는 일과 같은 일이 속해 있는 것이다(6. 6). 또한 장로들은 지방회와 총회의 일들이 잘 수행되도록 해야 한다(6. 7). 또한 모든 사람들이 복음의 규례에 따라서 그 의무를 다하게 하는 일에 힘을 다해야 한다(6. 8). 개인적인 권면에 의해서 고쳐지지 않는 일들은 장로들의 회에 가져 와야 한다(6.8). 그들의 주된 임무는 교회 안에 선한 질서를 수립하고 치리를 수행하기 위해 목사들과 박사들과 함께 회의체를 세우고 유지하는 것(hold assemblies with the pastors and doctors)이다(6. 9).

다음 장에서도 잘 나타나는 바와 같이 장로들의 사역은 결국 회의체를 통하여 집합적이고 공적으로 나타나게 되어 있음을 강조하고 있는 것에서 장로교회의 분명한 성격이 드러나는 것이다.

7. 제7장: 장로들의 모임, 회의체들, 그리고 치리에 관하여

장로들의 모임(eldership or assemblies)은 목사들과 박사들과 장로들로 구성된다고 선언한다(7. 1). 이런 장로들의 회의체에는 네 종류가 있으니, 각 회중의 장로들의 회의체, 지방 회의체, 전국적 회의체(national assembly, general assembly, 총회), 그리고 한 분 주 예수 그리스도를 고백하는 모든 국가들의 전체적 회의체가 있다고 한다(7. 2). 모든 교회의 회의체들은 교회에 관한 일과 그 직무에 관한 일들을 다루기 위해 함께 모일 합법적인 권세를 지니고 있다고 선언한다. 이를 위해 시간과 장소를 정할 권세를 가지고 있고, 다음 회의의 의제와 시간과 장소를 정할 권세를 가지고 있다는 것이다(7. 3). 이는 16세기 상황에서는 매우 의미심장한 선언이 나닐 수 없다. 교회의 모임은 교회만이 소집할 권세가 있다고 선언함으로 에라스투스적 주장을 온전히 배격한 것이다. 모든 회의체에서는 거기 모인 모든 형제들(the whole brethren convened)의 일반적 합의에 의해서 논의를 제안하고, 투표를 하도록 하고 종합하며, 모든 일을 질서 있게 하기 위해 의장(moderator)을 선택해야만 한다고도 선언한다(7. 4). 의장은 이 회의체에서 오직 교회적인 일만이 다루어지고 시민적 통치에 관한 것들이 끼어들지 않도록 면밀히 주의해야 한다고 하여 모든 이들이 다 교회에 속해 있는 상황에서도 국가와 교회의 분리를 명확히 선언하고 있다.[30] 여기서도 에라스투스적 주장이 일체 배격되도록 한 것이다.

---

[30] 이는 *The Second Book of Discipline*, 7. 24에서도 잘 선언되고 있다: "This assembly should take heed that the spiritual jurisdiction and the civil be not confounded to the hurt of the kirk; that the patrimony of the kirk be not diminished nor abused; and, generally, concerning all weighty affairs that concern the weal and good order of the whole kirks of the realm, it ought to interpose authority thereto."

그리고 모든 회의체는 그들의 담당 지역 내에서 일이 어떻게 되어 가고 있는지를 살피기 위해 한 사람 이상의 시찰자들(visitors)을 파송할 권세를 가지고 있다고 선언한다(7. 5). 그런데 여러 교회들에 대한 시찰은 한 사람이 늘 감당하는 평상적(일반적) 교회적 직임(ordinary ecclesiastical office)이 아니라는 것을 강조한다. 또한 이런 시찰자들에게만 감독이라는 이름이 주어져서는 안 된다고 하면서 앞서서 모든 목사들이 감독들이라고 언급될 수 있다고 했던 것을 상기 시키고 있다. **명확히 정해진 사안에 대하여**(*pro re nota*) 살펴보도록 시찰자(visitor)를 보내는 것은 언제나 장로들의 회에 속한 일이다(7. 5; 11. 11). 시찰자로서의 역할은 노회에 의해서 합법적으로 선출되어(lawfully chosen thereunto by the presbytery) 감당하는 것이며, 그 누구도 노회에 의해 합법적으로 선출되어 그 직을 받지 않고서는 다른 교회를 시찰하려고 해서는 안 된다고 강조한다(11. 11).

장로들의 모든 회의체들의 종국적 목적은 첫째로, 종교와 교리의 순수성을 지켜 오류와 부패가 없도록 하는 것이며, 둘째로는 교회의 온전함과 질서를 유지하는 것이다(7. 6). 이 질서 유지를 위해서 교회 회원들의 행동에 대한 법규와 규칙을(certain rules and constitutions) 제정할 수 있다(7. 7). 또한 폐가 되고 유익하지 않으며, 시대에 맞지 않고, 사람들에 의해서 오용된 모든 규례들은(all statutes and ordinances) 다 폐지하고 폐기할(abrogate and abolish) 권세를 가지고 있다(7. 8). 이때는 천주교 아래서 있던 모든 비성경적인 관습과 규례를 폐기 할 수 있는 권세를 말하는 것이다. 또한 장로의 회는 교회적 치리를 수행하고, 모든 범과자들과 교회의 선한 질서와 정책을 무시하는 교만한 자들을 벌할 수 있는 권세를 지니고 있으니, 한마디로 교회의 모든 치리가 그들의 손에 달려 있는 것이다(7. 9).

특정한 회중 안의 장로들의 모임은 상호 협의(mutual consent)에 의해서 그 교회의 권세와 권위와 통치를(the power, authority, and jurisdiction of the kirk) 가지므로, 그 회의체를 교회의 이름으로 언급할 수도 있다고 한다(7. 10). 그러나 이때에는 3-4개의 회중이 함께 장로의 회의체를 가지고 그 권세 아래 있어야 한다는 의미라고 밝히고 있다(7. 10). 이것은 오늘날의 개념과 다른 점이다. 그럼에도 불구하고 그 때에도 각 회중이 장로들을 선출하고 다른 지체들의 동의를 얻어(concur with the rest of their brethren in the common assembly) 자기 회중의 범과 문제를 가지고 회의체에 와야 한다고 말한다(7.

10). 이는 인근 다른 교회의 나이 먹은 지도자들의 지혜를 구하던 초대 교회의 관습에서 찾아 원용하는 것이라고 말하기도 한다(7. 10).

장로들의 회의는 결국 교회를 교회답게 하는 일을 담당하는 것이니, 그 지역 내의 교회에 하나님의 말씀이 순수하게 선포되도록 하고, 성례가 바르게 집례 되도록 하며, 치리가 바르게 이루어지도록 하고, 교회의 물질이 부패 되지 않게 잘 배분되도록 하는 일이 장로의 회에 속한다고 하기 때문이다 (7. 12). 또한 지방 회의나 국가적인 회의나 총회가 규정한 규례들을 시행하는 것도 장로의 회에 속한다고 한다(7. 13). 또한 완고한 자들을 출교하는 일도 장로의 회에 속한다(7. 14).

교회적 직무를 감당할 임직자들을 선택하여 세우는 것도 장로의 회에 속한다. 그러므로 각 장로의 회는 그 지역 내에 충분한 능력을 지닌 목사들과 장로들이 선택되고 세워지도록 해야 한다(7. 15). 같은 이유에서 그 직무의 해임도 장로의 회에 속한다. 잘못되고 부패한 교리(erroneous and corrupt doctrine)를 가르치거나 추문에 찬 삶(scandalous life)을 사는 사람들이 여러 번 권고를 받고도 계속 저항하거나, 교회의 분리나 반역을 하거나, 신성 모독이나 성직 매매(simony), 뇌물을 받거나(corruption of bribes), 거짓말을 하거나 (falsehood), 위조하거나(perjury), 음행하거나(whoredom), 도적질하거나(theft), 술 취하거나(drunkenness), 법에 의해 처벌될 정도로 싸우거나(fighting worthy of punishment by the law), 이자 놀이를 하거나(usury), 춤을 추거나(dancing), 악명 높을 정도로 사악하거나(infamy), 그 외에 마땅히 교회로부터 출교 받을 만한 모든 다른 악들이 드러나면 그들을 면직하고 해임하는 일도 장로의 회에 속한다. 그 직무를 감당하기에 적합하지 않은 사람들은 해임 되어야 하고, 그 일을 널리 알리고, 교회들은 그렇게 해임된 사람들을 직임자로 받아들이지 말아야 한다(7. 16). 그러나 나이 먹거나 병들거나 다른 사고로 그 직무를 감당할 수 없게 된 사람들을 해임하거나 해서는 안 된다(7. 17). 이런 경우에는 그 명예를 교회가 유지해야 하고, 그 직무만을 다른 이가 감당하도록 해야 한다(7. 17).

지방회의는 그 지역의 교회들의 공동의 문제를 의논하기 위해 그 지역의 목사들과 박사들과 장로들의 합법적인 회의를 소집해야 하고, 이는 "교회와 형제들의 모임"(the conference of the kirk and brethren)이라고 불릴 수도 있다(7. 18). 이 회의체들은 더 중요한 문제를 의논하기 위해 세워진 것이니 그 지역의 형제들의 상호 동의와 협조(mutual consent and assistance of the brethren within the provinces)로 문제를 처리한다(7. 19).

흥미로운 것은 교회가 세워지지 않는 곳에는 교회가 세워지도록 해야 한다고 선언한 것이다(7. 23). 그리고 그야말로 총회, 즉 하나님의 교회 전체의 협의회(council of the whole kirk of God)에 대해서도 언급하나(7. 25) 국가 교회의 입장에서는 이에 대해 더 이상 말하지는 않는다고 말한다.

8. 제8장: 집사와 그 직임에 대해서

집사(diakonos)라는 말이 "일꾼"이라는 뜻으로 쓰일 때는 교회의 모든 직임들과 모든 영적인 기능을 다 지칭할 수도 있다는 것을 인정하면서, 그러나 여기서 집사라고 할 때는 "교회의 구제와 재물을 모으고 분배하는 일(collection and distribution of the alms of the faithful and ecclesiastical goods)을 감당하는 직임자를 뜻한다고 말한다(8. 1) 뒤에 12. 13과 12. 15에서도 이를 또 한 번 더 강조한다. 이는 당시 천주교적 습관에 따라 재량으로 교회의 재산을 사용하거나 통치자가 세운 어떤 이들이 교회 재산의 사용에 관여하던 옛 습관을 완전히 근절시켜, 교회의 재정적 독립성을 분명히 천명하기 위한 조치였음을 아주 분명히 하는 것이다. 그러므로 집사라는 직임도 교회의 평상적(일반적, ordinary)이고 항구적인 직임[항존직]으로 여겨져야 한다(8. 2). 집사의 성격과 직무도 성경에 명백히 나와 있고, 집사의 선출과 임직도 앞서 나온 다른 영적인 직임들의 선출과 세움의 방식을 따른다고 한다(8. 2). 교회의 재물을 모으고 필요한 사람들에게 나누어 주는 것은 집사직에 속한 일이므로 집사들은 장로의 회의 판단과 제정에 따라서 이를 수행해야 한다(8. 3). 가난한 자들을 위한 교회의 재산은 사인(私人)들의 유익을 위해 전용되어서는 안 되고, 잘못 분배되어서도 안 된다고 규정하고 있다(8. 3).

뒤에서 다시 강조하기를, "하나님의 말씀이 갈망하는 그런 질의 사람들이 집사님들로 선출되어 섬기게 된다면, 이전의 부패한 이들이 그리했던 것과 같은 교회의 재산에 대한 오용이 발생할 것이라는 두려움이 없게 될 것"이라는 말도 덧붙이고 있다(12. 13).[31] 그러나 많은 사람에게 이 직무가 위험스럽게

---

[31] "If these deacons are elected with such qualities as God's word craves to be in them,

보일 수 있으므로, 교회의 재산을 관리하는 집사님들은 매년 목사님들과 장로들의 모임에 설명하도록 하고, 교회와 통치자가[32] 필요하다고 여기면 그들의 신실성을 살펴 보는 감사(cautioners)들이 책임을 다하도록 할 수도 있다고 하고 있다(12. 14).

9. 제9장: 교회의 재산(patrimony)과 그 배분에 관하여

교회의 재산이란 이전에 주어졌거나 앞으로도 무엇이든지 공적인 유익과 교회의 사용을(the public use, and utility of the kirk) 위해 교회에 기부된 재산, 또는 동의나 보편적 관습에 의해 주어진 재산을 말한다(9. 1). 합법적이지 않는 방식으로 교회의 재산을 얻거나 또 교회의 재산을 어떤 개인의 특정한 유익을 위해 전용하는 것은 하나님 앞에서 가증한 일이다(9. 2). 교회의 재산은 하나님의 말씀이 전한 바와 같이 집사들이 거두고 분배해야 한다(9. 3). 이는 사도 시대의 교회의 예를 따른 것임을 분명히 하면서, 이를 적용하여 가난한 자들을 위한 구제뿐만 아니라 교회의 합당한 직임자들의 보조와 병든 자들을 위한 기금과 학교와 학교 교사들의 유지비용 등에도 이 교회의 재산을 활용할 수 있을 것이라고 하고 있다(9. 4).

10. 제10장: 기독교적 통치자의 직임에 대하여

당시 교회는 거의 모든 사람들이 다 교회의 회원이므로 통치자도 교회의 회원이었다. 그래서 <제 2 치리서>에서는 나라를 다스리는 통치자의 직임이 어떤 것인지도 규정하고 있다. "교회의 모든 회원들은 그들의 소명[직업]에 따라서 각자의 능력대로 예수 그리스도의 왕국을 진전시키도록 되어 있으니, 기독교 군주들과 다른 통치자들도 같은 일을 하도록 되어 있는 것이다"(10. 1). 여기 성경적 소명관이 잘 나타나 있고, 성경적 소명관에 따라 기독교적 통치자의 궁극적 목적이 무엇인지도 잘 제시되어 있는 것이다. 그러므로 기독교적 통치자들은 교회를 유지하고

---

there is no fear that they shall abuse themselves in their office, as the profane collectors did before."

32 여기서 다시 16세기적 특성이 나타나 이 문서 조차도 완전히 에라스투스주의적 영향 밖에 있지 않음이 드러난다.

(maintain), 양육하고(foster), 지지하고(uphold), 그리고 교회를 해치는 모든 것에 대항해서 교회를 보호해야 한다고(defended against all that would procure the hurt thereof) 말한다(10. 1).

모두가 그리스도인인 시기에 교회와 관련한 기독교 통치자의 직무가 어떠한 것임을 규정한 것이라고 할 수 있다. 그러므로 기독교 통치자는 (1) "모든 면에서 교회의 경건한 진전을 돕고 강화해야(assist and fortify the godly proceedings of the kirk in all behalfs)하고(10. 2), (2) 교회가 거짓 교사들이나 삯군들에 의해 침범 당하거나 손상 받지 않도록 하며, 그 자리가 벙어리 개들과 배만 위하는 게으른 자들에 의해 점령 되지 않게 하며(10. 3), (3) 교회의 치리가 유지되도록 도우며, 교회의 치리를 순종하지 않는 자들을 시민적으로도 벌하며(10. 4),[33] (4) 사역과 학교와 가난한 자들을 위해 충분히 지원하고 (provision)(10. 5), (5) 교회의 재산이 세속적이거나 비합법적인 방식으로 사용도지 않도록 하고, 특히 게으른 이들의 배를 위해 사용되지 않도록 하여, 교회의 재산이 사역과 학교와 가난한 사람과 다른 경건한 용도에 바르게 사용되도록 하며(10. 6), (6) 교회와 그 정체의 진전을 위해서 법과 규례가 하나님의 말씀에 일치하도록 만들어야 한다고 하고 있다(10. 7).

11. 제11장: 아직까지 교회에 남아 있는 개혁해야 할 점들에 대해서

스코틀랜드 신앙고백서가 작성되어 받아들여지고, <제 1 치리서>가 받아들여져서 개혁을 이루었으나(1560) 그로부터 17-18년 지난 1578년에 아직도 스코틀랜드 교회 안에 남아 있는 문제점들의 개혁에 대해서 <제 2 치리서>는 가장 많은 관심을 가지고 길게 논의하고 있다. 1560년 이후로 의회의 법령(act of parliament)에 의해서 천주교적 예배와 천주교적 예배의 처소와 천주교적인 통치(the Papistical kirk and jurisdiction)가 그 나라에서는 있을 수 없게 되었으나 아직도 스코틀랜드 교회 안에 남아 있는 (천주교적) 오용(abuses)들이 있다는 것을 밝히면서(11. 16), 이런 점들은 제거되고 온전히 뿌리 뽑혀야만 한다 (removed, and utterly taken away)고 한다(11. 1).

---

[33] 여기서는 에라스투스주의에 대한 비판적 입장이 좀 손상되게 표현 되어 있어서 시대의 종으로서의 표현이 어쩔 수 없이 나타나고 있음을 직감하게 한다. 이로써 그 바로 뒤에 나오는 각 영역이 침범되지 않도록 해야 한다는 말도 무색해지는 것이다.

첫째는, 그런 기관은 하나님의 은혜와 자비로 사라졌으나 아직도 남아 있는 천주교적 직책에 대한 용어들(papistical titles of benefices)의 사용은 오용들(abuses)이므로 이런 용어들이 사용되지 말아야 하고, 그런 직책을 가진 사람들이 교회에 받아들여져서는 안 된다고 다시 선언한다(11. 2). 그런 직책의 대표적인 것들이 수도원장들(abbots), 영혼을 맡은 자들(commendators), 소수도원 원장들(priors), 소수녀원 원장, 즉 원장 수녀(prioresses), 그리고 수도원의 다른 직책들에 대한 명칭들이다. 또한 감독이라는 명칭도 성경의 의도와는 달리 오용되었었고 당시에도 여전히 오용되고 있다고 한다(11. 9). 소위 감독이라고 불리던 직임의 감당자가 목사들의 목사(pastor of pastors)이거나 많은 회중들의 목사(pastor of many flocks)라고 말하는 것이나 그들은 일반적 가르침의 직무를 담당하지 않아도 된다고 말하는 것은 하나님 말씀과 부합하는 것이 아니라고 강하게 선언한다(11. 13). 그러나 참된 감독들은[34] 특정한 회중과 연관되어 그들을 섬겨야 한다고 선언하고, 그들은 그 형제들 위에 지배하려고 해서는 안 된다고 하면서, 이전의 감독이었던 분들이 상당수는 그리하지 않으려고 한다고 지적하고 있다(11. 10). 그러나 하나님의 말씀이 요구하는 대로 또한 교회 일반이 그들에게 규정한대로 하지 않으려한다면 교회에서 그 직무가 박탈되어야 한다(to be deposed from all function in the kirk)고 선언한다(11. 14).

이와 비슷하게 건물과 직책의 이름들이 남아 있는 것도 온전히 제거되어야만 한다(utterly abrogated and abolished)고 말한다(11. 3). 예를 들어서, the chapters and convents of abbeys 또는 대성당 교회(cathedral kirk)와 같은 건물의 이름이나 대성당의 수석 사제(the deans), 대집사(archdeacon), 선창자(chantor), 부선창자(sub-chantor), treasurers, chancellors 등과 같이 교황제도로부터 나오고 천주교회 법에 근거한 직임들의 명칭이 그러한 것들로 언급되고 있다. 또한 이런 오용자들이(abusers) 의회에 참여하여 투표하거나 교회의 이름으로 위원회의 자리를 차지해서는 안 된다고 한다(11. 5; 11. 15).[35]

또한 이런 사람들이 제후의 허락에 의해서든지 교회의 허락으로 5개

---

[34] 이는 다른 감독이 있을 수 있음을 말하는 것이 아니고 목사님들이 참 감독의 역할을 해야 함을 표현하는 말로 사용되면서 이전의 감독들도 그 목사의 직무를 행해야 한다고 선언하는 말이다.

[35] 영국 국교회(성공회)와 영국 상황에서는 아직도 스코틀랜드의 이런 요구가 이루어지지 않고 일반화 된 것을 주목하여 보아야 할 것이다.

에서 심지어 20개 이상의 교회들을 담당하고 그 교회의 성직록을 받는 것은 합법적이지 않을 뿐만 아니라 종교개혁을 조롱하는 것이라고 선언한다(11. 6). 좀 더 구체적인 예로 참된 종교를 받아들인 (즉, 종교개혁에 동의한) 이전 성직록 수혜자들이 그들이 살아 있는 동안 이전의 받던 금액의 2/3만을 받고 아무 일도 안하고 게으르게 사는 것도 문제가 있으며, 그런 자리를 다른 사람들이 차지하는 것도 안 된다고 강하게 말한다(11. 7; 11. 18). 개혁된 교회 안에서는 이런 오용이 더 이상 허용될 수 없다는 것이다. 그러므로 이런 직책들과 관련하여 그에 부속되어 있는 여러 교회들은, 하나님의 말씀이 갈망하는 바같이(as God's word craves), 마땅히 나뉘어져서 개별적인 회중들이 자격이 있는 목사님들의 가르침 아래 있게 되어야 한다고 말한다(11. 4).

목사가, 이전의 주교와 같이, 사법적인 판결을(the criminal jurisdiction) 감당하는 일도 부패라고 선언한다(11. 12).

또한 모든 것이 잘못 되었던 때(when things were out of order)인 메리 여왕 때 세워진 많은 위원들이(the commissioners) 교회의 허락이 없이 목사들을 판단하고 그들을 해임하는 등 교회의 일에도 간섭하는 일이 여전히 있는 바, 그들은 교회의 일에 간섭해서는 안 되고, 그들이 판단 할 수 있는 영역 밖의 일에 관여해서도 안 되며, 교회의 자유를 침해해서는 안 된다고 다시 한 번 더 구체적으로 선언한다(11. 17).

이로부터 우리는 이 세대의 교회가 인간들의 문제 때문에 아직도 여러 문제가 있었음을 알 수 있고, 그럼에도 불구하고 온전하고도 철저한 개혁을 지향하고 있었다는 것을 알 수 있다. 결국 이들이 바라는 개혁은 "하나님 말씀에 가장 부합하는 질서"(that order which is most agreeable to the word)를 교회 안에 세우는 것이다(12. 1; 12: 10["this order, which God's word craves"]).

12. 제12장: 우리들이 갈망하는 개혁
(Certain Special Heads of Reformation Which We Crave)

그렇게 하나님 말씀에 가장 부합하는 질서, 하나님의 말씀이 갈망하는 질서(12. 10)는 과연 어떤 것인지를 <제 2 치리서> 12장에서 다음과 같이 요약적으로 제시한다.

1. 전국을 몇 지역들(provinces)로 나누고, 그 지역들을 다시 교구들(parishes)로 나누어[36] 각 교구의 회중들에게 한 사람 이상의 목사님들이 세워지는 것. 즉, 한 목사님이 한 회중 이상을 감당하지 않게 되어야 한다(12. 2).

2. 자격 있는 목사님을 찾기 어려우므로 필요하면 여러 회중을 하나로 합하고, 또 반대로 회중이 너무 많을 때는 그 큰 회중을 여러 회중들로 나누어야 한다(12. 3).

3. 박사들이 대학과 각급 학교와 필요한 곳들이 세워져야 하고, 충분히 생활이 지지되도록 하여, 그들로 하여금 성경의 의미를 풀어 주도록 하고, 학교를 책임지게 하며, 종교의 기본적인 것들을 가르치게 해야 한다(12. 4).[37]

4. 각 회중마다 한 명 이상의 장로가 세워져 백성들의 삶을 돌아보도록 해야 한다. 그러나 장로의 회는 도시와 중요한 곳들에 있어서 여러 회중들의 장로들이 함께 모여서 그들이 함께 돌아보는 회중들의 문제들을 같이 다루도록 해야 한다(12. 5).

5. 지역 교회들의 회의인 지방회나 대회(provincial and synodal assemblies)이 어디서 얼마나 자주 모여야 하는가 하는 것은 교회의 자유와 그 규례에 맡겨져야 한다(12. 7).

6. 총회도 항상 그 자유를 가져야 하고, 모이는 시간과 장소도 교회가 자유롭게 정해야 한다. 교회와 관련된 문제에 있어서는 통치자나 다른 사람들도 모두 교회 전체 회의의 판단에 종속해야 한다고 명백히 선언한다(12. 8).

7. 교회의 모든 직임자들의 선출은 사도들의 교회와 초대 교회의 예와 선한 질서가 갈망하는 바와 같이 회중의 합법적인 선출과 백성의 동의(lawful election and the assent of the people) 없이는 이루어져서는 안 된다. 이일에 통치자나 누구도 간섭하려고 해서는 안 된다(12. 9).

8. 천주교적 방식으로 교회에 기부된 것들이나 앞으로 주어질 것들이 성경 말씀에 부합하게 사용될 것을 분명히 하면서, "하나님의 말씀을 받아들이고 그의 아들 그리스도 예수의 왕국이 진전하기를 바라는 사람들은 누구나 하나님의 말씀과 이 교회의 바른 법이 갈망하는 이 정책과 질서도 받아들여야 할 것이다. 그리하지 않는다면 그들이 하나님의 말씀을 받아들인다고 하는 것이 헛된 말이 되는 것이다."

---

[36] 이것을 위한 구체적 제안도 *The Second Book of Discipline*, 12. 6에서 주어지고 있다: "And as there ought to be men appointed to unite and divide the parishes, as necessity and commodity require; so would there be appointed by the general kirk, with the assent of the prince, such men as fear God and know the estate of the country, that were able to nominate and design [mark out] the places where the particular elderships should convene; taking consideration of the dioceses as they were divided of old, and of the estate of the countries and provinces of the realm."

[37] "Doctors would be appointed in universities, colleges, and other places needful, and sufficiently provided for; to open up the meaning of the scriptures, and to have the charge of schools, and teach the rudiments of religion."

고 강하게 말한다(12. 10, 강조점은 덧붙인 것임).

9. 그러므로 교회의 재산과 기부된 것은 기본적으로 다음 네 부분으로 나누어 사용할 수 있을 것이라고 선언한다: 한 부분은 목사님들에게 (목회에 전념할 수 있도록) 삶의 편의를 위해(for his entertainment and hospitality) 드리고, 한 부분은 장로님들과 집사님들과 회의체의 서기 같은 교회의 다른 직원들에게 맡겨서 그들로 하여금 시편 찬송집들을 마련하고, 교구 관리와 예배당 유지를 위한 직원들을 위해 필요한 일들에 사용하도록 하며, 또한 옛부터 물려온 기금들을(the ancient foundations) 활용하여 지지되는 학교의 박사들을 지지하는 일을, 필요한 경우에는, 더 돕도록 하고, 세 번째 부분은 성도들 가운데 가난한 자들과 병원(빈민 구호소)에게 주어지도록 하며, 네 번째 부분은 예배당 보수비용과 교회의 유익을 위해 필요한 비용을 위해, 그리고 필요한 경우에는 공공의 유익(the common weal)을 위해 주어져야 한다(12. 12).

13. 모든 지위의 사람들에 대한, 이런 개혁의 유용성에 대하여

마지막으로 이런 개혁이 과연 어떤 목적을 위한 것인지를 분명히 밝히면서 결국 이는 모든 지위의 사람들에게(to all estates) 유익한 것임을 천명한다. 이런 개혁, 즉 이 문서가 말하는 영적인 통치와 정체(this spiritual government and policy whereof we speak)의 궁극적 목적은 (1) 하나님께서 영화롭게 되시고 (God may be glorified), (2) 그리스도의 왕국이 진전하며(the kingdom of Jesus Christ advanced), (3) 그의 신비한 몸의 모든 구성원들이 양심의 평화를 가지고 살게 하려는 것이다(all who are of his mystical body may live peaceably in conscience)고 선언한다(13. 1). 이런 곳에서 이들의 삶의 목적이 무엇이며, 이들이 무엇을 위해 살고 있던 분들인지가 잘 드러난다. 그러므로 이 목적으로 참으로 존중하는 사람들은 양심을 위해서라도 이런 질서에 기쁜 마음으로 동의하고 따르리라는 것을 담대하게 확언한다고도 말한다(13. 1).

또한 그렇게 함으로써 같은 종교를(신앙을) 고백하는 다른 민족들과 나라들과 교회들에게 선하고 경건한 질서의 모범이 될 것이라는 의식도 나타나 있다(13. 2).[38]

또한 교회와 사회의 가난한 자들에 대한 실질적인 배려와 돌봄의 필요성

---

[38] "Next we shall become an example and pattern of good and godly order to other nations, countries, and kirks professing the same religion with us."

이 강하게 표현되기도 한다(13. 3). 또한 이것이 모든 사람에게 유익이 되니, 이런 잘 따르면 필요 이상의 세금을 내지 않아도 될 수 있게 하는 것이라고 선언한다(13. 4).

그리하여 다음 같은 문장으로 이 문서는 그 마지막을 장식한다:

> 그러므로 결론적으로 말하자면, 군주들이나 통치자들이나 그 어떤 예외도 없이 모든 이들이 이 질서에 기꺼이 자신들을 복종시키려고 하며, 이에 따라 다스림 받기를 원하고, 교회적 직임들에 세워진 분들이 바르게 통치한다면, 하나님께서 영화롭게 되실 것이고, 교회가 세워지고 그 지경이 넓어질 것이며, 그리스도 예수와 그의 나라가 세워지고, 사탄과 그의 나라가 전복될 것이며, 하나님께서 우리들 가운데 거하게 될 것이다. 우리의 위로를 위해, 예수 그리스도를 통해서 말이다. 이 예수 그리스도께서는 성부와 성령과 함께 모든 영원 가운데 복된 중에 거하시도다. 아멘.[39]

III. <제 2 치리서>의 특성들과 안타까운 점들

이와 같이 우리들이 살펴 본 <제 2 치리서>는 성경 말씀에 따라 스코틀랜드 국가 전체와 특히 교회를 하나님 말씀에 부합하게 만들어 보려고 노력하는 과정에서 나타난 매우 중요한 거의 법규적인 문서라고 할 수 있다. 먼저 이 문서의 특성을 말하고, 이에 대한 안타까운 점들을 몇 가지 생각해 보기로 하자.

1. <제 2 치리서>의 특성들

가장 뛰어난 점은 역시 그것으로 <제 2 치리서>가 유명해진 노회 제도의 의미를 잘 드러낸 것이다. 장로들의 회가 일정한 지역의 교회들을 함께 목회하

---

[39] "So to conclude, all being willing to apply themselves to this order, the people suffering themselves to be ruled according thereto; the princes and magistrates not being exempt, and those that are placed in the ecclesiastical estate rightly ruling and governing, God shall be glorified, the kirk edified, and the bounds thereof enlarged, Christ Jesus and his kingdom set up, Satan and his kingdom subverted, and God shall dwell in the midst of us, to our comfort, through Jesus Christ, who, together with the Father and the Holy Ghost, abides blessed in all eternity. Amen."

고 돌아보는 역할을 하는 것임을 아주 분명히 한 것을 유의해야 한다. 노회 제도를 가지고 있으면서도 개교회주의에 익숙한 우리들이 깊이 생각하면서 교회 전체를 바라보면서 기도하며 이루려고 노력해야 할 점이 아닐 수 없다.

둘째는 교회의 자유를 강조하고 있음을 주목할 수 있다. 총회가 모이는 것에 대해서나 지방의 대회가 모이는 것에 대해서나 교회의 자유를 강조하는 것은 이런 것에 대한 외부의 간섭이 계속되고 있었음을 보여 주는 것이다. 재정 문제에 대한 교회의 자유도 매우 강조하는 것을 통해 정치적으로나 경제적으로나 교회의 자유를 천명한 문서라고 할 수 있다.

셋째는 <제 1 치리서>에 비해서 그 점이 많이 강조되지 않아서 안타깝지만, 대학과 각급 학교 교육에 대해 염려하면서 이곳들에서 박사들이 세워지고 그들에게 충분한 생활의 지지를 하게 하여 성경을 강해하고, 종교의 근본적인 것들을 가르치도록 한 것은 역시 교육에 대한 스코틀랜드 개혁자들의 강조를 높이 사게 한다.

넷째로, 가난한 자들에 대한 관심과 사회에 대한 깊은 관심이 나타나서 자신들이 속한 교회와 사회 전체를 하나님의 뜻을 따라 바라보고 고치려고 노력하는 중에 나타난 문서라는 것을 주목하여 보게 한다. 따라서 제안이 매우 구체적이고 당시 상황에서 실현 가능성을 염두에 두는 선언을 하는 것이다.

2. 안타까운 점

<제 2 치리서>의 이와 같이 고귀한 성격을 높이 사며 많이 배우려고 하면서도 역시 이 문서도 그 시대의 산물이기에 몇 가지 안타까운 점들이 나타나고 있다.

첫째는, 에라스투스주의를 명백히 배격하면서도 모든 사람이 기독교인인 국가 상황에서 나타나고 있는 그 시대적 성격이 나타나는 표현을 주목하여 보고 그 독특성과 문제를 의식해야 한다. 더구나 이 문서에서는 기독교 통치자들에게 기독교 국가를 다스리는 방식을 제시하고 있기에 이것을 그대로 우리의 세속적 국가들에 적용하려고 해서는 안 되는 것이다.

둘째로, 비상 직원들을 잘 언급하여 평상 직원들과 달리 신약 교회를 세우는 시기에 나타난 창설 직원으로서 비상 직원들임을 분명히 하면서 "이 직임들은 영구한 것이 아니고 교회에서 그쳐졌다"(2. 6)는 것을 아주 분명히 한 것은 좋으나, 시대에 따라 그런 직원이 있을 수도 있다는 인상을 주어서[40] 특히 오늘날 우리들의 신사도 운동에 힘쓰는 이들이 이용할 수 있게 하는 것이 안타깝다. 이 문서의 작성자들이 우리 시대에 있었다면 이 분들은 신사도 운동을 지지할리 없다는 점을 의식하면서 이 문서를 읽어야 한다.

셋째로, 목사님들만 감독이라고 표현한 것이(4. 1; 11. 9) 혹시 한국 교회 상황에서는 오용될 소지가 있어 보인다. 성경의 용례를 따라서 넓은 의미의 장로, 즉 목사와 박사와 장로가 다 장로이니, 성경에서 장로를 동시에 감독이라고 부르고 있는 용례를 따라 가는 것이 좋을 것이다. 더구나 한 곳에서 목사님들을 사도들의 참된 계승자라고 표현한 것은(10. 7) 그들의 가르침의 계승자라는 의미로 개혁파적으로 해석하면 문제가 없으나 혹시 그 직임의 계승처럼 천주교회나 성공회적으로 오해하면 안 되므로 지양하는 것이 나았을 것이다.

넷째로, 각 회중 마다 장로의 회를 가지지 않도록 한 것은 당시 상황으로서는 이해되나 결국 후대에 발전된 당회에 대한 온전한 모습도 미리 바라보며 제시하는 것이 더 나았을 것이라는 생각을 하게 한다.

IV. <제 2 치리서>의 현대적 함의

그렇다면 <제 2 치리서>는 21세기를 살고 있는 우리에게 어떤 의미를 주는 것인가?

무엇보다 먼저, 모든 것을 하나님의 말씀에 의해 규정하고 그에 따르려고 노력하고 있는 점을 우리 시대에 더 주목해 보아야 할 것이다. 이 사람들은 매우 의식적으로 모든 것을 하나님의 말씀인 성경의 규례를 따라 하려고 노력하는 것이다. 우리 시대의 교회가 그것이 교회인 한 그렇게 하려는 노력이 필요하다고 해야 한다.

둘째로, "장로들의 모임"의 정신의 회복이 요청된다고 할 것이다. 함께 목회하고, 함께 성도들을 돌아본다는 정신이 없이는 노회로 모이는 것이 무의미한 것이다. 그러므로 선배들의 노력으로 피 흘려 이루어진 귀한 노회 제도를

---

[40] "except when he pleased extraordinarily for a time to stir some of them up again"(2. 6).

가진 우리들로서는 교회가 참 교회로서의 의미를 지니도록 성경이 말하는 정신에 따라 노회가 어떠해야 함을 지시하는 이 문서가 말하는 의미의 노회의 모습이 우리들이 노회 모임 속에서, 총회로 모이는 속에서 구현되도록 노력해야 할 것이다.

셋째로, 그 시대에 아직도 교회 안에 남아 있는 천주교적 잔재들을 극복하려고 노력하는 점은 매우 의미 있는 작업이다. 개혁된 교회는 항상 개혁되어야 한다는 의식이 있고 그에 따른 노력을 지속하려고 하고 있는 것이다. 그 중에 수도원 제도의 철저한 청상을 요구하면서 심지어 수도원 안에서 직책을 지녔던 사람들에 대해서도 철저히 일소(一宵)하려고 하던 바를 생각하면서 우리 시대에 일종의 개신교적 수도원의 필요성을 말하며 그런 것을 시도하는 것이 얼마나 심각한 문제인지를 역사의식을 가지고 심각하게 생각해야 할 것이다. 그리고 항상 우리들의 문제를 깊이 의식하면서 성경에 부합하지 않는 것은 고쳐 나가려는 계속되는 개혁이 늘 필요한 것이다.

넷째로, 교회의 다스림이 목사와 장로들에게만 주어진 권세라고 하며, 교회의 재정 관리는 집사들에게 주어진 것을 강조하는 이유가 교회의 자유를 분명히 천명하는 것이었음을 유념해서 오늘 날도 그 어떤 방식으로도 교회의 자유가 침범 당하지 않도록 최선의 노력을 다 해야 한다. 이전에는 천주교적 고위 성직자나 통치자가 세운 어떤 인물들이 교회의 재산을 재령을 사용하는 것이 문제였다면, 오늘날은 교회 공동체의 특정한 사람들이 교회의 재산을 재량대로 사용할 수 있을 것처럼 하는 것이 문제요, 결국 교회의 자유를 침해하는 것이 된다는 것을 분명히 해야 한다.

다섯째로 교회가 교회 공동체 안의 가난한 자들을 돌아보고, 학교를 세우고 학교를 잘 유지할 수 있는 능력이 있도록 되어야 한다는 것을 깊이 유념해야 한다. 가난한 자들을 돌봄과 진정한 기독교 학교를 세우고 운영하는 책임이 교회에 주어진 책무 중의 하나라는 것을 잊지 말아야 한다.

마지막으로, 교회와 사회, 국가 전체가 하나님의 말씀의 부합한 모습을 지닐 수 있게 노력한 그 전례를 잘 본받아야 할 것이다. 물론 우리들은 사회와 국가는 모든 사람이 교회의 성원인 사회와 국가가 아니다. 그래서 적용의 차이를 있어야 하지만, 사회 전체를 말씀의 빛에서 바라보고 판단해 나가야 한다는 원칙은 변함이 없고, 그것을 이와 같이 다원주의적 상황 가운데서 실현하는 방식을 찾아야 할 것이다. (*)

제6장
개혁교회와 신학 일반

천주교회의 선행론에 대한 개혁교회의 신학적 평가

김병훈 ▌ 조직신학 · 부교수

근래에 들어 한국 개신교회는 요동을 하고 있다. 계속 이어져 나오는 교권과 관련한 다툼들, 목회자인 교회 지도자들이 돈과 성적 문제와 관련하여 추태를 보이는 도덕적 타락 양상들, 그리고 물질적 성공을 추구하도록 조장하며 이를 따라가는 교회의 기복신앙의 양태들로 인하여 교회가 사회의 눈총과 질타를 받는 참으로 부끄럽고 가슴 아픈 일들이 인터넷은 물론 각종의 지면 매체와, 심지어는 지상파 방송의 특집기획프로를 통해서 낱낱이 드러나고 있다.

반면에 천주교회는 정치적, 경제적 소수자를 보호하는 인권운동과 진보적 사회운동의 모습을 부각시키며 개신교회에 대해 도덕적 우위를 점하고 점점 숫적인 면에서도 성장을 이어가고 있다. 매스컴과 영화를 비롯한 다양한 대중 매체를 통해 나타나는 천주교회는 세상살이의 어려움과 고통으로부터 위로를 나누어 주는 신성한 곳으로 비친다. 이러한 종교적 신성감과 관련하여 개신교회는 특별한 주목을 받지 못한다. 천주교회의 모습은 종교적이며 경건한데 반해, 개신교회의 모습은 세속적이며 시끄러울 정도로 요란하게 여겨진다.

대중 가운데 점점 퍼져가는 이러한 대조적인 모습은 중세 후기에 종교개혁 당시의 상황과는 사뭇 다르다. 적어도 16세기에 종교개혁 운동이 일어나게 된 배경에는 당시 천주교회의 도덕적인 타락으로 인한 세속화가 있었기 때문이다. 종교개혁은 종교의 영적 회복운동이었으며, 세속화를 벗어나 성경의 경건으로 돌아가기 위한 노력이었다.

그러한 종교개혁 운동은 죄인이 자신의 행위에 근거한 공로로 구원을 받는 것이 아니라 오히려 예수 그리스도의 공로를 믿고 의지하는 믿음으로 구원을 받는다는 사실을 강조하였다. 사람이 본성상 죄인임을 바르게 인정하며 스스로 경건의 노력을 통하여서는 결코 구원을 받을 만한 의에 이를 수가 없음을 고백하는 것이 종교개혁이 당시의 종교적이며 사회적인 부패를 개혁하는 영적 인식이었다. 죄인이 구원을 받는 길은 선행의 공로를 통한 것이 아니라 하나님의 긍휼을 전적으로 의지하는 것이라는 선언이 종교개혁 운동이 밝힌 성경의 경건의 회복의 원리였다.

이에 대해 천주교회는 개신교회를 향하여 율법폐기론적 경향성을 강조하면서 도덕적 해이와 타락의 위험성을 경고하였다. 선행의 공로를 근거로 영생을 얻는 천주교회의 교리적 전통을 부인하는 일은 사람으로 하여금 방종케 하며, 결과적으로 선행을 찾아 행하지 않는 윤리적 방임의 사태를 낳는다고 개신교회를 향하여 천주교회는 비판을 하였던 것이다. 이러한 비판과 관련하여 개신교회는 믿음으로 의롭다함을 받는 교리가 결코 신자의 선행을 강조하지 않거나 소홀히 하지 않는다는 사실을 확고히 하였다. 이것에 비추어 볼 때, 한국 개신교회의 도덕적 해이와 타락의 문제는 교리 자체에 따른 필연적인 결과가 아니며, 오늘날 한국 교인들의 부적절한 신앙이해와 불순종에서 비롯된 우연적인 결과임을 알 수가 있다.

본 강의는 선행론을 주제로 하여 천주교회와 개혁교회의 고백을 각각 살펴보고, 이러한 고찰을 통하여 천주교회 선행론에 대한 개혁교회의 평가를 전달하고자 한다. 이를 위하여 천주교회의 이해를 위하여서는 트렌트 공의회 교령과 법령, 그리고 제2차 바티칸 공의회 이후에 나온 『가톨릭교회

교리서』를 살피고, 이에 대한 개혁교회의 평가를 위하여서는 벨직 신앙고백
서, 하이델베르크 요리문답, 그리고 웨스트민스터 신앙고백 등의 관련 항목
을 살필 것이다.

천주교회의 선행론 - 트렌트 공의회 제6차 속회 16장

트렌트 공의회는 천주교회가 종교개혁 운동에 대처하여 1545년부터 1563년까
지 총 25차에 걸쳐서 소집한 회의이다. 종교개혁 운동이 일어난 이후에 천주교
회는 중세 말기의 상황에 그대로 머물러 있을 수가 없었으며, 개신교회에
맞서서 교회개혁과 교리개혁의 필요가 절실하였으며, 이에 따라서 자신들을
살피고 단속해야만 했다. 선행론과 관련한 논의는 1547년에 열린 제6차 회의에
서 다루어졌다. 제6차 회의의 논제는 "의롭게 함"의 교리(*Decretum de Justificatione*)
와 관한 것이었으며, 총 16장에 걸쳐서 교령을 발표했다. 이 가운데 선행론은
마지막 16장에서 "의롭게 함의 열매에 대하여, 곧 선행의 공로와 그 공로의
본질에 대하여"(*De fructu justificatione, hoc est, de merito bonorum operum, deque ipsius meriti
ratione*)를 논의한 부분에서 집중적으로 나타난다.

트렌트 공의회는 매 회의의 논제를 다루며 교령(*decretum*)을 발표하면서
또한 법령(*canon*)을 덧붙였다. 법령은 교리와 관련하여 지켜야 할 법조항으로
각 조항마다 법령을 어기는 자에게는 "저주가 있을지어다"(*anathema sit*)라는
말로 엄격한 금지를 명시하였다. 제 6차 회의에 발표된 법령은 총 33개 조항에
이른다. 이것들은 하나님 앞에서 의롭다함을 받기 위하여서는 사람이 행하여
야 할 준비가 있으며, 그 준비를 위하여 하나님의 은혜에 협동하여야 하는
인간의 자유의지의 활동의 필요성을 강조하고 있다.[1]

누구든지, 죄인이 의롭게 하시는 은혜를 얻기 위하여 협동하여야할 것은 아무 것도
없으며, 오직 믿음으로만 의롭게 된다고 말하며, 자신의 의지를 움직여 준비를 하며

---

[1] 트렌트 공의회의 이러한 사실과 관련하여 쉽게 접근하여 알기를 원하면, 김영재, *기독교
신앙고백* (수원: 도서출판 영음사, 2011), 260-69를 볼 것. 라틴어 원문과 영역을 참고하기 원하면
Heinrich Denzinger, *Enchiridion Symbolorum: Definitionum et Declarationum de rebus fidei et
morum* (Freiburg: Verlag Herder, 1965); Philip Schaff, *The Creeds of Christendom* vol. II (Grand
Rapids, MI: Baker Book House, 1990 reprinted); Norman P. Tanner, ed., *Decrees on the Ecumenical
Councils* vol. II (London and Washington DC: Sheed & Ward and Georgetown University Press,
1990) 등을 볼 것.

성향을 갖추는 일이 전혀 필요가 없다고 말하는 자는 저주를 받을지어다.(트렌트 공의회 제6차 속회, 법령 9)

천주교회는 죄인이 의롭다함을 받음에 있어서 필연코 죄인 자신의 자유의지에 따른 협동이 요구된다고 믿으며, 그러한 범위 내에서 선행을 통하여 의롭다함과 영생을 얻기에 필요한 공로를 획득한다고 믿는다.

따라서 천주교회는 제6차 속회, 교령 16장에서 밝힌 바와 같이 영생이 '끝까지 선행을 하며 살아가는 자들에게'(bene operantibus usque in finem) 주어진다고 믿는다. 이러한 믿음의 근거로 트렌트 공의회가 제시한 근거 구절들은 히 6:10(하나님은 불의하지 아니하사 너희 행위와 그의 이름을 위하여 나타낸 사랑으로 이미 성도를 섬긴 것과 이제도 섬기고 있는 것을 잊어버리지 아니하시느니라), 히 10:35(그러므로 너희 담대함을 버리지 말라 이것이 큰 상을 얻게 하느니라), 그리고 마 10:22(또 너희가 내 이름으로 말미암아 모든 사람에게 미움을 받을 것이나 끝까지 견디는 자는 구원을 얻으리라) 등이다.

선행을 통한 공로의 전제조건: 은혜와 보상의 약속

여기서 유의할 사실이 있다. 천주교회가 영생을 얻음에 있어서 공로의 필요성과 가능성을 주장한다고 하여, 영생이 마치 죄인의 자력으로 얻을 수 있으며, 은혜가 필요하지 않다고 말하는 것은 아니다. 선행을 통한 공로의 가능성을 주장한다고 하여, 영생이 은혜로 주어진다는 고백을 버리거나 거부하는 것은 아니다. 천주교회는 공로가 은혜보다 앞서거나 은혜가 없이도 가능한 것이라고 주장하지 않는다. 그들에 따르면, 끝까지 선을 행하며 견디는 자들에게 주어지는 영생을 얻는 공로는 두 가지 조건에 의하여 가능해지기 때문이다. 첫째 은혜이며 둘째 보상이다.

첫째, 선행을 통한 공로는 하나님께서 예수 그리스도로 말미암아 하나님의 자녀들에게 긍휼을 따라 주시기로 약속한 은혜에 의하여 가능해진다.(tanquam graita filiis Dei per Christum Iesum misericorditer promissa) 은혜가 없이는 어떤 공로도 없다. 둘째, 하나님께서는 선행을 행하며 공로를 쌓는 자들에게 주시겠다고 보상의 약속을 신실하게 하셨다.(tanquam merces ex ipsius Dei promissione bonis ipsorum operibus et meritis fideliter reddanda) 즉 선행을 통한 공로로 인하여 영생을 받게 되는 까닭은 하나님께서 주시는 은혜를 받아 선행을 행하며 공로를 쌓는 자들에게 신실하게 보상을 하여 주시겠다는 하나님의 약속을 따라 이루어지는 것이다. 결국 누가 영생을 얻는가? 이 질문에 대한 천주교회의 대답은, 하나님의 은혜와 보상의 약속을 믿고 끝까지 선행을 행하는 자들이다.(트렌트 공의회, 제6차 속회, 16장)

선행을 통한 공로의 가능성: 하나님의 은혜와 인간의 자유의지의 협력

천주교회는 하나님의 은혜로 인하여 선행이 가능함에도 불구하고 무슨 까닭으로 선행이 공로가 된다고 믿는 것일까? 그것은 하나님의 은혜에 대해 반응하며 협력하는 인간의 의지 때문이다. 인간이 타락한 이후에 인간의 의지는 영적인 선에 반응을 할 수 없을 정도로 심히 상하여 약화되었다. 인간의 의지가 활력 있게 하나님의 초자연적 영광을 향해 나가기 위해서는 하나님의 은혜가 절대적으로 필요하게 된 것이다. 그럼에도 불구하고 여전히 사람이 은혜 안에서 행하는 바가 또한 공로가 되는 관계에 대해 트렌크 공의회는 다음과 같이 말한다.

> 공의회는 … 이 의롭게 됨의 기원이 그리스도 예수로 말미암는 하나님의 선행하는 은총으로부터 취하여져야 한다고 선언을 한다. 다시 말해서, … 어떤 존재하는 공로에 의하지 않은 채, 그들을 부르는 부르심으로부터 취하여져야 한다고 선언을 한다. 죄를 짓고 하나님에게서 등을 돌렸던 자들은, 그들로 하여금 의롭다 함을 받기 위해 회개하도록 그들을 자극하며 돕는 은혜로 말미암아, 바로 그 은혜에 대해 자유로이 동의하고 협동을 하도록 준비를 갖추게 된다. 그 결과 비록 성령의 조명을 통해 하나님께서 인간의 마음을 감동시키신다 하더라도, 그 조명을 받을 때, 인간 자신이 전적으로 아무 것도 행하지 않는 것이 아니다. 왜냐하면 사실 그가 그것을 멀리 던져버릴 수도 있기 때문이다. 그럼에도 불구하고 하나님의 은혜가 없다면, 자신의 자유로운 의지만으로, 하나님이 보시기에 의로운 상태를 향하여 자신을 움직여 나아갈 수가 없다. 성경에서 이르기를, "내게 돌이키라, 그러면 내가 너희를 향해 돌이키리라"고 말씀하실 때, 그것은 우리의 자유에 대해 일깨워 준다. 우리가 "주여, 우리를 주께로 돌이키소서"라고 응답을 할 때, 우리는 하나님의 은혜가 우리보다 앞서는 것을 고백한다.(제6차 속회, 의화에 대한 교령, 제5장)

타락한 인간은 죄인이며 그 자체로는 하나님의 은혜를 바라거나 요구할 공로를 가지고 있지 못하며, 더욱이 구원과 관련하여 어떤 공로도 이룰 수가 없는 존재이다. 하지만 하나님께서 활력과 자극을 주시므로 일깨우는 은혜를 베푸시면 자유선택의 의지에 따라 은혜와 협동하여 선행을 행하게 되며, 그러한 선행은 공로로 인정을 받게 된다. 인간은 타락한 이후에도 자유선택의 의지가 여전히 활동을 하며, 그것이 비록 죄로 인하여 약화되었지만 하나님의 은혜로 자극을 받아 다시 활력을 얻으면 은혜와 협력하여 공로를 이루게 된다.

천주교회의 은혜와 공로의 관계

천주교회는 하나님의 은혜를 '은총'으로 부르며 "하나님의 자녀 곧 양자가 되고 신성과 영원한 생명을 나누어 받는 사람이 되라는 하느님의 부름에 응답하도록 하느님께서 우리에게 베푸시는 호의이며 거저 주시는 도움"이라고 설명을 한다.(『가톨릭교회 교리서』, 1996항)[2] 천주교회의 교리서는 이 은혜를 다시 두 가지 개념으로 구별한다. 하나는 상존은총(gratia habitualis)이며 다른 하나는 조력은총(gratia actualis)이다.

상존은총은 "하느님의 부르심에 따라 살고 행동하고자 하는 변함없는 마음가짐"이며 "지속적이고 초자연적인 성향"을 말한다.(『가톨릭교회 교리서』, 2000항) 이 상존은총은 구체적으로 세례를 받음으로 주어지는 성화은총(gratia santificans, gratia gratum faciens) 또는 신화은총(gratia deificans)이다. 이것은 "하느님께서 우리 영혼을 죄에서 치유하여 거룩하게 하시려고 성령을 통해서 우리의 영혼 안에 불어넣어 주시는" 값없이 주시는 선물이다.(『가톨릭교회 교리서』, 1999항)

조력은총(gratia actualis)은 "회개의 시작이나 성화활동의 과정에서 하느님의 개입"을 가리킨다.(『가톨릭교회 교리서』, 2000항) 천주교회는 죄인이 의롭다함을 받기 위하여 준비하여야 하는 일곱가지 절차가 있다고 생각하는데, 그 절차를 행하는 일에 필요한 하나님의 은혜의 도움이 바로 조력은총이다. 일곱가지 준비 절차는 이러하다: ① 하나님의 말씀을 믿기 시작하고, ② 자신이 죄인임을 발견하고, ③ 하나님의 긍휼을 소망 중에 바라고, ④ 하나님을 사랑하기 시작하며, ⑤ 죄를 미워하기 시작하고, ⑥ 스스로 세례받기를 결심하고, ⑦ 새 생명의 삶을 살기로 결심한다.[3] 이 모든 절차는 사람이 스스로 자연의

---

2 『가톨릭교회 교리서』 (서울: 한국천주교중앙협의회, 2003); 영어판을 위해서는 Catechism of the Catholic church (Mahwah, NJ: Paulist Press, 1994)를 볼 것. 참고로 라틴어 판을 비롯한 불어 등 서유럽의 몇 언어로 된 판을 보기 위하여서는 www.vatican.va에 접속하면 된다.

3 Herman Bavinck, Reformed Dogmatics vol. III, translated by John Vriend (Grand Rapids,

능력으로 이루지를 못하며 하나님의 도움이 있어야 한다.

조력은총은 이처럼 회개의 시작을 포함하는 의롭다함을 받기 위한 준비 절차에 개입하는 하나님의 도움일 뿐만 아니라, 또한 의화 또는 성화의 과정에도 도움을 주시는 은혜이다.(『가톨릭교회 교리서』, 2001) 조력은총의 도움을 받아 의롭다함을 받기 위한 일곱 단계의 준비 절차를 잘 마치게 되면 상존은총이 주어진다. 하지만 상존은총이 주어졌다고 하더라도 그것은 의화 또는 성화의 과정에 들어가는 능력 혹은 가능태가 주어진 것을 뜻한다. 그것이 현실적인 활동으로 나타나기 위하여서는 하나님의 개입이 필요하며, 바로 그러한 하나님의 개입이 의화 또는 성화의 과정에서 협력하는 조력은총이다.[4]

　　이상과 같이 죄인이 의화 또는 성화를 이루는 일이 하나님의 은혜로 인하여 되는 것이라면, 천주교회는 어떻게 하여 인간의 공로의 개념을 존중하며 강조하는 것일까? 앞서 지적한 바와 같이, 천주교회가 이해하는 하나님의 은혜는 "하나님의 자녀 곧 양자가 되고 신성과 영원한 생명을 나누어 받는 사람이 되라는 하느님의 부름에 응답하도록 하느님께서 우리에게 베푸시는 호의이며 거저 주시는 도움"이다.(『가톨릭교회 교리서』, 1996항) 여기서 "하느님의 부름에 응답하도록"이라는 표현에 주목을 할 필요가 있다. 이것은 바로 하나님의 부름이라는 은혜에 대해 응답하는 인간의 자유선택의 의지를 전제하는 표현이다.

> 하나님의 자유로운 주도(主導)는 인간의 자유로운 응답을 요구한다. 왜냐하면 하느님께서는 인간을 당신의 모습으로 창조하시고, 그에게 자유와 더불어, 당신을 알고 사랑할 능력을 주셨기 때문이다. 사람은 자유로울 때에만 사랑의 친교를 이룰 수 있다.(『가톨릭교회 교리서』, 2002항)

천주교회는 인간의 자유는 "이성과 의지에 바탕을 둔, 행하거나 행하지 않을 수 있는 능력이며, 이것을 하거나 또는 저것을 하는 능력이고, 이처럼 스스로 숙고해서 하는 능력"(『가톨릭교회 교리서』, 1731항)으로 이해한다. 따라서

MI: Baker Academic, 2006), 515. 한국어 번역본을 위하여, 『개혁교의학』 3, 박태현 역 (서울: 부흥과 개혁사, 2011), 639를 참조할 것.

　[4] Joseph Wawrykow, "Grace," in *The Theology of Thomas Aquinas*, edited by Rik van Nieuwenhove and Joseph Wawrykow (Notre Dame, IN: University of Notre Dame Press, 2005), 193-99.

하나님의 부름에 대해서도 사람은 자유에 의하여 순종을 하거나 불순종하는 선택의 능력을 행사한다. 그것은 곧 그에게 "칭찬이나 비난, 공로나 허물"을 물을 수 있는 근거가 된다.(『가톨릭교회 교리서』, 1732항)

이러한 이해를 바탕으로 천주교회는 하나님의 은혜에 응답하는 인간의 자유선택의 의지가 공로를 낳는다고 믿는다.

> 그리스도인의 삶에서 하느님에 대한 인간의 공로는 하느님께서 인간을 당신 은총에 협력하도록 자유로이 안배하셨다는 사실에서 기인한다. 하느님의 어버이다운 활동은 인간을 감도하심으로써 시작되며, 반면에 협력을 통한 인간의 자유로운 행실은 그 뒤를 잇는 것이다. 따라서 선행의 공로는 무엇보다도 먼저 하느님의 은총으로 돌려야 하고, 그 다음으로 신앙인에게 돌려야 한다. 실제로 인간의 공로 자체도 당연히 하느님께 돌려 드려야 하는데, 인간의 선행들은 그리스도 안에서, 성령의 주도와 도움에서 비롯되는 것이기 때문이다. (『가톨릭교회 교리서』, 2008항)

천주교회는 여러 가지 표현으로 인간의 공로는 하나님의 은총으로 말미암은 것이며 오직 성령의 주도와 도움으로 되는 것이기 때문에 공로 자체도 당연히 하나님께 돌려 드려야 한다는 것을 거듭 강조한다. 그러면서도 천주교회는 인간에게 공로가 없다고 말하지 않는다. 인간이 하나님의 은혜에 협력하도록 하시는 것이 하나님의 뜻이며, 인간은 그러한 협력을 할 수 있는 자유선택의 의지를 타락한 이후에도 여전히 가지고 있기 때문이다.

선행과 공로의 가치: 재량공로와 적정공로

천주교회는 엄밀히 말해서 인간이 하나님 앞에서 공로를 내세울 수 있는 자는 아무도 없다고 고백한다. 그 까닭은 두 가지로 제시된다. 하나는 창조주 하나님과 피조물인 인간의 차이이다. "우리는 모든 것을 우리의 창조주께 받았기 때문에, 그 분과 우리 사이의 차이는 이루 헤아릴 길이 없다."(『가톨릭교회 교리서』, 2007항) 다른 하나는 공로를 가능케 하는 은총은 하나님께서 자유로운 자신의 뜻에 따라 주시는 것이기 때문이다. "은총의 영역에서는 하느님께서 주도권을 행사하신다. 그러므로 회개와 용서와 의화의 기원이 되는 최초의 은총을 받을 권리가 있는 사람은 아무도 없다."(『가톨릭교회 교리서』, 2010항)

"은총을 받을 권리가 없다"는 표현을 주의하여 보아야 한다. 은총을 받을 권리는 없지만, 그렇다고 하여 아무나 은총을 받는 것은 아니다. 어떤 이에게 은총이 주어지고 다른 어떤 이에게는 은총이 주어지지 않는 차이가 있다면 그것은 무엇일까? 먼저 하나님은 인간이 아직 은혜를 받기 이전에라도 자신에게 있는 자연적 능력을 최선을 다해 행하여 자연적인 선을 다하는 사람에게 (*facere quod in se est*) 은총을 주셔서 의롭다함을 받기에 필요한 주입된 은총(*gratia infusa; graita habitualis*)을 위한 준비를 할 수 있도록 하신다. 이러한 준비를 할 수 있도록 주시는 은총을 선행은총(*gratia praeveniens*)이라 하며 이것은 또한 조력은총(*gratia actualis*)이다.

이제 조력은총을 받은 사람이 주어진 조력은총을 따라 최선을 다해 주입된 은혜를 받기 위하여 준비절차 일곱 단계를 최선을 다해 실행해 나가면, 그에게는 마침내 주입된 은혜가 주어진다. 하나님께서 그처럼 최선을 다한 사람에게 은혜를 주시기를 거절하지 않으시기 때문이다.(*facientibus quod in se est Deus non denegat gratiam*)[5]

천주교회는 여기서 공로를 말한다. 조력은총에 의하여 하나님의 말씀을 믿기 시작하는 일을 시작하므로 일곱 단계를 최선을 다해 실행하는 인간의 자유의지의 행사는 결코 그 자체로 공로를 인정받을만한 가치를 가지고 있지는 않다. 하지만 하나님께서 그의 관대하심에 따라서 그의 최선을 다한 노력에 공로를 인정하여 주입된 은혜를 부여해 주신다. 이러한 공로를 가리켜 재량공로(*meritum de congruo*)라 일컫는다. 주입된 은혜를 받은 자는 의롭게 하는 은혜(*gratia santificans, gratia gratum faciens*)를 받아 의롭다함을 받은 자가 된다.[6] 주입된 은혜란 "모든 죄책과 죄의 오염에서 구원을 받고, 내적으로 새로워지며, 신의 성품을 분여받게 하는" "영혼에 내재하는 성질"이다. 이러한 은혜로 인하여 죄인은 이제 치유를 받고 초자연적 수준에까지 이르게 되며, 초자연적인 신학적 덕목이 믿음, 소망, 사랑이 주어지고, 성령의 내주와 신적 본성에의 참여가 이루어진다. 그렇게 될 때, 이제 주입된 은혜와 더불어 주어지는 여러 은택들로 말미암아 거룩한 의화에 참여하게 된 의인은 초자연적인 선행을 행할 수가 있게 된다. 여기서 초자연적인 선행은 인간이 자유의지를 따라서

---

5 Herman Bavinck, *Reformed Dogmatics* 4:240.

6 Herman Bavinck, *Reformed Dogmatics* 3:639.

행한 것인 만큼 공로로 인정이 되며, 더 나아가 상존은혜(*gratia habitualis*)에 의해 형성된 신학적인 덕목의 능력을 조력은혜(*gratia actualis*)의 도움을 받아 행한 것인 만큼 진실한 공로, 곧 적정공로(*meritum de condigno*)를 이루게 된다.[7] 이러한 믿음을 담아 천주교회는 다음과 같이 주장을 한다.

> 최초의 은총을 받은 뒤 우리는 성령과 사랑의 인도를 받아, 우리 자신과 다른 이들을 위해, 우리의 성화를 위해, 은총과 사랑의 성장을 위해, 나아가 영원한 생명을 위해 필요한 은총을 받을 수 있게 하는 공로를 세울 수 있다.(『가톨릭교회 교리서』, 2010항)

벨직 신앙고백서에 나타난 개혁교회의 선행론

개신교회, 특별히 개혁파 교회는 오직 믿음으로만 의롭다함을 받은 자가 선행을 필연적으로 행하여야 한다는 사실에 특별한 강조를 한다. 예를 들어, 트렌트 공의회와 비교적 가까운 시기에 작성이 된 벨직 신앙고백서(1561년)는 성화와 선행에 대하여 다음과 같이 고백을 한다.

> 우리는 하나님의 말씀과 성령의 일하심에 관하여 들을 때 사람에게 일어나는 이 참된 신앙이 그를 새 사람을 만들어, 새로운 삶을 살게 하며, 죄의 굴레에서 벗어나 자유를 얻게 한다. 그러므로 이 의롭게 하는 신앙이 사람들을 경건하고 거룩한 생활을 영위하는 데 게으르게 만든다든지, 반대로 바로 그런 신앙이 없는 사람들이 하나님에 대한 사랑에서는 아무 것도 하려고 들지 않고, 자신에 대한 사랑이나 멸망에 대한 두려움에서 행한다고 하는 것은 진실과는 먼 이야기다. 그러므로 이 거룩한 신앙이 사람에게 아무런 결실을 가져오지 않는다는 것은 있을 수 없는 일이다. 왜냐하면, 우리는 헛된 신앙에 관해 말하는 것이 아니고, 오직 성경에서 말씀하는 사랑으로 일하는 신앙에 관하여 말한다. 이 믿음은 사람을 격려하여 하나님이 자기 말씀으로 명령하신 일들을 실천하게 하는 것이다. 이러한 행위들은 좋은 신앙의 뿌리에서 나온 것이므로 선하며, 하나님께서 받아들이실 만한 것이니, 하나님의 은혜로 성화된 것이기 때문이다. 그러나 그 행위들은 우리가 의롭게 되는 데는 아무 효력이 없다. 왜냐하면, 우리가 선을 행하기 전에라도 우리가 의롭다함을 받는 것은 그리스도를 믿는 신앙에 의한 것이니, 그렇지 않으면 나무 자체가 선하기 전에는 그 나무의 열매가 좋은 것이 될 수 없는 것이나 마찬가지로 우리의 행위가 선한 것이 될 수 없기 때문이다.
> 그러므로 우리가 선한 일을 행하되 그 것으로 공로를 세우는 것은 아니다. (도대체

---

[7] Herman Bavinck, *Reformed Dogmatics* 4:241.

우리가 무슨 공로를 세울 수 있겠는가?) 아니, 우리는 우리가 행하는 선한 일을 위하여 하나님을 우러러 보는 것이고, 그가 우리를 바라보시지 않는다. 왜냐하면, 하나님께서 우리 안에서 일하셔서 우리로 하여금 그가 기뻐하신 뜻을 행하고자 하는 마음을 갖게 하시고 행하게 하시기 때문이다. 그러므로 기록된 말씀을 마음에 두기로 하자. "이와 같이 너희도 명령 받은 것을 다 행한 후에 이르기를 우리는 무익한 종이라 우리가 하여야 할 일을 한 것뿐이라 할지니라."

그간에 우리는 하나님께서 선한 행위에 대하여 상을 주신다는 사실을 부인하지 않는다. 그러나 하나님께서는 자기의 선물을 은혜를 통하여 주신다. 우리가 선행을 행하여도 그 일에서 우리의 구원을 구하지 않는다. 왜냐하면, 우리는 우리의 육신의 욕심으로 오염되어서 벌을 받을 만한 일만 하기 때문이다. 또 우리가 이러한 일들을 행할 수 있을지라도 한 가지 죄에 대한 기억만으로도 하나님께서는 그 행위들을 거부하시기에 충분하다. 따라서 우리는 늘 확실성 없이 의심하는 가운데 우왕좌왕할 것이며, 우리가 구주의 고난과 죽음의 공로에 의하지 않는다면, 우리의 빈약한 양심은 계속 고민하게 될 것이다.(제24조 사람의 성화와 선행에 관하여)

벨직 신앙고백서가 제24조 사람의 성화와 선행에 관한 항목에서 고백하는 크게 세 가지이다. 첫째, 구원받은 자의 신앙의 열매로서의 선행에 관한 강조이며, 둘째, 선행이 결코 공로가 아니라는 것이며, 셋째, 선행에 대해 상을 주신다는 사실의 인정이다.

의롭게 하는 믿음의 필연적인 열매로서의 선행

첫째와 관련하여 개혁교회는 죄인이 의롭다함을 받는 일이 어떤 선행이나 그것에 근거한 공로에 의한 것이 아니라 오직 그리스도 예수의 공로를 믿음으로 되는 것임을 단호하게 그리고 확정적으로 선언한다. 앞의 인용에서 보듯이, 벨직 신앙고백서는 의롭게 하는 신앙은 새 사람을 만들며, 새로운 삶을 살게 하며, 죄의 굴레에서 벗어나 자유를 얻게 하며, 그 자유를 게으름과 나태에 빠지는 데에 사용하지 않고 오히려 경건하고 거룩한 생활을 영위하는데 더욱 열심을 내도록 한다고 밝히고 있다.

선행은 말씀과 성령에 의하여 일어난 참 신앙이며 의롭게 하는 신앙에서 비롯되는 것인 만큼, 성화는 의롭다함을 받는 칭의의 은혜와 비분리적임을 알 수 있다. 어떤 경우에도 개혁신학은 구원과 관련하여 선행과 분리된 채, 성령의 열매인 사랑과 선행을 맺지 않은 채 독립적으로 나타나는 믿음에 대해서는 말하지 않는다. 의롭다함을 받기 위하여 예수 그리스도를 의지하는 믿음은 항상 사랑으로 열매를 나타내는 믿음이다.

> [믿음으로] 그리스도와 그의 의를 받아들이고 의지하므로, 믿음은 칭의의 유일한 방편이다. 그렇지만 의롭다함을 받은 자에게 있어서 믿음은 단독적으로 있는 것이 아니라 항상 다른 구원의 은혜들을 함께 수반하며, 결코 죽은 믿음이 아니라 사랑으로 역사하는 믿음이다.(웨스트민스터 신앙고백서, 11장, 2항)

뿐만 아니라 이처럼 의롭다함을 받는 믿음이 사랑으로 역사하는 믿음인 까닭에 대하여 개혁교회는 벨직 신앙고백서가 고백하는 바대로 말씀과 성령에 의한 필연적 결과로 가르친다. 웨스트민스터 신앙고백서도 성령께서 말씀을 통해 부르시고 중생케 하신 후에 또한 그렇게 불러 죄인된 자를 의롭게 하신 후에 말씀으로 또한 거룩하게 하시는 일을 행하심을 다음과 같이 강조한다.

> 일단 유효적인 부르심을 받고 중생하여 새로운 심령과 영의 창조함을 받은 자들은 그리스도의 죽으심과 부활에 힘입어 그들 가운데 거하시는 그의 말씀과 영에 의해 실제적이며 인격적인 성화를 이루어 간다. 즉 온 몸을 주관하는 죄의 권세가 파괴되고, 죄의 권세의 지배에서 비롯되는 몇 가지 정욕들이 점점 약화되며 극복이 된다. 그리고 점점 구원의 은혜 안에서 참된 거룩함을 실현하는 일에 신속하며 확고해진다.(웨스트민스터 신앙고백서, 13장 1항)

> 이 거룩함이 없이는 아무도 주님을 보지 못할 것이다. 이 성화는 전 인격을 통하여 일관되게 나타나는 것임에도 불구하고, 여전히 전 인격의 각 부분마다에 남아 있는 얼마간의 부패성으로 말미암아 금생에 있어서는 아직 불완전하다. 그러기 때문에 화해될 수 없는 전쟁이 계속적으로 일어나, 육체의 소욕은 성령을 거슬러 대항하고, 성령은 육체를 거슬러 싸운다.(웨스트민스터 신앙고백서, 13장 2항)

이러한 성화의 원리는 성령과 말씀의 관계 안에서 의롭다함을 받는 믿음과 필연적으로 비분리적이기 때문에, 개혁교회는 하이델베르크 요리문답에서 선행의 삶을 살지 않는 사람을 결단코 구원을 받을 수 없음을 선언한다.

> 질문 87: 그렇다면 감사하지도 않으며 회개의 삶을 살지도 않은 채 하나님께로 돌이키지

않는 사람들은 구원을 받을 수 없는 것입니까?

답: 결코 구원을 받을 수 없습니다. 음란한 자, 우상 숭배자, 간음하는 자, 도둑질하는 자, 탐욕을 부리는 자, 술 취하는 자, 모욕하는 자, 강도질하는 자와 그와 같은 일을 하는 자들은 하나님 나라를 유업으로 받지 못할 것임을 성경은 선언하고 있기 때문입니다.(고전 6:9-10; 갈 5:19-21; 엡 5:1-20; 요일 3:14)

하이델베르크 요리문답은 회개의 삶을 살지 않는 사람은 구원에 대해 하나님께 감사를 하지 않는 사람이며 그러한 사람은 구원을 받을 수 없다고 가르친다. 이 교훈은 바로 개혁교회의 가르침 안에서 선행이란 구원을 이루는 근거가 아니며 구원을 받은 자가 표하여 드리는 감사의 찬양임을 말한다. 즉 선행은 구원을 주기에 합당한 조건으로서의 공로가 아니다.

이러한 진술들은 개혁교회가 결코 믿음으로만 의롭게 되는 은혜의 교리를 가르친다고 하여 윤리적 방임이나 율법폐기론자와 같은 방종의 삶을 조장하지 않으며 결코 그럴 수도 없음을 확증해 준다. 개신교회를 향하여 이러한 우려를 표하며 비판을 한 천주교회의 주장은 정당성을 상실한다.

선행은 공로가 아니다

개혁교회는 선행이 구원받은 자에게 나타나는 필수적이며 필연적인 영적 열매이며 증거라는 사실을 아무리 강조를 한다할지라도, 벨직 신앙고백서 24조가 교훈하는 두 번째 사실에서 보듯이, 선행이 공로라고는 절대로 가르치지 않는다. 이를 테면 하이델베르크 요리문답은 선을 행하여야 하는 이유와 관련하여 다음과 같이 고백한다.

질문 86: 우리가 우리의 비참함에서 구원을 받은 것은 우리가 수고한 공로로 인한 것이 아니라, 오직 하나님의 은혜로 그리스도로 말미암아 얻은 것일 뿐인데, 어찌하여 우리는 여전히 선을 행하여야만 하는 것입니까?

답: 진실로 그리스도께서는 그의 보혈로 우리를 구속하셨습니다. 그러나 그리스도께서는 또한 그의 성령으로 우리를 새롭게 하시어 그를 닮도록 하시기 때문입니다. 그리하여 우리는 모든 생활을 통해서 하나님께서 우리에게 행하신 모든 은택에 대해 감사를

표현하며, 아울러 우리 각 사람은 선행의 열매를 통해 자신의 믿음을 확신케 되고, 우리의 이웃들도 또한 우리의 경건한 삶으로 인하여 그리스도에게로 인도함을 받게 됩니다.

죄인이 비참한 상태에서 구원을 받은 것은 공로가 아니라 은혜임을 선언하고, 그럼에도 불구하고 선행을 하여야 하는 이유에 대하여 답을 하는 하이델베르크 요리문답의 구성은 선행을 천주교회와는 전혀 다른 관점에서 이해하고 있음을 말해준다. 개혁교회는 선행은 하나님께서 죄인에게 행하신 구원의 은택에 대해 감사하는 것이므로, 후행적이며, 또한 믿음의 열매이기 때문에 경험적으로 믿음을 확신케 되고, 또한 이웃에게 하나님의 영광을 드러내는 증거의 삶이지만, 그 어디에도 영원한 생명을 얻기 위한 가치로서 공로를 세우기를 전제하거나 요구하지 않는다.

개혁교회가 천주교회와 모두 선행의 중요성을 강조하면서도 구원론적 이해의 구조에 있어서 이처럼 완전히 상반된 이해의 차이를 낳는 까닭은 인간의 자유의지에 대한 이해와 관련한다. 개혁교회는 천주교회가 말하는 재량공로(*meritum de congruo*)이건 적정공로(*meritum de condigno*)이건 전혀 공로를 말하지 않는다. 그 까닭은 개혁교회는 사람이 하나님의 은혜를 받을 것인지 아니면 거부할 것인지와 관련하여 하나님의 의지와 관계없이 사람이 자신의 의지로 결정할 수 있다고 생각하지 않기 때문이다. 개혁교회가 이렇게 생각하는 것은 사람의 자유선택의 의지를 부정하기 때문이 아니다. 개혁교회의 고백에 따르면 타락한 인간에게는 하나님의 은혜에 대한 순종의 반응을 할 가능성과 능력이 전혀 없다. 하이델베르크 요리문답은 이에 대해 다음과 같이 간결하게 교훈한다.

질문 8: 그렇다면 우리는 어떠한 선도 전혀 행할 수가 없으며 온갖 사악한 일들만을 행하는 데로 이끌려 갈 정도로 그렇게 부패해 있습니까?

답: 정말로 그렇습니다. 우리가 하나님의 영으로 새롭게 태어나지 않는다면, 참으로 그렇습니다.

여기서 개혁교회는 성령으로 새롭게 태어나지 않으면 결코 하나님께서 인정하는 영적 선을 행할 수 없다고 말한다. 이것은 부패한 성품은 영적인 선에 대해서는 아무런 생명력이 없음을 뜻한다. 그런데 천주교회도 앞서 말한 바처럼 자연적인 일이 아니라 초자연적인 일, 곧 하나님을 바라보며 나오는 일 등에 있어서 은혜가 우선하지 않으면 인간이 스스로 자유의지에 따라 반응을 할 수 없다고 말한다. 그렇다면 천주교회도 은혜가 먼저 주어져 자유의지를 일깨우고 자극시켜야 한다고 은혜의 우선성을 고백한다는 점을 생각할 때, 개혁교회와 천주교회가 말하는 교리적 차이는 무엇일까? 그것은 은혜와 자유의지의 관계에 대한 이해에 있다.

천주교회는 은혜가 미리 주어진다고 하더라도 그 은혜에 순종할 것인가 아니면 은혜를 거부할 것인가는 여전히 인간의 자유선택의 의지에 달려 있다고 생각한다. 조력은총이 주어져 죄인의 지성을 일깨우고 자극을 시키지만 그러한 은총의 도움을 받아 순종의 반응을 실행하는 것은 인간의 자유선택의 결정에 따른다.

반면에 개혁교회는 하나님께서 구원을 하기로 작정한 사람에게 은혜를 주시면 그는 그 은혜를 거부하지 않은 채 순종을 한다고 생각을 한다. 즉 하나님의 작정이 하나님께서 은혜를 주시면 은혜를 받은 자의 순종을 통해서 반드시 실현이 되는 것이다. 이를 가리켜 불가항력적 은혜로 일컬어진다. 천주교회는 불가항력적 은혜를 말하는 개혁교회 주장은 인간의 자유선택의 의지를 부인하는 잘못된 것이라고 매우 강하게 저주를 선언한다.

> 하나님에 의하여 움직이고 일깨워지는 인간의 자유의지(자유선택, liberaum arbitrium)는 일깨우시고 부르시는 하나님을 따르는 일에 - 이렇게 하여 사람은 의롭게 되는 은혜를 얻을 수 있는 성향과 준비를 하게 되는데 - 어떤 식으로든지 이무런 협동을 하지 않는다고 말하는 사람이 있다면 저주가 있을지어다. 또한 원한다 하더라도 거부할 수 없으며, 생명력이 없는 것처럼 어떤 것이든지 행할 수가 없으며, 단지 수동적으로만 있을 수 있을 뿐이라고 말하는 사람이 있다면 저주가 있을지어다.(제 6차 속회, 법령 4항)

천주교회의 이러한 주장은 기본적으로 자유선택을 '비결정의 자유'(*libertas indifferentiae*)로 이해하는 데에서 비롯된다. 비결정의 자유란 "행동에 필요한 모든 요구들이 설정이 되었을 때에, 의지가 행동을 할 수 도 혹은 하지 않을 수도 있는 능력"(the faculty by which all things requisite for acting being posited, the will can act or not act)이 자유의 본질이라는 주장에 따른 개념이다.[8] 이러한 개념에 따라서 천주교회는 하나님의 은혜도 인간의 자유의지의 선택의 대상이며, 인간이 받아들일 것인가 아니면 거부할 것인가를 결정하는 선택의 능력에 따라 결과가 달라진다고 생각한다. 따라서 공로의 여지가 확보가 된다.

그러나 과연 그런가? 개혁교회는 생각이 다르다. 개혁교회는 자유선택을 기본적으로 '자원의 자유'(*libertas spontaneitatis*)로 이해를 한다. 따라서 자유선택의 본질이 외적인 억압으로부터 자유로운 상태(*libertas a coactione*)에서 자신이 원하는 바를 행하는 데에 있다고 본다. 그렇기 때문에 하나님의 작정에 의하여 인간이 하나님의 은혜에 저항하지 않고 순종하게 되는 일이 외적인 강압이 없이 자발적으로 이루어진 일이면 인간의 자유선택의 의지를 전혀 손상시킨 일이 되지를 않는다.[9]

개혁교회는 인간이 타락한 이후에는 전적으로 부패하여 어떤 영적 선도 행할 수가 없다는 사실을 가르친다. 그 때 그 부패한 성품에 따라 자원하는 마음으로 악을 행할 때 그 악의 책임은 그것을 행한 사람에게 있다. 이와 마찬가지로 하나님의 은혜로 심령이 새롭게 태어나 하나님의 영적 선을 바라는 소망이 있게 되어 자원하는 마음으로 하나님의 은혜에 반응하게 되는 일은 인간의 자유선택을 침해하는 것이 결코 아닌 것이다. 하나님의 은혜가 하나님의 작정에 의하여 예정된 인간에게 실행이 될 때 그것은 제 2원인인 인간의 자유를 침해하지 않고 그것을 따라 자유롭게 실행이 된다. 따라서 개혁교회는 불가항력적인 은총에 의한 구원의 이해에 따라서 어떠한 의미에서의 공로를 인간에게 부여할 가능성을 인정하지 않는다. 오직 은혜로 구원이 주어지며 공로는 없다. 이 진리를 벨직 신앙고백서는 다음과 같이 단순한 진술로 잘 드러낸다: 그러므로 우리가 선한 일을 행하되 그 것으로 공로를 세우는 것은 아니다. (도대체 우리가 무슨 공로를 세울 수 있겠는가?)

선행에 대한 보상은 있다

---

8 졸고, "개혁신학의 구원과 성화," 『개혁신학의 구원과 성화』 김정우·오덕교 편 (서울: 이레서원, 2005), 131.

9 Richard A. Muller, "libertas a coactione," "liberum arbitrium" in *Dictionary Latin and Greek Theological Terms* (Grand Rapids, MI: Baker Book House, 1985), 175-78을 참조할 것.

이제 끝으로 벨직 신앙고백서에서 살펴본 선행론과 관련한 세 번째 교훈을 잠깐 언급하자. 진실로 개혁교회는 선행이 영생을 얻는 공로가 된다는 천주교회의 주장을 부정한다.[10] 그러나 그것이 하나님께서 선행을 보상하신다는 사실을 부정하는 것은 아님에 유의하여야 한다. 일부 개혁신학자들은 천주교회의 공로적 보상에 대한 오류에 반발하여 영광의 상태에서의 일체의 차등을 부인하였다. 그러나 그것이 하늘에서의 영광의 부요함의 정도의 차이를 부인하는 데까지 나가는 것은 개혁교회의 교훈이 아니다.

어떠한 보상도 선행의 공로교리에 의하여 세워질 수는 없다. 인간이 본래 요구할 상이란 있을 수가 없는 것이기 때문이다. 바빙크(Herman Bavinck)가 잘 지적하고 있듯이 인간이 모든 율법을 성취한다 할지라도 그가 할 말은 단지 "우리는 무익한 종이라 우리가 하여야 할 일을 한 것뿐이라"(눅 17:10)고 할 것뿐이다. 그럼에도 하나님께서는 하나님의 자녀들에게 상을 베푸신다. 그 상은 인간의 공로가 아니라, 하나님 자신의 자유로운 주권적 은혜로부터 주어진다.[11]

> 사람들 사이에 존재하는 온갖 종류의 커다란 다양성은 영원 한에서 없어지지 않은 채 다만 죄된 모든 것에서 깨끗해져서 하나님과 교제하고 서로 서로 교제하는 데에 유익하게 사용이 된다. 이 땅에 있는 신앙 공동체 안에 자연적인 다양성이 영적인 다양성에 의하여 증가되듯이(고전 12:7ff.), 이러한 자연적이며 영적인 다양성이 하늘에 있는 영광의 다양한 정도에 의하여 그곳에서도 증가된다.[12]

바빙크의 설명은 17세기 개혁주의 정통신학자들과 일치한다. 영광의 정도(*gradus gloriae*)는 이 땅에서 성도 각각이 맺은 얼매의 성노에 따라 달라질 것이다. 그러나 그것은 공로의 획득에 따라 달라지는 것이 아니다. 왜냐하면 그러한 주장을 할 공로란 있을 수가 없기 때문이다. 다만 단일한 그리스도의

---

10 "천주교회에서는 의롭게 함, 거룩하게 함, 그리고 영화롭게 함의 모든 일들이, 비록 인간에게 주입된 초자연적 은혜를 기반으로 하여 이루어지는 일이라 할지라도, 인간 자신들의 일이다. 주입된 은혜를 받은 이후에, 인간은 적정공로(a condign or full merit)를 이루어 스스로 영생과 하늘에서 하나님을 뵙는 복된 이상에 합당한 자로 만들어야 한다. 만일 이 세상에서 이것을 이루지 못한다면, 그들은 … 완전함에 이를 때까지 땅에서의 일을 내세에서도 반드시 계속해야만 한다." Herman Bavinck, *Reformed Dogmatics* 4:635.

11 Herman Bavinck, *Reformed Dogmatics* 4:729.

12 Herman Bavinck, *Reformed Dogmatics* 4:727-28.

신비한 몸의 영광을 위하여 그들 각각이 공헌한 정도에 따라서 그리스도의 몸 안에서 은혜의 부요함과 다양함이 있게 될 것이다.[13]

나가는 말

지금까지 천주교회의 선행론이 은혜론과 공로론과 더불어 서로 연결되어 구성되어 있음을 살펴보았다. 표면적으로는 은혜의 우선성과 주도권을 강조하지만, 결국 천주교회의 구원은 끝까지 인간이 행함을 통하여 이루어야 하는 결과를 낳는다. 반면에 개혁교회는 하나님께서 작정하신 구원의 예정을 마침내 스스로 이루시어 죄인을 구원하시는 전적인 은혜의 교훈을 말한다. 그러한 은혜의 교리 안에서 개혁교회의 선행론은 감사와 찬양, 그리고 이웃을 향한 하나님의 증거로 그 목적과 이유가 요약이 된다. 개혁교회의 은혜교리야말로 진정한 은혜를 선포한다. 이러한 사실은 개혁교회 모든 이들에게 마땅한 한 질문을 던진다. "더욱 더 큰 은혜를 받았으니 더욱 더 선한 행실로 하나님께 감사하며 찬양을 드려야 마땅하지 않은가?" 이 질문의 소리를 더욱 더 높여야 할 이유를 더해가는 오늘날 한국교회의 실정을 보면서, 종교개혁의 신앙유산과 개혁교회의 교훈을 더욱 더 잘 가르치고 지켜나가야 할 필요성을 절감한다. (*)

---

[13] Heinrich Heppe, *Reformed Dogmatics*, translated by G. T. Thomson (Grand Rapids, MI: Baker Book House, 1978 reprinted), 709-10을 볼 것.

개혁신학의 구원과 성화

김병훈 ▌ 조직신학 · 부교수

1. 들어가는 말

개혁신학에 있어서의 성화론은 종교개혁신학의 중심 논제인 칭의론과 맞물려
개혁신학 안에서 중심적 위치를 차지한다. "성경적 교리"와 "거룩한 삶"으로
표현되는 신학과 실천, 교리와 경건의 삶의 유기적 비분리성은 개혁신학의
본질적 구조를 형성한다.[1] 따라서 개혁신학의 성화론을 살피는 일은 구원론의
전반에 걸친 여러 주제들 가운데 어느 하나를 이해하는 것에 그치지 않는다.

우선 개혁주의 스콜라신학의 구원의 서정(*ordo salutis*)에 따라 살필 때,
성화론을 바르게 이해하기 위하여서는, 칭의론과 비교하여 개념상의 차이를
이해하여야 하며, 이때에 믿음이 칭의와 성화에 있어서 어떠한 의미를 지니는
지를 동시에 살펴야 한다. 아울러 중생 그리고 선행 등이 성화와 어떠한 관계를

---

[1] Sinclair B. Ferguson, "The Reformed View," in *Christian Spirituality: Five Views of
Sanctification* (Downers Grove, IL: InterVarsity Press, 1988), pp. 46-47; I. John Hesselink, *Calvin's
Concept of the Law* (Allison Park, PN: Pickwick Publications, 1992), 251-52.

지니는 지에 대한 이해를 함께 추구하여야 한다. 이러한 논의는 성화에 있어서의 은혜의 역할에 대한 문제, 하나님의 은혜에 대한 반응으로서의 사람의 자유와 책임에 대한 문제, 성화의 "거룩함"의 대척점으로서의 "죄"에 대한 문제 등에 대한 전반적인 이해를 바탕으로 하여 이루어져야 한다. 이러한 이해의 맥락에서 성화론을 이해할 때에 성화론에 관련한 오류들, 예를 들어 완전주의(perfectionism)의 오류들을 바르게 확인할 수 있게 된다.

개혁주의 성화론에 대한 이해는 구원의 서정과 관련한 교리적 접근 이외에 언약신학의 관점에서 또한 살펴져야 한다. 그것은 모든 개혁신학이 언약신학이라고 할 수는 없겠지만, 언약신학 혹은 언약의 개념이 개혁신학의 중심 사상인 것은 분명하기 때문이다. 언약신학과 관련한 성화론의 관찰은 행위언약과 은혜언약의 구별과 관련한 맥락 안에서의 "성화"의 요구를 살펴보는 것을 의미하는 데, 이것은 구체적으로 "성화"와 "언약 구조 안에서의 율법"과의 상관성을 살피는 것을 의미한다. 이러한 노력은 결과적으로 반율법주의(anti-nomism)나 율법주의(nominalism)의 오류를 드러내게 될 것이다.

이처럼 신학적 연계성의 맥락에서 성화론을 살피는 것은 결국 개혁신학이 천주교회나, 루터파, 그리고 알미니안파 등의 신학과 서로 어떻게 다른지를 확인하는 과정을 수반하게 된다. 어느 교파의 신학이든지 다른 교파들의 신학과의 상호연관성을 떠나서 독립적으로 구성되는 것이 아니니 만큼, 개혁신학의 성화론에 대한 이해는 신학의 전체 지평 가운데 개혁신학의 자리를 확인할 필요가 있다.

이러한 과제를 수행하기 위하여서는, 우선 개혁주의 성경해석 원리에 근거한 성경의 가르침에 따라 성화론을 살피거나, 주요 개혁신학자들의 신학 사상을 조명하거나, 개혁주의 신앙고백서와 요리문답서 등의 신앙문서에 담겨 있는 교훈들을 해설하는 등의 연구가 이루어져야 한다. 본 고에서는 성화론을 이해하는 데에 필요한 몇 가지 논제들을 제시하고, 이에 대한 답을, 개혁신학의 신앙문서들[2]에 대한 분석을 토대로 확인하는 방식으로, 개혁신학의 성화론을

---

2 본고에서 참조하는 16, 17세기 개혁신학의 신앙문서들은 벨직신앙고백서(1561), 하이델베르크요리문답(1563), 제 2 스위스 신앙고백서 (1566), 도르트 신경(1619), 웨스트민스터신앙고백서 및 대, 소요리문답 (1647) 등이다. 이 신앙문서들이 강조점에 있어서 서로 다른 특징을 보이지 않는 것은 아니나, 개혁신학이라는 전체의 틀을 유지하는 전반적인 신학의 동질성을 해칠만한 것들은 아니다. 따라서 본고는 개혁신학의 신앙문서들을 특별한 제한을 두지 않고 인용하여 개혁신학의 사상을 설명하고자 한다.

지면의 제한된 범위 안에서 간략히 밝히고자 한다.[3]

2. 종교개혁의 이유: 칭의와 성화

종교개혁 이후의 '개신교 스콜라 정통신학'(Protestant Scholastic Orthodox theology)의 한 축으로서의 개혁신학은 다른 한 축인 루터파와 더불어 성화론을 칭의론과 구별하여 다룬다. 이러한 구별은 종교개혁 당시 천주교회와의 신학 논쟁 가운데서 종교개혁의 신학의 중심을 이룬다. 반면에 천주교회는 중세 스콜라신학의 전통을 따라 칭의론과 성화론을 동일시하여 한 주제로 다룬다.[4] 실제로 한국의 천주교회는 "의롭게 하심(iustificatio)"의 주제에 대한 한국어 표현을 위하여, 성화론(聖化論)과의 구별을 전제로 하는 "칭의론(稱義論)"이라는 말보다는, "의화론(義化論)" 또는 "성의론(聖義論)"이라는 말을 사용하고 있다.[5]

예를 들어 개혁신학의 웨스트민스터 소요리문답은 칭의와 성화를 다음과 같이 구별한다.

---

[3] 본 고의 연구방식은, 본 고가 "남포교회 20주년 학술축제 - 구원 그 이후: 성화의 은혜" (2005. 3. 7)에서 발표되는 주제 강의들 중의 하나로 다루어지고 있음을 감안하여, 주제를 다루는 접근 방식에 있어서 다른 주제 강의들과의 중복을 피하기 위한 선택임을 밝혀둔다.

[4] 천주교회의 신학은 교단에 따라서 다소 차이가 나타남을 인정한다. 예를 들어 하나님의 은혜와 인간의 책임의 이해에 있어서 도미니칸교단과 프란시스칸교단을 비교하면, 전자는 어거스틴의 은혜에 대한 이해와 연속성이 강한 반면에, 후자는 다소 세미-펠라기우스적인 요소를 지니고 있다. 이러한 차이점에도 불구하고, 종교개혁 이전의 교리사의 연구는 종교개혁자들이 제시한 "칭의"와 "성화"의 구별이 종교개혁 이전에는 분명하게 나타나지 않고 있다는 데에 대체로 의견을 같이 한다. 종교개혁자들에게 "오직 은혜"의 사상의 영향을 강하게 주었던 어거스틴에게서도 "의롭게 함(iustificare)"은 신자가 전 생애에 걸쳐서 믿음과 사랑으로 의롭게 변하여 가는 것을 의미하였다. 이러한 이해는 아퀴나스 등에서도 보듯이 중세 스콜라신학의 구원론의 구조를 이룬다. 본고에서는 천주교회의 신학이 갖는 다양성을 일일이 지적하지 않은 채, 16세기의 트랜트종교회의의 신경과 20세기의 제 2 차 바티칸공의회에 의한 천주교회요리문답을 중심으로 천주교회의 신학을 정리한다. Augustine, *The Spirit and the Letter*, in *Augustine: Later Works*, LCC edited by John Burnaby (Philadelphia, PN: The Westminster Press, 1955), sec. 45, p. 228; Peter Toon, *Justification and Sanctification* (Westchester, IL: Crossway Books, 1983), pp. 45-54; Thomas Aquinas, *Summa Theologicae* I-II, q. 113, a. 1; Daniel A. Keating, "Justification, Sanctification and Divinization in Thomas Aquinas," in *Aquinas on Doctrine*, edited by Thomas Weinandy, et al. (London, UK: T&T Clark Ltdl, 2004); Michael G. Lawler, "Grace and Free Will in Justification: A Textual Study in Aquinas," pp. 601-30을 참조할 것.

[5] 김희중, "의화론," *가톨릭 대사전* (서울: 한국교회사연구소, 1985), pp. 6917-26.

칭의는, 믿음으로만 받으며 우리에게 전가된 오직 그리스도의 의 때문에, 우리의 모든 죄를 용서하시고, 우리를 그가 보시기에 의로운 자들로 받아주시는, 하나님께서 값없이 주시는 은혜의 사역이다.[6]

성화는 우리가 전인격적으로 하나님의 형상을 좇아 새롭게 되며, 죄에 대하여서는 더욱 더 죽은 자가 되고, 의에 대하여는 더욱 더 산자가 되도록 하는 하나님께서 값없이 주시는 은혜의 사역이다.[7]

즉 칭의론은 그리스도의 의로 말미암는 죄 사함과 의롭다 여김을 받는 은혜를 다루는 반면에, 성화론은 그리스도의 의로 말미암는 성령님의 역사로 인해 옛 사람이 죽고 새 사람이 살아나는 은혜를 다룬다.[8]

반면에 천주교회의 반종교개혁(counter-Reformation)을 위한 트렌트종교회의(1545-63)는 1547년에 작성한 "칭의에 관련한 칙령"에서 칭의와 성화를 구별하는 종교개혁신학을 정죄한다.

사람이 의롭게 되는 일과 관련하여 성령님께서 사람의 심령에 부으시고 또한 내재케 하시는 은혜와 사랑을 배제한 채, 그리스도의 의의 전가만으로 의롭게 된다고 말하거나, 죄의 용서만으로 의롭게 된다고 말하거나, 혹은 사람이 의롭게 되는 은혜는 단지 하나님의 선하신 뜻일 뿐이라고 말하는 자가 있다면, 그 자에게 저주가 있을 것이다.[9]

트렌트종교회의의 신경은 "의롭게 하심"이 "하나님의 은혜와 용서를 자발적으로 기꺼이 받음으로써 죄를 용서받는 것뿐만 아니라 속사람이 거룩해지고 새롭게 되는 것으로 이루어지며", 이를 통하여 죄인은 "불의한 자에서 의로운 자로 변하며," "원수였다가 친구로 변하며," 그 결과 "영생을 바라는 상속자"의

---

6 *Westminster Shorter Catechism*, q & a. 33.

7 *Westminster Shorter Catechism*, q & a. 35.

8 벌카워(G.C. Berkouwer)는 칭의와 성화에 대한 이러한 구별은 종교개혁자들 간에 완전히 일치하는 것이며, 아울러 또한 성경의 교훈에 일치하는 옳은 것임을 밝히는 논증을 제공한다. 그의 책, *Faith and Justification* (Grand Rapids, MI: Eerdmans, 1954)과 *Faith and Sanctification* (Grand Rapids, MI: Eerdmans, 1952)을 참조할 것.

9 *Decrees of Council of Trent*, sess. 6, can. 11. 트렌트종교회의의 신경과 칙령의 원문을 위하여서는 Henrich Denzinger, *Enchiridion Symbolorum: Definitionum et Declarationum de rebus fidei et morum* (Freiburg: Verlag Herder, 1965); Philip Schaff, *The Creeds of Christendom* vol. II (Grand Rapids: Baker Book House, 1990 reprinted)과 Norman P. Tanner, ed., *Decrees on the Ecumenical Councils* vol. II (London and Washington DC: Sheed & Ward and Georgetown University Press, 1990) 등을 살펴볼 것.

지위를 누린다고 쓰고 있다.[10]

트렌트종교회의 신경 및 칙령은 중세 스콜라신학의 전통을 따라 "의롭게 함"을 그리스도의 의가 하나님의 은혜로 사람에게 실제로 "주입된 의(iustitia infusa)"의 측면에서 이해하는 반면에, 개신교 신학은 "의롭게 함"을 죄인의 죄책과 형벌을 제하여 주시며 그리스도의 의를 덧입히시는 "전가된 의(iustitia imputata)"로 이해하면서, 죄인의 실제적인 변화는 성화의 은혜로 이해한다. 따라서 천주교회의 "의롭게 함"의 교리는 실제적으로 의롭게 됨을 말하는 변화의 관점(the transformation view)을 반영하는 반면에, 개신교회는 "의롭게 함"을 소극적 측면에서의 죄의 사함과 적극적 측면에서의 그리스도의 의의 전가를 선언하는 법정적 행위(actus forensis)의 의미로 풀이하면서, 동시에 의의 실제적 실현으로의 거룩함은 칭의론과 구별하여 성화론으로 다룬다.[11] 얼핏 생각하기에는 이러한 차이는 단지 형식상의 차이일 뿐이며, 천주교회나 개신교회나 내용상으로는 동일한 영적 진리를 가르치는 것이라고 판단을 할 수도 있다.[12] 하지만 이러한 차이가 천주교회와 개신교회 사이의 신학 전반에

---

[10] 참고로 라틴원문을 제시하면 다음과 같다: "quae[iustificatio] non est sola peccatorum remissio, sed et sanctificatio et renovatio interioris hominis per voluntariam susceptionem gratiae et donorum, unde homo ex iniusto fit iustus et ex inimico amicus, ut sit haeres secundum spem vitae aeternae" from *Decrees of the Council of Trent*, sess. 6, ch. 7.

[11] Klass Runia, "Justification and Roman Catholicism," in *Right With God*, ed. by D.A. Carson (Carlisle, UK: Paternoster, 1992; Grand Rapids, MI: Baker Book House, 1992), p. 211.

[12] 종교개혁의 때에 신학의 중심에 있었던 "의롭게 함"에 대한 개신교회와 천주교회의 이해의 차이를 비평적으로 다시 조명함으로써 교회의 일치를 도모하고자하는 학문적 노력들이 20세기 후반에 걸쳐서 계속되어 왔다. 한스 큉(Hans Küng)은 칼 바르트(Karl Barth)의 지도 아래 쓴 논문집을 출판하면서 개신교 신학자인 바르트의 칭의에 대한 이해가 트렌트종교회의를 포함한 천주교회의 것과 실제적인 차이가 없다고 주장을 하였다. 큉의 비르트와 트렌트종교회의에 대한 해석의 적합성에 대해서는 논란이 많았으나, 이로 인하여 "의롭게 함"의 교리에 대한 재 고찰의 관심이 증가되었다. 무엇보다도 루터파의 한 교단과 천주교회가 교회일치를 위하여 "의롭다 함"의 교리에 대한 연구를 합동하여 시행하였으며, 그 결과 신학의 구성에 있어서는 차이가 있지만, 그리스도의 은혜로 말미암는 구원의 은혜성이라는 가장 중요한 측면에서 실질적인 차이가 없다는 결론을 내렸다는 소식은 개신교 신학계에 커다란 파장을 일으켰다. 이에 대항하여, 루터파 미주리교단은 반박의 비평을 내었고, 기타 개신교 진영에서 계속적인 비판의 목소리들이 제기 되었다. 다음의 책들을 참조할 것. Hans Küng, *Justification: the Doctrine of Karl Barth and a Catholic Reflection* (New York: Thomas Nelson & Sons, 1964); H. George Anderson, T. Austin Murphy, and Joseph A. Burgess, ed., *Justification by Faith: Lutherans and Catholics in Dialogue VII* (Minneapolis, Minn.: Augsburg, 1985); Karl Lehmann and Wolfhart Pannenberg, ed., *The Condemnations of the Reformation Era* (Minneapolis, Minn.: Fortress Press, 1989); Karl Lehmann, Michael Lee and Willam G. Rusch, *Justification by Faith: Do the Sixteenth-Century Condemnations Still Apply?* (New York: the Continuum Pub. co., 1997); The Lutheran World

걸친 내용상의 차이로 인하여 발생한 것임을 놓쳐서는 안 된다.[13] 본 고의 논제는 칭의론 자체의 논의가 아니라 성화론이므로, 개혁신학의 구별에 의한 칭의와 성화의 의미를 설명하면서 연관된 내용들을 덧붙여 설명하기로 한다.

3. 죄의 개념과 칭의와 성화의 구별

개혁신학이 칭의와 성화를 구별하는 것은 죄와 그로 인하여 발생하는 비참한 결과에 대한 이해와 맞물려 있다. 인간의 죄에 대한 이해는 두 가지의 요소를 내용으로 한다. 하나는 죄의 책임성(*reatus*)이며, 다른 하나는 성품의 부패성(*corruptio*)이다. 이 두 가지 요소와 관련하여 하나님께서 베푸시는 구원의 은혜를 어떻게 이해하는가에 따라서 천주교회와 개혁교회는 구원론의 이해를 달리한다.

천주교회에 따르면, 아담의 타락 이후에 원죄를 이어받은 아담의 후손들은 죄인으로서 세례성사를 통하여 비로소 그리스도로 말미암아 죄의 책임성과

Federation and the Roman Catholic Church, *Joint Declaration on the Doctrine of Justification* (Grand Rapids, MI: Eerdmans, 2000); William G. Rusch, et al., *Justification and the Future of the Ecumenical Movement: the Joint Declaration on the Doctrine of Justification (Unitas)* (Collegeville, MN: Liturgical Press, 2003); Joseph A. Burgess and Marc Kolden, *By Faith Alone: Essays on Justification in honor of Gerhard D. Forde* (Grand Rapids, MI: Eerdmans, 2004); Gerhard D. Forde, *Justification by Faith: A Matter of Death and Life* (Minneapolis, Minn.: Augsburg Fortress Pub., 1982); R.C. Sproul, *Faith Alone: The Evangelical Doctrine of Justification* (Grand Rapids, MI: Baker Book House, 1995); Don Kistler, ed., *Justification by Faith Alone* (Morgan, PA: Soli Deo Gloria Pub., 2003); The Lutheran Church - Missouri Synod, *The Joint Declaration on the Doctrine of Justification in the Confessional Lutheran Perspective* (St. Louis, MO: the Commission on Theology and Church Relations, 1999); Philip H. Eveson, *Great Change: Justification by Faith Alone* (Leominister, UK: Dayone Pub., 1998); Anthony N. S. Lane, *Justification by Faith in Catholic-Protestant Dialogue: An Evangelica Assessment* (Edinburgh, UK: T&T Clark, 2003).

13 "의롭게 함"의 교리의 개념의 차이는 은혜론, 공로론, 죄론, 자유의지론, 신론 그리고 성례론과 교회론 등과 연결되어 있는 신학의 전반적인 구조와 맞물려 있다. 즉 죄인이 그리스도의 공로로 인하여 의롭다함을 받기 위하여 죄인은 믿음이외에 어떠한 행위를 더 하여야 하는 것인지, 그렇다면 그 행위의 의미는 무엇인지, 그 행위는 왜 필요하다고 주장되는지, 그 행위와 은혜의 관계는 무엇인지, 속죄의 효과가죄와 관련하여 어떻게 적용이 되기에 전적으로 타락하였으며 부패한 성품의 죄인이 행위를 할 근거가 있다는 것인지, 하나님의 은혜와 자유의지의 상관성을 설명함에 있어서 하나님에 대한 전능과 전지, 긍휼과 공의 등의 속성의 이해가 어떠한 것인지, 그리고 이러한 모든 것들의 실제적인 측면과 맞물려 은혜의 수단으로서의 성례의 의미, 특별히 세례와 성만찬, 그리고 고해성사 등의 의미는 무엇인지, 그리고 성례들과 관련한 사제의 역할에 대한 이해는 어떠한 것인지 등의 문제와 연결되어 있는 것이다.

그에 따른 형벌로부터 용서를 받는다. 그렇지만 성세성사(the sacrament of Baptism) 이후에도 인간의 성품의 연약성과 악을 향한 기질(concupiscentia) 등은 여전히 남아 있음으로 하여[14] 세례를 받은 이후에 범하는 죄에 대한 형벌은 죄인 자신이 직접 받아야 한다. 신자들은 이 형벌을 감당하기 위하여 자신들이 행하여야 할 바를 고해성사(the sacrament of the Penance)와 면죄(Indulgence)교리를 통해 사제로부터 지시를 받아 행하여야 한다.[15] 말하자면 천주교회는 죄의 책임성(reatus)을 과실의 책임성(reatus culpae: guilt of culpability)과 형벌의 책임성(reatus poenae; guilt of punishment)으로 구분하여, 예수 그리스도의 속죄의 사역이 모든 죄의 과실을 사하였으나, 모든 죄의 형벌을 다 사한 것은 아니라고 주장하는 셈이다.[16] 즉 천주교회는 죄를 둘로 구분하여, 치명적인 죄(大罪, peccata mortalia)의 영원한 형벌(poena aeterna)은 그리스도의 속죄로 사하여졌으나, 가벼운 죄(小罪, peccata venialia)의 일시적 형벌(poena temporalis)은 이 땅에서이든 아니면 사후의 연옥(purgatorium)에서 이든 죄인이 직접 받아 해소하거나 아니면 다른 이의 도움을 받아서라도 해소 하여야 한다고 주장한다.[17] 실제로 천주교회는 트렌트종교회의에서 "만일 하 나님께서 과실뿐만 아니라 모든 형벌을 항상 사하시며, 회개하는 자가 속상 (satisfactio)을 하여야 할 바는 단지 그리스도께서 자신들을 위하여 속상을 하셨다는 것을 붙드는 믿음뿐이라고 말하는 자는 화가 있을 것이다"고 하여 죄의 형벌을 해소하기 위한 신자의 책임을 분명히 하였다.[18]

---

[14] 천주교회는 "죄의 욕망" 곧 concupiscentia는 그 자체로는 죄가 아니며, 타락으로 인하여 하나님이 주신 초자연적 은사 혹은 부가적 은혜(donum superadditum)을 상실함으로써 죄를 유발 하는 적극적인 원인으로 이해한다. Catechism of the Catholic Church, no. 1426. www.vatican.va에 들어가면 영어를 비롯한 현대 서유럽의 몇 개의 언어로 본문 전체를 살필 수 있으며, 공식적인 라틴어 판도 볼 수 있음. 영어판의 책을 위하여서는 Catechism of the Catholic Church (Mahwah, NJ: Paulist Press, 1994)를 참조할 것.

[15] Catechism of the Catholic Church, no. 1472, 1478.

[16] Catechism of the Catholic Church nos. 615, 1473.

[17] 천주교회는 신자가 자신의 죄의 형벌을 스스로 감당하여야 하지만, 성도의 교통의 원리에 의하여 다른 이들을 도울 수 있다고 믿는데, 그 범위는 이미 죽어서 연옥에 가 있는 자들에게도 해당이 된다고 생각한다. 이에 따라 현재 살아있는 신자가 교회가 정하는 방식에 따라서 연옥에 있는 죽은 자들을 위한 보속(indulgentia)을 획득할 수 있다고 천주교회는 가르친다. Catechism of the Catholic Church nos. 1472, 1478-79, 1854-63.

[18] Canons concerning the Most Holy Sacrament of Penance in the Decrees of Council of Trent, can. 12. 라틴 원문: "Si quis dixerit, totam poenam simul cum culpa remitti semper a Deo, satisfactionemque poenitentium non esse aliam quam fidem, qua apprehendunt Christum pro eis satisfecisse: anathema sit."

형벌의 해소를 위하여, 신자가 행하여야 할 일들은 여러 가지의 고해성사와 관련한 일들과 기도이며, 아울러 긍휼과 사랑의 일들의 실천이다.

> 죄를 용서받고 하나님과의 교제가 회복되면 죄의 영원한 형벌은 사함을 받게 된다. 그러나 죄의 일시적 형벌은 여전히 남는다. 온갖 고난과 시련을 인내로 참아 견디며, 차분히 죽음을 맞이하게 되는 그 날이 올 때, 교인들은 이러한 죄의 일시적 형벌을 은혜로 받아들여야만 한다. 교인은 여러 가지의 고해성사에 따른 일들과 기도를 행할 뿐만 아니라 긍휼과 사랑의 일을 행함으로써 "옛 사람"을 완전히 벗어버리고 "새 사람"을 입도록 애를 써야만 한다.[19]

신자가 형벌의 해소를 위하여 행하는 일들은 다른 한편에서 보면 성세성사로 말미암아 회복된 "의화(義化, *iustificatio*)"를 실현하는 과정과 같다. 왜냐하면 고해성사와 면죄의 교리는 옛 사람과 새 사람의 영적 투쟁의 삶을 배경으로 하고 있기 때문이다. 천주교회에서의 "의화"는 성세성사를 통하여 주어지며,[20] 고해성사와 면죄의 교리는 성세성사 이후에도 남아있는 죄의 소욕 (*concupiscentia*)으로 인한 죄와 죄의 형벌이 회개와 죄의 고백, 그리고 보속을 위한 긍휼과 사랑, 헌신과 기도 등으로 새 사람을 입는 "거룩함"의 과정을 통해 해소되는 것임을 가르치는 것이다.[21]

이것은 고해성사와 면죄의 교리에 따른 행위가 자신이 실제로 의롭게 변한 자임을 드러내는 증거의 과정이며 또한 근거임을 말해준다. 이것은 또한 천주교회의 "의화론"이란 신자 스스로가 자신이 감당하여야 할 몫을 자신의 책임으로 충실히 감당하는 결과에 따라서 실재로 신자가 "의롭게 변함"을 주장하는 것임을 드러내 준다. 다시 말해서, 죄를 둘로 나누어, 영원한 형벌을 초래하는 치명적인 대죄와 일시적 형벌을 초래하는 가벼운 소죄로 구별하고, 다시 일시적 형벌의 해소를 그리스도의 속죄에서 분리하여 사람이 속상하여야 할 몫으로 규정하며, 이 속상의 노력들, 긍휼과 사랑과 헌신과 기도 등의 행위들을 통하여 옛 사람을 벗어버리고 새 사람을 입는 의가 실현이 되며 또한 의의 실현의 증거를 보인다는 천주교회의 "의화론"과 "성례론"의 이해는 하나님과의 화해를 위하여 "의화" 혹은 "성화"를 자신에게 실현해야만 하는 의무를

---

[19] *Catechism of the Catholic Church* no. 1473.
[20] *Catechism of the Catholic Church* no. 1987.
[21] *Catechism of the Catholic Church* no. 1426.

신자에게 요구하는 것이다. 개혁신학에 비추어 볼 때, 천주교회의 이와 같은 가르침은 성화에 기초하여, 그것도 사람의 행위를 근거한 성화에 기초하여 의롭다함을 인정하는 그릇된 교리 구조 및 신앙 정서를 결과한다.

한편, 개혁신학은 과실의 책임성과 형벌의 책임성을 개념적으로 구별할 뿐, 실제적으로는 구분하여 생각하지 않는다. 즉 과실로 인한 책임성은 형벌이 책임성을 결과하는 것이므로 과실의 책임성의 해소는 곧 형벌의 책임성의 해소를 결과한다고 생각하는 것이다.[22] 따라서 개혁교회는 죄책과 형벌의 불가분성을 주장하며 그리스도의 속죄의 사역에 의하여 이 둘이 함께 해소되었음을 믿는다. 아울러 천주교회의 고해성사와 면죄교리는 성경에 어긋나는 것으로 부정한다. 1566년에 작성된 제 2 스위스 신앙고백서는 "의롭게 함"과 관련하여 다음과 같이 고백하였다.

> "의롭게 함"에 관련한 사도의 교훈에 따르면, "의롭게 함"이란 죄를 사하는 것이며, 과실과 형벌을 면케 하는 것이며, 은혜 가운데 용납을 받아, 의롭다는 선언을 받는 것이다. 이러한 까닭에 사도는 로마서에서 "의롭다하신 이는 하나님이시니 누가 정죄하리요?"(롬 8:33-34)라고 말하는 것이다. 여기서 의롭다하심은 정죄함과 대립되고 있다.[23]

위에서 보듯이 개혁주의 "칭의론"은 그리스도께서 그의 속죄 사역을 통해 죄의 과실과 형벌을 완전히 면케 하셨음을 믿는다.

개혁신학은 어떤 선행이나 경건의 행위를 통해 사람이 스스로 죄책을 갚아갈 수 있음을 인정하지 않는다. 그것은 어떤 죄가 다른 죄에 비해서 보다 더 중대할 수 있음을 인정하면서도 이 죄들은 다 원죄에서 비롯된 죄이며, 죄를 범한 사는 그 죄가 어떠하든지 영원한 형벌을 피할 수 없기 때문이다. 다시 말해서 죄의 중대성에 따라서 무거운 죄이든지 가벼운 죄이든지 모든 죄는 영원한 형벌로 인한 비참함을 다 지니는 것이다. 예를 들어 제 2 스위스

---

[22] Francis Turretin, *Institutes of Elenctic Theology*, vol. 1, translated by G. M. Giger (Phillipsburg, NJ: P&R Pub., 1992), loc. 9, q. 3, pp. 594-96; Louis Berkhof, *Systematic Theology* (Edinburgh, UK: The Banner of Truth Trust, 1988 reprinted), pp. 244-46.

[23] *Second Helvetic Confession*, ch. XV, art. 1. 라틴어판은 Philip Schaff, *The Creeds of Christendom* vol. III (Grand Rapids, MI: Baker Book House, 1990 reprinted)를 참조할 것이며, 영문 번역은 Joel R. Beeke & Sinclair B. Ferguson, *Reformed Confessions Harmonized* (Grand Rapids, MI: Baker Books, 1999)에서 찾아 볼 수 있음.

신앙고백서를 살펴보면 다음과 같다.

그러므로 원죄는 모든 이들에게 있는 것이며, 이로부터 비롯되는 다른 모든 죄들은, 그것들이 치명적인 죄라 불리우든 사소한 죄라 불리우든, 혹은 결코 사함을 받지 못하는 성령을 거슬리는 죄라 불리우든, 죄라 일컬어지며 참으로 또한 죄인 것을 인정한다. 아울러 죄들이 다 동일한 부패와 불신앙의 샘에서 비롯되는 것이기는 하지만 그렇다고 다 똑같은 것이 아니며, 어떤 죄는 다른 죄보다 더 무거운 것임을 인정한다 ...[24]

얼핏 보면, 천주교회의 죄의 구별을 인정하는 듯이 보이지만, 개혁신학의 구별은 중대성의 차이에 따라 영원한 형벌에 의해 갚아야 하는 죄와 일시적 형벌에 의해 갚아야 하는 죄로 죄를 구별하는 것이 아님에 유의하여야 한다. 하이델베르크 요리문답의 편집위원 가운데 한 사람이면서 요리문답의 주해서를 펴낸 자카리아스 우르시누스(Zacharias Ursinus)는 10 문항에 대한 해설 가운데 네 번째 반론에서 이 점을 다음과 같이 밝혀주고 있다.

반론 4. 성격이 다른 죄들은 동일한 형벌로 벌하지 않는 법이다. 그러므로 모든 죄들이 영원한 형벌로 벌을 받는 것은 아니다.

응답. ... 모든 죄들이 동일한 형벌을 받지 않는다는 것은 참이다. 하지만 아무리 작은 죄라 할지라도 모든 죄들은 영원한 형벌을 받는다. 왜냐하면 모든 죄들은 무한하며 영원한 선을 진노케하였기 때문이다. 따라서 모든 죄들은 형벌의 기간에 있어서는 차등이 없이 형벌을 받는다. 다만 형벌의 정도에 있어서는 동일하지 않게 형벌을 받는다. 중대한 죄는 무거운 형벌로 영원히 형벌을 받을 것이며, 좀 더 가벼운 죄는 좀 더 가벼운 형벌로 영원히 형벌을 받을 것이다.[25]

개혁신학은 죄의 성격에 따라 형벌의 정도가 차이가 있을 것임은 인정하지만, 천주교회가 말하는 바와 같은, 일시적 형벌로 속상이 이루어지는, 가벼운 죄가 있음은 부정한다.[26] 이러한 사실은 어떠한 죄이든지 모든 죄는 영적이며, 일시

---

24 *Second Helvetic Confession*, ch. VIII, art. 5, 6.

25 Zacharias Ursinus, *The Commentary of Dr. Zacharias Ursinus on the Heidelberg Catechism*, translated by G. W. Williard (Phillipsburg, NJ: Presbyterian and Reformed Pub., reproduction of original edition in 1852), q. 10, obj. 4.

26 칼빈은 천주교회가 임의로 영원한 형벌을 받아야하는 대죄와 일시적 형벌로 속상을 이룰 수 있는 소죄로 나누는 관행에 대해서 강하게 비판을 한다. 그는 성도의 죄는 어떠한 것이든지 죽을 수밖에 없는 죄이며, 오직 하나님의 자비로만 용서를 받을 수 있음을 강조한다. *Institutes*,

적이며, 영원한 형벌이라는 세 가지 측면을 공통적으로 지닌다는 이해에서도 확인이 된다.

> 원죄와 실제로 범한 죄는 모두가 하나님의 의로운 법을 어긴 것이며 그것에 반대되는 것으로, 죄 그 자체의 본질에 따라 죄를 범한 자에게 죄책을 야기한다. 그로 말미암아 죄인은 하나님의 진노와 율법의 저주에 묶이게 되며, 모든 영적이며, 일시적이며, 영원한, 비참함과 더불어, 죽음에 처하게 된다.[27]

이처럼 개혁신학은 비록 죄의 중함에 따라 죄가 구별이 될 수 있다할지라도, 그 죄는 어떠한 죄이든지 영적이며, 일시적이며, 영원한 형벌이라는 세 가지 성격을 모두 지니고 있는 것이며, 어떤 죄가 이 중의 어느 한 성격을 지니는 것으로 구분이 되는 것은 아니라고 주장을 한다.

어떠한 죄라도 영원한 형벌을 피할 수 없다는 개혁신학의 고백은 중생한 이후에 범하는 신자의 죄에도 동일하게 적용이 된다. 그것은 중생한 신자의 과실들이 원죄, 곧 타락한 성품에서 비롯되는 것이기 때문이다.

> 이와 같은 원죄의 부패성으로 말미암아 우리는 아무런 선도 전혀 원하지를 않으며, 행할 수 없고, 모든 선에 반대하며, 전적으로 모든 악을 행하는 성향만을 지닌다. 우리의 실제적인 모든 범죄들은 다 여기에서 나온다. 본성의 이와 같은 부패성은 이 세상을 사는 동안에 중생한 자들 가운데에 여전히 남아 있다. 그리스도로 말미암아 그것이 비록 용서를 받았으며 극복되어가고 있기는 하지만, 부패성 그 자체와 그로부터 비롯되는 모든 작용들은 참으로 그리고 완전히 죄인 것이다.[28]

웨스트민스터신앙고백서는 현재의 논의와 관련하여 두 가지 진리를 분명하게 밝혀준다. 하나는 중생자들의 과실이라 할지라도 그것은 원죄에서 비롯되는 것으로 완전히 그리고 참으로 죄라는 점이다. 다른 하나는 이 부패한 본성이 중생한 자들에게 여전히 남아 있으나, 그것 또한 그리스도로 말미암아 용서를 받았다는 사실이다. 이러한 진리들은 개혁신학의 "칭의론"과 "성화론"이 서로 어떻게 구별이 되는가는 설명하는 중요한 기반을 제공한다.

예를 들어 웨스트민스터신앙고백서는 성화와 관련하여 중생자 안에 남아

II. viii. 58.

[27] *Westminster Confession of Faith*, ch. VI, art. 6.

[28] *Westminster Confession of Faith*, ch. VI, art. 4, 5.

있는 부패성과 성령님에 의해 창조함을 받은 새 성품의 갈등을 다음과 같이 고백한다.

> 일단 유효적인 부르심을 받고 중생하여 새로운 심령과 영의 창조함을 받은 자들은 그리스도의 죽으심과 부활에 힘입어 그들 가운데 거하시는 그의 말씀과 영에 의해 실재적이며 인격적인 성화를 이루어간다. 즉 온 몸을 주관하는 죄의 권세가 파괴되고, 죄의 권세의 지배에서 비롯되는 몇 가지 정욕들이 점점 약화되며 극복이 된다. 그리고 점점 구원의 은혜 안에서 참된 거룩함을 실현하는 일에 신속하며 확고해진다. 이 거룩함이 없이는 아무도 주님을 보지 못할 것이다. 이 성화는 전 인격을 통하여 일관되게 나타나는 것임에도 불구하고, 여전히 전 인격의 각 부분마다 남아 있는 얼마간의 부패성으로 말미암아 금생에 있어서는 아직 불완전하다. 그러기 때문에 화해될 수 없는 전쟁이 계속적으로 일어나, 육체의 소욕은 성령을 거슬려 대항하고, 성령은 육체를 거슬려 싸운다.[29]

성화의 과정은 "육체의 소욕"과 "성령"이 서로 대항하는 전쟁을 통해 실현이 되며, 그 배경에는 중생한 이후에도 중생자의 전 인격의 각 부분마다 남아있는 죄의 본성, 곧 성품의 부패성이 자리하고 있다. 성령님에 의하여 새로운 심령과 영의 창조함을 받은 중생한 신자들은 전 인격적인 성화를 이루어가기 위하여 부패한 죄의 본성과 거룩한 싸움을 실행하도록 요청을 받는다. 그러나 이 요청은 죄의 책임에서 벗어나기 위하여 요구되는 것이 아니다. 다시 말해 부패한 본성에서 비롯되는 많은 죄의 책임과 그에 따른 형벌을 면하기 위하여 이 싸움의 실행이 요구되는 것이 아니다. 앞서 웨스트민스터신 앙고백서 6장 5항을 인용하여 본 것과 같이, 중생한 신자가 중생 이후에도 남아있는 부패한 성품에 의해 범하는 죄의 책임과 형벌은 이미 그리스도 안에서 용서를 받았기 때문이다. 위에서 보는 성화에 관한 고백에서도 성화의 요청의 대상은 "일단 유효적인 부르심을 받고 중생하여 새로운 심령과 영의 창조함을 받은 자들"로 제한이 되어 있다. 뿐만 아니라, 성화의 요청의 실행이 "그리스도의 죽으심과 부활에 힘입어" 이루어진다고 말함으로써, 성화는 그리스도 안에서 이미 죄책과 형벌의 사하여짐의 사건, 곧 칭의의 사건을 전제로 요청이 되는 것임을 알 수 있다. 벨직 신앙고백서도 성화와 선행을 교훈하며 동일한 진리를 밝혀준다.

---

[29] *Westminster Confession of Faith*, ch. XIII. art. 1, 2.

하나님의 말씀을 들음과 성령님의 역사에 의하여 형성된 이 참된 믿음은 사람을 중생케 하고, 그를 새 사람으로 만들어 그로 하여금 새로운 삶을 살도록 하며, 죄의 굴레에서 해방시킨다. 그러므로 의롭게 하는 이 믿음으로 인하여 경건하며 거룩한 삶에 태만하게 된다는 것은 전혀 사실이 아니다. 도리어 이 믿음이 없이는 어떤 일도 하나님께 대한 사랑으로 행하지 못하며 단지 자신에 대한 사랑이나 형벌의 두려움에서 행하게 될 따름이다.[30]

벨직 신앙고백서는 성화의 삶의 기반이 "하나님의 말씀을 들음과 성령님의 역사에 의하여 형성된 참된 믿음"의 대상인 영적 사실, 곧 "의롭게 함"에 있음을 밝히고 있다. "칭의"의 믿음이 없이는 "성화"의 실행이 불가능함을 지적함으로써 성화는 칭의의 사건에 근거하고 있음을 강조한다.

죄의 요소와 관련하여 개혁신학에서의 칭의와 성화의 구별됨을 가장 잘 요약적으로 제시하고 있는 신앙문서 가운데 하나는 웨스트민스터 대요리문답이다.

질문: 칭의와 성화는 어떤 점에서 다릅니까?

답변: 비록 성화와 칭의가 비분리적으로 연결되어 있기는 하지만, 칭의에 있어서 하나님 께서는 그리스도의 의를 전가하시는 반면에, 성화에 있어서는 그의 영으로 은혜를 주입하여 주시고 성화를 실행할 수 있도록 하여 주신다는 점에서 구별이 된다. 전자에 있어서는 죄가 용서함을 받으며, 후자에 있어서는 죄가 억제된다. 전자는 하나님의 복수하시는 진노로부터 모든 신자들을 똑 같이, 금생에서 완전하게, 그리고 다시는 정죄를 당하지 않도록 해방시킨다. 후자는 모든 신자들에게 있어서 똑 같지 않으며, 누구에게 있어서도 금생에서 완전하지 않으나 완전함에 이르도록 자라난다.[31]

이상에서 살펴본 바와 같이, 개혁신학은 죄의 이해와 관련하여 죄책과 이에 따른 형벌은 "칭의"와 연결하며, 죄의 성품은 "성화"와 연결한다. 그리스도의 칭의의 은혜로 말미암아, 중생 이후에 신자가 범하는 모든 과실의 책임과 그에 따른 형벌이 그리스도의 속죄의 사역과 공로 안에서 완전히 해소가 되었기 때문에, 성화는 어떠한 의미에서도 죄책과 그의 형벌의 속상과 상관이 없다. 성화를 기반으로 하여 칭의가 이루어지는 것이 아니라, 칭의를 전제하여

---

30 *Beglic Confession*, art. 24.
31 *Westminster Larger Catechism*, q. & a. 77.

성화가 이루어진다. 하나님의 구원의 은혜가 타락 이후에 죄책을 발생하게 하는 원죄 곧 부패한 성품을 새롭게 함이 없이 결과물인 죄책만을 용서하시는 것이 아니라는 사실에서, 칭의와 성화는 필연적으로 연계되어 있다. 그러나 죄인을 의롭게 하시는 칭의의 은혜는 성화의 은혜를 결과적 혹은 후행적 의미에서 필연적으로 수반하지만, 원인적 혹은 선행적 의미에서는 필연적으로 전제하지 않는다. 다시 말해서, 성화의 은혜가 칭의의 은혜를 원인적 혹은 선행적 의미에서 전제하는 것이지, 칭의의 은혜를 후행적으로 결과하는 것이 아니다. 따라서 중생 이후에 남아 있는 옛 성품에 의한 죄로 인하여 성화가 비록 불완전하게 된다할지라도 그것으로 인하여 칭의가 취소되거나 약화되지 않는다. 그러나 이러한 사실이 성화의 필연성을 부정하는 것으로 이해되어서는 안 된다. 앞에서 인용한 벨직신앙고백서가 말하듯이 "의롭게 하는 이 믿음으로 인하여 경건하며 거룩한 삶에 태만하게 된다는 것은 전혀 사실이 아니기" 때문이다.[32]

4. 성화의 은혜와 인간의 반응

앞에서 살펴본 성화에 대한 개혁신학의 신앙문서들의 교훈에서도 알 수 있는 바처럼, 중생으로 인한 새로운 삶에로의 "변화"를 가리켜 성화라고 말한다. 이러한 변화에 대한 강조는 "거룩하게 함(*sanctificatio*)"이라는 변화의 관점을 "의롭게 함(*iustificatio*)"의 의미 가운데 포괄하는 천주교회의 "의화론"에서도 당연히 확인이 된다. 그런데 이러한 변화에 있어서 하나님의 은혜와 인간의 반응이 어떠한 관계성을 갖는 지에 대하여, 종교개혁자들은 천주교회와 다르게 설명을 한다. 이러한 차이는 "성화"를 "의화론"에 포함하는 천주교회의 교리적 오류는 단순히 형식화의 오류가 아니라, 하나님의 은혜와 인간의 반응의 관계성에 대해 그릇된 이해를 가진 데에서 비롯되는 것이라는 종교개혁자들의 판단을 반영한다.

1) 천주교회의 은혜와 자유의 이해

---

[32] *Belgic Confession*, art. 24.

먼저 천주교회는 인간의 자유(*libertas*)를 "비결정의 자유(*libertas indifferentiae*) 로 이해하며, 선택의 능력을 의미하는 자유의지(*liberum arbitrium*, 자유선택)로 표현한다. 천주교회의 세미-펠라기우스파들과 개신교회의 알미니안파들이 주장하는 "비결정의 자유(*libertas indifferentiae*)"는 "행동에 필요로 요구되는 모든 것들이 설정이 되었을 때에, 의지가 행동을 할 수도 혹은 하지 않을 수도 있는 능력(the faculty by which all things requisite for acting being posited, the will can act or not act)"이 자유의 본질을 결정한다는 개념이다. 이 개념에 따르면 행동에 필요한 모든 외적, 내적 조건들이 성립이 되었을 때에라도 의지는 행동을 할 것인가 아니면 하지 않을 것인가의 자유, 곧 실행의 자유 (*libertas exercitii*)와 어느 대상을 선택하고 어느 대상을 거부할 것인가를 선택하는 자유, 곧 반대선택의 자유(*libertas contrarietatis*)를 갖는다. 이처럼 인간의 의지의 자유가 본질상 "비결정의 자유"라고 주장하는 이들은 하나님의 작정 (*decretum*)이나 동시작용(*concursus*)의 섭리[33]에서조차도 인간의 자유의지의 선택 가능성이 보호되어야 한다고 주장한다. 즉 하나님의 작정이 인간의 의지의 비결정성을 침해할 수 없다고 생각하며, 인간의 의지의 자유에 따른 선택에 하나님의 작정의 실현이 의존한다고까지 생각을 한다. 이러한 생각을 따라서 이들은 하나님의 은혜도 인간의 자유의지의 선택의 대상이며, 인간은 은혜를 거부할 것인가, 받아들일 것인가를 결정하는 실행의 자유에 따른 자유의지를 갖는다고 주장을 한다.[34] 천주교회는 이 자유의지가 영적인 선과 악의 문제에 있어서도 선택의 능력을 갖는다고 믿으며, 이러한 선택의 가능성이 바로 선택에 대해 인간이 책임을 져야만 하는 근거가 된다고 생각한다.

> 자유란, 행할 것인가 행하지 않을 것인가의 능력, 이것을 행할 것인가 저것을 행할 것인가의 능력, 그리고 자기 자신의 책임에 따라 의도적으로 행동을 할 것인가의 능력이며, 이성과 의지에 뿌리를 두고 있다. 자유의지[혹은 자유선택]에 의하여 인간은 자신의 삶을 빚어간다 ... 자유가 궁극적 선, 곧 하나님에게 확정적으로 향하여 있지 않는 한, 선과 악 사이에서 선택할 가능성이 있으며, 이에 따라 완전함으로 성장하거나

---

[33] 하나님의 동시작용(*concursus Dei*)은 제 2 원인들 - 그것이 자유로운 것이든, 우유적인 것이든, 혹은 필연적인 것이든 -의 작용을 지속적으로 지지하는 제 1 원인으로서의 하나님의 섭리 활동을 가리킴.

[34] Francis Turretin, *Institutes of Elenctic Theology* vol. 1, loc. 10, q. 3, v, pp. 665-67, q. 4, v-viii; Richard A. Muller, "liberum arbitrium" and "concursus"; A. A. Hodge, *Outlines of Theology*, 15장, 26항, 고영민역 (서울: 기독교문사, 1981), pp. 28-29.

아니면 과실을 범하여 죄를 짓게 된다. 이러한 자유는 인간의 행동들의 속성에 속하는 성질을 규정한다. 그것은 칭찬과 비난, 공로와 책망의 근거이다 … 자유는 인간으로 하여금 자신의 행동들이 자발적으로 행한 것인 한 그 행동들에 대한 책임을 지운다.[35]

영적인 선과 악을 선택할 수 있는 능력으로서의 자유의지는 본질상 비결정의 자유이므로 하나님의 사랑의 계획을 거부할 수 있다. 즉 인간은 하나님께 대하여 자유롭게 죄를 짓는다.[36] 즉 인간은 자발적으로 선택하여 하나님의 사랑을 거부한다는 것이다.

이러한 자유의지에 대한 이해에 따라, 천주교회의 "의화론"은 인간을 의롭게 하는 하나님의 은혜가 인간의 자유와 서로 협동하는 가운데 실현된다고 가르친다.

죄로 인하여 하나님에게서 소외된 자들은 일깨우시며 도우시는 하나님의 은혜로 말미암아 그 은혜에 대해 자유로이 동의하고 협동함으로써 돌이켜 의롭다함에 이를 수 있다. 하나님께서 성령님의 조명을 통해서 인간의 심령을 만지실 때, 이 영감을 받는 동안에 인간 자신은 수동적으로 있지 않는다. 왜냐하면 인간은 그것을 거부할 수 있기 때문이다. 그러나 하나님의 은혜가 아니면, 인간은 자기 자신의 자유로운 의지만으로는 스스로 하나님이 보시기에 의로운 상태로 나아가지 못한다.[37]

하나님의 은혜와 협동하는 인간의 자유의지는 비록 스스로 영적 선을 이루어 가지는 못하지만, 하나님께서 베푸시는 은혜에 대하여 순종을 선택함으로써 영적 선을 행할 수가 있다. 하나님의 은혜에 대한 거부의 선택이 인간에게 자유의지의 행사를 통하여 주어져 있다는 것이다. 즉 인간을 회심으로 초대하는 하나님의 말씀에 대하여 믿음으로 동의할 것인가, 또 인간의 동의에 앞서 일하시며 이를 보존하시는 성령님의 일깨우심과 협동하여 사랑으로 반응할 것인가는 인간이 선택하여야 하는 책임의 몫으로 이해한다.[38]

따라서 천주교회는 하나님의 은혜를 하나님의 구원의 부르심 앞에 우리로 하여금 반응을 하도록 하기 위해 하나님께서 베푸시는 호의이며 값없이 주시는 도우심(favor, *auxilium gratuitum*)으로 설명한다.[39] 천주교회는 "하나님

---

[35] *Catechism of the Catholic Church* no. 1731, 1732, 1734.

[36] *Catechism of the Catholic Church* no. 1739.

[37] *Decrees of the Council of Trent*, sess. 6, ch. 5.

[38] *Catechism of the Catholic Church* no. 1993.

의 도우심"으로 이해되는 이 은혜를 다시 두 가지의 개념으로 구분을 한다. 하나는 습성의 은혜(*gratia habitualis*)이다. 예를 들어, 천주교회는 성령님께서 인간의 영혼의 죄를 치유하고 성화하기 위하여 영혼 가운데 불어 넣으시며 값없이 주시는 선물이 있는데, 이 생명의 선물은 세례를 통하여 주어지는 "의롭게 혹은 거룩케 하는 은혜(*gratia sanctificans, gratia gratum faciens*)"이며, 성화의 근원이라고 가르친다.[40] 그리고 이 "거룩케 하는 은혜"를 인간에게서 떠나지 않고 인간의 본성의 일부가 되어버린 습성(*habitus*) 혹은 기질(*dispositio*)로 이해한다. 다른 하나는 하나님의 개입을 의미하는 실제적 은혜(*gratia actualis*)이다. 회심의 초기에 있어서나 성화의 과정 중에 있어서 직접적으로 개입하시는 하나님의 도우심을 가리킨다.[41]

이처럼 한 편으로는 인간의 본성의 일부가 되어버린 영속적인 기질로서 하나님의 부르심에 응답하여 살고자 하는 습성을 은혜로 베풀어 주시고, 다른 한 편으로 이에 더하여 직접적으로 개입을 하시는 실제적 은혜를 주시지만, 그럼에도 불구하고 이러한 하나님의 은혜는 인간의 자유로운 반응을 요구한다. 앞에서 보듯이 천주교회는 생명의 선물이 인간에게 주어지기 위하여서는 하나님께서 먼저 은혜를 베푸셔야 함을 강조한다, 아울러 믿음과 사랑을 통하여 의롭게 되기 위하여 인간이 하나님의 은혜를 받아들여 협동하기 위하여서는 또한 하나님의 은혜가 요구됨을 강조한다.[42] 그러나 하나님의 은혜는 인간의 자유에 의하여 선택이 된다. 하나님의 은혜의 유효적 적용을 인간이 그의 자유의지로 거부할 수가 있는 것이다.[43]

---

[39] *Catechism of the Catholic Church* no. 1996.

[40] *Catechism of the Catholic Church* no. 1999: "Christi gratia donum est gratuitum, quod Deus nobis praebet, vitae Eius per Spiritum Sanctum in animam nostram infusae ad eidem medendum a peccato eamque sanctificandam: illa est gratia sanctificans seu deificans, in Baptismo recepta. Ipsa est in nobis operis sanctificans fons."

[41] *Catechism of the Catholic Church* no. 2000: "Gratia sanctificans donum est habituale, dispositio stabilis et supernaturalis ipsam perficiens animan ut eam capacem efficiat vivendi cum Deo et propter Eius amorem agendi. Distinguendae sunt gratia habitualis, dispositio permanens ad vivendum et agendum secumdum divinam vocationem, et gratiae actuales quae interventus designant divinos sive in conversionis initio sive in operis sanctificationis decursu."

[42] *Catechism of the Catholic Church* no. 2001: "Praeparatio hominis ad gratiam accipiendam iam opus est gratiae. Haec necessaria est ut nostra suscitetur et sustineatur cooperatio ad iustificationem per fidem et ad sanctificationem per caritatem."

[43] Michael Schmaus, *Dogma 6: Justification and the Last Things* (London, UK: Sheed & Ward Inc., 1990 6th impression, 1977 1st published), pp. 9-11.

하나님께서 자유로이 시작하신 일은 **인간의 자유로운 반응**을 전제한다. 왜냐하면 하나님께서는 자유와 더불어 그를 알며 사랑하는 능력을 인간에게 부여하심으로써 인간을 자신의 형상대로 창조하셨기 때문이다. 영혼은 오직 자유로움을 통하여서만 사랑의 교통을 누릴 수 있다.[44]

인간의 자유의지(*liberum arbitrium*)가 하나님에 의하여 움직여지고 자극이 주어질 때 하나님의 부르심과 초대에 반응을 하여 의화의 은혜(*iustificationis gratia*)를 얻을 수 있도록 스스로의 성향을 조성하고 준비하여 나아감으로써 협동하는 일을 아무 것도 하지 않는다고 말하는 자와, 인간의 자유의지는 설령 그것이 원한다 할지라도 반대하지 못하며, 마치 무생물과 같이 아무것도 하지 못한 채 그저 수동적인 상태로 남아있을 뿐이라고 말하는 자에게 화가 있을진저.[45]

천주교회는 하나님의 은혜를 순종과 거부를 결정할 수 있는 자유로운 선택은 인간이 창조 때에 부여받은 존재의 틀과 같은 것이라고 생각을 한다. 하나님의 은혜는 인간의 자유를 침해하여 강제적으로 역사하지 않으며, 인간으로 하여 금 자발적으로 행하도록 함으로써, 인간은 은혜에 대한 순종과 거부의 선택을 하게 된다는 것이다. 요컨대, 하나님의 은혜와의 상관성에 있어서, 인간은 스스로가 주체가 되어 자유롭게 선택하는 능력으로의 자유를 행사한다는 것이다.[46]

2) 천주교회의 성화와 공로의 이해

바로 여기서 천주교회는 자발적 환경 안에서 인간의 선택의 능력을 근거로 하여, 칭찬과 비난, 공로와 책망의 여지가 찾아진다고 주장을 한다.[47] 먼저 천주교회는 어떠한 인간의 공로도 하나님의 은혜 안에서 이루어지는 것임을 강조한다.

기독교 생활에 있어서 하나님 앞에서의 인간의 공로는 **하나님께서 자신의 은혜의**

---

[44] *Catechism of the Catholic Church* no. 2002.

[45] *Decrees of the Council of Trent*, sess. 6, can., 4.

[46] Roger Haight, "Sin and Grace," in *Systematic Theology: Roman Catholic Perspective* vol. II, edited by Francis Schüssler Fiorenza and John P. Galvin (Minneapolis, MN: Fortress Press, 1991), p. 123.

[47] *Catechism of the Catholic Church* no. 1732. 앞의 주 31)의 인용본문을 참조할 것.

사역을 인간과 연관시키기로 하시기로 그가 자유로이 선택하셨다는 사실에서 비롯된다. 하나님의 아버지로서의 행동은 먼저 그 자신이 주도적으로 행하시는 것이면서, 이어서 협동을 통한 인간의 자유로운 활동을 뒤따른다. 그 결과 선행의 공로는 먼저 하나님의 은혜의 덕분으로 돌려져야만 하지만, 이어서 신실한 성도에게로 돌려진다. 더욱이 인간의 선한 행동들은 그리스도 안에서, 성령님에 의해 주어지는 경향성과 도움에 의하여 나타나는 것인 만큼, 인간의 공로는 하나님께로 돌려지어져야 한다.[48]

천주교회는 인간의 공로는 엄격한 의미에서 그 자체로 공로의 가치를 지니는 것이 아니라 하나님께서 스스로 자유로운 선택에 따라 인간의 자유의 선택에 근거한 자발적 결정에 공로의 가치를 부여주신다는 이해를 강조한다.[49] 이것은 인간의 공로를 근거로 하여 인간 스스로의 독립적인 자기-의를 주장하는 오류를 범하는 일이 없도록 하기 위함이다.[50]

그러나 인간의 공로가 하나님의 은혜로 인한 것이며 결코 자기-의의 근거로 작용할 수 없음을 강조하면서도, 천주교회는 결코 인간이 공로를 획득할 수 없다고는 말하지 않는다. 왜냐하면 공로는 하나님의 은혜에 협동하는 인간의 자발적인 자유 선택에 기반을 두고 있으며, 그 자유선택의 기반은 인간의 존재론적 틀이기 때문이다. 실제로 천주교회는 인간의 행위가 공로의 가치를 지님을 부정하는 개신교회에 대해 분명한 반대를 선언한다.

> 만일 의화된 자의 선한 행위들이 의화된 자의 선한 공로가 아니라는 의미에서 하나님의 선물일 뿐이라고 말하는 자가 있다면, 또는 의화된 자가 하나님의 은혜와 (자신이 지체로 속하여 있는) 예수 그리스도의 공로로 말미암아 행한 선한 행위들로 인하여 은혜의 증가, 영생, 그리고 (죽을 때까지 은혜 가운데 있는 한) 그 자신의 영생을 얻는 일, 그리고 영광의 증가에 있어서 진정한 의미에서 아무런 공로를 얻지 못한다고 말하는 자가 있다면, 저주가 있을 것이다.[51]

---

[48] *Catechism of the Catholic Church* no. 2008.

[49] 중세스콜라신학은 공로를 두 개념을 나눈다. 하나는 적정공로(혹은 완전공로, *meritum de condigno*)라 하여 하나님의 공의를 기준으로 하여 완전한 절대적 공로 가치를 인정받는 공로이다. 다른 하나는 재량공로(혹은 부분공로, *meritum de congruo*)라 하여, 비록 자체로는 절대적 공로 가치가 없지만, 하나님의 자비에 근거하여 누리는 공로이다. 하나님의 은혜와 인간의 반응과 관련하여 성령님의 사역의 공로는 적정공로인 반면에, 인간의 자유 선택과 노력에 따른 공로는 재량공로로 이해한다. *Cf.* Heiko Augustinus Oberman, *The Harvest of Medieval Theology* (Durham, NC: The Labyrinth Press, 1983), pp. 169-72; Richard A. Muller, "meritum de congruo," in *Dictionary Latin and Greek Theological Terms* (Grand Rapids, MI: Baker Book House, 1985).

[50] Michael Schmaus, *Dogma 6: Justification and the Last Things*, p. 142.

[51] *Decrees of the Council of Trent*, sess. 6, can. 32.

그리스도의 은혜로 말미암아 의롭게 된 자들은 자신들의 영생과 영광의 증가를 이루는 공로를 얻는다는 천주교회의 주장은 공로가 자신들 뿐만 아니라 다른 이들을 위하여서도 획득할 수 있으며, 자신이 획득한 공로를 또한 그들에게 전가할 수도 있다는 주장으로 확장되어 나아간다.

> 성령님의 인도에 따라서, 그리고 사랑에 의한 감동에 의하여, 우리는, 우리들 자신들을 위하여서 뿐만 아니라 다른 사람들을 위하여서도, 성화를 위하여, 은혜와 사랑의 증가를 위하여, 영원한 생명을 얻기 위하여 필요한 은혜들을 공로로 획득할 수 있다.[52]

인간이 자발적으로 하나님의 은혜의 도우심을 거부하지 않고 순종의 선택을 행함으로써, 성화 곧 천주교회의 교리적 이해에 있어서의 "의화"를 이루어 가며, 동시에 그 과정을 통하여 인간이 자신을 위하여서만이 아니라 다른 이들을 위하여서도 공로를 획득하게 된다는 천주교회의 주장은 그들에게 있어서의 "의화론" 혹은 "성의론"은 하나님의 의롭다하심이 인간의 공로의 결과와 분리될 수 없는 유기성을 지니는 것임을 말하여 준다.

이러한 이해는 이미 앞서 살펴보았던 고해성사와 면죄교리의 교훈과 그대로 연결이 된다. 천주교회의 교리에 따르면, 모든 신자들은 성사를 통하여 하나님의 은혜를 받는다. 특별히 신자가 죄를 범하게 되면, 고해성사를 통하여서만, 하나님과 화해를 이루는 은혜를 누리게 된다. 은혜의 수단인 고해성사를 통하여 죄를 범한 신자는 자신이 범한 죄의 형벌의 해소를 누리며, 이를 위하여 옛 사람을 벗어버리고 새 사람을 입는 노력을 행하여야 한다. 물론 이러한 고해성사를 위하여 행하여야 할 행동 요소들은 하나님의 은혜 가운데 이루어진다. 그러나 이 요소들은 고해자 자신이 자발적으로 순종의 선택을 함으로써 성사로서의 의미가 있는 효과를 누린다. 그리고 자신이 범한 과실에 대한 죄의 형벌을 해소하기 위하여 면죄교리를 따를 때, 자신의 보속을 위하여 자신의 자발적으로 기도와 고백과 사랑의 행동을 하며, 아울러 다른 이들의 공로를 의지할 수 있다. 그리고 자신을 위할 뿐만 아니라 다른 이들을 위한 공로는 성화의 과정을 통하여 생성된다. 이 맥락에서 천주교회의 "의화론"은 개신교회의 "칭의론"과 단지 형식상으로만 "성화론"을 포함하느냐의 문제에 대하여 다른 것이 아니라, 하나님의 은혜가 무엇이며 어떠한 수단들을 통하여

---

[52] *Catechism of the Catholic Church* no. 2010.

주어지는지, 그리고 그 은혜에 대한 인간의 반응과 관련한 자유의지에 대한 이해는 어떤 것인지 등의 전반에 걸친 신학의 실체적 측면에서 차이가 나는 것이다.

3) 개혁교회의 은혜와 자유의 이해

이러한 천주교회의 공로에 대한 이해에 반대하여 개혁교회는 "오직 은혜로만"을 자신의 신학의 특성으로 강조하였다. 천주교회도 하나님의 은혜를 말하지 않는 것이 아님을 생각할 때, "오직 은혜로만"이라는 구호는 개신교회의 신학의 특성이 은혜와의 상관성 가운데 인간의 공로를 인정하는 어떠한 노력에 대해서도 반대함을 드러내는 데에 있음을 적시한다. 좀 더 구체적으로, 이러한 신학의 특성은 앞서 천주교회의 신학을 살폈던 것처럼, 인간의 자유의지와 하나님의 은혜에 대한 상관성을 살핌으로써 확인이 된다.[53]

개혁교회는 하나님께서 인간에게 의지의 자유(*libertas voluntatis*)를 본성적으로 주셨음을 고백한다.

> 다른 모든 피조물들을 창조하신 이후에, 하나님께서는 사람 곧 남자와 여자를 창조하시고 이성적이며 불멸하는 영혼을 주셨으며, 자신의 형상을 따라 지식과 의와 참 거룩함을 부여하셨으며, 그들의 심령에 하나님의 율법을 새기어 주셨으며, 이를 행할 능력을 주셨다. 그렇지만 죄를 범할 수도 있는 가능성 안에서 그들에게 자신들의 의지의 자유에 따르도록 하셨는데, 이 의지는 변화를 겪을 수 있는 것이었다 …[54]

> 하나님께서는 인간의 의지가 선이나 악을 행하도록 강요를 당하거나 혹은 어떤 절대적인 필연성에 의하여 선이나 악을 행하도록 결정되지 않도록 인간에게 본성적인 자유를 부여해 주셨다.[55]

---

[53] 개신교회의 모든 교파들이 인간의 자유의지에 대하여 같은 이해를 가지는 것은 아니다. 루터파는 타락 전에 선과 악 사이에서 중립적 선택이 가능했던 인간의 자유의지가 타락 후에는 죄에 종속된 선택만이 가능하게 되어 더 이상 엄밀한 의미에서의 자유선택을 상실하였다고 주장하는 반면에, 개혁파는 타락 전에 아담의 자유는 순종의 자유이었으나, 피조물의 의지의 자유가 지니는 가변성으로 인하여 타락 하였으며, 타락 이후에는 죄의 성품을 따르는 자유선택을 한다고 가르친다. Heinrich Schmid, *The Doctrinal Theology of the Evangelical Lutheran Church*, translated by Charles A. Hay and Henry E. Jacobs (Minneapolis, Minn.: Augsburg Publishing House, 1899), pp. 257-58; Francis Turretin, *Institutes of Elenctic Theology*, vol. 1, loc. 9, q. 7, pp. 606-08; loc. 10, q. 3, pp. 665-68.

[54] *Westminster Confession of Faith*, ch. IV, art. 2.

인간에게 주신 본성적인 의지의 자유는 영혼의 본질에 속한 것으로, 타락한 이후에 상실해버린 하나님의 외적 형상(*imago Dei extrinseca*)과 달리, 타락 이후에도 인간에게 손상되지 않은 채 남아 있는 하나님의 내적 형상(*imago Dei intrinseca*)이다.[56]

> 그러나 외적인 일과 관련하여서 중생자나 중생하지 못한 자나 모두가 자유의지 혹은 자유선택(*liberum arbitrium*)을 지닌다. 왜냐하면 인간은 다른 피조물들(이들과 비교하여 인간이 열등하지 않는 그런 피조물들)과 마찬가지로 어떤 것들은 원하기도 하면서 또 다른 것들은 원치 않기도 한다. 그러므로 인간은 말하거나 혹은 침묵을 지키기도 하며, 집 밖으로 나가거나 아니면 안에 머무르기도 한다 ...[57]

개혁신학에 따르면, 위에서 보듯이 인간의 본성적 의지의 자유는 일반적으로 이성의 판단에 따른 선택과 이를 결정하고 실행하는 의지의 작용이라는 두 가지 요소를 통해 실행이 된다. 흔히들 말하는 자유의지(혹은 자유선택, *liberum arbitrium*)는 어떤 선택을 결정하고 실행하는 능력을 제일 된 것으로 이해한다.[58]

그런데 이러한 선택과 실행의 자유의지는 도덕을 포함하는 자연의 영역이 아닌 영적인 영역에 있어서는 제한되게 실행이 된다. 예를 들어, 타락 이전의 인간은, 죄를 범할 가능성 안에는 있었지만, 인간의 의지의 자유는 어떤 강요나 필연성에 제한을 받지 않은 상태에서 하나님의 법에 순종할 능력으로 나타나는 자유의지를 가지고 있었다. 다시 말해서, 타락 이전의 인간은 하나님의 법에 순종할 능력으로의 자유의지 혹은 자유선택을 가지고 있었다.

죄가 없는 순전한 상태에서, 인간은 선한 것과 하나님께서 기뻐하시는 것을 소원하며

---

55 *Westminster Confession of Faith*, ch. IX, art. 1.

56 타락으로 말미암아 인간이 상실한 하나님의 외적 형상(*imago Dei extrinseca*)은 원의(*iustitia originalis*), 곧 진리와 거룩과 순전함으로 설명이 된다. Francis Turretin, loc. 5, q. 10, p. 466; Richard A. Muller, "imago Dei," in *Dictionary Latin and Greek Theological Terms*.

57 *Second Helvetic Confession*, ch. IX, art. 10.

58 의지의 자유(*libertas voluntatis*)와 자유의지(*liberum arbitrium*)를 구별하면서, 벌코프는 전자는 "영혼의 기질과 성향에 따라 자신이 원하는 바를 선택하는 자유"로, 후자는 "인간 본성의 본래적 도덕적 구성과 일치하여, 최고의 선을 향하여 나아가도록 자신의 신댁을 결정하는 이성적 능력"으로 정의한다. 즉 전자는 본질상의 의지의 자유를 설명하는 반면에, 후자는 그 의지의 자유가 영적인 측면과 관련하여 행사하는 능력인 것으로 설명하고 있다. 신학의 토론에서의 자유의지는 대체로 영적인 선을 선택하는 능력과 맞물려 언급이 됨으로 벌코프의 설명은 받을 만하다. Louis Berkhof, *Systematic Theology*, p. 248.

행할 수 있는 자유와 능력을 가지고 있었다. 그러나 가변적이어서, 그것으로부터 타락할 가능성이 있었다.[59]

웨스트민스터신앙고백서는 죄가 없는 순전한 상태에서 인간에게 "선을 행할 수 있는 자유와 능력" 있었음을 고백하고 있다. 그러나 동시에 "악을 선택할 자유와 능력"이 있음에 대해서는 말하고 있지 않다. 그 까닭은 선하며 순전한 상태에서 의롭게 창조가 된 아담에게 주어진 자유의지가 순종이나 불순종을 선택하는 능력으로서의 자유의지가 아니라, 외적인 강압이나 필연성이 없는 상태에서 지음을 받은 순전한 상태에 따라서 하나님의 법에 순종할 수 있는 능력으로서의 자유의지인 것으로 이해하고 있기 때문이다.[60] 아담의 자유의지가 단지 선을 행하는 능력으로 제한됨에도 불구하고 여전히 자유인 것은 아담이 "선이나 악을 행하도록 강요를 당하거나 혹은 어떤 절대적인 필연성에 의하여 선이나 악을 행하도록 결정되지 않았기" 때문이다.[61] 개혁신학이 아담에게 악을 선택하는 능력으로서의 자유의지를 인정하지 않는 것은, 타락하기 이전의 아담이 선이나 악에 대하여 아무런 결정이 이루어지지 않은 상태로 창조된 것이 아니며, 또 만일 그렇게 아담이 창조된 것이라면 하나님의 창조에 결함이 있는 것이라고 생각을 하기 때문이다. 이러한 이해의 맥락에서 웨스트민스터신앙고백서는 아담의 타락의 원인을 그의 피조물로서의 가변성으로 설명한다. 즉 아담의 의지가 사단의 시험에 의하여 자발적으로 악을 행하는 자유를 행사하는 방향으로 변화를 한 것으로 풀이한다.[62]

타락 이후의 인간에게는 타락 이전과 비교하여 다른 방향에서 자유의지의 실행이 제한이 된다.

인간은 타락하여 죄의 상태에 빠짐으로써 구원에 덧붙여지는 영적 선을 행할 수 있는

---

[59] *Westminster Confession of Faith*, ch. IX, art. 2.

[60] 루터파는 타락 이전의 아담에게 선을 행할 가능성과 악을 행할 가능성이라는 두 가지 가운데 어느 하나를 선택할 능력이 있었던 것으로 이해하는데 반하여, 개혁파는 아담에게 단지 창조의 순전한 상태에 계속하여 있을 수 있는 순종의 자유가 있었던 것으로 이해한다.

[61] *Westminster Confession of Faith*, ch. IX, art. 1.

[62] 아담이 타락한 것은 그에게 악을 선택할 수 있는 자유의지가 있었기 때문이 아니라 (왜냐하면 그에게 주어진 자유의지는 선을 행하는 자유였을 뿐이기 때문이다) 그의 의지가 피조물로서의 가변성을 지녔기 때문이라는 웨스트민스터신앙고백서의 내용에 대한 신학의 토론을 좀 더 살피기를 원하면 다음을 참조할 것. Francis Turretin, loc. 9, q. 7, pp. 606-11; loc. 10, q. 3, pp. 665-68; Richard A. Muller, "liberum arbitrium," pp. 176-77.

의지의 모든 능력이 완전히 상실하였다. 그러므로 자연 상태의 인간은, 선을 싫어하며 죄로 인하여 죽은 상태에 놓이게 되어, 자신의 힘으로는 스스로 회심하거나, 회심을 준비케 할 수가 없다.[63]

원죄와 실제로 범한 죄는 모두가 하나님의 의로운 법을 어긴 것이며 그것에 반대되는 것으로 죄 그 자체의 본질상 죄를 범한 자에게 죄책을 야기한다. 그로 말미암아 죄인은 하나님의 진노와 율법의 저주에 묶이게 되며, 모든 영적이며, 일시적이며, 영원한, 비참함과 더불어, 죽음에 처하게 된다.[64]

타락하여 죄에 빠진 인간은, 타락 이전의 상태에 지니고 있던 영적 선을 행할 수 있는 의지의 모든 능력을 완전히 상실하였으며, 도리어 영적 악만을 행할 수밖에 없는 상태에 놓이게 되었다. 이것은 타락한 이후의 인간이 그의 자유의 지 혹은 자유선택을 행사함에 있어서 원죄, 곧 죄의 성품으로 말미암아 영적인 악만을 행하는 제한된 선택만을 할 수밖에 없음을 의미한다. 그런데 이처럼 영적인 선을 행할 가능성과 능력을 상실하여 영적인 악을 행할 수밖에 없는 상태에도 불구하고 인간의 행위는 죄책을 야기한다.

그 까닭은 타락 이후의 인간이 자신의 죄의 성품에 따라 악을 스스로 선택한 것이지, 외적인 강압이나 필연성에 의하여 선택한 것이 아니기 때문이다.

타락한 이후의 인간의 자유의지가 영적인 영역에 있어서 선을 행할 수 있는 능력을 완전히 결여한 채, 오직 악한 일만을 행하는 선택만을 제한적으로 갖게 되는 이유는 아담과 하와의 범죄로 인하여 인간의 성품이 부패하였기 때문이다. 개혁신학은 이와 관련하여 간명하게 다음과 같이 교훈한다.

> 문 5: 이 모든 것(=하나님의 율법)을 완전하게 지키며 살 수 있습니까?
> 답 5: 아닙니다. 나는 본성적으로 하나님과 이웃을 미워하는 경향을 가지고 있습니다.

> 문 7: 그러면 이와 같은 인간 본성의 타락이 어디에서 비롯되는 것입니까?
> 답 7: 낙원에서 우리의 시조인 아담과 하와가 타락하여 불순종함에서 비롯됩니다. 이 결과로 우리의 본성은 부패하게 되어 우리 모두는 죄 가운데에서 잉태하고 태어나게 됩니다.

---

[63] *Westminster Confession of Faith*, ch. IX, art. 3.
[64] *Westminster Confession of Faith*, ch. VI, art. 6.

문 8: 그렇다면 우리는 아무런 선도 전혀 행할 줄 모르며 단지 사악한 일에만 마음이 끌릴 정도로 그렇게 부패해 있습니까?

답 8: 그렇습니다. 하나님의 영에 의하여 거듭나지 않는 한 참으로 그렇습니다.[65]

타락한 이후의 인간은 영적인 영역과 관련하여 인간의 자유의지는 하나님과 이웃을 미워하며 사악한 일에만 마음이 이끌리어 하나님 앞에 죄를 범하는 선택을 하도록 전적으로 성품이 부패하여 있습니다. 이러한 인간이 자신의 자유의지에 따라 선을 행하는 일은 오직 부패한 성품이 새로워질 때에라야 가능할 따름이다. 개혁신학은 성품이 새로워지는 일이 오직 "하나님의 영에 의하여 거듭남"으로만 가능해진다고 가르친다.

인간에게 영적 선을 행할 수 있는 자유의지는 하나님의 은혜로 인하여 거듭남으로 새로운 성품을 가지게 되는 중생한 이후라야 비로소 가능하여진다.

하나님께서 죄인을 회심시키시고 그를 은혜의 상태로 옮기실 때, 죄 아래에 놓여 있던 본성상의 굴레에서 해방을 시키신다. 그리고 오직 그의 은혜만으로 죄인이 영적인 선을 바라며 행할 수 있게끔 하신다. 그러나 그에게 남아 있는 부패성으로 인하여 그는 선한 것을 완전하게 바라지도 못하며 또 선한 것만을 바라지도 못하며, 악한 것을 또한 바란다.[66]

타락한 이후에 인간의 자유의지를 오직 악한 일만을 선택할 수밖에 없게끔 제한하였던 인간의 부패한 성품이 하나님의 중생의 은혜로 말미암아 새로워질 때에라야 비로소 인간의 자유의지는 영적 선을 행할 가능성을 회복하게 된다. 이러한 가능성의 회복은 오직 하나님의 은혜로만 말미암는다. 이것은 유효적 부르심에 의한 중생의 역사이므로 오직 하나님의 일이실 뿐이며, 사람의 자유의지와는 아무런 상관이 없다.

하나님께서 생명으로 예정하신 모든 자들을, 그리고 오직 그들만을, 하나님께서는, 그가 정하시고 인정하신 때에, 그의 말씀과 성령으로, 그들이 나면서부터 처해있던 죄와 사망의 상태에서 불러내어 예수 그리스도에 의한 은혜와 구원에 이르도록 결과를 맺으신다. 또한 이들의 심령에 빛을 비추어 깨우치시어 하나님의 일들을 영적으로

---

65 *Heidelberg Catechism*, Q & A, 5, 7, 8.

66 *Westminster Confession of Faith*, ch. IX, art. 4.

그리고 구원에 이르는 지식에 따라 이해하도록 하시며, 돌과 같은 심령을 제하시고, 살과 같은 심령을 주시어, 그들의 의지를 새롭게 하시며, 그의 전능하신 능력으로 그들로 하여금 선한 것을 향하여 결심케 하시고, 그들을 예수 그리스도에게로 이끄시는 결과를 맺으신다. 그러나 그렇게 함에 있어서 그들은 그의 은혜로 말미암아 기꺼이 나아오도록 됨으로, 아주 자유로이 나아온다.[67]

하나님께서 중생케 하시어 그의 백성들을 죄와 사망에서 그리스도의 은혜와 구원으로 불러내시는 사역은, 심령을 새롭게 하여 하나님께서 기뻐하시는 선한 일들을 소원하며 행하도록 하는 은혜를 베푸심으로 반드시 유효한 결과를 맺는다. 이러한 중생케 하심과 유효적 부르심의 사역은 오직 하나님께서 그의 전능하신 능력으로 행하시는 것이며 인간의 자유의지에 의한 역할은 이 사역에 아무런 의미를 갖지 않는다. 죄인을 부르시어 성품을 새롭게 하시고 구원에 이르게 하시는 중생의 역사는 "오직 은혜"로만 이루어지는 하나님의 전적인 사역인 것이다.

따라서 개혁신학은 하나님의 은혜가 사람의 반응에 따라 영향을 받는 것이 아니며, 유효하게 실행이 되는 하나님의 초자연적인 능력임을 확고히 한다. 이와 관련하여 도르트 신경은 다음의 오류를 배격함을 명백히 한다.

인간을 중생케 함에 있어서 하나님은 그의 전능하신 능력을 인간의 의지를 신앙과 회심에 이르도록 강력하게 그리고 무오하게 바꾸실 정도로 그렇게 사용하지 아니하시며, 단지 하나님께서 회심시키시기 위하여 사용하시는 모든 은혜의 사역이 이루어졌을 때에, 인간의 중생을 의도하시고 그를 중생시키기 하심에 있어, 인간은 여전히 하나님과 성령님에 저항할 수 있다(고 가르치는 자의 오류를 총회는 거부한다.) 과연 인간은 자신의 중생을 완전히 차단할 정도로 그렇게 종종 저항을 하며, 그러므로 중생이 될 것인가 그렇지 않을 것인가가 인간의 능력에 달려 있다(고 가르치는 자의 오류를 총회는 거부한다.) 왜냐하면 이것은 우리의 회심에 있어서 하나님의 은혜의 모든 유효성을 거부하는 것과 방불하며, 전능하신 하나님의 사역을 인간의 의지에 종속시키는 것과 마찬가지이기 때문이다 ...[68]

개혁신학은 하나님의 은혜가 그 은혜의 대상자인 인간의 심령 안에서 매우 신비로운 방식으로 역사하시며, 이 은혜의 역사는 인간의 의지에 의하여 거부

---

[67] *Westminster Confession of Fatih*, ch. X, art. 1.
[68] *Canons of the Synod of Dort*, ch. III and IV, rej. 8.

되거나 저항을 받지 않으며, 그 실행의 유효성이 확실하며 오류가 없다고 가르친다.

4) 개혁교회의 "오직 은혜로만"의 성화론

그런데 앞서 살펴본 웨스트민스터 신앙고백서는 중생이 오직 하나님의 은혜에 의한 것임을 말하면서, 또한 이 중생이 유효적인 부르심과 함께 나타나는 것임을 말하는 한편으로[69], 유효적 부르심에 대한 인간의 반응에 대하여 "자유로이"라는 말을 덧붙여 언급하는 것을 빠뜨리지 않고 있다. 전적인 하나님의 주권적 은혜의 사역 안에서의 인간의 역할에 대한 이해를 바르게 하는 것은 종교개혁신학의 "오직 은혜로만"의 신학을 바르게 이해하는 가장 핵심적인 내용이다. 이러한 하나님의 전적인 은혜의 사역과 인간의 반응의 관계성에 대한 진술은 본 논고의 주제인 "성화"와 관련한 고백에서도 그대로 나타난다.

> 성화는 하나님의 은혜의 사역이다. 이로 인하여 하나님께서 창세 이전에 택하여 거룩하게 하시는 자들이 시간[영원과 반대되는 의미에서의 시간] 안에서 그리스도의 죽으심과 부활을 자신들에게 적용하시는 성령님의 능력의 역사로 말미암아 하나님의 형상을 따라 전 인격이 새로워진다. 생명에 이르는 회개와 다른 구원의 은혜들을 자신들의 심령에 받으며, 그 은혜들이 일어나고 증가하며 강화됨으로써, 그들은 그 만큼 더욱 더 죄에 대하여 죽고 새로운 생명으로 살아난다.[70]

성화는 변화를 의미한다. 그것은 타락으로 인하여 상실하였던 하나님의 형상을 회복하여 죄에 대하여는 죽고 새로운 생명으로 살아남을 내용으로 한다. 웨스트민스터 대요리문답은 "성화는 하나님의 은혜의 사역이다"고 첫 줄에 밝힘으로써 이러한 변화를 가능케 하는 주체가 하나님이시며, 그의 은혜로 인하여 성화가 실현되는 것임을 명시하고 있다. 동시에 "죄에 대하여 죽고 새로운 생명으로 살아나는" 변화를 경험하는 주체로서의 사람의 역할이 있음을 암시한다.

오직 은혜로 이루어지는 하나님의 중생케 하시는 사역과 이어지는 유효

---

[69] 개혁신학은 중생, 유효적 부르심, 그리고 회심의 순서를 논리적으로 구별하지만, 시간적으로 구별하지는 않는다. Louis Berkhof, *Systematic Theology*, pp. 470-71.

[70] *Westminster Larger Catechism*, q. & a. 75.

적 부르심과 회심, 그리고 더 나아가 성화 등에 까지 이어지는 하나님의 구원 사역에 있어서 그 구원을 경험하는 주체로서의 인간의 역할 혹은 반응은 어떠한 의미를 지니는 것인지에 대하여 개혁신학은 다음과 같이 교훈한다.

> 인간이 타락을 하였다 하여 이성과 의지를 부여받은 피조물이기를 그치는 것이 아니며, 또 전 인류에게 미친 죄로 인하여 인간의 본성을 빼앗기기까지 하는 것은 아니다. 다만 죄로 인하여 인간에게 부패성과 영적 죽음이 미쳤던 것이다. 마찬가지로, 중생케 하는 은혜는 인간을 지각이 없는 석재나 판목들로 다루지 아니하며, 인간의 의지나 속성들을 빼앗지도 아니하며, 인간의 의지에 강압적인 폭력을 행사하지도 아니한다. 다만 인간의 의지를 영적으로 북돋우고, 치유하고, 교정하며, 그러면서도 동시에 부드러우면서도 강력하게 방향을 바꾸게 한다. 이전에는 육적인 반역과 저항이 팽배하던 곳에, 즉각적이며 진실한 영적 순종이 나타나기 시작한다. 여기에 우리의 의지의 참된 영적 회복과 자유가 자리한다.[71]

위에서 보는 도르트 신경을 통한 개혁신학의 요점은 하나님의 은혜가 인간의 의지의 자유를 침해하지 않는 상태에서 이루어진다는 사실이다. 그런데 인간의 의지의 자유를 침해하지 않는다는 말의 의미는 "은혜는 강압적인 폭력을 행사하지도 아니 한다"는 뜻으로 풀이가 되고 있다. 그러면서도 하나님의 은혜가 "인간의 의지를 ... 강력하게 방향을 바꾸게 한다"고 함으로써 은혜의 역할을 표현하고 있다. 이러한 고백은 하나님의 은혜와 인간의 자유의지와 관련하여 몇 가지 중요한 신학의 이해를 요구한다. 우선 하나님의 은혜는 인간이 자유의지로 거부할 수 있는가 아니면 거부할 수 없을 정도로 유효적으로 실행이 되는가의 문제이며, 이어지는 문제는 만일 후자가 옳다면 불가항력적인 은혜의 실행이 인간에게 미칠 때에 인간의 자유의지는 침해를 받는 것이 아닌가의 문제이다. 이러한 문제들에 대한 이해는 인간에 대하여 공로를 말할 수 있는가의 문제와 직접 연결이 된다.

이러한 문제들과 관련하여 개혁신학은 이러한 하나님의 은혜의 불가항력성이 인간의 의지의 자유를 침해하는 것이 아니라고 믿는다. 그 까닭은 인간의 자유의 본질과 하나님의 작정과 섭리에 대한 이해와 관련이 된다. 우선 자유의 본질과 관련하여, 개혁신학은, 만일 하나님의 은혜가 인간이 거부하거나 저항할 수 없는 것으로 다가온다면, 인간의 자유의지 혹은 자유선택을 제한하는

---

[71] *Canons of the Synod of Dort*, ch. III and IV, art. 16.

것이므로 인간의 자유를 침해한다고 주장하는 "비결정의 자유(*libertas indifferentiae*)"를 인정하지 않는다.[72] 개혁신학은 의지의 자유의 본질은 비결정성에 있는 것이 아니라, "이성의 판단에 의하여 자신이 기뻐하는 것을 행할 수 있는 이성적 자발성(rational willingness, by which man does what he pleases by a previous judgement of reason)"에 있다고 생각한다. 즉 자유의 본질을 선택과 자발성이라는 두 요소로 요약하여 이해한다. 맹목적인 충동이나 야수적인 본능에 의해서가 아니라 행위와 관련한 이성의 빛과 판단에 의하여 이루어지는 선택이 한 요소이며, 또 어떤 강압이나 외적 필연성이 없이 스스로 행하는 자발성이 다른 한 요소이다.[73] 그럼에도 불구하고 이 자유의 선택이 하나님의 은혜를 거부할 수 있는 선택으로서의 "비결정의 자유"를 지니는 것으로 이해하지 않는다.

동시에 개혁신학은 하나님의 작정과 섭리에 따른 실행이 인간의 자유와 충돌을 이룬다고 생각하지 않는다. 그 까닭은 제 1 원인으로서 하나님이 그의 작정과 섭리에 따라 모든 일을 이루실 때에 제 2 원인들의 성질에 따라 혹은 필연적으로, 혹은 자유롭게, 혹은 우연적으로 일어나도록 실행을 하시기 때문이다.[74] 따라서 하나님의 작정이 인간의 자유를 억압하지 않으며, 인간의 자유의 선택이 작정으로부터 독립하여 있지 않다고 생각한다. 이와 마찬가지로, 하나님께서는 구원의 은혜를 베푸심에 있어서 인간의 의지의 자유를 훼손하지 않는다. 예를 들어, 성화는 하나님께서 인간의 부패한 성품을 새롭게 하시는 은혜를 베푸시고, 인간으로 하여금 그 새로운 성품에 따라 영적인 선을 바라며 행하도록 설득하고, 순종을 이끌어 내신다. 제 1 원인이신 하나님께서 베푸시는 이 은혜의 과정에서 제 2 원인인 인간은 자신에게 나타나는 은혜로 인한 변화를 이성적인 선택과 새로운 성품에 근거한 의지의 기꺼운 순종을 통해 자유로이 성화를 이루어가며 경험한다. 따라서 인간의 자유를 비결정의 자유로 이해하여 하나님의 은혜에 대한 인간의 자유의지의 저항의 가능성을 말하는 주장은 개혁신학의 관점에서 보면 그릇된 자유의 이해에서 비롯된 오류에 지나지 않는다.

---

72 이러한 주장을 하는 이들 가운데 천주교회의 세미-펠라기우스적인 견해를 주장하는 이들과 알미니안파 혹은 소시니안파들이 포함이 된다.

73 Francis Turretin, *Institutes of Elenctic Theology*, vol. 1, loc. 10, q. 3, x, pp. 667-68.

74 *Westminster Confession of Faith*, ch. V, art. 2.

[제 1 원인인 하나님께서 제 2 원인들에 동시작용(*concursus*) 하시는 것을 바르게 조화시키는 방법은] 다음의 명제들로 설명할 수 있다. 첫째, 섭리와 인간의 의지의 동시작용은 동일차원의 것이거나 대등한 원인이 아니며, 불균등하며 종속적인 원인관계의 것이다 ... 전자는 하나님의 동시작용이며 후자는 피조물의 동시작용이므로 ... 이 둘 사이의 협력을 어떤 하나의 동일한 결과를 얻기 위하여 서로 연합하여 부분적으로 역할을 하는 원인들로 인정하여서는 안 된다. 둘째, 하나님께서는 미리 앞서서 제 2 원인들을 움직이시고 결정하심에도 불구하고 그들의 본질에 따라서 그들을 움직이시며 그들의 고유한 작용 양식을 그들에게서 빼앗지 않는 방식으로 제 2 원인들에게 동시작용을 하신다 ... 셋째, 섭리는 (원치 않는 의지를 강요하는) 강압에 의해서라든가, 또는 (판단이 불가능한 야수와 같거나 맹목적인 것들과 같이) 의지를 물리적으로 결정한다든가 하여, 인간의 의지에 동시작용을 하는 것이 아니라, (의지에게 적절한 방식에 따라 의지를 돌이킴으로써) 이성적으로 동시작용을 한다. 그럼으로써 인간의 의지는 이성의 고유한 판단과 의지의 자발적 선택에 의하여 자신의 행동의 근인(proximate cause)으로서 스스로를 결정하게끔 되며, 섭리는 우리의 의지를 훼손하는 것이 아니라 도리어 친절히 그것을 풍성하게 한다 ... 넷째, 하나님께서는 인간의 의지를 결정하심과 관련하여 선과 악의 문제에 있어서는 다른 방식으로 인간의 의지에 동시작용을 하신다. 선한 행실과 관련하여서는, 하나님은 어떤 일과 ... 관련하여서만 인간의 의지를 결정하시는 것이 아니라, 그 일이 되어져야할 양식과 관련하여서도 인간의 의지를 결정하심으로써, 미리 앞서서 인간의 의지를 움직이신다. 그렇게 하여 하나님께서 선한 행실의 조성자가 되신다. 하나님께서는 한 편으로 그의 특별하신 도움 혹은 초자연적인 은혜를 통하여 인간에게 선한 성질들을 주심으로써, 다른 한 편으로는 이것이 주어졌을 때에 (인간으로 하여금 협동하여 행동을 행하도록 돕고 이끌어 내심으로써) 선한 성질들을 자극시킴으로써, [동시작용을 통해 선한 일의 조성자가 되시도록] 일을 하신다 ... 그러나 악한 행실과 관련하여서는, 하나님께서는 악한 행실을 이끌어 내시거나 돕거나 인정을 하시는 식으로 동시작용을 하시는 것이 아니며, 단지 그것들을 허용하시고 의도한 방향으로 인도하는 방식으로 동시작용을 하실 따름이다. 사악함을 주입하시는 방식으로 동시작용을 하시는 것이 아니라, 이성적 피조물이 ... (하나님의 법에서 떨어져 나갔을 때에) 그들로 하여금 도덕의 영역에서 나쁜 행동들을 스스로 결정하여 행하도록 하시며, 그것들을 자유롭고도 자발적으로 행하도록 하심으로써 동시작용을 하신다. 그러므로 죄책은 [악한 행실들을 행한] 자들에게 있으며, 하나님은 이로부터 자유로우시다.[75]

즉 하나님께서 그의 성령님의 중생케 하시는 은혜를 베푸시어 부패한 인간의 성품을 새롭게 하시는 일에 대하여 인간은 철저히 수동적이지만, 이것은 인간

---

[75] Francis Turretin, *Institutes of Elenctic Theology* vol. 1, loc. 6, q. 6, v-viii, pp. 512-14.

의 자유의 문제와는 상관이 없는 창조와 같은 작용이며, 인간의 본성에 새로운 성질을 부여하시는 하나님의 일하심에 의하여 인간이 이성의 판단에 근거한 선택을 하고 기꺼이 그 선택을 실행하는 의지를 행사함에 있어서 하나님께서는 인간을, 강압이 없는 자유로운 상태에서, 단순한 도덕적 설득과 교훈의 방식을 뛰어넘는 매우 신비한 직접적인 방식으로 이끄시면서도 또한, 설득하시며, 강화하시며, 그의 은혜를 실현하시는 것이다.[76] 이러한 까닭에 개혁신학에서는 하나님의 은혜에 대한 인간의 협동이라는 개념도 인간이 하나님의 은혜를 거부하지 않고 받아들이기로 선택하였다는 의미로 풀이되지 않는다. 따라서 천주교회에서 주장하는 바와 같은 인간의 공로에 대한 근거도 인정을 받지 못한다. 튜레틴이 앞에서 설명한 바와 같이, 악한 행실에 대하여서는 인간이 스스로 결정하여 자유롭게 행함으로써 죄에 대한 책임이 인간에게 주어지는 반면에, 성화를 포함하는 중생과 부르심 그리고 회심에 이르는 구원의 사역은 전적인 하나님의 은혜로 이루어지는 것이며, 그의 은혜의 작용에 의해서만 영적으로 선한 일을 선택하는 일과 그것의 실행이 중생한 인간에게 가능하다. 이 은혜의 실행에서 인간은 이 은혜에 대하여 자신의 독립된 비결정의 자유를 통해 협조를 결정하고 선택하여 나아가는 것이 아니라, 단지 제 2 원인으로서 하나님께서 정하신 작정과 섭리 안에서 자유롭게 선택하며 결정하여 나아가는 것이다. 그리고 그 성화의 은혜의 실행에 의하여 인간은 선행이라는 열매를 맺게 된다. 따라서 인간에게는 이러한 성화의 은혜를 입음으로써 자신의 공로를 주장할 근거는 전혀 없으며, 도리어 은혜를 받은 자로서 선행이

---

76 튜레틴은 이 점과 관련하여 다음과 같이 정리하여 준다. "이제 이 일[하나님의 은혜의 초자연적 능력과 신비한 작용]에 대하여 [의지의] 자유가 이렇게 필연적이면서도 친근한 방식으로 협동하는지에 대해서 살펴보기로 한다. 우리의 반대자들은 이 점을 인정하지 않으려고 한다. 은혜의 부드러운[도덕적 설득의] 작용에 대해서 말할 때면, 그들은 그렇기 때문에 은혜는 결코 물리칠 수 없는 것이 아니라고, 그들이 말하는 바대로 불가항력적인 것이 아니라고 주장한다. 은혜의 절대적 유효성에 대해서 말할 때면, 그들은 그렇게 되면 의지의 자유가 손상을 입으며 인간은 한낱 나무 밑동이나 목재가 되고 만다고 떠들어댄다. 그러나 유효한 은혜의 이 두 가지 관계를 잘 이해한 사람이면 누구나 이 둘이 서로 대립되는 것이 아니라, 서로 최고도로 잘 조화를 이루는 것임을 인식할 것이다. 우리를 부르시는 소명은 하나님의 전능하심의 사역이며, 누구도 이것에 저항할 수가 없다. 그리고 우리를 부르실 때 설득이라는 사랑과 온유한 필연성으로 우리를 부르심에 응답하도록 요구하신다. 따라서 아무도 그 부르심이 강제적이라든가 비자발적이라고 생각할 수가 없다." 튜레틴은 하나님의 은혜가 인간의 자유와 어떠한 관계에서 작용이 되는지에 대해서 그의 책에서 다섯 가지 명제를 제시하며 자세히 논증하고 있으므로, 보다 자세한 설명을 위하여 참조할 것. Francis Turretin, *Institutes of Elenctic Theology* vol. 2, loc. 15, q. 4, x-xxviii, pp. 521-30.

라는 열매를 맺어가는 주체자의 경험을 누리게 된다.

5. 성화의 은혜와 "사랑으로 역사하는 믿음" 그리고 선행

불가항력적인 은혜로 죄인의 부패한 성품을 새롭게 하시며, 인간의 의지의 자유의 본질을 훼손치 않으면서도 매우 신비한 방법으로 의지의 순종을 이끌어 내시는 하나님의 성화의 은혜는 "더욱 더 죄에 대하여 죽고 새로운 생명으로 살아나는" 사역을 내용으로 한다. 이러한 이해를 바탕으로 하여 개혁신학은 성화의 은혜를 누리는 중생자의 영적 선을 향한 소망과 이에 대한 순종의 가능성을 설명한다. 물론 이 순종의 가능성은 완전하게 실현되지는 않는다.

> 이 성화는, 전 인격 안에 전체적으로 이루어지는 것이지만, 이 세상의 삶 속에서는 삶의 모든 부분에 여전히 부패의 잔재가 남아 있기 때문에, 불완전하다. 그로 인하여 육체의 정욕은 성령을 거슬리고, 성령은 육체를 대적하는 결코 화해할 수 없는 싸움이 계속하여 일어난다.[77]

> 이 싸움 속에서, 비록 한 동안은 남아 있는 부패성이 상당히 강하게 나타날 수도 있겠지만, 거룩하게 하시는 그리스도의 영으로부터 공급되는 계속된 능력으로 인하여 중생한 부분이 승리를 거두게 된다. 그리하여 성도는 하나님을 경외하는 가운데 거룩함을 온전히 이루기 위하여 은혜 안에서 자라게 된다.[78]

하나님의 성화의 은혜는 우리로 하여금 이 땅에 사는 동안에 여전히 남아 있는 부패한 심령과 싸움을 하도록 하시는 가운데 성화를 경험하도록 하신다. 개혁신학은 이 땅에서 신자가 의식적인 범죄를 피할 수 있다고 주장하는 완전주의(perfectionism)를 인정하지 않는다.[79] 비록 신자는 중생 이후에도 잔존하

---

[77] *Westminster Confession of Faith*, ch. XIII, art. 2.

[78] *Westminster Confession of Faith*, ch. XIII, art. 3.

[79] 세미-펠라기우스파의 천주교회나 웨슬리안(Wesleyans), 퀘이커(Quakers), 그리고 마한 (Asa Mahan)이나 핀니(Charles G. Finney)와 같은 오벌린(Oberlin)파 등으로 대표되는 완전주의를 지지하는 이들은 대체로 신자는 이 땅에서 사는 동안 현재의 상태나 능력에 비추어 가능하도록 조정된 율법의 수준을 완전히 충족하므로 죄를 범치 않고 살 수 있다고 주장을 한다. 이것이 불가능하면 성경에서 거룩과 완전하라는 명령(벧전 1:16; 마 5:48; 약 1:4; 벧전 2:21)을 신자에게 주시지 않았을 것이라 말하면서, 또 요한이 하나님께로서 난 자는 죄를 범하지 않는다고 말했던 부분(요일 3:6-9) 등을 지적하면서, 노아나 욥 등의 인물들을 예로 제시한다. 이들의 비판을 위하여

는 옛 성품으로 인하여 죄에 대한 완전한 승리를 이 땅에서 경험하지는 못하겠지만, 하나님을 경외하는 가운데 온전히 거룩하도록 이끄시는 은혜로 말미암아 진실한 진보와 성장이 있음을 개혁신학은 고백한다.

개혁신학은 이 같은 사실이 두 가지를 일깨워 줌을 지적한다. 하나는 중생하여 새로운 생명으로 거듭난 자가 부패한 옛 성품의 영향 아래에 여전히 있겠지만 결코 육체의 정욕에 계속적으로 끌려 다니지 않는다는 사실이다. 이에 따라, 개혁신학은 악행을 그치지 않고 하나님께로 돌아서지 않는 자가 구원을 받을 수 없음을 확고히 한다.

> 문 87: 감사치 아니하며 회개치도 아니하는 삶을 살면서, 하나님께로 돌이키지 않는 자들이 구원을 받을 수가 있습니까?
> 답 87: 결코 구원을 받지 못합니다. 성경에 이르기를, 음란한 자, 우상 숭배하는 자, 간음하는 자나, 도적이나, 탐람하는 자나, 술 취하는 자나 후욕하는 자나, 토색하는 자들은 하나님의 나라를 유업으로 받지 못하리라고 하셨습니다.[80]

개혁신학은 "오직 믿음"으로만 구원을 받는 칭의의 가르침이 결코 죄인을 명목적으로만 의롭게 하는 것이 아님을 분명히 한다. 하이델베르크 요리문답이 위에서 선명하게 밝히고 있듯이, 모든 악행을 여전히 행하며 회개치 아니하는 자는 믿음으로 의롭게 하시는 하나님의 구원의 은혜와 아무런 상관이 없음을 개혁신학은 타협이나 절충이 없이 확고히 한다. 칭의의 믿음이 구원의 전체적인 맥락과 상관없이 독립적으로 이루어지는 것이 아님에 대하여 개혁신학은 다음과 같이 고백한다.

> [믿음으로] 그리스도와 그의 의를 받아들이고 의지하므로, 믿음은 칭의의 유일한 방편이다. 그렇지만, 의롭게 된 자에게 있어서, 믿음은 단독적으로 있는 것이 아니라, 항상 다른 구원의 은혜들을 함께 수반하며, 결코 죽은 믿음이 아니라 사랑으로 역사하는 믿음이다.[81]

개혁신학에서 말하는 "의롭게 하는 믿음, 곧 칭의의 믿음"은 "사랑으로 역사하

서는 Louis Berkhof, *Systematic Theology*, pp. 537-40을 참조할 것. 완전주의에 대한 설명을 위하여 서는 Benjamin B. Warfield, *Perfectionism*, ed. by Samuel G. Craig (Philadelphia, PA: the Presbyterian and Reformed Pub., 1958)을 볼 것.

[80] *Heidelberg Catechism*, Q & A 87.

[81] *Westminster Confession of Faith*, ch. XI, art. 2.

는" 믿음이다. 그런데 이 말은 잘 이해하여야 한다. 개혁신학은 결코 사랑이 칭의의 근거가 되거나 사랑으로 의롭게 된다고 말하지 않는다. 사랑으로 역사 하는 믿음으로 의롭게 된다는 것은 결국 사랑이라는 행위로 의롭게 된다는 것과 같은 의미라고 설명하는 것은 칭의와 성화를 혼동한 천주교회의 가르침 이며, 결국 본 고의 앞에서 살펴보았듯이, 인간의 행위에 근거하여 "의롭다 함"을 받는다는 그릇된 가르침으로 빠지게 된다.[82] 개혁신학의 교훈은 칭의의 믿음이 "항상 다른 구원의 은혜들과 함께" 역사한다는 사실을 의미하는 데에 있을 따름이다. 이처럼 칭의의 믿음은 죄의 세력으로부터 자유롭게 하는 은혜 의 베푸심 뿐만 아니라, 중생의 은혜와 더불어 하나님의 말씀에 순종하는 거룩한 삶의 결과와도 유기적으로 연결이 되어 있다.

중생한 신자가 비록 옛 성품으로 인하여 죄에 대한 완전한 승리를 이 땅에서 경험하지 못한다 할지라도 하나님을 사랑하며 거룩한 삶을 살도록 이끄시는 성화의 진보와 성장을 경험한다는 성화의 교훈이 주는 또 다른 사실 은 신자에게 있어서 선행은 필연적으로 요구된다는 것이다.

> 우리는 하나님의 말씀을 들음으로써 그리고 성령님의 역사로 말미암아 사람 안에 이루어진 이 참된 믿음이 그를 중생케 하며 새로운 사람으로 만들어 그로 하여금 새로운 삶을 살도록 하며, 죄의 굴레에서 자유롭게 함을 믿는다. 그러므로 이 의롭게 하는 믿음으로 말미암아 사람들이 경건하며 거룩한 삶에 태만하게 된다는 것은 결코 사실이 아니다. 오히려 그것이 없이는 하나님을 사랑하는 마음으로부터는 어떤 일도 하지 못하며 단지 자신을 사랑하거나 정죄를 두려워하는 마음에서 하게 될 따름이다. 그러므로 이 거룩한 믿음이 사람에게 있어서 아무런 열매도 맺지 못한다는 것은 있을 수 없는 일이다. 왜냐하면 우리는 헛된 믿음을 말하고 있는 것이 아니라, 하나님께서 그의 말씀 가운데 명하신 일들을 스스로 행하도록 인도하는 믿음, 성경에서 "사랑으로 역사하는 믿음" 이라 일컫은 믿음에 대해서 말하고 있기 때문이다. 이 일들은 믿음이라 는 좋은 뿌리에서 비롯되는 것들로 선하며 하나님께서 받으실 만하다. 왜냐하면 그것들 은 그의 은혜로 말미암아 모든 성화된 것들이기 때문이다. 그러나 그것들은 우리의 칭의와 관련하여 의미를 지니지 못한다. 왜냐하면 선행을 행하기 이전에, 그리스도를 믿는 믿음으로 말미암아 의롭게 되는 것이기 때문이다. 그렇지 않다면 그것들은 선한 것일 수가 없으니, 마치 나무가 처음부터 좋은 것이 아니라면 그 열매가 좋은 것일 수가 없는 것과 같은 이치이다 ...[83]

---

[82] John Calvin, *Institutes of the Christian Religion*, III. xi, 20.
[83] *Belgic Confession*, art. 24 일부.

칭의의 믿음은 "사랑으로 역사하는 믿음"이므로, 결코 경건하며 거룩한 삶에 태만토록 하지 아니하며, 하나님의 은혜로 말미암아 성화의 열매들을 맺지 않을 수가 없다. 즉 칭의와 성화 그리고 선행의 열매 맺음은 필연적으로 연결이 되어 있는 것이다. 만일 성화에 따른 선행의 열매를 맺지 못한다면 그 믿음은 헛된 믿음이며, 참된 믿음이 아니라고 개혁신학은 강조한다. 위의 벨직 신앙고백서가 중생에 의한 새로운 삶을 선행과 연결하듯이, 하이델베르크 요리문답 또한 우리가 선행을 하여야만 하는 이유로 "그리스도께서 그의 성령으로 우리를 새롭게 하시어 그의 형상을 닮아가도록 하시기 때문"이라고 제시하고 있다. 즉 칭의와 성화 그리고 선행의 연결은 영적 유기성을 지니고 있을 뿐만 아니라, 구원의 은혜를 베푸시는 목적성과도 관계가 되는 하나님의 사역이기도 한 것이다. 따라서 성화의 외적 실현으로서의 선행은 필수적이다. 물론 선행은 구원을 획득하는 공로나 원인이 아니다. 선행은 구원의 열매이며 증거일 뿐이다. 그럼에도 선행은 구원을 소유하는 방식(the meas and way for possessing salvation)으로서 필수적이다.[84]

> 하나님의 계명에 순종함으로 이루어지는 이 선행들은 참되며 살아있는 믿음의 열매들이며 증거들이다. 이것들로 인하여 신자들은 그들의 감사를 표하며, 그들의 확신을 강화하며, 형제들의 덕을 세우고, 복음의 고백을 빛나게 하며, 대적자들의 입을 막고, 하나님께 영광을 돌린다. 그들은, 예수 그리스도 안에서 지음을 받은, 하나님의 작품이며, 거룩함에 이르는 열매를 맺음으로써 마지막, 곧 영원한 생명을 누리게 된다.[85]

선행은 믿음의 열매이며 증거이다. 따라서 선행의 열매와 증거는 믿음으로 말미암는 구원의 유효적 공로나 근거는 결코 아니지만 그 구원을 실현하는 필수적 방편이다. 왜냐하면 위에서 본 웨스트민스터 신앙고백서에서 일깨우듯

---

[84] 튜레틴은 선행이 구원에 필수적인 이유를 크게 다섯 가지로 설명하여 주면서, 삼위일체 하나님의 사역의 유기적 연결성을 적시한다. "은혜의 약속은 거룩한 삼위일체 하나님의 세 위격들에게서 나온다. 각 위격의 하나님은 구속의 사역에 함께 하시면서도 각각에게 고유한 사역의 양식에 따른 특별한 관계를 지니신다. 먼저, 성부 하나님께서는 우리를 그의 자녀로 받으셔서 그의 가족으로 삼으시고, 둘째로, 구속주이시며 머리이신 성자 하나님께서는 그의 백성을 구속하셔서 자신과 연합하심으로 자신의 소유와 몸으로 삼으시며, 셋째로, 위로자이시며 성결케 하시는 성령님께서는 우리를 정결케 하시어 그가 거하시는 성전으로 삼으신다." 다섯 가지 이유에 대해서는 Francis Turretin, *Institutes of Elenctic Theology* vol. 2, loc. 17, q. 3, i-xiii, pp. 702-05를 참조할 것.

[85] *Westminster Confession of Faith*, ch. XVI, art. 2.

이 거룩함에 이르는 열매, 곧 선행을 맺도록 하시는 구원의 은혜를 누리는 자는 결국에 영원한 생명의 은혜를 누리는 자로 귀결이 되기 때문이다. 따라서 이러한 선행은 하나님께 구원에 대해 감사를 드리는 내용이면서, 자신의 구원을 확신케 하며, 복음의 증거력을 높이고, 결국에 하나님께 영광을 돌리는 실천적 헌신의 의미를 지닌다.[86]

6. 성화의 은혜와 선행 그리고 언약 아래에서의 율법

선행은 성화에 근거한 구원의 실천적 증거이며 열매이기 때문에, 그 성격과 내용은 자연적이거나 도덕적인 차원에서의 인간의 임의성에 의한 것이 아니다.

> 문 91: 그런데 선행이란 무엇입니까?
> 답 91: 참된 믿음에서 비롯되는 것으로 하나님의 율법에 일치하며 그의 영광을 위하여 행하여진 것만이 선행입니다. 우리의 생각에 옳은 것이나 또는 사람들의 전통에 근거한 것은 선행이 아닙니다.[87]
>
> 하나님께서 그의 거룩하신 말씀으로 명하신 것들 만이 선행이며, 하나님의 말씀의 보증이 없이, 맹목적인 열심에 따라, 또는 선한 동기를 빙자한 것에 의하여, 사람들이 고안한 것들 따위는 선행이 아니다.[88]

개혁신학은 성화의 외적 열매로서의 선행을 하나님의 율법에 일치한 것만으로 제한한다. 이러한 개혁신학의 교훈은 흔히들 율법의 제 3 용도라 일컫는 것과 관련한 율법의 이해와 맞물린다. 개혁신학에 따르면, 은혜언약 아래에서 율법은 신자가 하나님의 은혜로 살아야 할 마땅한 규범을 제시한다. 즉 행위언약과 은혜언약에 따라 율법의 기능을 구별하는 맥락에서 율법의 교훈적 혹은 규범적 용도(*usus didacticus sive normativus*)를 밝혀낸다. 먼저 개혁신학이 고백하는 행위언약 아래에서의 율법의 이해는 다음과 같다.

---

86 *Cf. Heidelberg Catechism*, q & a 86.
87 *Heidelberg Catechism*, q & a 91.
88 *Westminster Confession of Faith*, ch. XVI, art. 1.

하나님께서는 아담에게 행위언약으로서 한 율법을 주셨으며, 그것으로 아담과 그의 후손들에게 인격적이며 온전하며 정확하고도 영구적인 순종을 하여야할 의무를 부과하셨고, 그것을 성취하면 생명을 주실 것임을 약속하심과 동시에 그것을 어길 경우에는 죽음을 내리실 것을 경고하셨다. 그리고 그에게 이것을 지킬 힘과 능력을 주셨다.[89]

행위언약과 관련한 개혁신학에서의 율법의 이해는 타락 이전의 아담에게 주신 명령으로 소급해간다. 아담에게 주신 명령은 율법의 내용을 실체적으로 포괄하며, 그것의 불순종에 대한 율법의 정죄 기능은 타락 이후의 모든 자들이 사망의 심판 아래에 있음을 말하여 준다. 율법의 정죄 기능은 율법 자체의 기능이라기보다는 행위언약에 의하여 율법에 부과되는 기능이다. 그러나 아담의 타락 이후에 하나님께서 행위언약에 의하여 율법에 순종함으로 생명에 이를 수가 없게 된 상황에서 영원 전에 택하신 자들을 위하여 은혜언약을 실행하신다.

인간이 타락으로 말미암아 행위언약에 따라 생명을 얻을 수가 없게 되었으매, 주님께서는 일반적으로 은혜언약이라 불리는 두 번째 언약을 맺기를 기뻐하셨다. 이 언약 안에서 주님은 죄인들에게 예수 그리스도에 의한 생명과 구원을 값없이 베푸셨다. 그리고 그들에게 구원을 받기 위하여 예수 그리스도를 믿을 것을 요구하시면서, 영생에 이르도록 작정하신 자들이 기꺼이 믿음을 가질 수 있도록 그의 성령을 주시기로 약속을 하셨다 … 이 언약은 율법의 시대와 복음의 시대에 각각 다르게 실행이 되었다. 율법 아래에서 은혜언약은 유대 백성들에게 전해진 약속들, 예언들, 제물들, 할례, 유월절 양, 그리고 다른 모형들과 규례들에 의하여 실행이 되었다 … 복음 아래에서, 참 실체이신 그리스도께서 나타나실 때, 은혜언약을 실행하는 규례들은 말씀의 선포와, 세례와 주의 만찬으로 이루어진 성례의 시행이다 …[90]

은혜언약은 구약의 율법 시대에나 신약의 복음 시대에나 동일하게 적용이 되는 언약이다. 이 언약의 대상은 "영생에 이르도록 작정하신 자들"로 제한이 되며, 이들은 행위언약의 대상이 아니다. 따라서 행위언약에 의하여 율법에

---

[89] *Westminster Confession of Faith*, ch. XIX, art. 1.

[90] *Westminster Confession of Faith*, ch. VII, art. 3, 5, 6. 개혁신학에서 율법은 구약의 율법 시대에 도덕법, 의식법, 시민법 등으로 구별이 되며, 이 가운데 의식법과 시민법은 더 이상 신약의 복음 시대에는 적용력을 갖지 못한다. 대체로 구약의 시대에서의 은혜언약의 요소는 의식법과 관련하여 확인이 된다. 의식법과 시민법은 구약 시대의 이스라엘에게만 적용이 되는 것인 반면에, 도덕법은 모든 사람들에게 공히 적용되는 것으로 이해한다. *Cf. Westminster Confession of Faith*, ch. XIX, 3, 4, 5.

부과되었던 기능이 그들에게는 적용이 되지를 않는다. 은혜언약의 대상자들은 율법을 성취함으로 생명을 얻거나, 그렇지 못하면 죽음에 이르는 행위언약의 구속에서 벗어나 있으므로 인하여, 그들에게는 율법의 의미가 행위언약 아래에 있는 자들과 다르게 적용이 된다. 율법은 그 내용 가운데 율법에 대한 순종 혹은 불순종에 따른 보상과 심판을 담고 있지만, 이러한 조건성은 행위언약 아래에서만 구원론의 의미를 갖는 것이고, 은혜언약 아래에서는 은혜로 베푸신 구원의 의미를 드러내는 역할만을 할 따름이다.

> 참 신자들은 행위언약으로서의 율법의 아래에 있지 않기 때문에, 그것으로 인하여 의롭게 되거나 정죄를 받지 않는다. 그럼에도 불구하고 율법은 신자가 아닌 다른 이들에게 뿐만 아니라 [신자가 아닌 이들에게는 행위언약으로서의 율법이 적용이 된다] 신자들인 이들에게도 매우 유용하다. 즉 하나님의 뜻과 그들이 행하여야 할 의무들을 그들에게 알려 주는 생활의 규칙으로, 율법은 그들을 지도하고 그들로 하여금 그것에 따라서 행하도록 속박한다. 또한 그들의 본성, 심령, 그리고 생활이 죄로 오염이 되어 있음을 발견하도록 한다. 그로 인하여 자신들을 살펴어, 죄를 더욱 깨닫게 하고, 죄로 인하여 겸손케 하며, 죄를 미워하도록 하여, 결국 그리스도와 그의 완전한 순종의 필요성을 더욱 분명하게 볼 수 있도록 한다. 율법은 죄를 금하기 때문에, 부패를 억제하도록 하는 데에 있어서, 율법은 중생자들에게도 마찬가지로 유용하다. 율법의 경고는, 비록 중생자들이 율법이 경고하고 있는 저주로부터 해방되어 있기는 하지만, 그들의 죄로 인하여 그들이 마땅히 받아야 하는 것이 무엇이며, 또 이생에서 죄로 인해 어떠한 역경들을 겪을 것이라 예상을 하여야 하는 것인지 등을 보여주는 역할을 한다. 이와 마찬가지로, 율법의 약속들은, 비록 행위언약으로서의 율법에 따르면 그들에게 합당한 것이 아니지만, 하나님께서 순종을 기뻐하신다는 것을 보여주며, 또 그렇게 순종을 할 때에 어떠한 복락들을 주실 것이라 기대할 수 있는 것인지를 보여준다. 그러므로 어떤 사람이 선을 행하고 악을 삼가는 것이, 율법이 선을 권하고 악을 금하도록 한다고 해서, 그가 은혜 아래가 아니라 율법 아래에 있음을 말해주는 증거인 것은 결코 아니다.[91]

은혜언약 아래에서 "영생에 이르도록 작정하신 자들"에게도 율법이 행위언약의 약속과 경고를 보이고 있는 것은 그들이 은혜언약에 의하여 구원을 받지 못하였을 경우에 그들이 당했을 그들의 비참한 상태가 어떠한 지를 보여주는 것일 뿐이다. 즉 행위언약으로서의 율법의 기능을 통하여, 자신들이 본래 죄로 인하여 얼마나 비참한 상태에 놓여 있었으며, 죄에 대한 하나님의 심판이

---

[91] *Westminster Confession of Faith*, ch. XIX, 6.

어떠한 지를 보여줌으로써, 은혜언약 아래에서 그들이 누리고 있는 구원의 은혜에 더욱 감사하도록 함이 율법의 한 가지 기능이다. 앞서 살폈듯이, 중생한 신자들도 부패한 옛 성품이 여전히 가지고 있으므로, 율법은 중생자들로 하여금 자신들의 죄성을 보게 하며(정죄의 용도, *usus elenchticus*), 교만한 자기 의를 버리고, 하나님 앞에 겸비하며, 자신의 죄를 미워하며, 그리스도의 이름으로 죄와 싸우게 한다. 또한 이러한 죄의 인식은 그리스도와 그의 완전한 순종의 필요성을 분명하게 깨닫게 한다(몽학선생의 용도, *usus paedagogicus*). 아울러 성령님의 은혜로 인하여 중생한 신자들에게 주어진 새 성품과 관련하여 율법은 그들이 행하여야 마땅한 생활 규칙을 제시한다(교훈적 혹은 규범적 용도, *usus didacticus sive normativus*).[92] 개혁신학은 죄를 드러내고 죄와 싸우도록 하는 율법의 기능(*usus elenchticus*)과 그리스도의 은혜의 필요성을 깨달아 그에게로 이끌려 나오도록 하는 율법의 기능(*usus paedagogicus*)을 합하여 율법의 제 2 용도로 일컬으며, 앞서 말한 바처럼 중생자의 마땅한 생활 규범으로서의 율법의 기능(*usus didacticus sive normativus*)은 제 3 용도로 구별한다. 율법의 제 1 용도(*usus politicus sive civilis*)는 은혜언약 아래에 있는 신자에게서나 행위언약 아래에 있는 자연인 모두에게 해당되는 것으로 죄를 짓는 일을 억제하는 기능을 의미한다.[93] 이러한 이해에 따라서 개혁신학은 반율법주의 (anti-nomism)나 율법폐기론(nominalism)을 잘못된 가르침으로 배격하며, 성화를 이루어 가는 신자의 실천적 지침이며 규범으로의 율법의 교훈을 강조한다. 성화와 선행 그리고 율법은 구원을 베푸시는 하나님의 은혜의 통전적인 사역의 한 측면들이기 때문이다.

---

[92] 율법의 용도는 중생한 신자와 그렇지 않은 자의 구분에 따라 서로 다르게 정리된다.

[93] 튜레틴은 율법의 용도를 자연인과 중생인의 두 경우로 나누어 각각 세 가지를 지적한다. 전자의 경우는 (1) 죄를 죄로 알게 하는 기능, (2) 죄 짓는 일을 억제하는 기능, (3) 죄인을 향한 하나님의 정죄의 기능 등이며, 후자의 경우는 (1) 죄를 깨달아 겸손하게 하는 기능, (2) 그리스도에게로 인도하는 기능, (3) 완전한 삶의 표준과 규칙으로의 기능 등이다. 튜레틴의 구분은 일반적으로 개혁신학이 말하는 제 2 용도를 둘로 세분하여 제시하는 특징을 지니고 있다. 반면에 루터파는 개혁신학이 말하는 죄를 억제하는 기능을 말하는 제 1 용도를 함께 언급하면서, 튜레틴과 마찬가지로 개혁신학의 제 2 용도를 둘로 세분하여 이를 합하여 세 용도로 제시한다. 따라서 개혁신학의 율법의 제 3 용도를 인정하는 루터파 신학자는 개혁신학과 같은 내용을 네 용도로 구별하여 말하는 셈이다. 하지만 루터파는 개혁신학의 율법의 제 3 용도가 행위의 의를 강조하는 오류를 낳을 것을 염려하며, 제 3 용도는 결국 제 2 용도로 환원이 된다고 주장하는 경향성을 보인다. Francis Turretin, *Institutes of Elenctic Theology* vol. 2, loc. 11, q. 21, viii-xviii, pp. 137-41; Richard A. Muller, "usus legis"; Heinrich Schmid, *The Doctrinal Theology of the Evangelical Lutheran Church*, pp. 508-16.

7. 나가는 말

개혁신학의 성화론을 바르게 이해하는 첫 걸음은 성화론이 칭의론과 어떻게 구별되는지를 이해하는 데에 있다. 이것은 우선적으로 종교개혁 당시의 천주교회와 견해를 달리하였던 개신교 신학의 이유를 아는 것임과 동시에, 개혁신학의 중심을 이해하는 것이기도 하다. 개혁신학이 칭의와 성화를 구별하는 것은 죄책과 형벌의 문제와 부패한 죄의 본성의 문제를 구별하여 보기 때문이다. 칭의론을 통해 죄책과 형벌이 그리스도의 속죄 사역으로 인하여 완전히 사하여졌음을 다루고, 성화론을 통해 부패한 성품을 새롭게 하시는 중생의 은혜로 인한 거룩한 삶을 살도록 하는 변화를 다룬다. 개혁신학이 칭의와 성화의 구별을 통해 강조하는 것은 성화는 칭의의 근거가 아니며, 오히려 칭의를 전제로 주어진다는 점이다. 특별히 이러한 구별은 성령님에 의하여 새로운 심령으로 창조함을 입은 신자들이 중생 이후에도 남아 있는 부패한 죄의 본성과 거룩한 싸움을 실행하여야 한다는 점에서 더욱 중요하다. 즉 개혁신학은 성화의 과정에서 겪어야 하는 죄와의 싸움이 중생 후에도 여전히 남아 있는 부패한 본성에서 비롯되는 죄책과 형벌을 면하기 위하여 실행이 되는 것이 아니라는 점을 확고히 하고자 하는 것이다. 오히려 이 싸움은 중생 이후의 옛 본성에서 비롯되는 죄로 인한 죄책과 형벌이 완전히 그리스도 안에서 이미 용서를 받았다는 사실에서 가능성과 요구가 이루어지고 있는 것이다.

이러한 거룩한 삶으로의 변화의 가능성과 실행의 능력은 오직 하나님께로부터 온다. 그것은 우선 전적으로 부패한 성품 가운데 새로운 인격의 변화를 열어주시는 하나님의 은혜가 없이는 불가능하기 때문이다. 아울러 새로운 생명에 따라 하나님의 성화의 명령에 순종하도록 이끄시는 성령님의 은혜의 도움이 성화를 가능케 하는 실체이기 때문이다. 사람의 자유선택 혹은 자유의지는 하나님의 은혜를 수용할 것인가 거부할 것인가를 결정하는 선택권을 지니고 있는 것이 아니다. 하나님의 은혜는 사람의 반응에 의하여 영향을 받는 것이 아니며, 실행의 유효성을 그 자체로 갖는 하나님의 초자연적 능력의 역사이다. 이러한 은혜를 베푸심에 있어서 하나님께서는 그의 작정의 실행과 섭리의 방식에 따라서 제 2 원인으로서의 인간의 자유와 인격성을 훼손하지 않으신다. 그러한 맥락에서 인간은 은혜의 수단으로서의 말씀 앞에서 자신의 행동에 대한 제 2 원인으로서 순종과 불순종이라는 선택을 의식하지만, 순종의 선택의 경우 그 순종은 하나님께서 베푸신 은혜로 말미암아 자신에게 나타난 변화, 곧 거듭난 생명에 따른 의지의 기꺼운 순종을 통해 자발적으로 이루어진 것이다. 반대로 불순종의 경우는 부패한 성품을 따라 자발적으로 이루어진 것이다. 따라서 중생케 하시는 은혜를 베푸시며, 부패한 인간의 성품과 싸워 나가도록 하시는 일에 있어서 인간은 철저히 수동적이며, 전적으로 하나님의 일이며 하나님의 은혜로만 가능한 일임에도 불구하고, 인간은 이 은혜의 실행을 제 2 원인으로서 자신의 삶 안에서 자유로운 존재로 경험을 한다. 그러나 이것은 인간이 하나님의 구원의 은혜를 수용하거나 거부하는 선택에 따른 협동이 아니다. 다만 하나님께서 구원의 은혜를 실행하여 가실 때에 인간은 그의 은혜의 작용으로 인해 자신에게 열어진 영적 선의 실행을 자신에게 이루어진 새로운 생명력과 성령님의 은혜를 통해 자발적으로 선택하여 이루어가는 것이다.

이러한 성화의 변화는 반드시 선행의 열매로 증거를 나타나게 되어 있다. 비록 이 세상에서의 삶에서는 잔존하는 부패성 때문에 완전하지 않으나, 선행의 열매는 구원을 소유하는 방식으로서 필수적이다. 즉 선행의 열매는 결코 구원을 획득하는 공로나 원인이 아니지만, 그렇다고 하여 선행의 열매가 없는 구원을 말하지는 않는다. 칭의, 성화, 그리고 선행은 각각 독립적으로 있는 것이 아니라 상호 유기적으로 연결이 되어 있기 때문이며, 구원의 목적성과도 연결되어 있기 때문이다. 이에 따라 개혁신학은 행위가 아닌 믿음에 의한 칭의를 강조하면서도, 그 믿음을 사랑으로 역사하는 믿음으로 풀이한다. 개혁신학에서는 이러한 선행이 율법에서 그 실체성을 확인받는다. 선행은 인간의 임의성에 의한 것이 아니기 때문이다. 즉 하나님께서 선택하신 자들은 행위언약 아래에 있지 않으며 은혜언약 아래에 있음으로 하여, 율법을 신앙과 삶의 규범이며 규칙으로 받는다. 따라서 개혁신학의 성화론은 반율법주의나 율법폐기론을 부정한다.

이상과 같이 개혁신학의 구원론에 맥락을 통해 간략히 살펴본 성화론은 결국 "오직 은혜"를 특성으로 한다. 성화론은 인간의 책임을 말하지만 그 책임은 하나님의 은혜를 거부하는 책임이 아니라 은혜를 통해 구원을 실행하시는 하나님의 일하심이 작정의 실행과 섭리의 방식에 의하여 인간의 경험 영역 안에서 설명되는 책임일 뿐이다. 인간은 언약의 대상으로서 하나님의 성화의 인도에 따라서 율법을 순종함으로 선행을 이루어야 할 책임을 지닌다. 하지만 그 책임은 오직 하나님의 은혜가 실행이 되며 누려지는 방편일 뿐이다. 즉 시간과 공간이라는 인간의 경험의 영역 안에서 하나님의 작정과 섭리가 실행이 되는 방식에 따라 자유로운 인격체로 지으심을 받은 인간은 부패한 죄의 성품을 거슬려 성화를 이루며 선을 행하여야 책임을 부여받고 있으며, 선택과 순종이라는 인격적인 경로를 따라 믿음의 반응을 한다. 그러나 그러한 인간의 인격적인 경로를 따르는 믿음의 반응은 영원이라는 영역 안에서 영생을 주시기로 작정한 모든 이들에게 이루시는 전적인 하나님의 사역이 실행으로 나타나는 은혜의 결과인 것이다.

"오직 하나님께만 영광을(*soli Deo gloria*)!" (*)

제7장
개혁교회와 예배

18.

'예배의 규정원리'(the Regulative Principle of Worship)와 개혁신학의 예배

김병훈 ▌ 조직신학 · 부교수

1. 들어가는 말

20세기 중반 이후로 오늘에 있어서, 개혁신학의 예배론을 논한다는 것은 그것이 개혁교회들 안에서 서로 다르게 나타나고 있다는 점에서 신론, 인간론, 혹은 구원론 등과 같은 다른 신학의 수제들에 대하여 말하는 것과는 사뭇 다르다. 오히려 개혁교회들 안에서 조차 서로 다른 이해의 차이를 보이고 있는 성령론에 대하여 말하는 것과 비슷하다고 하겠다.

예배론은 종교개혁이후 개혁신학 안에서 약 400여 년 간 비교적 통일성을 가지고 있었지만, 최근에는 전통적 예배를 견지하거나 아니면 현대적인 예배를 수용하는 것으로 크게 대별이 되는 양상을 보이고 있다. 한국만 보더라도 개혁신학을 대표하는 장로교회들 사이에 예배의 일치성은 점점 엷어지고 있음이 분명하다. 이 두 가지 이해의 차이는 예배가 무엇인가라는 질문과 관련한 차이가 아니다. 그것은 하나님께 드리는 예배는 어떻게 드려야 마땅한 것인가와 관련한 것이다. 본 글은 장로교 신학에서 예배의 중심적인 규정원리로 전통적으로 인정해온 소위 '예배의 규정원리'(the Regulative Principle of Worship) - 이하 RPW로 약칭함 - 를 개혁신학의 예배원리로 소개하고, 이에 대한 현대의 새로운 관점들을 소개함으로써 개혁신학의 예배에 대한 이해를 제고하고 현대 교회에서의 예배를 돌아보는 데에 도움이 되기를 바라는 글의 목적을 이루고자 한다. 아울러 이 모든 것에 앞서서 장로교회의 RPW가 나오기 까지의 예배론과 관련한 간략한 흐름을 제시하면 글을 전개토록 한다.

2. 종교개혁 시대의 예배론과 개혁신학

천주교회의 미사에 반대하며 예배를 개혁하였던 종교개혁자들의 노력의 중심에는 성찬론의 이해가 자리하고 있었다. 그렇지만 16세기 종교개혁자들 서로 사이에서도 예배에 대한 통일성을 이룰 수가 없었다. 예를 들어 루터(Martin Luther)와 쯔빙글리(Huldrych Zwingli)는 예배에 관하여 서로가 받아들일 수 있는 통일된 신학적 견해를 이끌어 내지를 못했던 것이다. 성찬론에 대한 논쟁은 개신교와 천주교회가 교회론적 분리를 겪게 되는 하나의 이유였을 뿐만 아니라, 종교개혁자들 상호간에도 일치를 보지 못하여 교회의 구조와 예배의 이해를 서로 달리하는 분열의 이유로도 작용을 하였던 핵심적인 문제였다.[1]

신앙과 경건에 있어서 성찬 의식이 단지 부차적이며 종속적인 역할만을 감당하는 오늘날 복음주의 개신교회의 예배에 익숙한 사람들에게는 이러한

---

[1] 루터(Martin Luther)와 쯔빙글리(Huldrych Zwingli) 사이에 끝내 일치를 보지 못했던 1529년 10월에 있었던 '마르부르크 대담'(the Marburg Colloquy)이 대표적인 한 예이다. 이 회담은 헷센의 필립 1세가 종교개혁을 지지하는 군주들의 정치적 연합을 위하여 종교적 일치가 필요하여 소집하였으나, 결과적으로 개신교파들 사이의 서로 다른 특성들이 부각이 되고 말았다. 루터는 하나님의 우편에 있는 그리스도의 육신이 편재하므로 또한 성찬의 떡과 포도주와 함께 임재한다고 주장을 한 반면에, 쯔빙글리는 편재하는 것은 그리스도의 신성일 뿐이며 인성이 아니며, 그리스도의 인성은 하나님 우편에 계실 뿐이므로, 떡과 포도주는 단지 그리스도의 임재를 상징하는 것일 뿐이라고 주장을 하였다. 이러한 차이로 인하여 심지어 루터는 쯔빙글리와 그를 따르는 무리들을 그리스도인들로 여기지 않으려고까지 하였다. 성찬론과 관련한 논의 이외에 다른 사항들에 대해서는 대체적인 일치를 보았다. 루터와 쯔빙글리의 생각의 차이를 드러내는 이들 사이의 대화의 한 대목을 보려면, 졸고, '개혁신학의 성찬론, 한국교회의 신학인식과 실천: 유강 김영재 박사 은퇴 기념 논총(수원: 합동신학대학원대학교출판부, 2006), pp. 307-08을 참고할 것.

성찬론의 논쟁은 다소 의아하며 사소한 다툼으로 교회를 혼란스럽게 한 것처럼 여겨질 수도 있을 것이다.[2] 그러나 성찬론의 이해의 차이는 단지 하나의 교리 상의 차이로만 이해되지 않고, 십계명 가운데 첫 번째 계명과 두 번째 계명을 어떻게 이해하여야 하는 가의 논의와도 연결이 되면서, 더 나아가 이러한 이해가 예배의 의식과 관련하여 어떠한 의미를 주는 가의 논의와도 연결되었기 때문에 치열한 교리적 논쟁으로 발전되면서 교파의 분립의 한 이유로 나타나게 되었다.[3] 말하자면 성찬론은 교회의 구체적인 현상으로서 예배와 신앙의 실제를 결정짓는 중요한 문제였던 것이다.

루터파와 연합이 실패한 이후, 쯔빙글리를 계승한 취리히의 불링거 (Heirich Bullinger)와 제네바의 칼빈(John Calvin)은 취리히 협약(*Consensus Tigurinus*, Zurich Agreement, 1549년)을 통해 성찬에 관한 견해의 차이를 좁혀 일치된 이해를 이끌어 내었다. 흔히들 상징설로 불리는 쯔빙글리의 견해와 영적 임재설로 불리는 칼빈의 견해 사이에 차이가 없는 것은 아니지만, 이후로 취리히, 스트라스부르그, 바젤, 베른, 그리고 제네바의 모든 개혁파들은 하나의 개혁파 예배 전통을 세워 가게 되었으며, 개혁파 안에서는 성찬론은 예배론과 관련한 논쟁의 이유로 작용을 하지 않게 되었다.[4] 불링거가 쓴 제 2 스위스 신앙고백서(*Confessio Helvetica posterior*, the Second Helvetic Confession, 1562, 개정 1564)가 스위스뿐만 아니라 스코틀랜드, 헝거리, 프랑스, 폴란드 등에 점차 받아들여짐으로써 개혁파는 1570년대 후반에 이르기까지 전체적으로 일치된 견고한 신앙고백 및 예배 전통을 확립하게 되었다.[5]

장로교 개혁파의 예배와 관련하여서는 스코틀랜드 장로교회의 예배 표준 문서이었던 낙스(John Knox)의 공동전례서(the Book of Common Order, 1562, 개정 1564)를 필두로 하여, 후에 웨스트민스터 신앙문서를 작성하였던 목사와 신학자들이 작성한 '공예배 지침서'(*A Directory for the Public Worship of God Throughout the Three Kingdoms of England, Scotland, and Ireland*)가 1645년에

---

[2] David Steinmetz, "Scripture and the Lord's Supper in Luther's Theology," in *Luther in Context* (Grand Rapids, MI: Baker Books, 1995), p. 72.

[3] David Steinmetz, "Calvin and the First Commandment," in *Calvin in Context* (New York and Oxford: Oxford University Press, 1995), pp. 53-63.

[4] '취리히 협약'의 전문을 보기 원하면
http://www.creeds.net/reformed/Tigurinus/tigur-bunt.htm을 볼 것.

[5] James F. White, *Protestant Worship:Tradition in Transition* (Louisville, KY: Westminster/John Knox Press, 1989), p. 70.

출판이 되었으며, 이것이 후에 장로교회의 예배의 규범적인 위치를 차지하게 되었다. 그 후로 현대에 이르기까지 각 장로교단들은 변화하는 교회적 상황을 반영하도록 적절히 변형시킨, 다양한 형식과 내용을 담고 있는 예배 지침서를 출판하고 있다.6 오늘 주로 살펴보게 될 RPW는 이러한 다양한 장로교단들의 예배에 관한 지침서들을 간단하게 요약하는 대표 원리로서의 무게를 갖는다.

3. RPW - '예배의 규정원리'(*the Regulative Principle of Worship*)란?

'예배의 규정원리'는 하나님께서 예배를 어떻게 규정하셨는가에 대한 개혁주의 견해를 가리켜 말한다. 역사적으로 청교도이며 장로교도들은 예배를 규정하는 원리를 결정하는 것이 예배론의 핵심으로 여겼으며 소위 RPW라고 일컫는 원리를 성경적인 원리로 여겼다. 그들이 생각한 예배의 규정원리, 곧 RPW는 "예배와 관련하여 성경에 명령이 되어 있는 것은 무엇이든지 요구되며, 명령이 되어 있지 않은 것은 금지된다"는 원리이다.7 이것이 뜻하는 바는 예배를 드리며 행하는 모든 것은 하나님께서 정당한 것으로 인정을 하는 것이어야 하는데, 그것은 결국 "거룩한 성경에 지시된" 것이어야만 한다는 원리이다. 이것은 성경에 금지되어 있는 것이 아니면 무엇이든지 예배에서 행할 수 있다고 생각한 루터파 또는 영국 성공회파와는 구별이 되는 원리이다.8 청교도들은 RPW를 성경적인 예배의 표준원리로 받는 것은 곧 바로 '오직 성경'(*Sola Scriptura*)을 신학의 기준으로 삼는 종교개혁의 정신이며 또한 개혁신학의 신학원리에 근거하고 있다고 생각을 하였다.9

---

6 이러한 사실과 관련한 개괄적인 흐름을 보기 위하여서는 James F. White, pp.58-78을 볼 것.

7 Frank J. Smith, "What Is Worship?" in *Worship in the Presence of God*, eds. Frank J. Smith and David C. Lachman (Greenville, SC: Greenville Seminary Press, 1992), pp. 16-17, quoted R. J. Gore, Jr., *Covenantal Worship* (Philipsburg, NJ: P&R Publishing, 2002), p. 9.

8 John M. Frame, "Some Questions About the Regulative Principle," *Westminster Theological Journal* 54 (1992), 356. 이 내용과 관련하여 웹상에서 프레임의 글 "A Fresh Look At "The Regulative"을 참조하면 많은 도움이 된다.

http://www.frame-poythress.org/frame_articles/RegulativePrinciple.htm을 볼 것.

9 Brian M. Schwertley, *Sola Scriptura and The Regulative Principle of Worship*, ed. Stephen Pribble (Southfield, MI: Reformed Witness)는 RPW에 반대하는 모든 노력들이 '오직 성경으로만'의 신학원리에 어긋나는 것임을 책 전체에 걸쳐서 논증을 한다.

전통적으로 개혁교회는 청교도들의 RPW를 성경적인 표준 원리로 인정해 왔다. 이들이 종종 인용하는 성경의 근거 구절들 가운데 대표적인 사례는 레위기 10장 1-3절이다.[10] RPW의 청도교적 전통이해를 주장하는 이들은 이 구절을 통해서 하나님을 향한 열정과 상관이 없이 하나님이 명령하신 불이 아닌 것으로 하나님께 드렸다는 사실만으로 하나님께 큰 죄를 범하는 것임을 지적한다. 하나님의 명령하신 모든 것을 더하거나 감하는 일은 하나님께서 금하신 것이며, 인간의 생각으로 무엇을 덧붙인 제사는 하나님께서 받지 않으신다는 것이 명백하다고 주장을 한다. 이사야 29장 13절을 제시하면서, 칼빈을 인용하여 이르기를 "하나님의 말씀이 아닌, 사람의 명령을 하나님께 대한 예배의 규칙으로 삼는 것은 질서를 전복시키는 것"으로 이해를 한다.[11] 이 구절들을 근거로 청교도적 전통 이해를 주장하는 자들이 밝히기를 원하는 원리는 우상을 숭배하지 않는 것과, 하나님이 명령한 것 이외에 다른 방식, 곧 사람이 임의로 고안한 방식으로 하나님을 예배하지 않는 것, 결국 하나님이 명령한 방식으로만 하나님을 예배하는 것이다.

이러한 RPW의 전통적인 이해에 대해 현대의 새 관점 견해들도 전적으로 동의를 한다. 예를 들어 프레임(John M. Frame)은 위의 본문들은 사람이 하나님을 예배함에 있어서 하나님의 뜻에 따라서 바르게 예배하여야 함을 교훈하는 것임을 적극적으로 확인한다. 그의 해석에 따르면, 성경은 사람이 스스로 부여하며 임의로 구성한 예배에 대하여 분명히 정죄를 한다.[12] 그러나 RPW의 현대적 새 관점 해석을 요구하는 프레임과 같은 자들의 문제제기는 다른 관점에서 이루어진다. 위의 본문들은 하나님께 드리는 예배는 하나님의 명령에 따라 드려져야 하는데, 그 명령이 예배규정과 관련하여 무엇을 요구하는가에 대한 해석에 있어서 현대적 새 관점 견해는 전통적 견해와 이해를 달리한다. 전통적 견해는 성경이 구체적이며 세부적으로 예배규정을 명령하고 있다고 해석하는 반면에, 현대적 새 관점 견해는 성경은 단지 일반적으로만 예배규정

---

[10] 릿치(Daniel F.N. Ritchie)가 제시하고 있는 구절들은 다음과 같다. 출 20:4-6; 레 10:1-3; 23:31-33; 민 15:39; 신 4:2; 12:28-32; 삼상 13:8-14; 역상 13:9-11; 역하 26:16-19; 사 29:13; 렘 7:30-31; 마 15:1-2, 7-9; 28:18-20; 요 4:20-24; 골 2:20-23 등이다. Daniel F.N. Ritchie, *The Regulative Principle of Worship* (U.S.A.: Xulon press, 2007), pp. 27-46.

[11] Daniel F.N. Ritchie, pp. 45-46. 아울러 Brian N. Schwertley, "John Calvin and the Regulative Principle," in *Sola Scriptura and The Regulative Principle of Worship*, pp. 143-54를 참조할 것.

[12] John M. Frame, *Worship in Spirit and Truth* (Phillipsburg, NJ: P&R Publishing, 1996), p. 37, 39.

을 밝히고 있을 뿐이며 구체적이며 세부적인 것은 하나님께서 열어 놓으셨다고 해석을 한다.[13]

4. RPW에 대한 전통적 해석

RPW에 대한 전통적 해석의 뿌리는 웨스트민스터신앙고백서에 내리고 있다. 예를 들어 예배와 안식일에 관한 항목에서 전통적 해석은 적어도 네 가지 원리를 이끌어 낸다.

> ... 참되신 하나님을 예배하는 합당한 방법은 하나님 자신이 친히 제정하신 것이다. 그래서 인간의 상상이나 고안, 또는 사단의 지시를 따라서 어떤 보이는 형상을 좇거나, 또는 성경에서 규정되어 잇지 않은 다른 방법으로 하나님을 예배하지 않도록 그렇게 하나님을 예배하는 방법은 하나님 자신이 계시하신 뜻에 의해 제한이 되어 있다.(21장 1항b)

전통적 해석이 웨스트민스터신앙고백서의 예배와 관련한 첫 항목에서 이끌어 내는 예배의 규정원리는, 맥마혼(C. Matthew McMahon)의 예를 들면, 첫째, 하나님만이 죄인들이 하나님께 예배로 나올 수 있는 조건들을 결정하실 수 있는 분이라는 사실이며, 둘째, 성경에 지시되지 않은 행위들을 예배에 끌어 오는 것은 하나님께서 명하신 예배로서의 기준을 충족하지 못하는 것이므로 필연적으로 예배를 훼손하고 무효화 시킨다는 것이며, 셋째, 죄인인 인간이 하나님께서 규정하지 않은 어떤 요소를 예배에 더한다면, 그것은 결국 성경의 충족성을 부인하는 것이 된다는 것이며, 끝으로 넷째, 성경은 하나님께서 명령하지 않은 모든 예배를 정죄하고 있다는 사실 등이다.[14]

예배에 관련한 개혁신학의 이러한 네 가지 규정원리들은 17세기에 이르러서야 비로소 웨스트민스터 신앙고백서를 통해 반영이 되고 있는 것이 아니다. 윌리암슨(G.I. Williamson)이 지적하고 있는 대로,[15] 이미 종교개혁 직후인 16세기에 개혁신앙을 대표하는 첫 신앙문서인 하이델베르크 요리문답에도

---

13 John M. Frame, *Worship in Spirit and Truth*, pp. 54-55; Brian M. Schwertley, pp. 202-03.
14 http://www.apuritansmind.com/PuritanWorship/McMahonRegulativePrinciple.htm을 볼 것.
15 G.I. Williamson, "The Regulative Principle of Worship," vol. 10 no. 4 (2001), p. 67.

반영이 되어있다.

질문 96: 하나님께서 제 2계명에서 요구하시는 것이 무엇입니까?

답: 결코 하나님의 형상을 만들지 말 것이며 또한 하나님이 명령하신 것이 아닌 방식으로 하나님을 예배하지 말라

하이델베르크 요리문답의 저자 가운데 한 사람이면서 요리문답의 해설서를 펴내었던 우르시누스(Zacharias Ursinus)는 이 문답을 해설하며 다음과 같이 말하고 있다.

참되신 하나님을 정당한 형식으로, 혹은 지능 있는 피조물들이 드려야 마땅한 올바른 예배로 – 사람의 상상과 수단에 합당한 그런 예배로가 아니라 그를 기쁘시게 하는 그런 예배로 – 예배하도록 하는 데 있다. 혹은 이 계명의 의도는, 하나님께서 규정하신 예배를 순결하고도 부패하지 않은 상태로 보존시키며, 그 어떠한 형태의 미신적인 예배로 침해하지 못하도록 하는 것이라고도 말할 수 있을 것이다. 그러므로 여기서는 하나님께 드리는 참된 예배를 명령하는 것이요, 또한 동시에 하나님께서 지정하신 경계를 거룩하고도 양심적으로 잘 지켜야 할 것과 또한 하나님께서 제정하신 예배에 그 어떤 요소도 덧붙이지 말아야 하며 아무리 사소한 부분이라도 왜곡시켜서는 안 된다는 원칙을 제시하는 것이다.16

우르시누스는 하나님께서 제정하신 방식대로 예배를 드려야 한다는 의미는 되짚어서 말할 때 "그 자체로서는 중립적이며 하나님께서 명령하시지도 금하시지도 않은 것들이라 할지라도 그것들을 지정하여 하나님께 드리는 예배로서 행하도록 하거나, 혹은 그런 것들을 행하면 하나님께서 영광을 받으시고 그것들을 소홀히 하면 하나님께서도 소홀히 여김을 받으신다고 생각한다면, 성경은 이 본문들과 다른 비슷한 본문들에서 그것들을 정죄하는 것이 분명히 드러나는 것이다"고17 덧붙여 설명하므로 RPW의 전통적 해석의 기초를 분명하게 제공하고 있다.

---

16 자카리아스 우르시누스, 『하이델베르크 요리문답 해설』, 원광연 역(경기, 고양: 크리스찬 다이제스트, 2006), p. 814.
17 자카리아스 우르시누스, p. 817. 그런데 여기서 우리는 우르시누스가 하나님이 제정하신 예배와 사람의 뜻대로 행한 예배를 비교하며 말할 때, 그의 마음속에는 항상 우상숭배적인 요소로서 기독교 내의 형상들과 그림들을 생각하고 있음을 주의할 필요가 있다. 그는 로마교회의 예배의 부패성을 비판하는 맥락에 서 있는 것이다.

그렇다면 예배에 관하여 하나님께서 명령하신 내용들은 무엇인가? 하나님께서 예배에 관련하여 세세하게 구체적으로 명령을 하시는 것이며, 사람은 예배의 규정과 관련하여 어떤 역할을 하는 것인가? 우르시누스는 하나님의 명령의 예로 십계명을 들면서, 이 계명에 어떠한 사람의 생각을 덧붙이거나 감하는 것은 용납될 수가 없는 것임을 분명히 한다. 하지만 이 계명들을 바르게 지키기 위하여 필요하며 또한 유용한 정황들이 있는데, 이를테면 "설교의 시간과 장소, 형식, 순서 등과 교회의 공적인 기도와 성경 읽기, 금식, 목사의 선출 절차, 구제물의 모금과 분배 등 하나님께서 구체적인 명령을 주시지 않은 그런 성격의 사안들"이 그것이다.[18] 우르시누스는 이러한 것들은 하나님의 계명을 바르게 지키기 위하여 사람들이 제정하는 교회적인 법으로, 어떤 예배가 하나님께 바르게 예배인지를 판단하는 데에 아무런 상관이 없는 중립적인 문제라고 말한다.[19]

하이델베르크 요리문답의 하나님의 명령과 정황에 따른 사람의 규정과 관련한 이러한 구별은 후에 웨스트민스터 신앙고백서에서 그대로 발전적으로 반영이 되고 있다. 다시 웨스트민스터 신앙고백서를 보도록 하자.

> 감사함으로 드리는 기도는 종교 예배의 특별한 요소이다 ... (21장 3항)

> 하나님께 드리는 일반적인 종교 예배의 요소들은 이러하다. 경건한 마음으로 성경을 봉독하며, 설교를 올바르게 하며, 하나님께 순종하며 이치를 깨닫는 마음과 믿음과 경외심을 가지고 하나님의 말씀을 성심껏 들어야 하며, 심령에서부터 시편을 감사함으로 찬송하며, 그리스도께서 제정하신 성례를 바르게 실시하며, 합당하게 성례를 받아야 한다 ... (21장 5항)

RPW의 전통적인 해석자들은 하나님께서 인정하시는 예배의 규정요소(regulative elements)를 정하여 사람이 임의로 정할 수 있는 정황들(circumstances)과 구별을 한다. 예배의 규정요소들은 하나님이 명하신 것으로 예배가 참된 예배이기 위하여서는 이러한 요소들이 반드시 있어야 한다고 주장을 한다. 그러한 요소들은 기도, 성경 봉독, 설교, 시편 찬송, 성례 등이다. 1645년에 작성이 된 웨스트민스터 '공예배 지침서'(*A Directory for the Public*

---

18 자카리아스 우르시누스, p. 819.
19 자카리아스 우르시누스, p. 820.

Worship of God)는 예배의 요소로 앞에서 언급한 사항들에 대해 상세한 설명을 덧붙이고 있다.[20] 예배의 정황들(circumstances)을 예배의 요소들(elements)과 구별할 때, 전통적인 해석자들은 웨스트민스터 신앙고백서 1장을 참조한다.

> 하나님의 영광, 인간의 구원, 그리고 신앙과 실생활에 필요한 하나님의 모든 지혜는 성경에 명백히 기록되어 있다. 아니면 필연적인 좋은 추론에 의하여 성경에서 이끌어 낼 수 있다. ... 또한 하나님을 예배하고 교회 정치를 하는 일과 관련하여, 인간의 활동들이나 사회들과 마찬가지로, 자연의 빛에 의하여 시행이 되어야만 하는 정황들이 있다. 그리고 그러한 정황들은 반드시 항상 지켜져야만 하는 하나님의 말씀의 일반적인 규칙에 따라서 그리스도인의 신중한 분별에 의하여 시행이 되어야 한다. (1장 6항)

하나님의 말씀의 일반적인 교훈에 어긋나지 않는 한, 자연의 빛에 의하여 사람이 판단하여 정할 수 있는 사항들이 있으며, 이러한 사항들과 관련하여 예배의 규정요소와 별도로 '정황들'이라고 구별을 하는 것이다. 두 가지 점을 주의하여 보아야 한다. 첫째는 하나님의 영광, 인간의 구원, 그리고 신앙과 실생활에 필요한 하나님의 지혜와 관련한 것인데. 이러한 것들은 사람이 임의로 더하거나 감할 수가 없는 것들이다. 이러한 것들은 성경에 명백히 기록되어 있거나, 혹은 필연적인 좋은 추론을 통하여 성경에서 이끌어 낼 수 있다. 둘째는 하나님을 예배하고 교회 정치를 하는 일과 관련하여서, 하나님의 말씀의 일반적인 원리에 어긋나지 않는 범위 내에서 자연의 빛에 의하여 판단하여야 할 정황들이 있다. 이러한 것들은 사람이 신중하게 분별하고 정하여 시행을 하면 되는 것들이다. RPW에 대한 청교도적 전통주의자들은 예배와 관련하여 전자의 범위에 속한 명령은 예배의 요소들(elements)로, 후자의 범위에 속한 규정들은 예배의 정황들(circumstances)로 구별하여, 예배의 요소를 바르게 담지 않고 추가 또는 감소하는 예배는 참 예배가 아닌 것으로 규정을 한다. 이들의 이해에 따르면, 예배의 요소들은 예배를 무엇으로 구성하는가의 문제이고, 예배의 정황들은 예배를 어떻게 드려야 하는가의 문제이다.[21]

그러면 어디까지가 예배의 요소에 해당하며 또 어디까지가 예배의 정황에 속하는 것일까? 이 점에 대한 해석에 있어서 현대적 새 관점을 주장하는

---

[20] http://www.reformed.org/documents/wcf_standards/index.html?mainframe=/documents /wcf_standards/p369-direct_pub_worship.html에서 전문을 볼 수 있다.

[21] D.G. Hart and John R. Muether, *With Reverence and Awe* (Phillipsburg, NJ: 2002), pp. 85-86.

자들은 청교도적 전통에 대해 이의를 제기한다. 그들은 여기에서 말하는 정황들에 해당하는 범위를 훨씬 더 넓게 이해하여 RPW의 전통적 해석자들과는 다른 해석을 취한다.[22]

5. RPW의 새로운 관점

개혁교회 안에서 RPW와 관련한 해석의 논란은 결국 청교도적인 전통적 견해가 뿌리를 두고 있는 웨스트민스터 총회의 '공예배 지침서'와 웨스트민스터 신앙고백서를 전통적 견해와는 다르게 읽을 필요가 있다는 현대적 새 관점 지지자들의 이의제기에 있다. 즉 전통적 견해는 이것들에게서 너무나 많은 것들을 이끌어 냈다는 것이 현대적 새 관점 견해를 지지하는 프레임(John M. Frame), 프라트(Richard L. Pratt), 그리고 고어(R.J. Gore, Jr.) 등의 주장이다. 프레임에 따르면, 청교도식의 RPW는 철저하게 예배를 하나님의 말씀에 근거하기를 바랬음에도 불구하고 아이러니컬하게도 성경적으로 정당성을 인정받지 못한다. 우선 전통적인 견해에서 말하는 예배의 규정요소들은, 전통적 견해의 지지자인 윌리암슨(G.I. Williamson)이 말한 바와 같이, 예배의 규정요소들은 '하나님이 명령하신 것'이라고 할 때, 그것을 하나님께서 직접적이며 말의 표현을 통해서 명령하신 예배의 규정원리가 있다는 뜻으로 해석하지 말아야 한다.[23] 오히려 그것은 웨스트민스터 신앙고백서 1장 6항에서 보듯이 "필연적인 좋은 추론"에 의하여 결과된 것으로 보아야 한다. 프레임에 따르면, 그렇다면 '필연적인 좋은' 추론을 통하여 예배의 규정요소가 구별이 된다면 그 요소를 하나님께서 '명령하신 것'이라고 말하는 것은 지나친 것이다.[24]

---

22 Brian M. Schwertley, p. 98.

23 윌리암슨(G.I. Williamson)은 하이델베르크 요리문답의 제 96문답을 제시하면서 이르기를 여기서 '하나님이 명령하신 것'이라는 의미를 하나님께서 직접적이며 말의 표현을 통해서 명령하신 예배의 규정원리가 있다는 뜻으로 해석하지 말아야 한다고 한다. 오히려 그것은 성경에 근거를 두고 성경에서 비롯되고 있는 선하면서도 필연적인 추록에 의하여 무엇을 할 것이며 무엇을 하지 말아야 할 것을 결정할 수 있으며 그러할 때에 그것은 하나님의 권위를 갖는 것이라고 풀이를 한다. G.I. Williamson, "The Regulative Principle of Worship," vol. 10 no. 4 (2001), p. 67.

24 John M. Frame, "Some Questions about the Regulative Principle," *Westminster Theological Journal* 54 (1992), pp. 358-59.

뿐만 아니라, 예배의 규정요소들과 정황들의 구별을 절대적으로 행할 권위자가 우리 가운데 없다는 점이다. RPW의 전통적인 해석자들은 예배의 규정요소들을 성경에 근거하여 정한 것이라고 하지만, 그 성경 구절들은 모두가 회당, 또는 성전, 그리고 신약교회라는 각각 구체적이며 특정적인 예배 가운데 주어진 것들임을 주목하여야 한다고 프레임을 지적한다. 어느 예배에서는 규정요소인 것이 다른 예배에서는 규정요소이지 않을 수 있음을 쉽게 생각할 수 있다. 예를 들어 번제와 같은 것은 성전 예배에서는 예배의 규정요소이지만 신약 교회에서는 전혀 그렇지 않은 것이다.[25] 개혁교회의 예배에 있어서 가장 현상적으로 두드러지게 드러나는 찬송과 관련한 논점들도 바로 이러한 맥락을 따라서 나타나는 것이다.

프라트의 주장에 따르면, RPW는 두 가지 정황을 의식하고 발전되었다. 첫째는 로마교회의 우상숭배를 예배에서 걷어내기 위한 것이며, 둘째는 영국 국교회가 예전적 규정을 강요하는 것에 대항하여 양심의 자유를 지키는 것이었다.[26] 따라서 오늘날에도 개혁주의 예배론으로 RPW를 받으며 우리의 정황에 적용을 할 때, 지나칠 정도로 구체적으로 예배의 규정을 제한하는 전통적인 청교도 RPW의 해석을 받는 것이 적절한 적용이라고 할 수 없다고 말한다. 왜냐하면 그것은 그 당시에 우상숭배적 요소를 예배에서 제거하고 신앙의 양심을 지키기 위한 노력의 결과로 나타난 것이며, 그런 의미에서 충분히 성경적이었다. 마찬가지로 오늘의 교회 상황에서는 무엇이 우리에게 우상숭배적 요소로 작용을 하는지, 그리고 신앙의 양심을 어긋나게 하는 것은 무엇인지를 분별하여 이것들을 제거하는 것이 RPW를 바르게 적용하는 것이라고 주장한다. 특별히 개혁교회들에게서 강하게 나타나는 지성주의(intellectualism) 일변도의 예배 성향은 어떤 의미에서 개혁교회가 피하여야 할 일종의 우상과 같은 것임을 지적하는 한편, 신앙의 양심을 억압받지 않는 것과 관련하여 프라트는 시편찬송만을 예배의 찬송으로 사용하여야 한다는 전통적 주장을 한 예로 들면서 이것은 성경적 근거도 약할뿐더러, 다른 사람의 신앙양심을 억압하는 것이라고 비평을 한다.[27]

---

[25] John M. Frame, "A Fresh Look At The Regulative Principle"을 볼 것.
[26] Richard L. Pratt, Jr., "The Regulative Principle."
http://thirdmill.org/newfiles/ric_pratt/TH.Pratt.Reg.Princ.pdf에서 전문을 볼 수 있다.
[27] 프라트는 오늘의 예배에 있어서 관찰이 되는 우상숭배적 요소들은 예배를 1) 교실

고어(R.J. Gore, Jr.)는 청교도의 전통적 RPW 견해는 예배가 하나님의 말씀 위에 서야 한다는 원칙에서는 바른 방향을 잡았지만 성경적 가르침에 일치하지는 못했다고 비평을 한다. 그는 '예배의 언약적 원리'(the Covenantal Principle of Worship)라고 스스로 명한 자신의 견해를 RPW에 대한 새 관점으로 제시하면서 다음과 같이 주장한다. 첫째 '언약적 예배 원리'는 성경에 나타나고 있는 예배의 요소들인 기도, 성례, 설교, 시편 찬송들을 포함한다. 둘째 '언약적 예배 원리'는 웨스트민스터 신앙고백서 1장 6항에서 언급한 "필요하며 좋은 추론"에 의하여 성경에서 도출된 신학적 판단을 포함한다. 셋째 '언약적 예배 원리'는 성경에 일치하는 것은 무엇이든지 예배에 포함할 수 있는 것으로 여긴다. 청교도의 전통적 견해는 모든 예배가 하나님의 명령에 일치하던지 아니면 어긋나던지 둘 중의 하나일 뿐이다. 청교도들에게 있어서 아디아포라 ('어떻게 선택해도 무방한,' *adiaphora*)의 범위는 오직 예배의 정황들에 속한 것일 뿐이며, 예배의 요소들은 어떤 의미에서도 아디아포라의 문제일 수가 없다. 그러나 고어는 하나님께서 명시적으로 직접 명령하시지 않으신 것, 그러나 좋은 추론에 의하여 판단이 되는 영역의 것들은 모두 아디아포라의 문제로 다루는 것이 옳다고 주장을 한다. 예를 들어 성탄절 예배나 부활절 예배의 문제에 있어서, 그것이 예배인가를 결정하는 문제는 그 예배에 예배의 요소들을 다 갖추어 있느냐로 판단을 하고, 성찬절이냐 부활절이라는 절기는 하나의 아디아포라의 문제로 보아야 한다는 주장이다.[28]

요컨대 RPW의 새로운 관점은 예배에 있어서도 아디아포라의 영역과 범위를 넓히고 그리스도인의 자유와 양심에 따라 행하도록 하는 것이 성경과 개혁주의 신앙문서들과 심지어는 칼빈의 교훈과도 더욱 일치한다는 것이다.[29]

학습의 장으로 축소시키거나, 2) 가족재결합 혹은 회복의 장으로 삼거나, 3) 새로운 사람들이나 구도자를 환영하는 친교의 자리로 삼거나, 4) 심리적 치료를 위한 코칭의 자리로 만들거나, 5) 다양한 즐거움을 제공하는 자리로 만들거나 하는 것들이라고 지적을 한다. 이러한 것들이 그 자체로 의미를 갖지 않는 것은 아니지만, 예배란 하나님과 그가 행하신 일을 높이 기리며 찬양을 드리는 것임을 고려할 때, 이러한 모든 것들은 하나님의 영광을 대체하는 우상숭배적 성격을 갖는다고 할 수 있겠다.

[28] R.J. Gore Jr., *Covenantal Worship: Reconsidering the Puritan Regulative Principle* (Phillipsburg, NJ: P&R Publishing, 2002), pp. 137-42.

[29] R.J. Gore Jr., pp. 53-70. 화이트(James F. White)는 청교도들이 칼빈의 교훈과 어긋나고 있음을 지적하면서 칼빈의 생각을 다음과 같이 인용하여 제시한다. "하나님은 외적인 훈련이나 의식들과 관련하여 우리가 무엇을 하여야 할 것인지를 세세하게 규정하기를 원하지 않으셨다. (왜냐하면 이것은 시대의 상태에 따라 달라지는 것이며, 단 하나의 형태가 모든 시대에 다 적절하

6. 미국 정통 장로교회(Orthodox Presbyterian Church)의 RPW에 대한 보고서

RPW에 대한 개혁교회들 안에서의 논란은 예배론관 관련한 단순한 신학 이론의 이견 대립이 아니라, 예배의 실제와 관련한 의미를 담고 있어서, 교회 현장의 사역에 직접적인 영향을 미친다. 실례로 미국 정통 장로교회(이하 OPC로 약함)는 '예배에 있어서 노래의 문제'와 관련하여 총회 보고서를 제출하며 이 문제를 RPW와 관련하여 풀어가고 있다. 이 보고서는 이미 1946년과 1947년 두 해에 걸쳐서 OPC 총회에 제출된 것이다. 연구위원회는 총회에 다수 보고서와 소수 보고서를 제출하였는데, 시편만을 예배 찬송으로 사용하여야 한다는 소수 보고서를 반대하고, 시편 이외의 찬송을 허용하여야 한다는 다수 보고서를 채택하였다. 본 글은 여기서 현대적 새 관점의 주장들의 요점을 바르게 이해하기 위한 노력으로 다수 보고서(이하 OPC로 약칭)를 살피도록 한다.[30]

OPC는 RPW가 무엇을 말하는지를 살피기 위하여, 웨스트민스터 신앙고백서, 대소요리문답, '공예배 지침서' 등에 관련한 부분들을 분석하여 이것들에게서 얻은 RPW의 의미를 정리하였다. 그 중에서 몇 가지만 살펴보도록 한다. OPC는 웨스트민스터 신앙고백서 제 1장 6항 성경에 관한 부분이 RPW와 관련하여 교훈하는 바를 이렇게 정리한다. (1) 하나님을 예배하고 교회 정치를 하는 일과 관련하여 자연의 빛에 의하여 시행하여야 하는 상황들은 결코 예배의 요소들로 간주될 수가 없으며, 예배의 요소들은 자연의 빛에 따라 판단할 수 없는 것이라는 것이다. 자연의 빛에 따라 판단할 수 있는 것은 단지 예배의 정황들에 관한 것이다. (2) 성경에 명확하게 표현이 되어 있거나 혹은 적절하고도 필요한 추론에 의하여 성경에서 도출된 것들 가운데 어떤 것들은 예배의 정황들에 관한 것들 일 수도 있다. (3) 자연의 빛에 의하여 판단이 되는 정황들

다고 생각하지 않으셨기 때문이다. 여기서 우리는 교회가 질서와 예절을 위하여 필요로 하는 것은 무엇이든지 주님께서 주신 일반적인 규정에 안에서 이것들을 따라 결정하도록 하라는 것에서 위안을 구하여야 한다. 끝으로 주님께서는 구체적으로는 아무 것도 교훈하시지 않으셨기 때문에, 그리고 이러한 일들은 구원에 필요한 것들이 아니기 때문에, 교회의 건덕을 위하여 각각의 시대와 민족의 다양한 상황들에 맞추는 것이 마땅하므로, 교회의 유익을 위하여 필요하다면 새로운 형식을 도입하는 것뿐만 아니라 옛 것을 바꾸거나 폐기하는 것이 적절할 것이다."(기독교 강요, 4.10.30) James F. White, *Protestant Worship*, p. 118.

[30] http://www.opc.org/GA/song.html#14에서 보고서 내용의 전문을 볼 수 있다.

은 사람들의 활동들이나 사회들과 관련한 것이므로 특별히 예배에 고유하게 적용이 되는 정황들이 아니다. 여기서 말하는 것들은 시간이나 장소와 같은 것으로 예배의 순서나 길이 등의 문제들을 포함한다. 요컨대 제 1장 6항의 교훈은 인간의 활동이나 사회들에 공통적인 정황들이 아닌 것들은 자연의 빛이 아니라 성경에 분명하게 명시되어 있거나 혹은 필요하고도 적절한 추론에 의하여 성경에서 도출된 바와 일치되어야 한다는 것이다.

웨스트민스터 신앙고백서 제 20장 2항 양심의 자유와 관련하여, OPC는 하나님만이 양심의 주인이시므로, 하나님의 말씀에 어긋나거나 벗어나는 일을 따르지 않을 때에 그리스도인은 전혀 양심의 구속을 받을 이유가 없음을 밝힌다. 그것은 반대로 하나님의 말씀에 명백하게 표현이 되어 있거나 필요하고도 좋은 추론에 의하여 분명히 나타난 교훈에 불순종 하는 것은 그리스도인의 양심의 자유에 속한 것이 아니라는 점을 교훈한다.

RPW가 가장 분명하게 표현이 되고 있는 웨스트민스터 신앙고백서 21장 1항 예배와 관련한 부분과 관련하여 OPC는 이렇게 정리한다. (1) 이것은 모든 예배에 해당하는 것이며, (2) 하나님은 말씀에서 지시되고 제정이 되고 계시된 바대로만 예배를 받으심을 말한다.

OPC는 이상과 같이 RPW에 대하여 교훈을 정리한 이후에, 이어서 공예배에서 사용할 수 있는 노래들에 대한 지침을 살폈다. 보고서의 판단에 따르면, 웨스트민스터 신앙고백서 21장 5항 예배와 관련한 항목은 예배에서 노래하는 것이 하나님께 드리는 예배의 한 부분이어야 하며, 그럴 때 그 노래는 '시편'을 노래하는 것이다. 예배에서 부르는 노래는 단지 노래하는 것이 아니며, 단지 하나님을 찬미하는 노래를 하는 것이 아니며, 단지 마음에 은혜를 담아 노래하는 것이 아니라, '시편'을 노래하는 것이다.

하지만 OPC는 성경의 관련된 구절들을 살피면서, 마태복음 26장 30절, 마가복음 14장 26절, 에베소서 5장 19절, 골로새서 3장 16절 등에서 보듯이, 성경이 예배의 노래의 내용을 어떤 식으로 제한하고 있지 않으며, 따라서 필요하며 좋은 추론에 의하여 신약 성경에서 노래의 내용을 이끌어 올 수 있다고 결론을 내린다. 이 점에서, 노래는 마치 기도와 같다고 판단을 한다. 기도가 예배의 요소이지만, 기도의 내용은 성경에 나와 있는 말로 제한을 받지 않듯이, 예배의 노래도 그러하다는 것이다.

OPC는 먼저 하나님께서 신약성경에서 시편만을 노래하라고 명령을 하지 않으신 것으로 판단이 되지만, 필요하고도 적절한 추론에 따를 때에 시편을 사용하여 하나님을 찬양하는 것은 매우 권장할 만한 일이라고 판단을 한다. 그러나 이어서 하나님께 대한 예배는 하나님께서 계시하신 것에 대한 반응 이외에 다른 것일 수가 없는데, 신약시대의 예배는 구약에 계시된 하나님의 계시 뿐만 아니라 신약에 계시된 그리스도의 풍성한 계시에 대해서도 또한 반응을 하는 것이므로, 오늘의 예배도 또한 그러해야 한다는 것을 OPC의 최종 결론으로 삼는다. 찬양의 자세에 대하여 이르기를, 하나님의 계시에 반응을 하여 노래한다는 것은 성령의 인도하심에 따라 되어야 하는 것이므로, 여기에는 방종함이 있을 수 없고, 하나님의 말씀이 규정하는 예배의 법도에 따라서 자유롭게 찬양을 하여야 함을 OPC는 덧붙인다. 하나님께서 기도의 내용에 자유로움을 주신 것처럼, 신약성경에 암시되어 있는 바와 사례들을 살필 때에, 노래의 내용에 있어서 그것이 성경의 교훈에 일치한다면 성경에 기록된 말 그대로 노래를 하여야만 하는 제한을 받지는 않을 수 있는 것이다.

지금까지 OPC의 총회 보고서를 간략히 살펴 본 바와 같이 '다수 보고서'는 청교도적인 전통적 RPW를 그대로 따르지 않는다. 반면에 '소수 보고서'는 청교도적인 RPW를 그대로 받는다. 총회는 표결에 의하여 다수 보고서를 채택하였다. 청교도 전통적인 RPW는 오직 시편 찬송만을 예배에 허용하며 그것도 어떤 악기도 허용하지 않는다.

7. 나가는 말: 현대 양식의 예배에 대하여 ...

예배는 하나님께 영광을 올리며 그가 행하신 큰 일을 찬미하는 것이다. 개혁신학의 예배는 은혜언약으로 불러내시어 하나님의 전적인 주권으로 예수 그리스도의 구속의 은혜 안에서 죄인에게 생명을 주시며 창조로부터 새 창조에 이르기까지 전 역사를 자신의 작정대로 실행하시는 영광의 삼위일체 하나님께 찬양을 드리는 것에 조금도 벗어날 수가 없다. 따라서 예배를 통해서 영혼 구원의 효과를 높이려는 시도나 회중의 만족도를 높이고자 하는 어떤 실용적인 관점에서 예배를 평가하고 접근하는 것은 올바르지 않다. 교회로 모이는 공적 예배는 항상 하나님을 높이고 그의 교훈을 통하여 그가 베푸신 은혜에 감사하면서 하나님의 말씀에 따라 역사하는 성령님의 은혜를 누리며 드려져야 한다.

예배의 이러한 목적에 다 동의를 한다고 할 때, 전통적 예배가 아닌 현대 양식의 예배를 어떻게 평가를 하여야 할까? 이것은 예배란 무엇인가라는 질문에서 바로 예배는 어떻게 드려야 하는가의 질문으로 옮겨간다. 일단 어떤 예배이든지 그것이 참된 예배이기 위해서는 전통적 RPW의 견해에 따른다면, 예배의 요소인 기도, 성경 봉독, 설교, 시편 찬송, 성례 등이 예배에 마땅히 있어야 한다.

그런데 RPW의 현대적 새 관점과 전통적 관점은 과연 찬송이 반드시 시편으로만 행하여져야 하는 것이냐에 대해서만 서로 이견을 보이고 있는 것이 아니다. 즉 시편 찬송을 예배의 구체적인 요소로 볼 수가 없으며, 설령 노래가 예배의 한 요소라 할지라도, 그것은 기도와 교훈과 고백을 하는 하나의 방식으로 이해하여 할 것이며, 성경이 반드시 시편 찬송만을 부르도록 명확하게 명령하고 있지 않다는 주장을 하는 RPW의 현대적 새 관점을 지지하는 사람들 가운데 많은 이들, 예를 들어 존 프레임(John M. Frame)은 또한 찬양의 다양한 현대 양식들을 RPW가 허용을 한다고 판단을 한다.[31] 예를 들어, 청교도를 따라 설교에 모든 초점을 맞추는 전통적 예배를 주장하거나, 약간의 예전적 요소가 가미된 개혁주의 전통에 따르는 교회들은 현대의 복음주의적 예배 양식에 대하여 강한 거부감을 표한다. 예를 들어 세, 네 곡들을 이어서 부르며, 기타, 신디사이저(synthesizer), 드럼 등을 사용하고, 현대적인 예배 곡들을 부르며, 새로운 신자들에 대해서 민감한 현대의 예배 양식들은 개혁신학에 일치하는 것이 아니라는 것이다. 반면에 RPW의 현대적 새 관점 지지자들 가운데는 예배는 회중들의 영적 덕을 세워가는 것이며, 그렇기 때문에 회중들은 물론이거니와 심지어는 방문자들에게도 이해가 될 수 있는 것이어야 한다고 주장을 하면서, 전통적 관점은 바울의 교훈(고전 14:22-25)을 무시하는 것과 같다고 반박을 한다.[32]

미국의 OPC는 현대 양식의 예배를 인정하지 않는 반면에, PCA의 교회들

---

[31] John M. Frame의 *Comtemporary Worship Music: a Biblical Defense* (Phillipsburg, NJ: P&R publishing, 1997)은 현대적 양식의 예배에 대한 성경적 지지를 밝힌다.

[32] http://www.frame-poythress.org/frame_articles/2003Machen.htm을 볼 것. 이 내용은 John M. Frame, "Machen's Warrior Children," in *Alister E. McGrath and Evangelical Theology*, ed. Sung Wook Chung (Grand Rapids: Baker, 2003)에 게재된 글이다.

은 시편 이외의 찬양을 부르며 현대 양식의 예배를 받아들이기도 한다. 하지만 이 점에 대해서 어느 편의 결론을 지지하던지, 예배의 본질과 목적이 흐려져서는 안 될 것이다. 공적 예배에서 적절한 음악으로 회중들의 관심과 마음을 모으고 분위기를 고조시킨 다음, 회심을 하도록 설교를 한 이후에, 결단을 위하여 앞으로 불러내는 것과 같은 식의 어떤 집회의 결과를 목적으로 하는 실용적 관점의 예배는 그 자체가 이미 하나님께 드리는 예배로서 초점과 목적에서 이탈하였기 때문에, RPW의 전통적 관점으로 보거나 현대적 새 관점으로 보거나 인정을 할 수 없는 그릇된 예배이므로 삼가야 할 것이다. 실용적 관점의 예배는 교회의 공적 예배일 수가 없으며, 하나의 특별집회의 형태로서만 인정이 되어야 한다. 예컨대 부흥집회는 그것이 집회일 뿐, 공적 예배의 자리를 대신할 수는 없다. 그런 의미에서 현대 양식의 예배들은 그것이 예배의 본래의 목적에 일치하도록 드려지는 것인지를 살펴서 각각의 경우마다 비평을 받아야 할 필요가 있을 것이다. (*)

장로교회의 예배 이해와 예배 모범의 전통[1]

이승구 ▌ 조직신학 · 교수

개혁교회와 장로교회의 특성은 그 교회가 가진 신조와 신학의 개혁 신학적 특성에서와 교회의 모든 실천적 부분에 대한 개혁파적 접근에서 나타난다고 할 수 있다. 따라서 예배에 대해서도 개혁 신학은 성경에 충실한 독특한 특성을 지니고 있다. 본고에서는 먼저 장로교회가 지니고 있는 개혁파적 예배 이해를 제시하고, 이에 근거한 장로교 예배 모범의 전통을 일람해 봄을 통해 우리 한국 장로교회의 예배를 반성하고 우리들의 교회가 참으로 장로교적이고 개혁교회적 특성을 드러내기 위해 나아가야 할 방향을 논의해 보려고 한다.

1. 예배에 대한 개혁 신학의 이해(개혁 신학적 예배관)

예배란 무엇인가? 엄격하게 말해서 예배는 **구속함을 받은 하나님의 백성들이**

---

1 이 글은 이승구, 『한국교회가 나아갈 길』 (서울: SFC, 2007)에 실렸던 글임을 밝힌다.

성령 안에서 그리스도의 구속에 의존하여 삼위일체 하나님께 하나님으로 바로 알고서 그 영혼을 숙여 경배하는($προσκυνέω$) 것이라고 말할 수 있다. 요한 계시록이 말해주고 있는 우주적 예배의 정황(계 5:13)을 미리 이 땅에서 선취하여 하나님 앞에 드러내는 것이다. "최후의 할렐루야 찬양은 하나님 백성들의 모임 가운데서 이미 시작되는 것이다." 그리고 이 때 우리는 **믿음으로** 그리스도께서 계신 그 하늘에 천사들과 온전케 된 성도들과 다 함께 모여서 그 천상의 예배에 함께 참여하는 것이라고도 말할 수 있다.[2] 이런 우주적 예배에 참여하는 교회의 예배는 하나님께서 예배하도록 명령하신 것이고, 이는 하나님께 드리는 당위이다.[3] 그러므로 기독교회가 예배를 중요시하지 않은 적은 한번도 없었다. 카슨이 잘 지적한 바와 같이, "모든 성경적 종교의 핵심은 하나님 중심성, 다시 말해서 예배"이기 때문이다.[4] 그러나 역사상에서 교회가 그 예배를 주께 드리는 방식을 이해해 온 것은 상당히 달랐다고 할 수 있다.

전체적으로 비교해 보면 비교적 공식적인 예배의 형태를 강조하던 고전적 예배 유형과 자유로운 형식의 예배를 강조하는 유형이 있다. 그리고 이 두 유형은 시대에 따라서 진자 운동을 하면서 어느 한편으로 치우쳐 가는 방식으로 진전해 왔다고 할 수 있다. 초대 교회의 예배 유형을 정확히 알아내기는 어려우나 대개 회당 예배의 형태와 비슷한 형태의 예배가 드려지는가 하면, 일부에서는 무질서한 형태의 예배가 나타나기도 해서 바울은 모든 것을 질서있고 단정하게 하라고 권면하고 있음을 볼 수 있다(특히, 고전 14:40). 그 권면에 따라 예배가 일정한 형식에 따라 드려지다가 그것이 지나치게 형식화하고 의식화하는 경향을 가지자, 다시 자유로운 예배를 강조하는 교회의 자유스러운 예배(free worship)와 극단의 퀘이커적인 예배 형태도 나타났다. 다시 근자에는 여러 가지 요인들로 말미암아 예배에 있어서 어떤 형식을 강조하는 추세가 나타나는가 하면, 전통적 예배 형식과 전통적 예배의 개념을 깨고 구도자예배(seeker's service) 등으로 새로운 형태의 예배를 실험하는 일들이 동시에

---

[2] 이 점에 대한 좋은 논의로 David Peterson, "Worship in the New Testament," in *Worship: Adoration and Action,* ed. D. A. Carson (Carlislie: The Paternoster & Grand Rapids: Baker, 1993), 51-91, 특히 89f.을 보라.

[3] 이 점에 대한 강조로 김홍전, 『예배란 무엇인가』 (서울: 성약, 1987), 68; 이승구, 『교회란 무엇인가? 교회론 강설』 (서울: 여수룬, 1986)을 보라.

[4] D. A. Carson, "'Worship the Lord Your God': The Perennial Challenge," in *Worship: Adoration and Action,* 13.

일어나고 있다고 할 수 있다. 이런 상황 가운데서 개혁교회와 장로교회의 **예배는 비교적 일정한 형식을 따라 드리는 예배의 형태**를 지니고 있다고 할 수 있다. 공예배가 일정한 형식을 따라 드려지게 된다는 것은 개혁교회와 장로교회의 오랜 전통이다.

그러나 이렇게 일정한 형식을 따라 드리는 예배를 강조하는 동방정교회와 천주교회와 루터파와 개혁파의 예배 이해를 비교할 때, 천주교회는 예배에 도움이 된다고 하는 요소들은 모두 사용하며 특히 과거의 전통 가운데서 의미 있게 사용되어 온 것의 계속적인 사용을 지향하여 나가는 데 비해서, 동방정교회와 루터파 교회는 그 가운데서 성경이 명백히 금하고 있는 요소들은(예를 들어서, 상[像, image] 숭배) 제거하고, 성경이 언급하고 있지 않은 요소들에 대해서는 소위 '아디아포라'(*adiaphora*)의 문제로 여기면서 비교적 자유로운 입장을 취하는데 반해서, 개혁교회에서는 오직 성경이 규정한 것만을 중심으로 하여 주께 예배해야 한다는 입장을 천명한다고 할 수 있다. 여기 개혁교회의 예배 이해의 독특성이 있다. 칼빈은 "명령되지 않은 것에 대해서도 우리가 마음대로 선택할 수 있는 것이 아니다"고 단언했던 것이다.[5] 사실 그는 하나님께서 명령하신 것을 넘어서 교회가 어떤 새로운 규례를 만들 수 있다는 것을 온전히 거부했다. 사람들과 교회의 "자의적인 주권의 주장은 하나님 나라에 대한 침해이다."[6] 이런 칼빈의 후예들에게 있어서는 "명령되지 않은 것은 금해진 것이다"는 원칙이 준수되었다.[7] 그러므로 개혁파에서는 예배의 요소들과 예배의 방식을 될 수 있는 대로 성경적 가르침에 근거해서 주께 드리려고 노력해 왔다. 이런 원칙에 따르는 개혁파 선배들은 하나님께 드리는 예배를 어떻게 이해했는가?

첫째로, 개혁교회는 다른 모든 바른 교회들과 함께 **오직 삼위일체 하나님께만 드려질 수 있는 예배**는 구속함을 받은 하나님의 백성들이 성령 안에서 삼위일체 하나님께 **그 영혼을 숙여 경배하는**(προσκυνέω) 것이므로, 구속의 근거가 되는 예수 그리스도의 온전하신 삶과 십자가의 구속에 의존해서만

---

[5] John Calvin, *Tracts and Treatises on the Doctrine and Worship of the Church*, vol. 2 (Edinburgh: Calvin Translation Society, 1849; reprinted, Grand Rapids: Eerdmans, 1958), 118: "First, whatever is not commanded, we are not free to choose." 또한 p. 122도 참조하라.

[6] Calvin, *The Institutes of the Christian Religion*, IV. x. 7.

[7] Cf. John Murray, "Worship," in *Collected Writings of John Murray*, vol. 1: *The Claims of Truth* (Edinburgh: The Banner of Truth Trust, 1976), 168.

하나님께 드려 질 수 있는데, 이는 오직 성령에 의존할 때만 가능한 일이라고 하는 점을 강조한다. 그러므로 참된 예배는 **구속함을 입은 성도들이 그들의 구속의 근거가 되는 예수 그리스도의 공로에 의지해서 성령 안에서 삼위일체 하나님께 경배와 찬양을 드리는 것**이라고 이해된다. 기독교에서는 지성이면 감천이 아니고, 사람의 의라도 다 떨어진 누더기 같은 것이므로 이것으로 하나님께 감히 나아가 경배 할 수 없음을 인정하면서 오직 예수 그리스도의 온전하신 의에만 의존해서 하나님께 나아가 경배하는 것이다. 그러기에 성령 안에서 나의 영이 주께 경배해야 한다. 이것이 "영으로"(우리말 개역 성경에 "신령으로"라고 번역된 *ἐν πνεύματι*) 경배한다는 말의 진정한 의미이다. 모든 진정한 예배는 이런 뜻에서 성령 안에서 영이 경배하는 것이다(*προσκυνέω*). 그러므로 하나님께 경배할 때는 우리의 마음 가운데 하나님을 공경하여 그 앞에 절을 하겠다는 소원이 있어야 하고, 내가 절하는 그 대상이 받아야 할만큼 나의 마음을 하나님께 반드시 드려야 하는 것이다. 이 일을 위해서는 예배의 대상이 되는 하나님을 바로 알아야만 한다. 하나님을 하나님으로, 삼위일체 하나님으로 창조하시고 섭리하시고 구속의 일을 이루시는 크신 하나님으로 바르게 알며 우리의 일생, 몸 전체를 다 드려서 섬겨도 그것으로 부족할 정도로 크시고 엄위하신 하나님으로 바르게 알아야 하며,[8] 그 엄위에 비해 자신은 스스로의 자격으로는 감히 나아갈 수 없는 존재이므로 그리스도의 공로에만 의존하는 대단히 조심스럽고 두려운 심정을 가지고, 그러나 그리스도의 공로에 의존해서 담대하게 당당하게 경배하는 심정으로 나아가 섬겨야 한다.[9] 공예배에서는 **온 교회가** 함께 이런 심정으로 하나님께 경배를 드려야 한다. 바로 이것이 "영 안에서" 경배하는 모습이라고 할 수 있다. 이런 "영적인 예배"(spiritual worship)는 "성령에 의해서 공인되고, 성령님에 의해서 규제되면 성령님 안에서 드려지는 예배"인 것이다.[10] 이것이 참된 의미에서 영적인 예배, 카리스마틱한 예배이고, 따라서 오순절주의자들이나 신오순절주의자들이 아니라 이런 예배를 드리는 그리스도의 모든 교회가 카리스마틱한 것이다.[11]

---

[8] 이 점에 대한 강조로 김홍전, 『예배란 무엇인가?』, 83, 85, 86, 87, 88을 보라.

[9] Cf. 김홍전, 『예배란 무엇인가?』, 89-91.

[10] 이는 머레이 교수의 표현이다. Murray, "Worship," 167f.: "worship authorized by the Holy Spirit, constrained by the Holy Spirit, offered in the Holy Spirit."

둘째로 참된 예배는 "진리 안에서"($\dot{\varepsilon}\nu$ $\dot{\alpha}\lambda\eta\theta\varepsilon i\alpha$) 드려져야한다. 개혁파적 예배 이해는 바로 이점에 가장 큰 강조점을 둔 이해라고 할 수 있다. 그래서 개혁파 선배들이 진리로 받아들인 "하나님의 말씀인 성경"에 보증이 있는 예배의 요소들만을 사용하고, 성경적 근거가 없는 것들은 모두 제거하고서 삼위일체 하나님께 경배하려고 한 것이다. "예배의 방식과 요소들에 대해 하나님 말씀의 공인이 있어야만 한다"는 원칙에 충실한 것이다.[12] 신학과 교리에서만이 아니라 **예배에서도 하나님께서 계시하신 것 이외에는 그 어떤 것도 덧붙여져서는 안 된다는 것을** 개혁파 선배들은 강조했다.[13] 예를 들어서, 칼빈은 "나는 성경에서 도출된 따라서 전적으로 신적인 하나님의 권위에 근거한 인간의 제도들만을 시인할 뿐이다"고 말한다(*Institutes*. IV. x. 30). 그리고 벨직 신앙 고백서(1561)에서는 아주 분명히 천명하기를 교회의 치리자들은 "우리의 유일하신 선생님이신 그리스도께서 제정하신 것을 떠나지 않도록 주의를 기울여야 한다. 그러므로 우리는 모든 인간적 창안물들, 하나님을 예배하는 일에 사람들이 도입하여 그 어떤 방식으로든지 양심을 얽어매고 강요하는 것들 모든 법들을 거부한다"라고 하였다.[14] 또한 웨스트민스터 소요리 문답(1647) 제51문에서는 십계명 제 2계명과 관련해서 가장 직접적으로 생각할 수 있는 "형상으로 써 하나님을 예배하는 것" 외에도 "그의 말씀 가운데 정하지 아니한 어떤 다른 방법으로 예배하는 것"이 금해진 것이라고 단언하였던 것이다. 웨스트민스터 신학자들은(westminster divines) 예배에 관한 문제를 **양심의 자유의 문제로** 파악한 것이다. 그래서 인간의 양심은 그 누구도 규제할 수 없고 오직 양심의 주님(Lord of conscience)이신 하나님께서 내신 법에만 매일 수 있다는 것을 천명한 것이다. 그 누구도 하나님께서 요구하지 않으신 것을

---

[11] 이점에 대한 강조로 Anthoney A. Hoekema, *Saved by Grace* (Grand Rapids: Eerdmans, 1989), Chapter 3를 보라.

[12] Murray, "Worship," 168: "... for all the modes and elements of worship there must be authorization from the Word of God."

[13] 이 점에 대한 논의로 Edmund P. Clowney, "Distinctive Emphasies in Presbyterian Church Polity," in *Pressing Toward the Mark: Essays Commemorating Fifty Years of the Orthodox Presbyterian Church*, ed. C. G. Dennison and R. C. Gamble (Philadelphia: Orthodox Presbyterian Church, 1986): 100-105; Clowney, "Presbyterian Worship," in *Worship: Adoration and Action*, 113-118, 특히 113을 보라.

[14] *The Belgic Confession*, Art. XXXII, in *The Creeds of Christendom*, vol.. III: *The Evangelical Protestant Creeds*, ed. Philip Schaff (Harper and Row, 1931; reprinted, Grand Rapids: Baker, 1990), 423.

행하게 할 수 없다는 것이다. 그래서 과거의 개혁파 선배들은 특히 신약에 나타나고 있는 규정과 모범을 찾아서 그에 따라 예배하려고 했다. 신약 성경의 나타난 것을 살펴보면 회당 예배에서와 같이 공기도가 있었고(행 2:42; 딤전 2:1, 8; 고전 14:16; 엡 5:20), 성경 봉독이 있었으며(딤전 4:13; 살전 5:27; 살후 3:14; 골 4:15, 16; 벧후 3:15, 16; 계 1:3), 설교로 그 내용을 풀어 주는 일이 있었다(눅 4:20; 딤후 3:15-17; 딤후 4:2). 또한 새언약 백성들의 찬송이 명령되었고, 시사되었으며(엡 5:19; 계 5:9-13; 11:17f.; 15: 3,4), 찬송과 기도에 '아멘'으로 응답하는 일이 관례화 되었다(고전 14:16; 계 5:14; cf. 롬 1:25; 9:5; 엡 3:21). 가르침은 식탁 교제, 특히 성찬과 연관되어졌고(행 2:42; 20:7, Cf. vv. 20, 25, 28), 이때의 감사기도가 언급되었으며(고전 11:24), 세례가 있고 이와 신앙 고백이 연관되어졌다(벧전 3:210 그리하여 공적인 신앙 고백이 시사되고 있다(딤전 6:12; 벧전 3:21; 히 13:15; cf. 고전 15;1-3). 그리고 가난한 이들을 위한 연보가 때때로 함께 나타났고(고전 16:1-3; 고후 9: 11-15; 빌4:18), 백성들은 삼위일체 하나님의 축복을 받았다(고후 13:13; 눅 24:50; cf. 민 6:22-27).[15] 그러므로 예배에 대해서 다음과 같이 묘사하는 클라우니의 묘사는 매우 간단히 성경적 예배의 요소와 그 예배적 의미를 잘 요약하고 있는 것이라고 할 수 있을 것이다: "교회는 하나님께 또한 서로 아뢰고, 그의 말씀을 들으며, 기도하고, 찬양하며, 그가 제정하신 성례 가운데서 그의 구원을 송축하기 위해서 하나님의 면전에 모이는 것이다(행 2:1; 4:23-31; 5:42; 13:2; 고전 11:18-34; 14:23-25; 엡 5:19, 20; 골 3:16; 벧전 3:21)."[16]

이렇게 성경에 나타난 요소들만을 가지고 예배하되, 여러 지역에 흩어져 있는 모든 교회는 그들의 정황과 지혜에 따라 적절한 순서를 마련해서 예배할 자유를 가지고 있다. 이점은 칼빈이 강조하여 말한 바이다. 하나님께서는 공식적인 예배의 순서를 명확히 지시해 주지 않으셨으므로 각 시대와 여러 지역의 교회가 적절히 순서를 만들어 바르게 하나님을 경배해야 한다는 것이다.[17] 그러나 이러한 자유에는 예배의 새로운 요소를 도입하는 것이 포함될 수 없는

---

[15] 이상의 요소들에 대한 정리는 개혁파적 원리에 유의하면서, 또한 바른 주해를 염두에 두면서 Edmund P. Clowney, "Presbyterian Worship," in *Worship: Adoration and Action,* 117의 말한 바를 다시 검토하여 제시한 것이다.

[16] Clowney, "Presbyterian Worship," 112.

[17] Calvin, *The Institutes of the Christian Religion,* IV. x. 30.

것이다.[18] 웨스트민스터 소요리 문답 제51문에 대해 설명하면서 윌리암슨은 "하나님의 말씀에 기초를 두지 않은 것들이 종교적 가르침과 예배의 영역에 도입될 때마다 제 2계명을 위반하게 된다. 또한 성경에 기초를 두지 않은 예배가 오늘날 얼마나 성행하고 있는지 알기 위해 수많은 개신교 교회들을 방문해 볼 필요가 있다"고 지적하고 있다.[19] 이렇게 선배들의 귀한 노력과 피흘려 세운 성경적 전통으로부터의 일탈을 다시 바로 잡기 위해 우리의 장로교 선배들이 예배를 위해 하여 온 노력들을 잠시 점검해 보기로 하자. 왜냐하면 기독교회의 예배는 그리스도의 주님 되심에 대한 반응이기 때문이다. 그러므로 예배에 대해서도 우리는 주께서 규정하시고 제시해 주신 것을 존중하며 그것에 충실하려고 해야 하는 것이다. 예배에 대한 그리스도의 통치와 통제에도 순종해야 한다는 말이다.

2. 과거 개혁파 선배들의 노력들

과거의 개혁파 교회와 장로교회는 예배에서도 그리스도의 주님 되심(Lordship)에 제대로 반응하고 그리스도에게 순종하기 위해서 여러 가지 구체적인 노력들을 하여 왔다.

첫째는, 루터파나 쯔빙글리파 사람들과 함께 예배당 안에 특히 예배 때에 상(像)이 사용되는 것을 엄히 금하여 왔다. 그래서 웨스트민스터 대요리 문답 제109문답에서도 앞부분에서는 "하나님의 삼위나 그 중 어느 한 위의 형상이라도 내적으로 우리 마음속에 가지든지 외적으로 피조물의 어떤 형상이나 모양으로 만드는 것과 이 형상이나 이 형상 안에서나 이것에 의한 하나님을 예배하는 일, 거짓 신들의 형상을 만들고 그들을 예배하고 섬기는" 것이 제 2 계명에서 금하여진 것임을 아주 분명히 진술하고 있다. 따라서 개혁파 교회와 장로교 전통에서는 하나님이나 그리스도에 대한 그 어떤 상과 그림도 허용되지 아니하는 것이다. 화상(icon)을 사용하던 동방 교회에도 동의하지 않는 개혁파의 전통이 여기에 있다.

---

[18] 이 점에 대한 강한 강조로 Clowney, "Presbyterian Worship," 117을 보라.

[19] G. I. Williamson, *The Shorter Catechism*, vol. I & II (Philadelphia: Presbyterian and Reformed Pub. Co., n. d.), 최덕성 역, 『소요리 문답 강해』 (서울: 한국개혁주의신행협회, 1978), 198.

둘째로, 개혁파 교회와 장로교회에서는 전통에 근거해서나 우리 자신이 고안해 내서 성경 외의 어떤 요소들을 예배에 도입하는 것을 금하여 왔다. 웨스트민스터 신앙고백서에서는 예배에 대해서 이렇게 말한다: "참된 하나님을 예배하는 가납할만한 방식은 주께서 친히 정하셨고 당신님 자신의 계시된 의지로 제한하셔서, 그가 사람들의 상상과 고안에 의해서, 사단의 시사에 의해서, 그 어떤 가시적 표현 아래서, 또는 성경에 규정되지 않은 다른 방법으로 경배를 받지 않게 하셨다(*Westminster Confession of Faith*, XXI, 1). 역시 웨스트민스터 대요리 문답 제109문답은 다음과 같이 계속 진술한다: "제2계명에서 금지된 죄들은 하나님께서 친히 제정하지 않으신 어떤 종교적 예배를 고안하고, 의논하며, 명령하고, 사용하고, 어떤 모양으로라도 인정하는 것들이며, 거짓 종교를 용납하는 것과 ...... 우리 자신들이 발명하든지, 전통을 따라서 사람들로부터 받았든지, 옛 제도, 풍속, 경건, 선한 의도, 혹은 다른 어떤 구실로 예배에 추가하거나 삭감하여 하나님의 예배를 부패하게 하는 시민적 고안들입니다.....*" 경건한 동기에서나 선한 의도로 시작된 것이라고 그것이 성경적 근거를 가지고 있지 않은 것들은 우리의 예배에 도입되어서는 안 된다는 것이다. 17세기 웨스트민스터 신조의 작성자들에게 있어서 그것은 예배에 향이나 의식적 촛불이 도입되는 것이나 성찬 때에 떡을 무릎을 꿇고 받는 일 등을 뜻했는데, 그들에게 있어서 이는 아주 심각한 문제였다. 그러므로 우리는 과거의 선배들이 의식적으로 배제한 모든 비성경적인 요소들을 매우 주의하면서 그것들이 알지 못하는 사이에 우리들의 예배에로 다시 들어오지 않도록 유의해야 한다.

셋째로, 개혁파 교회와 장로교회는 회중 찬송을 회복시키고 강조해 왔다. 특히 시편 찬송(the singing of Psalms)은 성경에 대한 강해(설교)와 함께 종교개혁의 특성이라고도 불린다.[20] 성도들로서는 회중 찬송을 함께 찬양하여 드리는 것이 예배에 참여하는 아주 주요한 한 형태이다. 칼빈은 자신이 친히 시편을 운율에 맞게 번역해서 사용하기도 하였고 당대의 프랑스 최고의 시인으로 불리던 마로(Clement Marot)의 운율적 번역을 사용하여 찬송케 하기도 했다.[21]

---

[20] 이에 대해서 Clowney, "Presbyterian Worship," 117을 보라: "Along with the exposition of Scripture, the singing of Psalms was characteristic of the Reformation."

[21] James Hastings Nichols, *Corporate Worship in the Reformed Tradition* (Philadelphia: Westminster, 1968), 57.

그는 이미 제네바의 1537년 규례(the Article of 1537)에서 "시편들은 우리의 심령을 하나님께 올려 줄 수 있으며, 우리의 찬양으로 그의 이름의 영광을 부르며 높이며 열심 있게 할 수 있다"고 선언한 바 있다.[22] 1539년에 그는 불어 시편 찬송 초판을 발행하였는데, 여기엔 18편의 시편과 3편의 영창 (canticles) 실렸고, 이 중 7편은 칼빈이 친히 번역했다고 한다. 이 시편 찬송들이 후에 제네바 시편 찬송(the great Genevan Psalter, 1562)의 모태가 되었다고 한다.[23] 그리하여 시편 찬송은 핍박받는 위그노들의 특성이 되었다. 물론 개신 교회는 시편만을 부른 것은 아니다. 그럼에도 불구하고 때때로 후대의 규정적 원리는 시편만을 고집하고 나간 때도 있었다. 그렇게 지나치게 나간 것은 문제이지만, "시편의 하나님 중심적 경건의 풍성함이 개신교적 헌신을 특징 짓도록 했다"는 말은 참된 것이다.[24]

이 점은 모든 회중이 참여하는 공예배의 공적이며, 공동체적 성격의 한 부분으로 인식될 수도 있다. 그러므로 개혁파 선배들은 예배의 공적이며 공동 체적인 성격, 모든 회중이 함께 참여하는 성격을 강조한 것이다.

넷째로, 개혁파 교회와 장로교회는 공인되고 모든 이가 그에 따라야 하는 기도서(the Book of Common Prayer)보다는 예배 모범(Directory for the Public Worship)의 전통을 남겨 주었다. 예배 모범은 강제적인 것이기보다는 예배에 대한 성경적 풍성함에 충실할 수 있는 모델(model)을 제시해 주는 데 있다. 이는 가장 성경에 따르는 예배를 드릴 것을 요구하면서도 예배의 비본질적인 소위 "정황"(circumstance) 문제에 대해서는 어떤 일정한 양식을 강제하지 않고, 각 교회와 회중의 자유를 존중하는 전통인 것이다. 장로교회의 예배 신학에 서 매우 중요한 점은 바로 예배의 요소들(elements)에 있어서는 철저하게 성경 적 근거를 따져서 그 요소들을 찾고 그에 충실하려고 하면서도 예배의 정황들 (circumstances)에서는 자유를 강조하여 어떤 고정적인 의식(liturgy)을 확정짓 고 그에 집착하려 하지 않은 데 있다고 할 수 있다. 개혁파 교회는 결코 어떤

---

[22] The Article of 1537, cited in Klaas Runia, "The Reformed Liturgy in the Dutch Tradition," in *Worship: Adoration and Action*: 100. 이 논문은 졸역, "화란 개혁파 전통의 예배 의식",『개혁신 학』제10권 (서울: 웨스트민스터 출판부, 1998), 189-224으로 번역되어 있다. 인용문은 p. 202에서 온 것이다. 이하 이 논문으로부터의 인용은 Runia, "The Reformed Liturgy," 면 수=한역, 면 수로 하기로 한다.

[23] Runia, "The Reformed Liturgy," 100=한역, 203.

[24] Clowney, "Presbyterian Worship," 118.

예전적 운동을 벌여 나가지 않았다. 존 머레이는 "개신 교회들에서 예전적 운동(liturgical movements)이 성행하는 것은 (교회가) 타락한 표식들의 하나이다"라고 말한다.[25]

3. 몇 가지 역사적인 예들에 대한 고찰

그러면 이제 장로교회의 풍성한 예배 모범의 전통을 따라서 이제 개혁파적이고 장로교적인 예배 모범 몇 가지를 열거하고 그 장점들만을 중심으로 우리의 예배 모범을 제안해 보기로 하자. 이 목적은 어떤 고정적인 의식을 만들려는 것이 아니다. 그것은 장로교 예배 신학의 특성인 자유의 신학에 대립하는 것이다. 단지 풍성한 전통과의 대화 가운데서 가장 성경에 충실한 모범을 찾아보려는 것이다.

3-1. 칼빈의 예배 이해와 예배 순서에 대한 칼빈의 제안

칼빈은 (1) 우리의 성도다운 삶과 함께 (2) 우리의 예배를 하나님께 드리는 감사의 제사(sacrifice of thanksgiving)로 이해하면서 이는 그리스도께서 온전히 드리신 속죄의 제사(sacrifice of expiation)에 근거하여 드려지는 것임을 강조한다: "우리의 모든 기도, 찬양, 감사, 그리고 우리가 하나님을 경배하며 하는 모든 것이 여기에 포함된다. 이 모든 것들은 종국적으로 더 큰 제사(the greater sacrifice)에 의존하니, 이 더 큰제사에 의해서 우리는 영혼과 몸 모두에서 주님의 거룩한 성전으로 성별되는 것이다. 왜냐하면 우리의 외적 행위들이 하나님 섬김에 사용되는 것으로는 충분치 않기 때문이다. 먼저는 우리 자신이, 그 뒤에는 우리에게 속한 것 모두가 하나님께 성별되고 드려져야만 한다. 그래서 우리 안에 있는 모든 것이 하나님의 영광을 섬기는 것이 되고, 우리가 하나님의 영광을 증진하기 위해 열심이 될 수 있어야 하는 것이다"(*Institutes*, IV. xviii. 16). 이렇게 칼빈에 의하면 신자들은 그리스도의 제사에 근거해서 우리의 삶과 예배로 "그들의 존재 전체와 그들의 모든 행위들을 하나님께 갚아드림으로써"

---

[25] Murray, "Worship," 167.

하나님께 드린다(*Institutes*, IV. xviii. 13).

예배를 이렇게 이해하는 칼빈은 1541년 제네바로 다시 왔을 때는 스트라스부르그의 부셔(Bucer)에 의해서 만들어지고 사용된 예배 식순을 채용하여 제네바 예배식을 제안하고 실천하였다.[26] 그는 이렇게 말했던 것이다: "나는 스트라스부르크의 예배 형식을 취하여 그 상당한 부분을 빌어 썼다."[27] 이는 그가 1542년에 낸 "초대 교회의 관례에 따른 기도 형태와 성례 집례 방식"에 나타나 있는 다음과 같은 순서의 제안에 잘 나타나고 있는 것이다.[28]

○ **말씀의 예전(The Liturgy of the Word)**

   기원(votum or adjutorium: "우리의 도움이 천지를 지으신 여호와의 이름에 있도다")

   영광송(Gloria)

   죄의 고백

---

[26] 사실 부셔가 스트라스부르그에 왔을 때(1530년) 그 도시는 이미 루터파인 디볼트 쉬바르츠(Diebold Schwarz)가 1524년 2월 16일에 만든 독일 미사(the German Mass)라는 좀 개혁된 예배순서를 가지고 있었으니, 이는 중세의 미사 가운데서 문제가 되는 부분을 모두 정화하고, 몇 가지 고대의 반응들인, '주여 우리를 불쌍히 여기소서(Kyrie)', 영광송(Gloria), 거룩송(Sanctus), 그리고 축복송(Benedictus) 등을 도입하였고, 신경 고백과 기도를 회중들이 하게 한 것이다. 부셔는 이 예배 의식을 "더 오래고 참되며 영원한"(*das alt, recht und ewig*) 형태로 좀 더 고쳐서 회중들로 하여금 음악에 맞추어 시편을 부르도록 하였고, 니케아 신조 대신에 사도 신경을 도입하였고, 로마의 lectionary를 따르지 않고 "연속적 성경 읽기"(*lectio continua*)를 예배 순서 중에 도입하였다. 그러나 그도 고대 예배 의식의 기본적인 틀은 그대로 유지하였다. 이상에 대해서는 Klaas Runia, "The Reformed Liturgy in the Dutch Tradition," in *Worship: Adoration and Action*: 99=한역 200을 보라. 또한 그는 기존의 제단(altar)이라고 부르던 것을 상(table)이라고 부르고, 벽면에 붙어 있던 것을 회중석을 향한 앞쪽 중앙에 위치하게 하고, 목사(minister)가 회중을 향해 서도록 하였으며, 성찬을 위한 성직자의 특별한 복장도 허용하지 않고 주일에 검정 가운 입는 것은 무방하다고 하였다. 참조를 위해 스트라스부르크의 예배 순서를 소개하면 다음과 같다:

말씀의 예전
준비, 영광송(Gloria), 죄의 고백, 사죄 선언, 시편 교송, 인사와 응답, 입당송, 자비를 구하는 기도, 영광송(Gloria), 기도문 낭독, 서신서 봉독, 복음서 봉독, 신조 고백

성만찬
봉헌, 배열 준비, 인사와 서송("주를 앙망할지어다"), 성찬 제정의 말씀의 서문, 시편 95편, 손씻음과 기도문, 성찬 제정의 말씀 전문, 중보기도, 생활을 위한 기도, 성찬의 말씀, 회상, (운율에 맞춘) 주께서 가르치신 기도, 입맞춤, 하나님의 어린양에 대한 찬송, 성찬 기도, 성도들의 교제, 분병, 분잔, 참여, 성찬후 기도, 인사와 응답, 축도.

[27] Calvin's saying, cited in John M. Barkley, *The Worship of the Reformed Church* (London: Lutterworth, 1966), 17.

[28] "The Form of Prayer and Manner of Ministering the Sacraments according to the Use of the Ancient Church", in W. D. Maxwell, *The Liturgical Portions of the Genevan Service Book* (New York: Oliver and Boyd, 1931), 114-15. Cf. Geddes MacGregor, *Corpus Christi* (London: MacMillan, 1959), 53f.; Howard G. Hageman, *Pulpit and Table* (London: SCM, 1962), 27f.

용서에 대한 성경 말씀 낭독과 주의 용서 선언의 말 선언
시편 찬송(운율에 맞춘 시편, 또는 십계명의 앞부분, 각 계명에 대해 "주여 우리를
　　　불쌍히 여기소서"(Kyrie)로 반응함)
거룩송(경우에 따라 생략)
성경 봉독
설교
*(가난한 자들을 위한 모금[collection]
중보기도
[뜻을 풀어 쓴] 주께서 가르치신 기도
[회중이 함께 부르는] 사도신경
시편 찬송
아론적 축복기도)[29]

○ 다락방 예전(The Liturgy of the Upper-Room)
가난한 자들을 위한 모금(collection)
중보기도
(뜻을 풀어 쓴) 주께서 가르치신 기도
성찬 준비
(회중이 함께 부르는) 사도신경
성찬을 위한 기도
성찬 제정 말씀 봉독
성찬을 위한 권면
성찬에로의 초대
분병, 분잔, 성찬
성찬 이후의 권면
기도, 시므온의 찬미(Dunc Dimittis, 눅 2:29-32)
아론적 축복 기도

그러므로 칼빈은 스트라스부르그의 부셔(Bucer)를 따르면서 중세에 존재하
게 된 요소들과 의식들을 거의 모두 완전하게 버려 버렸지만 "예배 의식의
전통적 형태를 조심스럽게 유지했다"는 하게만의 말에 우리는 상당히 동의
할 수 있다.[30]

---

[29] *(　)안의 순서는 아래와 같이 성만찬이 뒤따르지 않을 때의 순서이다.
[30] Cf. Hageman, *Pulpit and Table*, 16.

3-2. 화란 개혁파의 예배 의식

화란의 캄뻔 신학교 실천 신학 교수인 끌라스 루니아(Klaas Runia)는 16세기와 17세기에 화란 개혁파 교회들이 비슷한 예배 의식을 사용하였는데, 그 예배 의식이 어떤 대회나 총회에서 결정되어, "그 어떤 대회나 총회에서도 예배를 위한 온전한 의식(liturgy)을 준비하거나 강요한 일이 없었다"고 한다.[31] 가장 예배 의식에 대한 언급이 많아 예배 의식적 회의(litergical synod)라고 불리우는 도르트 회의(Synod of Dort, 1574)에서도 교회들에 고정된 순서를 강조하지 않았다는 점을 루니아는 강조한다.[32] 이 때 결정 사항에 비추어 볼 때 당시의 예배를 다음과 같은 순서로 재구성해 볼 수 있다. 기원(*votum*), 기도, (시편 찬송), 설교, 기도, 신앙 고백, 축도. 그리고 오후 예배에서는 설교 앞에 십계명 일기가 있었고, 헌금은 예배당 입구의 헌금궤에 드려졌다고 한다.

아마도 이때까지의 화란 개혁파 교회의 신학과 예배 의식 형성에 있어서 가장 영향력 있었던 인물은 영국 런던으로 피나갔다가 프랑크푸르트(Frankfort), 팔라티네이트의 프랑케탈(Frankenthal in the Palatinate) 등지로 옮겨 다니던 화란 피난민 교회의 목회자였던 피터 다떼누스(Peter Dathenus)라고 여겨진다. 팔라티네이트의 예배식은 요하네스 아 라스코(Johannes à Lasco), 칼빈(Calvin), 우르사이너스(Ursinus) 등의 영향을 받은 다음과 같은 순서를 지니고 있었다고 한다: 기원이 아닌 인사(salutation), (긴 죄의 고백을 포함한) 설교전의 기도, 성경 봉독, 설교, 죄의 고백과 사죄나 풀지 않음의 선언, (감사와 중보의) 긴 기도, 시편, 아론적 축도.[33] 이 바로 이 예배 순서가 소위 베셀 모임(the so-called Convention of Wesel, 1568)과 여러 대회의 의장으로 선임된 바 있는 다떼누스에 의해서 화란 개혁파 교회에 받아들여진 것으로 여겨진다. 그리고 화란에서의 중요한 시도로 미델부르그 대회(The Synod of Middelburg, 1581)의 결정 중 하나인 별개의 죄용서의 선포는 불필요하다는 선언을 언급할

---

[31] Klaas Runia, "The Reformed Liturgy in the Dutch Tradition," in *Worship: Adoration and Action*: 95-109, 인용문은 97에서 온 것임이 논문은 "화란 개혁파 전통의 예배 의식", 개혁신학 제10권 (서울: 웨스트민스터 출판부, 1998), 189-224에 번역되어 있다. 인용문은 pp. 193f.에서 온 것이다. 이하 이 논문으로부터의 인용은 Runia, 면 수=한역, 면 수로 하기로 한다.

[32] Runia, "The Reformed Liturgy," 97=한역, 196. 1574년의 이 도르트 회의는 1618-1619년의 유명한 도르트 회의, 화란 사람들이 the Great Synod of Dort라고 부르는 그 도르트 대회와 혼동되지 말아야 한다.

[33] Runia, "The Reformed Liturgy," 101=한역, 205f.

수 있다. 사제적 의식을 드러내는 선언보다는 죄용서와 사죄에 대한 하나님의 선언을 이미 포함하고 있는 설교로 충분하다고 여겨진 것이다.[34] 점차 죄의 고백조차도 화란 개혁파 예배에서 사라지게 되었다. 이에는 목회 기도 안에 이미 삽입되어 있다는 의식이 작용한 듯하다.

16세기말에 이 엄격하고 단순한 예배식이 더 단순화되어 일부 순서, 즉 성경 봉독과 시편 찬송이 예배 이전 순서로 옮겨진 때가 있었다고 한다. 이는 예배가 시작되기 전에 "교인들이 쓸데없는 잡담을 하므로 혼란케 되지 않도록" 하기 위해서였다. 그리고 후에 이 예배 전 순서에 십계명 읽기와 사도 신경 고백이 포함되었었다고 한다. 그러나 후에 이 모든 순서가 다시 본 예배 순서 속을 들어가게 되었다.[35]

도르트 대회(the Great Synod of Dort, 1618-1619)에서는 예배 의식 개정을 위한 위원회를 선정했으나 이 문제를 다룰 충분한 시간을 갖지는 못하고, 아침 예배 때 십계명을 읽도록 하고 오후 예배는 요리 문답 강해 예배로 드리도록 지정했다고 한다. 그리고 나머지 문제에 대해서는 최종적 예배 순서를 각 지교회(肢敎會, local church)의 결정에 맡겼다. 여기에 개혁파 예배 신학의 자유의 원리가 나타나고 있는 것이다. 성경의 가르침을 중심으로 예배하고, 그 요소들만을 사용하되 그 원칙을 가지고 자유롭게 하도록 규정한 것이다. 그들은 예배 의식이 "단순하고 정신차린 것"(simple and sober)이기를 원했다.[36] 대개 이때의 예배 순서는 다음과 같이 진행되었다:

기원(*votum*, 시편 124:8), 사도적 인사, 시편송(마리아의 노래, 사가랴의 노래, 시므온의 노래, 주기도문에 곡을 붙인 것, 사도 신경에 곡을 붙인 것 등 11편의 곡), 십계명 봉독(장로들 중 한 분), 통회와 권면의 시편(오후 예배에는 장로 중 한 분이 사도신경 읽음), 성경 봉독(장로님들이 신구약에서), (죄용서와 중보기도 포함한) 긴 기도[목회 기도], 시편송(부르면서 헌상), 설교(대개 둘째 부분 후에 시편송 부르고 셋째 부분 설교하고 듣기), 적용을 위한 기도, 시편송, 축도.[37]

---

[34] 이상에 대해서 Runia, "The Reformed Liturgy," 97-98=한역, 196f.

[35] Runia, "The Reformed Liturgy," 102=한역, 206f.

[36] 이상에 대해서 Runia, "The Reformed Liturgy," 98=한역, 197을 보라.

[37] 이상의 순서는 Runia, "The Reformed Liturgy," 96f.=한역, 194에 나온 루니아의 기억에 의한 어린 시절 예배 순서 제시에서 온 것이다.

그런데 19세기말과 20세기 초에 화란에서 소위 예전 운동(liturgical movement)이 일어나서 단순한 이전의 예배 의식에 변화를 시도하는 운동이 화란 개혁교회와 개혁교회 안에서 일어났다고 한다.[38]

3-3. 웨스트민스터 예배 모범의 제안들(1644)

영국 국교회의 공동 기도서(the Book of Common Prayer)의 대안으로 제시된 이 예배 모범은 따라서 공동 기도서의 의무적인 사용이 이미 정해진 기도문의 낭독(낭독 기도)을 강요하고, 다른 식으로 기도하는 것을 막으며, 설교를 줄이게 하고, 예배를 기계적으로 만드는 등 참된 예배에 도움이 되기보다는 방해가 되었다는 점을 지적하면서 제안된 것이다.[39] 그러므로 역사적 장로교주의는 예배의 질서와 일정한 순서도 고려할 뿐만 아니라 예배의 자유도 같이 고려했다는 클라우니의 말이 옳은 것이다.[40] 웨스트민스터 예배 모범은 공예배의 요소들을 묘사하고 교회의 공예배를 위한 순서와 진행 방법에 대한 제안을 하고 있다. 그것은 의무적인 강요가 아니라 예배에 대해 성경이 말하는 풍부한 것들을 표현하는 모델로서 제시된 것이다.

Alexander Henderson, Samuel Rutherford, Robert Baillie, George Gillespie 목사, 와 같은 스코틀랜드 신학자들과 Thomas Goodwin, Philip Nye, William Bridge, Anthony Burgess, Edward Reynolds, Richard Vines, Stephen Marshall 그리고 Dr. Temple 등의 위원으로 임명되어 초안을 작성하고, (11월 27일에 완성되어 의회의 인준을 받은) 혼인과 장례에 대한 모범을 제외하고서는 1644년 11월 22일에 의회(Parliament)의 인준을 받아 공포되었다.[41] 그 내용은 다음

---

[38] 그 구체적인 내용에 대해서는 Runia, "The Reformed Liturgy," 102-103=한역, 207-10을 보라. 그리고 이에 대한 비판적 논의를 위해서는 번역 글에 딸린 역자 주를 참조하라: "예배식에서 헌상 부분이 그 본래적 의미를 차지하게 되는 것은 옳다. 그러나 이런 식으로 구획화하여 하나님께서 내려 주시는 부분과 인간이 올리는 부분을 나누어 예전을 발전시키는 것이 과연 좋은 것인지도 재고해야 할 문제의 하나이다....... 전반적으로 성례전을 강조하여 예배 의식에서 설교와 성례전의 균형을 잡은 것은 칼빈적 강조에로의 회복이라고 할 수 있으나, 현대의 지나친 예전주의가 예배 의식의 예전화, 의식화를 낳는 것은, 그리고 에큐메니칼적인 유대를 위해 그런 것이 발전되는 것에 대해서는 좀 더 생각해 보아야 할 것이다"(한역, 210, 211의 역자 주).

[39] The Preface를 보라. http://www.athens.net/~wells/dpwg/

[40] Clowney, "Presbyterian Worship," 111.

[41] William Maxwell Hetherington, *History of the Westminster Assembly of Divines,* Third Edition (Edinburgh, 1956; reprinted, Edmonton, Canada: Still Water Revival Books, 1993), , 179.

에서 찾아 볼 수 있다: http://www.athens.net/~wells/dpwg/ 이 중 순서를 중심으로 요약해 보면 다음과 같은 순서를 얻을 수 있다.

○ **말씀의 예전(The Liturgy of the Word)**
예배에로의 부름(Call to Worship)
예배를 위한 기원(하나님을 높이고 찬양하며 성령의 임재를 기원)
구약의 말씀(한 장)
운율에 맞춘 시편가
신약의 말씀
운율에 맞춘 시편가
죄 고백과 중보기도
강설
(구속과 복음과 말씀에 대한 감사의) 기도, 주께서 가르치신 기도

○ **다락방 예전(The Liturgy of the Upper-Room)**
성물을 드리는 일
성찬에의 초대
성찬을 위한 감사기도
성찬 제정의 말씀(고전 11장) 봉독
교훈의 말
봉헌 기도
분병, 분잔
참여와 묵상
성찬에 참여한 자다운 생황을 위한 권면
성찬후의 기도
시편 찬송
축복 기도

이 예배 모범에 대해 논의를 할 때는 웨스트민스터 회의 참석자들 사이의 별로 큰 의견의 차이가 있지 않았다고 하니 당대에는 예배 문제에 있어서는 상당한 의견의 일치가 있었던 듯하다. 특히 교회 정치 문제에서의 이견들과 오랜 논의와 비교하면 이는 상당히 비슷한 의견들이 당대의 분위기를 주도했다고 볼 수 있다. 특히 안식일의 성화에 대한 견해에 대해서 그랬었다. 논의가 된 문제로 성경 봉독 할 때 목사 이외의 사람이 읽어도 되는가 하는 문제에

대해서는 앞으로 목회자가 되기로 준비하는 이들(probationers)이 때때로 봉독하는 것을 허락하는 것으로 결론 내려졌다고 한다.[42] 성찬과 세례 문제에 대해서는 오랜 논의가 있었고 특히 성찬을 위한 성도들의 배열의 문제에 대해서 논쟁이 있었는데 스코틀랜드의 신학자들은 제안된 견해, 즉 성찬상을 중심으로 앉아 성찬을 나누는 것을 옹호하고, 독립파 사람들이 이에 익숙하지 않은 관계로 성도들이 그들의 회중석에 앉아 관전할 것을 주장했다고 한다.[43] 결국 성찬상(table) 중심의 배열을 예배 모범은 제안하고 있다.

이런 웨스트민스터 예배 모범을 살피면서 클라우니는 장로교 예배를 특징 짓는 근본적 확신들로 다음 몇 가지를 제안하고 있는데, 그것은 웨스트민스터 예배 모범의 전통에 충실하면서 그 정신을 잘 반영하고 있는 것으로 여겨진다.[44]

첫째로, 다른 모든 측면(즉, 신학의 구조와 삶에 대한 이해)에서도 그러하지만 개혁파에서는 예배에서도 하나님의 영광을 가장 중요시했다. 그러므로 이는 "오직 하나님께만 영광을"(*soli Deo gloria*)이라는 어귀로 잘 요약될 수 있다. 이런 의미에서 "우리의 모든 삶은 예배의 섬김이다; 우리는 모든 것을 주 예수 그리스도의 이름으로 하나님의 영광을 위하여 한다(골 3:17; 엡 5:20; 고전 10:31)"(111). 그러나 삶 전체가 다 하나님께 드리는 예배이지만 우리 주께서 그의 제자들과 함께 하나님을 높이는 시간을 가지셨듯이 공예배의 필요성이 있다. 클라우니는 시편 찬송과 주의 날을 예배의 날로 엄수하는 것이 장로교 예배의 송영적 성격을 강화시켜 준다고 지적한다(112).

둘째로, 클라우니는 장로교 예배에서는 성경에 대한 강조가 큰 특징이라고 말한다. 성경의 권위에 대한 강조, 특히 성경의 충족성의 강조가 장로교 예배에서 분명히 나타난다. 성경에 기록된 하나님의 경륜 전체 이외에 "성령으로부터 왔다는 새로운 계시에 의해서나 사람들의 전통으로" 그 무엇도 덧붙여져서는 안 된다(*Westminster Confession of Faith*, I, 6). 물론 "종교 개혁 이전에도 뛰어난 설교자들이 있었다. 그러나 종교 개혁에서 새로운 것은 성경의 내용에 대한 체계적인 설교이다"(113). 그러면서 그는 그 예로 칼빈이 거의 성경 전부

---

[42] Hetherington, 178.

[43] Hetherington, 178.

[44] 이하에서는 Clowney, "Presbyterian Worship," 111-21에 제시한 바를 요약하고 이에 대한 우리의 이해를 덧붙이기로 한다. 그러므로 특별한 언급이 없는 한 이 단락에서 인용문은 이 글로부터의 인용이고 ( )안에 그 면 수만을 밝히기로 한다.

를 설교한 것을 들고 있다.[45] 개혁파 교회에서는 기록된 하나님의 말씀을 봉독하고 듣고 설명하여 주는 일이 예배의 중심을 차지하는 것이다(113). 그리고 예배도 성경으로부터 온 요소들만으로 조직하여 드리는 것이다.

셋째로, 클라우니는 성경의 언약 신학을 반영하는 것을 장로교 예배의 특성으로 언급한다(118). 특히 언약의 자녀들과 언약 백성의 연대성을 강조하며 가정 예배와 요리 문답 교육에 대한 강조, 그리고 치리의 중요성과 의미가 언급된다.

넷째로 장로교 예배는 주일을 그리스도인의 안식일(the Christian Sabbath)로 여기는 장로교적 주일 교리에 뿌리를 내리고 있다고 한다(120).

마지막으로 클라우니는 가난한 자들에 대한 배려인 자비의 사역(집사직의 사역)에 대한 강조를 장로교 예배의 특성으로 언급한다(120). 웨스트민스터 예배 모범이 가난한 자들에 대한 배려를 안식일의 의무로 권고하고 있는 것이 이를 잘 반영한다는 것이다.

이와 같은 클라우니의 관찰은 제시된 순서를 그저 교조적으로 반복하고 따르는 것이 아니라, 웨스트민스터 예배 모범의 모범으로서의 성격을 잘 파악하며 그 정신을 잘 드러내고 있는 것이라고 할 수 있다.

3-4. 로버트 레이몬드의 제안

근자에 장로교 신학자가 조직신학 교과서 가운데서 예배 순서의 한 예를 제시한 것을 검토해 보는 것도 우리에게 도움이 되리라고 여겨진다. 근자에 웨스트민스터 신앙고백서에 근거한 조직신학 책을 낸 로버트 레이몬드는 예배에 대해서 다음과 같은 입장을 밝히고 자기 나름의 순서를 제안하였다.[46]

예배에 대해서는 "명령되지 않은 것에 대해서는 우리가 선택할 자유가 없다"고 하면서 성경에 있는 것을 중심으로 생각하려한 칼빈과[47] 웨스트민스터

---

[45] Cf. Hughes Olophant Old, *Worship* (Guides to the Reformed Tradition; Atlanta: John Knox, 1985), 75.

[46] Robert L. Reymond, *A New Systematic Theology of the Christian Faith* (Nashville, Tennessee: Thomas Nelson Publishers, 1998). 이하 이 문단에서 이 책으로부터의 인용은 본문의 면 수만을 밝히기로 한다.

[47] Calvin, *Tracts and Treatises on the Doctrine and Worship of the Church* (reprint; Grand Rapids: Eerdmans, 1958), 2: 118, 122. 이에 근거해서 레이몬드는 웨스트민스터 신앙고백서에 규정된 소위 "규정적 원리"(regulative principle)가 청교도들의 창안물(Puritan innovation)이라고 거부하는 패커의 견해를("The Puritan Approach to Worship," *Diversity in Unity* [London: The

신앙 고백서의 전통을 따라서 하나님 자신이 제시하신 방식에 따라 예배할 것을 제시한다(870, 868, 877). 그러나 이것은 예배의 요소들에 관한 것이지, 예배의 때나 장소, 예배의 순서들은 "자연의 빛과 기독교적 사려 분별에 의해, 세상의 일반적인 규칙들에 따라서" 질서 지워져야 한다고 웨스트민스터 신앙고백서(I/vi)에 따라 진술한다(870). 그리고 성령과 진리 안에서 예배해야 한다는 예수님의 말씀(요 4:24)과 관련해서 이는 하나님이 정하시는 방식에 따라 드려야 할 것을 의미하는 것이라고 해석한다(871).[48] 그리고 그런 예배는 **성경적이고, 영적이고, 단순하며, 장엄하고, 하나님을 존중하는 예배**가 될 것이라고 한다 (872). 예배의 시간으로서 그는 주께서 부활하신 날로서의 주일 성수를 강조하며 이를 **안식일 준수**라고 표현하기도 한다(877). 이를 강조하기 위해 그는 챨스 핫지의 다음 말을 인용하기도 한다: "사람들이 [예수님의 부활]에 대한 지식이 없어지기를 원한다면, 그들로 하여금 주간의 첫날을 거룩히 지키는 것을 무시하도록 하라. 그러나 부활 사건이 어디에서나 알려지고 기억되기를 원한다면 그 날을 부활하신 구주께 대한 예배에로 거룩히 드리도록 해야 한다"(877).[49]

이런 원칙에 따라서 레이몬드는 지난 세대의 부흥회적 예배와 오늘날의 구도자 예배의 아직 신자가 되지 않은 분들을 중심으로 한 예배의 문제점을 지적한다(873). 또한 이런 예배들의 영향을 받아서 전통적인 장로교회들의 예배도 그 전통을 알 수 없는 예배가 되어 가는 것의 문제점을 지적한다. 그러면서 "우리 하나님은 가슴으로만이 아니라, 정신으로도 경배되어야 한다; 그에 대한 믿음은 이해를 요구한다"고 강력하게 말한다(873). 그러면서 이를 위해 신학적으로 건전한 회중 찬송과 시편과,[50] 성경적으로 근거한 바르게 해석된 설교, 말씀을 읽고 묵상하는 일, 그리고 특히 이 시대에 필요한 율법의 제 3의 용에 대한 강조 등이 포함되어야 하며, **광고 등 하나님께서 명하지 않은 모든 것들은 다 배제되거나 필요한 광고의 경우에는 예배 전후로 나가야**

Evangelical Magazine, 1964], 4-5) 반박한다(870, n. 7). 비슷한 입장의 표명으로 Clowney, *The Church* (Leicester: IVP, 1995), 122를 보라.

[48] 여기서 레이몬드는 레온 모리스의 다음 주해를 소개한다: "[생명을 주시는 영이신] 그에게 적합하게 예배해야 한다. 사람은 예배의 방식을 주도할 수 없다. 사람은 하나님의 영이 영어 주는 방식으로만 하나님께 나아 올 수 있다"(*The Gospel According to John* [Grand Rapids: Eerdmans, 1971], 272).

[49] Charles Hodge, *Systematic Theology* (1871; reprint, Grand Rapids: Eerdmans, 1952), 3:330.

[50] 이를 위해 미국의 회중을 위해 그가 제안하는 찬송가와 시편집은 다음과 같다: *Trinity Hymnal* and *Trinity Psalter* (Philadelphia: Penn.: Great Commission Publications).

한다고 제안하고 있다(874). 이 모든 것을 반영하면서 레이몬드가 제안하는
예배 순서는 다음과 같은 것이다(875f.):

○ **말씀의 제의(Liturgy of the Word)**

말씀을 위한 준비(Preparation for the Word)

(시편 인용이나 찬송을 사용한) 예배에의 부름, Call to Worship
찬양과 경배의 찬송이나 시편, 또는 찬양과 은혜와 조명을 비는 기도
　　(회중이 함께 **주께서 가르치신 기도**를 드리는 것으로 마쳐질 수도 있다).
하나님의 주권적 위엄과 우리의 죄인 됨을 깊이 새기게 하는 **구약 성경 봉독**
죄의 고백과 용서를 비는 기도
　　(이는 목회자가 대표로 하는 목회 기도일 수도 있고, 기도문에 따라 하는
　　　기도일 수도 있고, 교독 기도일 수도 있다)
죄 용서의 확신Assurance of Pardon
하나님의 은혜에 대한 감사 찬송 또는 시편
헌상
중보기도
그리스도인의 삶에 대한 지침을 제공하는 **신약 성경 봉독**

말씀의 선포

하나님 말씀을 받아들이도록 준비하도록 하는 찬송
조명을 위한 목회 기도
설교 본문이 되는 성경 봉독
설교
적용을 위한 기도
하나님 말씀의 선포에 반응하는 찬송이나 시편

축도(만일 성찬 예식이 뒤따르지 않는다면)

○ **다락방의 전례(성찬 전례) (Liturgy of the Upper Room)**

(반응의 찬송)
참된 신자들에 대한 주의 상에로의 초대와 불신자들을 금함
예배 찬송 또는 하나님의 은혜에 대한 감사 찬송
사도 신경 고백
성찬 제정의 말씀 낭독
성별을 위한 기도
떡의 분배

잔의 분배
감사기도
찬양의 찬송이나 시편
축도

4. 성경의 가르침과 서구 교회의 전례에 근거한
한국 장로교회를 위한 예배 모범

이제 성경의 가르침과 과거 개혁파 교회의 예배 모범을 반영하면서 한국에서 신학과 음악에 조예가 깊은 김홍전 박사에 의해서 제안된 예배의 순서에 근거해서 한국 장로교회적인 예배 모범을 제시해 보기로 한다.

하나님께 나아가는 마음을 모아 반주자가 주께 대표로 찬양을 올리고 모든 성도는 그 찬양을 속으로 따라 같이 마음을 모아 드리고(전주, prelude) 그 하나님 앞에 기도를 드리는 데 바로 성경에 있는 기도인 시편을 낭송하여 함께 기도하고, 가장 모범적인 기도인 주께서 가르치신 기도를 드린 후에 삼위일체 하나님의 거룩한 영광을 기리는 찬송을 드리고(gloria), 시편을 교독한 후 (우리의 믿는 바로 사도 신조로 하나님과 온 세상 앞에 공표하고)[51] 삼위일체 하나님의 거룩하심을 기리는 찬송을 드리고(sanctus), 목회자가 목회 기도를 하여 온 교회가 하나님의 뜻에 따라 제대로 진전해 나기를 위해 기도하고, 하나님께서 행하신 일에 근거해 하나님을 경배하겠다는 경배 송을 드리고(worship), 하나님의 말씀을 직접 듣고(성경 봉독과 듣기) 헌상(獻上) 예식을 하여 구속받은 자들이 하나의 공동체로 자신들을 다 주께 드려 주께서 교회로서 그리스도의 몸으로 사용해 주시기를 바라면서 자신들을 그리스도의 공로에 싸서 주님께 드리는 헌상 찬송(offertorium)과 헌상 기도를 드리고, 하나님께서 내려 주시는 말씀을 영혼의 양식으로 다른 지체들과

---

[51] 김홍전 박사는 사도신경 고백을 넣지 않았다. 이는 오직 성경에 있는 것만을 사용하려는 의도로 이해될 수 있을 것이다.

그러나 (1) 사도 신경은 비록 영감된 성경의 한 부분은 아니나 성경의 내용을 잘 요약한 가장 보편적인 신조이고, (2) 중세 때에 사도 신경이 세례 예배 때만 그것도 라틴어로 낭송된 것에 반해서 칼빈이 온 회중이 자국어로 고백하도록 한 것을 생각하면(Cf. Nichols, *Corporate Worship*, 41), 사도신경을 사용해서 우리의 믿고 있는 바를 드러내는 것이 매 주일 예배의 한 순서가 되어도 유익하리라고 여겨진다.

함께 받고, 간절한 마음으로 적용을 위한 기도를 하고, 우리가 경배하는 하나님의 영광을 기리는 송영(doxology)을 드리고 삼위일체 하나님의 축복을 받고, 반주자가 우리를 대표해서 드리는 후주와 함께 우리도 하나님을 속으로 찬양하면서 우리의 영혼이 다른 지체들과 함께 하나님께 절하는 예배 의식을 마치게 된다.

이런 예배에 있어서 어떤 요소는 모두가 같이 주께 드리고(찬송들, 헌상), 어떤 요소는 인도자가 우리 모두를 대표해서 주께 드리는 바(전주, 후주, 목회 기도, 때로는 기도송, 찬양) 이때 모든 성도들은 그 인도자의 인도를 따라서 속으로 조용히 같이 그 찬송과 기도를 드려야만 한다. 특히 목회자가 공기도를 인도할 때 모든 성도들은 조용히 함께 속으로 그 기도의 내용을 따라서 같이 기도드리고, 마쳐지면 다 같이 조화롭게 "아멘"으로 응답하여야 한다.

이상은 주로 성례가 함께 있지 않은 경우를 중심으로 언급하였으나 정상적인 예배는 항상 성찬이 함께 동반되어야 할 것이다. (그러나 이 경우 성찬이 어떻게 집례되어야 하는 지는 다른 기회에 논의하기로 하자). 여기서는 단지 (1) 칼빈이 강조한 바와 같이 성찬이 자주 집례되어야 한다는 것과 이 때 자기 자신을 살피는 자아 성찰(self-examination)이 의미 있게 수행되어야 한다는 것과 성찬식 자체에서는 (2) 그리스도의 십자가의 죽으심과 피흘려 주심에 모든 성도들이 공동체적으로 참여하는 것(communion)이라는 의미가 잘 드러나도록 하는 예식이 되어야 한다는 점, (3) 이를 위해서 우리 모두가 한 떡에 참여하며 한 잔이 참여한다는 것을 드러내기 위해 될 수 있는 대로 한 떡으로부터 나누어 먹고, 떡을 떼는 일이 예배 중에 일부라도 있어야 하며, 한 잔에 참여함을 보이는 붓는 일이 예배 중에 일부분이라도 있는 것이 좋다, 그리고 이 모든 것은 (4) 성령에 의존해서만 의미가 있고 유효하다는 점만을 언급하기로 한다.

5. 결론: 성경의 가르침과 장로교 예배 모범을 돌아보면서 우리들의 예배에서 고쳐져야 할 문제들에 대한 몇 가지 제언

이제까지 우리는 성경에 근거해서 또한 성경에 근거해 자신들의 예배 지침을

발견하고 그것을 예배의 전 과정에 적용해 보려고 했던 과거 개혁파 선배들의
노력을 돌아보면서 우리 나름의 장로교적 예배 모범을 제안하였다. 이를 마치면서
우리들의 예배에서 고쳐지고 앙양되어야할 몇 가지 사항을 지적해 보고자 한다.

(1) **그리스도의 공로와 십자가와 부활에 의존한 성령님 안에서의 예배라는
점이 확실히 인식되어야 한다.** 따라서 예배를 예배하는 자에게 어떤 공로가
되는 것으로 여기면서 이에 근거해서 벌을 피하거나 복을 얻는 근거로 작용할
수 있는 것이 전혀 아니고, 예배는 **마땅히 드려야 하는 당위이며, 오히려 예배에
참여하는 것 자체가 은혜로 되어 지는** 일임이 분명히 인식되어야 한다.

이 점에 근거해서 우리는 많은 개혁 신학자들과 함께 지난 세대의 부흥회
적 예배와 오늘날의 구도자 예배의 아직 신자가 되지 않은 분들을 중심으로
한 예배의 문제점을 지적해야만 한다.[52]

(2) 성경으로부터만 예배의 요소들을 이끌어 내어 예배하려는 **진리 안에서의
예배, 이와 함께 성경의 충족성에 대한 분명한 천명, 즉 성경에 제시된 하나님의
전 경륜 이외에 그 어떤 것도 계시도 언급하거나 덧붙이지 않으려는 태도가
자명한 것으로 여겨지도록 해야 할 것이다.** 글라스 루니아 교수가 잘 말한
것과 같이 "신약 신자들은 성령과 진리 안에서 그들의 주님을 경배해야만
하는 영적인 성인(成人)들"이기 때문이다.[53]

따라서 오늘날 여러 교회들이 성경적 근거를 확인하기 어려운 요소들인
"춤이나 상징적 제의들을 예배에 도입하는 것은 예배의 정황을 넘어 서는
것"이라고 생각하면서,[54] 예배에 공연적 요소를 도입하는 것은 "강단을 무대
로, 선포를 여흥으로 대체하려는 것"이라고 비판하는 일에[55] 우리의 목소리를
더해야 할 것이다.[56]

(3) **온 교회가** 같이 드린다는 공동체 예배, **공예배 의식의 함양**(이와 함께
스트라스부르크의 부셔(Bucer)와 칼빈이 강조했던 공동체적 성격의 강조).
함께 모여야 공예배가 드려질 수 있다. 그러므로 모이기를 폐하는 어떤 이들의

---

[52] 이 점에 대해서는 특히 Reymond, *Systematic Theology*, 873을 보라.

[53] Runia, "The Reformed Liturgy," 107=한역, 219.

[54] Clowney, *The Church*, 128.

[55] Clowney, *The Church*, 127.

[56] Cf. Peter Barnes, "Entertainment in Worship," in *The Banner of Truth*, 한글판, 34 (1998년
12월): 33f. 또한 근자의 서창원 목사의 논문.

습관과 같이 하지 말고 모이기를 힘써야 한다(히 10:24-25).

(4) 공예배와 공기도시에 방언을 사용하지 않아야 한다는 성경의 분명한 말씀(고전 14:6-11, 19)에 유의하는 일이 필요하다.[57]

(5) 공예배 중에 **구약과 신약의 말씀을 연속적으로 읽고 듣는 순서의 회복**이 있어야 한다. 이렇게 성경으로부터 예배를 찾고, 성경을 배우며, 성경 전체를 중심으로 모이는 예배에서는 굳이 소위 교회력에 따른 예배를 따르기보다는 성경을 체계적으로 배워 나가며 그 내용을 따라 예배하는 방식을 취할 수 있을 것이다. 칼빈에 그로부터 배운 부셔(Bucer)가 전통적인 lectionary 대신 계속적 성경 읽기(*lectio continua*)와 그것에 근거한 설교를 도입한 것을 유념해야 한다. 칼빈도 이에 따라서 연속적인 강해를 하여 간 것을 기억해야 한다. 온전히 성경 따르려 하던 이들은 심지어 성탄절도 굳이 지킬 필요는 없다는 입장을 취하기도 하였다. 따라서 현대에 와서 개신교에서도 나타나고 강조되고 있는 교회력에 따른 예배에의 강조는 어떤 면에서 과거 개혁파 선배들의 가르침에 깊이 유의하지 않은 것일 수 있음을 지적하고 성경을 체계적으로 공부해 나가면 그 성경을 중심으로 하는 예배에로 나아가야 할 것이다.

(6) **그 곡조와 가사가 예배에 적합한 찬송을 선곡하고, 작곡하여 찬송**하는 일이 필요하다. 그러므로 예배에 적절하지 않은 곡과 가사들이 포함된 찬송을 하려 하거나 찬송을 찬송의 본래적 목적 이외의 것으로 전용하는 것은 있을 수 없는 일로 배격되어야 할 것이다.

(7) 가난한 자를 위한 모금과 구속받은 존재 전체와 날마다의 삶을 주께 드리는 것으로서의 헌상의 의미를 회복하고 잘 드러내는 일이 필요하다. 헌금은 절대로 축복을 위한 수단으로 드려지는 것으로 언급되어서는 안 된다. 오히려 구속된 백성이 자신을 전적으로 주님과 주의 일에 드리는 의미로 헌상

---

[57] 이에서 더 나아가 방언 문제에 대한 개혁파 교회의 입장 천명으로 Anthoney Hoekema, What about Tongue-speaking? (Grand Rapids: Eerdmans, 1966), 103-13; idem, *Saved by Grace,* chapter 3; Clowney, *The Church,* 249; Reymond, 59를 보라.

또한 다른 소위 이적적 은사들에 대한 개혁파적 견해를 보려면 Cf. Richard B. Gaffin, Jr., *Perspectives on Pentecost* (Phillipsburg, N.J.: Presbyterian and Reformed, 1979), 65-67; R. Fowler White, "Richard Gaffin and Wayne Grudem on I Cor. 13:10: A Comparison of Cessationist and Nocessationist Argumentation," *Journal of the Evangelical Theological Society* 35, no. 2 (1992): 173-81; idem, "Gaffin and Grudem on Ephesians 2L20: In Defense of Gaffin's Cessationist Exegesis," *Westminster Theological Journal* 54 (Fall 1993): 303-20; O. Palmer Robertson, *The Final Word* (Carlislie, Pa.: Banner of Truth, 1993), 85-126; Clowney, *The Church*, 257-68.

이 이해되고 수행되어야 한다.[58] 이와 함께 바른 정신의 헌상송과 헌상 기도가 드려질 것이 강조되어야 할 것이다.

(8) 예배가 지나치게 의식화되는 일(ritualization)의 문제점을 지적하고 고치려고 하는 일. 장로교회와 개혁교회의 개혁파적인 예배는 단순한 예배이다. "예배의 개혁파적인 단순성은 빈곤함을 드러내는 것이 아니라, 성경적이며, 신학적이며, 더 정확하게는 구속사적인 원리이다!"[59]

(9) 하나님께 드리는 예배를 중심으로 한 예배 순서 중에 성도의 교제의 요소를 넣는 일을 지양하는 것이 좋을 것이다. 그러므로 성도의 교제와 이를 돕기 위한 광고 등은 예배 후로 미루는 것이 좋을 것이다. 특히 "사무상 필요로 광고를 한다면 그것은 예배가 끝난 다음에 하는 것이 상례(常例)"라는 말을 유념하는 것이 좋을 것이다.[60]

(10) 예배와 삶의 관계의 정립이 필요하다. 예배한 사람들은 예배한 자답게 살아야 한다. 그리스도인에게는 예배와 삶이 모두 하나님을 섬기는 것이며, 그 둘은 상호 밀접하게 연관되어 있어서 그 둘이 분리되면 제의도 무의미해지기 때문이다. "회중은 하나님을 찬양하기 위해 모이지만, 그것은 이제 세상 안에서 활동하는 데에로 이끌려져야 한다. 그것은 또 다른 형태의 예배이기 때문이다(즉, 예배가 예배를 이끈다."[61] 우리는 그리스도를 찬양만 하지 말고, 그를 뒤따라가는 삶도 살아야 한다(Kierkegaard). 삶과 분리된 제의를 꾸짖으시는 여호와 하나님과 그의 말씀을 전하는 선지자의 호령은(특히 사 1:10-15을 보라) 지금도 살아 있는 것이다.[62] 그러므로 우리도 루니아 교수와 함께 다음 질문을 하게 된다: "주일에 드리는 예배가 그 회중들 각자로 하여금 세상에서 적극적이고 활동적이게 하며, 하나님과 폭넓은 사회 전반의 동료 인간들을 섬기게끔 하는가?"[63] (*)

---

[58] 헌상에 대한 폭 넓고 깊이 있는 성경적 이해에 대한 가장 좋은 논의로 김홍전, 『헌상에 대하여』, 1 & 2 (서울: 성약, 1996)을 보라.

[59] Runia, "The Reformed Liturgy," 107=한역, 219.

[60] 김홍전, 『예배란 무엇인가?』, 69.

[61] Runia, "The Reformed Liturgy," 109=한역, 223f.

[62] 이에 대한 주해적 논의로 졸고, "종교의 내적 본질과 외적 표현의 상관성: 이사야 1:10-15 석의", 『개혁신학에의 한 탐구』 (서울: 웨스트민스터 출판부, 1995): 15-25를 보라.

[63] Runia, "The Reformed Liturgy," 109=한역, 223.